KB085276

위대한 영화 2

THE GREAT MOVIES II
by Roger Ebert

위대한 영화 2

THE GREAT MOVIES II

로저 에버트 지음
윤철희 옮김

을유문화사

위대한 영화 2

발행일
초 판 1쇄 2006년 12월 30일 | 7쇄 2015년 11월 25일
제2판 1쇄 2019년 11월 20일 | 2쇄 2023년 5월 30일

지은이 로저 에버트
옮긴이 윤철희
펴낸이 정무영, 정상준
펴낸곳 (주)을유문화사

창립일 1945년 12월 1일
주소 서울시 마포구 서교동 469-48
전화 02-733-8153
팩스 02-732-9154
홈페이지 www.eulyoo.co.kr

ISBN 978-89-324-7407-6 04680
ISBN 978-89-324-7405-2 (세트)

채즈를 위해

당신을 향한 내 사랑은 한이 없소.
당신에 대한 내 존경심은 끝이 없소.
당신은 시간을 초월한 영원한 존재이며 레이스처럼 고운 사람이오.
당신은 아름답고 우아하오.

일러두기

1. 본문 하단에 나오는 각주는 모두 옮긴이 주다.
2. 영화는 <>, 영화 시리즈는 《》, 신문·잡지·단행본은 『』, 뮤지컬·연극·오페라·TV 프로그램은 「」로 표기했다.
3. 영화의 한국어 명칭은 한국영화데이터베이스(www.kmdb.or.kr)와 인터넷 포털 사이트 네이버의 영화 페이지(movie.naver.com)를 참고해서 표기하되, 그 표현이 어색하거나 불확실할 경우 옮긴이의 판단에 따라 수정했다.
4. 각 에세이에서 배우의 이름은 처음 언급될 때마다 원어를 병기했고, 캐릭터의 이름은 기본적으로 원어를 병기하지 않았다. 예) <아마데우스Amadeus>: 살리에리(F. 머리 에이브러햄F. Murray Abraham), 콘스탄체(엘리자베스 베리지Elizabeth Berridge)
5. 인물 명칭의 한국어 표기는 국립 국어원의 원칙을 따랐으나, 원칙과 다르게 오래 전부터 널리 통용된 명칭이 따로 있을 경우 해당 명칭을 따랐다.
6. 인물의 생몰년도 표기 중 사망 년도는 최근의 정보에 맞게 수정했다.

김영진(영화 평론가)

로저 에버트는 『시카고 선 타임스Chicago Sun-Times』 신문에서 수십 년 동안 평론가로 활동했으며, 자신의 이름을 건 텔레비전 비평쇼를 진행했고, 엄청나게 많은 평론을 빨리 쓴 전설적인 비평가다. 대중의 신경을 자극하기 위해 안달인 폭력적인 저널리즘 환경에서 단련된 에버트의 문장은 묘사가 풍부하고 주석이 간결하며 무엇보다 쉽고 명료하다. 그의 개봉 영화 비평은 열정적이고 때로 신랄했지만 『위대한 영화』에 실린 비평들은 그것들과 다소 결이 다르다. 이 책들의 문장은 그가 사랑하고 존경하는 영화의 매혹을 음미하듯 부드럽고 세심하다. 『위대한 영화』는 정기적으로 신문에 개봉 영화 평을 썼던 에버트가 과외 활동으로 영화사에 남는 명작들을 상영하는 영화제를 열고 관객들 앞에서 그 영화들을 숏 단위로 분석하는 세미나를 행했던 틈틈이 각별한 애정을 갖고 몰두한 집필 작업의 산물이다. 그런데 흥미로운 것은 이 작업을 통해 에버트가 영화를 점점 더 많이 알아 가는 사랑의 방식이 독자에게도 전달된다는 것이다. 더 놀라운 것은 『위대한 영화』 1권에서 4권으로 갈수록 그의 글은 더욱 유려해진다는 것이다. 그는 솔직하게 예전에 본인이 썼던 영화 평의 관점을 스스로 비판하기도 하고, 영화를 접하지 않아 일정한 편견에 사로잡혀 있을 독자들에게 강요하지 않고도 명작들을 사랑하는 법을 알려 준다. 에버트의 글은 읽는 사람의 마음을 움직인다. 고개를 끄덕이게 하는 것이 아니라 사랑하게 만든다. 그가 거론한 영화들을 보고 싶어지는 것이다.

나는 영화의 이미지가 주는 매력을 활자로 따라잡는 불가능한 임무를 완수하는 에버트의 손이 행한 기적에 부러움을 느낀다. 이를테면 그는 니컬러스 로그Nicolas Roeg의 매혹적이지만 플롯이 헝크러진 영화 <쳐다보지 마라Don't Look Now>를 옹호하면서 이렇게 쓴다. "유령이 출몰하는 도시 베니스가 <쳐다보지 마라>에서보다 더 우울한 모습을 보였던 적은 결코 없었다. 도시는 광대한 공동묘지처럼 보이고, 돌덩이들은 축축하고 연약하며, 운하에는 쥐 떼가 우글거린다. 앤서니 B. 리치몬드와, 크레디트에는 오르지 않은 로그가 담당한 촬영은 베니스에서 사람들을 제거해 버린다. 북적이는 길거리나 대운하 인근에서처럼 베니스 거주자나 관광객들을 볼 수 있는 몇 가지 장면이 있지만, 존과 로라가 (처음에는 함께, 나중에는 별도로) 길을 잃는 한결같은 두 장면에서는 아무도 보이지 않고, 거리와 다리와 운하와 막다른 골목과 잘못된 모퉁이는 그것들끼리 서로 포개져 있는 것처럼 보인다." 에버트는 이런 영화들이 '플롯에서 자유롭고, 어떤 최종적인 설명도 제시하지 않는, 하나의 체험으로만 존재하는 영화'이며 관객인 우리는 '소풍을 따라 나섰다가 안전하게 돌아온 소녀들과 비슷하다'고 본다.

페데리코 펠리니Federico Fellini의 <달콤한 인생La Dolce Vita>에 관한 글에서 에버트는 세상의 속된 관심거리를 찾는 신문기자의 저열한 생존 본능과 세상의 물질적인 욕망을 포착하려는 영화감독의 심미안을 포개 놓고 단도직입적으로 영화의 주제를 향해 달려간다. 비틀즈의 초기 모습을 담은 리처드 레스터Richard Lester의 <하드 데이즈 나이트A Hard Day's Night>에 관한 평에서는 계절의 주기처럼 한번 지나가면 다시 돌아오지 않는 인생의 어떤 모습을 비유한다. 이 평론의 끝에서 아름다운 봄 운운하는 그의 멋진 결론을 보노라면 마음이 상쾌해진다. 무엇보다 내가 가장 좋아하는 영화인 장뤽 고다르Jean-Luc Godard의 <비브르 사 비Vivre Sa Vie>에 관한 다음과 같은 분석적인 문장은 멋지다. "카메라가 두 사람을 투 숏으로 잡았을 때 남자가 말한다. '웃어 봐.' 거부하던 그녀는 미소를 짓는 동시에 숨을 내쉰다. 그러면 카메라는 남자에게서 멀어지면서 그녀에게 다가간다. 갑자기 그녀에게 흥미가 생겼다는 듯이 말이다. 우리는 카메라의 의도에 말려들고 말았다. 우리 자신이야말로 관찰하고 놀라워하는 카메라다. 카메라는 '스타일'을 표현하는 방법이 아니다. 사람들이 다른 사람들을 바라보는 방법이다." 이 글은 굳이 학구적인 용어를 쓰지 않고도 영화 <비브르 사 비>의 본질을 간명하게 잡아낸다. 이 글의 결론은 영화의 여주인공 나나를 보는 카메라의 역할을 논하며 끝난다. "우리는 리허설도 없는 나나의 첫 번째 인생을 카메라가 보는 대로 본다. 나나가 살아가는 대로 본다. 영화가 안겨 주는 충격은 놀라울 정도다. <비브르 사 비>는 명료하고 신랄하며 무뚝뚝하다. 그러고는 끝난다. 그것이 그녀가 살아야 할 삶이다." 젠체하지 않고 냉소적이지 않으며 무한한 애정으로 영화를 껴안으면서 정확하게 분석적 거리를 유지하는 이런 글을 『위대한 영화』 시리즈 곳곳에서 읽을 수 있다.

자크 타티Jacques Tati의 <윌로 씨의 휴가Les Vacances de M. Hulot>에 관한 비평에서 에버트는 우리 시대에 점점 사라져 가는 영화 보기의 매혹과 미덕에 관한 장뤽 고다르의 다음과 같은 잠언을 인용한다. "영화는 역이 아니다. 영화는 기차다." 우리는 영화가 '역'이라고 생각하지만 실은 '기차'라는 것이다. 영화를 기차가 아니라 역이라고 여긴다면, 우리는 기차 여행의 즐거움을 만끽하는 대신 목적지인 종착역에 빨리 도착하려 안달하는 어린애와 같다. 에버트는 이렇게 덧붙인다. "나는 이 말이 뜻하는 바를 전혀 몰랐었다. 월로 씨가 그 뜻을 나한테 보여 주기 전까지는 말이다. 즐거움은 여행길에 있고, 슬픔은 목적지에 있다."

즐거움은 여행길에 있고 슬픔은 목적지에 있는 것, 그게 영화와 인생이 나누는 공통분모이다. 영화와 비평이 만나는 가장 행복한 풍경이 여기에 있다.

머리말

이것은 『위대한 영화』의 두 번째 책이다. 하지만 이 책에 들어 있는 작품들은 2진이 아니다. 나는 랭킹과 리스트를 믿지 않는다. 나는 '가장 좋아하는 뮤지컬 10편'을 밝혀 달라는 부탁도 거부한다. 그런 리스트들은 무의미하며, 화요일에서 수요일로 날짜가 바뀌는 순간에 리스트의 내용도 바뀔 가능성이 있다고 생각하기 때문이다. 내가 이 방침에 두는 예외는 딱 두 개다. 먼저 나는 해마다 그해 최고의 작품들을 선정하는데, 영화 평론가라면 모름지기 그런 일을 해야 하기 때문이다. 그리고 나는 『사이트 앤드 사운드Sight & Sound』가 전 세계의 감독들과 평론가들을 상대로 10년마다 실시하는 설문 조사에 참여한다.

『위대한 영화』 1권의 머리말에서 분명히 밝혔듯, 그 책은 '위대한 영화 100선'이 아니라, '위대한 영화 100편'을 모아 놓은 책일 뿐이다. 랭킹을 매긴 것도 아니었다. 그 영화들을 선택했던 이유는 그 영화들을 향한 애정, 그 영화들에 담긴 예술성과 역사적 가치, 영향력 등에 있었다. 특별한 순서에 따라 에세이를 쓰지도 않았다. 때로는 새로 복원된 프린트나 DVD를 접할 수 있게 됐다는 점에서 영감을 얻어 에세이를 쓰기도 했다.

1권에 포함된 <시민 케인Citizen Kane>, <사랑은 비를 타고Singin' in the Rain>, <제너럴The General>, <이키루生きる>, <현기증Vertigo>, 《아푸 3부작The Apu Trilogy》, <페르소나Persona>, <2001 스페이스 오디세이2001: A Space Odyssey>, <전함 포템킨Броненóсец «Потёмкин»>, <분노의 주먹Raging Bull>, <달콤한 인생La Dolce Vita> 등이 1진에 속한 작품들인 건 분명하다. 그러나 특별한 순서에 따라 에세이를 쓴 게 아니기 때문에, 이 2권에는 <게임의 규칙La Règle du Jeu>, <천국의 아이들Les Enfants du Paradis>, <레오파드Il Gattopardo>, <당나귀 발타자르Au Hasard, Balthazar>, <국가의 탄생The Birth of a Nation>, <선라이즈Sunrise>, <우게쓰 이야기雨月物語>, 《세 가지 색Trois Couleurs》 연작, <동경 이야기東京物語>, <수색자The Searchers>, <라쇼몽羅生門>처럼 앞에 소개한 작품들과 동등한 반열에 속하는 작품들이 담겨 있다. 맨 앞의 두 작품의 경우, 새 DVD가 출시되기 전까지는 그 작품들에 대한 『위대한 영화』 리뷰 작성을 미뤄왔다. <게임의 규칙>과 <천국의 아이들>의 프린트들이 무척이나 놀랍게 복원된 덕에, 나는 근본적으로는 이 영화들을 처음으로 감상하는 거나 다름없었다.

영국의 평론가 데릭 맬컴Derek Malcolm이 내린 위대한 영화에 대한 정의를 앞서도 언급했었다(다시는 감상하지 못하게 된다는 생각을 참아 낼 수 없는 영화라면 어떤 작품이든). 나는 해마다 리뷰를 250편 가량 쓴다. 그중에 아마 2백 편 이상의 작품들에 대해, 나는 그 영화들을 다시는 보지 못할 거라는 생각을, 심지어는 처음 보는 것조차 못할 거라는 생각을 무척이나 쉽게 감내할 수 있다. 영화 생산 라인에서 한 걸음 떨어져, 영화가 예술의 한 형태라는 걸 입증하는 영화들을 애정을 품고 꼼꼼하게 관찰하는 것은 정말 즐거운 일이다.

영화가 저만치서 간신히 명맥만 유지하게 만드는 대신, 우리 눈앞에서 생생하게 숨 쉬고 있다고 느낄 정도의 품질을 가진 프린트들을 양산해 낸 DVD는 영화를 사랑하는 사람에게는 이루 측정할 수 없는 값어치 있는 존재가 됐다. 일부 DVD에 담긴 서플먼트는 대단히 유용하고 상세하기 때문에, 현대의 관객들은 어떤 경우에는 해당 작품에 대해 그 작품의 감독이 영화를 만들 당시에 알았던 것보다 더 많은 것을 알 수도 있다. 마틴 스콜세지Martin Scorsese는 세상의 많은 감독 중에서도 자신이 연출한 작품 뿐 아니라 개인적으로 사랑하는 다른 작품들을 위해 코멘터리 트랙들과 서플먼트들을 모아 정리하는 작업의 선구자다. 그가 마이클 파월Michael Powell 영화들의 DVD를 위해 기여한 바를 생각해 보라(그중에서도 이 책에도 실린 <블림프 대령의 삶과 죽음The Life and Death of Colonel Blimp>이 가장 두드러진다). 파월과 스콜세지가 함께 영화를 보며 나누는 의견을 듣는 것은 흔치 않게 누릴 수 있는 특권이다.

나는 이 영화들을 여러 번, 다양한 곳에서 다양한 방식으로 감상했다. 그중 많은 작품은 서너 번 감상했고, 일부 작품은 10번, 또는 25번 감상한 경우도 있다. 나는 콜로라도와 버지니아, 하와이에서 연례적으로 행하는 강연에서, 그리고 영화제에서 이 중 열여섯 작품을 샅샅이 훑었었다. 세계정세협의회의 부속 프로그램으로 콜로라도에서 열리는 시사회는 35년간 이어져 온 연례 이벤트다. 우리는 때때로 수천 명을 수용할 수 있는 매키 오디토리엄의 어둠 속에 앉아 닷새에 걸쳐 10~12시간 정도 정지·재생 분석을 통해 한 작품을 꼼꼼히 짚어 나간다. 그 많은 눈동자와 더불어 영화를 감상할 수 있다는 사실은 정말로 놀라운 일이다.

내가 2003년에 오즈 야스지로小津安二郎의 걸작 <부초浮草>를 분석했던 경험을 잘 생각해 보자. 이 작품은 1권에 포함된 작품으로, 하와이영화제에서 걸출한 평론가 도널드 리치Donald Richie와 나란히 앉아 이 영화를 숏 단위로 분석해 본 적이 있다. 2003년에 크라이테리언은 그들이 출시하는 이 영화 DVD의 코멘터리 트랙에 참여해 달라고 나를 초대했다. 리치는 오즈의 초기 무성 영화 버전의 코멘터리를 작업할 생각이었다. 내가 감독이 카메라를 결코 움직이지 않은 영화에 대해 두 시간 동안 이야기를 할 수 있을지 여부를 나 자신에게 솔직히 물어봤다. 오즈에게는 배치와 구도, 연기와 편집이 전부였다. 나는 드레스리허설의 일환으로 <부초>를 콜로라도 볼더로 가져가자고 크라이테리언의 킴 헨드릭슨Kim Hendrickson에게 제안했다. 일부 관객은 내 선택을 달가워하지 않았다. 그런데 놀라운 일이 벌어졌다. 오즈의 아우라가 객석을 뒤덮으면서 그의 천재성이 관객들을 작품 속으로 끌고 들어간 것이다. 관객들은 그의 스타일을 '어려운' 것으로 간주하지 않았고, 그가 다루는 소재와 감수성을 올바른 방법으로 여겼다. 일주일이 끝날 무렵, 그 방에 있던 관객들은 오즈를 사랑하게 됐다. 그중 일부는 오즈를 처음 본 사람들이었다. 당신이 영화에 충분한 관심을 기울이면, 당신은 조만간 성인聖人들과 어깨를 나란히 하고 서 있는 오즈와 브레송Robert Bresson과 르누아르Jean Renoir를 만나게 될 것이다.

2004년에는 볼더에서 르누아르의 <게임의 규칙>을 제안했다. 영화의 위대성은 이 영화를 분석하는 걸 달가워하지 않던 일부 관객의 마음을 다시 한 번 얻었다. (그들은 <킬 빌Kill Bill>을 분석하기를 바랐다. 그 영화도 훌륭한 선택이었을 거라고 생각한다.) 르누아르의 영화는 자세히 들여다볼수록 훌륭해진다. 그의 작품들에는 경이로울 정도로 깊이 있는 아름다움을 드러내는 카메라와 배우들의 복잡한 움직임이 담겨 있다. 2층 복도에서 모두 잠을 자러 들어가는 장면을 다루는 데 우리는 한 시간 이상 소비했다. 그런 후에도 우리는 분석할 만한 대상을 계속 더 찾아낼 수 있었다. 일주일이 끝날 무렵, 나는 이 책을 위해 <게임의 규칙>에 대한 글을 썼다.

이 책에 실린 영화의 제목들을 훑어볼 때 내 기억은 요동친다. 나는 <친절한 마음과 화관Kind Hearts and Coronets>을 런던에서 일링 코미디들이 재상영되던 기간에 봤다. <레오파드>의 복원된 프린트는 런던의 사랑받는 커존 시네마에서 상영하고 있었다. <웃는 남자The Man Who Laughs>는 텔루라이드영화제에서 상영됐는데, 필립 글래스Philip Glass가 영화 음악을 라이브로 연주했다. <앙드레와의 저녁 식사My Dinner with Andre>도 역시 텔루라이드에서 봤는데, 영화가 끝나고 불이 들어왔을 때 두 시간 전까지만 해도 알아볼 수 없었던 앙드레 그레고리Andre Gregory와 월러스 숀Wallace Shawn이 내 바로 뒷자리에 앉아 있었다는 걸 알게 됐다. <패튼 대전차 군단Patton>은 일리노이대학에서 주최하는 오버룩트영화제에서 70밀리미터 디멘션 150 영사 시스템을 통해 거대한 스크린에 상영한 버전으로 감상했다. 시사회가 끝난 후, 그 시스템의 발명자인 리처드 베터 박사Dr. Richard Vetter는 나와 함께 무대에 올라 이보다 더 잘 영사된 영화는 본 적이 없다고 말했다. <로미오와 줄리엣Romeo and Juliet>은 이탈리아의 로케이션에서 발코니 장면을 촬영하던 밤에 대한 기억을 되살려 냈다.

<현금에 손대지 마라Touchez pas au Grisbi>는 2003년 12월에 시애틀에서 재상영됐다. 그때 나는 병환 치료를 위해 그 도시에서 한 달을 보내던 중이었다. 그 영화, 그리고 다른 많은 영화가 내가 겪는 문제점보다 더 높은 곳으로 나를 끌어올렸다. 나는 역시 이 책에 들어 있는 <도박사 봅Bob le Flambeur>을 통해 영화에 도착했다. 두 영화를 다 아는 사람이라면 어떻게 그렇게 됐는지, 왜 그렇게 됐는지를 이해할 수 있을 것이다. <네 멋대로 해라À Bout de Souffle>는 2003년에 봤을 때에도 40년 전에 처음 봤을 때만큼이나 신선했다. <가르시아Bring Me the Head of Alfredo Garcia>를 1974년도 최고의 작품 열 편 중 하나로 선정한 이후로 처음 보면서, 그 작품의 위대함에 대한 당시의 내 판단이 전적으로 옳았음을

발견하고는 마음이 놓였다.

가장 다루기 힘든 영화는 그리피스D. W. Griffith의 <국가의 탄생>이었다. 영화에 담긴 인종주의가 대단히 심각한 수준이라 예술적이고 영향력 있는 영화라는 데에는 의심의 여지가 없음을 부각하기 힘들 지경이었다. 나는 앞의 책에서는 그 작품을 회피했다. 시카고대학에서 영화를 가르치면서 그 작품을 다루는 게 다시 걱정됐다. 결과적으로 나는 그 작품의 리뷰를 두 부분으로 나눠 썼다. 앞부분은 근본적으로 변명이다. 그런데 이 책을 위해 두 부분을 합쳤고, 일부는 다시 고쳐 썼다. 나에게 그 작품은 데릭 맬컴 테스트를 통과하지 못한 채 이 책에 실린 유일한 작품이다.

한편 이 책들을 쓰면서 느낀 기쁨 중 하나는 — 일부(<죠스Jaws>, <레이더스Raiders of the Lost Ark>)는 인기 있다는 단순한 이유로 무시당해서, 일부(<자동차 대소동Planes, Trains and Automobiles>, <리피피Du Rififi chez les Hommes>)는 뻔한 오락 영화라서, 일부(<어셔 가의 몰락La Chute de la Maison Usher>, <스트로첵Stroszek>)는 너무 알려지지 않아서 — '위대한 영화'로 잘 거명되지 않은 작품들을 포함시킨 것이다. 우리는 상이한 이유들로 상이한 영화들을 보러 간다. 그리고 위대함은 상이한 형태를 띠고 찾아온다.

물론 취향을 명확하게 설명할 수는 없다. 당신은 이 책에 실린 몇몇 작품은 이 책에 실릴 만한 작품이 아니라고 생각할지도 모른다. 1권을 검토한 『뉴욕 타임스 북 리뷰New York Times Book Review』의 평론가는 1권의 머리말과 표지에 실린 글을 무시하고는, 1권이 위대한 영화 100'선選'의 리스트라고 믿는 잘못된 믿음을 고집했다. 그는 내가 자크 타티Jacques Tati의 <윌로 씨의 휴가Les Vacances de M. Hulot>를 포함시키면서 그런 리스트 작성이 치명적일 정도로 손상되고 말았다고 느꼈다. 그는 이 작품은 위대한 영화가 아니라고 단언했다. 평론은 견해일 뿐이다. 따라서 옳고 그름은 존재하지 않는다. <윌로 씨의 휴가>에 대한 그 평론가의 '그릇된' 견해를 제외하고는.

오랫동안 친구로 지낸 메리 콜리스Mary Corliss에게 감사한다. 그녀는 영화 1백 편의 정수를 반영하는 스틸 사진들을 선택하는 과정에서 누구도 필적 못할 서지학적 지식을 다시금 끄집어냈다. 메리와 그녀의 남편 리처드Richard, 내 아내 채즈Chaz와 나는 칸에서 영화에 대해 이루 헤아릴 수 없이 많은 대화를 나눠 왔다. 우리는 그곳에 갈 때마다 마담 카네의 전설적인 스플렌디드 호텔의 홀 바로 아래에 있는 마주한 방들에 묵고는 한다.

내 편집자 제럴드 하워드Gerald Howard에게도 감사한다. 그는 『로저 에버트의 영화 책Roger Ebert's Book of Film』에 영감을 줬고, 브로드웨이 북스에서 『위대한 영화』 시리즈를 견실하게 다뤄 줬다. 영화에 대한 그의 지식은 백과사전에 맞먹고, 그의 취향은 믿음직스럽다. 내가 무척이나 좋아하는 영화 <크리스마스 스토리A Christmas Story>를 포함하는 문제를 놓고 머뭇거릴 때, 그는 그 작품이 없는 책은 상상도 못하겠다며 내게 확신을 줬다.

차례

가르시아 Bring Me the Head of Alfredo Garcia	감독	샘 페킨파	
	주연	워런 오츠, 아이셀라 베가	
	제작	1974년	112분

나는 샘 페킨파Sam Peckinpah, 1925~1984 감독이 알코올 중독에 따르는 두려움과 전율로 고생하던 시기에 만든 영화인 <가르시아>의 프레임 하나하나에서 그의 심장이 고동치는 소리와 그가 벽에다 머리를 박아 대는 소리를 들을 수 있다고 생각한다. 나는 영화의 주인공 베니가 과업을 완수하기 위해 품은 끈덕진 용기가 페킨파가 이 영화를 완성하려고 품었던 용기와 동일하고, 베니가 영화 끝부분에서 느끼는 피로감과 혐오, 절망감은 페킨파 자신의 감정을 고스란히 반영한 것일지도 모른다고 믿는다. 나는 깊숙한 곳에 자리 잡은 열정이 사라질 줄 모르는, 스크린에 스며든 촬영장의 정서적인 분위기를 감지한다. 작가 이론의 주장이 옳다면, <가르시아>는 페킨파가 만든 작품 중에서 가장 자전적인 영화다.

영화는 개봉 당시 심하게 험한 말을 들었다. 리뷰들은 혐오 수준을 넘어 공포 수준에 다다랐다. 조이 굴드 보이엄Joy Gould Boyum은 『월스트리트 저널The Wall Street Journal』에 그로테스크하고 가학적이며 말도 안 되고 음탕하며 쓸모없는 영화라고 썼다. 마이클 스래고Michael Sragow는 『뉴욕New York』에 재앙이라고 썼다. 『버라이어티Variety』는 "최악의 상태에 도달한 과장된 멜로드라마"라고 평했다. 프로듀서 마틴 바움Martin Baum은 비공개 시사회 때 영화가 끝날 때까지 극장에 남아 있던 사람은 열 명뿐이었다고 회상했다. "사람들은 싫어했어요! 영화에 진저리를 쳤다고요!"

반면에 나는 이 영화에 별 네 개를 주면서 "이상야릇한 걸작"이라고 평했다. 그리고 25년이 지나 이 영화에 다시 다가간 나는 이 작품이 자신을 사로잡은 악마들을 이겨 낸 위대한 감독이 만든 비범하고 참되며 진심에서 우러난 작품임을 알게 됐다. 아니, 어쩌면 그 악마들의 덕을 봤는지도 모른다. 일반적으로 영화에 등장하는 용기는 대체로 관객들을 기분 좋게 만들어 준다. 그런데 용기는 다양한 분위기로 찾아온다. 이 영화에서 용기는 악독하지만 필수적인 것으로 느껴진다. 영화는 우리에게 애끓는 감정을 자아내는 주인공을 선사한다. 사랑했던 여자를 추억하기 위해, 그리고 자신의 반항적인 행동 규범에 충실하기 위해 임무를 완수하기로 결심한 왜소한 남자를 말이다.

영화는 멕시코의 유곽에서 일하는 외로운 피아노 연주자 (막장에 도달한 미국인) 베니 역에 애처로운 얼굴에 눈가에 주름이 많은 견실한 배우 워런 오츠Warren Oates, 1928~1982를 등장시킨다. 딸이 임신했음을 알게 된 권세 좋은 멕시코인 엘 헤페(에밀리오 페르난데스Emilio Fernández)는 "알프레도 가르시아의 목을 가져와라!"라고 명령한다. 그가 내건 보상금이 엄청난 거액이라 현상금 사냥꾼 두 명(기그 영Gig Young과 로버트 웨버Robert Webber)이 알프레도를 찾아 유곽에 도착한다. 그렇게 해서 베니는 알프레도의 머리에 대해 알게 된다. 한때 알프레도와 연인 사이였던 창녀 엘리타(아이셀라 베가Isela Vega)를 아는 그는 알프레도가 이

미 죽었음을 알게 된다. 그와 엘리타는 별다른 생존의 기회를 갖지 못한 두 사람이 벌이는 절망적인 방식으로 사랑에 빠진다. 그는 걸려 있는 덫에서 벗어나기 위한 돈이 필요하다. 그는 시체를 파내 머리를 훔친 다음, 엘 헤페에게 전달할 작정이다. 그러고 나면 그와 엘리타는 영원토록 행복하게 살 수 있을 것이다. 그들이 바라마지 않지만 현실이 될 거라고 믿지는 않는 전망이다. 멕시코의 흙투성이 도로를 가로지르는 베니의 오디세이 동안 많은 사람이 죽는다. 삼베 자루에 담아 운반하는 머리는 악취를 풍기고 파리가 꼬인다. 하지만 그 머리는 베니의 성공을 상징하고, 그는 머리를 지키기 위해서라면 목숨도 바칠 것이다.

망가진 술꾼이 자신의 행운에 집착한다는 것부터 이 영화가 <시에라 마드레의 보물Treasure of the Sierra Madre>과 유사하다는 것은 명백한 사실이다. 기그 영의 캐릭터가 자신의 이름을 <시에라 마드레의 보물>에서 보가트Humphrey Bogart가 연기한 캐릭터의 이름인 "프랭크 C. 도브스"라고 말할 때, 이것은 페킨파가 관객에게 보내는 윙크다. 도브스는 결국 실패한다. 베니도 그렇다. 하지만 베니는 최소한 자신이 원하는 조건대로 죽는다. 베니의 인생이 세상은 타락한 곳이고 베니에게는 조금도 즐겁지 않은 곳이라는 증거를 향해 곤두박질치기는 하지만 말이다.

<가르시아>는 주인공이 개인적인 임무 수행을 위해 여행길에 오르는, 공식에 맞춰 만들어지는 영화를 거울처럼 반영한다. 알프레도 가르시아의 머리, 즉 복수를 원한다는 말은 사실상 아무런 의미도 없다. 가르시아가 이미 죽었기 때문이다. 결말 무렵에 베니는 머리에 일체감을 느낀다. 머리를 "엘"이라고 부르고, 엘이 엘리타 평생의 진정한 사랑이었음을 인정한다. 그러고는 그가 한때 바닥에 앉아 엘리타를 지켜봤던 샤워기 아래에 냄새나는 머리를 놓는다. 그는 말한다. "우리들의 친구는 저기서 샤워를 하려고 했었어."

시퀀스들은 한데 어울려 흘러가지 않는다. 서로 충돌하며, 작열하는 태양 아래에서 날마다 시험대에 오른다. 영화에 등장하는 비범한 신 중에서 최고의 신은 베니와 엘리타가 피크닉을 위해 길가에 차를 세우고는 오랫동안 부드럽고 사랑스럽게 대화를 나누는 장면이다. 세월이 흐른 후, 이 장면을 훼방 놓는 오토바이 폭주족을 연기한 크리스 크리스토퍼슨Kris Kristofferson은 이 장면이 원래 베니가 결혼해 달라고 요청할 생각은 추호도 없다고 엘리타에게 고백하는 것으로 끝나기로 되어 있었다고 회상했다. “그런데 페킨파 감독은 신을 거기서 멈추지 않았습니다.” 그는 『페킨파: 몽타주된 초상Peckinpah: A Portrait in Montage』의 저자 가너 시몬스Garner Simmons에게 말했다. “그녀(베가)는 멈추지 않았어요. 그녀는 ‘자, 나한테 부탁해요’라고 말했어요. 그러면 그는 ‘뭘 하라고?’라고 말하죠. 그러면 그녀는 ‘결혼해 달라고 말이에요’라고 말하는 거죠. 워런은 그런 상황에 부닥친 다른 모든 평범한 사내하고 똑같아 보였어요. 그런데 워런은 자기가 연기하는 캐릭터를 망가뜨리지 않았어요. 그는 말했죠. ‘나하고 결혼해 주겠소?’ 그랬더니 그녀가 울먹이기 시작했어요. 그 장면을 볼 때마다 가슴이 미어져요. 워런한테 이런 말을 들었어요. ‘그 장면에서 숨을 구석이 없다는 걸 알겠더군. 그녀가 나를 사로잡은 거야. 나도 울고 있었거든.’”

그런 다음에 폭주족 두 명이 나타난다. 크리스토퍼슨이 연기하는 폭주족이 엘리타를 겁탈하려 든다. 그녀는 베니가 총을 숨기고 있다는 것을 알지만, 폭주족은 위험한 자들이라는 걸 알기에 베니에게 목숨을 걸지는 말라고 말한다. 창녀로서 “나는 전에도 이런 일을 당했었고, 당신은 방법을 모르기” 때문이다. 사람들은 달리 선택 대안이 없는 세상에서 자신이 해야 하는 일을 할 용기를 찾아낸다는 페킨파의 비전을 표현한 슬픈 시 같은 대사다.

페킨파와 고든 T. 도슨Gordon T. Dawson, 프랭크 코왈스키Frank

Kowalski가 원안을 내고 시나리오를 쓴 영화의 다른 대사는 간결하고 직설적이며 서글프다. 엘리타가 가르시아의 머리를 잘라 낸다는 결정에 의문을 제기하자 베니는 말한다. "땅에 파진 구멍이나 그 안에 누워 있는 남자한테 신성함 따위는 없어. 당신도 그렇고 나도 그래." 그런 후 말을 잇는다. "교회는 발가락이며 손가락이며 다른 망할 것들을 잘라 내잖아. 그 사람들은 성인聖人들이야. 그러니까 알프레도는 우리의 성인이야." 나중에 베니가 자루를 향해 던지는 말에서는 셰익스피어의 분위기까지 엿보인다. "자네의 귀에는 보석이 박혀 있고, 자네의 코에는 다이아몬드가 박혀 있네."

워런과 베가가 대단히 기진맥진한 데다 대단히 사랑스러워 보이기 때문에 이 영화에서 조금도 영화배우처럼 보이지 않는다는 것은 중요하다. 그들은 기력이 쇠했고 절망적인 상태다. 그들은 성스러운 연기를 펼친다. 어쩌면 촬영장의 상황과 감독이 겪는 개인적인 시련이 그들의 기력을 앗아갔는지도 모르고, 그게 그들의 연기에 스며들었는지도 모른다. 페킨파를 다룬 책 『움직이면…… 죽여 버려!If They Move... Kill' Em!』를 쓴 데이비드 웨들David Weddle은 로케이션에서 날마다 촬영을 지켜본 고슨 T. 도슨이 한 말을 인용한다. 이전에도 페킨파와 여러 번 작업을 했던 도슨은 이후로는 그와 다시 작업하기를 거부했다. "그는 <가르시아>를 할 때 사실상 끝장났습니다. 솔직히 말해서 그렇게 됐다는 사실에 내 가슴은 찢어졌습니다."

페킨파는 비참한 술주정뱅이였다. 술은 1984년에 59세이던 그의 목숨을 앗아갔다. 내가 <관계의 종말Pat Garrett and Billy the Kid>(1973)의 촬영장이 있던 멕시코의 듀랑고를 방문했을 때, 그는 우산 아래 앉아 술병을 들고 조감독에게 웅얼거리며 지시를 내리고 있었다. "스튜디오가 그 영화를 놓고 그를 심하게 압박하는 바람에 그는 앓게 됐죠." 크리스토퍼슨이 내게 해준 이야기다. "혼자 힘으로는 의자에서 일어서지 못하던 날들도 있었어요." <가르시아>를 홍보하려고 시카고를 방문했을 때, 페킨파는 어두운 호텔 방에서 새까만 안경을 쓰고 숙취에 시달리며 혼잣말을 중얼거리며 앉아 있었다. 영화에서 베니가 침대에 누웠을 때에도 새까만 안경을 끼고 있었던 게 기억났다.

술은 페킨파의 인생을 망쳤다. 하지만 이 영화에서 술은 그가 남성 액션 영화의 터무니없게도 낙관적인 공식들에서 벗어나기를 허락하거나 벗어나라고 강요했다고, 그리고 한 남자의 기분이 얼마나 나쁘건 맡은 일은 완수해야 한다면서 베니를 길 위로 보냈다고 나는 믿는다. 페킨파와 베니는 촬영장에서 보낸 어느 정도의 기간 동안 한 치도 다르지 않았을 게 분명하다.

샘 페킨파는 내가 본 최고의 웨스턴인 <와일드 번치The Wild Bunch>(1969)를 연출했다. 그는 영화 경력 동안 <어둠의 표적Straw Dogs>과 <게터웨이The Getaway>를 포함한 흥행작으로 많은 돈을 벌었다. 그는 1955년에 「건스모크Gunsmoke」를 집필하면서 TV 웨스턴의 작가로 경력을 시작했다. 감독으로 연출한 초기의 웨스턴 <대평원Ride the High Country>(1962)에서 그는 임무 수행을 위해 고용된 두 명의 프로페셔널에 대한 이야기에 노년이 된 랜돌프 스콧Randolph Scott과 조엘 매크리Joel McCrea를 출연시켰다. <와일드 번치> 역시 사회가 아닌 동료들에게 충심을 바치는 나이 먹은 사나이들에 대한 영화다.

진정한 감독은 자신의 인생 패턴을 반영한 소재로 작업할 때 최고의 솜씨를 보여 준다. 스튜디오에 의해 만신창이가 된 <관계의 종말>이 자신의 최신작이 된 직후에 열린 영화제에서, 그는 앞으로 "순수한 페킨파 영화"를 만들 수 있을 것 같으냐는 질문에 이렇게 대답했다. "나는 <가르시아>를 만들었습니다. 정확히 내가 원하는 방식대로 만들었죠. 잘된 작품이건 나쁜 작품이건, 그 영화를 좋아하건 싫어하건, 그건 내 영화입니다."

게임의 규칙

La Règle du Jeu

감독	장 르누아르	
주연	노라 그레고르, 폴레트 뒤보스	
제작	1939년	113분

나는 장 르누아르Jean Renoir, 1894~1979 감독의 <게임의 규칙>을 대학교 때 영화 동아리에서, 예술 영화 전용관에서, 레이저 디스크로 거듭해서 봐왔다. 영화 강좌에서 이 영화로 강의를 하기도 했다. 그럼에도 지금 나는 내가 이 영화를 사실상 전혀 보지 못한 거나 마찬가지임을 깨닫는다. '위대한 영화들'을 묻는 여론 조사에서 <시민 케인Citizen Kane>에 이어 2위를 차지하곤 하는 이 마술적이고 뭐라 정의하기 어려운 작품은 무척이나 단순하고 무척이나 복잡하며, 무척이나 솔직하고 무척이나 격정적이며, 무척이나 순수하고 무척이나 위험하기 때문에, 우리는 이 영화를 단순히 감상하는 선에서만 그칠 수 없다. 우리는 이 영화에 한껏 빠져들어야 한다.

오랫동안 우리는 이 영화를 제대로 감상할 수 없었다. 이 영화가 첫 개봉 이후 어떻게 난도질을 당했으며 그런 후에 어떻게 오리지널보다 긴 버전으로 복원됐는지에 대한 상세한 설명을 듣지 못한 상황에서는 이 작품을 항상 — 심지어는 크라이테리언 레이저 디스크로도 — 칙칙하고 어두컴컴한 영화로 간주하는 게 공인된 견해였다. TV나 16밀리미터 필름으로 상영된 프린트들의 상태는 더 열악했다. 하지만 지금 출시된 이 영화의 크라이테리언 DVD는 상당히 선명하다. 그래서 영화는 빛을 번쩍거리며 춤을 춰 댄다. 그리고 유명한 딥 포커스 촬영 덕에 모든 캐릭터가 배경에 숨어 무슨 짓을 벌이는지를 명확하게 볼 수 있게 되었다. 크라이테리언이 복원한 <천국의 아이들Les Enfants du Paradis>처럼 이 작품은 다시 태어난 걸작이다.

영화는 귀족의 저택을 배경으로 한 소극 형태를 취한다. 이 저택에서 아내들과 남편들, 연인들과 간부姦夫들, 주인들과 하인들은 복도로 몰래 숨어들고, 다른 사람의 침실에 갑자기 나타나며, 자신들이 질서 잡힌 사회를 적절하게 대표하는 대표자인 양 행세한다. 언젠가 "나는 <게임의 규칙>을 통해 게임의 규칙을 배웠다"고 말한 로버트 올트먼Robert Altman 감독의 <고스포드 파크Gosford Park>와 이 영화 사이의 거리는 노골적으로 살인을 부각한다는 점 외에는 그리 멀지 않다.

그런데 르누아르의 영화에는 영화가 만들어지고 개봉됐던 1939년과 관련 있는 위험한, 겉으로 드러나지 않는 요소들이 숨어 있다. 당시에 유럽은 전쟁에 휩싸일 조짐을 보였는데, 프랑스에서는 르누아르 같은 좌익의 인민 전선 멤버들이 나치 동조자들과 충돌하고 있었다. 르누아르는 프랑스 지배 계급을 바람이나 피우는 멍청이로 묘사하면서, 노동 계급을 보유한 투쟁 자원의 수준이 지배 계급에 미치지 못하는데도 그들을 열심히 모방하려는 존재로 그린다. 영화는 위대한 국가적 영웅인 비행사 앙드레 주리우를 비꼬는 것으로 시작한다. 그는 (린드버그 이후로 10년 만에) 대서양 단독 횡단을 마친 후, 라디오 마이크 앞에서 사랑하는 여자가 그를 만나러 공항에 나타나지 않았다며 칭얼댄다. 더 심한 것은 영화에서 규칙을 따르려 노력하는 캐릭터들이 유대인 귀족,

바람피우는 아내를 둔 사냥터지기, 사람들을 당혹스럽게 만드는 비행사라는 점이다.

전쟁을 코앞에 둔 프랑스 관객들에게 이런 설정은 잘 먹히지 않았다. 영화는 감독의 아버지 오귀스트 르누아르Auguste Renoir가 자주 그렸던 포동포동한 사람들이 나이를 먹었을 때 모습이었을 것처럼 보이는, 명랑하고 토실토실한 르누아르 감독이 덧붙인 짤막한 서론으로 시작한다. 그는 시사회가 열릴 때 극장에 불을 지르려고 신문지에 불을 붙이던 남자를 회상한다. 관객들은 썰물처럼 극장을 빠져나갔고, 리뷰들은 냉혹했으며, 영화는 나치 점령군이 금지작으로 지정하기 전부터 실패작이었다. 프랑스인들은 재미있는 영화를 보고 싶었지 자신들을 재밋거리로 삼는 영화는 달가워하지 않았다. "우리는 화산 분화구 위에서 춤을 추고 있었습니다"라고 르누아르는 말했다.

비행장 프롤로그와 파리의 우아한 장면이 나온 후, 사건의 대부분은 로베르 드 라 셰네이(마르셀 달리오Marcel Dalio)와 그의 아내 크리스틴(노라 그레고르Nora Gregor)의 전원 저택 라 콜리니에르에서 벌어진다. 손님 중에는 로베르의 정부인 주느비에브(밀라 파렐리Mila Parély)와 크리스틴을 사랑하는 비행사(롤랑 투탱Roland Toutain)가 있다. 주중에 로베르와 사냥터지기 슈마세르(가스통 모도Gaston Modot)는 밀렵꾼 마르소(쥘리앵 카레트Julien Carette)를 체포하는데, 마르소는 얼마 안 있어 크리스틴의 활달한 하녀(슈마세르의 아내) 리제트(폴레트 뒤보스Paulette Dubost)와 시시덕거린다. 어디에나 모습을 드러내는 또 다른 손님이 르누아르가 연기하는 익살맞은 옥타브다. 감독은 자신의 불안감을 은폐할 어릿광대로 자기 자신을 캐스팅했다. 퇴역한 장군, 다양한 사교계 명사, 이웃들, 일꾼 무리도 있다.

크라이테리언 DVD에는 영화를 만든 지 몇 년 후에 성城의 계단에서 촬영한 르누아르와 달리오(당신은 그가 <카사블랑카Casablanca>

의 도박장 현금 책임자라는 걸 기억할지도 모르겠다)가 나누는 매혹적인 대화가 담겨 있다. 두 사람은 이 영화의 줄거리에 핵심이나 주인공이 있었는지 여부를 결정하려고 애쓴다. 르누아르는 둘 중에 어느 것도 없었을 거라고 의심한다. 이 영화는 영화가 다루는 세계를 다룬 작품이지, 플롯을 다룬 작품은 아니다. 그는 특유의 방식으로 소재에 몰두해 자신의 본능을 신뢰하면서 작업해 나가는 동안 즉흥적으로 연출을 해 나갔다. 그는 구조적인 문제와 관련된 사실 하나는 인정했다. 손님들이 사냥용 라이플을 쏴 대면서 셀 수 없이 많은 새와 토끼를 죽이는, 영화의 중간 부분에 있는 유명한 시퀀스는 결말부에서 일어나는 살인을 암시한다는 것. 어느 토끼의 죽음은 관객들을 특히 사로잡았는데, 그 토끼가 마지막에 한 행동은 앞다리를 가슴팍에 접는 것이었다.

영화의 핵심은, 흐음, 동일한 사냥 장면에 등장했을 수도 있다. 쌍안경으로 다람쥐를 살피던 크리스틴이 쌍안경을 낮추다가 남편 로베르가 정부 주느비에브에게 키스하는 모습을 우연히 보게 되는 장면 말이다. 남편은 불륜 관계를 끝내겠다고 아내에게 약속했었다. 보기에 따라서는 끝난 것으로 보일 수도 있다. 두 사람이 함께 있는 모습이 영화에 등장할 때마다, 두 사람은 난처한 지경에 몰리지 않고도 바람피울 계획을 실행에 옮기는 듯 보인다. 진정한 사랑을 믿는 순진무구한 사람인 크리스틴은 이 광경을 보고 자신이 비행사에게 자비를 베푸는 게 마땅한 일이 아닐까 의아해한다. 얼마 안 있어 마르소는 리제트와 몸을 비벼 대고, 슈마세르는 그를 쫓아 복도를 헤집고 다닌다. 위층과 아래층의 연애들이 우연히 뒤섞이면서 (오가는 사람들의 정체를 착각하는 바람에, 진정으로 익살맞은 스타일로) 최후의 비극이 벌어진다.

<시민 케인>의 많은 장면은 딥 포커스deep focus(관객들이 화면의 전경前景과 깊은 공간에 있는 후경後景에서 벌어지는 사건들을 모두 볼 수 있게 조명과 렌즈를 활용하는 기법)로 촬영됐다. <게임의 규칙>도

그 영화에 못지않은 솜씨를 보여 주는데, 아마도 이 영화는 오슨 웰스 Orson Welles에게 영감을 준 것 같다. 르누아르는 캐릭터들이 전경과 중경中景, 후경에서 오가게 놔두고, 때로는 멀리서 사라진 캐릭터들이 클로즈업으로 다시 나타나는 걸 허용한다. 주의 깊게 관찰하면 모든 배우가 동시에 연기를 하고 있다는 것을, 그리고 중요한 사건들이 카메라 가까운 곳에서 벌어지는 동안 배경에서는 하위 플롯들이 알아보기 힘든 방식으로 전개되고 있음을 알게 된다.

이 모든 게 유명한 파티 시퀀스에서 클라이맥스에 도달한다. 이 시퀀스에는 손님들과 이웃들을 즐겁게 해 주려고 무대에 올린 아마추어 공연도 포함되어 있다. 이 시퀀스를 몇 번 거듭해서 봐야만 르누아르가 관객에게서 무대로, 무대 뒤로, 집안 다른 곳의 방과 복도로 얼마나 우아하게 이동하는지를 이해할 수 있다. 대여섯 가지 사건이 무척이나 수월하게 전개되기 때문에, 전경에서 드라마가 펼쳐지는 동안 배경에 있는 문이 열리면 다른 관계가 진척된 모습을 볼 수 있다. 빔 벤더스Wim Wenders 감독은 이렇게 말했다. "스테디캠이 나오기 훨씬 전인 그때, 사람들은 카메라가 어떻게 그렇게 가볍게 움직일 수 있는지 의아해했다."

영화가 성적인 욕망을 거의 표현하지 않는다는 점은 흥미롭다. 사냥터지기인 슈마세르는 결혼 생활에 따르는 의무들을 실행하려 열심이지만, 남편의 손길도 감내하지 못하는 리제트는 자신이 크리스틴의 하녀로 도시에 있는 동안 남편은 시골에 머물러 있기를 바란다. 크리스틴을 향한 비행사의 사랑은 전적으로 정신적인 사랑이다. 밀렵꾼 마르소는 리제트를 자기 여자로 붙드는 쪽보다는 그녀를 쫓아다니는 쪽을 더 좋아하는 것 같다. 로베르와 정부 주느비에브는 불륜 관계를 유지하는 동안 행할지도 모르는 행위들보다는 그런 관계에 있다는 사실을 더 즐거워한다. 이것은 진정 게임이다. 그런 게임을 하면서 배우자를 존중하고 로맨스를 진지하게 받아들이는 실수를 저지르지만 않는다면 사람들은 연인을 가져도 된다. 사냥터지기와 비행사의 운명이 한데 엮이는 것은 두 사람 다 자신들의 사랑은 진심이라는 환상 아래 괴로워하기 때문이다. 나는 그들이 게임의 규칙에 따라 게임하는 세 명 중 두 명이라고 말했다. 그런데 애처롭게도, 그들 각자가 벌이는 게임은 상대방이 하는 게임하고는 다른 게임이었다.

게임을 가장 잘 이해하는 사람은 로베르(달리오)다. 그가 게임에서 약간 벗어난 곳에 서 있는 유대인이기 때문일 것이다. 그는 태엽으로 작동되는 인형과 음악 장치에 열정을 보인다. 그가 작은 인형들이 종을 울리고 음을 내며 음악을 연주하는 동안, 최근에 입수한 정교하게 생긴 증기 오르간의 막을 걷으며 그 옆에 자랑스레 서 있는 장면이 있다. 최소한 그 장치만큼은 만사가 예상했던 대로 정확하게 작동한다. 달리오와 르누아르는 대화 중에 이 장면을 논한다. 달리오는 이 장면을 찍을 때 어리둥절했다고 말한다. 장난감 옆에 자랑스럽게 서 있기만 하면 되는 단순한 장면이었는데도, 이틀 동안이나 재촬영을 해야 했기 때문이다. 르누아르는 표정 연기가 정확해야 했기 때문이라고, 이 장치가 자랑스럽지만 그토록 자랑스럽다는 생각 때문에 조금은 민망하기도 하고, 아주 기쁘지만 그 기쁨을 드러내기는 약간 수줍다는 표정을 지어야 했기 때문이라고 말한다. 로베르의 얼굴로 끝나는 완성된 장면은 복잡한 감정 표현의 전형으로, 르누아르는 자신이 필름에 담았던 장면 중에서 이것이 최고의 장면일지도 모른다고 말한다. 이 표정은 영화에 감춰진 주제를 포착한다. 전쟁의 문턱에 선 그들은 자신에게 기쁨을 주는 것이 무엇인지는 알지만 그런 기쁨을 주는 행위를 거부하는 놀이를 해 대고, 그들이 그러는 동안 그들을 둘러싼 세상은 기쁨과 놀이, 거부의 면전에서 막을 내린다.

겨울 이야기

Conte d'Hiver

감독	에릭 로메르	
주연	샤를로트 베리, 프레데릭 반 덴 드리슈, 미셸 볼레티	
제작	1992년	114분

에릭 로메르Éric Rohmer, 1920~2010는 프랑스 누벨바그의 로맨틱한 철학자다. 그가 만든 작품들의 캐릭터들은 육체뿐 아니라 대화로도 사랑을 나눈다. 그들은 갑자기 몰려드는 열정에 쉽게 휩쓸리고 첫눈에 반한 사랑 때문에 정신을 못 차리면서도, 한편으로는 의혹과 분석에 빠져들어 이 모든 게 무슨 의미인지를 집요하게 추궁한다. 그들이 변함없는 매력을 보여 주는 존재라서, 그리고 로메르가 들려주는 이야기들에서는 우연과 뜻밖의 행운이 굉장히 큰 역할을 담당하기 때문에, 이런 정황은 듣는 것보다 훨씬 유쾌하다. 로메르의 마음은 나이가 들수록 젊어졌다. 80대에 접어든 그는 할리우드에서 10대 로맨스물을 만드는 냉소적인 작가들보다 더 조화롭게 사랑 이야기를 다루는 모습을 보여 준다.

로메르의 영화에는 한번 맛을 보면 결코 그 맛을 잊을 수가 없는 풍미가 깃들어 있다. 그와 자주 비교되는 일본의 거장 오즈 야스지로小津安二郎처럼, 그는 매번 똑같은 영화를 만든다는 이야기를 듣는다. 하지만 역시 오즈의 경우처럼 그의 영화들은 개별적이고 신선하며, 재탕되는 듯한 모습은 결코 보이지 않는다. 두 감독 모두 플롯보다는 사람에 초점을 맞췄다. 두 감독 모두 플롯 대부분은 어느 정도 동일하지만, 이 세상에 사는 사람 개개인은 놀라울 정도로 독창적인 존재들이라는 것을 잘 알았다.

그의 초기작들은 남자들과 여자들을 다뤘다. 후기작들은 여자들과 남자들을, 아니면 여자들과 여자들을 다뤘다. 그의 관심은 사랑과 인생의 패턴을 파악하는 것이었다. 그는 여자들이 바라보고 움직이고 말하는 방식을, 남자들을 평가하는 방식을 사랑했다. 육체적인 아름다움을 사모했지만, 그것을 결코 강조하지는 않았다. 영리하고 눈이 맑은 여배우들을 선택해 외모보다는 성격에 초점을 맞췄다. 그럼에도 남성 캐릭터들은 그녀들의 외모에 마음을 빼앗긴다. 클레르의 무릎을 만져 볼 핑계를 만들어 내겠다는 단순한 이유에서 미로처럼 복잡한 계획을 실행하는 <클레르의 무릎Le Genou de Claire>(1970)의 남자 주인공처럼 말이다.

로메르의 <겨울 이야기>의 여주인공 펠리시는 자신의 인생이 엄청나게 로맨틱한 자기 삶의 목적과 보조를 같이 할 거라고 확신한다. 필생의 사랑을 만났다가 그 남자를 놓쳐 버린 그녀는 그가 돌아오리라 기대한다. 그녀는 우연을 믿는다. 그러나 그것이 우연이라고는 믿지 않는다. 영화가 시작되면, 바닷가에서 샤를을 만난 그녀는 그를 향한 무조건적인 사랑에 빠진다. 그녀는 이것이 진정한 사랑임을 안다. 그녀는 샤를에게 자신의 주소를 건넨다. 그러나 그는 자신의 주소를 건네지 않는다. 견습 요리사인 그는 항상 이사를 다니기 때문이다. 그들은 다시 만나기로 약속한다. 하지만 "5년 후"라는 험악한 자막은 그들이 만나지 못했음을 밝힌다. 이제 그녀는 여름날의 로맨스에서 얻은 딸 엘리제와 함께 있고, 두 남자(미용실을 운영하는 막상스와 도서관에서 일

하는 로익)와 데이트 중이다. 두 남자 모두를 향한 구애 활동은 대체로 구두 협상으로만 이뤄진 듯 보인다.

샤를로트 베리Charlotte Véry가 연기하는 펠리시는 연애에 푹 빠져 있다. 그녀는 자신이 어떤 사람도 지금 이곳에 없는 샤를을 향해 보여줬던 사랑만큼 사랑할 수 없음을 잘 안다. 영화는 샤를이 결코 편지를 보내온 적이 없다는 사실을 밝힌다. 그녀가 멍청하게도 틀린 주소를 건넸기 때문이다. 로메르는 실생활에서 펼쳐질지도 모르는 방식으로 그녀의 이야기를 들려준다. 펠리시가 지하철역에서 누군가를 쫓아가는 것처럼 보이지만, 우리에게 그녀가 따라가는 남자의 모습을 결코 보여주지 않는 것은 로메르가 쓰는 전형적인 수법이다(여기서 그는 닮은 사람을 잘못 알아본다는 클리셰를 솜씨 좋고 날카롭게 비판한다). 로메르는 그녀가 거리에서 샤를을 봤을지도 모른다는 말을 무심결에 할 때까지 우리를 기다리게 만든다. 로메르는 막상스와 로익 모두가 샤를에 대해, 그리고 상대 남자에 대해 모든 것을 안다는 사실을 확고하게 설정하기 전까지도 역시 때를 기다린다. 이것은 삼각관계가 아니다. 그녀가 사랑하는 유일한 남자는 지금 이 자리에 없는 남자이기 때문이다.

펠리시는 지각 있고 재치 있는 어머니에게 막상스와 로익의 특징을 솔직하게 털어놓는다. 어머니가 로익이 더 똑똑한 사람이라고 머뭇머뭇 말하자, 펠리시는 그가 자신에게는 과분하게 똑똑한 남자지만, 육체적으로는 충분치 못한 남자라고 설명한다("나는 지적으로가 아니라 육체적으로 지배당하는 걸 좋아해요"). 그녀는 남자들을 비판적으로 비교한다. 막상스가 함께 운영하게 될지도 모르는 미용실을 보여주려고 그녀를 느베르로 초대했을 때 그녀는 말한다. "당신이 가진 책들로는 저 선반들을 결코 채우지 못할 거예요." 또한 그녀는 로익에게 그가 책 속에 들어 있지 않은 것들은 결코 리얼한 것으로 받아들이지를 않는다고 투덜거린다.

느베르 방문은 영화의 중요한 전환점이다. 엘리제가 펠리시를 성당으로 끌고 가고, 펠리시는 그곳에서 그 자리에 없는 샤를에 대해 묵상하는 순간을, 또는 샤를의 모습을 구체적으로 떠올리는 순간을 갖기 때문이다. 막상스를 떠난 그녀는 로익을 껴안지만, 결국 그녀는 다시는 샤를을 보지 못할 거라고 인정하면서 로익에게서도 떠난다. "샤를이 다시 나타나는 건 중요한 문제가 아니에요. 그는 내 마음에 남아 있어요. 그래서 나는 그 마음을 누구에게도 줄 수가 없어요." 로익은 그녀를 셰익스피어의 「겨울 이야기」 공연에 데려간다. 레온테스 왕이 왕비의 조각상을 바라보며 그녀를 다시 살려내려면 "당신의 신념을 다시 깨울 필요가 있다"는 말을 듣는 순간, 펠리시는 눈물을 흘린다.

<겨울 이야기>에 담긴 철학에 대한 논의는 여러 차례 이뤄졌다. 이제 다른 논의를 해 보자. 로메르는 자신의 신심信心을 가볍게 여기면서도 그 신심을 사시사철 간직하는 가톨릭 지식인이다. 로익은 꾸준히 예배당에 가는 사람이다. 펠리시는 신심은 있지만 — 그리고 신심이 인생사에 로익이 인정하는 것보다 더 큰 영향을 줄 수 있을 거라고 생각하면서도 — 예배당을 피한다. 놀랍게도 우리는 <겨울 이야기>의 논점이 "펠리시가 사랑을 찾아낼 수 있느냐"가 아니라, "신뢰와 믿음이 우리의 숙명에 영향을 끼칠 수 있느냐"를 발견하는 것임을 알게 된다.

로메르의 영화를 볼 때마다 그의 영화를 사모하게 된다. 1920년생으로, 세례명이 장마리 모리스 셰레Jean-Marie Maurice Scherer인 그는 처음에는 고등학교 문학 교사로, 그러고는 영화 평론가로 일했다. 그는 영화감독 에리히 폰 슈트로하임Erich von Stroheim과 통속 소설 작가 색스 로머Sax Rohmer의 이름을 합쳐 자신의 직업적인 이름을 만들어 냈다. 따라서 그의 이름은 '로메르'나 '로메이'가 아니라 '로머'로 발음해야 한다.•

• 하지만 이 책에서는 보편적으로 쓰이는 '로메르'로 표기한다.

고다르Jean-Luc Godard와 트뤼포François Truffaut 같은 다른 누벨바그의 아이콘보다 연배가 높고, 이론보다는 이야기에 더 흥미를 가진 그는 말 그대로 철야로 이어지는 대화를 담은 <모드 집에서의 하룻밤Ma Nuit chez Maud>(1969)으로 폭넓은 주목을 받았다. 그의 초기작으로는 무자비한 <몽소 빵집의 소녀La Boulangère de Monceau>(1963)가 있는데, 훗날에 감독이 된 (그리고 로메르의 오랜 프로듀서인) 바르베 슈로더Barbet Schroeder가 한 여자를 사랑하고, 그 여자를 다른 여자로 갈아 치운 다음, 애초의 여자가 다시 나타나자 새 여자를 차 버리는 남자로 출연한다.

로메르의 영화는 몇 개의 그룹으로 묶을 수 있다. 그는 ≪여섯 편의 도덕 이야기Six Contes Moraux≫로 경력을 쌓기 시작했는데, 각각의 작품은 사랑에 빠졌다가 다른 여자를 만난 남자가 그 때문에 자신의 선택에 의문을 품는다는 내용이다. <모드 집에서의 하룻밤>과 <클레르의 무릎>, <오후의 연정L'Amour l'Après-midi>(1972)이 그런 작품에 해당한다. 다음 그룹은 결말에서 진실을 밝히는 '우화들'이다. <비행사의 아내La Femme de l'Aviateur>(1980)와 <행복한 결혼Le Beau Mariage>(1982)이 그 범주에 해당한다. 이 그룹들 뒤로 <해변의 폴린느Pauline à la Plage>(1983)와 <내 친구의 남자친구L'Ami de Mon Amie>(1987)를 비롯한 ≪희극과 격언Comédies et Proverbes≫이 이어졌다. 그는 그다음에 ≪사계절 이야기Les Contes des Quatre Saisons≫를 만들었다. <겨울 이야기>는 <여름 이야기Conte d'Été>(1996), <봄 이야기Conte de Printemps>(1992), 그리고 마리 리비에르Marie Rivière가 그의 여주인공 중에서도 가장 사랑스러운 여주인공을 연기하는 경이로운 <가을 이야기Conte d'Automne>(1998)와 같은 그룹을 이룬다.

로메르의 영화를 한 편도 못 봤는데 무슨 영화부터 보기 시작해야 할지를 모르겠다면, 대답은 이것이다. "무엇이든." 숫자가 매겨진 작품들이라도 순서대로 볼 필요가 없다. 당신이 다니는 비디오 대여점이 갖추고 있는 작품이 당신의 출발점이다. 로메르는 다작을 하면서도 꾸준히 매력을 과시해 온 감독이다. 그는 리얼리스트(그의 캐릭터들은 사람들이 평소에 행동하는 것처럼 행동한다)인 동시에 섬세한 마술적 리얼리즘의 실천가다. 감춰진 패턴, 우연의 일치, 오해, 행복한 기회, 숙명적인 사고 들이 그의 캐릭터들에게 들이닥친다. 그의 영화에는 편안함이, 일상의 리듬을 갖춘 부드러운 고요함이 있다. 그리고 그는 평범한 사람들과 로케이션에서 대단한 아름다움을 찾아낸다.

로메르의 작품에는 사랑에 대한, 혹은 알맞은 이유 때문에 짝을 찾아내는 알맞은 사람들에 대한 믿음이 충만하다. 그의 작품에는 슬픔이 담겨 있지만, 우울함은 담겨 있지 않다. 그의 캐릭터들은 실망감 때문에 경악하기에는 대단히 영리하고, 의기소침해지기에는 인생에 대한 흥미를 많이 느끼는 존재들이다. 그의 영화들이 성공한 것은 거창한 진실들을 발견해 내기 때문이 아니라, 사소한 진실들을 발견해 내기 때문이다. 그의 작품들을 감상하는 것은 우리가 알고 싶어 하는 사람들 무리와 한동안 같이 시간을 보내는 것, 그런 다음에 그들이 바로 우리 자신이라는 사실을 다양한 방식으로 깨닫는 것이다.

국가의 탄생

The Birth of a Nation

감독	D. W. 그리피스	
주연	릴리언 기시, 메이 마시	
제작	1915년	158분

> 그는 어떤 인물도 이루지 못한 걸 이룩했다. 그의 작품을 보는 것은 멜로디의 탄생을, 지레나 바퀴 등이 최초로 의식儀式에서 사용된 것을, 언어의 탄생과 배합과 그 언어로 최초의 웅변을 만들어내는 모습이나 예술의 탄생을 목격하는 것과 이 모든 것이 단 한 사람이 이룬 업적임을 깨닫는 것과 비슷하다.

그리피스D. W. Griffith, 1875~1948에 대한 제임스 에이지James Agee의 이러한 견해는 위대한 영화 평론가가 영화감독에게 보낸 모든 찬사 중에서 으뜸가는 찬사였을 게 분명하다. 반면, 마찬가지로 걸출한 평론가였던 앤드루 새리스Andrew Sarris는 그리피스의 걸작에 대해 이렇게 썼다. "클래식이건 아니건, <국가의 탄생>은 오랫동안 영화학도들을 당혹스럽게 만든 작품 중 하나였다. 이 영화를 무시할 수는 없다. (…) 그러나 이 영화는 인종주의라는 단어가 일상적으로 쓰이지 않던 시절에도 지나치게 인종주의적인 작품으로 간주되었다.”

여기 이 영화에 대한 인용문이 두 개 더 있다.

> 이 영화는 번갯불을 불빛 삼아 역사를 저술한 것과 비슷하다. 내가 느끼는 유일한 유감은 이 영화가 지독히도 참되다는 것이다.
>
> — 우드로 윌슨Woodrow Wilson 대통령. 전해진 바에 따르면 그가 백악관 시사회에서 영화를 감상한 후에 한 말이다. 이 견해는 이 영화 대부분의 프린트에서 서두에 인용되어 스크린에 등장했다.

> 대통령께서는 문제가 제기되기 전까지는 이러한 인용의 본질에 대해 조금도 아는 바가 없었으며, 이 인용문을 인용하는 걸 승인한 적도 결코 없었습니다.
>
> — 윌슨 대통령의 비서인 J. M. 투멀티J. M. Tumulty 가 영화에 등장하는 흑인으로 분장한 악당들과 영웅적인 KKK Ku Klux Klan, 큐 클럭스 클랜 에 대해 항의한 미국흑인지위향상협회 보스턴 지부에 보낸 편지에서

이 영화에 대해 논의할 때마다 빠지지 않고 언급되는 윌슨 인용문의 출처를 아는 사람은 아무도 없는 것 같다. 항상 “그리피스 씨”라는 경칭으로 부르면서 사랑했던 게 분명한 남자에 대한, 감동적일 정도로 애정이 깊으면서도 명쾌한 시선을 유지하는 회고록 『영화, 그리피스 씨, 그리고 나The Movies, Mr, Griffith, and Me』를 쓴 사랑스러운 릴리언 기시Lillian Gish도 그것을 모른다. 걸출한 전기 『D. W. 그리피스: 미국적인 삶D. W. Griffith: An American Life』을 쓴 리처드 시켈Richard Schickel도 모른다. 이 인용문은 에드먼드 킨Edmund Kean이 펼친 연기에 대한 콜리지Samuel Taylor Coleridge•

• 영국의 시인 겸 문학 평론가(1772-1834)

의 유명한 코멘트와 비슷하다. "번개 불빛으로 셰익스피어를 읽는 것과 비슷하다."

내 개인적인 추측은 사석에서 이와 비슷한 말을 한 윌슨이 영화에 대한 언론사 논설위원들의 공격이 심해지자 자신의 견해를 부인하는 게 바람직하다는 것을 깨달았다는 것이다. <국가의 탄생>은 분명히 현대 관객들에게는 커다란 도전으로 다가온다. 무성 영화에 익숙하지 않고 영화의 역사에 무관심한 사람들은 이 영화를 별나면서도 자기 취향에는 맞지 않는 영화로 받아들인다. 초반에 등장하는 전투 장면이 대단하다는 걸 이해하기에 충분할 정도로 그 방면에 대해 조금 아는 사람들은 케케묵은 민스트럴 쇼Minstrel show•나 상스럽고 코믹한 정치 팸플릿만큼이나 서투른 방식으로 인종주의를 주장한 남북 전쟁 이후의 재건기 장면들에 짜증을 내게 된다.

1960년대 전까지만 해도 가장 위대한 미국 영화로 거명되던 <국가의 탄생>은 지금도 영향력 있고 선구적이며 역사적으로 중요한 영화라는 찬사를 받는다. 옳은 말이다. 그런데 실제로 이 영화를 보는 사람이 있을까? 키노에서 빼어난 DVD 복원판을 출시했음에도, 사람들은 이 영화를 거의 감상하지 않는다. <국가의 탄생> 때문에 항의를 받은 그리피스가 속죄 차원에서 만든 <인톨러런스Intolerance>(1916)를 보는 사람이 많은지는 모르겠다. 그리피스의 <흩어진 꽃잎Broken Blossoms>(1919)을 『위대한 영화』 1권에 포함시킨 내가 이제야 <국가의 탄생>을 언급하는 것은 이 영화에 대한 내 혼란스러운 심정을 보여 준다. 나는 이 영화를 피해 왔다.

하지만 이 영화는 분명히 미국 영화사에서 피해 갈 수 없는 작품이며 마땅히 다뤄야 할 작품이다. 따라서 나는 제임스 에이지의 다른 인

• 백인들이 흑인 분장을 하고 흑인 가곡을 부르는 쇼

용문으로 방향을 틀고자 한다. "내가 영화에서 봤던 가장 아름다운 단일 숏은 <국가의 탄생>의 돌격 장면이다. 그 장면의 리얼리즘을 찬양하는 이야기를 들었다. 그런데 그 장면은 리얼리즘의 수준을 훌쩍 뛰어넘는 장면이다. 내 눈에는 남북 전쟁이 어떤 전쟁이었는지에 대한 집단적인 꿈을 실현한 장면처럼 보인다."

남북 전쟁이 배경인 단조로운 영화 <신의 영웅들Gods and Generals>(2003)을 최근에 마지못해 경건한 자세로 견뎌 냈던 나는 <국가의 탄생>의 돌격 장면을 다시 보고는 에이지의 의견에 동의했다. 그리피스는 모든 영화감독과 그를 추종하는 관객들에게 영화란 어떤 것인지, 어떤 것일 수 있는지를 보여 줬다. 이런 업적이 인종주의 때문에 망가진 영화로 만들어졌다는 사실은 놀랄 일이 아니다. 한동안 노예제와 민주주의가 조화롭게 공존할 수 있는 나라였던 미국의 영혼에는 오물이 묻어 있다. 미국의 역사를 이해하려면 미국 헌법의 제정자들이 (흑인을 제외한) 모든 인간은 평등하게 창조됐다고 믿었다는 모순에서 시작해야 한다.

그리피스는 만신전에 있는 그의 자리를 결코 잃지 않을 것이다. 그러나 <국가의 탄생> 후반부 장면들이라는 오점도 늘 그를 따라다닐 것이다. 여러 해 동안 가장 인기 있는 영화로 남아 있던 이 영화가 백인들의 관점을 폭넓게 표명했으며 대중적으로 받아들여졌다는 사실은 명백한 역사적 교훈을 준다. 반反흑인적이라는 항변을 받은 그리피스가 내놓은 온정주의적인 답변을 인용할 때, 기시 양은 자신이 깨달은 것보다 더 많은 사실을 드러낸다. "그렇게 말하는 것은 내가 아이들을 적대시한다고 말하는 것과 비슷하다. 그들은 우리의 아이들로, 우리가 평생토록 사랑하고 돌봐야 하는 대상인데 말이다."

그리피스와 <국가의 탄생>은 그 영화를 탄생시킨 시절의 미국만큼만 문명화되어 있었다. 영화는 1915년 당시 미국의 백인들이 자신이 인종주의자라는 사실을 깨닫지 못하면서도 얼마나 인종주의적으로 굴 수 있었는지를 보여 준다. 그 사실만큼은 알아둘 가치가 있다. 아주 오래 전부터 그 사실을 알고 있던 흑인들은 날마다 그 사실을 거듭해서 고통스럽게 목격했다. 그런데 <국가의 탄생>은 그 사실을 확연하게 보여 줬고, 이 영화의 중요한 점 중에는 이 영화가 그런 사실을 명확하게 예증한다는 점도 포함된다. 이 작품이 시대를 반영했다는 사실은 슬프게도 이 작품이 가진 여러 가치 중 하나다.

<국가의 탄생>을 이해하려면 우선 우리가 영화에서 끄집어내는 것과, 영화가 우리에게서 끄집어내는 것 사이의 차이를 이해해야 한다. 진지한 영화 관객이라면 조만간 단순히 영화에 빠져드는 느낌만으로 영화를 감상하는 지점이 아닌, 영화를 그 자체로 감상할 수 있는 지점에 도달할 것이다. <국가의 탄생>은 악의 편을 들기 때문에 나쁜 영화가 아니다. 리펜슈탈Leni Riefenstahl의 <의지의 승리Triumph des Willens>처럼 이 영화는 악을 주장하는 걸출한 영화다. 영화가 어떻게 그런 주장을 펴는지를 이해하는 과정에서 영화에 대해 많은 것을 배울 수 있다. 심지어는 악에 대해서도 무언가를 배울 수 있다.

그런데 콘텐츠와 그 콘텐츠를 만든 기술을 분리하는 게 가능할까? 개리 윌스Garry Wills는 그리피스의 영화가 "레니 리펜슈탈의 영화나 에즈라 파운드Ezra Pound•의 시가 제기하는 것과 똑같은 의문을 제기한다"고 주장했다. "예술이 아름다움과 진리에 봉사해야 한다면, 위대한 예술이 끔찍한 이데올로기의 노예가 되는 것은 어떻게 가능한가?" 여기서 중요한 전제는 예술이 아름다움과 진리에 봉사해야 한다는 것이다. 나는 그래야 한다고 생각하고 싶다. 그러나 세상에는 어느 쪽에도 봉사하지 않는 예술이 있다. 그러면서도 그 예술은 인간의 본성에 대한

• 미국의 시인 겸 비평가(1885~1972)

통찰력을 제공하면서 우리가 선과 악을 이해하는 데 도움을 준다. 그 경우 <국가의 탄생>은 고려해 볼 만한 가치가 있는 작품이다. 이 작품이 미국의 인종주의적인 태도를 극화하고 장려하려고 다른 어떤 예술 작품보다 더 많은 일을 했다는 피치 못할 사실의 관점에서만 말이다(인종주의에 반대하는 가장 유용한 당대의 작품은 소설 『톰 아저씨의 오두막』과 『허클베리 핀의 모험』이었다).

<국가의 탄생>에 등장한 인종주의는 몇십 년간 미국의 대중문화에서 받아들여지지 않았다. 현대 영화들에서 인종주의는 거의 드러나지 않거나 치유할 만한 수준이거나 악당들이 보유한 속성 중 하나이거나, 그렇지 않으면 낙관적인 윤리관이 활동할 수 있는 기회를 제공하는 요인이다. <국가의 탄생>은 아프리카계 미국인을 존엄성과 권리를 가진 동료 인간으로 보지 못한 19세기 남부 백인들이 내세운 태도인 작품 자체의 태도에 미안해하지 않는다. 이 영화는 토머스 딕슨Thomas Dixon의 인종주의에 물든 희곡 「클랜즈맨The Clansman」에 부분적으로 기초했다. 그리피스가 이 작품을 각색하고 싶어 했다는 사실이 그리피스 본인이 품은 편견을 드러낸다.

예를 들어 그리피스는 흑인 악당들을 그려 내려고 흑인 분장을 한 백인 연기자들을 활용했다. 흑인 분장을 한 캐릭터가 전경前景에서 연기하는 동안 뒤에 있는 들판에서는 진짜 흑인들이 노동을 하는 이상야릇한 숏들이 있다. 기시 양이 대신 전달한 그리피스의 변명은 이렇다. "캘리포니아에는 흑인 연기자가 드물었다." "그리피스 씨는 직접 훈련시킨 연기자들과 작업하는 데 익숙해 있었다." 물론 흑인 배우는 없었다. 제작진이 항상 흑인 분장을 한 백인들을 기용했기 때문이다. 그가 흑인 배우를 훈련시킬 필요가 없었던 이유도 이렇게 설명된다.

그리피스가 자신의 주장에 담긴 패러독스를 보지 못한다는 사실은 계몽적이다. 흑인 분장을 한 배우들은 그 캐릭터들을 향한 그리피스의 태도를 흑인 배우들이 했을 법한 수준보다 더 잘 보여 준다. 흑인 분장을 한 백인이라는 사실이 명확한 경우를 생각해 보라. 그들이 받은 분장은 당시에 가능했던 최고 수준의 분장이 아니었다. 이 사실의 요점은 분명하다. 성적인 내용이 담긴 장면에 흑인 배우를 활용할 수는 없었다. 그리피스가 그렇게 하고 싶었다고 하더라도 말이다. 백인 관객들이 그런 장면을 용납하지 않았을 것이기 때문이다. 그리피스는 흑인을 연기하는 배우가 흑인 분장을 한 백인이라는 사실을 관객들이 감지할 수 있기를 바랐다.

영화에서 가장 불쾌한 장면들은 KKK가 성적인 욕망을 드러내는 흑인들과 그들을 조종하는 흑인 조종자들이 오두막에 가둔 백인 가족을 구출하려고 말을 달리는 모습을 보여 준다. 이 장면들은 영화가 개봉할 당시에는 거의 멸종상태였던 KKK의 인기를 되살리는 공로를 세웠다. 오늘날 이 장면을 보는 우리는 질겁하게 된다. 그러나 1915년의 관객들은 추격 장면에서 교차 편집의 발명을 목격하고 있었다. 관객들은 이전에는 서스펜스 넘치는 클라이맥스를 구축하려고 액션을 나란히 이어 붙이는 것과 비슷한 걸 본 적이 없었다. 당신은 관객들이 흑인 분장을 한 백인을 생각하고 있었을 거라 판단하는가? 아니다. 그들은 스릴에 빠져 넋을 잃고 있었다.

오늘날 이 작품을 처음 보는 관객은 그러한 스릴을 전혀 느끼지 못한다. 그리피스는 초창기에 발명된 영화 언어를 그러모아 완벽하게 가다듬었고, 그가 구사한 영화적 기법들은 이후에 만들어진, 사실상 모든 영화의 비주얼 전략에 영향을 끼쳤다. 그 기법들이 대단히 친숙해졌기 때문에, 오늘날 우리는 그것들에 대해서는 인식조차 하지 못한다. 반면에 우리는 1915년의 백인 관객 대부분의 눈에는 보이지 않았던 영화의 인종주의적 태도에 경악한다.

그 기법들은 무엇인가? 그 기법들은 영화 문법의 기초 수준에서 출발한다. 무성 영화들은 카메라 앞에서 전개되는 줄거리를 단순히 보여 주기만 하는 조잡한 구성으로 시작됐다. 그리피스는 단편 영화와 장편 영화에서 비전을 확장시키면서, 관객에게 먹힐 것처럼 보이는 건 무엇이건 발명하거나 통합했다. 그는 영화 언어를 창조했다기보다는 그것을 성문화하고 구체적인 사례로 보여 줬다. 그래서 그 후로는 감독들이 와이드 숏(또는 '설정 숏')과 다양한 미디엄 숏, 클로즈업, 세세한 것들의 인서트를 편집해 하나의 신으로 보여 주는 게 관례화됐다. 최초의 클로즈업은 영화를 보는 관객들에게 대단한 놀라움으로 다가왔을 것이다. 그리피스는 여러 가지 숏을 이야기를 들려주는 데 필수불가결한 것들로 만들었다.

데이비드 보드웰David Bordwell은 유용한 저서 『영화 스타일의 역사On the History of Film Style』에서 그리피스는 "줄거리 있는 영화의 지속적인 예술적 원천을 완벽하게 가다듬은 공로가 있다"고 썼다. 보드웰은 영화 역사에 대한 근본적인 설명을 폭넓게 받아들인 견해의 소유자들과 몇 차례 논쟁을 벌였는데, 그리피스가 고안해 낸 혁신들을 리스트로 만들고는 이 영화가 "영화사 최초의 걸작으로 간주됐다"고 적었다.

그리피스의 핵심적인 기여 중 하나가 나란히 전개되는 액션들을 좇아가는 교차 편집의 선구적인 활용이다. 영화를 처음 보는 관객은 일군의 캐릭터를 보여 주고 나서 다른 캐릭터들을 보여 준 다음에 처음 캐릭터들로 되돌아가는 영화를 보면서 당황했을 수도 있다. 그리피스가 이런 기법을 활용해 성공을 거둔 후, 추격 장면과 다른 현대의 많은 내러티브 접근 방식이 도출됐다. 평론가 팀 덕스Tim Dirks는 교차 편집과 더불어 그리피스가 고안해 낸 다른 열여섯 가지 기법을 덧붙였는데, 이 기법들의 범위는 야간 촬영부터 아이리스 숏, 컬러 착색까지 포괄한다.

<국가의 탄생>은 분명 걸출한 시각적 아름다움과 위력적인 내러

티브를 가진 영화다. 영화는 각각 북부와 남부에서 남북 전쟁을 체험하는 가족들의 이야기를 들려주면서, 가족들 사이의 우정의 교류를 보여 주고, 국가가 갈라지면서 적으로 변한 그들을 보여 주며, 양쪽 가문의 아들들이 전쟁터에서 거의 동시에 목숨을 잃는 장면을 보여 준다. 실제 전투를 사실감 넘치는 로케이션에서 재현한 것은 전례 없는 일이었다. 일부 장면의 액션은 수 킬로미터에 걸쳐 이뤄진다. 링컨 암살 같은 역사적 사건들을 극도로 정확하게 재현한 그리피스의 시도는 당시 관객들 입장에서는 무척이나 흥미로웠을 것이다. 조지아를 관통하는 셔먼의 행군을 재현한 장면은 엄청나게 유혈이 낭자하고 무자비했던 탓에 식어 있던 남부인들의 피가 다시금 끓어오르게 만들었다.

주인공 캐릭터들의 인간미 넘치는 사연에는 우리가 주도적인 무성 영화 감독에게 기대할 만한 정조와 인간미가 담겨 있고, 액션 장면들은 당시의 다른 영화들과 비교해 보면 대경실색할 정도로 자연스럽게 흘러 다니는 카메라로 촬영됐다. 그리피스는 전장을 하이 앵글로 보여 주려고 고공 숏을 활용했고, 전투를 알기 쉽게 보여 주려고 나란히 진행되는 액션들을 교차로 편집했다. 이 장면들은 단순하게 액션을 담아낸, 규모만 큰 그림이 아니다.

그런데 재건기에 대한 해석에 접어들면 그는 흑인들을 미국 문명의 가능한 동반자로 바라보지 못하는 남부인의 눈을 통해 노예 해방과 그 여파에 대한 이야기를 들려준다. 흑인 캐릭터들은 영화 전반부에서는 대체로 배경에서 무시된다. 그러나 영화 후반부에서 그리피스는 남부를 파괴하고 약탈하겠다는 목표를 세운 북부 출신의 사악한 백인 뜨내기 정치인들의 사주를 받은, 욕정을 주체하지 못하는 해방 노예들의 희생자로 백인 여성들을 바라보는 방식으로 이야기를 극화한다. 영화 후반부에서 가장 짜릿하면서도 기술적 성취도가 높은 시퀀스는 가장 심란한 시퀀스이기도 하다. 통나무집에 포위당한 백인 가족이 흑인들과 그들의 백인 착취자들에게서 공격을 받는 동안, KKK가 그들을 구출하려고 말을 달리는 시퀀스 말이다.

한편 노예제 폐지론자인 스톤먼 상원 의원의 딸 엘지(릴리언 기시)는 스톤먼의 혼혈아 충복 린치가 가하는 성적인 공격에 맞서 싸운다. 일찍이 스톤먼은 린치에게 "자네는 여기 있는 사람들과 똑같은 사람"이라고 말한다. 집에 돌아온 그는 린치에게서 "백인 여자와 결혼하고 싶습니다"라는 말을 듣고는 만족스럽다는 듯 그의 어깨를 토닥인다. 그런데 린치가 좋아하는 여자가 자신의 딸 엘지라는 이야기를 들은 스톤먼은 격한 태도를 보인다. 노예제 폐지론자들과 뜨내기 정치인들이 해방 노예들에게 거짓말을 했으며, 탐욕과 돈벌이를 위해 그들을 조종했음을 보여 주는 그리피스의 방법이다.

영화의 긴 3막은 가장 저속한 인종주의가 자리 잡은 곳이다. 앞선 1막과 2막의 효과가 뛰어나다는 점은 부인할 수 없다. 북부는 혼자서도 풍족한 상태로 남아 있어야 한다는 암시를 품은 1막은 남북 전쟁 이전 시기 미국의 전원적이고 이상적인 관점을 설정한다. 2막은 전쟁 자체에 대한 견줄 데 없는 장면들로, 여기서 매슈 브래디Matthew Brady가 담당한 촬영은 위력적인 리얼리즘과 확신을 담고 있다.

광대한 풍경부터 사소한 인간적인 장면까지 편집을 적절하게 해내는 그리피스의 솜씨는 출중하다. 그는 영화가 거대한 그림의 한복판에서 사소한 것들을 잡아내는 식으로 사건을 재빠르게 훑는 인간의 능력을 모방할 수 있음을 본능적으로 이해한 최초의 감독이었다. 많은 무성 영화가 보여 준 움직임은 느렸다. 관객들보다 앞서 나가는 것을 두려워하는 듯했다. 반면에 그리피스는 앞으로 열심히 질주해 나갔고, 그의 영화를 본 관객들이 받은 강렬한 인상은 유례가 없는 것이었다. 그들은 영화가 해낼 수 있는 것이 무엇인지를 처음으로 알게 됐다.

노예제가 미국의 커다란 원죄였던 것처럼, <국가의 탄생>도 그리피스의 원죄다. 그래서 그는 여생 동안 그 원죄를 속죄하려 노력했다. 19세기에 태어난 남부인이었던 그가 내세운 편견들이 대단히 본능적이라서, 그의 영화에 담긴 모욕들은 그게 왜 모욕인지를 그에게 설명해줘야 하는 것들이었다. 기특하게도 그의 차기작 <인톨러런스>는 사죄를 하기 위한 시도였다. 그는 KKK 관련 장면들을 모두 들어낸 버전을 편집하기도 했다. 그러나 그건 해답이 아니었다. 이 영화를 봐야 한다면, 영화를 처음부터 끝까지 봐야 하고 이 영화 전체를 논해야 한다.

금지된 사랑

Say Anything...

감독	캐머런 크로	
주연	존 쿠색, 이온 스카이, 존 머호니	
제작	1989년	100분

로이드 도블러는 다이앤 코트에게 데이트 신청을 하려고 처음으로 전화를 걸 때 그녀의 전화번호를 한 자리만 누르고는 거울을 들여다보고 손으로 머리를 빗질한 후에야 나머지 숫자들을 누른다. 자신의 가장 잘생긴 모습을 보여 주고 싶기 때문이다. 그런데 그의 전화를 받은 사람은 다이앤의 아버지다. 아버지는 딸과 통화하고 싶어 하는 사내놈들의 전화를 뻔질나게 받았다. 로이드는 더듬거리며 메시지를 남기고, 자기 전화번호를 조심스럽게 두 번 반복한 다음에 말한다. "따님은 정말로 대단해요, 그렇죠?" "뭐라고?" 아버지가 묻는다. "제 말은, 따님이 정말로 대단하다는 겁니다." "그럼," 아버지는 대꾸한다. "대단하고말고."

캐머런 크로Cameron Crowe, 1957~ 감독의 <금지된 사랑> 앞부분에 나오는 이 장면은 이 영화의 미덕을 많이 담고 있다. 그저 그런 영화라면 로이드는 전화를 걸자마자 다이앤과 통화했을 것이다. 그런데 그녀의 아버지 캐릭터인 짐 코트(존 머호니John Mahoney)를 주요 등장인물로 설정한 것은 중요하다. 이혼을 한 그는 딸이 함께 살겠다고 선택한 남자고, 자신에게는 무슨 말이건 해도 좋다고 딸에게 말하는 아버지다. 이 영화는 정직함에 대한 영화다. 코트 씨가 로이드의 진심이 담긴 마지막 말에 미소를 지어야 하는 이유가 바로 그것이다. 물론 이 영화는 부정직에 대한 영화이기도 하다.

로이드(존 쿠색John Cusack)는 키 크고 성실하며 진실하고 참된 말만 하는 친구다. 자신에게는 미래가 전혀 없을 것 같다는 사실에 대해서는 특히 솔직해 보인다. 그의 미래 계획에는 대학이 들어 있지 않다. 그는 전문 킥복싱 선수로 살아가는 미래에 대해 모호하게 털어놓지만, 그가 전문적으로 킥복싱에 관여하는 모습을 보이는 건 유치원생 클래스를 가르칠 때가 유일하다. 반면 다이앤(이온 스카이Ione Skye)은 졸업생 대표로 졸업식에서 연설을 하고, 장학금을 받으면서 영국의 대학에 진학하는 대단한 우등생이다.

그녀는 아름답기도 하다. 로이드의 몸을 구성하는 원자 하나하나까지도 그녀의 미모를 사모한다. 하지만 그녀는 데이트를 그리 많이 하지는 않는다. 다른 학생들이 그녀 앞에서는 주눅이 들기 때문이다. 로이드가 가장 친한 친구 코리(릴리 테일러Lili Taylor)에게 다이앤을 사랑한다고 털어놓자, 그녀는 딱 잘라서 대답한다. "걔는 네가 사귀기에는 너무 영리한 애야." 고등학교 졸업식 날 로이드가 다이앤을 밤샘 파티에 데려갔을 때, 누군가가 그녀에게 묻는다. "너 왜 로이드 도블러랑 같이 온 거니?" 다이앤은 대답한다. "나를 웃겼거든."

다이앤은 자신이 많이 웃는 편이 아니라는 것을 안다. 그녀는 아버지에게 파티가 얼마나 즐거웠는지를 말하고는, 고등학교 시절에 놓친 재미들에 대해 이야기한다. "내가 다른 애들 모두하고 너무 거리를 뒀던 것 같아요." 로이드와 다이앤은 시험 삼아 데이트를 시작한다. 그녀는 그가 타고난 자상한 남자임을 깨닫는다. 그가 그녀의 마음을 얻는 순간은 주차장에서 깨진 유리 조각을 피해 걸어가라고 조심시켰을 때다.

코트 씨가 보기에 로이드의 가장 큰 문제점은 적절한 미래 계획이 전무하다는 것이다. 로이드조차도 킥복싱이 생계를 해결해 줄 직업이라고 생각하지는 않는 듯 보인다. 그러나 자신이 하기를 원치 않은 일에 대한 그의 생각은 명확하다. "뭘 사거나, 뭘 팔거나, 뭔가를 가공하는 직업은 갖고 싶지 않아요."

대부분의 사람들이 러브 스토리를 보러 가는 이유는 자신들을 영화 속 연인들과 이런저런 방식으로 동일시하기 위해서다. 그 연인들은 대개는 우리의 믿음을 얻을 만한 존재들이 아니다. 냉소와 천박함, 무지를 찬양하는 현대의 틴에이지 영화들에 나오는 연인들은 특히 그렇다. 그에 비해 <금지된 사랑>은 고상하고 기품 있는 축에 속한다. <슬랙커즈Slackers> 같은 영화를 만든 사람들에게 이 영화를 보여 주고는 창피하지 않느냐고 물어보고 싶다. <금지된 사랑>은 전적으로 리얼한 세계에 존재한다. 판타지도 아니고 위선적인 우화도 아니다. 등장인물들은 우리가 금세 알아볼 수 있는 사람들이고, 영화는 인간적인 감정에 대한 관심과 배려 속에 연출됐다. 『엔터테인먼트 위클리Entertainment Weekly』가 최고의 현대적 로맨스 영화로 이 영화를 꼽았을 때, 나는 조금도 놀라지 않았다.

이 데뷔작을 집필하고 연출한 캐머런 크로는 10대 시절에 겪었던 정서와 기억을 영화에 불어넣는 능력을 가진 사람 같다. 그의 자전적 영화 <올모스트 페이머스Almost Famous>(2000)의 배경은 <금지된 사랑>의 시애틀하고는 생판 다른 세계인 록 콘서트의 무대 뒤이지만, 패트릭 푸짓Patrick Fugit과 존 쿠색이 연기하는 캐릭터들은 자신들에게 참되려고 성심껏 노력하는 쌍둥이 같은 존재들이라고 할 수 있다. 두 캐릭터 모두 존경받기 어려운 직업적 야심을 품고 있다(부모가 보기에 록 평론가가 되겠다는 것은 킥복싱 선수가 되겠다는 것보다 그리 더 나은

야심이 아니다). 둘 다 자신들이 품은 꿈에 너무 열중한 탓에 전통적으로 사회가 높이 평가하는 포부는 무시해 버린다. 둘 다 가까이 할 수 없는 게 분명해 보이는 여자들과 사랑에 빠진다. 로이드 도블러는 다이앤도 그를 사랑한다는 행운을 누리기는 하지만 말이다.

영화는 18세에 겪는 로맨스의 단계들을 통과하는 연인들을 점잖고 전략적인 방식으로 따라간다. 그들이 차 뒷좌석에서 마침내 섹스를 하려고 할 때, 그 장면은 현대의 많은 틴에이지 영화가 보여 주는 어이없는 웃음이 터져 나오는 땀내 나는 추접한 장면으로 전락하지 않는다. 그 대신 영화는 그들에게 조심스레 귀를 기울인다. "떠는 거야?" 그녀가 그에게 묻는다. "아니." 그가 말한다. "떨고 있잖아." "아니라니까." 그가 말한다. 그녀가 다음 날 아침에야 집에 돌아오자(이것은 그녀가 아버지에게 자기 행방을 전화로 알리지 않은 최초의 경우다) 아버지는 화를 낸다. 그러나 딸을 무척이나 사랑하는 아버지는 마음을 진정시키고는 그녀가 하고 싶어 하는 이야기를 귀담아 듣는다. 그녀가 간밤에 벌어졌던 일에 대해 묘사하는 방법은 이 영화에 담긴 결함 없는 순간 중 하나다.

두 연인 모두 툭 터놓고 고민을 털어놓을 수 있는 친구들이 있다. 다이앤의 경우, 그 사람은 아버지다. 아버지를 연기하는 존 머호니는 자신이 영화계의 어떤 사람보다도 믿음직스럽고 근사한 사람이 될 수 있다는 걸 떠올리게 한다. 그는 품위를 발산하는데, 그런 특성은 이 역할에 알맞다. 관객인 우리는 다이앤이 아버지에 대해 모르는 많은 것을 알게 된다. 아버지가 운영하는 사립 요양원의 재무 기록을 국세청이 검사할 때, 다이앤은 아버지의 사건을 따지러 지방 세무관을 만나러 간다. 단역이지만 없어서는 안 될 역할인 세무관(필립 베이커 홀Philip Baker Hall)은 무뚝뚝하지만 불친절하지는 않은 목소리로 말한다. "하지만 너희 아버지는 죄를 지었어."

코리는 로이드의 친구다. 이것은 릴리 테일러가 줄리아 로버츠Julia Roberts와 애나베스 기시Annabeth Gish를 처음으로 세상에 알린 기념비적인 영화 <미스틱 피자Mystic Pizza>(1988) 이후 처음으로 출연한 영화다. 이 영화에서 그녀는 평생의 연인인 조Joe에게 차인 허스키한 목소리의 포크 가수를 연기한다. 파티에서 그녀는 "올해 63곡을 작곡했는데, 모두 조에 대한 노래야"라고 로이드에게 말한다. 그녀는 그중 일부를 노래한다("조는 울먹이면서 나한테 거짓말을 했네"). 그녀는 로이드에게 조언을 해 준다. 그러나 짝사랑이 주특기인 그녀는 참된 사랑을 나누는 로이드와 다이앤을 제대로 이해하지 못한다. 그런데 다이앤이 그만 만나야 할 것 같다는 말을 하면서 로이드는 망가져 버린다. 그녀는 이유는 말하려 들지 않는다. ("이 여자애는 달라." 로이드가 슬픔에 잠겨서 하는 말이다. "데이트할 때, 우리는 굳이 밖으로 데이트를 나갈 필요가 없었단 말이야.")

다이앤과 헤어져서 떠도는 로이드의 방황이 관객에게 먹히는 것은 로이드가 느끼는 고통을 관객도 느끼게끔 만드는 쿠색의 연기 덕이다. 그는 또 다른 믿음직한 친구인 같이 사는 (친누나 조앤Joan Cusack이 연기하는) 누나에게 의지한다. 그리고 킥복싱 선수가 되기로 마음먹은 어린 조카와 논다. 그는 사랑의 만가를 노래하는 붐 박스를 들고 다이앤의 집 건너편에 선다. 그는 갑작스러운 절교를 이해하지 못한다. 마찬가지인 우리는 그의 심정을 더욱 잘 느낀다. 그들이 마침내 재결합했을 때, 크로가 집필한 대사는 도블러의 욕구를 제대로 반영한다. 그녀는 그가 필요하다고 말한다. "누군가가 필요하기 때문이니, 아니면 내가 필요하기 때문이니?" 로이드는 묻는다. 그러고는 자신이 던진 질문에 대한 대답을 스스로 즉각 내놓는다. "신경 쓰지 마. 난 상관없으니까."

<금지된 사랑>은 무엇보다 연기자들의 인간적인 개성에 의존하

는 영화다. 쿠색과 스카이는 맑은 눈빛이 뿜어내는 솔직함 덕에, 젊은 이상주의자의 불타는 강렬함을 체현하는 능력 덕에 캐스팅된 게 분명하다. 올바른 일을 행하는 것을, 그리고 자신의 분위기를 제대로 유지하는 것을 믿기 때문이다. 최근 몇 년간 나온 애처로운 10대용 코미디들은 자신이나 자신이 다루는 캐릭터들에 대한 존경심이 없는 감독들이, 그리고 감히 꿈을 꿀 생각조차 못하기 때문에 세상을 비웃는 것에서 만족감을 느끼는 감독들이 만든 작품인 게 분명하다.

나의 삼촌

Mon Oncle

감독	자크 타티	
주연	자크 타티, 장피에르 졸라, 아드리엔 세르방티, 알랭 베쿠르	
제작	1958년	116분

자크 타티Jacques Tati, 1909~1982는 코미디 장르의 대단히 철학적인, 그러나 솜씨는 서투른 수선공이다. 그는 작품들을 무척이나 꼼꼼하고 세심하게 챙기기 때문에, 그의 영화들은 뜻밖의 사실 폭로와 자연스러운 즐거움으로 점철된다. <나의 삼촌> 초입에 등장하는 숏을, 그러니까 타티가 연기하는 캐릭터인 윌로가 옥상 방에 살고 있는 빌딩의 외면을 카메라가 훑는 장면을 숙고해 보라. 이 건물은 언뜻 보면 건물 두 채가 나란히 서 있는 것처럼 보이는데, 윌로는 그중 한 건물의 1층에 들어선다. 그런데 그가 위층으로 올라가는 동안 그의 몸이나 다리나 머리나 구두가 창문과 문과 복도를 통해 드러나면서, 두 건물은 하나로 연결된 건물이라는 게 밝혀진다. 마침내 그가 옥상에 올라갔을 때, 시야에서 사라진 그의 모습은 우리가 예상했던 곳이 아니라 스크린 반대쪽에서 나타난다.

영화에는 이러한 장면이 더 있다. 그가 창문을 열면 카나리아 울음소리가 들린다. 열린 창문의 각도를 조금 조정하면 새의 노랫소리가 그친다. 다시 창문을 열면 노랫소리가 들린다. 창문에 반사된 햇빛이 이웃집 새장에 갇힌 카나리아에 비치기 때문임을 깨닫기 전까지는 창문 자체가 노래하는 것처럼 보인다. 그는 이웃들에게 새의 노랫소리를 들려주려고 유리창의 위치를 조정한다. 나중에는 시각적으로 웃음을 주는 다른 장면이 등장한다. 우리가 다시금 빌딩 밖에서 바라볼 때, 윌로가 내려오기 시작하는 계단을 네글리제 차림의 여자가 오르기 시작한다. 그들이 복도에서 지나칠 때 그가 걸음을 멈추는데, 우리가 볼 수 있는 건 그의 구두뿐이다. 구두는 우리를 향하면서 그가 여성에게 정중히 등을 돌리고 있음을 알린다.

이 장면들은 짐 캐리Jim Carrey가 질투할 만한 동작 개그가 아니다. 이 장면들은 그 안에 담긴 조용하고 어리벙벙한 면모로 우리를 웃긴다. 또한 타티가 실망으로 가득한 세상에서 우연히도 값진 것들을 발견했다는 식의 음모 이론으로 우리를 끌고 들어간다. 겉만 번지르르한 물질주의로 가득한 1950년대의 별난 장치 중에 윌로를 배치한 <나의 삼촌>은 특히 더 그렇다. 우리는 타티의 위대한 초기작 <윌로 씨의 휴가Les Vacances de M. Hulot>(1953)에서 바닷가로 휴가 온 윌로가 대단히 선한 의도를 갖고도 사회적 참사를 연달아 일으키며 비틀비틀 갈 길을 가는 모습을 봤다. 이제 그는 도시에 있다. 이 도시는 사실상 두 개의 도시다. 하나는 작은 술집과 거리 청소부와 고물 마차가 있고 금방이라도 무너질 것 같은 빌딩들과 폴짝폴짝 뛰어다니는 떠돌이 개들과 청과물 시장이 있는 오래된 프랑스 도시고, 다른 하나는 자동화된 주택과 생기 없는 공장과 눈 뜨고 보기 힘든 패션들로 이뤄진 현대적 도시다.

윌로는 항상 똑같다. <플레이타임Playtime>(1967)과 <트래픽Trafic>(1971)에도 등장하는 타티의 캐릭터는 채플린Charlie Chaplin의 캐릭터만큼이나 변하지 않는다. 그는 갈색 펠트 중절모, 황갈색 비옷, 나비넥타

이, 꽤 짧은 바지, 줄무늬 양말 차림으로 자주 등장한다. 그가 기다란 파이프를 들고 있지 않은 장면은 찾아볼 수 없다. 그는 급할 때나 혼란스러울 때에는 파이프를 발뒤꿈치에다 신경질적으로 툭툭 친다. 그는 거의 말을 않는다. <나의 삼촌>은 사실상 절반 정도는 무성 영화로, 대사를 할 때 나는 소리는 도서관에서 예상치 못하게 듣게 되는 소음처럼 들린다. 명랑하고 간결한 곡조로 되풀이되는 음악은 서커스 관객이 광대들의 등장을 기다리는 동안 듣는 음악과 비슷하다.

윌로는 <윌로 씨의 휴가>의 주인공이었다. 그런데 <나의 삼촌>의 윌로는 방향 감각을 상실한 인물이자 실직자로, 현대 세계 때문에 어리벙벙해하며 혼란스러워하는 인물이다. 그의 누나인 마담 아르펠(아드리엔 세르방티Adrienne Servantie)은 자신이 동생을 도울 수 있을 거라 믿는다. 그녀는 남편인 무슈 아르펠(장피에르 졸라Jean-Pierre Zola)과 어린 아들 제라르(알랭 베쿠르Alain Bécourt)와 함께 미래 지향적 스타일의 기괴한 건물에 살면서 영화 대부분의 시간을 차가운 신세계를 탐구하며 보낸다.

앙리 슈미트Henri Schmitt가 담당한 프로덕션 디자인의 걸작인 아르펠 부부의 집에는 자동문, 창문, 주방 용품 들이 있고, 주둥이로 물을 뿜어내는 물고기로 만든 흉측한 알루미늄 분수도 있다. 이 물고기는 집안에 손님이 있을 때만 작동되고 가족이나 잡상인, 친척들이 있을 때는 꺼져 있다. 위층에 있는 두 개의 커다란 창문은 사람의 눈처럼 보인다. 뒤에서 조명을 받은 아르펠 부부의 머리가 눈동자 구실을 할 때는 특히 더 그렇다. 정원에는 대문까지 꾸불꾸불한 통로가 나 있는데, 통로의 구조 때문에 서로를 뜨겁게 반기며 다가서는 두 여자가 각기 반대 방향으로 통로를 걸어가게 만드는 장난기 넘치는 숏의 연출이 가능해진다. 마담 아르펠이 동생이 배우자를 찾으려면 이웃을 만나야 한다고 결정하면서, 골치 아픈 부르주아의 거북함으로 점철된 가든파티가 열린다. 파티 도중에 의자들과 테이블들은 꼴사납게 이리저리 옮겨지고, 벽을 타고 오르는 덩굴은 비참한 최후를 맞으며, 물고기 분수로 연결된 지하 튜브에는 구멍이 뚫린다.

이런저런 일들이 윌로의 주변에서 일어난다. 플라스틱 호스 공장 임원인 무슈 아르펠은 처남에게 일자리를 구해 주지만, 윌로의 취직은 인사 담당자의 책상에 찍힌 의문의 발자국과 프랑크푸르트 소시지를 닮은 호스의 생산을 포함한 온갖 난처한 사건으로 이어진다. 윌로를 이해하는 유일한 사람은 조카 제라르인 것 같다. 제라르는 현대적인 주택에 사는 걸 따분해하며, 장난꾸러기 친구들과 동네 이곳저곳을 뛰어다니려고 집에서 탈출한다. 격자무늬 옷을 입은 닥스훈트인 집안의 개도 지역의 집 없는 개들과 뛰어다니려고 집안을 벗어난다.

<나의 삼촌>은 윌로와 같은 지역에 사는 캐릭터들을 상당수 소개한다. 그중에는 빗자루를 사용할 생각은 있지만 결코 사용은 하지 않으면서 사람들과 쉴 새 없이 이야기를 나누는 거리의 청소부가 있고, 타이어가 납작해져 트럭이 기울어지는 바람에 저울이 맞지 않게 된 농산물 장사꾼도 있다. 건물 관리인의 딸 베티(베티 슈나이더Betty Schneider)와 관련된 따뜻하고 예민한 서브플롯도 있다. 베티는 윌로에게 사랑을 주면서 잠시나마 윌로와 시시덕거린다. 달곰씁쓸한 마지막 장면에서 다 자란 듯 보이는 그녀는 윌로에게 로맨틱한 제스처를 보여주고파 하는 기색을 보인다. 슬프게도 이 일을 진행하기 전에 그녀의 어머니가 나타난다.

첫 장면과 마지막 장면에 등장하는 개들의 조연 연기도 있다. 개들은 서로 볼일을 보느라 분주하다. 개들은 플롯에서 중요한 역할을 맡지 않는다. 그냥 영화에 등장해 영화의 배경을 검사하고 자신들의 영역을 표시할 뿐이다. 타티가 이 개들을 동물 수용소에서 찾아냈고, 개들을 조련하는 대신에 그냥 뛰어 놀게 놔두면서 관찰했음을 격조 높은

웹사이트 'Tativille.com'에서 알게 됐다. 여기서 타티는 "촬영이 끝났을 때 개들을 처분해야 했다"고 썼다. 하지만 개들을 동물 보호소로 돌려보내고 싶은 마음이 없었던 그는 좋은 아이디어를 떠올렸다. 그는 개들을 무비 스타로 묘사하는 광고를 신문에 냈고, 결국 개들은 모두 좋은 집을 찾아냈다. 이 가슴 훈훈한 이야기는 타티에 대한 많은 것을 설명한다.

자크 타티는 장편 영화 여섯 편과 몇 편의 단편과 TV 프로그램만을 만들었다. 그럼에도 그는 비주얼 코미디의 거장 중에서도 걸출한 무성 영화의 광대로 꼽힌다. 그는 완벽주의자였다. 정확하게 구성된 숏과 세트, 액션과 개그가 그토록 인상적인 것은 그가 차분한 정서적 영역 내부에 머무르기 때문이다. 윌로는 굶주림에 시달리지도, 시계 앞면에 매달리지도, 사랑에 빠지지도, 전쟁의 한복판에 서 있지도 않다. 그저 인생에서 멀리 떨어져 있고, 문명이 내놓은 장애물들을 뛰어넘기 위해 할 수 있는 일들을 수행하면서 상냥하고 예의바르게 빈둥거린다.

차르가 프랑스로 파견한 대사의 손자였던 타티는 연예계에 투신하는 것으로 아버지가 하던 표구업의 계승을 피했다. 인기 좋은 보드빌 연기자였던 그는 제2차 세계대전 이후에 영화계로 뛰어들었다. 처음에는 우편집배원에 대한 단편을 만들었고, 다음에는 역시 집배원을 다룬 영화인 <축제일Jour de Féte>을 만들었다. 윌로를 세상에 소개한 <윌로 씨의 휴가>는 세계적으로 엄청난 성공을 거뒀고, <나의 삼촌>은 칸영화제에서 심사 위원 대상을 받고 오스카에서 외국어 영화상을 받았다. 그는 제작비 조달에 엄청난 어려움을 겪은 차기작 세 편 때문에 빚더미에 올랐는데, 그 작품들은 이전과 같은 성공은 거두지 못했다. 그러나 그 작품들은 인간적인 주인공이 비인간적인 사회와 대면하는 방식에서 그가 더욱 대담하고 급진적으로 변해 갔다는 걸 주장할 수 있는 근거다.

나는 윌로 씨를 사랑한다. 그를 사랑하는 건 그가 어떤 해악도 바라지 않고, 어떤 해악도 일으키지 않으며, (가능한 경우에는 언제든) 어떤 해악도 보지 않기 때문이다. 그는 범법자들을 용서하지 않는다. 법을 어기는 짓을 불편하게 여기기 때문이다. 그는 버릇없는 사람의 면전에서 정중하게 고개를 끄덕이고 흥미롭게 보이려 애쓰면서 길 밖에 머무른다. 물고기가 계속 물을 뿜을 수 있도록 잔디밭에서 물이 새는 곳을 발로 밟는 식으로, 그는 위급한 상황에서 자신이 할 수 있는 일을 한다. 그가 하고 싶어 하는 것은, 아침마다 길을 나서서 이리저리 걸으며 모자를 툭툭 치고 파이프를 탁탁 치며 길에서 만난 재미난 것들을 감사히 여기는 것이다. 집주인의 딸에게 작별을 고할 때처럼 마음이 조금이라도 아플 경우에도, 그는 우리가 그 사실을 알아차리게 만들지 않는다.

“내 동생한테 필요한 건 목표예요.” 마담 아르펠이 선언한다. 그러나 그것이 정확히 윌로가 필요로 하는 것은 아니다. 그는 홀로 남은 상태에서 딱히 정해진 목표나 행선지 없이, 정처 없이 헤매면서 세상을 감상하고 싶을 따름이다. 언젠가 장뤽 고다르Jean-Luc Godard는 이런 말을 했다. “영화는 역이 아니다. 기차다.” 나는 이 말이 뜻하는 바를 전혀 몰랐었다. 윌로 씨가 그 뜻을 보여 주기 전까지는 말이다. 여행길에는 즐거움이 있고, 목적지에는 슬픔이 있다.

네 멋대로 해라

À Bout de Souffle

감독	장뤽 고다르	
주연	장폴 벨몽도, 진 세버그, 다니엘 불랑제	
제작	1960년	89분

> 우리가 이야기할 때, 나는 내 얘기만 했고, 당신은 당신 얘기만 했어. 서로에 대해 이야기했어야 했을 때.
>
> **— 미셸이 퍼트리샤에게**

현대 영화는 장뤽 고다르Jean-Luc Godard, 1930~ 가 1959년에 만든 <네 멋대로 해라>의 이 지점에서 시작된다. 1941년에 나온 <시민 케인Citizen Kane> 이후로 이토록 큰 영향력을 행사한 데뷔작은 없었다. 고다르의 '점프 컷jump cut' 기법은 새로운 영역을 개척한 걸출한 기법이라고 의무적으로 거듭 거론되지만, 이는 깜짝 놀랄 만한 기법이었던 만큼 사실 훗날에 가서야 거론되기 시작했다. 이 영화에서 가장 혁명적인 것은 우물쭈물하지 않는 진행 속도, 쿨한 초연함, 권위에서 벗어난 자세, 그리고 자신들에게만 집착하고 거대한 사회는 안중에도 없는 자기중심적인 젊은 주인공들이었다. <네 멋대로 해라>에서 시작해 <우리에게

내일은 없다Bonnie and Clyde>, <황무지Badlands>와 1960년대 후반에 젊은 이들이 일으킨 격변을 일직선으로 꿰뚫는 계보가 있다. 이 영화는 1967년과 1974년 사이에 꽃피웠던 할리우드의 황금기에 중요한 영향을 끼쳤다. 우리는 장폴 벨몽도Jean-Paul Belmondo가 연기하는 천하태평 살인자 미셸의 직계 후손들인 파치노Al Pacino, 비티Warren Beatty, 니컬슨Jack Nicholson, 펜Sean Penn이 연기한 캐릭터들을 헤아리지 않고는 이야기를 시작할 수도 없다.

<네 멋대로 해라>는 오랜 세월이 흐른 지금도 관객들을 깜짝 놀라게 만들면서 영화로 빨아들이는 위력을 가진, 살아 꿈틀거리는 영화로 남아 있다. 무엇보다 매혹적인 것은 두 젊은 캐릭터의 순수함, 그리고 도덕에 초연한 태도다. 실제보다 더 터프한 척하는 자동차 도둑 미셸과, 소르본대학에 입학할 때까지 기다리는 동안 길거리에서 『뉴욕 헤럴드 트리뷴New York Herald Tribune』 파리판을 판매하는 미국인 퍼트리샤(진 세버그Jean Seberg). 그들은 자신들이 무슨 짓을 하는 건지 알까? 영화에서 벌어진 두 건의 살인은 모두 미셸이 다른 누군가의 권총을 우연히 갖게 됐을 때 벌어진다. 퍼트리샤가 그와 엮이는 것은 애정과 섹스, 그의 갱스터 페르소나에 대한 매혹이 비슷한 정도로 작용한 결과로 보인다.

미셸은 자신이 좋아하는 영화의 스타들처럼 터프해지고 싶어 하며, 보가트Humphrey Bogart를 우상으로 여긴다. 그는 거울을 보며 표정 연기를 하고 중절모를 쓴다. 그가 담배를 피우고 있지 않은 모습은 한 번도 볼 수 없다. 그의 입에서 담배가 떨어지는 건 다른 담배를 끼워 넣을 때뿐이다. 담배가 사방에 등장하기 때문에, 미셸이 죽어 가면서 연기 같은 숨을 내쉬는 것은 고다르가 우리를 상대로 치는 장난처럼 보인다. 스물여섯 살의 벨몽도에게는 10대의 분위기가 아직도 약간 남아 있기 때문에 우리가 그를 처음 봤을 때 그가 쓴 모자는, 심지어 그

가 문 담배는 그의 얼굴에 비해 너무나 커 보인다. 보슬리 크로더Bosley Crowther는 『뉴욕 타임스The New York Times』의 선동적인 리뷰에 그가 "보는 사람을 최면에 빠지게 만들 정도로 못생겼다"고 썼지만, 크로더의 글도 벨몽도가 장 가뱅Jean Gabin과 제라르 드파르디외Gérard Depardieu 사이에 가장 성공한 프랑스 스타가 되는 것을 막지 못했다.

세버그는 미국에서 재앙과 같이 시작했던 경력을 새로이 시작하고 있었다. 오토 프레민저Otto Preminger는 <성녀 잔 다르크Saint Joan>(1957)의 스타를 찾기 위한 유명한 오디션을 주최하고는 아이오와주 마셜타운 출신의 연기 경험이 없는 열여덟 살 아가씨를 캐스팅했다. 이때 세버그는 끔찍한 평가를 받았는데, 그녀의 연기를 실제보다 더 열악하게 평가한 리뷰들도 있었다. 프레민저가 자신이 옳았음을 입증하려고 만든 차기작 <슬픔이여 안녕Bonjour Tristesse>(1958)에는 더 심한 악평이 쏟아졌다. 그 후 그녀는 유럽으로 날아갔고, 고다르가 <네 멋대로 해라>에 캐스팅했을 때 그녀의 나이는 스물하나에 불과했다.

그녀가 연기하는 퍼트리샤는 이 영화가 품은 위대한 수수께끼다. 우리는 미셸에 대해서는 외모만으로도 어느 정도 파악할 수 있다. 그는 갱스터 같은 자세를 취하면서 쿨한 겉모습을 유지하지만 내면 깊은 곳에서는 겁에 질려 있다. 그가 내세우는 페르소나는 그가 느끼는 절망감을 감추려는 연기다. 그런데 퍼트리샤는 어떤가? 그녀가 임신했으며 아이 아버지를 미셸이라고 생각한다는 것은 중요한 사건이어야 마땅할 텐데도 전혀 중요하게 보이지 않는다. 그녀가 미셸에 대한 깜짝 놀랄 정보들(그는 살인자이고 유부남이며 두 개 이상의 이름을 쓴다)을 대단히 초연하게 받아들이기 때문에, 우리는 완벽한 말괄량이처럼 생긴 그녀의 얼굴을 자세히 살피게 되고, 그녀가 어떤 생각을 할 수 있을지 궁금해하게 된다. 그녀가 미셸을 배신하는 것도 미셸 때문이 아니고, 옳고 그름의 문제도 아니라는 게 밝혀진다. 그 배신은 자신이 미셸

을 사랑하는지 아닌지를 판단해 보려고 자신에게 제기한 시험일뿐이다. 이 영화에 대한 리뷰들이 그녀를 괴물로 — 덜 현혹적이라서 미셸보다 더 사악하게 — 묘사하지 않는 건 주목할 만하다.

<네 멋대로 해라>의 촬영은 많은 전설을 낳았다. 이 영화는 프랑스 영화의 웰메이드 전통을 거부하면서 거칠고 실험적인 개인적 스타일을 포용한 프랑스 누벨바그에 속하는 핵심적인 작품 중 하나다. 누벨바그 감독 중 상당수가 반체제 잡지 『카이에 뒤 시네마Cahiers du Cinéma』에 평론을 기고하는 평론가로 경력을 시작했다. <네 멋대로 해라>의 크레디트는 고다르의 연출뿐 아니라 프랑수아 트뤼포François Truffaut의 오리지널 스토리를 포함한 누벨바그의 출석부다(고다르가 아침마다 당일에 촬영할 시나리오를 집필한 것은 유명하다). 클로드 샤브롤Claude Chabrol은 프로덕션 디자이너 겸 기술 고문이었고, 작가 다니엘 불랑제Daniel Boulanger는 경찰관을 연기했으며, 트뤼포와 (밀고자 역의) 고다르 자신이 연기한 단역들도 있었다. 모두가 파티에 참석했다. 조감독은 피에르 리시앙Pierre Rissien이었는데, 일인 다역을 맡은 그는 영화 역사에 등장하는 그 어떤 사람보다도 재주가 많은 사람으로 묘사된다.

1950년대에 만든 범죄 영화들을 통해 누벨바그가 나아가야 할 길을 제시한 장피에르 멜빌Jean-Pierre Melville은 퍼트리샤가 오를리 공항에서 인터뷰하는 작가를 연기한다. 여기서 그는 인생과 섹스에 대해 설명한다. “인생에는 두 가지가 중요합니다. 남자들에게는 여자들이, 여자들에게는 돈이.” 멜빌의 <도박사 봅Bob le Flambeur>(1955)은 봅에 대해 밀고하는 남자가 등장할 때, 그리고 미셸이 친구에게 “도박사 봅이 내 수표를 현금으로 바꿔 줄 거야”라고 말할 때 인용된다. 영화에 관해 아는 사람만 아는 농담 하나가 늘 거론되는데, 그 농담은 실제로는 틀린 이야기다. 미셸이 쓰는 가명 ‘라슬로 코바치László Kovács’에 대해 헤아릴 수 없

이 많은 작가가 헝가리의 전설적인 촬영 감독의 이름을 인용한 거라고 소개한다. 사실 고다르는 당시에 코바치를 만난 적이 없었다. 그 가명은 샤브롤의 <이중회전À Double Tour>(1959)에서 벨몽도가 연기한 캐릭터를 인용한 것이다. 영화의 역사에서 대단히 많은 것을 인용하는 영화에서 영화의 미래와 맞아떨어지는 요소가 발견된 건 재미있는 일이다.

이 영화에 참여한 고다르의 핵심적인 동료가 촬영 감독 라울 쿠타르Raoul Coutard였다. 그는 고다르와 여러 번 작업했는데, <주말Week-end>(1967)이 대표적이다. 이것은 쿠타르의 네 번째 영화였는데, 그가 활용한 기법들은 전설이 됐다. 트래킹 숏을 찍는 데 필요한 트랙을 마련할 형편이 안 되자 카메라를 붙잡고는 직접 휠체어를 밀었다는 이야기, 실제처럼 보이고 싶어 하는 다른 많은 픽션 영화에 영향을 끼친 거친 화면을 이뤄 낸 방법, 근사한 조명을 경멸했다는 이야기, 가벼운 카메라가 탄생하기도 훨씬 전에 핸드헬드 테크닉을 활용한 방법, 어떤 숏에서 샹젤리제의 가로등이 벨몽도의 뒤쪽으로 다가오게끔 타이밍을 맞춘 방법 등등. 그리고 침대에 누운 벨몽도와 침대 옆에 앉은 세버그가 담배를 피우는 모습을 사랑스러운 배경 조명으로 잡은 숏이 있다. 창문에 들어오는 빛은 두 사람을 구름 속에 담는다.

이 숏은 참신함과 자연스러움으로 살아 움직이는 긴 신에 포함된 장면이다. 집에 돌아온 퍼트리샤는 침대에 누워 있는 미셸을 발견한다. 그들은 이야기를 나누고, 시시덕거리고, 담배를 피우고, 싸우고, 결국에는 사랑을 나눈다. 그녀는 포크너William Faulkner를 인용한다. "나는 슬픔과 무無 중에서 슬픔을 택할 것이다." 미셸은 자신이라면 무를 택할 거라고 말한다. "슬픔은 타협이야." 그녀는 어린 소녀를 그린 르누아르Auguste Renoir의 포스터 앞에서 포즈를 취하고는 누가 더 예쁘냐고 묻는다. 미셸은 가면을 들고 있는 남자를 그린 피카소의 포스터 아래에 앉는다. 심란하게도, 이 기다란 신 내내 두 사람 모두 창밖으로 꽁초를 던진다.

이 장면에서, 그리고 영화 내내 고다르는 점프 컷(계속되는 동작이나 대사 도중에 편집을 하면서도, 편집되어 이어진 두 장면이 자연스럽게 이어지게 만들려는 시도를 하지 않는 것)을 활용한다. 이 기법은 "정치적인 의도에서라기보다는 약간 우연에 의해 탄생된 것"이라고 호주 평론가 조너선 도슨Jonathan Dawson은 말한다. 처음에 완성된 영화는 지금보다 30분 정도 길었다. "고다르는 신이나 시퀀스 전체를 들어내기보다는 신 내부를 가위질하는 쪽을 택하는 것으로, 지금도 액션 영화감독들에게 무척이나 사랑받는 들쭉날쭉한 편집 스타일을 창출했다. 고다르는 가위를 들고 필름으로 가서는 따분하다고 생각되는 건 무엇이건 잘라 버렸다."

이 기법은 두 사람이 훔친 컨버터블을 타고 파리를 드라이브하는 장면에 매력을 더한다. 그리고 미셸이 퍼트리샤에 대해 묘사할 때, 그녀의 어깨 너머로 클로즈업을 잡는 일련의 컷이 있다. 경찰에게서 달아난 두 연인이 극장으로 숨어드는 장면은, 우리가 아는 것처럼 고다르와 트뤼포가 한때 감독 물망에 올랐던 영화인 <우리에게 내일은 없다>에 그대로 인용됐다. 각각의 경우에 대사는 그들이 하는 행위를 반영한다. 보니와 클라이드는 "우리는 돈더미 속에 있어"라는 대사를 듣고, 미셸과 퍼트리샤는 '저속한 식객을 숨겨 주는' 여자에 대한 대사를 듣는다.

영화는 선풍적인 환대를 받았다. 영화라는 매체를 영원히 바꿔 놓았다고 말해도 무난할 것이다. 이 영화를 본 젊은 감독들은 극장을 나서기도 전에 전통적인 스튜디오 영화를 찍겠다는 의지를 팽개쳤다. 나중에 이 영화의 후손인 <우리에게 내일은 없다>를 경멸한 것으로 악명 높은 『뉴욕 타임스』의 크로더는 <네 멋대로 해라>에 대해 "추접한 것들이 산더미처럼 쌓여 있는 것에 비하면 '더럽다'는 표현은 정말로 유순한 표현"이라고 말했다. 그가 보기에 점프 컷은 "화면상의 불협화음"이었다. 그렇기는 해도 크로더는 "그것은 클리셰가 아니다"라고 인정했고, 스타일과 캐릭터, 톤 면에서 영화가 보여 준 대담한 독창성은 점잔 빼는 할리우드 영화들을 눈 깜짝할 사이에 진부한 영화들로 만들어 버렸다. 고다르는 1960년대에 가장 유명한 혁신가가 됐다. 나중에 틀에 박힌 실험으로 기울면서 길을 잃기는 했지만, 자신이 원하는 게 무엇인지 알고 그것을 획득하는 방법을 어느 정도 알고 있던 그는 이 영화에서 빠르고 확신에 찬 움직임을 보이면서, 그리피스D.W. Griffith가 <국가의 탄생The Birth of a Nation>으로, 웰스Orson Welles가 <시민 케인>으로 그랬던 것처럼 영화사의 전환점을 찍었다.

당나귀 발타자르

Au Hasard, Balthazar

감독	로베르 브레송	
주연	안 비아젬스키, 프랑수아 라파르주	
제작	1966년	95분

로베르 브레송Robert Bresson, 1901~1999은 영화계의 성인聖人 중 한 명이다. 그리고 <당나귀 발타자르>는 그가 올리는 가장 가슴 절절한 기도다. 당나귀의 일생을 탄생부터 죽음까지 따라가는 이 영화는 자신에게는 자신의 삶에 대한 통제력이 조금도 없다는 사실을 고결하게 수긍하는 말없는 짐승이라는 당나귀 본연의 존재에 시종일관 위엄을 부여한다. 발타자르는 만화에 흔히 등장하는 말하고 노래하는 동물이 아니라 네 발 달린 인간이다. 발타자르는 당나귀다. 그리고 영화는 그 사실만큼이나 소박하다.

우리가 처음 보는 발타자르는 불안하게 첫 걸음을 떼는 갓 태어난 당나귀다. 그리고 영화의 나머지 부분에 대한 실마리를 제공하는 장면이 등장한다. 세 아이가 당나귀의 머리에 물을 뿌려 세례를 준다. 브레송이 주장하고자 하는 바는, 교회는 인간만이 천국에 갈 수 있다고 가르치지만 하나님 곁에는 그분이 창조하신 모든 피조물을 위한 자리가 분명히 있다는 것인 듯하다.

발타자르는 영화의 전체적인 배경인 프랑스 농촌 마을의 농장에서 초년의 삶을 보낸다. 지역 주민 중 많은 사람이 당나귀의 주인이 될 것이고, 당나귀는 그중 일부에게 한 번 이상 돌아갈 것이다. 그중 몇 명은 좋은 사람이지만, 대부분 결함이 있는 사람이다. 다른 범죄를 저지르는 주정뱅이가 동물에게만큼은 잔혹한 짓이나 경솔한 짓을 하지는 않지만 말이다.

발타자르의 첫 주인은 당나귀에게 이름을 지어주는 마리(안 비아젬스키Anne Wiazemsky)다. 그녀의 아버지는 선생님이고, 소꿉친구 자크(월터 그린Walter Green)는 훗날 그녀와 결혼하겠다고 말한다. 자크의 어머니가 세상을 떠나자, 비탄에 잠긴 그의 아버지는 고장을 떠나면서 전적으로 믿을 수 있는 사람인 마리의 아버지(필리프 아슬랭Philippe Asselin)에게 농장을 위탁한다. 발타자르를 사랑하는 마리는 발타자르의 재갈을 들꽃으로 장식하기를 즐긴다. 그러나 마을 청년들이 당나귀를 못살게 굴 때 그녀가 당나귀를 보호하기 위해 할 수 있는 일은 없다. 이 패거리의 우두머리는 제라르(프랑수아 라파르주François Lafarge)다. 미사에서 제라르가 노래를 부를 때 마리가 성가대를 올려다보자, 그는 성스러운 말씀에도 사악한 기운을 불어넣는다.

마리의 아버지는 교만이라는 죄의 희생자다. 그가 시종일관 정직하게 농장을 관리해도, 시기심 많은 이웃은 그가 농장 주인의 재산을 도둑질하고 있다는 소문을 퍼뜨린다. 그래도 그는 결백을 입증하려고 회계 장부나 영수증을 내놓기를 거부한다. 그의 고집이 곧장 집안의 파탄으로 이어지면서 마리의 어머니(나탈리 주아요Nathalie Joyaut)는 절망한다. 발타자르는 지역 제빵업자의 재산이 되고, 제빵업자의 아들(다름 아닌 제라르)은 발타자르를 빵 배달에 이용한다. 제라르는 발타자르를 학대하고 혹사한다. 발타자르는 결국 움직이기를 거부한다. 제라르는 발타자르의 꼬리에 신문을 묶고 불을 붙이는 것으로 응수한다. 결국 발타자르는 제라르의 학대 아래 쓰러지고, 발타자르를 죽이자는 이야기가 오간다.

그러나 마을의 술꾼 아르놀드(장클로드 길베르Jean-Claude Guilbert)는 당나귀를 구해 내 활력을 되찾게 해 주고, 발타자르는 서커스 동물(곱셈을 할 줄 아는 '계산하는 당나귀')로 선택받으면서 짧은 영광의 시간을 누린다. 하지만 얼마 안 있어 발타자르가 은둔자의 재산이 되면서 그 생활은 끝나고, 결국 발타자르는 처음에 태어났던 마구간으로 돌아온다. 발타자르는 거기에서 마리의 아버지뿐 아니라 마리와도 만나게 된다.

그런데 이것은 감상적인 엔딩이 아니다. 마리는 연약한 아가씨다. 참된 자크가 장성한 청년이 되어 돌아와 아직도 그녀를 사랑한다고 말하지만, 그녀는 그를 거부한다. 그녀는 자신을 못되게 대하기는 하지만 가죽 재킷을 입고 오토바이를 타고 다니는 멋있어 보이는 제라르를 더 좋아한다. 우리가 발타자르의 눈을 통해 보는 것은 왜소하고 결점이 있으며 연약한 사람으로 가득한 마을, 친절함은 보기 드물고 잔혹함은 쉽게 등장하는 세상이다. 우리가 보는 것은 그것이다. 그런데 발타자르가 보는 것은 무엇인가? 브레송이 펼치는 접근 방식의 천재성은 발타자르의 '반응 숏'이라고 묘사될 법한 순간을 한 순간도 제공하지 않는다는 점이다. 다른 영화에 등장하는 동물들은 눈동자를 굴리거나 발을 구르거나 하지만, 발타자르는 그저 어슬렁거리거나 기다리기만 한다. 그러면서 자신이 짐을 나르는 동물이라는 것을 아는, 그리고 자신의 삶은 짐을 지는 것과 지지 않는 것, 고통스러운 느낌과 그렇지 않은 느낌, 심지어는 즐거운 느낌으로 구성되어 있다는 것을 아는 당나귀의 명확한 시선으로 만사를 판단한다. 이 모든 것은 하나같이 그의 통제권을 벗어나 있다.

그런데 영화에는 발타자르의 울음소리가 들어 있다. 물론 듣기 좋은 소리는 아니다. 그냥 당나귀가 낼 수 있는 소리다. 발타자르의 울음소리를 귀에 거슬리는 투덜거림으로 듣는 이들도 있겠지만, 내가 듣기에 그 소리는 세상에서 딱 한 가지 소리만 부여받은, 그리고 그 소리를 내면서 만족감을 느끼는 짐승의 소리로 들린다. 발타자르가 특별한 사건들에 반응하면서 그런 소리를 내는 게 결코 아니라는 점을 주목해야 한다. 그런 식의 반응을 보였다면 발타자르는 만화에 나오는 동물들과 다를 바 없을 것이다.

당나귀에게는 자신의 생각을 드러낼 방도가 전혀 없지만, 그런 사실이 우리가 그의 생각을 추측하는 것을 막지는 못한다. 우리는 흰 점이 박힌 털북숭이 얼굴과 커다란 눈망울을 호감을 갖고 대하면서, 당나귀가 겪는 모든 경험에 공감한다. 브레송이 대부분의 작품에서 의도했던 계몽적인, 심지어는 숭고하기까지 한 창작 의도가 바로 그것이다. 우리는 캐릭터들에게 다가가야 한다. 무척이나 많은 영화가 관객을 위해 만사를 완성해 놓는다. 영화를 보는 우리는 웃거나 울라는 신호를 받는다. 두려워하거나 안도하라는 지시를 받는다. 히치콕Alfred Hitchcock은 영화를 관객의 내면에서 감정을 불러일으키기 위한 기계라고 불렀다. 하지만 브레송은 (그리고 오즈 야스지로小津安二郎는) 다른 접근 방식을 취한다. 그들은 캐릭터들을 존중하고, 우리에게도 자신들과 함께 캐릭터들을 존중해 달라고, 우리 자신의 결말이기도 한 캐릭터들의 결말에 당도해 달라고 요청한다. 이것은 감정 이입이 필요한 영화다. 오즈와 브레송 모두 관객의 감정에 이런저런 지시를 하는 걸 피하려고 스타일 면에서 엄격한 한계를 설정했다는 점은 주목할 만하다. 오즈는 자신이 만든 유성 영화에서는 카메라를 거의 움직이지 않았다. 모든 숏은 구도를 잡은 채 그 상태를 유지했고, 캐릭터들이 장면에 등장하기 전에 장면을 시작했다가 그들이 떠난 후에도 장면을 지속시키는 경우가 잦았다.

브레송이 설정한 가장 흥미로운 한계는 출연한 배우들에게 연기를 하지 말라고 금지한 것이다. 그는 동일한 숏을 10번, 20번, 심지어는 50번씩 촬영한 것으로 유명하다. 모든 '연기acting'가 빠져나가면서 연기자들이 자연스럽게 행동을 취하거나 대사를 내뱉는 꾸밈없는 수준이 될 때까지 말이다. 그의 영화에는 드 니로Robert De Niro나 펜Sean Penn 같은 배우들을 위한 공간이 없다. 그렇게 하면 좀비로 가득한 영화가 나올 거라 생각하기 쉽지만, 실제 결과는 정반대다. 브레송은 억양 변화나 스타일을 허용하지 않고 행위나 대사를 간결하게 연기하게 만듦으로써 자신의 영화들을 상당히 감정적인 작품으로 만드는 일종의 순수를 이뤄 냈다. 배우들은 우리가 그들에 대해 어떤 느낌을 가져야 하는지 알려 주는 일 없이 자신들의 삶을 묘사한다. 어떤 느낌을 받아야 하는지를 억지로 결정하고 억지로 감정을 이입해 온 우리는 배우들이 우리를 위해 그런 감정을 제공했을 때보다 더 강렬한 감정을 자주 느낀다.

이러한 영화 철학 아래에서 당나귀는 브레송 영화의 완벽한 캐릭터가 된다. 발타자르는 자신의 감정을 우리에게 전달하려 하지 않고, 그가 육체로 보여 주는 느낌들은 보편적인 관점에서만 우리에게 전달된다. 그는 눈에 덮이면 추워한다. 꼬리에 불이 붙으면 겁에 질린다. 저녁을 먹으면 든든해한다. 과로하면 피곤해한다. 집에 돌아오면 친숙한 장소에 왔다는 생각에 안도한다. 어떤 사람들은 그를 따뜻하게 대하고 어떤 사람들을 그를 괴롭히지만, 인간들의 행동 동기는 그의 이해 수준을 넘어선 곳에 있고, 당나귀는 으레 그래야 하기 때문에 인간들이 하는 행동을 그대로 받아들인다.

자, 다음은 아주 중요한 부분이다. 브레송은 우리 모두가 발타자르라고 암시한다. 우리가 꿈과 소망과 최고의 계획을 품고 있음에도, 세상은 우리를 데리고 결국에는 뭐가 됐건 자기 하고 싶은 일을 한다.

우리는 생각하고 추론할 수 있는 능력 때문에 세상 돌아가는 방식을 이해하고 해결책을 찾아내며 해답을 얻을 수 있다고 믿는다. 하지만 지능이 우리에게 주는 것은 우리의 숙명을 이해할 수 있는 능력뿐, 숙명을 통제하는 능력은 주지 않는다. 그럼에도 브레송은 우리를 빈손으로 남겨 두지 않는다. 그는 우리에게 감정을 이입해 보라고 권한다. 마음을 열어 남들이 느끼는 감정에 공감할 수 있다면, 우리는 인간적인 경험을 홀로 견디며 느끼는 고독 대신에 그 경험을 공유하는 데에서 위안을 찾을 수 있다.

<당나귀 발타자르>의 마지막 장면은 그 주장을 아주 아름다운 방식으로 펼친다. 늙어서 세상을 떠날 날이 가까워진 당나귀는 양떼 속을 그런 무리 속에서 삶을 시작했던 것처럼 헤매고 다닌다. 다른 짐승들이 오가면서 때로는 당나귀에게 코를 문지르고, 어떤 것들은 당나귀의 존재를 알아차리지 못하며, 어떤 것들은 이 짐승 친구를 받아들여 풀밭과 햇볕을 함께 나눈다. 양들이 자기 할 일을 계속해 나가는 동안, 발타자르는 엎드렸다가 결국 세상을 떠난다. 당나귀는 다른 피조물들이 그가 할 일을 해야 하는 곳이라고 생각하는 곳을 마침내 찾아냈다.

도박사 봅 Bob le Flambeur	감독	장피에르 멜빌	
	주연	로제 뒤셴, 다니엘 코시, 이자벨 코레이	
	제작	1956년	102분

Flamber(동사, 프랑스어): 갖고 있는 돈뿐 아니라 갖고 있지 않은 돈까지 내기에 거는 것.

나는 손에 에이스를 쥐고 태어났어. ―봅

누벨바그 전에, 고다르Jean-Luc Godard와 트뤼포François Truffaut와 샤브롤Claude Chabrol 전에, 벨몽도Jean-Paul Belmondo가 단 한 번의 매끄러운 몸놀림으로 입에다 담배를 밀어 넣고는 할리우드 갱스터처럼 파리의 거리를 걸어 다니기 전에, 봅이 있었다. <도박사 봅>, 큰판에 끼어드는 봅, 스타일은 무척 쿨하고 자존심은 엄청나게 강하며 도박 솜씨는 대단히 서툴러서 경찰에게도 호감을 사는 몽마르트의 전설 봅. 백발을 미끈하게 넘기고, 검정 정장에 타이와 트렌치코트 차림이며, 패커드 컨버터블을 몰고, 벽장에 슬롯머신이 들어 있는 아파트 펜트하우스에 사는 봅. 이 영화가 묘사하는 첫날에 경마에서 한몫 단단히 챙기고는 그것을 모두 룰렛에 걸었다가 날려 버리고 만, 그래서 다시 빈털터리가 된 봅.

장피에르 멜빌Jean-Pierre Melville, 1917~1973의 <도박사 봅>은 프랑스 누벨바그의 첫 영화라고 주장할 만한 자격이 충분한 영화다. 봅이 데리고 다니는 애송이 친구 파올로 역으로 출연했던 다니엘 코시Daniel Cauchy는 멜빌이 "고다르가 <네 멋대로 해라À Bout de Souffle>에서 했던 것처럼, 그렇지만 고다르가 등장하기 몇 년 전에" 배달용 자전거에 실은 핸드헬드 카메라를 써서 로케이션에서 촬영하고는 했다고 회상했다. 쪼들리면서 작업을 한 멜빌은 출연료를 지불할 돈이 없었지만, 배우들에게는 호출 즉시 촬영장에 올 수 있게 대기하고 있으라고 말했다. "지금 당장은 돈이 사나흘 치 밖에 없어." 그는 코시에게 말했다. "그게 바닥나면 촬영할 수 있을 때 촬영할 거야."

이 영화는 전설의 반열에 올랐지만 한동안 볼 수 없었다. 그리고 멜빌의 경력은 이제야 스포트라이트를 받게 됐다. 그는 갱스터 영화를 찍었고, 장르 안에서 작업했다. 그러나 그의 스타일이 대단히 꼼꼼하고 고상하며 꾸밈 없기 때문에, 그의 영화들은 범죄의 실내악처럼 작동한다. 1950년대의 관점에서 그는 쿨한 인물이었다. <도박사 봅>에 등장하는 캐릭터들은 "밤과 낮 사이의…… 천국과 지옥 사이의 순간들에" 비밀 도박장과 나이트클럽을 미끄러져 다닌다고 멜빌은 내레이션으로 말한다.

줄거리는 몽마르트 사람 중에 모르는 사람이 없는 도박사 봅 몽타뉴(로제 뒤셴Roger Duchesne)를 다룬다. 길모퉁이 술집의 주인인 이본(시몬 파리Simone Paris)은 봅이 빌려준 돈으로 그 술집을 사들였다. 관내 경찰서의 경위(기 드콩블Guy Decomble)는 봅이 살인자의 팔을 밀친 덕에 목숨을 구한 적이 있다. 파올로(코시)가 봅의 휘하에 있는 것은 아버지가 봅의 옛 친구였기 때문이다. 영화가 시작되면, 봅은 젊은 매

춘부 안(이자벨 코레이Isabelle Corey)이 프렌치프라이를 먹다가 스쿠터를 탄 고객의 제의를 받아들여 스쿠터에 오르는 모습을 본다. 나중에 안이 포주 마크(제라르 뷔Gérard Buhr)의 휘하로 들어갈 듯 보이자, 봅은 마크에게 꺼지라고 호통을 치고는 안을 자기 아파트로 데려간다. 그녀와 동침하는 쿨하지 못한 행동을 하려는 게 아니라 파올로를 생각하며 베푸는 호의다.

때는 1955년이다. 봅은 20년간 착실히 살아왔다. 우리는 이전에 교도소 생활로 이어진 은행털이 사건이 있었음을 알게 된다. 봅은 전쟁 전 파리에서는 갱스터였다. 그는 "더 이상은 그때 같지 않다"고 밝힌다. DVD에 삽입된 독백을 통해 그 시절을 회상하는 코시는 전쟁 때문에 구시대의 범죄 행각들은 끝장났다고 설명한다. "요즘 갱스터들은 딱하다는 생각이 들 정도의 범법자들입니다. 그 시절의 갱스터들에게는 요즘과 다른 뭔가가 있었습니다." 봅이 보수주의자에 속한다는 걸 모두 이해한다.

멜빌의 실제 성은 그룸바흐Grumbach다. 그는 『모비 딕』의 저자•를 향한 존경심에 이름을 바꿨다. 그는 미국과 관련한 모든 것의 애호가였다. 미국 영화를 끝없이 보러 다녔고, 미국을 방문했으며, 뉴욕에서 영화(<맨해튼의 두 남자Deux Hommes dans Manhattan>)를 촬영했다. 코시는 이렇게 회상했다. "그는 미제 자동차를 몰았고, 미제 모자와 레이밴 선글라스를 썼어요. 자동차 라디오의 주파수를 항상 미군 방송에 맞춰 놓고는 글렌 밀러Glenn Miller 음악을 즐겨 들었죠." 멜빌은 미국의 갱스터 영화들을 흡수했지만, 그가 직접 만든 영화는 할리우드의 모사품이 아니라 절제해서 표현한 쿨한 감각이 주입된 작품이었다. 그의 캐릭터들은 말을 거의 필요로 하지 않는다. 말이 없어도 진행되는 일이 무척

• 미국 작가 허먼 멜빌(Herman Melville, 1819~1891)을 가리킨다.

많기 때문이다. 무슨 일을 해야 하고, 어떤 방식으로 해치워야 하며 왜 그런 방식을 택해야 하는지에 대해서는 특히 더 그렇다.

<도박사 봅>은 배경을 탄탄하게 설정하는 것으로 시작한다. 방수차가 새벽 거리를 청소하는 모습이 보인다. 우리는 봅의 행적을 따라 카지노로 갔다가 결국 이 지역의 뒷골목으로 들어간 그가 마지막 남은 20만 프랑을 잃는 모습을 본다. 그는 놀라운 이야기를 듣는다. 도빌에 있는 카지노에서 때때로 금고에 8억 프랑을 보관한다는 것이다. 그는 친구들과 전문가들을 규합해 금고를 털기로 결심한다. 멜빌은 공모자들(그리고 관객들)이 강도 행각의 전체 과정을 이해할 수 있도록 범죄 주모자가 차트를 활용하는 관례를 잘 알고 있다. 그런데 <도박사 봅>은 우리를 놀랜다. 우선 봅은 허허벌판의 풀밭에 분필로 그린, 카지노의 대형 아웃라인 안에서 공모자 각각의 동선을 설명한다. "봅은 강도질을 이렇게 묘사했습니다." 내레이터가 이렇게 말하면, 우리는 갱들이 이 판타지 속에서 손님도 종업원도 없는 카지노를 헤집고 다니는 모습을 본다. 전문가들이 금고를 여는 사이에 총잡이들이 모두를 구석에 몰아넣는다는 계획은 꽤나 단순하다. 복제한 금고를 놓고 연습하던 전문가는 청진기를 쓰다가 결국 자물쇠 회전판이 움직이는 소리를 들려주는 오실로스코프까지 동원한다. 멜빌은 금고 털이범의 개를 찍은 숏으로 이 리허설의 강렬한 침묵을 강조하는데, 기쁜 모습으로 헐떡거리는 셰퍼드는 주인의 솜씨가 발전한 것에 고무된 듯하다.

금고 털이를 연기한 인물은 르네 살그René Salgue다. 코시에 따르면 그는 진짜 갱스터였다. 멜빌이 제작비를 더 모을 때까지 만사를 제쳐 두고 대기하면서 공짜로 일하겠다고 나서는 성공적인 배우를 찾기란 그만큼 쉽지 않았다. 봅을 연기하는 뒤셴은 음주 문제 때문에 위험한 인물로 여겨졌다. 멜빌은 영화에서 최고 요소 중 하나인 안을 연기한 이자벨 코레이를 길거리에서 픽업했다. 그녀에게 자신의 미제 자동

차를 타 보지 않겠느냐고 제안했던 것이다. 당시 그녀는 열여섯 살을 코앞에 두고 있었다. 부분적으로는 전설적인 <도박사 봅> 덕분에 훗날 유명한 배우들이 멜빌의 주위로 몰려들었다. 멜빌은 자신을 숭배하는 오우삼吳宇森이 2003년 개봉을 위해 복원한 <암흑가의 세 사람Le Cercle Rouge>(1970)에 알랭 들롱Alain Delon과 이브 몽탕Yves Montand을 출연시켰다. 들롱은 <한밤의 암살자Le Samourai>(1967)에서도 그를 위해 일했고, 들롱과 드뇌브Catherine Deneuve는 <불타는 마약단Un Flic>(1972)에도 출연했다.

연기자들은 많은 일을 할 필요가 없었다. 브레송 영화의 연기자들처럼 그들은 자신이 불러일으키는 이미지보다 많은 걸 체현했다. 우리가 봅에 대해 생각하는 것의 대부분은 사람들이 그에 대해 하는 말과 그를 대하는 태도를 통해 빚어진다. 뒤셴은 캐릭터를 포커페이스로 연기한다. 그는 눈살을 찌푸리기만 하지 눈을 크게 뜨는 법이 결코 없다. 파올로가 침대에서 안에게 계획에 대해 떠벌리고 그녀가 경찰 끄나풀인 마크에게 침대에서 그 이야기를 떠벌린 후, 봅은 그녀의 뺨을 때리고는 어떤 감정도 내비치지 않고 밖으로 나간다. 참, 우선 그는 이본에게 '아이를 위해' 그의 아파트 열쇠를 남겨 놓는다. 봅이 파올로에 대해 알고 파올로가 마크에 대해 아는 지금, 안이 머무를 곳이 필요할 것임을 알기 때문이다.

봅의 세계에서 여자들은 골칫거리의 주된 출처다. 안의 경거망동은 영화에서 교정된다. 그러나 남편을 통해 계획에 대해 알게 된 카지노 종업원의 부인이 행하는 배신도 있다. 멜빌은 여자를 좋아했다고, 그런데 친구들과 어울리면서 영화 이야기를 하는 건 그보다 더 좋아했다고 코시는 밝혔다. 봅은 안에게 나이트클럽의 바 걸 일자리를 구해준다. 그런 후 봅은 그녀가 담배 파는 아가씨로, 그 후 '호스티스'로 빠르게 승진하고 있음을 알고는 마크가 그녀의 포주가 되는 것을 막으려고 최선을 다한다. 어느 날 밤, 태도는 쌀쌀맞지만 봅을 고마워하는 건 분명한 그녀가 봅에게 꽃 한 송이를 건넨다. 이것은 분명히 멜빌에게 뭔가 특별한 의미가 있는 제스처다. <암흑가의 세 사람>에도 담배 파는 아가씨에게서 꽃을 받는 남자가 등장한다.

<도박사 봅>의 클라이맥스는 우주적인 규모라 할 굉장한 아이러니에 근접하는 놀라운 전개를 보여 준다. 한 남자의 고쳐지지 않는 본성이 그를 유혹 속으로 밀어 넣는 동시에 유혹에서 벗어나게 만드는 과정은 이 얼마나 기이한가. 대단히 많은 영감을 담고 있는 반전이라, 다른 많은 감독이 이 반전을 차용했다. 이 영화를 <리노의 도박사Hard Eight>에서 차용한 폴 토머스 앤더슨Paul Thomas Anderson이, <굿 씨프The Good Thief>에서 차용한 닐 조던Neil Jordan이, <오션스 일레븐Ocean's Eleven>의 원작과 리메이크작을 각각 감독한 루이스 마일스톤Lewis Milestone과 스티븐 소더버그Steven Soderbergh가 그런 감독들이다. 그러나 <도박사 봅>은 반전을 다룬 영화가 아니다. 자신의 본질적인 본성에 충실한 봅을 다룬 영화다. 그는 도박사다.

도살자

Le Boucher

감독	클로드 샤브롤	
주연	장 얀, 스테판 오드랑	
제작	1970년	93분

여자는 학교 교장이고, 남자는 도살자다. 그들은 겉으로는 드러나지 않는 엄청난 고독 속에 살아가고, 섹스에 대한 그들의 생각은 기이하게 뒤틀려 있다. 그들은 상대방을 절대로 만나지 말았어야 했다. 그들이 함께 시간을 보내기 시작했을 때, 평범하고 별문제 없는 듯 보이는 그들의 관계는 그들의 존재 구석진 곳에서 작동하는 끔찍한 엔진들에 시동을 건다. 영화가 끝날 무렵에는 두 사람의 우정이 도살자를 몰아치는 격렬한 충동을 어떻게 풀어놓았는지가 명확해진다. 그런데 많은 관객이 놓치는 것은 끔찍함이라는 측면에서 교장 선생님이 어떻게 남자에 필적할 만큼 변신했느냐 하는 점이다.

클로드 샤브롤Claude Chabrol, 1930~2010의 <도살자>의 배경은 프랑스의 평온한 마을 트레몰라다. 그의 작품 대부분과 마찬가지로 이 영화는 강을 찍은 숏으로 시작되고 끝나며, 식사 장면이 최소한 한 번은 등장한다. 사운드트랙에 깔린 불길하게 빠른 곡조와 갑자기 등장하는 강렬한 현악기 연주가 없다면, 이 지역은 유쾌한 고장처럼 보인다. 희생자 세 명이 스크린 밖에서 난도질당하는 영화지만, 우리가 볼 수 있는 폭력은 캐릭터들의 이상한 욕구에서 비롯된 정신적인 폭력뿐이다.

살인자의 정체에 대한 큰 미스터리는 없다. 살인자는 도살자 포폴임이 분명하다. 스크린에 등장하는 다른 인물 중에는 그럴싸한 용의자가 없기 때문이다. 우리는 그 사실을 알고, 도살자도 그것을 알며, 학교 교장인 엘렌 양도 어느 시점에서는 그 사실을 확실히 알고 있다. 그가 떨어뜨린 라이터를 그녀가 발견했을 때일까, 아니면 그녀는 훨씬 전부터 그를 의심하기 시작했을까? 영화의 서스펜스는 두 캐릭터가 도살자의 죄의식이라는 사실을 둘러싸고 추는 잊히지 않는 춤과 관련이 있다. 그는 그녀도 죽일까? 그녀는 살해당하기를 원하는 것일까? 아니다. 전혀 그렇지 않다. 그런데 그녀는 감질날 정도로 살해당하기 직전까지 가고 싶어 하는 건지도 모른다. 도살자의 잔인함에 매료된 건지도 모른다.

그녀는 인근에 있는 라스코 동굴과 거기에 그려진 벽화를 견학하는 동안 크로마뇽인을 긍정적으로 언급한다. 그녀는 크로마뇽인의 본능과 지능은 인류와 같았다고 말한다. 한 아이가 묻는다. “크로마뇽인이 지금 돌아온다면 어떻게 될까요? 무슨 일을 할까요?” 엘렌 양은 대답한다. “아마도 적응해서 우리와 어울려 살아갈 거야. 그러지 못하면 죽게 될 거야.” 그녀는 도살자를 떠올리고 있을까?

그녀는 포폴(장 얀Jean Yanne)을 처음 만났을 때 그에게서 감지되는 위험에 매료됐을 것이다. 엘렌 양(스테판 오드랑Stéphane Audran)은 동료 교사의 결혼식장에서 포폴의 옆자리에 앉는데, 그녀가 처음 본 그의 모습은 구운 고기를 써는 모습이다. 그녀가 움직이는 칼을 얼마나 열심히 응시하는지를, 자기 몫의 고기를 얼마나 간절히 받아 드는지를, 다른 사람들이 고기를 대접받기도 전에 어떻게 고기를 먹기 시작하는지를 주목해 보라. 그때까지 찾아 헤매던 무언가를 마침내 발견한 것처럼 얼마나 기이할 정도로 행복한 모습을 보이는지도 주목해 보라. 그녀는 도살자의 출현에 집중하며 경계 태세를 취한다.

결혼식이 끝나고 그가 그녀와 학교 위층에 있는 그녀의 아파트로 걸어갈 때, 샤브롤은 3분 46초간 단절 없이 지속되는 두드러진 숏을 내놓는다. 그들은 카페에 있는 사람들과 뛰노는 소년들을 지나치며 걸어 마을 전체를 관통한다. 그녀가 골루아즈Gauloise•를 꺼내 불을 붙이자 그가 묻는다. "길거리에서도 담배를 피우나요?" 그녀는 담배를 피우는 데에서 그치지 않는다. 벨몽도Jean-Paul Belmondo 스타일로 담배를 물고는 도발적인 태도로 피운다. 심지어는 이야기를 하는 동안에도 그런다. 그녀는 여성의 우월감과 신비에 관한 메시지를 포폴에게 전하고 있다. 나중에 포폴이 그녀를 방문했을 때, 그가 앉는 의자는 그를 그녀의 제자나 되는 양 그녀보다 더 작아 보이게 만든다.

엘렌 양은 트레몰라에 3년째 살고 있다. 그녀는 결혼한 적이 없다. 10년 전에 불행한 연애를 했던 그녀는 남자 없이 살기로 결심했다. 포폴은 프랑스군에 15년간 복무했다는 것 외에는 자신의 이야기를 거의 하지 않는다. 알제리와 인도차이나에서 복무했던 그는 직접 목격한 형언할 수 없이 잔인한 광경에 대한 정보를 언뜻언뜻 내비친다. 그는 부케처럼 얇은 종이에 싼 양羊 다리 고기를 그녀에게 갖다 주고, 두 사람은 함께 시간을 보낸다. 숲에서 발견된 시체들에 대한 뉴스가 날마다 당도하고, 경찰이 사방에 깔려 있다. 동굴로 견학을 간 날, 엘렌 양과 학생들은 점심을 먹으려고 절벽에서 휴식을 취하는데, 어린 소녀가 먹으려는 빵에 피 한 방울이 떨어진다. 최근에 희생당한 시신(오프닝 신에 등장한 신부新婦)에서 나온 피다.

• 프랑스의 대중적인 담배 브랜드

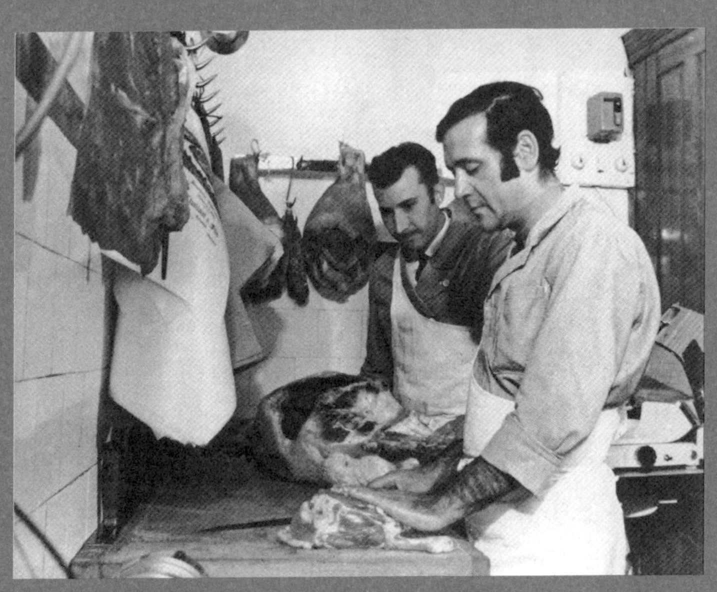

엘렌 양은 시신을 발견할 때 포폴에게 선물로 줬던 독특한 라이터도 발견한다. 우리는 그녀가 무슨 생각을 하는지 가늠하려 애쓰면서 그녀의 반응을 쫓는다. 그녀는 라이터를 서랍에 넣은 다음에 경찰에게는 아무 단서도 발견하지 못했다고 말한다. 얼마 안 있어 포폴이 브랜디에 절인 체리 단지를 들고 찾아온다. "내가 본 것 중에 최고네요." 그녀는 체리를 먹기 전에 그렇게 말한다. 우리가 느끼는 서스펜스와 호기심의 크기는 엇비슷하다. 그녀는 홀로 살인자와 동석하고 있다고 생각하는 걸까? 그는 그녀가 그 사실을 알고 있는지 궁금해하는 걸까? 결국 그녀는 불을 달라고 부탁한다. 그는 그녀가 줬던 것과 비슷하게 생긴 라이터를 꺼낸다. 그녀는 웃기 시작한다.

영화에서 흡연은 모티프다. 우리는 그녀가 담배를 피우기 전에 그가 담배를 피우는 모습은 한 번도 보지 못한다. 그가 언제, 왜 담배를 피우는지는 대단히 중요하다. 예를 들어 그가 재떨이를 바라보면서도, 그녀가 불을 달라고 요청하고 그가 라이터를 꺼내 보일 때까지는 일부러 담배를 피우지 않는 장면이 있다. 또 다른 히치콕Alfred Hitchcock 스타일의 모티프는 그녀의 금발이다. 우리는 그녀의 금발을 뒷모습으로 여러 차례 본다. 한 번은 불길하게 줌 인 하는 장면에서 보고, 영화의 결말 부분에서 그 장면과 상응하는 그녀의 얼굴로 줌 인 해 들어가는 장면에서 본다. 그리고 다른 닮은 꼴. 그가 학교에 처음 방문한 날과 마지막으로 방문한 날, 그의 얼굴은 같은 창문의 프레임에 잡힌다.

<도살자>는 관객을 늘 고민에 잠기게 만든다. 그들은 무엇을 알고, 무엇을 생각하며, 무엇을 원하는가? 영화는 감정적이고 육체적인 클라이맥스를 향해 구축되는데, 샤브롤이 그녀의 얼굴에서 그의 얼굴로 컷 하는 시퀀스의 끝부분에 다다를 때까지, 이 시퀀스에 특별한 주의를 기울일 것을 권하는 것 말고는 이 클라이맥스에 대해 묘사하지는 않겠다. 포폴의 얼굴은 필사적인 애착과 욕구를 보여 준다. 그렇다면

그녀의 얼굴이 보여 주는 것은 무엇인가? 승리감? 동정심? 공포? 일종의 성적인 성취감? 그 표정을 해석해 내면 그녀의 감정에 다가가는 열쇠를 쥐게 된다. 근심 걱정이 아닌 것은 분명하다.

1964년부터 1982년까지 샤브롤과 부부지간이었던 스테판 오드랑의 얼굴은 드뇌브Catherine Deneuve나 모로Jeanne Moreau의 얼굴과 비슷하다. 고전미를 보이지만 깊은 곳에 자리한 심오하고 기이한 욕구를 엿볼 수 있다. 마지막 시퀀스에서 오드랑의 모습은 내면에서 피어난 엄청난 흥분을 무표정으로 감춘 <세브린느Belle de Jour>의 드뇌브의 모습과 비슷하다. 오드랑은 샤브롤과 함께 <샴페인 살인Le Scandale>(1967)과 <암사슴Les Biches>(1968), <부정한 여인들La Femme Infidèle>(1969)을 작업했고, 프랑스 누벨바그의 선구적인 영화 중 하나인 <사촌들Les Cousins>(1959)에도 출연했었다.

1930년생인 샤브롤은 고다르Jean-Luc Godard와 트뤼포François Truffaut처럼 『카이에 뒤 시네마Cahiers du Cinéma』에 글을 쓰는 영화 평론가였고, 작가주의 운동을 부르짖은 인물이었다. 그는 동시대의 많은 동료보다 오래 살았고, 50편 넘는 영화를 만들면서 생산성 면에서 그들 전부를 앞질렀다. <초콜릿 고마워Merci pour le Chocolat>(2000)는 말 그대로나 상징적으로나 자신들을 독살하는 부르주아 가족에 대한 영화였고, <악의 꽃La Fleur du Mal>(2003)은 뼛속까지 썩어 버린 다른 부르주아 가족에 대한 영화다. 그가 만든 수작이나 걸작을 꼽으면 긴 리스트가 만들어지는데, 그중에는 이자벨 위페르Isabelle Huppert와 작업한 영화 네 편인 <비올레트 노지에르Violette Nozière>(1978), <마담 보바리Madame Bovary>(1991), <의식La Cérémonie>(1995), <초콜릿 고마워>도 포함된다. 그녀의 얼굴(불길하고 불안한 생각을 감춘 마스크)도 오드랑의 얼굴처럼 광포한 수동성을 보여 줄 수 있다. 사람들이 도대체 저 사람들은 무슨 생각을 하고 있는 건지 궁금해 하게 만드는 희귀한 능력을, 두 배우 모두 보유하고 있다.

<도살자>의 리뷰들을 훑어보면, 그 리뷰들이 이 영화를 잔인한 살인자와 자신이 위험에 처해 있다는 사실을 모르는 여교사에 대한 영화로 묘사한다는 걸 알게 될 것이다. 하지만 이러한 묘사는 요점을 완전히 빗나간 것이다. 요점을 찾아내기란 어렵지 않다. 샤브롤은 연출 의도를 아주 명확하게 보여 준다. 그런데 재치라고는 찾아보기 힘든 스릴러들의 공격을 너무나 많이 받아 온 우리는 살인자는 악당이고 여자는 희생자라고 가정하는 법을 배우게 됐다.

포폴이 살인자인 것은 맞다. 그런데 그도 역시 희생자이지 않을까? 그는 군대 때문에, 피와 살점 때문에 정신적인 충격을 받은 것일까? 그가 살인 충동을 느끼는 건 자신이 누구보다도 우상시하는 엘렌 양이 계속해서 냉담하게 자신과 거리를 두는 것으로 자신의 애를 태우면서도, 자기 것으로 만들 수는 없는 여자여서일까? 샤브롤이 영화에서 벌어진 여러 건의 범죄를 엘렌 양의 탓으로 돌리기까지 한다고 생각하는 사람들도 있다. 그녀가 포폴과 동침했다면 그의 포악한 충동은 다른 곳으로 방출됐을 거라는 주장이다. 그러나 그것은 그리 쉬운 문제가 아니다. 첫째, 그가 그녀에게 끌린 것은 그녀가 얻을 수 없는 여자이기 때문이었고, 그의 운명을 결정한 것은 담배를 피우며 마을을 가로지르는 그녀의 사내 같은 걸음걸이였다. 둘째, 그녀는 그가 풍기는 위험한 분위기에 별나고 모호한 방식으로 흥분했는데(나는 이렇게 믿는다), 그는 그것을 감지한 걸까? 그의 살인 행각은 고양이가 주인의 발치에 새를 갖다 놓는 것처럼 제물을 바치는 행위의 일종일까?

두 사람 사이에는 말없이 오가는 것이 무척 많다. 추측과 힌트로 주고받는 것이 무척 많다. 그들은 한 쌍이다. 맞다. 그리고 그녀는 결혼 피로연에서 그것을 감지한다. 평범한 로맨스의 관점에서 보나 결혼의 관점에서 보나, 그들은 어울리지 않는다. 그런데 이 영화에서 벌어지는 일은 그들이 커플이라서 일어난다. 그녀의 캐릭터에 충분히 공감한다면 마지막 장면을 더 깊이 있게 읽어 낼 수 있을 것이다. 그 장면은 섹스신이다. 그들은 몸을 맞대지 않는다. 그러나 또 한편으로 보면, 그들은 그랬던 적이 결코 없었다.

동경 이야기

東京物語

감독	오즈 야스지로	
주연	류 치슈, 하라 세쓰코	
제작	1953년	136분

이보다 단순한 이야기는 있을 수 없다. 노부부가 자식들과 손주들을 보려고 도시에 온다. 노인들은 바쁜 자식들의 일상을 망쳐 놓는다. 누구도 그 사실을 인정하지 않지만, 노인들의 방문은 조용한 방식으로 망가져 간다. 노부부는 집으로 돌아가고, 며칠 후 노부인이 세상을 떠난다. 이제는 자식들이 여행을 떠날 차례다.

오즈 야스지로小津安二郎, 1903~1963는 이런 몇 가지 요소만으로 영화사에서 가장 위대한 작품 중 하나를 만들었다. <동경 이야기>에는 정情에 호소하는 자극적인 요소나 작위적인 감정이 없다. 영화는 열등한 영화라면 이용해 먹을 만한 순간들에서 딴 곳으로 눈길을 돌린다. 영화는 우리의 감정을 짜내고 싶어 하지 않고, 우리의 이해를 공유하고 싶어 한다. 영화가 이런 목표를 무척이나 잘 성취하기 때문에, 나는 영화의 마지막 30분에는 거의 눈물을 쏟기 직전까지 이른다. 이 영화는 영화라는 매체를 고상하게 만드는 작품이다. 이 영화는 영화라는 매체가 우리가 자신의 불완전함에 맞서 작은 발걸음을 내딛을 수 있도록 도와줄 수 있노라고 말한다.

이 영화는 대단히 보편적이라 우리가 보자마자 알아볼 수 있는, 때로는 거울 속에서 볼 수 있는 캐릭터들과 함께 이런 위업을 달성한다. 이 영화는 우리의 가족, 우리의 본성, 우리의 결함, 우리의 사랑과 삶의 의미를 향한 서투른 탐구를 다룬 영화다. 우리를 너무 바쁘게 만들어서 가족들과 교류하지 못하게 만드는 것은 우리의 삶이 아니다. 바로 우리 자신이 사랑과 일, 죽음 같은 중요한 의문들을 다뤄야 하는 우리 자신을 막아서게끔 우리의 삶을 조직하기 때문이다. 우리는 가족과 어울려 각자의 희망과 실망을 공유할 기회가 생기더라도 날씨 이야기를 하고 TV를 시청한다.

오즈는 위대한 감독일 뿐 아니라 위대한 스승이다. 그리고 당신이 그의 영화를 알고 난 후에는 당신의 친구다. 내가 모든 숏마다 애정을 느끼게끔 만드는 감독은 오즈 말고는 없다. <동경 이야기>는 저 멀리서 배의 엔진이 통통거리는 소리, 그리고 오래 전에 아주 멀리서 들었던 라디오 소리를 떠올리게 만드는 달곰씁쓸한 음악으로 시작된다. 작은 동네의 모습을 보여 주는 실외 숏들이 있다. 오즈를 아는 사람이라면 배가 플롯과 관련이 없다는 것을, 음악이 감정을 강조하거나 설명하려 사용된 게 아니라는 것을, 작은 동네가 영화의 줄거리가 벌어지는 배경일지도 모르지만 그건 그다지 중요한 문제가 아니라는 것을 알 것이다. 오즈는 하이쿠의 베갯말枕詞과 비슷한 '베개 숏pillow shot'을 활용해, 일상에서 끌어온 짤막한 이미지들로 장면들을 분리한다. 그는 기차, 구름, 연기, 빨랫줄에 걸린 빨래, 텅 빈 거리, 건물의 작은 일부, 바람에 나부끼는 깃발을 좋아했다(그는 영화에 나오는 깃발의 대부분을 직접 그렸다).

그의 비주얼 전략은 될 수 있는 한 소박한 화면을 보여 주는 것이다(그렇기에 심오하다). 그의 카메라는 마룻바닥에서 90센티미터 높이

(다다미에 앉는 일본 사람들의 눈높이)에 항상 위치하는 건 아니지만 대체로 그 높이를 유지한다. 평론가 도널드 리치Donald Richie는 이렇게 설명했다. "카메라가 위치를 낮게 잡는 이유는 그렇게 하면 깊이감이 없어지고 2차원적인 공간이 창출되기 때문이다." 그 덕분에 우리는 구도를 더 잘 이해할 수 있게 된다. 오즈는 자신이 해당 장면에 대해 느끼는 정확한 느낌을 반영한 구도의 선과 무게와 톤을 항상 우리가 감지할 수 있게 해 준다.

그는 카메라를 거의 움직이지 않는다(카메라는 <동경 이야기>에서는 딱 한 번 움직이고, 후기작에서는 평소보다 많이 움직인다). 모든 단일 숏은 그 자체로 완벽한 구도를 갖게 고안됐다. 그런 구도가 콘티상의 에러를 만드는 경우에도 그렇다. 그는 모든 숏의 프레임을 일정한 방식에 따라 짰다. 실내 장면의 전경前景에는 — 아마도 한쪽 구석에 — 작은 찻주전자가 있다. 오즈는 찻주전자를 사랑했는데, 그 찻주전자는 일본의 판화가들이 찍는 빨간 낙관落款과 비슷하다. 이것은 작품의 제작자가 찍는 표식이다.

오즈의 영화에서 움직임이 있을 때, 그 움직임은 카메라에서 비롯하는 것이 아니라 자연이나 사람에게서 비롯한다. 그는 종종 사람들이 들어오기 전의 방을 보여 준 후, 사람들이 나간 다음에 몇 초간 그 방을 응시한다. 캐릭터들이 위층에 올라가 일을 볼 경우, 실제로 그 일을 하는 데 걸리는 시간만큼 화면을 비운다. 캐릭터가 말을 하면, 오즈는 그 캐릭터가 대사 전체를 하는 모습을 보여 준다. 편집도 없고, 대사를 듣는 숏도 없으며, 캐릭터들의 대사가 겹치는 경우도 없다. 그는 침묵을 편안해한다. 때때로 캐릭터들이 하는 말은 짤막하지만, 그 말에 담긴 뜻은 많다. <동경 이야기>의 할아버지는 종종 웃음을 지으며 "그래"라고 말하는데, 그의 말뜻은 때로는 긍정이고, 때로는 부정이며, 때로는 깊은 회한이고, 때로는 자신의 생각을 고수하겠다는 결심이다.

스타일을 보려고 영화를 보러 가는 사람이 있을까? 있을 것이다. 오즈처럼 우아하고 세련된 스타일에서 사람들은 전경에 배치된다. 그는 일상에 담긴 뉘앙스에 초점을 맞췄다. 그의 스타일은 기계적인 효과와 편집을 제거한, 공장에서 찍어 낸 스토리텔링 기법이 아니라 인간적인 느낌으로 우리를 감동시키려고 선택한 가장 인간적인 스타일이다.

<동경 이야기>의 히라야마 가족을 숙고해 보라. 할아버지인 슈키치를 연기하는 배우는 오즈가 총애한 배우 중 한 명인 류 치슈笠智衆다. 할머니 도미는 히가시야마 치에코東山千栄子가 연기한다. 할머니는 평범한 얼굴에 통통하다. 할아버지는 키가 크고 볼이 움푹 팼다. 그들 사이에 터무니없이 과한 애정은 보이지 않는다. 우리는 할아버지가 젊었을 때에는 술을 많이 마셨지만, 어느 순간 술을 끊었다는 걸 알게 된다. 그들의 결혼 생활이 완벽하지는 않았지만 그래도 세월을 견뎌 내기는 했다는 힌트들이 있다.

집에서 그들과 함께 사는 사람은 막내딸 교코(가가와 교코香川京子)다. 그녀는 오즈의 작품에 등장하는, 부모와 함께 사는 많은 미혼자식 중 한 명이다. (오즈는 한 번도 결혼하지 않은 채, 어머니가 돌아가실 때까지 어머니와 함께 살았다.) 막내아들 게이조(오사카 시로大坂志郎)는 기차 여행의 중간 지점인 오사카에서 일한다. 맏아들 고이치(야마무라 소山村聰)는 도쿄에서 동네 병원 의사로 일한다. 부모가 상상했던 것처럼 특출한 의사는 아니다. 그의 부인은 후미코(미야케 구니코三宅邦子)로, 둘 사이에는 아들이 둘 있다. 그의 여동생 시게(스기무라 하루코杉村春子)는 유부녀로 미장원을 운영한다. 둘째 아들은 제2차 세계대전에서 전사했다. 며느리 노리코(위대한 스타 하라 세쓰코原節子)는 재혼하지 않은 채 도쿄에서 사무원으로 일한다.

노부모가 도착한 직후에 비범한 장면이 등장한다. "할아버님, 할머님이시란다." 후미코가 맏아들 미노루에게 말한다. 후미코는 그러고는 시어머니에게 말한다. "미노루는 이제 중학생이에요." 따라서 이것은 미노루가 조부모를 처음 만난 자리인데, 미노루는 곧장 방에서 도망쳐 나간다. 오즈가 평생 다룬 주제는 직업과 현대화 때문에 일본의 가정이 붕괴했다는 것이다. 그는 딱 두 줄의 대사로 세대들이 얼마나 겉돌고 있는지를 보여 준다.

장성한 자식들의 속내는 착하다. 그들은 부모님을 위한 시간을 짜내려고 노력한다. 그들 모두가 투어 버스에 올랐을 때, 버스에 탄 사람 모두가 한 몸처럼 몸을 움직이고 기우뚱거리는, 유머가 넘치는 장면이 있다. 그러나 노인들은 대부분의 날들을 집에서 '쉬며' 보낸다. 그들을 어딘가로 데려갈 만큼 한가한 사람이 없기 때문이다. 시게의 남편이 장인 장모에게 드리려고 케이크를 가져오자, 시게는 너무 비싼 것들인 데다 노인들은 이걸 좋아하지 않을 거라고 말한다. 그들은 이런 이야기를 하면서 케이크를 먹는다. 기이하게도 노인들을 가장 따스하게 대접하면서 노인들을 위한 시간을 만들어 내는 것은 과부인 둘째 며느리 노리코다.

부모를 위한 여유 시간을 낼 수 없다는 사실에 찜찜해진 다른 사람들은 해결책을 내놓는다. 부모님을 아타미 온천으로 여행 보내 드리는 것이다. 슈키치와 도미는 온천을 즐기러 도쿄에 온 건 아니지만 자식들의 제안에 동의한다. 우리는 온천에서 젊은 사람들이 춤을 추고 마작을 하는 모습을 보게 된다. 그런데 완벽한 오즈의 숏이라고 할 만한 장면 중 하나를 보면, 노부부의 방문 앞에 신발 두 켤레가 가지런히 놓여 있다. 이튿날 아침, 부부가 바닷가 제방에 나란히 앉았을 때 노인이 말한다. "집에 갑시다."

오즈의 영화에 등장하는 사람들은 나란히 앉아 많은 시간을 보낸다. 오즈는 오버더숄더 구도를 택하는 대신, 두세 명의 캐릭터를 일렬로 앉히는 걸 좋아한다. 그는 이런 구도가 시선 규칙을 위반하더라도(때때로 그들은 이야기를 나눌 때에도 서로를 쳐다보지 않는 것처럼 보인다) 신경 쓰지 않는다. 오즈는 종종 캐릭터들을 등 뒤에서 바라본다. 내 생각에 그가 이런 식으로 구도를 잡는 건 그들 모두를, 말하는 사람뿐 아니라 듣는 사람도 한 화면으로 보여 줄 수 있기 때문이다.

도쿄에서 보내는 마지막 밤은 경이로운 두 시퀀스로 이뤄져 있다. 도미는 노리코와 밤을 보내러 가고, 슈키치는 고향의 옛 친구를 찾아갈 생각이라고 말한다. 도미와 노리코는 따뜻하고 사랑 넘치는 이야기를 나눈다(시어머니는 과부가 된 며느리에게 개가改嫁하라고 말한다). 슈키치는 고향의 옛 친구 두 명에게 붙들린다. 그들은 술을 마시면서 인생과 자식에 대해 한탄한다. 우리는 밝은 부분만 고집스레 보여 주는 일본인의 공개적인 표정을 깨부수는 데 술이 어떻게 도움을 주는지를 보게 된다.

도미와 슈키치는 영화 내내 숱한 끄덕임과 맞장구로 강조된 대단히 조심스러운 어조로 자신들이 느낀 실망을 밝혔다. 따라서 그들의 진정한 감정은 암호화된 채 감춰졌다. 그들이 손주들보다 자식들이 더 좋다고 말하는 것으로 손주들을 비판하는 방식을 주목하라. 자신들의 자식들이 '평균 이상'이라는 데에 어떻게 동의하는지 귀기울여 보라.

노인들은 집에 돌아간다. 도미가 죽고, 가족들은 장례식을 위해 모인다. 마침내 그들 모두가 오즈의 카메라를 위해 한 줄로 모였다. 이제 진정한 눈물이 흐른다. 여행을 탐탁지 않게 생각했던 사람조차 눈물을 흘린다. 놀라운 연기자 류 치슈가 끄덕임과 맞장구와 농담과 일상 속에 노인의 슬픔을 감추는 방식은 비범하다. 이웃집 노파가 조의를 표하려고 들르자, 그는 그의 입장에서는 슬픔의 분출이라고 할 만한 말을 내놓는다. "아아, 그 사람은 억센 여자였어요. 그래도 이렇게 될 줄 알았다면 그 사람한테 더 잘해 줄 걸 그랬어요." 잠시 정적이 흐른다. "이렇게 혼자 살면, 하루하루가 무척 길어질 거예요."

라쇼몽

羅生門

감독	구로사와 아키라	
주연	미후네 도시로, 교 마치코	
제작	1950년	90분

<라쇼몽> 촬영을 시작하기 직전, 구로사와 아키라黒澤明, 1910~1998의 조감독 세 명이 감독을 찾아왔다. 그들은 불만에 차 있었다. 줄거리를 이해할 수 없었기 때문이다. 그러자 아키라는 조감독들에게 이렇게 말했다. "열심히 읽어 보면 이해할 수 있어야 마땅해. 이해하기 쉽게 만들려고 쓴 작품이니까 말이야." 그들은 떠나려고 하지를 않았다. "저희는 그걸 꼼꼼하게 읽었다고 믿습니다. 그런데도 도무지 이해가 안 됩니다."

구로사와는 자신의 저서 『자서전 비슷한 것蝦蟇の油 自伝のようなもの』에서 이날을 회상하며 조감독들에게 영화를 설명해 줬다고 적었다. 이 설명은 크라이테리언에서 새로 나온 <라쇼몽> DVD에 담긴 팸플릿에도 인용되어 있다. 조감독 두 사람은 그의 설명에 만족했지만, 나머지 한 사람은 곤혹스러워하는 모습으로 그의 집을 떠났다. 그가 이해하지 못한 것은 영화의 네 번째 목격자가 살인을 기술하는 설명은 있지만 해답은 없다는 것이다.

시나리오가 정확히 있는 그대로 이해하기 쉽다고 말한 점에서 구로사와는 옳다. 네 사람의 증언은 일치하지 않는다. 목격자들의 증언을 귀담아듣고 누가 진실을 말하고 있는지를 결정하려는 것은 인간의 본성이다. 그런데 나무꾼의 입에서 나오는 첫 대사는 "도무지 이해가 안 돼"다. 그가 가진 문제는 관련자 세 사람 전원이 동일한 사건을 서로 다른 세 가지 방식으로 설명하는 것을, 그리고 세 사람 모두 자신이 살인자라고 주장하는 것을 들었다는 것이다.

<라쇼몽>(1950)은 벼락처럼 영화계를 강타했다. 구로사와가 거장으로 칭송받기 전인 초창기에 연출한 이 영화는 일본의 2류 스튜디오가 마지못해 제작한 작품이었다. 이 영화가 너무나 싫었던 스튜디오의 보스는 크레디트에서 자기 이름을 삭제하기까지 했다. 그런데 이 영화는 베니스영화제에서 황금사자상을 수상하면서 서구를 향한 일본 영화계의 문호를 사실상 열어젖혔다. 영화는 아카데미상 외국어 영화상도 수상했다. 미국 내에서 자막 달린 영화의 흥행 기록을 경신하기도 했다. 영화의 제목은 '캐치 22Catch-22'•처럼, 더 나은 대용품이 없는 무언가를 표현하는 영어로 자리 잡았다.

어떤 점에서 <라쇼몽>은 스튜어트 갤브레이스Stuart Gallbraith가 구로사와 감독과 감독이 총애한 배우 미후네 도시로三船敏郎의 삶과 영화를 포괄적으로 연구한 저서 『황제와 늑대The Emperor and the Wolf』에 썼듯, 자신이 거둔 승리의 희생자다. 그는 영화가 개봉했을 때 이와 비슷한 영화를 본 사람은 아무도 없었다고 서술했다. 이 작품은 플래시백의 대상이 되는 행동과 불일치하는 플래시백들을 활용한 첫 영화였다. 이 작품은 달라도 너무 다른 목격자들의 1인칭 목격담을 보여 준다. 그 중 한 명은 저승에서 찾아온다. 영화는 세 사람이 각자 자신이 살인자

• '딜레마', '곤경'이라는 뜻

라고 자백하면서 해답 없이 끝난다.

<라쇼몽>의 이야기는 1950년 이래로 거듭해서 차용됐다. 갤브레이스는 <커리지 언더 파이어Courage Under Fire>를 언급했다. 객관적 실체와 일치하지 않는 플래시백들을 관객에게 보여 준다는 점에서 <유주얼 서스펙트The Usual Suspect>도 이 영화의 영향을 받은 게 분명하다. 플래시백들로 사건들을 보는 우리는 그 플래시백들이 진실을 반영한다고 가정한다. 그러나 플래시백들은 모두 시점을 반영하며, 때로는 거짓을 보여 주기도 한다. 영리한 영화들은 이 점을 안다. 야심이 없는 영화들은 그것을 모른다. 플래시백을 정보를 채워 넣는 용도로만 활용하는 많은 영화는 졸작이다. <라쇼몽>의 천재성은 플래시백 모두가 참인 동시에 거짓이라는 점에 있다. 그것들이 목격자 각자가 실제로 일어난 일이라고 생각하는 바를 정확하게 묘사하고 있다는 점에서, 플래시백들은 참이다. 구로사와가 자서전에 썼듯 "인간이라는 존재는 자신에 대해 정직할 수가 없다. 사람들은 자신들에 대한 이야기를 미화하지 않고는 말할 수 없다"는 점에서, 플래시백들은 거짓이다.

<라쇼몽>의 경이로움은 진실과 기억의 그림자극이 진행되는 동안, 우리가 전개되는 이야기들에 대한 우리의 믿음에 빨려 들어간다는 데 있다. 영화는 사건의 밑바닥에 도달하게 될 것이라는 우리의 믿음에 의존한다. 나무꾼이 자신은 이해를 못하겠다고 처음부터 말했는데도 그렇다. 다른 관련자 세 사람의 증언을 들은 목격자가 이해를 못하겠다고 하는 판에, 우리가 그것을 이해할 수 있을 거라고 기대할 이유가 어디 있단 말인가?

폭우와 함께 영화가 시작되면, 교토의 관문인 라쇼몽에 있는 피신처에 두 남자가 앉아 있다는 것을 보여 주기 위한 다섯 개의 숏이 롱 숏부터 클로즈업까지 두루 등장한다. 비는 과거와 현재를 틀림없이 갈라놓을 유용한 장치가 될 것이다. 두 남자는 승려와 나무꾼이다. 비를 피

해 달려와 대화에 끼어 든 평민은 사무라이가 살해되었고, 그의 아내가 겁탈을 당했으며, 이 지역의 도적이 용의자임을 알게 된다. 나무꾼과 승려는 자신들이 아는 바를 평민에게 들려주다가 도적·아내·나무꾼이 각자 목격한 것이나 봤다고 생각하는 것을 담은 플래시백들을 소개한다. 그런 다음 죽은 사무라이의 혼령을 불러올 무당이 등장한다. 이야기들은 판이하게 다르지만, 원래 사건과 관련된 사람 중 누구도 유리한 입장이 되겠다고 거짓말을 하고 있는 것 같지는 않다. 각자가 자신이 살인자라고 주장하기 때문이다.

그런데 구로사와의 시나리오는 영화가 여행을 다니는 여행지일 뿐이다. <라쇼몽>의 진정한 재능은 영화의 정서와 비주얼이다. 촬영감독 미야가와 가즈오宮川一夫는 아열대 삼림의 열기와 빛, 그늘의 느낌을 재현한다(달팽이들이 나무에서 제작진 위로 떨어지는 바람에 제작진이 그것들을 쫓으려고 소금을 듬뿍 썼다고 구로사와는 회상했다). 영화의 오프닝에서 숲으로 떠나는 나무꾼의 여정은 그가 현실의 다른 영역으로 여행을 간다는 사실을 암시하는 소리 없는 시퀀스로 유명하다. 미야가와는 (당시로서는 터부였던) 태양을 직접 촬영한다. 머리 위의 이파리들이 드리운, 콘트라스트가 날카로운 그림자들이 캐릭터들에게 그물을 던지면서 그들을 지하로 반쯤 사라져 버리게 만드는 숏들도 있다.

도적(미후네)과 사무라이(모리 마사유키森雅之)가 장시간 싸우는 장면에서 그들은 지치고 겁에 질렸으며 숨이 턱까지 차오른 기색이 역력하다. 여자(교 마치코京マチ子)가 두 남자를 비아냥거리며 자극하는 시퀀스에서는 삶과 죽음을 결정할 생각들이 침묵 속에서 형성된다. 숲 속 공터에서 피어나는 감정들은 대단히 강렬하고 두려운 것이라서 이성적인 설명으로는 통역할 수가 없다.

영화를 처음 봤을 때 일본 영화에 대한 지식이 거의 없던 내게 가

장 인상적이었던 것은 배우들이 내뿜는 수준 높은 감정이었다. 일본 사람들은 모두 저렇게 소리를 질러 대고 저런 자세를 취하는 걸까? 위대한 일본 영화를 많이 감상한 지금은 일본 사람 대부분이 어느 정도는 우리와 같은 방식으로 말한다는 걸 안다(오즈小津安次郎의 영화들은 대화 리얼리즘의 전형이다). 그러나 구로사와는 리얼리즘을 추구하지 않았다. 우리는 그의 자서전을 통해 그가 무성 영화에 담긴 감정의 솔직함에 깊은 인상을 받았음을 안다. 무성 영화의 대사에는 무게가 전혀 실려 있지 않다. 배우들은 감정을 표현하려고 표정과 눈빛, 제스처를 활용한다. 구로사와의 <7인의 사무라이七人の侍>와 다른 사극 영화들에서도 볼 수 있는 과장된 연기 스타일은 이 영화에서 역할을 제대로 수행한다. 이 영화의 많은 시퀀스는 사실상 무성 영화이기 때문이다.

영화를 찍는 카메라는 감탄스러울 정도로 정확하고, 바라보는 모든 것을 충실하게 기록한다. 카메라가 대체로 리얼한 것들을 바라보기 때문에, 우리는 대체로 우리가 보는 것을 믿을 수 있다고 생각한다. <라쇼몽>의 메시지는 우리가 직접 봤다고 믿는 것조차 의심해 봐야 한다는 것이다. 이런 통찰이 구로사와 철학의 핵심이다. <이키루生きる>(1952)에서 늙은 공무원의 유족과 동료들은 자신들이 그의 전락을 목격했다고 생각하지만, 우리가 목격한 것은 자아를 발견하고 구원되는 과정이었다. 사무라이 일곱 사람은 마을을 구할 때에는 영웅이었지만, 위험이 사라진 후 보상을 요구할 때에는 폭력배다. <란乱>(1985)의 늙은 왕은 언약에 담긴 문자 그대로의 뜻을 신뢰하지만 그 언약 때문에 왕국과 목숨을 잃는다.

구로사와의 유작으로, 1년에 한 번씩 제자들의 방문을 받는 노교수에 관한 영화인 <마다다요まあだだよ>는 그가 83세 때인 1993년에 만들어졌다. 연례 잔치가 끝날 때, 교수는 맥주잔을 들고 제식의 슬로건을 목청껏 외친다. "아직은 아니다!" 죽음은 가까이 있지만, 아직은 아

니다. 그렇게 인생은 흘러간다. 어떤 면에서 이 영화의 주인공은 구로사와다. 그는 자신이 아직 죽지 않았다는 사실을 목격한 믿음직한 목격자다. 그런데 그가 죽을 때, 세상은 그 사실을 그보다 더 잘 알게 될 것이다.

라스베가스를 떠나며

Leaving Las Vegas

감독	마이크 피기스	
주연	니컬러스 케이지, 엘리자베스 슈	
제작	1995년	111분

마이크 피기스Mike Figgis, 1948~ 감독의 <라스베가스를 떠나며>는 러브 스토리처럼 느껴지겠지만, 러브 스토리가 아니라 사랑을 기도祈禱의 형식이자 자신들의 고통을 달랠 최후의 수단으로 활용하는, 절망에 빠진 두 사람에 대한 이야기다. 그리고 알코올 중독의 마지막 단계를 애처롭고 섬뜩하게 묘사한 영화이기도 하다. 이것을 대단히 극단적인 영화라고 생각하는 사람은 그런 처지에 처해 보지 않았을 정도로 운이 좋은 사람일 뿐이다. 이보다 더 절망적인 영화는, 한편으로 기이하게도 이보다 더 희망적인 영화는 드물다. 우리는 인생 여정의 막바지에서조차, 최후의 극단에 다다랐을 때조차 사랑을 베풀고 받아들이면서 약간의 위안을 찾아낼 수 있다고 영화는 주장한다.

영화는 니컬러스 케이지Nicholas Cage와 엘리자베스 슈Elisabeth Shue가 연기하는 벤과 세라의 이야기를 들려준다. 남자는 할리우드 에이전트고 여자는 창녀다. 창녀는 영화에서 클리셰로 전락할 수 있는 캐릭터이지만 — 마음씨 착한 창녀는 특히 더 그렇지만 — 두 사람의 관계는 클리셰와는 거리가 멀어도 한참 멀고, 영화는 이 독특한 캐릭터들에 집중하며 이들이 정확히 어떤 사람들인지에 관한 영화로 변해 간다. 벤과 같은 처지에 있는 남자라면 관계를 맺는 데 필요한 대가를 지불하지 않고는 어떤 관계도 시작할 수 없다는 진실도 담겨 있다.

벤은 알코올 중독의 마지막 단계에 있다. 우리는 그가 술집에서 친구에게 돈을 빌려 달라고 했다가 "여기서는 마시지 마"라는 퉁명스러운 대꾸를 듣는 모습을 본다. 우리는 그가 술집에서 여자를 낚으려고 할 때 그의 고독과 욕구를 감지한다. "당신이 나랑 같이 우리 집에 갔으면 정말로 좋겠어요. 당신한테서는 좋은 냄새가 나고, 당신은 정말 근사하게 생겼어요." 우리는 해고당하는 그가 자신은 해고당해 마땅하다고 동의하면서 상사에게 퇴직금이 너무 관대하다고 말하는 모습을 본다. 그런 다음 그는 전 재산을 불태운다. 실패한 결혼에서 남겨진 듯한 사진이 불길 속에서 말려 올라간다. 그는 퇴직금을 죽을 때까지 술을 마시는 데 쓰려고 라스베이거스로 향한다.

영화 초반에 등장하는 케이지의 연기는 자포자기한 남자를 예리하게 기록한다. 케이지는 벤이 자신을 통제하려고 하면서 웃고 싶지 않을 때는 웃게 만들고 비명을 지르고 싶을 때는 농담을 던지게 만드는 것으로 벤을 내면이 파열된 술꾼으로 연기해 낸다. 손이 심하게 떨릴 때가 있을 것이고, 술을 죽음에 대한 해독제나 되는 것처럼 목구멍에 들이부어야 하는 때가 있을 것이며, 욕지기를 느끼고 필름이 끊기며 칼에 베고 멍이 드는 때가 있을 것이다. 은행에서 그의 손이 심하게 떨리는 바람에 수표에 서명을 못하는 장면이 있다. 우리는 창구 직원에게 생각나는 걸 아무거나 말하면서("뇌 수술을 받았거든요") 일을 처리하려 노력하는 그의 방식에 공감하게 된다. 그도 때로는 기분이 좋아진다. 우리는 때때로 그가 한때 가졌던 게 분명한 매력을 느낄 수 있다(상사가 그를 해고하는 순간에도 그에게 애정을 품고 있다는 게 감지된다). 그러나 이러한 순간들은 벤에게는 기쁨의 순간들이 아니라 고통에서 잠시 풀려난 순간들이다.

영화가 세라를 바라보는 방식은 세 가지다. 벤이 그녀를 볼 때, 포주와 고객들이 그녀를 볼 때, 그녀가 치료 모임에서 클로즈업 독백을 하며 자신을 바라볼 때. 그녀의 포주(줄리언 샌즈Julian Sands)는 얼마 안 있어 화면에서 사라진다. 포주가 가학적·피학적 방식으로 세라를 통제하는 모습을 보여 주고는 그를 사라지게 만드는 식으로 캐릭터를 구축하는 피기스의 방식은 대담하다. 우리는 세라가 어디에서 왔는지 알아야 할 필요가 있지만, 그것을 오래 생각할 필요는 없다. 교차로에서 그녀를 칠 뻔한 벤에게 그녀는 그가 집중해서 만날 수 있는, 말 그대로 인생의 마지막 사람이다. 그는 책임과 감사 외에는 어떠한 성분도 함유되어 있지 않은 순수한 애정으로 그녀를 사랑한다. 그는 그녀와 섹스하고 싶어 하지 않고, 그녀와 교제하고 싶어 하지 않으며, '경험'을 구하지도 않는다. 그는 어떤 것도 도달하지 못하는 고통의 내부 어딘가에서 이 여인이 그를 보살펴 줄 거라는 느낌을 받는다.

세라는 왜 벤을 사랑하는가? 영화는 이 문제를 우리의 직감에 맡긴다. 그리고 치료 모임은 그녀의 감정을 설명하지 않는다. 그저 그 감정들을 찾아내려 노력하는 그녀의 모습을 보여 줄 뿐이다. 그녀가 매춘부로서 가진 솜씨를 자랑하는, 고객이 원하는 바를 어떻게 정확하게 감지해서 제공해 줄 수 있는지를 뽐내는 초반 몽타주가 있다. 우리는 포주가 그녀를 칼로 베는 것도 봤고("얼굴은 절대 안 돼"), 그녀가 밤중에 술에 취한 고등학교 운동선수들을 따라 모텔로 가는 것도 목격했다. 이건 너무나 멍청한 짓이라 우리는 그런 짓을 고의로 하는 자기 파괴 행동으로 받아들인다. 세라의 외모는 지금도 여전하지만, 그녀가 한때 갖고 있던 순수와 희망은 사라졌다. 그녀는 벤을 보고는 동정심을

느끼고 공감한다. 그러나 그녀는 그런 것보다 그의 행동에 담긴 순수함에 감탄했다고 나는 생각한다. 여정의 막바지에 도달한 그는 금욕적인 용기를 발휘하며 운명을 받아들인다.

물론 그는 구원을 받을 수도 있었다. 알코올중독자협회 모임에는 한때 벤처럼 살았지만 지금은 건강하게 사회생활을 하는 사람들로 가득하다. 하지만 대부분의 술꾼은 말짱한 정신을 회복할 만큼 운이 좋지 않다. 벤의 경우에는 다른 요인도 있을 것이다. 그는 적극적으로 자살을 시도하고 있다. "술을 마시는 게 자살하는 방법인가요?" 세라가 묻자, 그는 대답한다. "아니면, 자살하는 게 술을 마시는 방법일까?"

세라는 그를 구해 낼 수 없음을 감지한다. "절대로, 절대로 나한테 술을 끊으라고 말해서는 안 돼." 만난 직후에 그가 그녀에게 말한다. "알겠어?" 그녀는 대답한다. "알겠어요. 잘 알겠어요." 그녀는 라스베이거스에서 일하는 창녀로서 애처롭고 절망적인 사람을 많이 만났다. 술꾼도 많이 만났다는 데에는 의심의 여지가 없다. 그런데 벤에게는 뭔가 특별한 게 있었다고, 그것을 머릿속에서 떨쳐낼 수가 없었다고 그녀는 치료사에게 말한다. 기이하게도 우리 역시 그것을 감지한다. 우리가 영화 한 편을 같이 보내고 싶어 하는, 갈 데까지 간 술꾼은 많지 않다. 그런데 우리는 벤을 동정하게 된다. 영화 속의 유명한 알코올 중독자 가운데 <잃어버린 주말The Lost Weekend>의 레이 밀런드Ray Milland는 외부에서 바라본 사례 연구다. <활화산Under the Volcano>의 앨버트 피니Albert Finney에게는 벤이 가진 자기 인식이 부족하다.

영화는 적은 제작비로 빠르게 만들어졌다. 마이크 피기스는 독창적인 개념으로 위험을 감수하는 영화들을 자주 만든 영화감독이다. <타임코드Timecode>(2000)는 대담한 실험작으로, 90분간 한 번도 끊어지지 않는 숏 네 개를 비디오카메라로 촬영한 다음, 그것들을 4등분된 스크린에 동시에 영사한다. 그는 <라스베가스를 떠나며>를 수수한

16밀리미터 카메라를 사용해, 로케이션에서 허락이나 허가를 받지 않고 찍었다. 때로는 배우들을 실제 상황에 밀어 넣기도 했다. 데클란 퀸Declan Quinn이 담당한 촬영은 콘트라스트가 강한 누아르의 느낌을 빚어낸다. 때로는 그림자가 반짝거리는 네온을 침범한다. 음악은 화면을 보강한다. 오리지널 스코어를 작곡한 피기스는 새벽 3시에 주크박스에서 몽롱하게 들려올 법한 노래들('Angel Eyes(에인절 아이스)', 'Come Rain or Come Shine(비가 오건 맑건)')도 활용한다. 그는 일부 노래들을 반복해서 사용하는데, 이건 옳은 선택이다. 술자리는 그 자리에 어울리는 주제가를 개발해 내는 법이니까.

영화는 아카데미상 남우 주연상, 여우 주연상, 감독상, 각본상 후보에 올랐다. 케이지가 남우 주연상을 수상했는데, 그럴 만한 자격이 있다. 반면에 슈는 수상하지 못했다(수전 서랜던Susan Sarandon이 <데드 맨 워킹Dead Man Walking>으로 수상했다). 하지만 둘 중 한 사람의 연기 없이 다른 사람만의 연기를 상상하기란 불가능하다. 슈는 영화의 정서적 핵심이다. 케이지가 연기한 캐릭터는 일정한 궤도에 고정되어 있고 변화될 가능성이 없기 때문이다. 슈는 이 작품 이전과 이후에는 주류 상업 영화에 주로 출연했었다. <몬스터 볼Monster's Ball>의 핼리 베리Halle Berry와 <몬스터Monster>의 샤를리즈 테론Charlize Theron처럼, 그녀는 자신의 한계를 뛰어넘는 역할을 찾아내 혼신을 다해 두려움 없이 연기해 냈다.

피기스가 쓴 시나리오의 원작은 존 오브라이언John O'Brien의 소설이다. 오브라이언은 영화 제작이 시작됐을 때 34세의 나이로 자살했다. 그의 아버지는 이 소설을 그의 자살 노트라고 말했다. 벤 캐릭터는 결단을 내리고는 그 결단을 계속 밀고 나갈 남자인 게 분명하다. 그가 오브라이언처럼 머리에 총을 쏘는 대신에 술로 자살을 행하는 이유에 대해서는 두 가지 대답이 가능하다. 첫째 대답은 좀 더 현실적인 것으로, 그렇게 해야 세라가 벤의 고독한 마지막 여정을 따라가는 식으로 줄거리를 전개할 수 있기 때문이다. 내가 영화를 보며 느끼는 두 번째 이유는, 벤이 자신이 느끼는 죄책감이나 절망감, 자기혐오가 너무나 크기 때문에 빠른 종말을 원치 않는다는 것이다. 그는 줄곧 고통 받고 싶어 한다.

세라가 그에게 위안을 줬다는 사실이 그의 고통을 줄여 주지는 않는다. 그가 그녀를 진실로 사랑했다면, 그는 그녀를 떠나고 싶어 하지 않았을 것이다. 하지만 그가 무척이나 혼란스러운 상태라서 그런 생각을 못했을 수도 있다. "당신은 나의 천사야." 그가 참을 수 없이 서글프고 애정 어린 죽음을 맞기 직전에 그녀에게 말한다. 그 무렵에 그는 삶보다 죽음에 훨씬 더 가까이 있다.

란

乱

감독	구로사와 아키라	
주연	나카다이 다쓰야, 데라오 아키라	
제작	1985년	162분

구로사와 아키라黒澤明, 1910~1998의 <란>은 셰익스피어의 희곡 「리어왕」에서 영감을 받은 작품이지만 구로사와의 실제 인생에서도 못지않게 큰 영향을 받았을 것이다. 새로 뜬 35밀리미터 프린트로 영화를 다시 본 나는 영화에서 벌어진 사건이 노인에게 핵심적인 사건이 아님을 깨달았다. 노인이 정처 없이 떠도는 동안, 사건은 나름의 무시무시한 에너지를 품는다. 구로사와는 교만이라는 죄를 저지른 탓에 미치광이가 되어 버린 위대한 인간의 이야기 대신, 평생 전쟁을 해 오다 노년이 되어 평화를 정착시키고 싶었지만 더 큰 혼란만 불러온 남자의 이야기를 들려준다. 여기에는 왕들뿐 아니라 영화감독들의 이야기도 비교된다. 영화감독은 질투와 재력, 음모, 허영과 탐욕으로 소용돌이치는 세계에 자신의 비전을 제왕처럼 강요해야 하는 사람이다.

오늘날 우리는 구로사와를 위대한 감독의 반열에 올려놓는다. 그러나 그는 오랫동안 모국에서 명예도, 제작비도 없이 지냈다. 장수한

그는 1950년(<라쇼몽羅生門>)부터 1965년(<붉은 수염赤ひげ>)까지 16년에 불과한 기간 동안만 타고난 재능을 펼칠 수 있었던 거장이다. 그 기간 동안 그는 <7인의 사무라이七人の侍>, <거미의 성蜘蛛巣城>, <이키루生きる>, <숨은 요새의 세 악인隱し砦の三惡人>, <천국과 지옥天國と地獄>, 그리고 쌍둥이 사무라이 영화 <요짐보用心棒>와 <쓰바키 산주로椿三十郎> 같은 여러 걸작을 만들었다.

그런 후 그의 앞에 놓인 시간은 점점 험해졌다. 일본에서 '지나치게 서구적'이며 구닥다리라는 비난을 받은 그는 제작비를 구걸해야 했다. 일본 관객들은 도쿄 빈민층의 삶을 디킨스적인 관점에서 바라본 <도데스카덴どですかでん>(1970)을 외면했다. 그는 러시아 탐험가의 길을 안내하는 몽골인 숲 사람의 이야기인 <데루스 우잘라Дерсу Узала>의 제작비를 러시아에서 구할 때까지 다시 5년을 보내야 했다. 영화는 오스카상 외국어 영화상을 수상했지만 흥행에는 실패했다.

1975년에 그는 「리어왕」을 원작으로 한 사무라이 서사 영화를 만들고 싶다고 발표했다. 그러나 제작비를 구할 수가 없었다. 1980년에 그는 이 대작 영화의 '리허설' 삼아 중세를 배경으로 한 웅대한 <카게무샤影武者>를 만들었다. <카게무샤>는 성공했지만 <란>의 제작비는 여전히 구해지지 않았다. 그는 로케이션과 의상 스케치, 장면들의 스토리보드로 노트 여러 권을 채웠다. 부뉴엘Luis Buñuel 같은 아웃사이더들을 뒷받침해 온 프랑스의 독불장군 프로듀서 세르주 실베르만Serge Silberman이 마침내 수호천사로 나선 후에야 <란>의 제작비를 구할 수 있었다. 구로사와는 1950년부터 1965년까지 열네 편의 작품을 연출했지만, <란>은 이후 20년 사이에 만든 그의 네 번째 작품에 불과하다.

내가 이러한 이야기를 하는 것은, 구로사와가 75세에 만든 <란>에 그의 개인사가 많이 담겨 있다고 생각하기 때문이다. 말년에 그는 죽음에 몰두해 있었다. 그는 시력이 떨어졌고 자살을 기도했다. <란>이

마지막 작품이 될 거라고 발표했음에도 노인의 환상에 기초한 <꿈夢>(1990)과, 생일날 제자들에게서 축하를 받는 노교수에 관한 <마다다요まあだだよ>(1993)를 내놓았다. '아직은 아니다!'로 번역되는 <마다다요>의 제목은 노인이 해마다 자신은 아직 죽지 않았다는 사실을 도전적으로 확인하는 것을 가리킨다.

이제 <란>을 보자(제목은 '혼돈'이라는 뜻이다). 영화에는 자신의 영지를 현명치 못하게 (딸들이 아닌 아들들에게) 셋으로 쪼개 나눠 준 늙은 성주를 포함해 「리어왕」에서 가져온 것들이 많다. 그와 동행하는 광대가 있고, 그림자처럼 따르며 그를 보호하는 충직한 추종자가 있다. 그리고 아버지의 병사들이 지나친 대접을 요구한다고 아들들이 주장한 후 떠나게 되는 유랑도 있다. 성주는 절벽에서 뛰어내리지만, 그 절벽은 작은 둔덕인 것으로 밝혀진다. 그는 노망이 들지만 갑작스레 통찰력을 되찾고는 자신이 저지른 잘못들을 사과할 수 있게 된다. 권력을 포기하고 혼란에 빠진 미치광이 노인의 이미지에서 누구나 리어를 떠올릴 것이다.

그러나 평론가 스탠리 카우프먼Stanley Kauffmann이 지적했듯, 이 영화는 전쟁에 관한 이야기인 만큼이나 노인의 교만과 쇠락에 관한 이야기이기도 하다. 리어는 자신을 사랑하는 딸과 의절했기 때문에 미치고, 다른 딸들이 배신했을 때에야 자신이 어리석었음을 깨닫는다. 카우프먼은 <란>의 주인공 히데토라가 미치는 건 아들들끼리 벌이는 전쟁 때문이라고 말한다. "영적인 문제에서 현실적인 문제로 변했다." 리어는 개인적인 차원의 사건이지만, <란>은 "거대한 파멸"이라고 카우프먼은 지적한다.

「리어왕」의 중심부에는 노인이 있다. <란>에서 우리는 삶이 히데토라(나카다이 다쓰야仲代達矢)의 앞을 쏜살같이 지나친다는 인상을 받는다. 히데토라는 하나의 비극에서 다른 비극으로 떠돌아다니며, 어쩔 줄 몰라 하면서 주변부에서 사건의 핵심으로 떠밀려 들어온다. 우리는 초반 장면에서 평생을 전쟁을 벌이며 살아온 히데토라가 마침내 그가 봤던 모든 것을 통제하게 됐음을 알게 된다. 이제 그는 세 아들에게 성 세 개를 나눠 주면서, 이 조치가 평화를 불러올 것이라고 생각한다. 그를 가장 사랑하는 막내아들은 그의 생각이 절대로 먹히지 않을 거라고 말한다. 히데토라는 그를 추방한다(코델리아•가 프랑스 왕과 결혼하듯, 그는 강력한 쇼군의 딸과 결혼한다). 그런 후 두 아들이 지배권을 놓고 전투를 벌이면서 전쟁이 대지를 휩쓴다. 히데토라가 광대를 대동하고 전쟁터를 비틀거리며 다닐 때, 아들들과 그들의 무사들은 하찮은 히데토라의 애처로운 모습보다는 전투에 더 관심이 많다.

구로사와는 일본의 중세 서사극과 「리어왕」을 결합하면서, 맏아들 다카토라 다라의 아내 가에데를 등장시킨다. 끝없는 불만을 상징하듯 이마 높은 곳에 눈썹을 그려 넣은 가에데(하라다 미에코原田美枝子)는 맥베스 부인에게서 영감을 받은 캐릭터라고도 할 수 있다. 다카토라 다라가 살해된 후, 그녀는 남편의 동생 마사토로 지로의 목숨을 위협하고는 그를 용서하면서 그의 정부가 된다(그녀는 마사토로의 목을 벤 상처에서 나오는 피를 빤다). 복수를 위한 그녀의 기괴한 요구는 노인을 더 극단으로 몰아붙인다. 평화를 향한 그의 어리석은 꿈을 질책하듯, 복수와 참수가 끊임없이 계속된다. 프레임 아래에서 벌어져서 보이지는 않지만 벽에 엄청난 양의 피를 흩뿌리는, 오랫동안 지연된 가에데의 죽음은 타이밍과 수법 면에서 훌륭한 솜씨다.

영화의 비주얼은 대단히 훌륭하다. 구로사와는 <카게무샤>와 초기의 사무라이 서사 영화들을 찍으면서 전투 장면에 대한 모든 것을 배웠다. 그는 몇 대의 정적인 카메라를 동원해 액션을 찍고 편집했다.

• 셰익스피어의 「리어왕」에 등장하는 리어 왕의 셋째 딸

그의 카메라는 돌진하고 선회하지 않기 때문에 우리는 스스로 전투의 참가자가 아닌, 여기저기서 클로즈업으로 오랫동안 전투를 바라보는 신神의 위치에 있다고 생각하게 된다(한 남자가 자신의 잘린 팔을 들고 있는 숏은 의심의 여지없이 스필버그Steven Spielberg의 <라이언 일병 구하기Saving Private Ryan>의 유사한 숏에 영감을 줬다).

아카데미상을 수상한 와다 에미和田惠美의 의상은 영화의 색상 대부분을 책임진다. 나는 『시네북스CineBooks』를 통해 의상 1천4백 벌이 일본 전통 의복 제작의 중심지인 교토에서 수작업으로 만들어졌음을 알게 됐다. "아름다운 색상의 의상을 한 벌씩 만드는 데 서너 달이 걸렸는데(모든 작업은 동시에 진행됐다), 작업이 모두 종료될 때까지 거의 3년이 걸렸다." 구로사와는 의상들의 눈부신 아름다움을 자랑하려고 칙칙한 배경(척박한 토양, 회색빛 안마당, 돌계단)을 자주 선택한다.

모든 시대는 나름의 방식으로 셰익스피어를 해석한다. 「리어왕」은 왕들이 여전히 신성한 권리로 왕국을 통치하던 시절에 집필됐다. 르네상스 사람들은 인간의 운명은 한 사람의 내면적 기질에서 영향을 받는다고 믿었다. 리어의 교만함은 그의 몰락을 불러왔다. <란>의 배경은 중세지만, 이 영화는 20세기에 만들어졌다. 20세기는 평생 치른 모든 전투에서 승리를 거두고서야 삶의 막바지에 도달할 수 있었던 노인이 아직도 자신이 새로운 세대를 위해 사건들을 해결할 권력을 쥐고 있다는 멍청한 생각을 할 수 있는 시대다. 그러나 삶은 역사적 연속성 따위는 조금도 존중하지 않은 채 서둘러 돌진한다. 자식들에게는 그들 나름의 욕망과 분노가 있다. 노인의 의지는 시대에 뒤떨어졌다. 그리고 자식들은 시체를 뜯어 찢는 개들처럼 그의 영지를 분할할 것이다.

<란>은 구로사와가 영화 역사에서 거둔 눈부신 성취 중 하나인, 자신의 75년 인생을 뒤돌아보며 채택한 관점을 표현한 작품일까? 그는 서구가 그의 작품들을 즐거운 마음으로 구입하고 소화해 내고 리메

이크하는 동안, 한때 자신의 작품들로 통치한 나라에서 그 모든 권력과 존경을 잃었다고 생각했을까?

<숨은 요새의 세 악인>이 <스타워즈Star Wars>에 영감을 줬고, <7인의 사무라이>가 <황야의 7인The Magnificent Seven>으로 리메이크됐으며, <요짐보>와 <쓰바키 산주로>가 클린트 이스트우드Clint Eastwood의 웨스턴 <황야의 무법자A Fistful of Dollars>와 <속 황야의 무법자For a Few Dollars More>로 탈바꿈했다는 사실은 구로사와의 세계적인 영향력을 보여 준다. 한편 구로사와도 다른 예술가의 작품을 활용했다. <거미집의 성>은 「맥베스」를, <밑바닥どん底>은 고리키를, <백치白痴>는 도스토예프스키를, <천국과 지옥>은 에드 맥베인Ed Mcbain의 경찰 소설을 각색한 작품이다.

레오파드

Il Gattopardo

감독	루키노 비스콘티	
주연	버트 랭커스터, 클라우디아 카르디날레, 알랭 들롱	
제작	1963년	205분

<레오파드>는 그 작품을 쓸 수 있는 유일한 사람이 쓴 작품이고, 그 영화를 연출할 수 있는 유일한 사람이 연출한 작품이며, 제목에 등장하는 캐릭터를 연기할 수 있는 유일한 사람이 출연한 작품이다. 이 주장의 앞부분은 누구도 반박하지 못한다. 시칠리아의 귀족인 주세페 토마시 디 람페두사Giuseppe Tomasi di Lampedusa가 증조할아버지의 실화를 바탕으로 가슴에서 우러난 이야기를 집필한 작품이기 때문이다. 다른 감독이 루키노 비스콘티Luchino Visconti, 1906~1976보다 더 나은 작업을 했을지 여부도 의심스럽다. 감독 자신이 이 이야기가 칭송하는 지배 계급의 후예였기 때문이다. 그러나 버트 랭커스터Burt Lancaster가 살리나의 돈 파브리치오 대공大公을 연기하기에 적합한 배우인지는 촬영 당시에도 무척이나 의심스러웠다. 할리우드의 스타가 이 유럽적인 — 사실은 이탈리아적인, 아니, 정확히는 시칠리아적인 — 걸작을 빛내려고 출연했다는 사실 자체가 스캔들이었다.

랭커스터의 출연이 어마어마한 제작비를 끌어들이기 위해 필요한 일이었다는 소문이 있었다. 이 영화가 스튜디오의 무자비한 난도질 때문에 40분이 잘려 나간 버전으로, 게다가 설득력 없는 영어 더빙이 사운드트랙에 덧붙은 채로 미국에서 마침내 개봉했을 때, 비스콘티와 랭커스터가 도대체 무슨 생각으로 이 영화를 만들었는지 이해하기 힘들었다. 보슬리 크로더Bosley Crowther는 『뉴욕 타임스The New York Times』에 "불행히도 랭커스터 씨의 목소리는 시칠리아인이라는 분위기를 조금도 풍기지 못하는 무뚝뚝한 미국인의 목소리였다"고 썼다. 비스콘티 감독은 더 혹독한 태도를 보였다. "이제 나는 이 작품을 내 작품으로 인정하지 않는다." 그러면서 할리우드가 미국인들을 "어린애들"처럼 대하고 있다고 덧붙였다.

"그건 내 최고의 영화였어요." 20년이 넘는 세월이 흐른 후, 랭커스터는 나에게 서글픈 목소리로 말했다. "『레오파드』를 걸작 소설이라고 생각했기 때문에 열한 부나 사서 주변 사람들한테 나눠줬죠. 그런데 이 영화에 출연해 달라는 제안을 받았을 때는 안 하겠다고 했어요. 이탈리아 배우가 연기해야 하는 역할이니까요. 그런데, 자, 운명의 수레바퀴가 돌기 시작하더군요. 제작진은 러시아 배우를 원했는데, 그 사람은 너무 나이가 많았어요. 로런스 올리비에Laurence Olivier를 원했는데, 그 사람은 너무 바빴고요. 내 이름을 거명하니까 비스콘티가 '아, 이런! 카우보이'라고 했다더군요. 그때 난 <뉘른베르크의 재판Judgment at Nuremberg>을 막 끝낸 참이었어요. 그런데 그가 그 영화를 감상했고, 20세기 폭스가 미국인 스타를 출연시키면 그가 필요로 하는 3백만 달러를 내놓겠다고 한 거예요. 그렇게 필연처럼 일이 진행됐어요. 그게 경이로운 결합이었다는 사실이 입증된 거고요."

우리가 이야기를 나눴을 때, 영화의 오리지널(무삭제, 무더빙) 버전은 유럽 개봉 이후로 거의 상영되지 않았었다. 그런데 비스콘티가 사망하고 4년 후인 1980년에 촬영 감독 주세페 로투노Giuseppe Rotunno가 복원 작업을 감독했다. 그가 작업한 185분짜리 버전도 205분짜리 오리지널 버전보다는 짧지만, 우리가 감상할 수 있는 최고의 버전으로 환상적인 작품이다.

결국 명확해진 것은 랭커스터를 캐스팅한 것이 영감 넘치는 선택이었다는 점이다. 항상 자신의 연기에 공식 석상의 예절처럼 딱딱한 분위기를 불어넣는 배우로, 독립 영화가 유행하기 전에도 나름의 방식으로 독립 영화를 만들었던 랭커스터는 종말을 맞을 게 분명하다고 예상되는 생활 방식을 무척이나 사랑하는 남자인 대공의 화신이었다. 대공은 타고난 가장이며, 권위를 풍기려고 태어난 사람이다. 그러나 우리가 만난 그는 자신의 나이와 죽음을 인식하고, 친구인 피로네 신부와 영적인 대화를 나누는 경향이 있으며, 가문의 재산을 보존하기 위해 타협을 할 준비가 되어 있는 사람이다.

우리는 그가 가족들을 거느리고 기도회를 여는 장면에서 그를 처음 본다. 람페두사의 소설도 그렇게 시작하는데, 비스콘티가 거둔 성과 중 하나는 위대한 소설을 위대한 영화로 탈바꿈시키는 드문 일에 성공한 것이다. 정원에 군인의 시신이 있다는 전갈이 온다. 가리발디의 혁명이 이탈리아 본토에서 시칠리아로 건너왔다는, 오래된 체제의 몰락이 얼마 남지 않았다는 의미다.

대공의 아내는 마리아 스텔라인데, 대공은 아내의 됨됨이보다는 그녀가 소유한 신분을 더 존중한다. 딸 셋은 그저 그런 정도로 사랑스럽고, 아들은 쓸모가 없다. 그는 가문의 고귀한 핏줄을 이으려고 조카 탄크레디(알랭 들롱Alain Delon)를 보살핀다. 탄크레디는 가리발디 편에 합류하려고 집을 나설 정도로 성미가 급하지만, 승리를 거둔 비토리오 에마누엘레의 군대에 입대해 귀환할 정도로 현실적인 인물이기도 하다.

대공은 임박했음을 분명히 알 수 있는 토지 개혁 때문에 가족들을

경제적인 관점을 바탕으로 결혼시켜야 할 시기가 됐다고 믿는다. 그는 해마다 가족들을 데리고 도시를 떠나 시골로 가서 무더운 여름 몇 달을 지낸다. 작은 마을 돈나푸가타에 도착한 그는 평소처럼 읍장의 환대를 받는다. 이름이 돈 칼로제로(파올로 스토파Paolo Stoppa)인 이 어릿광대 읍장은 운 좋은 땅 투기 덕에 졸부가 된 사람으로, 자신이 재산 덕분에 중요한 인물이 됐다고 느낀다. 이 환상이 읍장의 재산과 대공의 가문을 연결해 줄 수 있다면, 대공은 그 환상에 기꺼이 빠져들 셈이다.

대공은 읍장을 만찬에 초대하는데, 비스콘티는 차분한 사교 코미디 장면에서 읍장이 얼마나 요령 없는 사람인지, 그리고 그런 사람과 저녁을 먹어야 한다는 사실에 대공이 얼마나 고통스러워하는지를 지나친 강조 없이 보여 준다. 읍장은 볼품없는 아내 대신, 절정에 오른 비범한 아름다움을 자랑하는 클라우디아 카르디날레Claudia Cardinale가 연기하는 아름다운 딸 안젤리카를 대동한다. 탄크레디는 그녀에게 홀딱 반하고, 대공은 결혼이 성사되게 일을 추진하면서 불안을 삼킨다.

다른 사람이 연출했다면 이 모든 것은 일일 연속극의 소재가 됐을 테지만, 람페두사의 소설이 대공을 대단히 동정적으로 바라보기 때문에 우리는 사라져 가는 생활 방식에 대해 느끼는 그의 회한을 공감하게 된다. 우리는 귀족들이 노동 계급을 착취한다는 것을 이념적으로는 믿을지 모른다(비스콘티는 바로 그 점을 신봉한 마르크스주의자였다). 그러나 대공은 무척이나 자긍심이 넘치는 좋은 남자고, 자신이 사멸할 것임을 잘 알면서도 전통과 연속성을 대단히 존중하는 사람이다. 그래서 그가 가문을 구하려고 가문을 타협안으로 내세울 때 느끼는 양심의 가책도 우리는 함께 느낀다.

다른 요소도 작동한다. 대공은 최고 권력자이고 무엇이건 손에 쥐려고 태어난 사람이며, 교회의 도덕률에 위배되지 않는 범위에서 여성의 아름다움을 알아보는 사람이다. 그도 조카처럼 안젤리카를 매력적으로 여긴다. 그러나 랭커스터는 그러한 감정을 감동적인 대사나 속닥거리는 암시로 전달하지는 않는다. 모든 감정을 눈빛으로, 고갯짓으로, 욕정이 동한 사람이 풍기는 동물적인 매력에 저항해야 함을 드러내는 미묘한 보디랭귀지로 표출한다. 대공이 안젤리카를 자신에게로 끌어당기려는 욕심을 다스리려는 무의식적인 반응인 것처럼 안젤리카로부터 멀리 몸을 젖히게 만드는 랭커스터의 연기를 관찰해 보라. 마흔다섯 살인 그는 감정을 공공연히 드러내기에는 너무 늙었고(1860년대에는 늙은 편이었다) 너무 고풍적이다. 그러나 여자는 언제나 그런 사실을 감지한다. 그것을 감지할 능력이 없는 것처럼 보여야 하기는 하지만 말이다.

영화는 45분이나 이어지는 무도회 시퀀스로 끝난다. 이 작품을 평론가 데릭 맬컴Derek Malcolm은 "필적할 작품이 드문 예술 작품"이라고 썼고, 데이브 커Dave Kehr는 "개인의 유한성에 대한, 영화 역사에서 가장 감동적인 묵상"이라고 불렀다. 비스콘티, 랭커스터, 로투노는 실제로 벌어지는 사건과 관련 있는 대사는 거의 없다시피 한 이 기다란 시퀀스에 영화의 주제를 모조리 녹여 넣었다. 무도회는 죽어 가는 시대를 위해 베푸는 최후의 찬란한 축하 행사다. 비스콘티는 유서 깊고 품격 있는 시칠리아 귀족 가문의 구성원들을 손님 역할로 캐스팅했다. 우리는 그들의 얼굴에서 역사는 결코 활동하는 것이 아니라 구체적인 형태로 드러날 뿐이라는 사실을 볼 수 있다. 오케스트라는 베르디의 음악을 연주한다. 젊은 사람들은 계속해서 춤을 추고, 나이 든 사람들은 그 모습을 신중히 바라보며 로맨스와 연애가 거래되는 미래의 시장에 대해 판단한다.

대공은 이 화려한 분위기 속을 그림자처럼 옮겨 다닌다. 카메라는 그의 생각과 욕정, 슬픔을 내비치며 이 방 저 방으로 그를 따라 다닌다. 랭커스터가 대공의 감정에 깃든 미묘한 그늘들을 모조리 표출할 수 있다고 확신한 비스콘티는 우리가 영화에 완전히 빨려 들 때까지 신을 확장한다. 그가 그런 시퀀스들을 창조해 낸 덕에 우리는 영화에 빠져든다. 대공의 인간미와 생각을 점차 알게 된 우리는 이제 부지불식간에 그의 감정 속으로 들어선다. 최고의 상태에 도달한 영화는 관객들에게 다른 이의 삶을 살고 있다는 환상을 부여하는데, 이 작품에서 벌어지는 일이 바로 그것이다.

마침내 대공은 안젤리카와 춤을 춘다. 각자 상대방을 성적인 동시에 정치적인 방식으로 인정하고 있는 그들이 춤을 추는 모습을 관찰해 보라. 그들이 자긍심을 드러내는 방식을, 자세히 살펴보는 일 없이 서로를 바라보는 방식을, 사람들이 그들을 바라보는 방식과 사람들이 자신들을 보고 있음을 인식하는 방식을 관찰해 보라. 대공 입장에서 그가 추는 춤은 죽음을 인정하는 것이라는 사실을 느껴 보라. 그는 이 여자를 가질 수 있었고, 그녀와 할 일이 무엇인지를 알 수 있었으며, 그녀를 아내로 맞아 그의 자식들의 어머니로 만들고, 그녀가 쾌락 때문에 내뱉는 신음을 들을 수도 있었다. 그들 사이에 끼어 든 25년가량의 나이차라는 불운만 없었다면 말이다. 그는 그 사실을 알고, 그녀도 그 사실을 안다. 그러나 그는 나이 차가 없었더라도 물론 그녀와 결혼하지 않았을 것이다. 그는 돈 파브리치오 대공이고 그녀는 읍장의 딸이기 때문이다. 비스콘티가 그 모든 것을 무도회 장면을 통해 전달할 수 있었다는 것은 놀랄 만한 일이고 정서적으로 강렬한 일이다. 그의 영화는 바로 그것을 다룬다.

레이더스 Raiders of the Lost Ark	감독	스티븐 스필버그	
	주연	해리슨 포드, 케런 앨런, 폴 프리먼	
	제작	1981년	115분

스티븐 스필버그Steven Spielberg, 1946~의 <레이더스>는 지금껏 만들어진 토요일 오후 상영용 오락 영화 시리즈 중에서 최고의 장면들만 뽑아서 만든 하이라이트 모음집과 비슷하다. 영화의 배경은 남미, 네팔, 이집트, 그리스, 해상, 비밀 잠수함 기지다. 영화에는 트럭, 불도저, 탱크, 오토바이, 배, 잠수함, 팬암의 쾌속 비행정, 나치의 전익기가 등장한다. 뱀, 거미, 부비 트랩, 폭발물도 모습을 드러낸다. 주인공은 뱀 구덩이에 갇히고, 여주인공은 미라들의 습격을 받는다. 리볼버와 기관총에서 정글용 칼과 채찍에 이르는 온갖 무기가 동원된다. 게다가 성궤가 나치의 몸뚱어리를 관통하는 무시무시한 천상의 불길을 일으킬 때면 초자연적인 요소도 등장한다.

<레이더스>의 토요일용 시리즈물의 면모에 대해서는 많이들 논평해 왔고 즐겨 왔다. 그런데 영화를 밀고 나가는 다른 주제인 나치에 대한 스필버그의 감정을 논하는 글은 그리 많이 보지 못했다. 폴린 케일

Pauline Kael은 이 영화를 "인간미 없는" 영화라고 불렀다. 실제로, 이 영화는 다양한 영화 기법을 활용한 작품이지만, 캐릭터들의 대단히 얄팍한 인간미는 캐릭터들 위에 맺힌 이슬방울과 비슷해 보인다. 그러나 스필버그는 이 영화에서 인간에 대한 통찰과 정서적인 복잡성 같은 것을 추구하지는 않는다. 그는 그러한 것들을 다른 영화들에서 찾아냈다. 그리고 <레이더스>에서 그는 두 가지를 하고 싶어 한다. 위대한 오락 영화를 만드는 것, 그리고 나치를 조롱하는 것.

우리는 그가 홀로코스트를 얼마나 심각하게 여기는지를 안다. 우리는 <쉰들러 리스트Schindler's List>를 봤고, 그가 추진하는 쇼아Shoah• 프로젝트에 대해 안다. 이는 생각이 깊은 어른이 내놓은 작품들이다. 반면에 <레이더스>는 사춘기로 돌아간 스필버그의 작품인 것 같다. 영화에는 10대 소년들이 좋아할 만한 요소들이 담겨 있다. 나치들을 기분 좋게 날려 버리겠다는 상상을 하는 유대인 소년의 백일몽도 담겨 있다. 로런스 캐스던Lawrence Kasdan은 필립 코프먼Philip Kaufman과 조지 루카스George Lucas, 그리고 크레디트를 받지 않은 스필버그가 내놓은 스토리를 바탕으로 시나리오를 썼다. 스필버그의 영화는 겉만 보면 대단히 재미있다. 최고의 오락물에 속한다. 그런데 이 영화에는 깊은 곳에 다른 요소가 매복해 있다.

생각해 보라. 플롯은 오랫동안 실종된 성궤를 찾으려는 히틀러의 욕망에 의해 진행된다. "히틀러는 성궤에 미쳐 있습니다." 정부에서 파견 나온 요원이 인디애나 존스(해리슨 포드Harrison Ford)에게 말한다. "미쳤단 말입니다. 오컬트에 사로잡혀 있어요." 그런데 그건 평범한 오컬트가 아니다. 하나님이 산꼭대기에서 모세에게 주셨던 십계명을 담은 궤짝인 성궤는 발견만 된다면 상상할 수 있는 가장 소중한 유대인

• '유대인 대학살'을 뜻하는 히브리어

유물이 될 것이다. "성궤를 앞세운 군대는 천하무적이야." 인디애나의 친구인 박물관 큐레이터 마커스 브로디는 말한다. 히틀러는 유대인의 유물을 훔쳐 자신의 승리를 위해 활용하고 싶어 한다.

영화 내내 반나치의 상징과 익살맞은 종교적 빈정거림이 꾸준히 등장한다. 절박해진 인디애나가 메르세데스 벤츠 트럭의 후드 장식품을 움켜쥐지만 장식품이 뚝 끊어질 때처럼, 사람들을 고문하는 일을 담당하는 나치 추종자가 신성한 유품을 거머쥐었다가 손에 낙인이 찍힐 때처럼, 성궤가 나치 선박의 짐칸으로 운반되는 동안 튼튼한 나무 상자에 찍힌 스와스티카와 다른 나치 마크들이 저절로 불길에 휩싸이며 없어질 때처럼 말이다. 성궤 개봉이 불안한 나치 장교는 "이런 유대식 제식을 생각하면 마음이 편치 않소"라고 말한다. 모습을 드러낸 성궤의 신령은 나치들을 꿰뚫어 버리는, 꿈틀거리는 불기둥이다(성화聖火가 원수들 사이에서 우군友軍을 알아볼 수 있을 거라고 관객들이 추측하는데도, 인디애나는 동료에게 "눈 꼭 감고 있어"라고 필사적으로 외친다). 독일에 점령당한 프랑스가 그랬던 것처럼, 가운데에서 양편을 상대로 수작을 부리려는 프랑스인 벨로크(폴 프리먼Paul Freeman) 캐릭터에도 조롱이 깃들어 있다.

나치는 토요일용 시리즈물에서 인기 좋은 악당이었다. 그 시리즈물에서는 그들의 복장과 억양이 그들의 사악한 신념보다 더 중요하게 여겨졌다. 여기서 스필버그는 그들의 가치관을 드러낸 다음 여지없이 박살내 버린다. <레이더스>는 화려한 시리즈물의 특성을 모두 가진 데다가 종교적이고 정치적인 메시지까지 추가되어 있다. 스필버그가 메시지를 액션 사이사이에 배치함에 따라 그의 메시지는 더할 나위 없는 효과를 발휘했다. <레이더스>의 상부 구조에는 인간미가 없을지도 모르지만, 영화의 기초 부분은 인간적이고 정열적이다.

스필버그 작품들의 주류에는 이러한 요소가 확고히 자리 잡고 있다고 생각한다. <레이더스>는 폭넓은 사랑을 받고 있지만, 스필버그가 더 중요한 영화들을 만드는 사이에 손쉽게 해치워 버린 영화라고 무시당하는 경향이 있다. <레이더스>는 케일이 "기쁨에 겨운 노래를 부르는 보이 소프라노"에 비교한 <미지와의 조우Close Encounters of the Third Kind>와 <이티E.T.> 사이에 만들어졌다. 그녀는 <레이더스>에서는 그런 목소리를 들을 수 없다고 느꼈다. 그런데 나는 들을 수 있다고 생각한다. 노랫소리가 아니라 웃음소리를, 때로는 기쁨에 겨운 웃음소리를, 때로는 승리감에 도취한 웃음소리를 말이다.

영화는 대단히 재미있다. 캐스던의 시나리오는 지독한 사건을 하나 일어나게 만든 후, 그것을 능가하는 다른 사건이 일어나게 만드는 방식으로 구성되었다. 영화가 시작하면, 인디애나는 사람 키보다 큰 거미줄을 걷어내고, 큼지막한 거미들의 습격을 받으며, 부비 트랩 하나와 다른 부비 트랩을 간신히 벗어난 다음, 바닥이 보이지 않는 함정을 건너뛰고, 바닥으로 내려오는 석판에 눌려 납작해질 뻔하다가, 동료에게 배신당하고, 굴러오는 커다란 바윗덩어리에 쫓기며, 불어서 쏘는 침과 창으로 무장한 원주민에게 포위당하고, 강으로 뛰어들며, 비행기에 기어들어 갔다가 조종석에서 커다란 뱀을 발견한다. 그는 "뱀은 질색이야"하고 비명을 지른다.

영화는 위기에서 다른 위기로 잽싸게 돌진한다. (주먹 싸움과 총질, 가솔린 폭발에 이어, 프로펠러 때문에 악당이 다진 고기 신세가 되어 버린 후) 비행기 통제권을 놓고 벌인 싸움이 끝나면 인디애나는 갑자기 이런 말을 듣는다. "성궤! 그들이 트럭으로 성궤를 카이로로 옮기고 있어!" 그러자 인디애나는 대답한다. "트럭? 무슨 트럭?" 우리를 비행기 장면에서 유명한 트럭 추격전으로 데려가는 데 필요한 설명은 그게 전부다.

해리슨 포드는 만화 영화 속의 코요테처럼 무뚝뚝하고 겁 없는 불멸의 존재, 인디애나 존스의 화신이다. 그가 적절한 캐스팅이었다는 사실은 영화를 준비하고 있던 1980년에는 — 지금 그런 것처럼 — 확실해 보이지 않았다. 그는 이 영화 전에 <스타워즈Star Wars>와 <제국의 역습The Empire Strikes Back>에 출연해 말수 적은 액션 영웅 핸 솔로를 연기했지만, 두 작품 이외의 경력은 변변치 않았다. 그가 《스타워즈》 시리즈에서 입증한 것, 그리고 이후에 거듭해서 입증해 온 것은 터무니없는 액션을 펼치는 와중에도 그 장면의 중심을 탄탄하게 잡아 줄 수 있는 배우라는 점이었다. 모든 사건이 동시에 벌어지는 장면에서 그는 불필요한 것은 얼굴에, 목소리에, 자신이 연기하는 캐릭터에 조금도 내비칠 필요가 없음을 안다. 그는 지레가 아닌 지레 받침이다.

케런 앨런Karen Allen이 그의 동료 매리언을 연기한다. 용감한 왈가닥인 매리언에게는 지구의 이쪽에서 저쪽으로 주인공을 따라가며 꾸준히 위험에 처해야 할 의무가 있다(그녀는 두 번이나 산 채로 화형당할 뻔하고, 킹코브라와 맞닥뜨리며, "내가 당신을 여기서 데리고 나가면 놈들이 우리를 찾으려고 이곳을 샅샅이 수색하기 시작할 거야"라고 말하는 인디애나 때문에 기둥에 묶인 채로 남기까지 한다). 인디애나 존스 시리즈의 여주인공은 사내나 다름없다. 매리언이 자기 몸은 알아서 챙길 수 있고 위험에 직면해서도 무력한 모습을 보이진 않지만, 그녀의 섹슈얼한 측면은 소년용 모험 잡지에 나오는 여자들과 비슷하다.

당시에 눈부셨던 특수 효과는 지금 보면 약간 싼 티가 난다. 디지털로 구현한 완벽한 특수 효과에 익숙해진 우리는 모형 비행기를 사용한 때가 언제인지, 광학 프린터로 하늘에 먹구름을 집어넣은 때가 언제인지, 성궤의 치명적인 광선이 액션에 이중 인화되는 것이 언제인지를 알 수 있다. 루카스는 과거로 돌아가 <스타워즈>의 특수 효과를 말끔하게 다듬었다. 그러나 나는 스필버그가 <레이더스>를 절대로 건드리지 않았으면 한다. 특수 효과는 영화의 분위기를 지금 있는 그대로 설정하는 데 도움을 주기 때문이다. 시리즈물은 조금은 날림으로 만든 티를 내야 한다. 이 영화는 '소년들을 위한 모험물'이고, 폭음과 화염으로 점철된 영화이며, '팔뚝에 멍이 들게 되는 영화'(당신은 화면에 무언가 놀랄 만한 게 뛰어나오면 데이트 상대의 팔뚝을 쥐어짜게 된다)이고, 대책 없는 즐거움으로 완성된 영화다. 당시 서른네 살이던 스필버그는 이런 영화를 만들 수 있는 권력을 갖기에 충분할 정도로 나이를 먹었고, 이런 영화를 만들고 싶어 하는 이유를 기억하고 있기에 충분할 정도로 젊었다. 자신이 이런 영화를 만들고 싶어 하는 모든 이유를 기억하고 있기에 충분할 정도로 말이다.

로라

Laura

감독	오토 프레민저	
주연	진 티어니, 데이너 앤드루스	
제작	1944년	88분

오토 프레민저Otto Preminger, 1905~1986 감독의 <로라>를 서너 번 봤다. 그런데 살인자의 정체를 떠올리려고 하면 그렇게 빨리 생각나지 않는다. 죄를 지은 사람이 쉽게 잊힐 만한 존재여서가 아니라, 그의 정체성이 무척이나 제멋대로이기 때문이다. 그 살인자가 반드시 살인자여야 할 필요는 없다. 다른 캐릭터 서너 명이 범인이었어도 괜찮았을 것이다. 그리고 칼럼니스트 월터 윈첼Walter Winchell이 없었다면, 우리는 다른 엔딩을 보게 됐을 것이다. 그에 대해서는 뒤에서 이야기하겠다.

필름 누아르는 복잡한 플롯과 제멋대로인 반전으로 유명하다. 그런데 우리에게 <말타의 매The Maltese Falcon>를 선사한 이 장르에서조차 이 작품은 뜻밖의 횡재에 속한다. <로라>에는 경찰서에는 한 번도 가지 않는 형사가 나온다. 용의자는 다른 용의자를 심문하는 자리에 초대받는다. 여주인공은 러닝 타임의 대부분 시간 동안 죽어 있다. 단 한 순간도 이성애자로 보이지 않는 남자는 여자한테 미친 듯한 질투심을 느낀다. 켄터키 출신의 우둔한 시골뜨기는 맨해튼의 펜트하우스 사교계를 휘젓고 다니고, 경찰관은 살인에 사용된 무기를 "아침에 가지러 오겠다"며 그 무기가 숨겨져 있던 곳에 다시 놓는다. 유일한 누드 장면은 질투심 많은 남자와 경찰이 등장하는 장면이다.

<로라>가 이렇게 계속해서 사건들을 꿰맞추는 것은 이야기의 타당성이 아니라 스타일에 전념하기 위해서다. 여기에 데이비드 래스킨 David Raskin이 작곡한 유명한 주제가도 어느 정도 기여한다는 점에는 의심의 여지가 없다. 음악은 화면에 등장하는 모든 것의 밑바닥에 뭔가에 홀린 듯한 느낌의 향수와 회한이 가득한 분위기를 깔아 주며, 그 밑바닥에서 많은 역할을 수행한다. 신중하면서도 정확한 시점에 등장하는, 약간의 광기를 띤 클리프턴 웹Clifton Webb의 내레이션도 있다. "로라가 숨진 주말을 결코 잊지 않을 것이다. 은빛 태양은 거대한 돋보기처럼 하늘에서 이글거렸다. 내 기억에 그날은 가장 무더운 일요일이었다. 그때 내가 뉴욕에 남아 있는 유일한 인간인 것 같은 기분이 들었다. 로라가 끔찍하게 죽어 가는 동안, 나는 혼자였다. 나, 월도 라이데커는 그녀를 제대로 아는 유일한 사람이었다."

클리프턴 웹의 월도 라이데커 연기는 영화의 한복판에 우뚝 서 있고, 로라의 약혼자 셸비 카펜터 역할의 빈센트 프라이스Vincent Price의 연기는 정신없이 뛰어다니는 스패니얼 강아지처럼 변두리를 조금씩 잠식해 들어온다. 두 배우, 그리고 신경질적인 앤 아주머니 역의 주디스 앤더슨Judith Anderson은 존재한다는 사실 외에는 조금의 리얼리티도 없는 캐릭터들을 창조해 내는데, 그들에게는 그것만으로도 충분하다. 반면에 남녀 주인공은 모두 마분지로 만든 장난감처럼 비현실적이다. 로라 역의 진 티어니Gene Tierney는 아름답고 몸매도 완벽하며 스틸 사진에서는 정말로 근사해 보인다. 그런데 그녀에게는 감정이 개입할 여지가 전혀 없어 보인다. 하지만 그녀가 <애수의 호수Leave Her to

Heaven>(1945)에서 선보인 연기는 훨씬 강렬하고 깊이 있으며 설득력도 크다. 한편 마크 맥퍼슨 형사 역의 데이나 앤드루스Dana Andrews는 꼿꼿하게 서서 줄담배를 피우며 단조로운 목소리로 말한다. 스튜디오의 우두머리 대릴 F. 자눅Darryl F. Zanuck은 그를 보면서 '모범생'을 떠올렸다. 주인공들인 티어니와 앤드루스는 근본적으로 웹과 프라이스가 자신들의 출연 장면을 모조리 훔쳐가는 모습을 지켜보는 목격자 역할을 연기하고 있다.

이것은 클리프턴 웹이 맡은 최초의 비중 있는 영화 배역이었고, 1930년 이래로 그가 맡은 최초의 영화 배역이었다. 그는 스크린 테스트를 받으라는 스튜디오의 요구를 거절한 무대 연기자였다. 영화 경력을 영화 제작으로 시작해서 영화 연출로 끝맺은 오토 프레민저는 웹이 브로드웨이 무대에서 연기하는 모습을 필사적으로 촬영해 자눅에게 보여줬다. 부하 직원은 자눅에게 "걸어 다니는 게 아니라 날아다니는 것 같군요"라고 말했지만, 연극조의 과장된 스타일이 몸에 밴 웹에게서 깊은 인상을 받은 자눅은 그에게 역할을 맡겼다. 빈센트 프라이스는 자신이 맡은 캐릭터를 위해 켄터키와 트란실바니아 사이의 어딘가에서 사용할 법한 억양을 만들어 냈다. 월도 라이데커는 키 크고 건장한 프라이스 때문에 로라에게 이렇게 투덜댄다. "당신이 함께하는 남자의 표준적인 체형은 마르고 건장한 체구로군요."

월도는 말랐지만 건장하지는 않다. 웹은 이 역할을 연기할 때 55세였고, 티어니는 24세였다. 보가트Humphrey Bogart와 버콜Lauren Bacall의 나이 차는 전혀 문제 없었지만, 그와 비슷한 관계를 연기했던 웹과 티어니의 나이 차는 두 사람 사이에서 조금의 화학 작용도 빚어내지 못했다고 말할 수밖에 없다. 웹은 독신으로 사는 평론가 겸 칼럼니스트(알렉산더 울코트Alexander Woollcott를 모델로 삼았다고 한다)를 연기하는데, 우리가 그를 처음 볼 때 그는 욕조에 앉아 타자를 치고 있다. 이 시

점은 노라가 산탄총으로 살해당한 후로서, 형사는 그녀의 가까운 친구들을 탐문하러 찾아온다.

영화는 겉으로 드러난 줄거리보다는 기저의 흐름을 통해 전개된다. 욕실에 들어온 맥퍼슨은 약간 즐기는 듯한 분위기로 월도를 바라본다. 월도가 타자기가 놓여 있는 선반을 옆으로 밀면, 카메라에는 그의 누드가 가려지지만 형사에게는 알몸이 명확하게 드러난다. 월도는 스크린 밖의 욕조에서 일어난다. 월도가 맥퍼슨에게 목욕 가운을 건네 달라고 부탁할 때 등장하는 반응 숏은 맥퍼슨이 아래쪽을 응시하는 모습을 보여 준다. 이 영화를 볼 때마다 프레민저가 이 장면으로 이뤄 내려고 노력한 게 무엇이었는지 궁금해지고는 한다. 월도가 맥퍼슨에게 매력을 느낀다는 암시는 조금도 없다. 그렇기는 해도 벌거벗은 채로 형사를 맞이하는 것도 괴상한 일이다.

월도는 로라를 지배하는 폭군이다. 플래시백을 통해 우리는 그들의 관계가 발전해 온 모습을 보게 된다. 그는 알공퀸 호텔 식당에서 그녀를 냉대했다가 사과를 하고, 그녀의 친구가 된 후에는 그녀의 생활을 떠맡는다. 그녀의 옷을 골라 주고, 헤어스타일을 새롭게 다듬게 해주며, 적절한 사람들에게 그녀를 소개하고, 자신이 쓰는 칼럼을 통해 그녀를 홍보한다. 그들은 월도가 집에서 그녀를 위해 요리를 해 주는 화요일과 금요일을 제외하고는 매일 밤을 시내 유흥가에서 함께 보낸다. 다른 남자들이 영화에 등장하는데, 월도가 칼럼에서 그 남자들을 난도질하면 그들은 영화를 떠난다. 마르고 건장한 체구를 가진 덩치 크고 멍청한 셸비는 최근에 나타난 가장 심각한 위협이다. 나는 월도-셸비-로라의 삼각관계를 고려할 때마다 이 관계를 심리적으로 정상적인 관계로 만드는 유일한 방법은 로라를 사내로 변신시키는 것이라고 생각하고는 한다.

근본적으로 이 영화는 근사하게 빼입은 부자들이 호사스러운 아파트에서 경찰을 상대로 진술을 하는 장면으로 구성되어 있다. 열정은 고르지 않게 분포되어 있다. 셸비와 로라 사이에 무척 후끈한 열기가 피어나는 것처럼 보이지는 않는다. 월도는 로라를 소유하고 싶어 하지만, 그녀의 몸에는 손가락 하나 대지 않는다. 사교계 귀부인 앤 트레드웰(앤더슨)은 셸비에게 육욕을 느끼지만, 누군가가 그 사실을 셸비에게 말해 주지 않으면 셸비는 그렇다는 사실을 전혀 모를 것이다. 맥퍼슨 형사는 죽은 여자에게 반한다. 그가 밤중에 로라의 아파트에 들어가 그녀의 편지들을 살펴보고, 그녀의 옷을 만지며, 그녀가 쓰던 향수 냄새를 맡고, 그녀가 마시던 술병에서 술을 따른 후, 그녀가 앉았던 벽난로 위에 걸려 있는 그녀의 거대한 초상화 아래에 앉는 비범한 장면이 있다. 귀신과 데이트를 하는 것 같은 장면이다.

맥퍼슨의 수사가 결국 밝혀내는 진실은 1940년대 범죄 영화치고는 무심한 방식으로 다뤄진다. 그는 항상 용의선상에 오른 사람들을 상대로 그들이 기소될 거라고 믿게 만든 다음에 뒷걸음질을 치는 수사 방식을 쓴다. 월도는 경찰이 용의자를 면담할 때 같이 다닐 수 있게 해 달라고 요청한다. 그는 살인은 자신이 "좋아하는 범죄"라고, "그들의 반응을 연구하는 걸 좋아한다"고 말한다. 놀랍게도 맥퍼슨은 그의 요청을 수락한다. 시나리오의 관점에서는 유용한 설정이다. 그렇게 하지 않으면 맥퍼슨은 대부분의 장면을 혼자 끌고 가야 하기 때문이다.

이 모든 불합리성과 비현실성도 이 영화의 매력을 해치지는 못한다. 어쩌면 그러한 특징이 영화의 매력을 돋보이게 만드는 건지도 모른다. 제임스 내러모어James Naremore는 『밤 이상의 것: 맥락에서 본 필름 누아르More Than Night: Film Noir in Its Contexts』에서 몇몇 대사가 원래 의도와는 달리 재미난 대사가 됐다고 썼다. "<로라>의 경우, 연극적인 과장은 적어도 부분적으로는 의도된 것이다. 클리프턴 웹, 주디스 앤더슨, 빈센트 프라이스를 같은 응접실에 등장시키는 영화는 어떤 영화건 비현실적인 연극성을 불러들일 것이다.”

프레민저가 이 영화를 연출하려고 벌인 투쟁에 관한 이야기는 할리우드의 전설이 됐다. 프레민저가 자서전에서 밝힌 것처럼, 자눅은 그를 감독이 아닌 프로듀서로 간주하면서 영화를 루벤 마물리언Rouben Mamoulian에게 맡겼다. 초기에 찍은 러시 필름이 재앙 수준이라는 게 밝혀지자, 영화에 뛰어든 프레민저는 많은 장면을 재촬영하고 세트를 재배치하며 시나리오를 수정하느라 애를 썼다. 자눅은 다른 결말을 찍을 것을 고집했다. 자눅과 그의 친구인 실제 가십 칼럼니스트 월터 윈첼이 새 버전을 감상했는데, 윈첼은 결말을 이해하지 못하겠다고 말했다. 그래서 자눅은 원래 엔딩을 되돌려놓는 것을 허락했다. 산탄총을 골동품 시계에 넣는 것과 관련한 설정은 꽤나 부자연스럽지만, 영화 전체는 제대로 된 작품이었다. 부자연스럽고 작위적인 틀에 박혔지만, 빈약한 모티브와 화려한 스타일은 완벽한 균형을 이뤄 냈다. 이 영화를 위대한 영화로 만든 것은 캐스팅일 것이다. 장면마다 뭔가에 발을 들여놓기를 두려워하는 것처럼 들어오는 월도 라이데커는 B급 졸작 범죄 영화에나 어울리는 소재를 구해 내는 데 성공했다.

# 로미오와 줄리엣 Romeo and Juliet	감독	프랑코 제피렐리	
	주연	올리비아 핫세, 레너드 위팅	
	제작	1968년	138분

「로미오와 줄리엣」은 역사상 최초의 낭만적인 비극으로 항상 언급되지만, 사실은 전혀 비극이 아니다. 「로미오와 줄리엣」은 위대한 인물들이 자신이 가진 고유한 결점 때문에 파멸을 맞는다는 고대 비극의 요건에 들어맞는 게 거의 없기 때문에, 이 작품을 그렇게 생각하는 것은 비극적인 오해라 할 수 있다. 로미오와 줄리엣에게는 결점이 없다. 그들은 자신이 한 행동 때문에 비난을 받을 정도로 나이가 많지도 않다. 그들의 죽음은 그들이 속한 몬테규 가문과 캐플릿 가문 사이의 고집 센 다툼 때문이다. 셰익스피어는 희곡을 집필하면서 현대 드라마의 틀을 잡기 시작했다. 그 안에서 평범한 사람들의 운명은 위인들의 운명만큼 중요하다. 그의 작품을 포함한 그 시대 무대에 오른 비극의 대부분은 왕과 황제와 장군을 다뤘다. 그의 경력의 여명기에 가까웠던 이 작품에서 — 그가 앤 해서웨이Anne Hathaway와 억지로 결혼하기 전에 경험했던 달콤한 로맨스를 기억하는 듯한 이 작품에서 — 그는 사랑에 빠진

10대들에 대한 이야기를 쓴다.

「로미오와 줄리엣」은 다양한 방식으로 여러 차례 영화화됐다. 꾸준한 사랑을 받는 1936년도 할리우드 버전에는 노마 시어러Norma Shearer와 레슬리 하워드Leslie Howard가 출연했다. 현대적으로 변형된 작품으로는 원작의 플롯에 맨해튼 갱단의 전쟁을 적용한 로버트 와이즈Robert Wise 감독의 <웨스트 사이드 스토리West Side Story>(1961), 차이나타운 소녀와 리틀 이탈리아 소년 사이의 금지된 로맨스를 다룬 에이블 페라라Abel Ferrara 감독의 <차이나 걸China Girl>(1987), 베로나 비치를 무대로 캘리포니아 펑크 갱들을 다룬 바즈 루어만Baz Luhrmann 감독의 <로미오와 줄리엣William Shakespeare's Romeo+Juliet>(1996) 등이 있다. 그러나 오랫동안 가장 큰 사랑을 받은 영화 버전은 프랑코 제피렐리Franco Zeffirelli, 1923~2019 감독의 1968년도 버전일 것이다.

거의 모든 요소가 잘 어울리는 영화에서 감독이 내린 중요한 결정은 캐릭터들을 연기하기에 적절한 나이인 배우들을 캐스팅한 것이었다(하워드와 시어러는 분명 그렇지 않았다). 희곡의 첫 부분에서 줄리엣은 "아직 열네 살이 되지 않았고", 로미오는 가면무도회에서 줄리엣을 본 순간 화면에 등장하지 않는 로잘린드를 향한 연정을 잊어버린다. "나는 이 밤이 되기 전까지는 결코 진정한 아름다움을 보지 못했어요." 제피렐리는 대대적으로 홍보된 국제적인 스타 탐색 작업을 마친 후 아르헨티나 출신의 열여섯 살 먹은 올리비아 핫세Olivia Hussey, 그리고 영국 출신의 열일곱 살 먹은 레너드 위팅Leonard Whiting을 캐스팅했다.

그들의 활약은 자신들이 맡은 역할을 연기하는 것에만 그치지 않았다. 그들은 각자가 가진 참신한 매력을 드러내며 로미오와 줄리엣을 체현해 냈다. 어느 쪽도 전문 연기자가 아니었지만 셰익스피어의 대사를 자신을 위한 것인 양 완벽하게 소화해 냈다. 앤서니 홀든Anthony Holden의 책 『윌리엄 셰익스피어: 천재성 뒤편의 남자William Shakespeare:

RJ-4433-208

The Man Behind the Genius』는 "연인들이 복잡하지 않은 행복한 순간에 보여 주는 아름다운 소박함"과 "희곡에서 그 외의 많은 것을 끌고 나가는 화려한 수사가 총동원된 미사여구들"을 대조해서 보여 준다. 제피렐리는 희곡의 절반가량을 쳐내면서 이런 미사여구를 아주 많이 제거했다. 그는 이러한 편집 때문에 호된 비판을 받았는데, 줄리엣의 장례식을 목격하는 벤볼리오를 보여 줬으므로 추방당한 로미오에게 그 광경을 묘사해줄 필요가 없을 때 그랬던 것처럼, 무대에서는 묘사해 줄 필요가 있었던 상당 부분이 영화의 경우에는 스크린에 그냥 등장시키기만 하면 된다는 점에서 그의 선택은 틀리지 않았다. 스스로 만든 소재들을 갖고 그토록 폭넓은 자유를 취했던 셰익스피어도 아마 제피렐리의 선택을 이해했을 것이다.

영화에 남은 것은 사람들이 희곡에서 사랑하는 것들이다. 젊은 연인들이 품은 순수한 열정, 줄리엣의 유모가 가진 속된 모습, 로런스 수도사의 선의에서 비롯된 계획, 양쪽 가문에 속한 젊은 남자들이 벌이는 피 끓는 결투, 가짜 죽음이 낳은 잔인한 아이러니. 그리고 머큐쇼가 꿈의 여왕을 시적으로 불러내는 것을 포함한, 걸출한 대사들을 위한 시간도 많이 배정됐다.

핫세와 위팅은 대단히 훌륭하다. 그들은 자신들이 하는 것보다 더 뛰어난 연기가 어떤 것인지 모르는 상태이기 때문이다. 그들이 연기 경험을 한두 해 정도 쌓은 뒤였다면 무척이나 위축된 탓에 이 역할들을 제대로 연기해 내지 못했을 것이다. 발코니 장면을 촬영하던 날 밤에 로마에서 한 시간가량 떨어진 작은 언덕 마을에 있는 촬영장을 방문할 수 있었던 것은 내게 큰 행운이었다. 나는 핫세와 위팅이 산허리에 있는 오래된 빌라의 2층에서 복잡한 생각이라고는 전혀 없이 자연스러운 모습으로 촬영장에서 호출이 오기를 기다리던 모습을 기억한다. 발코니 장면을 촬영할 때, 핫세가 앞뒤 가리지 않고 그 장면에 쏟아 부은 에너지를 기억한다. 테이크가 거듭될수록, 굶주린 키스를 퍼부으려 발코니로 몸을 던지던 그녀는 발코니에서 떨어질 뻔했다(나무에서 균형을 잡은 위팅은 발 디딜 곳을 확인해야 했다).

제피렐리는 숏들을 찍는 사이에 수풀이 우거진 정원에서 작곡가 니노 로타Nino Rota와 산책을 했다. 펠리니Federico Fellini의 작품 대부분에서 음악을 만들었던 로타는 영화의 중심 테마를 콧노래로 흥얼거렸고, 감독은 고개를 끄덕였다. 오스카상 촬영상을 수상하게 될 파스쿠알리노 데 산티스Pasqualino De Santis는 기술적인 문제 때문에 배우들을 기다리게 하는 대신에 배우들이 참신한 연기를 준비할 수 있게끔 노력하며 조용히, 하지만 열정적으로 스태프를 지휘했다. 새벽에 연기자들을 로마로 태우고 갈 차량들이 이리저리 돌아다니는 동안, 제피렐리는 진한 커피를 들이키며 분명한 어조로 밝혔다. 영화 전체가 발코니와 납골당 장면에 달려 있는데, 그가 내린 캐스팅 결정은 제대로 된 것으로 판명됐고 영화는 성공할 것이라고.

영화는 성공했다. 셰익스피어가 영화 역사상 가장 많이 영화화된 작가였음에도, 앞선 시대에 셰익스피어를 원작으로 만든 모든 영화를 뛰어넘는 성공을 거뒀다. 영화는 세계 전역에서 소란스러운 정치적 격변이 일어나던 시기인 1968년에 개봉했다. 불운한 연인들의 이야기는 연장자들이 벌이는 전쟁에 싫증이 난 반항적인 젊은이들의 분위기를 어떤 식으로건 포착했다. 앤서니 버지스Anthony Burgess는 "이 작품은 모든 문학 작품 중에서 젊은 연인들의 열정과 청춘의 적극적인 영혼을 영원한 것으로 만든 작품"이라고 썼다.

1923년에 피렌체에서 태어난 제피렐리는 자전적인 이야기에 느슨하게 바탕을 둔 <무솔리니와 차 한 잔Tea with Mussolini>(1999)에서 엿볼 수 있는 전쟁 전의 경험을 통해 일찌감치 영어권에 진출했다. 로런스 올리비에Laurence Olivier의 <헨리 5세Henry V>(1945)는 그에게 초기의 예술적 영향을 끼친 작품으로, 그가 무대로 향하게끔 영감을 줬다. 그는 연극, 영화, 오페라를 연출하며 각 분야에서 비슷한 경력을 쌓았다. 그는 <로미오와 줄리엣>이 대성공을 거두기 전에 리처드 버튼Richard Burton과 엘리자베스 테일러Elizabeth Talyor가 출연하는 <말괄량이 길들이기The Taming of the Shrew>(1967)로 셰익스피어의 세계를 처음으로 불안하나마 원기왕성하게 방문했다. 나중에 그는 <오셀로Otello>(1986)에서 플라시도 도밍고Plácido Domingo를 연출했고, 베르디의 오페라를 연출했으며, <햄릿Hamlet>(1990)에서 멜 깁슨Mel Gibson을 연출했다.

<로미오와 줄리엣>은 그의 경력에서 매혹적인 정점으로 남아 있다. 이 작품을 다시 보는 것은 로맨스를 탐닉하는 것이나 다름없다. 1968년에 제피렐리가 사랑에 초점을 맞춘 반면, 1996년에 바즈 루어만이 연출한 대중적인 버전이 폭력에 초점을 맞춘 것은 흥미롭다. 젊은이에 관한, 그리고 젊은이를 위한 영화에 담긴 근본적인 요소들이 변했고, 최근 관객들은 섹스와 사랑은 부끄러워하지만 갈등과 액션에는 열광하는 것처럼 보인다. 요즘 금요일 밤 관객들에게 연인들의 진심어린 참된 모습을 보여 주면 낄낄거리지나 않을지 궁금하다.

제피렐리는 로미오와 줄리엣이 침대에서 깨어나는 모습을, 육체적 사랑을 나눈 후라는 걸 의심할 여지가 없는 모습을 과감히 보여 줬기 때문에 순수주의자들에게서 비판을 받았다. 희곡에서 이 대사는 "로미오와 줄리엣이 높이 있는 곳"(그녀의 발코니)으로 들어가는 캐플릿 가문의 과수원 장면에서 등장한다. 나는 그들이 지금 막 줄리엣의 침실을 떠났다고 확신한다. 결국 그들이 로런스 수도사(마일로 오셰이Milo O'Shea) 덕에 결혼하지 않았다면, 로미오가 추방당하기 전에 사랑을 완성해야 하는 게 옳은 일 아닐까?

다닐로 도나티Danilo Donati가 담당한 의상은 영화에 또 다른 오스카상을 안겼는데(영화는 작품상과 감독상 후보에도 올랐다), 의상은 영화의 성공에 중요한 기여를 했다. 의상은 프레임에 풍성한 색채를 들여놓는 수단이었다. 의상이 아니었다면 회색이나 황토색 돌이나 자연의 색채들이 화면을 채웠을 것이다. 유모(팻 헤이우드Pat Heywood)는 포목상 세일에서 구입한 것 같은 두툼한 직물에 둘러싸인 듯 보이고, 머쿠쇼(존 매키너리John McEnery)는 깃발로, 가면으로, 수의壽衣로 사용되는 손수건을 휘날리며 등장한다. 몸통 부분이 낮고 단순한 문양으로 이뤄진 핫세의 드레스들은 그녀의 크림색 피부와 긴 머리를 돋보이게 한다. 위팅은 반바지, 블라우스, 바지 앞의 샅 주머니를 영화의 의상이 아닌 일상적으로 입는 옷이 분명하다는 확신을 풍기며 소화해 낸다.

의상과 영화에 담긴 모든 것(촬영, 음악, 그리고 무엇보다도 셰익스피어의 언어)은 대단히 육감적이고 감각적이다. 쌍을 이루는 죽음 장면의 연출은 물론 작위적이다. 수도사가 개입하는 타이밍은 너무 잘못되어 있지만, 우리는 셰익스피어도 사랑하는 두 젊은 연인이 죽음으로 상대방의 죽음을 애도한다는 이론적으로 불가능한 사항을 제시했다는 점에서 이런 작위성을 용서할 수 있다. 셰익스피어는 런던에서 이 희곡을 처음 무대에 올렸을 때 “저급한 관객들이 이전에 연극인들이 알고 있던 수준을 훨씬 뛰어넘는 감동을 받는 모습을 보고는” 흡족해했다고 홀든은 썼다. 왜? 극의 솜씨와 예술성 때문이기도 했지만, 로미오와 줄리엣이 시저, 오셀로, 맥베스처럼 서민들과 멀리 떨어진 존귀한 인물들이 아니라 극장에 있는 사람 모두가 알고 있는, 그리고 한때 그들 모두도 그런 존재였던, 사랑에 빠진 어린 한 쌍이기 때문이기도 했다.

로빈 훗의 모험 The Adventures of Robin Hood	감독	마이클 커티즈, 윌리엄 케일리	
	주연	에롤 플린, 올리비아 드 하빌랜드	
	제작	1938년	102분

<로빈 훗의 모험>은 소박한 가치관이 실제로 세상에 존재하는 것처럼 들리던 시절에 고결하리만치 순수한 마음과 숨 막히는 예술적 솜씨로 만들어진 영화다. 아이러니한 서브텍스트가 없는 액션 영화는 세상에 공개될 수 없는 요즘 같은 냉소적인 시절에, 이 위대한 1938년도 영화는 용감무쌍함과 로맨스로 점철된 영원한 여름철에 존재한다. 이 영화에는 프로이트적인 서브텍스트도 없고 수정주의적인 분석도 필요치 않다. 로빈이 부자들의 재산을 털어 가난한 이들에게 나눠주고 색슨족을 모든 노르만족에게서가 아니라 못된 노르만족에게서 보호한다는 것으로 충분하다. "내가 증오하는 건 노르만족이 아니라 부정한 짓들이오."

이 영화는 몇 가지 면에서 이정표 같은 작품이다. 이 작품은 스리스트립 테크니컬러three-strip Technicolor 프로세스로 촬영한 워너 브라더스의 세 번째 영화이고, 에롤 플린Errol Flynn과 올리비아 드 하빌랜드

Olivia de Havilland가 공연한 아홉 편의 영화 중 세 번째 영화이며, 마이클 커티즈Michael Curtiz, 1886~1962 감독이 플린을 연출한 열두 번 중 다섯 번째 작품이다.

이 작품은 스튜디오 시스템이 올린 개가였다. 프로듀서 핼 B. 월리스Hal B. Wallis는 워너에서 가장 창조적인 임원이었다. 스튜디오에 전속된 초대형 스타 제임스 캐그니James Cagney가 화를 내며 촬영장을 떠나면서 <로빈 훗의 모험>이 주인공 없는 영화가 되자, 월리스는 즉시 플린을 캐스팅했다. 호주의 태즈메이니아에서 태어난 떠오르는 스타 플린은 월리스를 위해 <블러드 선장Captain Blood>(1935)과 <번개 여단의 임무The Charge of the Light Brigade>(1936)에 출연했었다. 많은 돈이 드는 신기술인 테크니컬러 프로세스를 사용하기로 결정한 것도 월리스였다. 마리안 공주 캐릭터를 없애 버리고 싶어 한 초기의 작가를 해고한 사람도 월리스였다. 원래 감독이던 윌리엄 케일리William Keighley, 1889~1984를 커티즈로 교체할 정도로 충분한 힘을 가진 인물 또한 월리스였다. 케일리가 아파서 그랬다는 이야기도 있고, 액션 장면들을 강화하고 싶었던 월리스가 커티즈를 원해서 그랬다는 이야기도 있다. 케일리는 실외 장면의 대부분을 작업했고, 커티즈는 스튜디오 촬영의 대부분을 작업했다.

그 결과 "찬란한 테크니컬러Glorious Technicolor"라는 트레이드마크를 정당화하는 영화가 탄생했다. 영국 평론가 데이미언 캐넌Damian Cannon은 "이 정도의 채도彩度를 가진 영화는 더 이상 만들지 못한다"고 썼다. 성 내부의 화려한 벽걸이 융단을, 마일로 앤더슨Milo Anderson이 담당한 빨간색·황금색·회색·녹색 의상을, 셔우드 숲(실제로는 캘리포니아 치코에 있는 비드웰 공원)의 우거진 녹음을 잘 생각해 보라. 촬영 감독 솔 폴리토Sol Polito와 토니 가우디오Tony Gaudio는 오리지널 스리스트립 테크니컬러 프로세스를 활용했는데, 이 기술을 쓰려면 성가신 카메라들과 별도의 많은 조명을 동원해야 했지만 현대의 컬러 영화들은 필적할 수 없는 풍성한 색채를 얻을 수 있었다.

그러나 제아무리 훌륭한 기술을 썼더라도 지금의 캐스팅이 아니었다면 영화는 걸작 반열에 오르지 못했을 것이다. 없어서는 안 될 플린과 드 하빌랜드뿐 아니라, 나약한 존 왕자 역의 클로드 레인스Claude Rains, 교활한 기스본의 가이 경을 연기한 배질 래스본Basil Rathbone, 두려움 없는 메리 멘Merry Men•인 윌 스칼렛, 프라이어 턱, 리틀 존을 연기한 패트릭 놀스Patric Knowles, 유진 팔레트Eugene Pallete, 앨런 헤일Allan Hale 같은 믿음직한 워너의 조연급 스타들을 망라한 캐스팅을 말하는 것이다. 슈퍼스타가 모든 장면을 장악하는 현대 영화들과는 달리, 황금기의 할리우드 영화들은 집필과 캐스팅에도 심오한 깊이가 있었고, 그래서 영화의 줄거리는 다채로운 분위기를 풍길 수 있었다.

에롤 플린은 말년에 자기 자신을 캐리커처 한 것 같은 존재가 되고 상당히 비열한 인간이 돼 버렸기 때문에, 그의 경력의 여명기인 이 작품에서 그를 보는 것은 유쾌한 일이다. 그는 이 세상 사람처럼 느껴지지 않을 정도로 잘생겼다. 그런데 진짜로 중요한 것은 그게 아니다. 그를 스타로 만든 것은 로빈 훗 같은 역할들로 체현해 낸 쾌활하고 옹골찬 분위기와 보기 좋은 활력이었다. 조지 C. 스콧George C. Scott은 연기자로서 추구하는 게 뭐냐는 질문을 받자 "연기의 기쁨"을 거론했다. 그런데 플린은 무심하게 뿜어내는 기쁨으로 그것을 체현한다. 그가 사슴을 밀렵하면 사형을 당한다는 것을 알면서도 존의 연회실에 들어서며 왕자 앞에 사슴을 던지는 장면에서 풍기는 거들먹거리는 분위기를 주시하라. 적에게 둘러싸인 그는 존 왕자가 형인 사자왕 리처드에게 반역하는 죄를 저질렀다고 겁 없이 고발한다. 그런 다음 성을 빠져나가려고

• 로빈 훗을 따르는 무법자 무리

싸운다. 다른 배우라면 이 장면에서 불안감이나 굳은 결의나 위기감을 표출하고 싶어 했을지도 모른다. 그런데 플린은 대단히 활력 넘치는 로빈 훗을 보여 주기 때문에 이 모험 전체가 유쾌한 장난으로 보일 지경이다. 맞다. 그가 탈출구가 막혔고 경비병들이 칼을 들고 기다리고 있다는 것을 확인하려고 시선을 돌리기는 한다. 그러나 그는 무서워하는 눈빛이 아니라, 기대 가득한 눈빛으로 그들을 본다.

이 장면은 마리안 공주가 로빈을 처음 보는 장면이고, 우리가 그녀를 처음 보는 장면이다. 올리비아 드 하빌랜드가 빼어나게 아름답다는 점에 대해서는 따로 말하지 않겠다. 새로 출시된 <로빈 훗의 모험> DVD를 보면서 순전히 드 하빌랜드의 클로즈업만 보려고, 테크니컬러로 담아낸 발그레한 뺨과 섬세하면서도 옹골찬 외모를 보려고 나도 모르게 여러 번 영화의 재생을 멈췄다. 로빈 경을 향한 그녀의 감정 변화는 장면이 진행되는 동안 서서히 이뤄진다. 그녀는 이 남자야말로 자신이 사랑하는 남자라는 결론에, 그리고 기스본의 가이 경과 언약한 중매결혼에서 벗어나야 한다는 결론에 갑작스레 도달하는 게 아니라 천천히 이끌려 간다.

대단히 꾸밈없고 직설적인 그들의 러브 신을 보고는 요즘 액션 영화에 담긴 러브 신들이 어느 정도는 지나치게 사실적이라고 생각했다. 요즘 영화인들은 심리적인 측면에만 지나치게 집중하면서, 로맨스와 사연에는 충분한 관심을 기울이지 않는다. 숀 코너리Sean Connery와 오드리 헵번Audrey Hepburn이 출연해서 기나긴 이별을 겪어야만 했던 관계를 해결하려는 <로빈과 마리안Robin and Marian>(1976)에 등장하는 중년 연인들을 보는 것은 감동적이고 뜻깊은 일이지만, 플린과 드 하빌랜드가 숙명에 조종당하는 원초적인 캐릭터를 연기하는 모습을 감상하는 것은 정말로 기분 좋은 일이다. 그들은 단순히 사랑이나 욕망 때문이 아니라 그렇게 되도록 운명 지어진 사람들이라서 하나가 된다. 그들의 결합은 기사도적인 사랑이라는 중세의 이상을 제시한다. 그 시대에 결혼은 하나님이 보이시는 의지의 한 형태였다.

영화의 결투 장면은 정말로 실감나기 때문에 엄청나게 스릴 넘친다. 현대의 특수 효과 영화들이 지닌 약점은 액션의 상당 부분이 현실적으로는 불가능하다는 게 뻔히 보인다는 점이다. 게다가 컴퓨터 애니메이션 중 일부는 중력과 물리학의 법칙을 무시하기도 한다. 스파이더맨의 액션을 보면서 로드 러너의 액션을 보는 것 이상으로 스릴을 느끼는 건 더 이상은 가능한 일이 아니다. 성룡Jackie Chan이 실제로 벽을 타고 다니는 모습을 보는 것이 컴퓨터의 도움을 받은 성룡이 날아다니는 모습을 보는 것보다 훨씬 더 짜릿하다.

<로빈 훗의 모험>은 일부 장면에서는 스턴트맨들을 동원했다. 그러나 용감무쌍한 액션이 펼쳐지는 장면들은 실제 플린이 연기한 것이다. 그는 더글러스 페어뱅크스 시니어Douglas Fairbanks Sr.가 1922년작 <로빈 훗의 모험>에서 그랬던 것처럼 만사를 운에 맡긴 사람으로 알려지기를 원했다. 로빈이 관문을 지탱하고 있는 로프를 잘라 관문이 떨어지는 동안 로프를 잡고 솟구치는 장면 같은 일부 스턴트는 두 영화 모두에서 동일하다. 이 작품에서만 볼 수 있는 장면들에는 발목이 부러질 수도 있는 높이에서 태평하게 뛰어내리는 점프와, 지극히 당연하게도 칼싸움이 포함된다. 새로 출시된 워너의 DVD는 영화의 제작 과정을 다룬 다큐멘터리를 찍으려고 역사가 루디 벨머Rudy Behlmer, 폴라 시그먼Paula Sigman, 레너드 말틴Leonard Maltin, 봅 토머스Bob Thomas, 로버트 오스본Robert Osborne을 모아 놓았다. 거기서 현대 영화의 칼싸움에 주된 영향을 끼친 인물이 펜싱의 고수 프레드 케이븐스Fred Cavens임을 알게 됐다. 그는 "펜싱 경기가 아니라 진짜 칼싸움처럼 보여야 한다"고 믿었고, 케이븐스의 지도를 받은 플린은 한없는 기쁨에 젖은 모습으로 칼싸움 장면에 몸을 던졌다.

플린이 칼싸움을 하는 모습을 보면서, 스튜디오가 처음 선택한 배우인 제임스 캐그니가 그 역할을 맡았을 경우를 상상하려 애써 봤다. "제임스 캐그니가 앙증맞은 녹색 의상을 입은 모습을 상상하는 건 흥미롭습니다." 로버트 오스본은 생각에 잠기며 말했다. "키 작은 사내가 셔우드 숲을 뛰어다니는 장면을 말입니다." 캐그니는 겁 없이 몸을 잘 놀리는 연기자였고, 댄서 출신이라서 펜싱에 필요한 발놀림을 제대로 구사할 수 있었을 것이다. 상상을 불허하는 캐스팅은 아니다. 그런데 배우들의 전신을 보여 주는 많은 장면에서는 캐그니와 (레인스가 아니라) 래스본의 키 차이가 확연하게 두드러졌을 것이다. 출연진 교체는 필수적인 일이었을 수도 있다. 캐그니가 영화를 봤더라도 플린이 적임자였음을 인정했을 게 분명하다.

로빈과 동료들이 존 왕자가 내건 양궁 토너먼트라는 미끼를 무는 장면처럼, <로빈 훗의 모험>에는 아이들이 치는 장난처럼 명랑한 순간들이 있다. 왕국이 수배자 1호로 지명한 사내들이 모자를 깊이 눌러써서 얼굴을 가리는 것만으로도 정체를 숨길 수 있다는 사실이 믿어지는가? 로빈이 자신이 돕고 있는 색슨족 사람들이 사는 셔우드 숲의 한 구역으로 마리안을 데려가는 장면처럼 약간 더 두드러진 순간들도 있다. 지친 오합지졸들처럼 슬그머니 꽁무니를 빼던 색슨족들이 로빈에게 고마움을 표하려고 자리에서 일어난다. 우리는 로빈 훗이 부자들에게서 빼앗은 것을 가난한 이들에게 나눠줬다는 건 알고 있다. 하지만 로빈 훗이 난민 캠프를 운영한다는 사실은 몰랐다.

화살이 노르만족을 죽이러 날아가며 앞에 놓인 촛불을 꺼 버릴 때처럼 허풍기가 넘치는 순간들도 있다. 양궁 토너먼트에서 로빈이 쏜 화살이 경쟁자의 화살을 쪼개 버리는 장면도, 로빈과 가이 경이 사람들과 그들의 그림자 사이를 갈라 버리는 격렬한 칼싸움을 하는 장면도 그러한 장면에 해당한다. 사람들이 토너먼트를 보려고 궁정에 모였을 때처럼, 테크니컬러가 거대하고 화려한 야외 장면에서 이보다 더 화려했던 적은 결코 없었다.

사랑을 나누는 장면들은 대담하다고 느껴질 정도로 직설적이다. 로빈과 마리안이 서로의 눈을 바라보며 사랑을 고백할 때, 그들은 날을 세우지도 않고 서두르지도 않으며 시적인 모습을 연출하려고 하지도 않는다. 영화는 소박한 모습을 보여야 할 때가 언제인지를 안다. 결국 영화의 한복판에 서 있는 것은 로빈과 마리안의 유대감이다. 이상적인 영웅은 착한 일을 하고, 악당을 물리치며, 좋은 시간을 보내고, 여자를 얻어야 한다. <로빈 훗의 모험>은 그러한 요소들을 제대로 구현해 내는 방법을 가르치는 교과서 같은 영화다.

리피피

Du Rififi chez les Hommes

감독	줄스 다신	
주연	장 세르베, 로베르 오셍, 마갈리 노엘	
제작	1955년	115분

현대적인 강도 영화는 파리에서 1954년에 줄스 다신Jules Dassin, 1911~2008에 의해 <리피피>로, 그리고 1955년에 장피에르 멜빌Jean-Pierre Melville에 의해 <도박사 봅Bob le Flambeur>으로 탄생했다. 다신은 28분에 달하는 금고 털이 시퀀스를 중심으로 영화를 구축했는데, 이 시퀀스는 복잡한 강도질을 하는 절도범들이 등장하는, 이후에 만들어진 모든 영화의 원조다. 같은 시기에 파리에서 작업하던 멜빌의 영화는 베테랑 범죄자들이 크게 한탕 벌이려고 전문가 집단을 구성하게 만드는 것으로 플롯을 더욱 개선했다. 멜빌의 영화는 <오션스 일레븐Ocean's Eleven>으로 두 차례 리메이크됐고, 다신의 영향은 큐브릭Stanley Kubrick의 <킬링The Killing>과 타란티노Quentin Tarantino의 <저수지의 개들Reservoir Dogs>에서 찾아볼 수 있다. 두 작품 모두 존 휴스턴John Huston의 <아스팔트 정글The Asphalt Jungle>(1950)에 어느 정도 빚을 졌는데, 휴스턴의 영화는 전반적인 아이디어는 갖고 있었지만 세부적인 것에는 그리 관

심을 기울이지 않았다.

프랑수아 트뤼포François Truffaut는 <리피피>를 자신이 본 최고의 필름 누아르라고 칭했다(그가 읽은 최악의 누아르 소설을 원작으로 한 영화라고도 덧붙였다). 다신이 발휘한 최고의 연출력은 책에서는 대수롭지 않게 다룬 금고 털이 작업을 러닝 타임의 4분의 1을 차지하는 숨 막히는 시퀀스로 확장하면서 그 시퀀스를 대사나 음악 없이 진행한 것이다. 이 장면의 구성이 대단히 꼼꼼하고 디테일이 무척이나 세밀해서, 이 영화가 범죄자들을 위한 교육용 가이드로 활용될까 두려워한 파리 경찰청이 영화의 상영을 잠시 금지했다는 이야기가 있을 정도다.

절도 장면에는 무언가 독특한 것이 있다. 이 장면은 영화의 클라이맥스가 아닌 영화의 중간 부분에 자리 잡고 있다. <스코어The Score>(2001) 같은 현대의 강도 영화에서 강도질을 실행하는 장면은 3막의 대부분을 차지한다. 반면에 <리피피>는 인간적인 요소에 더 관심을 기울이며, 강도질이 절정에 다다른 후 캐릭터들이 자신의 죗값을 치르려고 추락하는 포물선 같은 구조를 택한다. 강탈이 이뤄진 후에도 여전히 유괴 사건이 벌어진다.

영화는 파리에서 로케이션 촬영을 하며 20만 달러의 수수한 제작비로 제작됐기 때문에, 다신은 파리 이곳저곳을 돌아다니며 실직한 배우들을 스카우트해야 했다. 할리우드의 블랙리스트에 올랐던 그는 4년간 활동을 못했었다. 많은 영화에 등장하는 길거리가 젖어 있는 것은 그런 상황에서 촬영하는 편이 낫기 때문이지만, 겨울철에 촬영한 <리피피>에 등장하는 파리의 길거리는 특히 더 젖어 있다. 범죄 분위기에 젖은 파리에서 온기를 내뿜는 유일한 곳은 범죄자 중 한 명이 아내와 어린 아들과 함께 사는 아파트뿐이다.

영화의 주인공은 토니(알코올 중독 때문에 힘든 시간을 보낸 벨기에 배우 장 세르베Jean Servais)다. 늘 '스테파노아'라고 불리는 그는 눈에서 슬픈 기운을 뿜어내는 결핵에 걸린 전과자로, 대자代子인 꼬마를 무척이나 사랑한다. 옛 애인에게 잔혹한 짓을 하는 토니는 냉혈한 살인자가 될 수도 있는 인물이지만, 결말에 다다를 즈음에는 상실감 때문에 정화된 듯 보인다. 그의 캐릭터는 도둑들 사이의 명예를 신뢰하고, 그가 유괴범들을 상대로 행하는 고독한 복수는 영화에 인간적인 감정을 불어넣는다.

꼬마의 아버지는 '스웨덴 놈' 조(카를 뫼흐너Carl Möhner)다. 조와 친구 마리오(로베르 마뉘엘Robert Manuel)는 보석 가게 진열장에 진열된 다이아몬드를 주시하면서, 그들이 타고 도주할 차량이 파란불을 받기 직전에 진열장을 부수고 달아나고 싶어 한다. 토니는 그 계획에 반대하면서 보석 가게의 금고를 터는 더 큰 일을 벌이라고 충고한다. 그들은 금고 털이범 세자르를 끌어들이는데, 이 캐릭터는 다신이 직접 연기한다(크레디트에는 "페를로 비타Perlo Vita"로 올랐다). 그들은 대담하고 영리한 방식으로 가게 내부를 살펴본다. 세자르는 불룩한 지갑을 카운터 위에 여봐란 듯이 내버려둔다. 돈에는 관심 없는 사람임을 보여 주기 위해서다. 금고의 유형과 경보기의 종류를 확인한 그들은 리허설을 벌이면서 (진동에 반응 하는) 경보기의 민감도를 시험하고는 소화기에서 나오는 포말로 경보기를 무력하게 만들 수 있음을 발견한다.

"총은 안 돼." 토니는 충고한다. "총을 갖고 있다 걸리면 평생 철창신세야." 하지만 도둑들은 다이아몬드 가게 위층에 거주하는 부부를 결박한 다음, 쿠션을 댄 망치로 천장을 깨 가면서 가게에 들어갈 길을 주의 깊게 만들어 낼 정도로 냉혹하다. 작곡가 조르주 오릭Georges Auric은 원래 이 시퀀스에 쓸 음악을 작곡했지만, 음악은 불필요하다는 다신의 의견에 동의했다. 그 결과 우리는 28분간 작은 망치질 소리, 숨소리, 떨어지는 회반죽을 받아 내려고 설치한 우산 위로 회반죽이 떨어지는 소리, 입을 가리고 내는 기침 소리, 경보기가 무력화된 후 금고

를 절단하려고 사용하는 드릴이 내는 끽끽 소리만 듣게 된다. 물론 등장인물들이 나지막이 속삭이지 못할 이유는 조금도 없다. 따라서 침묵은 서스펜스를 고조시키려고 선택한 다신의 영감 넘치는 연출 솜씨다. 2002년에 런던에서 재상영된 영화를 봤을 때, 28분짜리 시퀀스는 언제나 그랬듯 관객을 휘어잡았고, 영화에 사로잡힌 극장 내부는 두드러질 정도로 잠잠했다.

영화는 밀실에서 벌이는 포커 게임으로 시작한다. 강도질이 있은 후, 다신은 남자들이 테이블 주위에 앉아 있는 다른 숏으로 오프닝을 반영한다. 다이아몬드를 보기 직전에 남자들의 눈동자를 클로즈업하는 솜씨는 정말 근사하다. 그들은 완전 범죄를 해치웠다. 그런데 세자르가 여자 친구에게 반지를 건넨다. 그 반지를 본 나이트클럽의 보스 피에르(마르셀 루포비치Marcel Lupovici)는 강도들의 정체를 짐작하고는 보석을 빼앗을 속셈으로 강도들을 쫓으라고 부하들에게 명령한다.

영화의 마지막 3분의 1은 유괴된 조의 아들을 중심으로 진행된다. 유괴범들은 보석을 건네받으면 아들을 돌려보내겠다고 주장한다. 그런데 토니는 그보다 더 많은 것을 알고 있다. 꼬마는 목격자다. 주도권을 쥐려고 꼬마를 찾아 나선 그는 바텐더와 매춘부, 거친 사내들과 옛 친구들에게 질문을 던진다. 이 장면들에 등장하는 몽마르트는 축축한 새벽하늘 아래에서 추위에 떨며 웅크리고 있는 듯 보인다.

영화에 등장하는 폭력은 세련되지 못하고 어색한데, 오히려 그 때문에 더 리얼해 보인다. 훔친 도주용 차량 옆에 경찰이 서 있는 것을 발견한 토니는 어둠 속에서 튀어나가 경찰을 때려눕힌다. 현대의 범죄 영화에 나오는 부드럽고 우아한 동작에 선정적인 음향 효과가 딸린 장면이 아니라, 경찰을 때려눕히는 일에 익숙하지 않은 남자의 서툰 솜씨가 엿보이는 장면이다. 대부분의 폭력은 스크린 밖에서 벌어진다. 당시의 제작 규범 때문이었겠지만, 영화의 초점이 폭력 자체가 아니라 폭력을 행사하는 사람의 얼굴에 맞춰졌기 때문에 이런 연출은 효과적이다.

누구도 잊을 수 없는 장면이 있다. 토니는 완전 범죄를 망친 멍청한 짓을 저지른 금고 털이범 세자르가 사람이 없는 나이트클럽의 기둥에 묶여 있는 것을 발견한다. 세자르는 자신이 저지른 실수를 사과하려 애쓴다. 그의 사과는 진심이며, 토니도 그가 진심으로 사과하는 것임을 안다. "자네를 좋아했어, 마카로니." 토니가 세자르에게 말한다. "그렇지만 자네도 규칙을 알 거야." 규칙을 아는 (다신이 연기하는) 세자르는 애처롭게 고개를 끄덕인다.

도시의 로케이션을 촬영하는 다신의 솜씨는 비범했다. <네이키드 시티Naked City>(1948)는 뉴욕을 세미다큐멘터리 스타일로 그려 낸 것으로 유명하다. 리처드 위드마크Richard Widmark가 조폭에게 쫓기는 절박한 도망자로 출연한, 런던을 배경으로 한 누아르 <밤 그리고 도시Night and the City>(1950)는 어둠과 피폭지의 돌조각들을 대단히 훌륭하게 활용했다는 점에서 <제3의 사나이The Third Man>와 비교할 만하다. 다신은 <리피피>에서 일상적인 배경(나이트클럽, 레스토랑, 공사장)을 찾아내고는 거기에 회색빛 리얼리티를 부여한다. 강도질이 시작되기 직전에, 영화에 불필요한 장면이라 더더욱 사랑스러운 장면이 등장한다. 나이트클럽에서 뮤지션들이 워밍업을 하며 서서히 협연으로 미끄러져 들어가는 장면이다. 이 장면에는 1950년대 몽마르트의 느낌이 생생히 담겨 있다.

1911년생으로 2002년에도 여전히 인터뷰를 다닌 다신은 과거에 매카시Joseph McCarthy•가 마녀사냥을 벌이는 동안 공산주의자로 지목을 당했다. 그는 <리피피> 프로젝트에 마음이 동하지는 않았지만, 일거리가 필요했다. 결국 이 영화가 거둔 세계적인 성공은 블랙리스트에

• 미국의 상원 의원을 지낸 인물(1908~1957). 공산주의자들이 미국의 주요 정부 기관에 침투했다는 식의 주장을 펼치면서 공포를 조장하다가 근거 없는 주장을 한 것으로 밝혀지면서 몰락했다.

타격을 가했고, 블랙리스트에 올랐던 작가 달튼 트럼보Dalton Trumbo가 1960년에 큐브릭의 영화 <스파르타쿠스Spartacus>와 오토 프레민저Otto Preminger의 <영광의 탈출Exodus>의 시나리오 작가로 공개적으로 고용된 후 블랙리스트는 폐지됐다. 그 무렵에 다신은 유럽에 정착했다. 그는 불덩이 같은 그리스 여배우 멜리나 메르쿠리Melina Mercouri와 1966년에 결혼해 그녀가 세상을 떠난 1994년까지 부부로 지냈다. 그의 마지막 대성공작 <토프카피Topkapi>(1964)는 그가 강도 장르로 복귀한 작품으로, <미션 임파서블Mission Impossible>에 영감을 줬다. 다신은 성공적인 흑인 투사를 다룬 드라마 <업 타이트Up Tight>(1968)를 연출하려고 미국에 틈틈이 돌아오기는 했지만, 근본적으로는 미국 영화계에서 사라진 감독이 되어 아테네에 있는 메르쿠리라는 이름의 거리에서 살았다. 오랫동안 초라한 비디오테이프로만 볼 수 있었던 <리피피>를 복원한 것은 영화사의 이정표를 구해 낸 것이다.

마담 드

Madame de...

감독	막스 오퓔스
주연	샤를 부아예, 다니엘 다리외, 비토리오 데 시카
제작	1953년 · 105분

불행은 인간이 만들어 낸 거요.

장군은 아내에게 그렇게 말한다. 그는 그녀가 불행해지기를 원한다고 확신한다. 그녀는 계획적으로 슬픔의 길에 오른다. 이것은 그녀의 선택이다. 루이제가 남편의 의견에 동의하던 때가, 사교계에 대한 그들의 의견이 딱 맞아떨어지던 때가 있었다. 그런데 이제 그녀는 진정으로 불행하다. 그리고 그 불행은 그녀가 선택할 수 있는 영역을 넘어섰다. 장군은 그 점을 결코 이해하지 못할 것이다. 그녀의 연인인 남작도 마찬가지일 것이다. 이것은 이 남자들이 그녀에게 준 선물이다. 그녀가 잃어버렸거나 결코 찾아내지 못한 대상을 슬퍼하는 능력. 이것은 그들이 되돌려 받을 수 없는 선물이다. 그녀는 그것 없이는 행복을 이해하는 능력을 갖지 못할 것이다. 분명히 남자들도 그럴 수 없다.

막스 오퓔스Max Ophüls, 1902~1957가 1953년에 연출한 <마담 드>는

영화 역사상 가장 타성적이고 작위적인 작품에 속한다. 영화는 눈부시게 반짝거린다. 그리고 영화는 그 숙달된 솜씨 아래에서 사랑을 피워낸 다음 박살내 버린다. 이 영화는 정교한 카메라 움직임으로, 우아한 스타일로, 세트로, 의상으로, 그리고 물론 보석으로 유명하다. 영화의 주연 배우들인 다니엘 다리외Danielle Darrieux와 샤를 부아예Charles Boyer, 비토리오 데 시카Vittorio De Sica는 전혀 힘을 들이지 않으면서 우아함을 체현한다. 영화는 틀에 박힌 소품이 될 수도 있었다. 우리는 무척이나 복잡한 동선을 물 흐르듯 흘러 다니는 오퓔스의 비주얼 솜씨에 경탄하며 자리에 앉아 있다. 그런 다음에 놀랍게도 어느 틈엔가 우리 자신이 영화에 관심을 기울이고 있음을 알게 된다.

영화의 배경은 1백 년 전쯤의 파리다. 장군(부아예)은 미모가 빼어난 루이제(다리외)와 늦은 나이에 결혼했다. 그는 결혼 선물로 그녀에게 값비싼 다이아몬드 귀고리를 선사한다. 영화가 시작되면, 빚에 쪼들리는 마담은 내다 팔 물건을 찾으려고 소지품을 샅샅이 뒤진다. 단절되지 않은 숏에서, 카메라는 그녀가 드레스와 모피, 보석을 훑어보다 마침내 어떤 식으로든 마음에 들었던 적이 없던 귀고리에 손을 대는 모습을 따라다닌다. "바깥어른에게는 뭐라고 그러실 건데요?" 하녀가 묻는다. 마담은 그것들을 잃어버렸다고 말할 것이다.

그녀는 보석상 레미를 입이 무거운 사람으로 신뢰한다. 그러지 말았어야 했다. 애초에 장군에게 귀고리를 팔았던 레미는 남편에게 가서 자초지종을 얘기한다. 귀고리를 다시 사들인 장군은 자신을 떠나 콘스탄티노플로 가는 애인에게 작별 선물로 귀고리를 건넨다. 아내가 귀고리를 다시 볼 일은 결코 없을 게 분명하다. 게다가 이 행위에는 낭만적인 처벌의 기능까지 깃들어 있다.

애인은 도박 자금을 마련하려고 귀고리를 판다. 도나티 남작(데 시카)이 그것을 구입한다. 여행길에서 루이제 백작 부인을 우연히 만난

그는 사랑에 빠져 그녀에게 구애한다. 그러고는 그녀에게 귀고리를 선물한다. 그녀는 귀고리를 보고는 깜짝 놀라지만, 그게 어떻게 남작의 손에 들어가게 됐는지를 직감한다. 귀고리의 재등장을 장군에게 어떻게 설명할까? 남편이 보는 앞에서, 그녀는 그것을 '찾아내는' 행위를 연출한다. 장군은 그녀의 행동이 거짓임을 알고, 일련의 기만 행각 모두는 물거품이 된다. 그러고서도 보석들은 두 차례 더 구입되고 팔려 나간다(보석상이 "우리의 평소 거래"를 위해 장군의 사무실에 모습을 나타낼 때마다 웃음이 터진다).

소극笑劇의 소재인 귀고리의 왕래에서 잠시 뒤로 물러난 영화는 루이제를 더 가까이에서 들여다보기 시작한다(영화에 남편의 이름은 결코 등장하지 않기 때문에 그녀는 늘 "……백작 부인"이라는 모호한 호칭으로 불린다). 그녀와 남편은 사람들끼리 연애를 할 것이라는 게 어느 정도 예상되는 사교계에서 산다. "당신에게 구애하는 자들이 내 신경을 건드리는군." 부부가 파티를 떠날 때 장군은 투덜거린다. 그들은 자신들의 배우자가 정확하게 누구랑 시시덕거리고 있는지 알지는 못하더라도, 상대가 그러고 있다는 건 대충 알고 있다. 그런데 그러한 연애에는 규범이 있다. 이 규범은 섹스는 허락하지만 사랑은 허락하지 않는다. 장군은 귀고리에 대한 지식으로 남작과 맞선다. ("콘스탄티노플이라고요?" "그렇습니다.") 장군은 그에게 말한다. "우리 아내가 당신이 준 그렇게 값진 것을 받아들이는 것은 당신의 품위에도, 내 품위에도 맞지 않는 일이오."

장군의 본능이 옳다. 백작 부인은 정말로 사랑에 빠졌다. 남작은 자신도 사랑에 빠졌다고 생각한다. 그들의 비극은 그녀가 빠진 사랑의 강도強度가 그녀를 규범 밖으로 내모는 반면, 남작은 안전한 영역 내에 남아 있을 수 있다는 데에서 비롯한다.

그들이 사랑에 빠졌음을 보여 주는 장면에서 오퓔스의 빼어난 솜씨가 발휘된다. 그는 캐릭터들의 주변 환경이 캐릭터들을 둘러싸는 것을, 심지어는 익사시킬 지경에 이르는 것을 보여 주기를 좋아한다. 실내 공간은 온갖 소유물로 북적인다. 캐릭터들의 육체는 가운과 제복, 보석과 장신구로 꾸며져 있다. 오퓔스는 소유물을 착용하고 있는 캐릭터들을 보여 주려고 전경前景에 있는 피사체들을 지나치며 촬영하기를, 또는 창문을 통해 촬영하기를 좋아한다. 그런데 춤을 추며 보내는 며칠 밤과 관련한 몽타주로 구성된 핵심적인 러브 신에서, 빙글빙글 춤을 추는 커플은 점차 외로운 존재들로 남는다.

남작과 백작 부인은 사람들이 붐비는 곳에 있다. 댄스 플로어에서, 그들은 함께 춤을 춘 뒤로 3주가 지났다는 것을 밝힌다. 그 후 이틀이 지나고, 또 하루가 지나도 그들은 여전히 춤을 추고 있다. 대사와 의상은 시간이 흘렀다는 것을 보여 주지만, 음악은 그들의 끊어지지 않는 움직임처럼 단절되지 않고 연주된다. 사랑에 빠진 그들은 춤을 추고, 또 춘다. 어느 제독의 부인은 이렇게 속삭인다. “어디를 가나 저 사람들 모습이 보이네요. 두 사람, 다른 데에서는 만날 수 없는 사이인가 봐요.” 마지막 밤, 오케스트라 멤버들은 하나둘씩 악기를 꾸려 집에 간다. 하인은 촛불을 끈다. 결국 검정색 천이 하프에 덮이고, 카메라가 스크린이 까매질 때까지 움직이면 춤은 끝난다. 여기서 보이는 스토리텔링의 경제성은 — 순전히 춤으로만 행해지는 구애 행위는 — 일련의 아침식사를 통해 결혼 생활을 소개하는 <시민 케인Citizen Kane>의 유명한 몽타주와 닮았다.

잘못된 곳에서 잘못된 시간에 소유물을 발견한다는 설정은 데스데모나•의 손수건부터 헨리 제임스Henry James의 황금 주발, <현기증Vertigo>에서 주디의 목에 있어서는 안 될 물건인 브로치에 이르기까지

• 셰익스피어의 「오셀로」에 등장하는 캐릭터. 오셀로의 부인이다.

픽션이 구사하는 오래된 수법이다. <마담 드>에서 흥미로운 것은 귀고리의 가치가 귀고리에 담긴 의미와 관련된 관계에 따라 바뀌는 방식이다. 처음에 마담 루이제는 귀고리를 팔고 싶어만 했다. 그런데 그 귀고리는 연인으로부터 받은 선물이 되자 매우 귀중한 물건이 된다. 장군은 그것들을 한두 번 되사고 싶어 하지만 결국 보석상한테 "그 지긋지긋한 귀고리들을 갖고 내 앞에서 썩 꺼지시오!"라고 외치는 지경에 이른다. 사랑을 상징하는 물건이라는 의도에서 오가는 값비싼 싸구려 보석은 그게 마침내 사랑을 대표하는 물건이 되자 불쾌하고 위험한 물건이 되어 버린다.

루이제 입장에서 귀고리는 교훈을 남긴다. 그녀는 불륜과 관련해서는 남편이나 애인을 윤리적으로 비난할 수 있는 처지가 더 이상 아니다. 그런데 장군의 명예가 의문시되면 — 그 결과로 멍청한 제독 부인이 속닥거리는 가십의 대상이 되면 — 그녀는 비난을 받아야 할 대상이 된다. 남작은 이 점을 분명히 이해하고 뒷걸음친다. 자신의 명성에 대한 염려가 갑작스레 그의 사랑을 앞지른다. 기이하게도, 자신이 아내를 향해 진정한 감정을 품고 있음을 깨달은 장군에 의해 두 남자의 마지막 만남이 이뤄진다.

막스 오퓔스는 독일, 할리우드, 프랑스에서 영화를 만든 독일인이다. 평론가 앤드루 새리스Andrew Sarris는 오퓔스의 경력을 작가 이론을 설파하기 위한 초석으로 활용했다. 새리스는 관객들에게 영화의 내용보다는 영화의 표현 방식에 더 많은 가치를 매기라는 유명한 조언을 했다. 그는 줄거리와 메시지는 스타일과 예술만큼 중요하지 않다고 말하면서 훌륭한 사례로 오퓔스를 꼽았다. 오퓔스는 외면에, 시각적인 모양새에, 정교한 카메라 움직임에 가장 집착한 감독처럼 보이기 때문이다. 많은 이가 오퓔스를 화려한 스타일리스트를 넘어서지 못하는 존재로 간주했지만, 새리스는 (그리고 프랑스 작가주의자들은) 그가 빼어난 대가임을 보여 주는 근거로 바로 그 점을 제시했다.

그의 작품들은 영화사의 위대한 영광 중 하나다. <마담 드>는 관객이 — 영화의 심오함에 빠져들기로 결정했는지 여부와는 무관하게 — 영화를 감상하는 동안 관능적인 기쁨을 누릴 수 있는 외양을 보인다는 점에서 <윤무La Ronde>(1950)와 <롤라 몽테Lola Montès>(1955)에 필적한다. 내레이터가 관객들에게 줄거리를 소개하면서 심지어는 짤막한 노래를 흥얼거리기까지 하는 <윤무>의 불가능해 보일 정도로 길고 복잡한 오프닝 숏은 영화 역사의 보물에 속한다. 남작이 루이제에게 답장을 받지 못하면서도 매일같이 편지를 보내면, 그녀가 남작에게 편지를 쓰면서 "나는 항상 당신의 편지에 답장을 썼어요, 내 사랑. 하지만 그걸 부칠 용기가 없었어요"라고 밝히는 장면을 그토록 낭만적이고 대담하게 보여줄 수 있는 감독이 오퓔스 말고 또 누가 있겠는가. 그녀가 쓰던 편지를 찢어 창밖으로 내던지면 허공에 던져진 종잇조각들이 눈송이로 변해 버리는 장면을 말이다.

마지막 웃음

Der Letzte Mann

감독	F. W. 무르나우	
주연	에밀 야닝스	
제작	1924년	90분

노인은 호텔 도어맨이라는 자신의 직위에 굉장한 자부심을 느낀다. 황금빛 수술과 황동 단추, 떡 벌어진 어깨, 군복 같은 옷깃, 우스꽝스러운 오페라 커프스가 달려 있는 유니폼은 더욱 자랑스럽다. 북적이는 회전문에 배치된 그는 부자들과 유명 인사들을 맞이하는 웅장한 호텔의 전통을 대표하는 인물이다. 그러던 그가 나이를 먹었다는 이유로 화장실 담당자라는 치욕스러운 직위로 강등되면서 그의 삶은 박살난다.

F. W. 무르나우F. W. Murnau, 1888~1931의 <마지막 웃음>은 상당히 유명한 무성 영화 중 한 편이다. 프린트된 자막 화면조차 사용하지 않았기 때문에 진정으로 말이 없는 영화라고 할 수 있는 해당 영화는 이 노인의 이야기를 들려준다. 무성 영화 감독들은 팬터마임과 카메라 언어를 통해 이야기를 전달할 수 있는 능력을 자랑스러워했다. 그런데 (우리가 나중에 볼 냉소적인 코멘트 딱 하나를 제외하면) 스크린에 글을 전혀 등장시키지 않고도 영화 전체를 이끌어 나간 사람은 무르나우 전

에는 없었다. 무르나우는 숏과 앵글, 카메라 움직임, 표정 연기, 쉽게 해독할 수 있는 시각적 암시를 통해 이야기를 들려준다.

영화는 자막이 없다는 점 때문에, 그리고 주연을 맡은 에밀 야닝스Emil Jannings의 연기 때문에 유명해졌다. 영화가 대단히 인상적이라, 야닝스와 무르나우 모두 할리우드와 계약을 맺고는 유성 영화의 여명기에 미국으로 이주할 수 있었다. 그런데 <마지막 웃음>은 활발히 움직이는 카메라 때문에도 주목할 만한 영화다. 이 작품은 움직이는 시점을 걸출하게 활용한 첫 영화로 종종 묘사되지만, 사실은 그렇지 않다. 무성 영화 역사가 케빈 브라운로Kevin Brownlow는 이 작품보다 9년 전에 만들어진 <부사령관The Second in Command>을 언급했다. 그러나 승강기를 따라 내려와 호텔 로비를 가로지르는 숏과, 호텔 지배인 사무실의 투명한 유리 창문을 통과하는 것처럼 보이는 숏(채광창을 통해 나이트클럽으로 내려가는 <시민 케인Citizen Kane>의 유명한 숏에 영향을 준 숏)을 담은 이 작품이 영화 초창기에 카메라의 움직임을 가장 눈부시게 활용한 영화인 것은 분명하다.

무르나우의 빼어난 테크닉 덕에 그의 작품을 보는 것은 짜릿한 경험이다. 그는 흡혈귀 영화 <노스페라투Nosferatu>에서, <파우스트Faust>의 극악한 비전에서, <선라이즈Sunrise>에 나오는 상상의 도시에서 캐릭터들을 규정하는 것처럼 보이는 주마등같은 비전들을 창조해 냈다. 그의 캐릭터들은 그들을 둘러싼 환경 때문에 그러한 캐릭터들이 됐다. 현실이 악몽 속으로 미끄러져 들어갔다 돌아 나오는 이러한 것이, 대담하고 과장된 시각적 요소들을 통해 이야기를 들려주는 영향력 높은 무성 영화 스타일인 독일 표현주의의 성공 비결이다.

그런데 <마지막 웃음>의 경우, 무르나우의 이야기는 평소보다 더 전통적인 내러티브를 담고 있다. 그는 거의 모든 숏에서 도어맨 노인을 따라가며, 도어맨이 보는 것을 보여 주기 위해서만 편집을 한다. 그는 호텔과 도시가 도어맨에게 얼마나 중요한 존재인지를 강조하려고 호텔과 도시의 크기를 과장한다. 오프닝 숏에서는 카메라가 승강기를 타고 내려와 로비를 가로지른 후(카메라를 휠체어에 올려놓고 촬영했다), 회전문을 통해 밖에 비가 내리는 것을 내다보고는 고상한 사람들과 휘황찬란한 주변 환경을 보여 준다. 도어맨은 택시를 부르려고 호루라기를 불고 도착하는 사람들에게 인사를 하며 무척이나 자신만만한 모습을 보인다.

이 초반 장면에서 무르나우가 도어맨을 낮은 앵글에서 촬영하기 때문에, 도어맨은 다른 캐릭터들을 압도하는 것처럼 보인다. 그는 키도 크고 풍채도 좋다. 구레나룻과 수염이 텁수룩한 얼굴은 토실토실하고 훤해 보인다. 그러나 위풍당당한 외모와는 달리, 그의 몸은 그의 생각을 따라잡지 못한다. 우리는 큼지막한 트렁크와 씨름을 하다가 로비에서 잠깐 휴식을 취하는 그의 모습을 본다. 신경질적인 부지배인이 그 모습을 보고는 노트에 기록하기 충분할 정도로 긴 휴식이다. 이튿날 출근한 그의 눈에 다른 사람이 유니폼을 입고 자기 일을 하고 있는 모습이 들어왔을 때, 그의 세계는 요동치고 카메라는 빙빙 돈다.

도어맨이 살면서 느끼는 행복의 대부분은 아파트 안뜰 주변에 사는 이웃들이 그가 입은 유니폼을 향해 보여 주는 존경심에 있다. 무르나우는 이 거대한 세트를 실제로 지었다(비가 내리는 실외 장면을 포함한 영화 대부분의 장면은 촬영소에서 촬영한 것들이다). 그러고는 사소한 사건 하나도 놓치지 않는 참견꾼들로 세트를 채웠다. 유니폼을 입지 않은 모습을 보이는 게 수치스러운 도어맨은 집에서 입으려고 로커에서 유니폼을 훔친다. 나중에 그의 속임수가 발각되자 비웃음과 조롱하는 얼굴들로 구성된 악몽 같은 몽타주가 등장한다.

1964년에 발표한 무르나우에 대한 책으로 무르나우의 작품들에 대한 관심을 새롭게 일으킨 평론가 로테 아이즈너Lotte Eisner는 도어맨

의 비극은 "독일적인 이야기에서만 가능하다"고 썼다. "유니폼이 (영화가 만들어진 당시에 그랬던 것처럼) 하나님보다 대단한 존재인 나라에서나 일어날 수 있는 이야기다." 도어맨이 자신의 직업, 직위, 유니폼, 이미지와 자기 자신을 완벽하게 동일시하는 것은 나치 발흥의 조짐을 보여 준다. 도어맨은 유니폼을 걸치면 더 이상 일개인이 아니라 거대 조직의 노예 같은 충직한 도구가 된다. 그는 유니폼을 벗었을 때 존재하기를 멈춘다. 심지어 자기 눈으로 봐도 그렇다.

무르나우는 카메라를 대담하게 활용했다. 역시 할리우드로 이주한 위대한 촬영 감독 카를 프로인트Karl Freund와 같이 작업하는 행운도 따랐다. 프로인트는 프리츠 랑Fritz Lang의 유명한 미래 배경 우화 <메트로폴리스Metropolis>(1926)를 비롯한 독일의 많은 무성 영화를 촬영했다. 그가 처음으로 중요한 역할을 맡은 미국 영화는 <서부전선 이상 없다All Quiet on the Western Front>(1930)였다. 그는 독일 표현주의와, 그 스타일의 미국식 친척이라 할 필름 누아르를 잇는 주된 연결 고리에 속한다(그가 존 휴스턴John Huston과 험프리 보가트Humphrey Bogart와 작업한 <키 라르고Key Largo>를 보라). 이 영화에서 그는 카메라를 중력에서 해방했다. 카메라가 허공을 떠다니는 것처럼 보이는 숏이 있는데, 이 상황은 말 그대로다. 프로인트는 카메라와 같이 그네에 올라탔다(아벨 강스Abel Gance는 몇 년 후 <나폴레옹Napoleon>에서 이 테크닉을 차용했다). 이중 인화된 이미지들이 허공을 헤엄쳐 다니는 숏들과 유리창을 통과하는 듯 보이는 유명한 숏이, 그리고 우뚝 솟은 애틀랜틱 호텔이 비틀거리는 도어맨을 으깨 버리려고 몸을 숙이는 것처럼 보이는 순간이 있다.

앞서 이 영화는 자막 화면을 딱 한 번 사용한다고 밝혔다. 영화에는 불필요한 그 화면이 없어도, 관객은 완벽하게 영화를 이해할 수 있다. 그런데 무르나우는 뒤에 등장하는 이야기에 대해 사과하는 용도로 그 화면을 사용해야 한다고 판단한 듯하다. 우리는 친구인 야간 순찰원이 딱한 노인네에게 망토를 덮어 주는 모습을 본다. 영화는 그러면서 끝난 것처럼 보인다. 그런데 다음과 같은 내용의 자막 화면이 등장한다. "현실 세계라면 비참한 노인이 고대할 거라고는 죽음 밖에 없는 이 지점에서 영화는 끝나야 합니다. 그런데 노인을 딱하게 여긴 작가는 꽤나 말이 안 되는 에필로그를 만들어 냈습니다."

말도 안 될뿐더러 만족스럽지도 않다. 난데없이 해피 엔딩이 등장하기 때문이다. 우연히 거금을 상속받은 도어맨은 의기양양하게 호텔로 돌아온다. 그러고는 숙적들이 얼굴을 찌푸리고 이를 가는 동안, 친구들 전원에게 캐비아와 샴페인을 대접한다. 이 영화의 영어 제목•은 이 엔딩에서 비롯됐다. 원래 독일어 제목 'Der Letzte Mann'은 말 그대로 '마지막 사람'이라고도, 또는 '이전 사람'(교체된 도어맨)이라고도 해석할 수 있다. 슬픈 이야기에 작위적인 해피 엔딩을 덧붙이는 멍청한 짓을 한 것은 (그런 사실을 미리 사과하는 품격 있는 모습을 보여 준) 무르나우만의 일은 아니었고, 그런 경향은 세월이 흐르면서 더 대중적으로 퍼져만 갔다.

에밀 야닝스1884~1950에게 <마지막 웃음>은 그의 연기의 절정이었다. 세계 최고의 스타 중 한 명으로 여겨지는 그는 표트르 대제, 헨리 8세, 루이 16세, 당통, 오셀로처럼 비범한 인물들을 전문적으로 연기했다. 그가 초창기에 맡았던 역할들의 영광을 기억하고 있던 관객들이 보기에 그가 도어맨으로 전락한 것은 더 비참해 보였다. 무르나우와 동시에 미국으로 건너온 야닝스는 <마지막 명령The Last Command>(1928)으로 아카데미상을 받았다. 유성 영화의 부상으로 일자리를 찾지 못한 그는 독일로 돌아가 자신이 연기한 가장 유명한 역할을 찾아냈다.

• 영어 제목은 'The Last Laugh'고, 한국어 제목은 이 영문을 번역한 것이다.

그것은 바로 <푸른 천사Der Blaue Engel>(1930)에서 마를레네 디트리히Marlene Dietrich에게 성적으로 매혹된 숭배자 역할이었다. 나치의 발흥에 호응한 야닝스는 나치를 지지하는 영화들을 만들었고, 독일의 메이저 영화 제작사의 사장으로 임명됐다가 전쟁이 끝난 후 밑바닥으로 추락했다. 코트가 더 이상은 몸에 맞지 않았던 것이다.

마태복음 Il Vangelo Secondo Matteo	감독	피에르 파올로 파솔리니	
	주연	엔리케 이라조키	
	제작	1964년	137분

피에르 파올로 파솔리니Pier Paolo Pasolini, 1922~1975는 성 프란체스코의 고향인 아시시에서 오도 가도 못하고 있었다. 그는 1962년에 프란체스코회 수도원에서 열리는 세미나에 참석하러 그곳에 와 있었다. 파솔리니가 무신론자이고 마르크스주의자이며 동성애자라는 사실은 잘 알려져 있었지만, 그는 교황 요한 23세가 비非가톨릭 예술가들과 새로운 대화를 하고 싶다고 요청하며 한 초대를 받아들였다. 교황이 마을에 왔기 때문에 거리는 인파로 북적였고, 파솔리니는 호텔 방에서 기다렸다. 그리고 복음서를 발견한 그는 그것을 "쭉 읽어 갔다." 이때 복음서 중 한 편을 바탕으로 영화를 만들어야겠다는 생각이 곧 "머릿속에 품고 있던 다른 아이디어 전부를 그늘 속으로 밀어 넣었다"고 그는 밝혔다.

그 결과물이 <마태복음>으로, 영화의 대부분을 이탈리아의 가난하고 황량한 지역인 바실리카타와 주도州都 마테라에서 촬영한 작품이다(40년 후, 멜 깁슨Mel Gibson은 <패션 오브 크라이스트The Passion of the

Christ>를 바로 이 로케이션에서 찍었다). 파솔리니의 작품은 내가 본 영화 중에서 종교를 주제로 만든 가장 효과적인 영화로 꼽힌다. 유명한 이야기를 설교하거나 찬양하거나 강조하거나 감상적으로 만들거나 낭만적으로 묘사하는 대신, 그 이야기를 순수하게 기록하려고 최선의 노력을 경주한 비非신자가 만든 영화였기 때문일 것이다.

나는 바스 데이비드 슈워츠Barth David Schwartz가 쓴 『파솔리니 레퀴엠Pasolini Requiem』에서 호텔 방 이야기를 알게 됐고, 다른 많은 배경 정보를 얻었다. 책은 작품 세계가 불경스러운 작품에서 신성한 작품까지 펼쳐져 있는, 도시의 외딴 곳에서 살해당하는 것으로 난잡한 사생활의 끝을 맺은 예술가를 다룬 소중한 저서다. 파솔리니는 스물다섯 편의 영화(유명한 작품으로는 <걸인Accatone>, <매와 참새Uccellacci e Uccellini>, <살로, 소돔의 120일Salò o le 120 Giornate di Sodoma>, <데카메론Il Decameron>, <맘마 로마Mamma Roma>와 <테오레마Teorema> 등이 있다)를 연출했고 펠리니Federico Fellini의 <카비리아의 밤Le Notti di Cabiria>과 <달콤한 인생La Dolce Vita>의 시나리오에 기여했다. 하지만 그는 자신을 영화감독 이전에 시인으로 간주했고, 그의 영화들은 이미지와 느낌, 때때로 대사를 넘어서는 언어로 기능하는 말들 위에 구축되었다.

저예산 다큐멘터리처럼 그리스도가 출생했을 때부터 그리스도를 따라다니면서 그리스도의 생애를 들려주는 <마태복음>은 분명히 그런 경우에 해당한다. 영화는 전문 연기자들이 아닌 평범한 사람들이 캐릭터들을 — 모든 캐릭터를 잘 연기하지는 못하더라도, 태어날 때부터 세상의 누구보다 잘 연기해 낼 수 있게끔 타고난 단 하나의 캐릭터를 — 가장 잘 구현할 수 있다고 믿는 이탈리아 네오리얼리즘의 정신에 따라 만들어졌다. 영화에서 그리스도 역할을 맡은 엔리케 이라조키Enrique Irazoqui는 파솔리니의 작품에 대한 이야기를 나누려고 파솔리니를 찾아온 스페인 경제학도였다. 당시 이라조키는 연기 경험이 전혀 없

었다. 그럼에도 파솔리니는 이렇게 말했다고 슈워츠는 인용했다. "우리가 이야기를 시작하기도 전에 물었습니다. '미안한데, 내 영화에서 연기를 할 생각이 있나요?'" 슈워츠는 이라조키를 "바스크인 아버지와 유대인 어머니 사이에서 태어난, 마르고 어깨는 구부정하며 눈썹이 짙은 청년으로, 미켈란젤로가 그린 강건한 그리스도 그 자체"라고 묘사했다. 파솔리니는 다른 역할들을 위해서는 지역 농부, 가게 주인, 공장 노동자, 트럭 운전사 들을 캐스팅했다. 그리고 그리스도가 십자가에 못 박히던 시점의 마리아 역에는 친어머니를 캐스팅했다.

이 연기자들이 대사를 제대로 소화해서 연기할 수 있느냐 하는 것은 중요하지 않다. 파솔리니는 시나리오 없이 영화를 찍기로, 「마태복음」을 페이지별로 따라가며 관객이 받아들이기에 적절한 수준의 러닝 타임이 되는 데 필요한 정도까지만 축약해서 영화를 찍기로 결정했다. 대사에 들어 있는 단어 하나하나는 모두 「마태복음」에서 가져온 것으로, 대사 중 상당수가 롱 숏으로 찍은 화면이 등장할 때 들려오기 때문에, 우리는 배우들 입술의 움직임을 볼 필요가 없다.

그러나 예수가 말하는 모습은 자주 등장한다. 그런데 그의 외모와 생김새는 전통적으로 예수의 생김새를 묘사하는 관점에서 보면 유별나다. 당시 유대인 남자 대부분이 그랬듯이, 그는 단발이다. 성화에 등장하는 풍성한 장발과는 거리가 멀다. 짙은 색의 후드 달린 겉옷을 입기 때문에, 얼굴에는 종종 그늘이 진다. 면도를 하지 않은 것처럼 보이지만 텁수룩하지는 않다. 그의 인품은 산상 수훈의 장면에서처럼 때로는 차분하지만, 그는 노조 지도자나 반전 시위자처럼 정의로운 분노를 담아 이야기하는 경우가 더 많다. 「마태복음」에 고유한 그의 논쟁 스타일은 자신이 받은 질문에 질문이나 우화, 부정적인 냉소로 대답하는 것이다. 그의 말씀은 분명 그가 속한 사회와 그 사회의 물질주의, 약자와 빈자보다 부자와 권력자를 높이 평가하는 세태에 대한 급진적인 비난이다. 이런 말씀을 듣고도 예수를 번영을 누리는 이들의 옹호자로 혼동할 사람은 없을 것이다. 많은 추종자가 그가 풍요로 보상을 해 줄 거라고 믿기는 했지만 말이다.

흑백으로 촬영된 영화는 적막하고 간결한 스타일로 전개된다. 오프닝 숏을 숙고해 보라. 클로즈업된 마리아의 얼굴이 보인다. 클로즈업된 요셉의 얼굴이 보인다. 마리아가 롱 숏으로 잡히는데, 그녀는 임신 중이다. 우리는 요셉이 이 사실을 눈여겨보고 있는 모습을 본다. 우리는 그가 집을 나와 바위에 기대어 잠을 자는데 (평범한 농사꾼의 딸처럼 생긴) 천사가 그를 깨우는 모습을 본다. 천사는 마리아가 하나님의 아들을 낳을 거라고 말한다. 나중에 천사는 헤롯이 신생아들을 죽이라는 명령을 내리기 전에 이집트로 도망가라고 경고한다. 아이들에 대한 학살은 간결한 장면으로 처리되는데, 파솔리니가 폭력적인 상세한 클로즈업을 활용하지 않기 때문에 이 장면은 더 끔찍하다. 이 장면과 나중에 등장하는 장면에서, 그는 흑인 영가 'Sometimes I Feel Like a Motherless Child(나는 때때로 고아처럼 느껴져요)'를 사운드트랙에 사용한다. 일부 자료에는 이 노래를 부른 가수가 매리언 앤더슨Marian Anderson이라고 기록되어 있지만, 나는 오데타Odetta일 거라고 믿는다.

동방 박사 세 사람의 도착은 실제로 있었음직한 모습으로 촬영됐다. 그들이 끄는 (낙타가 아니라) 말의 뒤로 즐겁게 소리 지르는 아이들 무리가 따라온다. 예수가 사원에서 장로들과 논쟁을 벌이는 장면에서 호기심 많은 아이들은 예수에게 빠져든 듯하다. 아이들은 예수의 발치에 앉아 예수가 올바른 이야기를 했다고 생각했을 때에는 장로들을 향해 고개를 돌려 의기양양한 미소를 짓는다.

오병이어의 기적과 물 위를 걷는 기적은 자제하는 분위기로 다뤄진다. 그리스도는 사도들에게 배를 타고 출발하라면서 "내가 너희들을 따르리라"라고 말한다. 의기양양한 음악도 없고, 불신에서 우러난 손놀림과 고함도 없으며, 선정적인 카메라 앵글도 없다. 그저 물 위를 걷는 한 사람의 모습만 롱 숏으로 보일 뿐이다.

깁슨의 영화와 마찬가지로 이 영화에서 예수가 받는 재판은 「마태복음」이 그렇듯 유대인 고위 사제들에 대한 비난에 많이 할애된다. 그러나 깁슨의 묘사를 반유대적이라고 생각한 이들은 논쟁의 대부분을 롱 숏으로 촬영하겠다는, 그리고 사제들을 분노하고 악의에 찬 인물들이 아니라 침착하게 이단을 다루는 학식 있고 묵직한 인물들로 보여 주겠다는 파솔리니의 결정을 높이 평가할 것이다. "그는 죽어야 한다. 그를 본디오 빌라도에게 넘겨라." 그런데 빌라도는 예수를 "죄 없는 사람"이라고 부른다. 나중에 우리는 「마태복음」의 악명 높은 구절인 "그 피를 우리 자손들에게 돌릴지어다"를 듣는데, 깁슨은 이 구절을 자막에서 삭제했다(그러나 아람어 대사에서는 삭제하지 않았다).

십자가에 못 박히는 장면에서 깁슨 버전에는 그득한 폭력은 완전히 배제됐다. 이 장면은 굉장히 신중하게 다뤄진다. 우리는 갈보리로 가는 길의 상당 부분에서 십자가를 짊어지고 가는 것은 시몬이고, 예수는 그 뒤를 따라 걸어가는 모습을 보게 된다. 가시 면류관이 있지만, 피는 몇 방울 밖에 나지 않는다. 그럼에도 이 버전은 할리우드의 성서를 다룬 대작들의 스타일처럼 완화되거나 극적인 방식으로 다뤄지지 않는다. 꺼끌꺼끌한 리얼리즘을 구현한 이 장면은 잔혹한 죽음을 명백히 실제로 있었던 사실처럼 보여 주는 것 같다.

앤드루 그릴리Andrew Greeley 신부는 깁슨의 영화에 관한 에세이에서 그리스도가 원죄를 대속하려고 죽었다고 배운 (나 같은) 가톨릭 학교 졸업생들의 배움을 바로잡았다. 그리스도가 죽은 것은 그가 우리의 고통을 느끼며 우리를 사랑한다는 걸 보여 주기 위해서였다고 그릴리 신부는 밝혔다. 그리스도가 파솔리니의 버전에 더 가깝다는 이야기다. 그런데 파솔리니가 주장하는 것은, 그의 그리스도가 지상에 왕국을 가진 이들을 사랑하지는 않는다는 점이다. 그의 그리스도는 우파가 아닌 좌파이며, 서기관들과 바리새인들을 거느린 현대의 많은 기독교인을 못마땅하게 여겼을 것이다.

<마태복음>은 베니스영화제에서 심사위원 특별상을 수상했다(황금사자상은 안토니오니Michelangelo Antonioni의 대단히 세속적인 영화 <붉은 사막Il Deserto Rosso>에 돌아갔다). 우익 가톨릭 집단들이 들고 일어났지만, 영화는 국제가톨릭영화사무소에서 주는 첫 상을 수상했고, 사무소는 파리의 노트르담 대성당에서 영화를 상영했다. 프랑스 좌파는 이탈리아 우파만큼이나 격분했다. 파솔리니를 만난 사르트르Jean-Paul Sartre는 약간 모호한 말을 했다. "스탈린은 폭군 이반을 복권시켰소만, 마르크스주의자들은 그리스도를 아직은 복권시키지 않았소."

이 영화를 깁슨의 영화와 비교해 보면, 그리스도의 이야기에 단일한 버전은 없음을 이해할 수 있다. 그리스도의 이야기는 우리의 생각들을 짜 맞출 수 있는 틀로 작동한다. 우리는 우리 인생이 우리를 위해 준비해 둔 것처럼 그리스도의 이야기를 바라본다. 깁슨은 그리스도가 겪은 고초를 그의 인생에서 가장 압도적인 사건으로 바라보고, 그의 영화는 그리스도의 가르침은 거의 담고 있지 않다. 반면에 파솔리니는 가르침이 중요하다고 생각했다. 어떤 관객이 예수에 대한 사전 지식이 전혀 없는 상태로 <패션 오브 크라이스트>를 보러 왔다가 사람들이 무엇에 열광하는 것인지 의아해할 경우, 파솔리니의 영화는 다음과 같이 주장할 수 있을 것이다. "예수의 가르침을 진지하게 받아들인다면, 예수는 그가 세상을 떠난 후 대부분의 인간 사회가 내세운 가치관과는 모순되는 가르침을 준 혁명적인 인물이었다."

맨츄리안 캔디데이트

The Manchurian Candidate

감독	존 프랭컨하이머	
주연	프랭크 시나트라, 로런스 하비, 재닛 리	
제작	1962년	126분

'Manchurian candidate'라는 표현은 최면에 걸려 지배자가 심리적 방아쇠를 당기면 그에 따른 행동을 하도록 세뇌된 꼭두각시를 가리키는 약칭으로 일상 언어에 편입됐다. 영화 중 한국 전쟁에 참전한 미군 정찰 부대는 중국 공산주의자들에게 생포당하고, 그중 한 명은 암살자로 변신하는 프로그래밍의 대상자가 된다. 2년 후에 그는 대통령 후보를 살해하라는 명령을 받는다. 현실에서는 그러한 프로그래밍이 불가능하다는 사실도 관객들이 이 영화에 빠져드는 것을 막지 못했다. 1962년에 개봉된 영화는 리 하비 오스월드Lee Harvey Oswald•에 대한 영원토록 다채로운 추론에 의해 미국사에 영향을 끼쳤다. 오스월드의 생활 배경과 범행 동기에 대한 추측들이 이 영화라는 틀이 없었더라도 그토록 열기를 띨 수 있었을까?

• 1963년에 미국 대통령 존 F. 케네디(John F. Kennedy)를 암살한 인물. 암살 이틀 후 댈러스 경찰서에서 잭 루비(Jack Ruby)에게 암살당했다.

영화가 케네디John F. Kennedy 암살을 대단히 강하게 연상시킨 탓에 영화를 둘러싼 이야기들은 더욱 커져만 갔다. 영화의 소유권을 사들인 프랭크 시나트라Frank Sinatra는 영화가 극장에서 내려진 후, 1964년부터 1988년까지 이 영화를 세상에 공개하지 않았다. 그가 케네디의 죽음 이후 느낀 양심의 가책 때문에 그러는 것이라는 말이 돌았다. 존 프랭컨하이머John Frankenheimer, 1930~2002 감독에게 직접 들은 이야기에 따르면, 사실 시나트라는 수익 문제를 놓고 유나이티드 아티스츠와 분쟁이 일어나자 스튜디오가 됐건 다른 누가 됐건 이 영화로 돈을 벌지는 못하게 만들기로 작정했다고 한다. 영화를 마침내 재개봉했을 때 녹음한 시나트라와 프랭컨하이머, 시나리오 작가 조지 액설로드George Axelrod가 나눈 대화가 DVD에 들어 있다. 시나트라는 이 작품이 그의 연기 경력의 정점이었다고 말한다. 하지만 이 영화를 24년간 볼 수 없었던 이유에 대해서는 아무도 언급하지 않는다.

<맨츄리안 캔디데이트>는 오늘날에 다시 보더라도 놀랄 정도로 현대적으로 느껴진다. 영화에 담긴 정치적 풍자는 여전히 얼얼한 수준이고, 영화의 줄거리는 섬뜩할 정도로 현대적인 울림을 준다. 악당들은 "히스테리에 걸린 전국의 TV 시청자들을 규합해, 계엄령을 무정부 상태처럼 보이도록 만들 권력을 가진 백악관으로 우리를 순식간에 데려다 줄" 테러리스트의 행위를 활용할 계획이다. 플롯은 정치적인 비난을 쾌활하게 양분해 우익과 좌익에게 퍼붓는다. 조지프 매카시Joseph McCarthy 상원 의원을 모델로 한 게 분명한 우익 선동가 아이슬린 상원 의원을 내세운 영화는 그를 외국 공산주의자들과 연합한 억척스런 부인의 꼭두각시로 만든다. 상원 의원이 눈곱만큼도 의심하지 않는 계획은 공산주의자의 정권 획득을 위해 반공 히스테리를 이용하는 것이다.

영화의 원작은 리처드 콘던Richard Condon이 쓴 1959년도 소설이다. 콘던은 자신이 쓴 소설이 시나트라, 앤절라 랜스베리Angela Lansbury,

로런스 하비Laurence Harvey 같은 대형 스타들이 출연하는 영화로 만들어졌다는 사실에 분명히 깜짝 놀랐을 것이다. 프랭컨하이머와 액설로드가 원작에 담긴 짓궂은 풍자를 조금도 약화시키지 않았다는 사실을 알고는 더더욱 놀랐을 것이다. 코멘터리 트랙에서 프랭컨하이머는 영화가 매카시즘에 맹공을 퍼부은 것이 가장 자랑스럽다고 밝혔다. 곤드레만드레가 된 아이슬린 상원 의원이 국무부에 공산주의자가 얼마나 많이 있다고 해야 할지를 결정하지 못하다 케첩 병을 살펴본 후 쉰일곱 명으로 결정하는 장면이 있다.

프랭컨하이머는 영화배우처럼 잘생기고 훤칠한 남자로, TV를 생방송으로 방송하던 시절에 신동神童으로 불리며 겪었던 모험들을 유쾌하게 들려주고는 했다. 그는 <맨츄리안 캔디데이트>에 빠른 움직임과 급박한 분위기를 부여하기 위해 TV에서 쌓은 경험을 활용했다. 정치 캠페인과 저널리즘의 세세한 면들을 포괄하면서 영화를 흑백으로 촬영한 그는 영화에 담긴 말이 안 되는 요소들을 은폐할 수 있을 만큼 확신 있는 태도로 줄거리를 밀고 나간다.

영화는 관객들이 비비 꼬이고 초현실적인 플롯을 따라갈 수 있을 거라고, 특히 정찰 부대 생존자들의 악몽에서 한국에서 겪은 세뇌에 대한 기억의 파편들이 배어나는 방식을 따라갈 수 있을 거라고 믿는다. 플래시백은 무슨 일이 벌어졌는지를 보여 준다. 중국군에 의해 최면에 걸린 그들은 자신들이 뉴저지의 호텔에 있는 원예 클럽 모임에 참석하고 있다고 생각하지만, 우리들이 보는 것은 그들에게 최면을 건 공산주의자들이 방에 모인 당 간부들에게 강의를 하는 모습이다. 최면을 건 사내는 프로그래밍이 얼마나 잘됐는지를 보여 주려고 레이먼드 쇼 하사(하비)에게 미국인 중 한 명을 교살하고 다른 한 명을 총으로 쏴 죽이라고 지시한다. 영화의 관점은 리얼리티의 상이한 버전들 사이를 자유로이 오간다.

미국으로 돌아온 레이먼드는 명예 훈장을 수여받고, 같이 있는 사람들을 숨 막히게 만드는 어머니(앤절라 랜스베리)와 그녀의 두 번째 남편인 연약한 알코올 중독자 아이슬린 상원 의원(제임스 그레고리 James Gregory)의 환대를 받는다. 레이먼드가 사람들이 자신을 상원 의원의 아들이라고 부를 때마다 "그분의 친아들은 아닙니다"라고 거듭해서 대꾸하는 장면은 재미있는 개그다. 아이슬린 여사는 레이먼드에게 근친상간 욕구를 느낀다. 소설은 그들을 침대로 이끌지만, 영화는 유명한 키스를 통해 그 사실을 폭로한다. 레이먼드는 그녀를 싫어하고, 자기 자신을 싫어한다. 그는 자신이 사랑스러운 사람이 아니라는 내용의 쓰디쓴 이야기를 토로한다.

시나트라는 한국전에 참전한 정찰 부대의 다른 부대원인 베넷 마르코 소령을 연기한다. 그는 조각난 악몽을 꾸며 자신이 세뇌당한 것은 아닌지 의심한다. 그가 이끄는 군 조사단은 레이먼드가 암살자로 프로그래밍 됐을지도 모른다는 결론을 내린다. 그런데 마르코는 그를 심문하러 데려와야 하는데도 그러지 못하는 중요한 실수를 저지른다. 레이먼드가 상원 의원의 딸 조슬린 조던(레슬리 패리시Leslie Parrish)과 벌이는 풋내기 로맨스가 그를 치유할지도 모르겠다는 생각에서다. 클라이맥스는 매디슨 스퀘어 가든 내부에서 전개된다. 아이슬린 여사는 이곳에서 그녀가 속한 정당의 대통령 후보가 후보 수락 연설을 하는 동안 그를 저격하라고 아들에게 명령한다. 그녀는 부통령 후보인 아이슬린 상원 의원이 쓰러진 대통령 후보의 시신을 껴안은 다음 "내가 여태껏 읽어본 중에 가장 감동적인 연설"을 할 거라고 말한다. "그 연설은 8년 넘게 먹힐 거야. 이 나라에서나 러시아에서나, 방송을 탈 때나 타지 않을 때나."

영화는 리얼리즘과 초현실주의 사이를 자유로이 오간다. 프랭컨하이머는 아이슬린이 기자 회견장과 상원 청문회에 등장하는 모습을 보여 주면서 군軍-매카시 청문회에서 직접 도입해 온 세세한 사항들을 담아낸다. 아이슬린이 “당원증을 가진 공산주의자” 명단을 흔들어 댈 때, 전경에 놓인 TV 세트들은 뉴스로 방영되고 있는 동일한 장면을 보여 준다. 그런데 다른 장면들은 레이먼드의 산만한 관점에서 포착된다. 그를 최면 상태로 몰아넣는 방아쇠(다이아몬드 퀸)가 솔리테어 게임에 등장했을 때는 특히 그렇다. 시나트라가 연기하는 캐릭터가 퀸으로만 구성된 카드 한 벌을 들고 레이먼드의 프로그래밍을 해제하려고 노력하는 장면이 있다. 이 장면은 초점이 약간 맞지 않는데, 코멘터리 트랙에서 프랭컨하이머는 시나트라를 데리고 여러 테이크를 찍었지만 모두 신통치 않았다고 고백했다. 그래서 그는 결함이 있는 테이크를 선택하면서, 초점이 맞지 않은 그 숏이 레이먼드의 산만한 인지 상태를 보여 줄 수 있기를 기도했다고 한다.

아카데미상 후보에 오른 앤절라 랜스베리가 연기하는 아이슬린 여사는 영화 역사상 최악의 악당에 속한다. 꼭두각시나 다름없는 남편을 사납고 경멸적으로 대하는 그녀는 ‘아이슬린주의’가 선동하는 빨갱이 공포증을 활용해 아이슬린을 권좌에 앉히려고(그녀는 막후에서 사태를 조종할 것이다) 러시아, 중국과 음모를 짠다. 그러다 친아들이 암살자로 프로그래밍 됐다는 사실에 충격을 받는다. 격분한 그녀는 다른 배배 꼬인 플롯의 전환점에서 아들에게 이렇게 말한다. “내가 권력을 쥐면, 너한테 그런 짓을 한 놈들을 바닥으로 끌어내려 진창에 처박을 거야. 놈들은 나를 모욕적일 정도로 얕잡아 봤어.” 알기 쉽게 정리해 보자. 그녀는 남편을 대통령으로 만들려고 친아들이 대통령 후보를 암살하게끔 계획을 짠다. 그러면 그녀는 남편의 권력을 활용해 처음에 그녀와 이 계획을 함께 짠 사람들을 파멸시킬 수 있을 것이다. 여기에서 논리를 찾을 생각은 하지 말라.

프랭컨하이머는 미로처럼 복잡한 줄거리를 강조하려고 강렬한 비주얼 스타일을 활용한다. 기울어진 숏들과 괴상한 앵글, 전경前景에다 얼굴 클로즈업을 배치하고 그 뒤의 중간쯤 거리에서 행위가 일어나게 만드는 식의 선호하는 구도를 담기 위해 딥 포커스를 동원한다. 이런 비주얼 스타일은 액설로드가 쓴, 리얼리티의 궤도를 자주 이탈하는 대사와 잘 어울린다. 시나트라가 연기하는 캐릭터와 나중에 그의 아내가 될 로지(재닛 리Janet Leigh)의 특이한 첫 만남을 생각해 보라. 기차에서 그는 심하게 손을 떠는 바람에 담배에 불을 붙이지 못한다. 그러자 객차 사이의 승강 계단까지 그를 따라온 그녀가 담배에 불을 붙여 주고는 말한다. "메릴랜드는 아름다운 주예요." "여기는 델라웨어입니다." 시나트라가 이렇게 말하면 그녀가 대답한다. "알아요. 나는 여기까지 철도를 깐 최초의 중국인 노동자 중 한 명이었어요. 그건 그렇고, 메릴랜드는 아름다운 주예요. 그 점에서는 오하이오도 마찬가지죠."

얼마 안 있어 그녀는 파혼을 하고 시나트라와 결혼한다. 우리는 저 대사가 도대체 무슨 뜻인지 의아해한다. 암호일까? 시나트라는 환각에 빠진 걸까? 중국인들이 부대원 전체를 세뇌해 놓고 레이먼드만 암살자로 쓰는 것은 이상해 보인다. 그렇다면 다른 부대원들이 악몽을 꾸고 의혹을 품게끔 만든 이유는 뭘까? 시나트라가 연기하는 마르코 소령은 또 다른 만주인Manchurian 꼭두각시이고, 로지는 그의 지배자일까? 그들이 함께 등장하는 장면들을 유심히 살펴보면 그녀가 기차에서 가진 어색한 첫 만남 직후에, 그리고 그들이 첫 데이트를 하기 전에 파혼했다는 사실을 알게 될 것이다. 시나트라가 "덩치가 정말로 큰 한국인 신사"를 구타한 것에 대해 그녀가 말하는 장면을 곰곰이 생각해 보고, 그녀가 한 번도 본 적이 없는 그 남자를 "장군"이라고 부르는 게 무슨 뜻인지 자문해 보라. 나는 모르겠다. 로지가 우스갯소리를 하는 건지도 모른다. 하지만 이 엉뚱한 이야기가 영화의 밑바닥에 다른 층위를 부여해서 맴돌게 만든 것만큼은 훌륭한 솜씨다.

<맨츄리안 캔디데이트>는 독창적이고 경쾌하며, 관객을 상대로 엄청난 위험을 무릅쓰는 영화다. "케케묵은 고전"처럼 행세하는 게 아니라 처음 개봉했을 때만큼이나 생생하고 영리한 작품으로 관객에게 먹힌다. 폴린 케일Pauline Kael은 당시에 이렇게 썼다. "이 영화는 할리우드에서 여태껏 만든 영화 중에 가장 세련된 풍자 영화일지도 모른다." 맞는 말이다. 특정한 표적(좌익, 우익, 외국, 국내)을 풍자하는 대신에 정치라는 것은 액면 그대로, 곧이곧대로 믿을 수 있다고 간주하는 생각을, 바로 그러한 생각을 풍자하기 때문이다.

문스트럭

Moonstruck

감독	노먼 주이슨	
주연	셰어, 니컬러스 케이지	
제작	1987년	102분

<문스트럭>에서 로니 카마레리가 로레타 카스토리니를 번쩍 안아 들 때, 기운이 넘치는 그는 그녀를 거의 어깨 너머로 내동댕이칠 것 같은 기세를 보인다. 그녀가 고함을 친다. "나를 어디로 데려가는 거예요?" 그가 말한다. "침대로요to the bed!" 자러 가는to bed 게 아니라, 침대로 가는 것이다. 이 구절에는 언어를 미묘하게 선택하는 솜씨가 담겨 있다. 그리고 그것은 로레타가 항복한다는 뜻으로 고개를 떨어뜨리게 만들기에 충분하다. 니컬러스 케이지Nicholas Cage와 셰어Cher가 보여 주는 그런 멋들어진 자유분방한 모습은 노먼 주이슨Norman Jewison, 1926~의 1987년도 로맨틱 코미디가 부리는 마술 중 하나지만, 그 마술도 평범한 단어들로 이야기되는 진실에 의존한다.

남편 코즈모가 바람을 피우는 걸 알게 된 로레타의 어머니 로즈 카스토리니는 딸의 약혼자 조니 카마레리에게 남자들은 왜 바람을 피우느냐고 묻는다. 그는 아마도 남자들이 죽음을 두려워하기 때문일 것

이라고 대답한다. 그녀는 밤늦은 시간에 슬그머니 들어오는 코즈모를 현관에서 붙잡는다. "당신이 무슨 일을 하든지 간에 당신은 여전히 죽어 가고 있다는 걸 알려 주고 싶어요! 남들 모두가 그러는 것처럼 말이에요!" 그는 이 여자와 오랫동안 결혼 생활을 해 온 남자의 눈빛으로 그녀를 바라보다가 대답한다. "고맙소, 로즈."

<문스트럭>은 분방한 감정과 통렬한 진실 위에 구축된 로맨틱 코미디다. 영화는 하나의 로맨스만으로는 만족하지 않는다. 당신이 어떻게 꼽느냐에 따라 대략 대여섯 개까지 꼽을 수 있는 로맨스를 엮어 내며 일부 캐릭터들은 하나 이상의 로맨스에 관련되게끔 만든다. 영화의 배경은 지구상에 존재한 적이 없던 브루클린이다. 환한 보름달이 밤을 낮처럼 밝히면서 달빛이 커다란 피자 파이처럼 사람들의 눈을 덮칠 때 사람들이 사랑 때문에 미치게끔 만드는 브루클린. 사운드트랙에서는 오페라 「라 보엠」과 딘 마틴Dean Martin이 비슷한 비중을 차지하고, 로니 카마레리의 감정은 형 조니를 싫어하는 이유에 대해 로레타에게 설명할 때처럼 과장되면서 드라마틱한 오페라 주인공의 감정과 비슷해진다. 로니는 어느 날 조니가 빵집에서 주의를 산만하게 만들었다고 말한다. 그때 로니의 손은 빵 절단기로 빨려 들어갔고, 그 결과 로니의 여자 친구는 로니를 차버렸다. 로니는 나무로 된 의수를 허공에 쳐들고는 극적으로 찔러 대며 울부짖는다. "나는 손을 원해! 신부新婦를 원해! 조니는 손이 있어! 신부도 있어!"

조니의 신부가 될 여자는 결혼식에 참석해 달라고 로니를 설득하러 빵집을 찾아온 로레타다. 그런데 로니가 그녀를 침대로 데려간 후 모든 게 변한다. 시칠리아에서 죽어 가는 어머니의 침대 옆에 있던 조니(대니 아이엘로Danny Aiello)는 브루클린에 돌아왔다가 충격을 받는다.

괴팍한 캐릭터를 많이 연기해 온 니컬러스 케이지이지만, 그가 연기한 어떤 괴짜 캐릭터도 로니 카마레리를 능가하지 못했다. 그가 만방에 사랑을 공표하는 연설에 불어넣은 것처럼 그득한 절망감을 연기해 낼 수 있는 배우가 어디 있겠는가? "사랑이 세상일들을 근사한 것으로 만들지는 못해요. 사랑은 모든 걸 망쳐요. 사랑은 당신의 마음을 아프게 해요. 일을 엉망진창으로 만들어요. 우리는 세상일을 완벽하게 만들려고 여기 있는 게 아니에요. 눈송이는 완벽해요. 별들은 완벽해요. 그런데 우리는 아니에요. 우리는 아니라고요! 우리는 자신을 망치고 우리 마음을 아프게 하고 연분이 아닌 사람을 사랑하고 죽으려고 여기 있는 거예요." 그런 후에 그녀가 저항하는 몸짓을 더 이상 보이지 않자, 그는 결론을 짓는다. "지금 나는 당신이 나랑 같이 위층에 올라가 내 침대에 들기를 원해요!"

오스카상을 받을만한 연기다. 셰어는 로레타 역으로 아카데미상을 수상했다. 오스카상은 로즈 역의 올림피아 듀카키스Olympia Dukakis에게도 건네졌고, 존 패트릭 섄리John Patrick Shanley가 쓴 시나리오에도 주어졌다. 그리고 영화는 작품상과 감독상 부문에서, 코즈모를 연기한 빈센트 가드니아Vincent Gardenia는 조연상 부문에서 후보로 지명됐다. 주이슨은 중요한 장면들과 대사들을 부여한 흠잡을 데 없는 성격파 배우들을 선택하면서 대규모의 출연진을 규합했다. 그 결과 정서적인 클라이맥스에 대단히 많은 사람이 관여되는 바람에 그 장면의 배경을 주방의 식탁 주변으로 선택해야 했다.

로니와 로레타는 영화에 담긴 젊은 사랑을 대표하는 30대 커플이다. 그런데 영화에는 노부부 두 쌍의 사랑도 있다. 로레타의 외숙모 리타(줄리 보바소Julie Bovasso)와 그녀의 남편 레이먼드(루이스 거스Louis Guss)는 가슴이 터질 듯 따뜻한 순간을 갖는다. 레이먼드가 창가에 서서 경이롭다는 눈으로 보름달을 바라보자, 그녀는 말한다. "있잖아요, 달빛 속에서 당신이 그런 표정을 지으니까 스물다섯 살 청년처럼 보여요." 로즈와 코즈모도 온갖 사건을 겪으면서도 서로 사랑한다. 코즈모

가 배관 공사를 하려는 손님들을 상대로 펼친 화술을 자랑스레 설명해 주는 상대인 코즈모의 숨겨진 여자 친구 모나(애니타 질레트Anita Gillete)가 있기는 하지만 말이다. "구리로 된 파이프가 있는데, 나는 그것만 씁니다. 돈이 좀 들기는 하죠. 그런데 돈이 드는 건 그렇게 하면 돈을 아낄 수 있어서예요." 모나는 홀딱 반한 표정으로 귀를 기울이다 묻는다. "그랬더니 뭐라고 해요?"

섄리의 시나리오를 바탕으로 작업한 주이슨은 대규모 출연진이 동시에 진행해 나가는 이야기들을 숙달된 솜씨로 들려준다. 최고의 시퀀스 중 하나는 로니와 로레타가 오페라를 보러 가는 밤에 펼쳐진다. 코즈모와 모나도 거기에 있는데, 그건 별개의 이야기다. 그날 밤 길모퉁이 이탈리아 레스토랑에서 혼자 저녁을 먹던 로즈는 젊은 아가씨가 중년 남자의 얼굴에 물을 끼얹고 나가는 광경을 지켜본다. 로즈는 그 남자에게 저녁을 같이 먹자고 청한다. 남자는 대학교수인 페리. 존 머호니John Mahoney는 젊은 제자들을 쫓아다니는 것이 헛된 일임을 알지만 그 외에는 달리 할 일을 알지 못하는 이 남자를 완벽하게 연기한다. 그들이 인생 이야기를 할 때, 그가 달빛 아래에서 그녀를 집까지 바래다줄 때, 그들 사이에 사랑이 만개할 것 같은 가능성이 분명히 존재한다. 설령 이 우주에서는 아니더라도 다른 우주에서는 말이다. 그러나 "당신하고 집에 갈 수는 없어요"라고 그녀는 말한다. "내가 누구인지를 잘 아니까요." 우리는 그녀가 한 말이 무슨 뜻인지를 안다. 그녀에게는 가정과 남편과 가족과 신분이 있다. 그리고 남자처럼 궁하지도 않다.

주이슨이 거둔 성공의 일부는 톤의 조절을 통해 이루어졌다. 영화는 결코 슬랩스틱으로 흐르지 않는다. 그렇게 되겠노라고 으름장을 놓을 때조차도, 케이지의 캐릭터가 감정을 한껏 드러낼 때조차도 말이다. 억제된 달곰씁쓸한 음색이 있고, 노년의 캐릭터들이 자신들의 삶과 욕망에 통렬한 음색을 부여하는 죽음에 대한 놀랄 만큼 많은 대사가 등장한다. 영화의 정서적인 중심은 제대로 된 조명을 받을 경우, 아니면 심지어는 그 조명에서 벗어났더라도, 여전히 스물다섯 살 때 느꼈던 열정을 느낄 수 있는 두 쌍의 노부부(로즈와 페리, 코즈모와 모나까지 친다면 네 쌍)에게 있다.

데이비드 왓킨David Watkin이 담당한 촬영은 캐릭터들이 절정에 달했을 때면 보름달의 서늘한 빛으로 그들을 흠뻑 적신다. 그 외에는 따스한 가정집의 색상을 활용하면서 비범한 공간감을 창조한다. 우리는 육중하고 어두운 침실 가구와 두꺼운 이불이 층층이 쌓여 있고, 벽에는 가족들의 사진이 붙어 있으며, 식당은 잘 사용하지 않고 주방이 가족들의 모임 장소인 카스토리니 저택에 대단히 익숙해졌다. 그런 까닭에 카메라가 방들을 통해 뒷걸음질로 빠져나가는 마지막 숏은 우리의 뇌리에 놀랄 만한 인상을 남긴다.

1926년에 캐나다에서 태어난 노먼 주이슨은 뮤지컬(「지붕 위의 바이올린Fiddler on the Roof」, 「지저스 크라이스트 슈퍼스타Jesus Christ, Superstar」), 코미디, 사회 문제를 다룬 영화 같은 장르에 비슷한 정도로 정통한 거장이다. 큰 호평을 받은 그의 작품 세 편은 모두 흑인이 주인공이었는데, 1967년도 오스카에서 작품상을 받은 <밤의 열기 속으로In the Heat of the Night>, 작품상 후보로 지명됐던 <솔저 스토리A Soldier's Story>(1984), 덴젤 워싱턴Denzel Washington이 부당하게 수감된 복서 '허리케인' 카터를 연기해 후보로 지명된 <허리케인 카터The Hurricane>(1999)가 거기에 해당한다. 그는 일찍이 도리스 데이Doris Day와 작업하면서〔<내게 꽃 보내지 마요Send Me No Flowers>(1964)〕 로맨틱 코미디로 경력을 시작했다. 그의 연출작인 <온리 유Only You>(1994)는 같은 장르에 속한, 제대로 된 평가를 받지 못한 보물이다.

주이슨의 작품들은 할리우드의 주류에 굳게 자리 잡고 있다. 그는 스타들과 작업하는 것을 좋아했고, 흠결 없고 가치 있는 작품들을 제작했다. 하지만 그가 흥행에 대한 관심에서만 영감을 얻은 것으로는 보이지 않는다. 그의 품질 관리는 비범할 정도로 꼼꼼하다. <신의 아그네스Agnes of God>(1985), <타인의 돈Other People's Money>(1991), 브루스 윌리스Bruce Willis가 고통을 겪는 월남전 참전 군인으로 출연하는 <참전 용사In Country>(1989) 같은 작품들은 뚜렷한 입장을 견지한 감독으로서는 과감하다고 할 수 있는 별난 개인적 프로젝트들이다. <허리케인 카터>도 마찬가지고, 그 점에 있어서는 <문스트럭>도 마찬가지다.

세 번째 아니면 네 번째로 이 영화를 본 나는 영화가 소란스럽고 감정이 과잉된 것처럼 보이면서도 대단히 치밀하고 온화하다는 점에서 깊은 인상을 받았다. 이 영화는 등장인물들을 정말로 사랑한다. 그러면서 등장인물들의 개성을 만화 주인공 같은 특징들로 국한하기를 열심히 거부한다. 로즈와 페리 사이에서 벌어지는 일에는 뉘앙스가 있고 통찰력이 가득하다. 영화는 그들을 '추잡한 늙은이'와 '외로운 가정주부'에 국한하지 않고, 그들이 인생의 아름다움과 미스터리에 마음을 활짝 열어 놓고 있는 모습을 보여 준다. 이 영화는 당신을 웃기는데, 그것은 아주 어려운 일이다. 그런데 이 영화는 당신이 더 나은 충동들에 마음을 활짝 열도록 만들기도 한다. 그것은 더더욱 어려운 일이다.

뮤직 룸 Jalsaghar	감독	사티야지트 레이	
	주연	크하비 비스와스	
	제작	1958년	100분

사티야지트 레이Satyajit Ray, 1921~1992 감독의 <뮤직 룸>의 오프닝 장면은 영화 역사상 가장 풍부한 이미지를 연상케 만드는 오프닝에 속한다. 얼굴에 깊은 권태가 어려 있는 중년 남자가 넓고 평평한 저택의 옥상에서 그의 편의를 위해 옥외로 끌려 나온 장식 많은 의자에 앉아 있다. 그는 허공을 바라본다. 주인을 향한 오랜 불안감을 얼굴에 드러낸 하인이 『이상한 나라의 앨리스』에서 체셔 고양이가 담배를 피우는 데 사용하고 인도 영화에서 한가한 사람들이 쓰는 구식 물 담배 파이프인 수연통을 들고 총총걸음으로 다가온다. 남자는 준비 과정을 지켜본다. 그리고 마침내 묻는다. "지금이 몇 월이냐?"

남자의 이름은 비스왐바르 로이다. 그는 광활한 평원의 한복판에 있는 드넓은 강의 제방 위에 선 무너져 가는 집에서 살고 있다. 때는 1920년대 말로, 그는 19세기 벵골에서 번성했던 지주 집안의 마지막 후손이다. 지주들의 전성기는 끝났고, 재산은 바닥나고 있다. 그는 몇 년간 할 일이 거의 없었다. 딱 하나 좋아하는 일만 있을 뿐이다. 그의 뮤직 룸에서 주최하는 콘서트를 경청하는 것.

그는 가장 가까이 사는 이웃인 혐오스러운 고리대금업자 마힘 간글리를 오랫동안 시기해 왔다. 마힘은 신분도 낮고 천박하지만, 근면하고 야심도 크다. 간간이 바람에 실려 오는 소리는 마힘이 무슨 일을 하고 있는지를 알려 준다. 아스라이 들려오는 음악, 또는 집에다 전기까지 설치했음을 알려 주는 멀리서 들려오는 발전기 소리. 비스왐바르는 마힘이 잔치를 열고 있음을 알게 된다. "나도 초대받았느냐?" 비스왐바르는 하인에게 묻는다. 그는 자신도 초대받았음을 알게 된다. 그가 참석하지 않은 것 때문에 마힘이 무척이나 괴로워한다는 사실도 알게 된다. "내가 어디를 가곤 하더냐?" "아닙니다."

사티야지트 레이는 《아푸 3부작The Apu Triology》의 첫 두 작품으로 세계적인 명성을 얻은 후, 지체 좋은 집안의 가난에 대한 이 영화를 만들려고 절망적인 가난에 대한 3부작을 완성하는 작업을 잠시 중단했다. 마침내 화질 좋은 프린트의 비디오로 출시된 이 영화는 자존심과 옹고집 때문에 리어 왕과 비교되어 온 남자에 대한 이야기를, 그리고 그가 중요한 모든 것을 잃는 방식을 들려준다.

크하비 비스와스Chhabi Biswas가 연기하는 비스왐바르는 거의 모든 장면에 등장한다. 레이는 비스와스를 총애했기 때문에, 1962년에 비스와스가 세상을 떠나자 중년 남성이 중요한 역할을 맡는 작품을 집필하는 것을 중단하기까지 했다. <뮤직 룸>에서 비스와스는 자신의 존재에 너무 깊이 둘러싸여 있어서 현실이 뚫고 들어올 여지가 거의 없는 남자를 연기한다. 수입이 없는 상태에서 재산은 점점 줄어든다. 그럼에도 교활한 마힘은 그를 "나리"라고 부른다. 비스왐바르의 거대한 저택은 관리되지 않은 채로 방치되고, 그가 거느린 두 명 남은 하인은 존재한다는 사실조차 기억하기 힘든 데도 말이다.

그의 삶의 복판에는 음악이 자리하고 있다. 더 정확히 말하면 반짝이는 샹들리에와 장식적인 카펫, 비스왐바르와 조상들의 초상화를 갖춘 뮤직 룸, 또는 잘사가르jalsāghar•를 과시하기 위한 값비싼 콘서트를 개최하는 일이 자리하고 있다. 그는 수중에 남은 재산을 뽐내려고 산다. 옥상을 배경으로 한 오프닝 시퀀스 이후, 영화의 대부분은 몇 년 앞서 있었던 시대로 돌아가는, 뮤직 룸에서 개최한 두 번의 콘서트를 중심으로 한 플래시백으로 전개된다.

첫 콘서트는 아들 코카가 성인이 된 것을 축하하기 위한 '실thread 의식'이다. 최상의 뮤지션들만이 출연하는 음악회에서 이웃 남자들과 친척들의 호위를 받은 비스왐바르는 뮤지션들과 유명한 여가수가 공연하는 동안 베개에 몸을 기댄다. 카메라가 청중의 얼굴로 천천히 팬을 하다 천박한 마힘의 얼굴에서 멈추면, 인도의 전통 음악을 즐기지 않는 마힘은 몸을 들썩거리다가 앞에 놓인 잔에 손을 뻗는다. 이날 저녁은 비스왐바르의 승리다. 2층에서 참을성 없이 기다리는 비스왐바르의 아내가 콘서트 비용 때문에 패물들을 저당 잡혔다고 남편에게 역정을 내기는 하지만 말이다. 그는 아내가 말을 다 끝내기도 전에 잠이 든다. 오래 지나지 않아 아내와 아들은 강물을 따라 처갓집으로 여행을 떠난다. 감동적인 장면에서, 떠나는 아내는 그에게 절을 한다. 그러고는 "처신 잘하세요!" 하며 충고하는 속내를 드러낸다.

그런데 경멸스러운 마힘이 자신이 주최하는 콘서트에 왕림해 달라는 초대장을 들고 찾아온다. 레이는 이 장면을 특권 계급과 신흥 부자의 대결로 구성한다. 소파에 몸을 기울인 비스왐바르는 마힘이 있다는 것도 알아차리지 못하는 양 독서에 몰입한 듯한 모습을 보여 준다. 그러다가 그는 자신도 똑같은 날 밤에 콘서트를 열 계획이라고 맞받아친다!

• 뮤직 룸을 부르는 인도식 이름

집안의 자금 형편을 잘 아는 하인이 뒤에서 경악하는 모습이 보인다.

두 번째 콘서트에는 심란한 기운이 감돈다. 심지어 비탄에 잠긴 듯한 표정의 남자 가수는 파멸이 임박했음을 감지한 듯 보인다. 비스왐바르는 아내와 아들에게 이 이벤트를 위해 돌아와야 한다는 전갈을 보낸다. 하지만 샹들리에가 바람에 흔들리고 번개가 하늘을 가르는 동안에도 아내와 아들은 도착하지 않고, 고개를 숙인 비스왐바르는 자신의 잔에서 죽은 벌레를 발견한다. 엄청난 손실을 입을 것임을 알리는 전조다.

세 번째 콘서트는 몰락으로 이어지는 긴 기간의 끝 무렵에 개최된다. 우리는 다시 현재로 돌아와 있다. 마지막 남은 패물들은 저당 잡힐 것이다. 비스왐바르는 당당하게 퇴각할 것이다. 유명한, 심지어 악명이 자자하기까지 한 여가수와 댄서를 불러오려고 혈안이 된 그는 마힘보다 많은 액수를 부른다. 결국 마힘이 여자에게 어처구니없이 많은 팁을 주려고 하자, 비스왐바르는 지팡이의 손잡이를 힘껏 움켜쥔다. 자신의 집에서 팁을 주는 것은 지주가 해야 할 일이다. 비스왐바르는 마지막 남은 금화를 여자에게 건넨다. 걸출한 클로징 시퀀스는 이 무모하면서도 콧대 높은 제스처가 안겨 준 쾌감에 빠진 비스왐바르를 보여 준다. 술에 취한 그는 조상들의 초상화 앞에서 축배를 들다가 거미가 자신의 초상화의 다리 부분을 기어오르는 모습을 발견한다. 새벽녘이다. 충성스러운 하인은 서늘한 빛을 들이려고 장막을 걷는다.

사티야지트 레이는 유별나게 키가 크고 영화배우처럼 잘생긴 남자로, 비스왐바르의 조상들처럼 지주의 손자였다. 그는 1940년대 말엽에 캘커타에서 광고 에이전시의 아티스트로 일하다가, <전함 포템킨 Броненóсец «Потёмкин»>의 프린트를 보유하고 세계 각지에서 영화를 수입하는 영화 클럽을 찾아냈다. 대량 생산된 당시의 벵골 영화들과 할리우드의 졸작들을 거부한 그는 유명한 《아푸 3부작》의 첫 작품 <길의 노래Pather Panchali>(1955)로 칸영화제에서 상을 받으며 세계가 주목하는 걸출한 인도 감독으로 자리를 굳혔다.

1970년에 열린 뉴욕영화제에서, 요즘 카메라를 《아푸 3부작》 때보다 많이 움직이는 이유가 뭐냐는 질문을 받은 그는 웃으며 이렇게 말했다. "장비를 장만할 여유가 생겼기 때문입니다." 그는 저서 『우리들의 영화, 그들의 영화Our Films, Their Films』에서 <길의 노래>를 처음 촬영하던 날 이전에는 단 1피트의 필름도 촬영해 본 적이 없었다고 회상했다. 1990년대 초반에 하와이영화제를 방문한 그의 촬영 감독 수브라타 미트라Subrata Mitra는 내게 이렇게 밝혔다. "우리 둘 다 초짜였습니다. 나도 그날 전에는 필름을 단 1피트도 노출시켜 본 적이 없었거든요."

레이는 많은 수작을 만들었다. 나는 그중에 《아푸 3부작》과 <뮤직 룸>이 가장 수준 높은 작품이라고 생각한다. 다른 연출작으로 남편이 해고당하자 관습을 깨면서 일을 하러 나서는 여자를 다룬 <대도시Mahanagar>(1963), 진정한 자아를 발견하기 위한 휴가를 보내는 사무직 노동자들에 대한 영화인 <숲속의 낮과 밤Aranyer Din Ratri>(1969), 제2차 세계대전의 메아리가 들려오는 인도의 마을에 대한 영화인 <어렴풋한 천둥Ashani Sanket>(1973), 토지를 몰수하려는 영국인들의 시도를 간신히 알아차리는 지주에 대한 <체스 선수들Shatranj Ke Khilari>(1977), 아내가 친구와 사랑에 빠지기 전까지 자신의 현대적인 관념에 자긍심을 느끼는 지주에 대한 이야기로 라빈드라나드 타고르Rabindranath Tagore의 소설이 원작인 <가정과 세계Ghare Baire>(1984) 등이 있다.

<뮤직 룸>은 그의 작품 중에서도 가장 풍부한 이미지를 불러일으키는 작품이다. 잔에 든 벌레, 강에서 몸을 씻는 코끼리가 느끼는 행복, 하인이 먼지 쌓인 뮤직 룸을 다시 열면서 느끼는 기쁨, 샹들리에가 비스왐바르의 내면을 반영하는 방식, 하인이 손님들에게 향수를 뿌려 주면서 마힘에게는 혐오스럽다는 듯이 추가로 더 뿌려 주는 방식 등 그는 세밀한 디테일들로 작품을 채운다.

빛바랜 사치품들이 비스왐바르를 에워싸고 있음에도 영화는 결코 화려하지 않다. 레이가 꾸밈없는 캐릭터를 연구하는 영화를, 그것도 음악이 딸린 영화를 만든 것은 매년 수백 편씩 쏟아져 나오는 지나치게 공들인 인도의 뮤지컬 멜로드라마에 대한 반응이었을 것이다. 그의 주인공은 리어 왕과 비교될 만한 가치가 있는 캐릭터다. 그가 리어처럼 허영에 탐닉하고 그릇된 짓들을 고집스럽게 해 나가는 동안에도 우리의 동정심을 자아내기 때문이다. 리어처럼, 그는 자신이 저지른 죄 이상으로 벌을 받고 있다고 생각한다. 그리고 리어처럼, 그의 생각은 틀렸다.

반딧불의 묘 火垂るの墓	감독	다카하타 이사오	
	제작	1988년	89분

제2차 세계 대전의 종전이 가까워질 때, 미군 폭격기들이 일본의 도시들에 네이팜탄을 투하해 불 폭풍을 일으킨다. 양철 깡통보다 길고 크기도 어지간한 이 폭탄들은 펄럭이는 꼬리를 달고는 지상으로 떨어진다. 아름답다고 느낄 만한 광경이다. 폭탄이 지상을 강타한 후 잠시 침묵이 흐른다. 그러다 폭탄이 주변으로 불꽃을 쏟아 내며 폭발한다. 나무와 종이로 지은 탓에 파괴되기 쉬운 일본인 거주지는 이 불길에 맞서 싸울 길이 없다.

<반딧불의 묘>는 폭탄 때문에 집 없는 신세가 된 항구 도시 고베에 사는 두 아이의 이야기를 들려주는 애니메이션이다. 세이타는 어린 10대이고, 여동생 세쓰코는 다섯 살 정도 된다. 남매의 아버지는 일본 해군으로 복무하고 있고, 어머니는 폭탄에 희생됐다. 세이타는 응급 병원에서 화상으로 덮인 어머니의 시신 옆에 무릎을 꿇는다. 그들의 집과 이웃과 학교는 모두 사라졌다. 한동안 남매를 거둔 친척 아주머니

는 아이들을 먹여야 할 필요 때문에 사나워지고, 결국 세이타는 여동생과 살 수 있는 산허리 동굴을 찾아낸다. 그는 먹을 것을 찾으려고, 부모에 대해 묻는 세쓰코의 질문에 답하려고 할 수 있는 모든 일을 다 한다. 영화의 첫 장면은 지하철역에 죽어 있는 세이타의 모습을 보여 준다. 따라서 우리는 세이타의 운명을 짐작할 수 있다. 우리는 소년의 영혼이 펼치는 플래시백에 동참한다.

대단히 강렬한 정서적 체험인 <반딧불의 묘>는 애니메이션에 대한 생각을 재고하게 만든다. 초창기부터 대부분의 애니메이션은 아이들과 가족들을 위한 '만화 영화'였다. <라이언 킹The Lion King>, <원령공주もののけ姫>, <아이언 자이언트The Iron Giant> 같은 최근의 장편 애니메이션들은 더 진지한 주제를 건드리고, ≪토이 스토리Toy Story≫ 시리즈와 <밤비Bambi> 같은 클래식에는 관객이 눈물을 쏟아 낼 정도로 감동을 주는 순간들이 담겨 있다. 하지만 이 영화들은 안전 범위 내에서만 존재하면서 관객으로 하여금 눈물을 자아내게 만들기는 하지만 비탄을 끌어내지는 못한다. 이에 비해 <반딧불의 묘>는 어쩌다 보니 애니메이션으로 만들어진 위력적이고 극적인 영화다. 나는 평론가 어니스트 리스터Ernest Rister가 이 작품을 <쉰들러 리스트Schindler's List>와 비교하며 "내가 본 가장 심오하고 인간적인 애니메이션"이라고 말했을 때 그 의미를 십분 이해했다.

영화는 단순한 생존 이야기를 들려준다. 소년과 여동생은 머무를 곳과 먹을 것을 찾아내야 한다. 전시戰時에 그들의 친척들은 친절하거나 관대하지 않고, 남매 어머니의 기모노를 팔아 쌀을 구한 친척 아주머니는 많은 양의 쌀을 자기 몫으로 챙긴다. 결국 세이타는 떠나야 할 때가 됐다고 느낀다. 돈이 조금 있는 세이타는 음식을 살 수 있다. 그러나 얼마 안 있어 돈으로 살 수 있는 식량은 없어진다. 여동생은 갈수록 쇠약해진다. 남매의 이야기는 멜로드라마로 펼쳐지는 게 아니라 네오리얼리즘의 전통에 따라 간결하고 직설적으로 펼쳐진다. 영화에는 침묵을 위한 시간이 있다. 이 영화의 걸출한 능력 중 하나가 참을성이다. 숏들은 관객들이 숏에 대해 생각할 수 있도록 오래 이어지고, 내밀한 순간과 분위기, 자연 속에서 언뜻언뜻 보이는 캐릭터들에게 스스로 캐릭터를 구축할 수 있는 시간을 제공한다.

일본의 시詩는 구절과 구두점의 중간쯤 되는 용법으로 '베갯말枕詞, pillow words'을 쓴다. 위대한 감독 오즈 야스지로小津安次郎는 '베개숏pillow shot'(두 장면을 분리하는, 자연에서 가져온 디테일)을 썼다. <반딧불의 묘>도 베게 숏을 쓴다. 영화의 비주얼은 시를 창조한다. 폭탄이 비처럼 쏟아지고 겁에 질린 사람들이 거리를 메울 때처럼 빠른 액션이 등장하는 순간도 있지만, 영화는 액션을 활용하지는 않는다. 영화는 액션이 빚어낸 결과들을 묵상한다.

이 영화의 감독 다카하타 이사오高畑勲, 1935~2018는 유명한 지브리 스튜디오의 공동 창립자로, 걸출한 일본 애니메이션 창작자였다. 미야자키 하야오宮崎駿(<원령공주>, <마녀 배달부 키키魔女の宅急便>, <이웃집 토토로となりの トトロ>)가 그의 동료다. 다카하타의 작품들이 일반적으로 이 작품처럼 진지한 것만은 아니다. 그러나 <반딧불의 묘>는 그 자체로 하나의 카테고리를 형성한다. 영화의 원작은 노사카 아키유키野坂昭如가 쓴 반半자전적 소설이다. 공습을 당한 시절에 어린 소년이던 그의 여동생은 아사했고, 그의 인생은 죄책감 때문에 음울해졌다.

일본에서 유명한 이 소설은 실사 영화로도 쉽게 만들 수 있었을 것이다. 이것은 애니메이션의 전형적인 소재는 아니지만, <반딧불의 묘>의 경우는 애니메이션이 제대로 된 선택이라고 생각한다. 실사 영화는 과다한 특수 효과와 폭력, 액션 장면 때문에 부담이 컸을 것이다. 다카하타는 애니메이션 덕에 이야기의 본질에 집중할 수 있었고, 그가 등장시킨 애니메이션 캐릭터들에 시각적 리얼리즘이 결여되어 있는 것은 우리가 상상력을 더 활발하게 발휘하도록 한다. 실제 연기자들이라는 엄

연한 사실에서 해방된 우리는 이 애니메이션 캐릭터들에게 우리 자신이 품은 관념을 더 쉽게 통합시킬 수 있다.

할리우드는 수십 년간 '현실적인 애니메이션'이라는 이상을 추구해 오고 있다. 모순적인 용어인데도 말이다. 그림으로 그려진 사람은 사진에 찍힌 사람과는 닮지 않았다. 그들은 더 양식화되어 있고, 더 두드러지게 상징적이며, (디즈니가 고생스러운 실험들 끝에 발견한 것처럼) 그들의 움직임은 보디랭귀지를 통해 분위기를 전달하기 위해 과장될 수 있다. <반딧불의 묘>는 <라이언 킹>이나 <원령공주> 같은 영화 수준의 리얼리즘조차 시도하지 않는다. 그런데 역설적으로 이 영화는 내가 직접 본, 정서적으로 가장 사실적인 애니메이션이다.

로케이션과 배경은 19세기 일본 아티스트 안도 히로시게安藤広重와 현대에 활동하는 그의 제자 에르제Hergé(땡땡Tin Tin의 창안자)에게 많은 빚을 진 스타일로 그려졌다. 그림들은 대단히 아름답다. 만화의 아름다움이 아닌, 애니메이션 스타일이라는 필터를 거쳐 보는 이의 감정을 이끌어 내는 풍경화다. 눈은 커다랗고 몸뚱이는 아이 같으며 표현 범위가 대단히 넓은 표정을 보여 주는 캐릭터들은 일본 애니메이션의 전형이다(아이의 입은 다물고 있을 때는 조그맣지만, 울려고 입을 벌렸을 때는 굉장히 커진다. 세쓰코의 편도선조차 볼 수 있을 정도다). 애니메이션이 정서적 효과를 창출해 내는 것은 리얼리티의 재현을 통해서가 아니라 리얼리티를 고조하고 단순화하는 작업을 통해서라는 점을 이 영화는 입증한다. 그래서 많은 시퀀스는 캐릭터들이 경험하는 바에 관한 시퀀스가 아니라 그 시퀀스에 담긴 관념에 대한 시퀀스다.

대단히 아름다운 장면들이 있다. 밤에 아이들이 반딧불을 잡아 그 반딧불로 동굴을 비추는 장면이 그중 하나다. 이튿날 세이타는 어린 여동생이 죽은 곤충들을 — 어머니가 묻힌 방식이라 상상하는 대로 — 조심스럽게 묻는 모습을 발견한다. 그리고 세쓰코가 진흙으로 '주먹밥'을 만들어 오빠에게 줄 '저녁'을 준비하는 시퀀스가 있다. 그들이 바닷가에서 시체를 발견한 다음에 많은 폭격기가 하늘 저편에서 모습을 나타내는 시퀀스의 타이밍과 침묵의 활용도 주목해 보라. 리스터는 또 다른 숏을 지목했다. "세이타가 수건으로 공기를 가둬 물밑으로 가라앉힌 다음에 공기를 풀어 놓아 여동생 세쓰코의 얼굴이 환해지게 만드는 순간이 있다. 이 장면을 보는 순간, 내가 뭔가 특별한 작품을 보고 있음을 깨달았다."

<반딧불의 묘>의 표면 아래에는 일본 고대의 문화적 흐름이 있다. 이 이야기의 뿌리를 동반 자살 연극의 전통에서 찾은 평론가 데니스 H. 후쿠시마 주니어Dennis H. Fukushima Jr.가 그 흐름을 설명한다. 세이타와 세쓰코가 공공연하게 자살을 한 것은 아니지만 그런 힘겨운 삶이 살아야겠다는 남매의 의지를 약하게 만든다는 것이다. 후쿠시마는 동굴과 산허리의 무덤들 사이에도 유사점이 있음을 보여 준다. 그리고 저자 노사카와 가진 인터뷰를 다음처럼 인용한다. "유일한 생존자가 된 그는 여동생의 죽음에 죄책감을 느꼈다. 그는 먹을 것을 찾아 돌아다니는 동안 종종 자기 배를 먼저 채운 다음에야 여동생을 먹였다. 여동생의 부인할 수 없는 사인死因은 굶주림이었다. 그것은 노사카를 오랫동안 괴롭힌 서글픈 진실이었다. 그 때문에 그는 자신을 괴롭히는 악마들을 몰아내야겠다는 희망 아래 그 체험에 대한 글을 쓰게 됐다."

애니메이션인 데다 일본에서 만들어진 작품인 <반딧불의 묘>를 본 관객은 거의 없다. '아니메' 팬들이 이 영화가 얼마나 훌륭한지에 대해 입소문을 냈을 때, 그들의 말을 진지하게 받아들인 사람은 아무도 없었다. 이제 이 작품이 자막이나 더빙의 선택 사양을 가진 DVD로 출시됐다. 이 작품은 응당 받아야 할 주목을 받게 될 것이다. 이 작품이 만화 영화인 건 맞다. 아이들의 눈이 접시처럼 생긴 것도 맞다. 그러나 이 작품은 역사상 가장 위대한 전쟁 영화의 리스트를 작성할 때면 반드시 포함될 작품이다.

백설공주와 일곱 난쟁이

Snow White and the Seven Dwarfs

감독	데이비드 핸드	
제작	1937년	83분

월트 디즈니Walt Disney의 <백설공주와 일곱 난쟁이>가 백설공주만 주로 다룬 영화였을 경우, 영화는 1937년 시사회 직후 잊히면서 오늘날에는 영화 전체를 컬러로 만든 최초의 애니메이션이라는 역사적 이유에서만 높이 평가받는 영화가 됐을지도 모른다. 사실을 말하자면 백설공주는 약간 따분한 캐릭터로, 자신이 직접 행동에 나서지는 않으면서 다른 사람들이 행동하게끔 영감을 베푸는 존재다. 지난 수십 년간 디즈니를 모방해 온 헤아릴 수 없이 많은 모방자 대부분이 저지른 실수는 그가 만든 영화들의 제목과 그 영화들이 다루는 내용을 혼동한 것이다. <백설공주와 일곱 난쟁이>는 백설공주나 백마 탄 왕자님에 대한 영화라기보다는 일곱 난쟁이와 악독한 왕비에 대한, 그리고 수줍어서 얼굴을 붉히는 파랑새부터 계단을 오르는 데 한없는 시간이 걸리는 거북이에 이르기까지 숲과 하늘을 가득 메운 수많은 동물에 대한 영화다.

월트 디즈니의 단편 애니메이션들은 모두 강렬하게 개성을 규정한 핵심 캐릭터 한두 명을 중심으로 전개된다. 그런 캐릭터들의 맨 앞자리에는 미키 마우스가 자리하고 있다. 간단하게 처리된 풍광에 거주하는 그들은 명확하게 규정된 목표들을 대담하게 요약한 줄거리를 지배한다. 그런데 1934년에 디즈니가 장편 영화를 만들겠다고 결심했을 때, 그는 영화의 길이를 늘이는 데에서 그치지 않고 깊이도 늘려야 한다는 사실을 본능적으로 인지했다. 그가 원작으로 삼은 그림Grimm 형제의 백설공주 이야기는 그리 길지 않은 83분의 러닝 타임조차 채우지 못할 정도로 짧았다.

디즈니의 걸출한 아이디어는 백설공주를 창작한 게 아니라, 그녀가 거주하는 세계를 창작한 것이다. 애니메이션이 프레임 하나하나를 일일이 작업해야 하는 고통스러운 작업인 데다 사소한 움직임을 추가할 때마다 아티스트들이 며칠이나 몇 주를 그림 작업에 매달려야 했던 시절에, 디즈니는 화면의 모든 구석이나 차원에 살아 움직이는 무언가가 담긴 영화를 상상했다. 그는 꼭대기부터 바닥까지, 맨 앞에서 맨 뒤까지 프레임을 채웠다(1980년대에 화면의 일부를 자른 '와이드 스크린' 버전을 개봉하겠다는 스튜디오의 결정이 어처구니없는 결과를 낳으면서 스튜디오가 재빨리 필름을 회수한 이유가 이것이다).

그의 프레임은 정말이지 대단히 복잡해서, 디즈니와 그가 거느린 애니메이터 팀은 단편 영화를 작업할 때 쓰던 셀이 디즈니가 원하는 모든 디테일을 담기에 충분할 정도로 크지 않음을, 더 큰 셀이 필요함을 알게 됐다. 이 영화의 초창기 관객들은 영화를 보면서 받은 깊은 인상이 기술적 요소에서 비롯됨을 잘 몰랐을지도 모른다. 그런데 관객들은 백설공주가 숲속을 달리는 초반 장면에 나뭇가지들이 그녀를 낚아채려 손을 뻗는 방식에서, 어둠 속에 있는 사악한 눈동자들이 우호적인 숲속 동물들의 눈동자로 밝혀지는 방식에서 스릴을 느꼈다. 나무들은 프레임 안에 우두커니 앉아만 있지 않았다.

디즈니의 다른 혁신은 몇 장의 그림을 포개고는 각각의 그림이 별도로 움직여 3차원의 환상을 빚어내는 '다면 카메라' 기법이었다(앞에 있는 그림들이 뒤에 놓인 그림들보다 빠르게 움직이기 때문에, 배경은 그냥 쓱 지나가는 것이 아니라 실제로 움직이는 것처럼 보인다). 다면 카메라는 최근에 컴퓨터를 활용하기 전까지는 애니메이션에서 표준 기법으로 활용되었다. 컴퓨터가 빚어내는 효과는 예전의 기법이 빚어낸 효과와 비슷하면서도 더 세세하다. 순수주의자들은 컴퓨터로 구현한 화면이 지나치게 세세하기 때문에 실물 그대로를 옮겨 놓은 것 같은 느낌이라고 주장한다.

관객들은 이전에는 <백설공주와 일곱 난쟁이>에서 구현된 기술과 비슷한 것을 본 적이 없었다. 한때 애니메이션은 뉴스 영화와 본 영화를 상영하기 전에 상영하는, 쥐와 오리들이 등장해 개그를 펼치는 6분짜리 아동용 오락물로 간주됐었다. 그러한 상황에서 <백설공주와 일곱 난쟁이>는 애니메이션이 공간과 시간의 제약에서 어떻게 영화를 해방시킬 수 있는지를 보여 줬다. 중력과 차원, 물질적 제약과 운동의 법칙들이 애니메이터의 상상력에 힘입어 어떻게 초월적인 경지에 도달할 수 있는지를 보여 줬다.

예를 들어 백설공주가 'I'm Wishing(나는 소망하네)'을 노래하며 우물을 들여다보는 장면을 생각해 보라. 디즈니는 그녀에게 관객을, 놀라서 펄떡거리고 날아갔다 잠시 후에 돌아와 나머지 노래를 듣는 비둘기를 제공한다. 그런 후에 시점이 드라마틱하게 옮겨진다. 우리는 우물 속의 흔들거리는 수면 밑에서 백설공주를 곧장 올려다보고 있다. 그런 시점을 반영한 그림은 누구나 쉽게 그릴 수 있다. 그런데 그런 시점을 제공하겠다는 상상력은 어디에서 비롯된 걸까?

월트 디즈니는 모든 작업에 대한 크레디트에 자기 이름을 끼워 넣었다(심지어는 사후에도 그런 일이 있었다). 그는 <백설공주와 일곱

난쟁이>의 크레디트가 등장하기 전에 등장하는 프레임들에서 고마움의 대상으로 언급되는 헌신적이고 근면한 협력자들로 구성된 거대한 집단의 리더였다. 그런데 그는 그들이 나아갈 길을 안내한 공상가이기도 했다. <미녀와 야수Beauty and the Beast>, <라이언 킹The Lion King>, <알라딘Aladdin> 같은 현대의 디즈니 애니메이션뿐 아니라 디즈니 외부에서 만들어진, 드림웍스의 <슈렉Shrek>과 픽사의 <토이 스토리Toy Story> 같은 히트작들이 오늘날에도 <백설공주와 일곱 난쟁이>에서 만개한 기술의 기초적 접근 방식을 사용하고 있음을 깨닫는 것은 약간 놀라운 일이다. 그 점에서는 최고의 일본 애니메이터들도 마찬가지다.

가장 지속적으로 사용된, 그리고 가장 중요한 요소는 주인공 캐릭터에 종속된 하찮으면서도 중요한, 진지하면서도 코믹한 보조 캐릭터들을 활용한 것이다. 딱 한 명의 캐릭터만 등장해 길고 장황한 대사를 연기하는 장면은 드물고, 가무를 펼치는 장면이 자주 등장하며, 핵심적인 액션은 그 액션을 그대로 따라하거나 그 액션에 반응하는 보조 캐릭터들에 의해 강조된다.

디즈니의 다른 통찰은 캐릭터들이 각자의 성격을 구체적으로 표현하게 만든 것이다. 그는 캐릭터들에게 재미있는 얼굴이나 독특한 의상을 부여하는 것으로 그런 목표를 달성하지는 않았다(그러나 그런 것들이 목표 달성에 한몫을 한 것은 사실이다). 보디랭귀지의 스타일을 연구한 그는 그 보디랭귀지들을 과장하는 것으로 그러한 효과를 달성했다. 백설공주가 난쟁이들의 산장 내부를 처음 살펴볼 때 2층에 올라간 그녀는 잠꾸러기, 심술꾸러기, 멍청이 등 각자의 이름표가 걸려 있는 침대들을 본다. 일을 마치고 귀가한("하이-호! 하이-호!") 난쟁이들은 낯선 사람이 그들의 침대에 가로누워 있는 것을 보고는 겁도 내고 화도 내지만, 백설공주는 각자의 이름을 부르는 것으로 재빨리 그들의 마음을 사로잡는다. 그녀는 물론 그들을 잘 안다. 난쟁이들의 이름이 그들 각자를 구체적으로 묘사하기 때문이다. 그런데 난쟁이들이 모든 대사와 행동을 과장된 보디랭귀지로 수행하지 않는다면, 그리고 그들이 걸친 독특한 의상이 각자의 개성과 일치해서 움직이는 것처럼 보이지 않는다면, 그러한 유사성만으로는 관객들을 금방 지루하게 만들었을 것이다.

리처드 시켈Richard Schickel은 1968년도 저서 『디즈니 버전The Disney Version』에서 주인공들과 조연 캐릭터들에게 중력 중심을 상이하게 부여한 디즈니의 걸출한 아이디어를 지적한다. 백설공주 같은 주인공은 꼿꼿하게 몸을 세운 큰 키의 캐릭터다. 그런데 코믹한 캐릭터들은 모두 등 부위에 중심을 두고 움직이면서 그 중심에서 해방된다. 엉덩방아는 디즈니 영화에서는 일상적으로 일어나는 일이다. 캐릭터들은 종종 뒤로 나자빠져 몇 바퀴를 구른다. 시켈은 디즈니가 이런 특징을 보이는 것을 디즈니의 항문 고착 탓으로 돌렸지만, 나는 이런 특징이 관객에게 먹혔기 때문에 계속 채택된 것일 거라고 생각한다. 이런 특징들이 코믹한 캐릭터들을 더 둥글둥글하고 키 작고 상냥하며 쾌활하고 재미있게 만든다. 그리고 일곱 난쟁이 모두의 개성은 바로 그러한 특징 위에 구축된다.

디즈니는 동물들도 시종일관 각각의 신체 스타일에 따라 분류한다. (플루토 같은) '진짜' 동물은 개와 상당히 비슷하다. (구피 같은) 코믹한 동물은 자세가 꼿꼿하고 몸의 중심도 더 아래쪽에 있다. 같은 영화 안에서도 쥐는 쥐처럼 보이겠지만, 미키는 쥐와는 사뭇 다르게 보일 것이다. 스타들은 각자의 종種을 초월한다. 양쪽 버전 모두에서, 스타가 아닌 동물들과 다른 조역 캐릭터들은 대조적이면서도 약간은 유사한 이야기들을 제공한다. 백설공주는 난쟁이들 집의 계단을 혼자 오르지 않는다. 요란한 동물들을 대동한다. 게다가 동물들은 그녀를 쫓는 과정에서 1차원적인 움직임을 보이지 않는다. 다람쥐들은 너무 서두르는 바람에 한 놈이 다른 놈의 등을 밟고 올라가는 것처럼 보인다. 계단 하나를 오르는데도 고생을 하는 거북이가 다시 굴러 떨어졌을 때에는 재미있는 상황이 연출된다.

우리가 <백설공주와 일곱 난쟁이>에서 보는 것은 움직임과 혁신으로 항상 흔들거리고 요동치는 캔버스다. 훌륭한 동화들이 모두 그러는 것처럼, 이 요소들은 무시무시한 핵심 줄거리와 연결된다. 악독한 왕비, 벽에 걸린 불길한 거울, 독이 든 사과, 유리로 된 관에 매장하기, 번개를 동반한 폭풍, 바위산의 절벽, 왕비의 추락사로 이뤄진 줄거리 말이다. 아이들이 이런 소재에 몰입하는 데 도움을 주는 것은 실제 동물들처럼 겁이 많아 재빨리 꽁무니를 뺐다가도 다른 흥미로운 광경을 보려고 돌아오고는 하는 새들과 동물들이다. <백설공주와 일곱 난쟁이>의 작은 동물들은 객석에 앉은 아이들이 느끼는 방식대로 느끼는 코러스와 비슷하다.

<백설공주와 일곱 난쟁이>는 개봉 즉시 걸작이라는 찬사를 받았다(러시아 감독 세르게이 에이젠슈타인Сергей Эйзенштейн은 이 영화를 영화 역사상 가장 위대한 작품이라고 불렀다). 물가 상승의 영향 때문에 다른 작품들이 이 영화의 흥행 성적을 능가하기는 했지만, 이 영화는 디즈니가 쓴 왕관에 박힌 보석으로 남아 있다. 그리고 <백설공주와 일곱 난쟁이>는 어떤 애니메이션보다도 많은 사람이 감상한 영화일 것이다. '천재'라는 단어는 여기저기서 남발되면서 값어치가 떨어졌지만 월트 디즈니를 묘사하려고 사용할 경우, 이 단어는 그가 비슷한 것들이 없던 시점에 긴 러닝 타임과 혁명적인 스타일과 혁신을 담아낸 이 영화를 착상했다는 사실을 반영한다. 이후에 나온 모든 애니메이션은 정도의 차이만 있을 뿐, 이 영화에 무언가를 빚지고 있다는 사실도 말이다.

뱅크 딕

The Bank Dick

감독	에드워드 F. 클라인	
주연	W. C. 필즈	
제작	1940년	72분

신사 분을 웃음거리로 만들어서는 안 돼, 클리퍼드.
너도 그분처럼 동전 냄새를 잘 맡는 코를 갖고 싶을 거야, 그렇지?

— 어머니가 아들에게 에그버트 수제에 대해 하는 말

W. C. 필즈W. C. Fields, 1880~1946는 영화의 첫 1세기에서 가장 별난 스타다. 성인기의 대부분을 술에 취해 보낸 것으로 널리 (그리고 정확하게) 여겨지는 이 남자는 여자, 아이, 개를 싫어하는 스크린 캐릭터를 만들었다. 그는 이러한 극악한 특징들을 버리지 않으면서도 할리우드 검열 당국이 내건 요건들을 통과할 수 있었다. 필즈가 경력을 쌓는 동안, 업계의 규범은 권선징악을 요구했다. 그런데 <뱅크 딕>에서 필즈는 거짓말하고 사기치고 도둑질을 하고도 부와 명예로 보답받는 알코올에 쩐 염세주의자를 연기한다.

<뱅크 딕>은 아마 필즈의 최고작일 것이다. 그런데 그의 경력은

개별 작품이 아니라 1915년에 찍은 최초의 단편과 1940년대 중반에 발표한 후기작들 사이에 산재해 있는 장면들과 순간들에 존재한다. 그는 똑같은 이야기를 지칠 줄 모르고 우려먹었다. 보드빌 공연을 할 때 맡았던 역할들이 40년 후에야 위에 쌓인 먼지를 털어 낼 수 있게 된 일도 있었다. 그리고 그는 항상 어느 정도는 동일한 캐릭터를 연기했다. 그가 했던 가장 잘 다듬어지고 우아한 연기인 <데이비드 카퍼필드David Copperfield>(1935)의 미코버 씨 역할을 연기할 때조차, 관객들은 그가 옛날 의상을 차려입은 자신의 모습 그대로임을 인식할 수 있었다(아니면 미코버를 그냥 필즈가 초창기에 연기한 허구의 인물 버전이라고 주장할 수도 있었다).

요즘 필즈는 한때 누렸던 명성을 누리지 못한다. 1960년대에 있었던 그의 부흥기조차 잊혀졌다. 하지만 기억의 수레바퀴가 그를 또 다시 유행의 대상으로 되돌려 놓을 거라는 점에는 의심의 여지가 없다. 그의 매력은 시간을 초월하기 때문이다. 자신의 결점들에 평온하게 흡족해하는 동시에 반사회적인 쾌락주의로 점철된 인생을 유쾌하게 껴안은 남자의 매력. 그는 필요한 것을 완비한 인물이다.

필즈는 젊었을 때 보드빌 무대에서 성공한 마술사였다. 그는 영화에 도입된 사운드의 도움을 받아 자신의 스크린 페르소나를 서서히 빚어낸 듯 보인다. 관객들은 사운드 덕에 그의 독특한 콧소리를 듣게 됐다. 그가 코미디언으로서 보여 준 타이밍은 유별났다. 그의 대사는 웃음을 불러일으키는 재치 있는 문구로 끝나지는 않았지만, 말하지 않고 남겨지는 편이 나은 함의와 암시의 여운을 남겼다. 관객들은 그가 검열 당국의 감시망을 통과한 대사에다 몰래 중의적인 의미를 집어넣었다고 의심했는데, 그들의 생각은 옳았다.

그가 자신의 묘비에 '전체적으로 볼 때, 나는 차라리 필라델피아에 있고 싶다'고 새기기를 바랐다는 전설이 있다. 평생, 전체적으로 볼 때,

그는 차라리 술집에 있고 싶었을 것이다. 그는 의사의 치료를 자주 받았던 심각한 술꾼이었다. 영화를 찍지 않는 기간에는 요양원에 입원했고, 결국 알코올 중독자 특유의 끔찍한 죽음을 맞았다. 데이비드 톰슨 David Thomson은 "얼룩덜룩해진 그의 슬픈 표정"에 대한 글을 썼다. 그는 그런 상태였는데도 연기를 할 때는 절묘한 타이밍을 보여 줬다고, 관객을 즐겁게 해 주려고 용기를 냈다고, 물론 술기운이 제대로 작동한 날에는 유쾌하고 재미있는 모습을 보여 줄 수 있었다고도 했다. 그가 할리우드에서 주최한 파티들은 사람들로 북적였다. 주최자가 파티가 끝났음을 인식하는 경우는 드물었지만 말이다.

"필즈하고 잘 아는 사이입니다." 1972년에 그루초 마르크스Groucho Marx한테서 들은 이야기다. "그는 비비탄 총을 들고 집 앞에 있는 수풀에 앉아 있다 지나가는 사람들한테 총을 쏘고는 했습니다. 요즘에 그랬다가는 경찰에 체포될 겁니다. 언젠가 그의 집에 초대돼 갔었습니다. 그는 거기서 여자 친구랑 살았죠. 여자 친구 이름이 카를로타 몬티였던 걸로 기억합니다. 카를로타 몬티! 필즈가 사귀는 여자의 이름은 그런 식이었죠. 다락방으로 올라가는 사다리가 있었는데, 다락방에는 조금도 과장하지 않고 5만 달러어치쯤 되는 술이 있었습니다. 항구에 부려져 있는 것처럼 나무 상자에 들어 있더군요. 나랑 필즈는 그 앞에 서 있었는데, 우리 중 누구도 입을 열지 않았습니다. 정말로 무거운 침묵이었죠. 결국 그가 입을 열더군요. '이 정도면 25년은 족히 마실 수 있을 거야.'"

필즈의 팬들에게는 널리 알려져 있던 이런 이야기들은 그의 영화에 군중을 몰고 오는 전설에 기여했다. 그는 복화술사 에드가 버건 Edgar Bergen이 내세운 인형인 찰리 매카시와 장기간 불화를 겪은 것으로, 스크린에서 어린 꼬마들에게 적대감을 보인 것으로, 적대감을 품은 아이들로부터 곧바로 앙갚음을 당한 것으로 유명해졌다. "아버지 머리에다 돌을 던질까요?" <뱅크 딕>에서 그의 딸인 엘지가 묻자, 어머니가 대답한다. “얘야, 아버지를 존경해야지. 어떤 돌을 던질 거니?”

필즈는 만년에 꽤나 쏠쏠한 출연료인 편당 12만 5천 달러를 받았다. 그리고 봉투 뒷면에다 휘갈겨 쓴, 전체적인 분위기만 묘사한 ‘시나리오’의 집필료로 1만 5천 달러를 따로 달라고 고집했다. 그의 작품들의 시놉시스는 어떤 것이건 환각을 불러일으켰다. 내가 참조한 출처는 로버트 루이스 테일러Robert Lewis Taylor가 쓴 그의 전기다. 테일러는 필즈의 가장 유명한 영화인 <내 작은 박새My Little Chickadee>(1940)와 <멍청이한테는 절대로 공평한 기회를 주지 마Never Give a Sucker an Even Break>(1941)가 “역사상 최악의 영화들 가운데에서도 우뚝 설 것”이라고 쓰면서도, “그 사실이 그 작품들의 전반적인 가치를 떨어뜨리지는 않을 것”이라고 덧붙였다. 당신은 좋은 영화를 보러 가는 게 아니다. 필즈의 영화를 보러 가고, 그 플롯에 담긴 초현실주의를 보러 간다. 필즈가 에그버트 수제Egbert Sousé(“마지막 e 위에 악상 그라브가 있어요”)라는 남자를 — 불행한 결혼 생활을 하다 우연히 도둑을 잡은 덕에 그 보상으로 은행에 취직하고 사기꾼과 어울리는 술꾼을 — 연기하는 <뱅크 딕>을 생각해 보라.

어느 순간, 그는 단골 술집인 ‘블랙 퍼시 캣’(바텐더는 셈프 하워드Shemp Howard)을 어슬렁거리다 영화 제작자를 만난다. 제작자는 그를 곧장 할리우드에서 만들고 있는 영화의 감독인 A. 피즈모 클램을 대신할 사람으로 고용한다. 세트에 도착한 필즈는 영화가 영국의 응접실 드라마에서 서커스 영화로 바뀔 거라고 발표하고는 배우들에게 럭비 스크럼 짜는 법을 가르치기 시작한다. 남자 주인공은 키가 아주 큰데, 여자 주인공은 키가 아주 작다(그는 “저 여자는 구멍에 서 있는 건가?”라고 묻는다). 필즈는 몇 분간 재미있는 시간을 보낸 후 뚜벅뚜벅 세트를 떠난다. 연출 작업은 영화 마지막에 추격 장면이 나오기 전까지는 결코 언급되지 않는다.

이런 뜬금없는 단절은 필즈의 영화들에서는 흔히 있는 일이다. 이에 비하면 마르크스 형제Marx Brothers의 플롯조차 구성 면에서는 걸작이라 할 수 있다. 하나의 스케치는 다른 스케치로 매끄럽지만은 않게 단절되지 않고 이어진다. 그러면서도 리얼리즘을 위한 노력은 조금도 나타나지 않는다. (유명한 단편 <치명적인 맥주 잔The Fatal Glass of Beer>에서 그는 문밖을 거듭 쳐다보며 읊어 댄다. "사람한테도, 짐승한테도 적당한 밤이 아니야." 그러면 보이지 않는 곳에서 던져진 거품이 그의 얼굴을 강타한다.)

W. C. 필즈의 독특한 행각을 소화해 내는 것은 영화광 입장에서는 특별한 계획 없이 그때그때 수행하며 평생을 바쳐야 할 과업이다. 영화 애호가라는 자격을 획득하기 위해 '반드시' 감상해야 하는 필즈의 단일 작품은 존재하지 않는다. 그럼에도 결과적으로 필즈의 영화에 친숙해지지 않았다면 당신은 절대로 영화 애호가가 아니다. 그에 관한 경이로운 사실은 그가 존재한다는 것이다. 그는 사랑스럽지 않다. 품위가 있지만 애처로운 품위로, 대단히 센 정신적인 바람이 몰아치는 가운데에서 위태롭게 균형을 잡고 있는 품위다. 그가 등장한 장면 전부는 이런저런 방식으로 관객이 그의 개인적인 상태를 공유하느냐 여부에 의존한다. 그는 사랑받지 못한 사람이다. 인생을 혐오한다. 언짢다. 술을 원한다. 갑작스러운 움직임과 요란한 소음에 깜짝 놀란다. 그는 바보들을 참아내지 못하는데, 이 세상 사람들은 모두 바보다. 중산층의 도덕성은 알코올 중독자가 누리는 지대한 행복이 끝나는 곳을 발견하고픈 남자를 막아서는 음모다. 이것은 그가 연기하는 캐릭터들이 느끼는 감정이 아니다. 그 자신이 느끼는 감정이다.

필즈는 <내 작은 박새>에서 할리우드의 또 다른 걸물인 메이 웨스트Mae West라는 호적수를 만났다. 그들이 자신들이 출연하는 장면들을 따로 떨어져 집필했음을 우리는 안다. 그녀는 그의 음주 행각을 견디지 못했다고 테일러는 썼다. 필즈가 60의 나이에다 웨스트가 좋아하는 육체미 넘치는 타입과는 한참이나 거리가 멀었지만, 술에 취한 그는 점점 그녀에게 매력을 느끼게 됐고, 어느 시점에서인가는 카메라 밖에서 그녀를 "내 작은 번식용 암말"이라고 사랑스럽게 부르기까지 했다. <내 작은 박새>를 "형편없는 영화 중에 고전"이라고 부른 폴린 케일Pauline Kael은 이 작품이 하늘로 날아오르는 일은 절대로 없겠지만 "이 영화가 딛고 선 토양은 진흙과 거름, 낟알이 대단히 순수하게 뒤섞여 있기 때문에 때로는 무척이나 향기롭기까지 하다"고 밝혔다. 여자의 손에 입을 맞춘 후 "손가락들이 정말로 대칭적입니다!"라는 찬사를 보낼 수 있는 사람은 필즈밖에 없었다. 그리고 그런 찬사를 기분 좋게 받아들인다는 표정을 지을 수 있는 사람은 웨스트밖에 없었다.

'버스터 키튼의 영화들'

Buster Keaton

버스터 키튼Buster Keaton, 1895~1966은 무성 영화의 가장 위대한 어릿광대다. 그가 한 일 때문에도 그렇지만, 그 일을 해낸 방법 때문에 그렇기도 하다. 해럴드 로이드Harold Lloyd는 우리를 엄청나게 웃기고, 찰리 채플린Charlie Chaplin은 우리를 깊이 감동시키지만, 키튼보다 용감했던 사람은 아무도 없었다. 나는 용기를 헤밍웨이의 방식으로 이렇게 정의한다. '압박감을 느끼면서도 기꺼이 나서는 태도.' 코미디와 엄청난 육체적 위험이 결합한 영화들에서 버스터 키튼은 나름의 관점으로 우주를 받아들이고는 가차 없이 모험에 나선 용감한 인물을 연기했다.

나는 지금 시카고대학교 학생들과 함께 그가 만든 장편 무성 영화 전부와 상당히 많은 단편 영화를 감상하면서 그의 경력에 몰두해 있다. 그리고 키튼의 <제너럴The General>에 대한 글은 앞선 책에 이미 썼기 때문에 다른 작품을 골라야겠다고 생각했다. <항해자The Navigator>나 <스팀보트 빌 주니어Steamboat Bill, Jr.>, <우리의 환대Our Hospitality> 같은 작품 말이다. 그런데 이 작품들은 모두 같은 계열에 속한다. 그는 1920년부터 1929년 사이의 비범한 기간에 — 논란의 여지는 있겠지만 — 자신을 영화 역사상 가장 위대한 배우이자 감독으로 만들어 준 일련의 영화들을 방해받지 않으면서 작업했다.

이들 영화 중 일부는 실전되었다고 여겨졌다. 키튼이 남북 전쟁 당시의 기관차 엔지니어로 출연하는 <제너럴>은 항상 접할 수 있는 작품이었고, 무성 영화 연출의 최고 걸작이라는 찬사를 받았다. 그런데 다른 장편과 단편은 지저분하거나 미완성 상태인 프린트로 존재했다. 영화 역사가들이 키튼이 한평생 남긴 작품들을 한데 모으고 복원하기 시작한 것은 1960년대 들어서였다. 지금은 거의 모든 작품을 되찾아 복원했으며, 감상이 가능한 수준부터 눈부신 수준에 이르는 범위의 DVD와 테이프로 구할 수 있게 됐다.

채플린은 사람들이 자신을 좋아하기를 바랐지만, 키튼은 그런 것에는 관심이 없었다는 말이 있다. 나는 그가 관심은 있었지만 자존심이 너무 센 탓에 그런 요청을 하지 못했다고 생각한다. 그의 작품들은 채플린의 작품들에 담긴 페이소스와 감상을 회피한다. 작품들은 대체로 달성해야 할 목표를 확인하고는 대단히 위압적인 장애물들의 면전에서도 목표를 향해 나아가는 쾌활한 젊은이를 등장시킨다. 키튼은 토네이도와 폭포, 낙석을 동반한 산사태, 높은 곳에서 떨어지는 추락에서도 살아남으며, 그에게 쏟아지는 갈채에 답례하려고 잠시 휴식을 취하는 일 따위는 절대 하지 않는다. 그는 오로지 목표에만 시선을 맞춘다. 그의 영화들을 한 묶음으로 감상해 보면, 그의 작품들은 역경의 면전에서 시종일관 보여 주는 낙관적인 행위와 비슷하다. 그가 우리에게 그렇게 해 달라고 요청하지 않으면서도 우리의 존경과 사랑을 얻는다는 사실은 놀랍다.

우리를 웃기는 사람이라서, 그리고 꼭대기가 평평한 펠트 모자를 쓰는 사람이라서 키튼이 부리는 신체적 묘기는 과소평가되기 일쑤다. 우리는 더글러스 페어뱅크스 시니어Douglas Fairbanks Sr.가 한 스턴트 연기에 대한 이야기를 듣지만, 버스터 키튼보다 더 위험한 스턴트를 펼친 무성 영화 스타는 없었다. 그는 대역을 활용하는 대신에 자신의 연출작에 출연하는 배우들의 대역을 몸소 맡아서 자신의 스턴트뿐 아니라 그들의 스턴트까지 해치웠다. 그는 부모인 조Joe Keaton와 마이라Myra Keaton와 함께 보드빌 순회공연을 다니던 어린 시절에 '낙법'을 배웠다고 밝혔다. 그는 세 살 때 무대 주변으로, 오케스트라석席으로 내동댕이쳐졌다. 심지어 그가 입은 자그마한 정장의 가슴 부위에는 손잡이가 감춰져 있어서 아버지는 그를 짐짝처럼 내던질 수 있었다. 요즘이라면 아동 학대 행위가 되겠지만 당시에는 연예 활동이었다. 키튼은 역사가 케빈 브라운로Kevin Brownlow에게 "무대 역사상 가장 격렬한 야단법석 연기였습니다"라고 밝혔다. 그는 그런 묘기들 때문에 해리 후디니Harry Houdini가 그에게 '버스터Buster'•라는 별명을 붙여 줬다고 주장했다. 후디니는 키튼 집안의 친구였지만, 그 별명은 키튼 가족이 후디니를 만나기 전에도 있었다.

키튼 부자는 버스터가 큰북을 뚫고 나간 다음에 손을 흔들며 웃을 때, 관객들이 아이를 다루는 그런 방식을 장난으로 받아들이지 않는다는 걸 알게 됐다. 그런데 버스터가 진지한 표정을 지으며 나타나자 어쩐 이유에서인지 관객들은 그것을 무척 좋아했다. 이후 경력 내내, 키튼은 무표정에서부터 약간 당혹해하는 표정 사이에 걸친 감정을 표현하는 '위대한 스톤 페이스great stone face'◆였다.

그는 영화에서 떨어지고, 떨어지고, 또 떨어졌다. 2층 창문에서, 절벽에서, 나무에서, 기차에서, 모터사이클에서, 발코니에서. 이러한 추락

• 흥겨워서 떠드는 사람, 쓰러지는 사람, 또는 엄청난 사람 등의 의미가 있다.

◆ 연기 내내 무표정한 얼굴을 유지했던 키튼의 별명

은 대체로 가짜가 아니었다. 그는 땅에 떨어진 다음에 곧장 일어나서는 가던 길을 계속 갔다. 그는 영화 역사상 가장 재능 있는 스턴트맨 중 한 명이었다. 가짜로 연출한 장면이 있더라도 그런 연출조차 위험한 일이었다. 그는 <서부로 가라Go West>에서 높다란 현수교에서 떨어지는 듯 보이지만, 실제로는 15미터 높이에서 안전망으로 떨어진 것이었다. 화면은 다른 숏으로 컷 되면서 그가 마지막 무렵의 6미터를 떨어지는 모습을 보여 준다. 이 '가짜' 스턴트는 초반이나 후반이나 모두 위험했다. 그는 안전 와이어가 끊어지는 바람에 폭포로 휩쓸려 들어가며 목숨을 잃을 뻔했던 <우리의 환대>에서는 가짜 폭포로 시퀀스를 마무리 짓는다. 그런데 이 가짜 폭포조차 높이가 7.5미터에 달했다.

버스터 키튼은 <스팀보트 빌 주니어>에 나오는 숏 때문에 유명하다. 이 장면에서 그는 회오리바람이 부는 동안 집 앞에 서 있는데, 벽이 그의 머리 위로 무너진다. 그는 우연히도 창문이 열려 있는 지점에 정확하게 서 있던 덕에 목숨을 구한다. 양옆으로 여유 공간이 거의 없기 때문에, 벽이 땅을 때릴 때 그의 어깨가 살짝 긴장하는 모습을 볼 수 있다. 그는 이 스턴트의 리허설을 거부했다. 그는 자신이 선 위치를 신뢰한다고 설명했다. 그러니 벽을 낭비할 이유가 어디 있겠는가?

키튼은 영화를 만들 때마다 어렵고 위험한 일들을 해내면서 포커페이스를 유지했다. 그의 철학은 보디랭귀지에 구현됐다. 세상은 그에게 최악의 모습을 보여 주지만, 용기 있고 단호하며 재치 있고 고집스러운 그는 최선을 다할 것이다. 빼어난 저서 『말없는 광대들The Silent Clowns』을 썼던 월터 커Walter Kerr는 키튼의 "신체뿐 아니라 감정의 평온함"에 대해 이렇게 썼다. "보편적인 평온은 제대로 작동하는 사물들에서, 그것들이 달성해 낸 조화에서 비롯한다." 해럴드 로이드가 길거리에서 까마득하게 높은 곳에 있는 시계의 앞면에 매달렸을 때, 그는 관객들을 겁에 질리게 만들려는 생각에서 그랬던 것이다. 키튼이 <제너

럴>에서 움직이는 기관차 앞에 앉아 침목으로 다른 침목을 철길에서 밀어내려는 시도를 할 때, 그는 기차에 깔려 박살 날 수도 있었다. 그러나 그는 이 액션을 스턴트가 아니라 전략에 따라 수행하는 행위로 표현해 낸다.

커는 액션을 시작한 곳에서 끝맺는 방식을 표현하는 '키튼 커브Keaton Curve'를 거론한다. 초기의 단편 <이웃들Neighbors>에는 키튼이 빨랫줄을 이용해 집에서 탈출하는 숏이 있다. 그를 집까지 안전하게 데려다준 빨랫줄은 계속 돌아가면서 그를 곤경 속으로 다시 데리고 간다. <제너럴>에는 이 커브를 보여 주는 사례가 아주 많이 담겨 있다. 예를 들어 열차가 코너를 돌고 난 후, 대포가 적 방향이 아니라 키튼을 겨누고 있는 장면이 그렇다. 그가 독창적인 — 예를 들어 아침을 대접하는 — '노동 절약형' 장치를 발명하는 많은 장면에서도 커브를 볼 수 있다. <허수아비The Scarecrow>는 그가 만든 아주 재미있는 단편 중 하나인데, 여기에는 만물(테이블, 침대, 스토브)이 한 가지 이상의 기능을 하는 저택이 등장한다. 이 집에서 하는 식사는 집안에 설치된 장치들을 경험해 보는 투어로 구성된다.

키튼이 구사하는 또 다른 전략은 관객의 예상을 비껴가는 것이었다. 그는 관객들에게 곧 벌어지려고 하는 일을 보여 주는 대신, 지금 벌어지고 있는 광경을 보여 줬다. 놀라움과 그에 대한 반응은 모두 예상 밖의 일이었고, 그래서 더 재미있다. 그는 완벽한 논리를 적용하는 데에서도 웃음을 끌어낸다. <우리의 환대>에서, 그는 자신을 죽이겠다고 맹세한 가족의 집에 있음을 알게 된다. 그런데 남부의 손님 환대 예법에 따르면 자신의 집에 손님으로 온 사람에게 총을 쏴서는 안 된다. 그래서 키튼은 그 밤을 무사히 나기 위해 자기 자신을 초대한다.

무성 영화 시대의 마지막 10년 동안 키튼은 독립적인 작가auteur로 활동했다. 그는 대체로 동일한 제작진을 활용했고, 그의 생각을 이해하는 믿음직한 장비 제작자들과 작업했으며, 시나리오를 거의 혼자 고안했다. 거물 조 셴크Joe Schenck가 그를 후원했는데(그들은 탈매지 가문의 딸들•과 결혼한 동서지간이었다), 셴크는 때로 사리에 맞지 않는 행동을 하고는 했다. 그는 키튼이 <항해자>에 쓸 배를 구입하는 데 2만 5천 달러를 썼다는 사실에 격분했지만, 정작 자신도 브로드웨이의 삼류 코미디에 대한 권리를 키튼과 상의도 않고 구입하느라 2만 5천 달러를 쓰기도 했다. 키튼은 이 코미디를 어찌어찌 <일곱 번의 기회Seven Chances>로 각색해 냈다.

채플린과 로이드처럼 키튼은 웃음이 빚어질 때까지 시퀀스를 거듭해서 촬영하는, 단일 숏을 가급적 길게 가져가는, 영화와 관련된 모든 요소를 직접 챙기는 완벽주의자였다. 그 10년 동안 키튼이 보여 준 것보다 뛰어난 천재성을 보여 준 감독은 없었다. 그런데 유성 영화가 등장했다. 그리고 그는 스스로 “내 인생 최악의 실수”라고 부른 일을 저질렀다. MGM과 일련의 유성 영화 코미디를 만들기로 계약했던 것이다. 작품 대부분은 흥행에 성공했지만, 이 작품들은 그의 개인적인 통제권을 벗어나 있었다. 그는 그것을 좋아하지 않았다.

1930년대 후반 무렵, 버스터 키튼은 자수성가한 작가로서는 영화계를 떠난 상태였다. 하지만 여생 동안 작업을 계속했다. 셀 수 없이 많은 TV 프로그램에 출연했고, 채플린의 <라임라이트Limelight>와 와일더Billy Wilder의 <선셋대로Sunset Boulevard> 같은 영화들, 심지어는 사뮈엘 베케트Samuel Beckett가 시나리오를 쓴 <필름Film>에도 출연했다. 그는 샌 페르난도 밸리에서 닭을 키우며 살면서 자신의 작품들이 세상에서 잊혔다고 생각했다. 그런데 1962년에 파리의 시네마테크 프랑세즈에서 회고전이 열렸고, 1965년 베니스영화제에서는 그에게 바치는 헌정

• 나탈리 탈매지(Natalie Talmadge)는 무성 영화 배우이자 버스터 키튼의 부인이었고, 그녀의 언니인 노마 탈매지(Norma Talmadge)는 무성 영화 시대의 배우이자 제작자로, 조 셴크와 한때 부부지간이었다.”

상영회가 열렸다. 그는 자신의 영화들이 결국에는 실전되지 않았다는 사실을 확인하고는 안도했다. 하지만 이런 소회를 밝히기도 했다. “박수 소리는 근사하지만, 너무 늦었습니다.” 의심의 여지없이 스톤페이스로 말이다.

부르주아의 은밀한 매력

Le Charme Discret de la Bourgeoisie

감독	루이스 부뉴엘	
주연	페르난도 레이, 스테판 오드랑, 뷜 오기에 등	
제작	1972년	102분

세상의 모든 영화는 하나같이 우리를 갖고 논다. 그런데 그중에서도 최고의 영화들은 스스로 그러고 있다는 사실을 인정할 정도로 배짱이 좋다. 대부분의 영화는 자신의 줄거리가 리얼한 것인 양 꾸며 대고, 우리는 그러한 영화들을 진지하게 받아들여야 한다. 그런데 코미디는 그러한 규칙을 깨 버려도 좋다는 허락을 받았다. 루이스 부뉴엘Luis Buñuel, 1900~1983이 만든 영화 대부분은 정도의 차이가 있을 뿐 코미디였다. 그러나 그는 개그나 재치 있는 대사를 좋아하지는 않았다. 그의 코미디는 음흉하고 고통스럽게 관객의 옆구리를 찔러 대는 행위와 비슷했다.

그의 최고작 두 편을 나란히 관찰해 보라. <학살의 천사El Ángel Exterminador>는 만찬장에 도착해서 만찬을 즐기지만 그러고 나서는 그곳을 떠날 수 없는 손님들을 다룬 영화다. 그들은 이상하게도 만찬 주최자의 저택에 눌러앉아 몇 주를 보내야 한다. 교양 있는 행동은 차츰 자취를 감추고, 그러는 동안 언론과 경찰은 집 밖에 무기력하게 모여 있다. 이제 거울의 반대편에 갇힌 사람들을 다룬 <부르주아의 은밀한 매력>을 보라. 그들은 만찬장에 도착하고, 가끔은 만찬석상에 앉지만, 만찬은 결코 먹지 못한다. 그들은 엉뚱한 날짜에 도착했거나, 옆방에서 레스토랑 주인의 시체를 찾아냈다는 경고를 받거나, 군사 작전 때문에 방해를 받는다.

만찬은 중류 계급의 핵심적인 사회적 의식儀式으로, 재산과 훌륭한 매너를 과시하는 방법이다. 뭔가(식사)를 할 수 있고 뭔가(음식)에 대한 이야기를 나눌 수 있는 편리한 방편이 되어 주기도 한다. 대단히 많은 부르주아가 이야깃거리를 많이 갖고 있지 않고, 게다가 그들이 소망하는 엄청나게 많은 일은 차마 입에 담을 수 없는 것이다. 그렇기에 만찬은 대단한 기분 전환 거리다. <부르주아의 은밀한 매력>에 담겨 있는 웃음거리는 부뉴엘이 퇴락한 유럽 귀족들의 겉가죽 밑에 잠복해 있는 비밀들을 동원해 식사를 방해하는 방식이다. 어리석음, 간통, 마약 거래, 바람기, 군사 쿠데타, 성도착, 권태에 수반되는 무기력. 그가 다루는 중요한 등장인물들은 정치가, 군인, 부자지만, 그는 교회를 장난거리로 삼으려고 조연 캐릭터들에게도 개성 있는 분위기를 아낌없이 투입한다(정원사 차림을 하는 페티시를 가진 주교는 부잣집 정원에서 하인처럼 일한다).

<부르주아의 은밀한 매력>은 가장 성공한 부뉴엘 영화였다. 영화는 그의 유명한 <세브린느Belle de Jour>(1967)보다 더 많은 돈을 벌었고, 오스카상 외국어 영화 부문을 수상했으며, 미국영화비평가협회로부터 그해 최고의 작품으로 선정됐다. 영화는 사회적 불안이 정점에 달했던 시기이자 베트남전이 한창이던 해에 개봉됐는데, 당시 중상中上 계급은 사회적 경멸의 표적으로 인기가 높았다. 부유함을 다시금 찬양하고 부자들을 시샘하는 요즘에 이 영화를 감상하는 것은 그때 감상한 것과는 정말 다른 경험이다. 1972년에 이 영화를 본 주된 관객들은 이

영화를 타인을 공격하는 영화로 여겼다. 하지만 요즘 관객들은 — 통찰력을 가진 관객이라면 — 자신을 공격하는 영화로 볼 것이다.

부뉴엘은 멕시코와 할리우드에서 일하다 마침내 고국으로 돌아간 스페인 사람으로, 1920년대에는 초현실주의자였다(그는 살바도르 달리Salvador Dalí와 공동 작업으로 <안달루시아의 개Un Chien Andalou>를 만들었는데, 이 작품은 역사상 가장 유명한 단편 영화일 것이다). 그는 오랫동안 정치적, 경제적, 예술적 망명 생활을 했다. 그는 멕시코에서 고용 감독으로 많은 영화를 만들었지만, 항상 권위를 향한 무정부주의적인 경멸과 인간의 본성을 바라보는 삐딱한 시선으로 그 작품들을 어떤 식으로건 자신의 개성이 담긴 작품들로 만들어 냈다. 그의 등장인물들은 대체로 이기적이거나 자기중심적이며, 만족을 얻기 위해서라면 어떤 원칙이건 기꺼이 타협할 준비가 되어 있는 사람들이다. 부뉴엘은 기둥 꼭대기에서 37년간 살았던 성자에 대한 영화인 <사막의 시몬Simón del Desierto>(1965) 같은 영화를 만들 때에도 시몬을 아욕我慾에 의해 행동하는 사람으로 바라봤다. 시몬은 군중을 끌어모으기를 좋아한다.

우리는 <부르주아의 은밀한 매력>의 첫 숏에서부터 캐릭터들이 처신하는 방법을 알게 된다. 그들은 자신의 지위를 발산한다. 자신의 존재에 자신감을 갖고, 자신이 사회에서 차지하는 지위를 의상처럼 걸친다. 페르난도 레이Fernando Rey가 연기하는 젠체하는 대사大使, 스테판 오드랑Stéphane Audran이 연기하는 부유한 안주인, 뷜 오기에Bulle Ogier가 연기하는 따분한 딸. 이들은 모두 역할을 연기하는 배우처럼 행동한다. 그리고 주교(쥘리앵 베르토Julien Bertheau)를 잘 관찰해 보라. 그는 정원사 차림으로 현관에 갔다가 수모를 겪으며 쫓겨난 후 '자신을 설명하려고' 성직자 복장으로 다시 나타난 다음에야 주인의 환대를 받는다. 부뉴엘에게 복장은 어떤 사람을 규정하는 요소일 뿐 아니라 그 사람

자체다(의상과 구두와 관련된 페티시를 평생 품고 살았던 감독 입장에서는 특히 맞는 말이다).

영화는 예절 바른 사교계의 부드러운 거죽과 그 밑에 숨어 있는 욕망을 보여 주는, 자체적으로 완결된 시퀀스들로 구성되어 있다. 부부는 만찬에 올 손님들을 기다린다. 그들은 침실에서 욕정에 휩싸인다. 손님들이 도착한다. 그런데 그들은 침실에서는 사랑을 나눌 수 없다. 남편은 아내가 "너무 큰소리를 낸다"고 투덜댄다. 그래서 그들은 창문을 통해 몰래 빠져나가 숲에서 열정적으로 섹스를 한다. 그러고 나서 머리에 나뭇잎과 잔디를 묻힌 채 집으로 살금살금 돌아온다. 부뉴엘은 부르주아의 매너를 우리의 동물적 본성을 감추기 위한, 속이 훤히 들여다보이는 허울이라고 믿었다. 다음은 다른 사례. 악당들이 만찬 손님들을 향해 사격을 한 후, 테이블 아래 숨어 죽음을 모면한 남자는 여전히 접시 위에 놓여 있는 고기를 탐욕스럽게 집으려다 위기를 자초하고 만다.

영화의 내러티브 흐름은 부뉴엘이 채택한 장치들 때문에 유쾌하게 박살난다. 여자들이 카페에서 목을 축일 때, 어느 중위가 걸어와 괴로웠던 어린 시절 이야기를 꺼내기 시작한다. 우리는 그의 사연을 플래시백으로 본다. 이야기를 끝낸 그는 좋은 하루를 보내라고 말하고는 자리를 뜬다. 만찬 파티는 하인이 떨어뜨린 구운 닭 요리가 무대용 소품으로 밝혀지면서 이상하게 바뀐다. 그러더니 커튼이 올라가고, 손님들은 자신들이 관객들을 앞에 두고 무대에 있음을 알게 된다. 꿈 안에서 꿈이 펼쳐지는데, 캐릭터들이 혼란을 겪어서 그러는 게 아니라, 부뉴엘 자신이 그러한 명백한 트릭을 즐겨 사용하기 때문이다.

영화는 냉혹하거나 분노로 부글거리지는 않는다. 생각에 잠기게 만들면서 냉소적이다. 부뉴엘은 이 작품을 연출했을 때 72세였다. "이 작품은 그의 노년기와 그가 맞은 두 번째 유년기 모두에 속한다"

고 A. O. 스콧A. O. Scott은 말했다. 프랑스의 프로듀서 세르주 실베르만Serge Silberman의 후원을 받은 부뉴엘은 마침내 자신의 상상력에 자유로이 빠져들 수 있게 됐고, <부르주아의 은밀한 매력>은 상업적이거나 내러티브와 관련해서 필수적으로 집어넣어야 할 요건들로부터 해방됐다. 몇 년 후, 그는 <욕망의 모호한 대상Cet Obscur Objet du Désir>에서 동일한 역할에 두 명의 여배우를 등장시키면서도 아무런 설명도 내놓지 않았다. 이런 후기작들의 시나리오는 모두 장클로드 카리에르Jean-Claude Carrière가 썼다. 그는 부뉴엘의 자서전 집필을 도왔고, 위선은 가장 재미있는 표적이라는 거장의 신념에 공감했다.

2000년은 부뉴엘 탄생 1백 주년이었다. 리알토 픽처스는 <부르주아의 은밀한 매력>뿐 아니라 잔 모로Jeanne Moreau가 출연한 <어느 하녀의 일기Le Journal d'une Femme de Chambre>(1964), 혼란스러운 영적 오디세이에 나선 순례자들을 다룬 <은하수La Voie Lactée>(1969), <욕망의 모호한 대상>(1977), 만찬 손님들이 공개리에 배변을 보지만 식사를 위해서는 혼자서 남몰래 들어오는(부뉴엘은 이 두 활동은 근본적으로 동일한 활동이라고 짓궂게 주장한다) 유명한 장면이 있는 <자유의 환상Le Fantôme de la Liberté>(1974) 등 복원된 프린트들을 공개하는 것으로 획기적인 사건을 기념했다.

부뉴엘은 대단히 재미있는 일이라고 생각한 많은 것 중에서도 페티시를 가장 즐거워했을 것이다. 그에게 섹스는 나 자신이 그것과 관련돼 있을 경우에는 진지하게 받아들이고, 나 아닌 남들과 관련이 있을 경우에는 상스럽다고 생각하는 그런 것이었다. 누군가가 터무니없거나 불편하거나 남부끄러운 페티시에 집착하는 모습을 보는 것보다 재미있는 일이 뭐가 있겠는가? <트리스타나Tristana>의 상황을 숙고해 보라. 다리가 하나뿐인 여자(카트린 드뇌브Catherine Deneuve)는 그녀의 장애에 매료된 시종 소년을 잔인하고도 능수능란하게 농락한다.

부뉴엘의 영화들은 영화의 첫 1세기에 가장 특색 있는 작품군을 형성한다. 그는 세상에 냉소적이었지만 낙담하지는 않았다. 우리의 말과 행동이 다르다는 것은 맞는 말이다. 하지만 그렇다고 해서 우리가 사악해지는 것은 아니다. 그의 관점에서 보면, 그것은 인간적이고 재미있는 일이다. 그는 잔인한 영화감독으로 불렸다. 그런데 그의 작품들을 자주, 많이 볼수록 더 많은 지혜와 포용을 찾아내게 된다. 그는 인간들을 위선자로 봤고, 자신도 그러한 존재라고 인정했으며, 아마도 우리는 그런 식으로 만들어진 존재일 거라고 믿었을 것이다.

분노의 포도

The Grapes of Wrath

감독	존 포드	
주연	헨리 폰다	
제작	1940년	129분

존 포드John Ford, 1894~1973의 <분노의 포도>는 술집에서 싸움질이나 하던 소작농의 아들이 어떻게 노조 조직책이 되는지를 다룬, 미국의 우익 감독이 연출한 좌파적인 우화다. 영화의 메시지가 캐릭터들의 입을 통해 대단히 공감 가는 방식으로 뚜렷이 드러나고 이미지들이 무척이나 아름답기 때문에, 관객들은 분노나 결심보다는 연민을 느끼면서 극장을 나서게 된다. 영화는 메시지 영화지만 조직에 가입하라고 권유하는 포스터는 아니다.

우리는 주인공 톰 조드의 이념적 여정을 그에게 책임이 있는 두 건의 살인을 통해 확인할 수 있다. 첫 번째 살인은 영화가 시작하기 전에 술집에서 벌어졌다. 톰은 그 살인을 왕년의 전도자에게 이렇게 묘사한다. "우리는 술에 취했어요. 그가 나를 칼로 찔렀고, 나는 삽으로 그를 때려눕혔죠. 그놈 머리를 완전히 으깨 놨어요." 4년을 복역하고 가석방된 톰은 오클라호마에 있는 가족의 농장으로 돌아오지만, 조드 가족이

‘트랙터에 밀려 농장을 떠났다’는 사실을 알게 된 후 캘리포니아로 떠나는 절박한 이주 행렬에 동참한다. 영화가 거의 끝날 무렵, 그는 농장주의 앞잡이들과 폭력배들이 파업자들을 구타하고 총질을 해 대는 걸 목격한 후 다시 공격을 당하는데, 이번에 그를 공격한 사람은 곤봉을 든 ‘경찰’이다. 곤봉을 낚아챈 그는 상대를 죽인다. 교훈은 명확하다. 자신의 진짜 적이 누구인지를 배운 톰은 이제는 해치워야 마땅한 표적들을 상대하고 있다.

1930년대의 가장 인상적인 사회적 문헌이라 할 존 스타인벡John Steinbeck의 소설이 원작인 이 영화는 미국 정착민의 서부 이주에 관한 기록을 그 어떤 감독보다도 많이 만들어 낸 감독이 연출했다. 존 포드는 서부를 향한 철도의 꿈을 다룬 <철마The Iron Horse>(1924)의 감독이었고, ‘기병대’ 3부작(<아파치 요새Fort Apache>, <황색 리본She Wore a Yellow Ribbon>, <리오그란데Rio Grande>)을 비롯해 인디언의 땅으로 이주하는 백인들을 다룬 영화를 많이 만들었다. <분노의 포도>는 그 꿈의 슬픈 종말을 들려준다. 50년 전부터 소유권을 갖고 있었다고 주장하는 소작농들은 은행가들과 거대 지주에 의해 자신들의 땅에서 쫓겨난다. “쇼니 랜드 앤드 캐틀 컴퍼니가 누군가요?” 조드 가족의 이웃으로, 땅 팔기를 거부한 물리가 묻는다. “사람이 아니오.” 토지 중개인이 대답한다. “회사지.”

톰이 어머니에게 “1백만 에이커를 가진 한 사람과 굶어 죽어 가는 농부 10만 명”을 이야기할 때, 영화는 중요한 사회주의적 교훈을 찾아낸다. 물론 톰은 그 이야기의 결말을 알지 못한다. 오키Okie•들이 군수산업에 뛰어들었고 그들의 자식들은 그들이 오클라호마에 남았을 때 누릴 수 있었던 것보다 더 큰 번영을 캘리포니아에서 누리게 됐다는 것

• 1930년대 대공황 시기의 오클라호마 출신 이동 농업 노동자

을, 그리고 그들의 손자들은 비치 보이스Beach Boys의 노래에 등장했다는 것을 말이다. <분노의 포도>에는 해피 엔딩으로 끝나는 4막이 있지만 시나리오로 집필되지는 않았다는 사실은 많은 이가 잊기 쉽다.

스타인벡이 소설을 출판한 1939년에, 소설은 걸작이라는 찬사를 받으며 퓰리처상을 수상했다. 20세기 폭스의 대릴 F. 자눅Darryl F. Zanuck은 원작을 낚아채고는 그가 거느린 정상급 감독인 존 포드에게 위임했다. 작품은 대공황에 대한 분노를 시적이고 성서적인 문체로 표현했고, 작품의 대사는 '선동자'와 '빨갱이' 같은 (우리가 이해하기로는 부자들이 서민들을 위해 항거하는 사람들에게 붙여 주기 좋아하는) 단어들의 주변을 맴돌며 미묘한 춤을 췄다. 히틀러가 유럽에서 활개를 치면서, 공산주의는 미국이 규정한 악의 세력의 굴레에서 잠시 벗어났다.

영화는 오스카상의 감독상과 여우 주연상(마 조드 역의 제인 다웰Jane Darwell)을 수상했고, 남우 주연상(헨리 폰다Henry Fonda)과 작품상(히치콕Alfred Hitchcock의 <레베카Rebecca>에 밀렸다)을 포함한 다른 다섯 개 부문 후보에 올랐다. 작품상 후보작이 열 편이었던 그해에 포드는 <머나먼 항해The Long Voyage Home>로도 후보에 올랐다. 1958년에 <시민 케인Citizen Kane>이 재개봉되면서 왕좌에서 물러나기 전까지, <분노의 포도>는 가장 위대한 미국 영화로 자주 꼽혔고, 최근에 미국영화연구소가 실시한 여론 조사에서 톱 텐에 들었다. 그런데 요즘도 많은 사람이 이 영화를 관람할까? 나는 이 영화가 많은 사람이 떠받들기는 하면서도 감상은 하지 않는 공식적인 걸작이 됐다고 느낀다. 수치스러운 일이다. 대의를 지향하는 일부 메시지 영화들과 달리, 이 영화에는 생명력과 숨결과 흥분이 깃들어 있기 때문이다.

포드는 캘리포니아주 경계선 부근의 오키 임시 캠프에 들어서는 장면에서는 장면의 정서를 누그러뜨리고 다큐멘터리 느낌을 부여하려고 실감 넘치는 흑백 촬영을 활용했다. 조드 농장은 스튜디오에 있는 세트였지만, 로케이션 촬영을 좋아했던 포드는 초라한 주유소와 길가 식당들을 지나치는, 황진 지대Dust Bowl•부터 뉴멕시코와 애리조나를 관통하는 66번 도로Route 66의 여정을 기록했다. 대사는 때때로 농부들이 소박하게 구사할 만한 어휘에 적합한 수준을 약간 넘어서고, 톰 조드가 어머니에게 건네는 유명한 작별 인사는 내 귀에는 항상 자연스러운 표현이라기보다는 문어체 대사로 들린다. ("주린 사람들이 배를 채울 수 있게 싸움을 벌이는 곳이면 제가 거기에 있을 겁니다. 사람들을 구타하는 경찰이 있는 곳이면 제가 거기에 있을 겁니다.")

그런데 이 대사를 연기하는 배우가 헨리 폰다다. 톰 조드를 미국 영화사의 위대한 캐릭터 중 하나로 연기해 낸 폰다의 대사 연기는 대단히 순수하고 소박해서, 그가 그 역할 위에 대사들을 힘들이지 않고 덧씌운 것처럼 들린다. 폰다는 스크린에 들어서려 애쓰는 모습을 보이지 않고도 스크린에 존재하는 희귀한 능력을 가진 연기자다. 그는 전도자가 종교에서 노조 정치로 전향한 것에 대해 얼마나 심사숙고하는지를 침묵하면서도 명확하게 보여 준다. 그가 어머니에게 이런 말을 할 때도 우리는 놀라지 않는다. "케이시가 한 이야기랑 비슷할지도 몰라요. 한 사람이 가진 것은 그 자신만의 영혼이 아니에요. 거대한 영혼의 작은 부분이에요. 모두에게 속한 하나의 커다란 영혼이요." 초월론과 마르크스주의가 거대 단일 노조의 꿈속에서 이렇게 만난다.

촬영은 <머나먼 항해>를 찍었던 위대한 혁신가 그레그 톨런드Gregg Toland가 담당했다. 그는 포드의 영화 두 편과 윌리엄 와일러William Wyler의 <서부의 사나이The Westerner>를 촬영한 후, 걸작인 오슨 웰스Orson Welles의 <시민 케인Citizen Kane>으로 곧장 옮겨 갔다. 그는 <시민 케인>에서 핵심적인 역할을 할 딥 포커스 촬영을 <머나먼 항해>

• 미시시피 서부의 평원 지대

를 찍으면서 실험했고, <분노의 포도>는 놀라울 정도로 낮은 조명 아래에서 작업했다. 많은 야간 장면을, 그리고 톰과 전도자가 촛불 하나로 불을 밝힐 때 톰의 실루엣이 보이고 케이시가 측면 조명을 받는 폐허가 된 조드 농장 장면을 살펴보라.

포드의 연출력은 탄탄한 줄거리와 고전적인 기법, 직설적인 표현에 뿌리를 두고 있다. 그는 상당수가 로케이션에서 급조 촬영한 작품이던 저예산 무성 영화들을 만들면서 보낸 몇 년 간의 도제 수업을 통해 불필요한 설정과 기발한 카메라 워크를 반대하는 성향을 굳게 키웠다. 그의 비주얼 스타일에는 작품 소재에 잘 부합하는 엄격한 순수성이 있다. <분노의 포도>에는 부주의하거나 상투적으로 보이는 숏이 하나도 없다.

존 캐러딘John Carradine이 연기하는 케이시도 중요한 배역이지만, 폰다와 제인 다웰은 모두가 기억하는 배우들이다. 다웰은 50년 동안 영화에 출연했지만, 그녀가 영화의 마지막 대사를 하는 이 영화보다 더 기억에 남는 작품은 없었다(“우리는 계속 나아갈 거예요, 여보. 우리는 인간이니까요”). 물론 원작 소설은 아이를 잃은 로자샨이 젖이 가득한 유방을 굶주리는 남자에게 베푸는 유명한 장면으로 마무리해 당시의 독자들이 대경실색하게 만들었다. 이보다 한 해 앞서 <바람과 함께 사라지다Gone With the Wind>에서 클라크 게이블Clark Gable이 “제기랄damn” 이라는 단어를 내뱉을 수 있을 만큼 다룰 수 있는 소재의 영역을 넓혔던 할리우드였지만, 1940년대에는 그런 장면에 대한, 심지어는 그런 장면을 암시하는 것에 대한 준비는 되어 있지 않았다. 당시 관객들은 결말이 삭제됐음을 알았을 것이다. 영화는 스타인벡의 대담하고 멜로드라마틱한 멋진 솜씨 대신, 안전한 정서로 끝을 맺었다.

미국 관객들이 이 이야기가 책장에서, 그리고 스크린에서 내뿜었던 최초의 영향력을 앞으로 다시금 이해할 수 있을지 의심스럽다. 스타인벡 탄생 100주년을 맞아 발표된 논문들은 스타인벡이 결국은 그렇게까지 훌륭한 작가는 아니고, 그의 소설들은 부당하게 높은 평가를 받았으며, 그가 살았던 시대가 낳은 작가였던 그는 시대에 뒤떨어진 사람이었다고 비웃는 분위기였다. 그런데 <분노의 포도>가 다르게 집필되기를 바라는 사람은 아무도 없었다. 아이러니와 감각적인 실험, '모더니즘'은 이 작품의 위력을 약화할 것이다.

내 생각에 이 소설과 영화는 오래도록 남을 것이다. 진실한 경험과 감정에 기초한 작품들이기 때문이다. 우리 부모님은 대공황 때문에 상처를 입었다. 그분들의 목소리에서 내가 느끼는 것은 참혹함이다. <분노의 포도>는 나라의 절반이 경제 사정이 좋지 않은 나머지 절반에 대한 원조를 중단했음을 보여 준다. '인간'의 회복력과 용기에 대한 이야기인 듯 보이는 줄거리는 두려움이라는 토대 위에 구축됐다. 직업과 땅, 자존심을 잃을지도 모른다는 두려움. 그 두려움을 느끼는 사람들에게, 굶주림을 경험했거나 집을 잃은 적이 있는 사람들에게, 이 이야기는 결코 시대에 뒤떨어진 이야기가 되지 않을 것이다. 그리고 부정不正을 향한 이 작품의 인식은 지금도 여전히 의미가 있다. 1930년대의 은행과 토지 중개인이 요즘에는 정부와 사이가 무척 좋은 어마어마하게 거대한 금융 피라미드들로 대체된 탓에, 예를 들어 엔론 같은 회사는 떵떵거리던 땅에서 스스로 알아서 물러나야 했다.

블림프 대령의 삶과 죽음

The Life and Death of Colonel Blimp

감독	마이클 파월, 에머릭 프레스버거	
주연	데버라 커, 안톤 월브룩, 로저 리브시	
제작	1943년	163분

<블림프 대령의 삶과 죽음>과 관련된 많은 경이로운 일 중 하나는 옹고집에다 뽐내기 좋아하는 캐리커처 같은 캐릭터를 아주 많은 사랑을 받는 영화 캐릭터 중 하나로 탈바꿈시키는 이 영화의 방식이다. 데이비드 로David Low가 그린 유명한 영국 만화 시리즈를 통해 태어난 블림프 대령은 속에 지나치게 많은 것을 담고 있는 허풍선이를 대표한다. 영화는 팔자수염을 기른 뚱뚱한 대머리 군인의 과거를 바라보며 로맨틱한 이상주의자가 깃들어 있는 그의 내면을 들여다본다. 그를 자세히 알게 되면 사랑하게 된다.

대영 제국을 향한 나치의 위협이 정점에 달한 1942년에 마이클 파월Michael Powell, 1905~1990과 에머릭 프레스버거Emeric Pressburger, 1902~1988가 만든 영화는 전쟁과 군인을 다룬 영화치고는 보기 드물게 품격 있는 작품이다. 그리고 이 영화가 젊은이에 맞서는 늙은이를 옹호한다는 점은 웬만한 영화에서는 접하기 힘든 사실이다. 영화의 주인공은 뽐내

기 좋아하는 나이 많은 수다쟁이 클라이브 윈캔디로, 보어 전쟁 이래로 군에 몸담고 있는 노병이다. 정규군에서 두 번이나 퇴역한 그는 지금은 시민군 지휘관을 맡고 있다.

영화가 시작하면 장군은 군사 훈련 계획을 하달하면서 "전쟁은 자정에 시작한다"고 공표한다. 열성 넘치는 젊은 중위는 현대의 전쟁은 규칙에 따라 이뤄지는 게 아니기 때문에 서둘러야 한다고 결정하고는, 부하들을 이끌고 장군이 있는 런던의 클럽을 급습해 찜질방에 있는 장군을 체포한다. 윈캔디가 "머리에 피도 안 마른 이 멍청이들아, 전쟁은 자정에 시작한다!"고 호통을 치자, 중위는 나치들은 신사협정을 존중하지 않을 거라며 노인네의 뱃살과 수염을 모욕한다.

윈캔디는 격분한다. "내 뱃살을 비웃지만 네놈은 내 배가 어떻게 이렇게 됐는지를 몰라! 내 수염을 비웃지만 내가 어째서 이 수염을 길렀는지를 몰라!" 그는 젊은 중위에게 주먹을 날리고, 중위와 드잡이를 하다 수영장에 빠진다. 그런 다음에 카메라는 우아하고 위트 넘치는 플래시백을 통해 수면을 팬 하고 간다. 카메라가 수영장 끝에 다다르면, 젊은 클라이브 캔디가 나타난다. 그는 호리호리한 데다 수염도 없다. 그리고 때는 1902년이다.

<블림프 대령의 삶과 죽음>은 네 가지 이야기로 이어진다. 직업 군인이 결투의 예법을 준수할 때, 영화는 시간의 흐름을 한탄한다. 영화는 늙은이들도 한때는 젊은이들처럼 젊었고, 그 노인의 내면에는 젊은이들이 아는 것 전부가, 그리고 그보다 더 많은 것도 담겨 있다고 주장한다. 영화는 장군의 외롭고 낭만적인 삶의 궤적을 드러내는데, 그 안에서 그는 사랑했던 첫 여인과 꼭 닮은 여인을 찾아 헤맨다. 그리고 영화는 1902년부터 1942년에 걸친 중대한 시기에 있었던 영국 장교와 독일 장교의 우정을 기록한다.

이 스토리는 영화로 만들기에는 지나치게 대담한 아이디어다. 런

던이 밤마다 폭격을 당하고 나치가 전쟁에서 승리할 것처럼 보였던 1942년에는 더욱 그랬다. 처음에 파월은 주인공 역할을 연기할 배우로 로런스 올리비에Laurence Olivier를 원했다. 그러나 시나리오는 윈스턴 처칠Winston Churchill의 극심한 반대에 부닥쳤고, 전쟁성 장관은 군에 복무 중인 올리비에를 풀어주기를 거부했다. 그러자 파월은 전에도 자신을 위해 연기한 적이 있는 젊은 배우 로저 리브시Roger Livesey를 캐스팅했고, 독일군 장교로는 오스트리아에서 망명해 온 배우 안톤 월브룩Anton Walbrook을 캐스팅했다.

영국의 영화 평론가 데릭 맬컴Derek Malcolm은 이 때문에 처칠과 월브룩이 만나게 됐다고 설명한다. "처칠은 격한 반응을 보였다. 월브룩이 공연을 하러 웨스트엔드에 나타났을 때, 처칠은 월브룩의 분장실에 들이닥쳐서는 힐문했다고 한다. '이 영화가 노리는 바가 뭐요? 나는 당신이 영국을 위한 좋은 선전 영화를 만들어야 한다고 생각하오.' 이때 월브룩의 반응은 꽤나 인상적이다. 그는 말했다. '전쟁이 한창인 시기에 있는 그대로의 진실을 사람들에게 들려줄 이만한 용기는 영국인을 제외한 세상의 어떤 국민도 갖지 못할 겁니다.'"

아하, 그런데 월브룩은 그를 받아 준 새 나라를 너무 일찍 찬양한 셈이었다. 처칠은 계속 고개를 저었다. 파월은 군에서 장비와 트럭을 빌릴 수 없었다. 그는 "그래서 우리는 그것들을 훔쳤습니다"라고 밝혔다. 영화는 처음에는 개봉이 금지됐고, 그러다가 마지못해 짧은 버전으로 개봉됐다. 미국에서는 러닝 타임 163분 중 50분이 잘려 나갔다. 전체적인 플래시백 구조는 연대기순의 스토리라인으로 대체됐다. 영화는 1983년에야 복원되어 걸작이라는 찬사를 받았다. 평론가 데이브 커Dave Kehr는 이렇게 썼다. "이 영화는 영국에서 여태껏 만들어진 영화 중에 가장 세련된 영화로 우뚝 섰다."

<블림프 대령의 삶과 죽음>은 균형 감각과 통찰력을 갖춘 영화

HOME GUARD

다. 아무리 전시戰時에 있었다 하더라도 교양 있는 영화는 문명화된 가치관을 찬양한다. 영화가 통탄하는 것은 유럽의 군인 계급을 지배했던 예의범절과 페어플레이 정신이 양차 대전 사이에 사라졌다는 것이다. 영화가 거의 끝날 무렵, 독일인 망명자는 늙은 장군의 감상주의를 바로잡는다. 그는 세상이 여태까지 알았던 것 중에서 나치즘이 가장 사악한 사상임을 몸소 겪은 체험을 통해 밝히면서, 우리가 지고 악이 승리할 경우 적이 반칙을 범하는데도 공정하게 경기를 하는 것은 아무런 의미가 없다고 말한다.

기저에 깔린 분위기는 이렇게 냉정하지만, <블림프 대령의 삶과 죽음>은 무엇보다도 풍속 희극이다. 파월, 그리고 그의 집필·제작 파트너인 프레스버거는 스타일과 유머로 영화를 연출한다. 오토바이를 탄 전령이 기동 훈련 소식을 전하는 오프닝 신을 유쾌한 음악이 강조한다. 영화의 정교한 플래시백과 플래시포워드에는 위트가 넘친다. 조르주 페리날Georges Périnal이 잭 카디프Jack Cardiff의 도움을 받으며 촬영을 담당한 영화는 지금껏 테크니컬러로 만든 영화 중에서 화면이 가장 뛰어난 영화 중 하나로, 그는 차분한 하모니를 이룬 세상에서 밝은 콘트라스트를 현명하게 활용하는 식으로 영화의 팔레트를 통제했다.

몇몇 장면은 뜻밖의 결말로 우리를 놀랜다. 영국 장교와 독일 장교가 벌이는 초입의 결투를 보라(그들은 서로 알지도 못하는데, 독일 장교는 독일군을 향한 모욕에 맞서려고 제비뽑기를 통해 선발됐다). 하이앵글 숏은 어느 한쪽을 편들기를 거부하고, 스웨덴군 심판관은 개처럼 허둥지둥 앞뒤를 오간다. 그런 다음 우리가 결투 결과를 보게 될 거라고 기대할 때, 카메라는 위로 솟구치면서 눈 내리는 베를린의 군 체육관(모형이다)을 담은 외부 숏으로 넘어간다. 이 장면의 메시지는 시각적으로 표현된다. 전통적인 가치관의 계절은 끝나 가고, 이 군인들은 다시는 공정하게 대결할 수 없을 것이라는 것.

입원한 클라이브 캔디와 그의 결투 상대 테오 크레츠마슐도프를 캔디의 영국인 친구 에디스 헌터(데버라 커Deborah Kerr)가 방문한다. 그녀를 사랑하게 된 독일인은 그녀에게 청혼한다. 캔디는 처음에는 기뻐하지만, 집으로 돌아오는 동안 자신도 그녀를 사랑한다는 것을 깨닫고는 여생 동안 그녀를 대체할 여자를 찾아다니기 시작한다. 15년 후, 그는 제1차 세계 대전의 병동에서 에디스를 쏙 뺀 젊은 간호사를 발견하고는 그녀를 다시 만나려고 참전 간호사를 위한 무도회를 개최한다. 이 간호사는 바버라 윈으로, 데버라 커가 다시 연기했다. 캔디가 자신의 의도는 그녀를 찾아내려는 것이었다고 설명하는 만찬 장면을, 그리고 바버라가 그런 의도를 충분히 이해한다고 말할 때 풍기는 미묘한 냉기를 주목하라. 결혼 생활은 결투 장면이 그랬던 것처럼 이야기할 만한 가치가 하나도 없다는 듯 자취를 감춘다. 커는 제2차 세계 대전 동안 윈캔디의 차를 모는 앤절라 캐논이라는 노동 계급 아가씨 역할로서 세 번째로 모습을 드러낸다. 스무 살배기 신인이 1인 3역을 인상적으로 연기한 셈이다. 원래 캐스팅한 배우는 웬디 힐러Wendy Hiller였지만, 그녀가 임신하는 바람에 파월은 커를 캐스팅했다. “그녀는 언젠가 스타가 될 것”이라고 판단했기 때문에, 그리고 그녀를 사랑하고 있었기 때문에.

영화는 클라이브와 테오의 우정을 40년간 좇는다. 그들은 제1차 세계 대전 후 영국에 있는 독일군 포로수용소에서 다시 만난다. 테오는 클라이브를 무시하고 거리를 두지만, 이튿날 그 점을 사과하려고 전화를 건다. 영국 사회의 중심인물들이 모인 만찬에 손님으로 참석한 그에게 신사적인 영국인들은 테오의 고국이 재건될 거라고 안심시킨다. “유럽은 건강한 독일을 필요로 합니다!” 두 사람이 다시 만난 건 1939년에 독일인이 고국에서 도망쳐 온 다음이다. 단일 테이크로 처리된 긴 대사에서, 테오는 왜 그가 고국 대신에 영국을 택했는지 설명한다. 이 장면에서 월브룩은 톤과 분위기를 숙달되게 다루는 탁월한 연기를 펼친다.

그리고 무엇보다 이 대사는 처칠이 영화를 반대한 것이 잘못된 일인 이유를 설명한다.

영화에서 가장 신랄한 사건은 늙어 가는 장군과 관련된 것이다. 살찐 얼굴과 분홍빛 혈색, (결투에서 입은 상처를 숨기려고 기른) 수염에다 귀에 거슬리는 목소리를 내는 그는 젊은 장교에게는 희화화된 인물로 보인다. 그러나 그는 아직도 마음만큼은 젊고, 아직도 사랑에 젖어 있으며, 아직도 이상주의적이다. 영화 끝부분에서 그는 폭탄을 맞은 자택의 지하에 고인 물웅덩이를 보고는 한때 그가 사랑을 맹세하며 가로질렀던 호수를 떠올린다. 그는 이것은 그때와 똑같은 호수라고, 나는 그 사람과 똑같은 사람이라고 되뇐다. 한 사람의 인생을 이토록 뉘앙스 넘치는 관점으로 전체적으로 조망하는 영화는 드물다. 아이는 어른의 아버지라는 말이 있다. <블림프 대령의 삶과 죽음>은 노인은 알지만 젊은이는 짐작도 못하는 시를 도출해 낸다. 어른에게는 아버지와 아이가 모두 깃들어 있다.

# 비열한 거리 Mean Streets	감독	마틴 스콜세지	
	주연	로버트 드 니로, 하비 카이텔	
	제작	1973년	110분

마틴 스콜세지Martin Scorsese, 1942~ 의 <비열한 거리>는 보잘것없는 갱스터들을 다룬 영화가 절대 아니다. 원죄 속에서 살아가는 삶에 관한 영화다. 2차 바티칸 공의회•가 열리기 전에 자란 스콜세지가 느끼는 원죄에 대한 반향은 남들 입장에서는 경험해 보지 못한 것일 수도 있다. 영화는 원죄를 — 그리고 죄인이 사면을 받지 않은 채로 세상을 떠났을 때 겪을 영원한 고난에 대한 공포를 불러일으키는 엄격한 기본 원칙을 — 엄청나게 강조하던 시절을 회상한다.

영화의 키워드는 까만 스크린 위로 들려오는 첫 대사에 담겨 있다. "너희가 지은 죄를 교회에서 속죄하지 마라. 거리에서 속죄하라. 집에서 속죄하라. 그 외의 모든 것은 허튼소리이며 너희도 그 사실을 알고 있다." 목소리의 주인공은 스콜세지다. 우리는 찰리(하비 카이텔Harvey

• 1962~1965년에 진행된, 급변하는 시대적 요구에 부응하는 교회의 쇄신과 적응을 추구한 공의회

Keitel)가 꿈에서 깬 다음에 침대에서 일어나 침실 거울에 비친 자신의 얼굴을 응시하는 모습을 본다. 스콜세지의 목소리는 신부神父가 찰리에게 해 준 말일 것이다. 나중에 찰리는 신부님이 평소에 "성모 마리아에게 드리는 기도와 주기도문을 각각 열 번씩" 암송하라고 지시했다는 이야기를 보이스오버로 밝힌다. 하지만 그는 더 개인적으로 하는 참회를 선호한다. 이 영화의 가장 유명한 장면에서 그는 제단 앞에 놓인 축원용 촛불에 손을 들이미는 것으로 지옥 불에 맞서는 자신을 시험한다.

폴린 케일Pauline Kael은 이 영화를 성공작으로 이끈 영향력 있는 리뷰에서 이렇게 썼다. "찰리에 관한 가장 분명한 사실은, 그는 살아가면서 무슨 짓을 하건 죄인이라는 것이다." 영화는 찰리의 편향된 윤리관을 표현하기 위해 조명을 활용한다. 실제 세계는 평범한 컬러로 촬영됐지만, 찰리가 친구 토니가 운영하는 술집으로 내려가면 화면은 항상 섹스와 피, 죄의식의 색상인 빨강을 뒤집어쓴다.

그는 다양한 수준의 슬로 모션(스콜세지의 트레이드마크)으로 이뤄진 일련의 숏을 통해 술집에 들어간다. 그는 친구들을 지나치며 예법에 따른 인사를 주고받고, 결국에는 흑인 스트리퍼가 있는 무대에 올라가 로큰롤 몇 곡에 맞춰 그녀와 춤을 춘다. 그는 스트리퍼(지니 벨Jeannie Bell)에 대한 공상에 빠진다. 영화 후반부에서는 그녀와 데이트 약속까지 한다(그러나 흑인 여자와 있는 모습을 친구들에게 들킬까 두려워 그녀를 바람맞힌다). 그는 친구 자니 보이의 사촌인 테레사(에이미 로빈슨Amy Robinson)에 대한 꿈도 꾼다. 그들은 섹스를 하지만, 그녀가 그를 사랑한다고 말하자 그는 이렇게 말한다. "그런 말 하지 마."

그의 입장에서는 두 여자 모두 — 그리고 그가 욕정을 느끼는 여자라면 누구나 — 자신이 죄를 저지르게 만들 잠재적인 기회로 보이는데, 이런 점 때문에 여자들은 신비감과 권력을 갖게 되고, 섹스는 상대적으로 중요치 않아진다. (그는 스트리퍼와 춤을 춘 후 바bar로 가서 성

냥불을 켠 후 손가락을 불꽃 위에 갖다 댄다. 인스턴트 참회인 셈이다.)

찰리는 시종일관 용서를 좇는다. 이 지역의 마피아 보스인 조반니 삼촌(세자레 다노바Cesare Danova)에게, 가장 친한 친구 자니 보이(로버트 드 니로Robert De Niro)에게, 이 지역의 고리대금업자 마이클(리처드 로마누스Richard Romanus)에게, 심지어는 하나님에게 용서받기 위해. 그는 구원받고 싶다. 자전적인 이야기를 시나리오에 담은 스콜세지는 찰리가 왜 이런 식으로 느끼는지를 이해한다. 그는 교회는 옳고, 자신은 틀린 데다 연약하다는 걸 직감적으로 안다. 찰리는 도둑질과 살인, 마약 판매에 나선 사람들과 엮인 풋내기 갱스터지만, 그의 죄의식의 중심에는 섹스가 있다. 음란함은 진정한 죄악이다. 다른 일들은 사업에 불과하다.

영화는 찰리가 그를 둘러싼 다양한 세상과 화해하려고 불안한 노력을 기울이는 모습을 지켜본다. 그는 조반니 밑에서 수금원으로 일하던 중에 돈이 없는 레스토랑 주인의 애달픈 이야기를 듣는다. 레스토랑을 경영하기 위한 경영 수업을 받는 중인 찰리는 조반니의 말에 복종해야 한다. 조반니는 찰리가 자니 보이("존경받을 만한 남자는 존경할 만한 사람들과 어울려야 해")와 테레사와 사귀는 것을 허락하지 않는다. 조반니가 보기에 테레사가 앓는 간질병은 정신병과 별반 다르지 않다.

자니 보이가 마이클에게 돈을 빌리면서 말썽의 싹이 튼다. 마이클은 자신에게는 돈을 수금할 능력이 부족하다는 사실에 점점 불쾌해한다. 드 니로는 자니를 지독한 얼간이로 연기한다. 시간이나 돈에 대한 관념이 전혀 없고 자기 파괴적인 성향이 있는, 그러면서도 실실거리는 악동. 우리가 영화에서 처음 보는 그의 모습은 길모퉁이 우체통을 하늘로 날려 버리는 모습이다. 왜? 이유는 없다. 드 니로와 카이텔이 술집 뒷방에서 함께하는 장면은 두 배우가 이후로 많은 영화에서 선보일 연기 호흡을 보여 준다. 겁이 난 찰리는 자니에게 돈을 갚아야 한다고 진지하게 말한다. 자니는 두서없는 이야기를 시작하면서 포커판과 경찰의 기습 단속과 싸움에 대한 터무니없는 이야기들을 즉석에서 지어내지만, 결국 자신이 한 이야기의 맥락을 놓치고 만다.

스콜세지는 장편 데뷔작 <누가 내 문을 두드리는가?Who's That Knocking at My Door?>(1967)에서 독특한 스타일을 처음 선보였는데, 그 작품 역시 리틀 이탈리아가 배경이고 카이텔이 출연한다. 두 영화에서 그는 빠르게 움직이는 장면과 싸움 장면에 핸드헬드 카메라를 활용했고, 영화 음악은 그 시대에 유행한 로큰롤 음악으로만 채웠다(지금은 흔히 쓰는 수법이지만 1967년에는 유례가 없던 일이었다). <비열한 거리>에서 찰리와 친구들이 당구장 주인에게 돈을 받으러 찾아가자 당구장 주인이 흔쾌히 돈을 내놓으려는 장면의 스타일은 흥이 넘친다. 그런데 자니 보이가 "무크mook"라는 소리를 듣는다. 무크가 무엇인지를 제대로 아는 사람은 아무도 없는 것 같은데도, 이 호칭은 거칠고 정신 사나운 싸움으로 이어진다. 전문적인 스턴트맨이 사전에 합을 맞춘 대로 서로를 향해 매끄럽게 주먹을 날리는 그런 싸움이 아니라, 담배를 너무 많이 피우고 술도 너무 많이 마시며 입고 있는 셔츠가 찢어지는 걸 원치 않는 것처럼 소심하게 싸워 대는 20대 청년들이 벌이는 개싸움이다. 카메라는 그들을 따라 방안을 돌아다니고, 자니 보이는 당구대에 뛰어올라 42번가의 극장에서 배운 가라테 발길질을 어설프게 선보인다. 마블리츠Marvelettes가 부른 'Please Mr. Postman(플리즈 미스터 포스트맨)'이 사운드트랙으로 깔린다. 스콜세지의 타이밍은 예리하다. 싸움을 중단시키려고 들이닥친 경찰이 당구장 주인이 찔러준 돈을 받고 현장을 떠나면 또 다른 격투가 벌어진다.

이 모든 것의 밑바닥에는 찰리가 느끼는 절망감이 깔려 있다. 그는 자니와 테레사를 사랑하지만, 그들을 만나는 것을 금지당한다. 테레사를 험하게 대하려 기를 써보지만, 본심은 아니다. 자니 보이를 향한 애정은 보디랭귀지(머리카락 헝클기, 등짝 치기)로 엿보이고, 자니가 옥상에서 "엠파이어스테이트 빌딩의 불빛을 향해 총알을 날려 대는" 장면에서도 드러난다. 찰리는 본질적으로 자신이 하는 짓은 하나같이 마음에 들지 않는다. 그가 느끼는 자기혐오는 잠에서 깨어난 후 떠올리는 모든 생각을 물들인다.

영화 뒷부분의 어느 순간, 술집에 간 그는 스카치를 주문하고는 바텐더가 술을 따르는 동안 술잔에 손가락을 올려놓는다. 성배 위에 놓인 신부의 손가락 위치를 흉내 내는 것이다. 이런 성례의 디테일들은 <택시 드라이버Taxi Driver>의 주된 요소가 되기도 했다. 그 영화에서도 오버헤드 숏은 제단에서 내려다보는 신부의 시점을 반영하고, 주인공은 자신의 손을 불꽃에 집어넣는다. 만사가 폭력적인 결말로 이어진다. 모욕을 당했다고 느낀 고리대금업자 마이클이 차를 모는 동안, 총잡이(스콜세지)는 복수의 총을 발사한다. 총격이 끝난 후 찰리가 무릎을 꿇는 모습에 놀랄 사람이 어디 있겠는가?

<비열한 거리>는 개봉 당시에는 약간 삐걱거리는 영화였다. 이 작품은 아직도 영화를 배우는 중인 감독이 만든, 학습 속도가 대단히 빨라 1976년에 역시 드 니로와 카이텔이 출연하는 역사상 가장 위대한 영화 중 한 편을 만들 준비가 되어 있던 감독이 만든 초기작이다. 영화는 허둥거리지 않는다. 모든 선택에는 내색하지 않는 자신감이 담겨 있는데, 그것은 스콜세지의 특징이 되었다. 영화는 여전히 나아갈 길을 찾고 있던 배우들을 출연시켜 소소한 제작비로 만들어졌다. 영화의 대부분은 제목에 나오는 비열한 거리들이 아니라, 그렇게 꾸민 로스앤젤레스의 로케이션에서 촬영됐다. 그러나 이 영화에는 더 세련된 영화들에서는 찾아보기 힘든 꾸밈없는 힘이, 곤두박질치는 운명에 대한 관념이 담겨 있다.

스콜세지가 리틀 이탈리아에서 자랄 때 알고 지낸 사람들에 기초

한 영화와 캐릭터들을 바라보고 그들에게 귀를 기울이는 방식 면에서 이 작품은 놀랄 만한 영향력을 발휘한 영화다. 코폴라Francis Ford Coppola의 <대부The Godfather>가 그림자 정부로서 마피아의 이미지를 굳혔다면, 스콜세지의 <비열한 거리>는 일상적인 리얼리티를 담은 현대 갱스터 영화의 다른 주류 계통에 영감을 줬다. <대부>는 직업적인 경력을 다룬 영화다. <비열한 거리>는 직업을 다룬 영화다. 우리는 이 영화에서 <집시의 왕King of the Gypsies>, <좋은 친구들Goodfellas>, <대강탈City of Industry>, <슬리퍼스Sleepers>, <헬스 키친State of Grace>, <페더럴 힐Federal Hill>, <그리드록드Gridlock'd>, <도니 브래스코Donnie Brasco> 같은 범죄 노동 계급을 다룬 모든 영화의 뿌리를 찾아낼 수 있다. 위대한 영화는 관객뿐 아니라 그 영화를 추종하는 영화들에도 흔적을 남긴다. 현대의 TV 범죄 드라마의 세세한 것에 이르기까지 헤아릴 수 없이 많은 방식으로 영향을 미친 <비열한 거리>는 현대 영화의 발원지 중 하나다.

비트 더 데블

Beat the Devil

감독	존 휴스턴	
주연	험프리 보가트, 제니퍼 존스, 지나 롤로브리지다	
제작	1953년	89분

마을 밴드가 뿜빠뿜빠 곡조를 쿵쾅거리는 동안, 경찰관들이 초라한 캐릭터 네 사람을 데리고 광장을 가로질러 행진한다. 우리는 이미 미소를 짓고 있다. 한 명은 키가 크고 펑퍼짐하고, 또 한 명은 키가 크고 빼빼 말랐으며, 또 다른 한 명은 키가 작고 통통하고, 네 번째 사람은 쥐처럼 생긴 얼굴에 빽빽한 수염이 나 있다. 사운드트랙에서 험프리 보가트Humphrey Bogart는 그들이 모두 범죄자라고 알려 준다. 그런데 우리는 이미 그 사실을 알고 있다. 그들의 얼굴은 모두 타고난 범죄형이니까.

존 휴스턴John Huston, 1906~1987의 <비트 더 데블>은 할리우드가 성격파 배우들을 얼마나 많이 평가절하하며 잃어 왔는지를 보여 준다. 이 영화는 출연료 2천만 달러짜리 스타가 한시도 빼놓지 않고 스크린에 등장해야 하는 시대에는 만들어질 수 없었을 것이다. 휴스턴도 스타들을 등장시킨다. 보가트, 제니퍼 존스Jennifer Jones, 지나 롤로브리지다Gina Lollobrigida. 그런데 그의 영화는 무척 재미있다. 그들을 꼴사나운 협잡꾼 무리 속으로 던져 넣기 때문이다. "그들을 조심해야 해요." 존스가 연기하는 캐릭터가 남편에게 경고한다. "저 사람들은 절망적인 상황에 있어요. 내 다리를 쳐다본 사람이 아무도 없었다니까요."

<비트 더 데블>은 박스 오피스에서 쪽박을 차고는 컬트 고전의 반열로 직행했다. 영화에 직접 투자했던 보가트가 "사기꾼들이나 그 영화를 좋아할 것"이라고 말하기는 했지만, 이 영화는 최초의 캠프 무비camp movie로 불렸다. 이 영화는 즉흥적으로 만들어진 영화였다. 휴스턴은 촬영 첫날에 애초의 시나리오를 찢어발기고는 젊은 트루먼 커포티Truman Capote를 이탈리아 라벨로로 보냈다. 커포티는 날마다 마감 시간이 될 때까지 새로운 신들을 척척 써 냈다. 휴스턴은 조연으로 출연한 스타들, 특히 로버트 몰리Robert Morley와 피터 로리Peter Lorre가 자신들이 연기하는 캐릭터의 대사를 창작하는 것도 허용했다. (커포티는 애완용으로 키우는 까마귀와 날마다 전화로 통화를 했는데, 어느 날 까마귀가 대답하기를 거부하자 까마귀를 달래려고 로마로 날아갔고, 이 때문에 제작은 더 지연됐다.)

줄거리는 막돼먹은 사회 부적응자 무리가 그들을 영국령 동아프리카까지 실어다 줄 녹슨 배의 수리가 끝날 때까지 이탈리아의 조그만 항구에서 시간을 죽인다는 내용과 관련이 있다. 그들 모두는 우라늄 광산에 대한 소유권을 주장하겠다는 비밀 계획을 갖고 있다. 보가트와 롤로브리지다는 빌리 댄뢰더와 마리아 댄뢰더 부부를 연기한다. 그들은 한때 이 지역 빌라의 주인이었지만, 지금은 피터슨(로버트 몰리)이 호텔비를 대신 내줄 정도로 망가진 상태다. 멋진 바닐라 아이스크림색 정장을 입은 악당인 피터슨이 맨, 넙치 요리처럼 생긴 타이의 끝은 배꼽 윗부분에 닿는다. 피터슨의 다른 동료들은 다음과 같다. 독일어 억양을 구사하는 오하라(피터 로리)는 칠레에 오하라라는 성을 가진 사람이 많다는 미심쩍은 주장을 펼친다. 쥐처럼 생긴 작달만한 로스 소령

(아이버 바너드Ivor Barnard)은 "히틀러는 여자들을 어울리는 자리에 배치할 줄 알았다"고 만족스럽게 밝힌다. 몹시 여윈 매부리코 라벨로(마르코 툴리Marco Tulli)는 음침한 분위기를 풍긴다. 그웬돌렌과 해리 첼름 부부(제니퍼 존스와 에드워드 언더다운Edward Underdown)도 배의 출항을 기다리고 있는데, 해리는 자신이 글로스터셔의 토호 출신이라고 주장한다.

이 캐릭터들은 어느 정도는 제임스 헬빅James Helvick이 쓴 원작 소설에서 가져온 캐릭터들이다. 사실 헬빅은 영국의 좌파 평론가 클로드 콕번Claud Cockburn의 필명이다(그의 아들 알렉산더Alexander Cockburn는 영화가 만들어진 후 『네이션Nation』에 영화의 제목을 단 칼럼을 게재했다). 영화는 원래 배경이 프랑스의 시골 마을로, 식민지 착취의 사악함에 대한 절반쯤은 진지한 스릴러로 만들어질 예정이었다. 보가트는 그런 영화일 거라 판단하고 출연 계약서에 서명했는데, 이탈리아로 로케이션을 떠난 어느 시점에서인가 이 작품을 코미디로 만들 작심을 한 휴스턴은 존스의 남편이자 지칠 줄 모르고 메모를 갈겨 댄 것으로 유명한 영화 제작자 데이비드 O. 셀즈닉David O. Selznick의 조언에 따라 28세의 커포티를 고용했다.

영화에는 커포티가 등장인물들을 위한 기발한 대사를 내놓으며 혼자 키득거렸을 것임을 감지할 수 있는 순간들이 있다. 이탈리아의 섹시 스타 롤로브리지다에게는 이것이 첫 영어 영화였다. 그런데 커포티는 그녀가 자신을 "정서적인 측면에서 보면, 나는 영국인이에요"라고 설명하게 만든다. 그녀는 매일 오후에 차와 핫케이크를 먹고, 이 영화 전후에 영화에서 언급한 적이 결코 없었을 거라고 믿어지는 작가 조지 무어George Moore를 인용한다. 보가트는 자신의 성장기를 이렇게 묘사한다. "나는 스무 살 때까지는 고아였어요. 그 후에 돈 많고 아름다운 부인이 나를 입양했죠." 피터 로리는 시간에 관한 유명한 대사를 연기

한다. 이 대사는 <제3의 사나이The Third Man>에서 오슨 웰스Orson Welles가 하는 "뻐꾸기시계" 대사와 비교할 만한 가치가 있다. "시간…… 시간." 로리가 말한다. "시간은 무엇일까? 스위스인들이 그걸 제조했어. 프랑스인들은 그걸 저장했지. 이탈리아인들은 그걸 탕진했고, 미국인들은 그건 돈이라고 말했어. 인도인들은 그건 존재하지 않는다고 말했지. 내가 무슨 말을 하는지 알겠어? 내 말은 시간은 악당이라는 거야."

이 영화에서 플롯은 뒷전이다. 이것은 괴팍함을 다룬 영화다. 존스의 남편 역인 에드워드 언더다운은 영국 상류 계급의 매너를 꾸며 대고, 뜨거운 물이 든 병을 갖고 여행을 다니며, "충격을 받아 간이 싸늘해진" 상태로 침대에 들고, 아내가 보가트 캐릭터와 사랑에 빠진 것도 알아차리지 못하는 듯 보인다. 보가트의 아내(롤로브리지다)는 첼름과 사랑에 빠지는데, 그는 그 사실도 잘 모르는 것 같다. 댄뢰더 부부가 모두 바람을 피우고 있는 것인지, 아니면 그저 첼름 부부의 우라늄에 관한 비밀 계획을 알아내려 노력하고 있는 것인지를 관객들이 절대로 확신하지 못하게 만드는 것이 이 영화가 구사하는 수법이다. 할리우드의 검열관이 오리지널 스토리에 담긴 불륜에 대해 묻자, 휴스턴과 커포티는 그것을 그냥 수수께끼로 만들어 버리는 쪽을 택했다.

유머의 상당 부분을 두 여자가 빚어낸다. 존스가 연기하는 참견하기 좋아하는 여자는 속내를 무심결에 털어놓는 그런 여자다. 롤로브리지다는 항상 목둘레가 깊이 파이고 가슴을 꽉 조여 맨 비슷비슷한 이브닝드레스 차림을 하고 있다. 몰리 패거리는 무더운 날씨에 전혀 어울리지 않은 차림새로 나타나 비지땀을 흘리면서 어쩔 줄 몰라 하는데, 머리카락을 백금색으로 염색하고 플루트처럼 쥔 파이프로 꾸준히 담배를 빠는 침착한 로리 만큼은 예외다.

3진陳에 해당하는 조연 캐릭터들조차 재미있다. 두 쌍의 부부가 저녁을 먹으러 드라이브를 갈 때 보가트는 앤티크 차량인 이스파노-

수이자 무개차를 부르는데, 그는 이 차를 투우사에게서 얻은 후 운전사(후앙 데 란다Juan de Landa)에게 넘겼다고 주장한다. 나중에 유쾌한 계산 착오로 자동차를 잃은 운전사는 보상을 해 달라고 주장한다. "뭐야? 이 도둑놈. 내가 너한테 그 차를 줬잖아!" 보가트는 호통을 친다. 운전사는 주장한다. "내가 그 차를 어떻게 갖게 됐는지는 이 자리에서 말할 성질의 것이 아니죠."

단역 중에는 무언가 잘못되면 즉시 모습을 드러내서는 무슨 일이 벌어지고 있는지를 정확하게 파악하는 재주를 가진 선원(마리오 페로네Mario Perrone)도 있다. 선장(사로 우르치Saro Urzi)은 항상 술에 취해 있다. 아프리카에서 배가 난파된 후 캐릭터들을 체포한 아랍의 지도자 아메드(마뉴엘 세라노Manuel Serano)는 리타 헤이워스에 대한 정보를 알아내려고 보가트를 심문한다. 아메드가 보가트에게 몰리를 배신하라고 요구하자, 보가트는 돈을 요구한다. "지금 상황을 놓고 볼 때, 당신은 아주 엄청난 요구를 하는군." 지도자가 보가트에게 말한다. "그래서는 안 될 이유가 있습니까?" 보가트는 묻는다. "저 뚱보는 내 가장 친한 친구입니다. 헐값에 그를 배신하지는 않을 겁니다."

영화 내내 등장하는 휴스턴의 장난 중 하나는 몰리와 세 명의 조수를 잡는 촬영 구도와 관련 있다. 그들은 생김새와 키와 매너가 너무나 다르기 때문에, 그들을 같은 프레임에 맞춰 넣는 것은 불가능해 보인다. 그래서 휴스턴은 각자 말을 할 때마다 돌아가며 앞으로 나와서는 다른 사람들이 형성한 프레임에 그 사람을 애처로운 모습으로 가둬 넣는 방식을 활용했다. 그들은 이렇게 다른 점이 많으면서도 한 덩어리로 움직인다. 몰리가 자동차 사고로 사망했을지도 모르는 상황이 되자, 쥐처럼 생긴 소령은 제정신이 아니다. "무솔리니, 히틀러, 그리고 이제는 피터슨까지!"

<비트 더 데블>은 첫 개봉 당시 관객들을 어리둥절하게 만들었지

만, 그 후로는 관객들을 사로잡았다. 제니퍼 존스는 휴스턴이 했던 약속을 평론가 찰스 챔플린Charles Champlin에게 들려줬다. "제니퍼, 사람들은 당신을 <베르나데트의 노래The Song of Bernadette>보다는 <비트 더 데블>로 더 많이 기억할 거요." 사실이었다. 그런데 휴스턴은 사람들이 그의 차기작 <모비 딕Moby Dick>보다 <비트 더 데블>로 더 많이 기억할 거라는 걸 추측할 수 있었을까?

무엇보다 영화는 힘들이지 않으면서 매력을 발산한다. 우리는 더 이상 아무 일도 벌어지지 않을 것임을 일단 간파하고 나면, 느긋하게 쉬면서 자신들의 쾌활한 기분을 관객들이 공유할 수 있게 해 달라는 요청을 받고 있는 연기자들이 느끼는 즐거움을 공유할 수 있게 된다. 베란다에서 바다를 내려다보는 장면이 있다. 보가트와 존스가 처음으로 시시덕거리는 장면인데, 그들의 대사가 끝날 즈음에 그들이 웃고만 있다는 것을 확인할 수 있다. 보가트는 디졸브가 행해지는 동안 싱긋 웃는다. 영화 전체가 그런 식의 분위기를 풍긴다. 영화들이 오락거리로 관객들을 맹공격하게끔 설계된 가공할 만한 기계가 되어 버린 요즘, 그저 재치 있는 동료들과 같이 있기만을 바라는 영화들을 회상하는 것도 참 근사한 일이다.

빅 히트

The Big Heat

감독	프리츠 랑	
주연	글렌 포드, 글로리아 그레이엄, 조슬린 브란도	
제작	1953년	90분

글렌 포드Glenn Ford는 프리츠 랑Fritz Lang, 1890~1976의 <빅 히트>에서 꿋꿋하고 용감하며 겁 없는 착실한 형사 배니언을 연기한다. 그는 관할 구역의 정치를 좌우하는 범죄자들과 대결해 그들을 물리친다. 그의 행동 동기 중 하나는 살해당한 아내에 대한 복수를 하는 것이지만, 그는 그 일이 일어나기 전에도 마이크 라가나(알렉산더 스커비Alexander Scourby)와 그의 오른팔 빈스 스톤(리 마빈Lee Marvin)이 이끄는 갱들을 향해 누그러뜨릴 수 없는 증오를 품고 있다. "도둑놈들." 그는 그들을 이렇게 부른다. 그들의 면전에서는 특히 더 그런다. 그는 썩어 빠진 동네에서 일하는 좋은 경찰이다.

최소한 그것이 이 영화의 표면에 드러난 현실이다. 그런데 다른 층위가 그 아래에 똬리를 틀고 있다. 랑은 이 전복적인 층위에서 배니언이 품고 있는 윤리적인 척도로 매기는 인간의 가치에 의문을 제기한다. 두 여자가 배니언을 신뢰했다는 이유로 목숨을 잃는다. 제3의 여자는 배니언이 전한 정보 때문에 죽음을 맞는다. 그게 배니언이 의식적으로 한 행동 때문에 빚어진 일은 아닐지라도, 배니언처럼 영리한 경찰이라면 자신이 놓은 덫이 계속 작동하게 만들기 위해서는 반드시 그런 일이 일어날 것임을 알고 있어야 한다.

영화는 랑이 그때까지 만들었던 영화들만큼이나 기만적이고 표리부동하다. 영화가 보여 주는 화사한 가정의 평온은 폭력의 세계와 위태하게 분리되어 있다. 배니언은 사랑하는 아내와 귀여운 딸로 구성된 가정과 직업적으로 상대하는 악당들 사이에 명쾌한 선을 그을 수 있을 거라고 생각한다. 그러나 그는 자신의 독선적인 영웅주의 때문에 아내와 다른 두 여자의 목숨을 악당들 손에 넘긴다. 그는 그들의 죽음에 자신이 부분적이나마 책임이 있다고 생각할까? 아니다. 분명 그렇지 않다. 이 영화가 그토록 음흉하고 오싹한 이유 중 하나가 바로 그것이다. 치러야 하는 대가는 안중에도 없이 그는 임무를 계속 수행한다. 아하, 물론 라가나와 스톤이 인간쓰레기라는 그의 생각은 옳다. 그런데 그가 아무 생각도 없이 위험한 곳으로 보내는 여자들에게 그런 말을 해 보라.

그는 조폭들에게 상납을 받는 것에 신물이 나서 자살한 경찰의 사건을 담당한다. 그는 경찰의 과부인 버사(저넷 놀런Jeanette Nolan)에게 질문을 하고, 그녀는 남편이 병환을 비관해 자살했다고 밝힌다. 배니언은 그녀의 말이 진실일 거라고 생각하지 않는다. 그때, 경찰의 애인이던 루시(도로시 그린Dorothy Green)가 접근해 그 경찰은 완벽하게 건강했다고 밝힌다. 배니언은 멍청하게도 루시가 한 말을 버사에게 전하고, 그녀는 라가나에게 그 말을 전한다. 그 후 루시는 시골길에 시체로 버려진다. 그는 버사를 의심하고 루시를 절반쯤 신뢰한다. 그런데 그에게서 이야기를 들은 버사가 자유분방하게 돌아다닐 수 있는 상황이기에 그녀는 분명히 조폭들에게 그 말을 전할 것이다. 그렇다면 배니언은 어째

서 버사를 의심하지 않는 걸까? 이 얼마나 고지식한 인물이란 말인가.

상사는 배니언에게 수사를 중단하라고 말한다. “위에서 전화가 왔네.” 그날 밤 그의 아내(말론 브란도의 누나인 조슬린 브란도Jocelyn Brando)는 협박성 전화를 받고, 배니언은 격분한다. 라가나의 저택에 간 그는 라가나를 위협하며 경호원을 때려눕힌다. 그는 이 행동이 그의 가족을 위험하게 만들지도 모른다는 생각을 했을까? 분명 그렇지 않다. 그의 아내가 차에 시동을 거는 순간 폭탄이 터질 때까지는 말이다.

며칠 후에 조폭들이 노닥거리는 술집에 나타난 그는 빈스 스톤에게 으름장을 놓고는 술집에서 나가라고 호령한다. 스톤에게 싫증이 난 스톤의 여자 데비(글로리아 그레이엄Gloria Grahame)가 배니언을 따라 거리로 나선다. 배니언은 그녀를 자기 호텔 방에 데려간다. 그들은 술을 마시고, 그는 그녀에게서 정보를 짜낸다. 여기에는 그가 자신이 얼마 전에 홀아비가 된 사람이라는 것을 잊은 듯 보이는 장면도 있다.

데비는 호텔까지 미행을 당했다. 그녀가 스톤에게 돌아오자, 누아르 역사에서 아주 유명한 장면 중 하나에서 스톤은 그녀의 얼굴에 끓는 커피를 뿌린다. 얼굴 절반에 붕대를 댄 채 병원을 빠져나온 그녀는 배니언에게 보호를 요청한다. 그는 그녀에게 말한다. 과부인 버사가 조폭들이 저지른 부정행위의 증거를 잡고는, 그녀가 목숨을 잃을 경우 부정행위와 관련된 정보가 신문사들에 전달되도록 일을 꾸민 다음 조폭들을 협박해서 매주 그들로부터 돈을 뜯어낸다고. 그가 데비에게 이런 말을 한 것은 데비가 과부를 죽였으면 해서였을까? 그녀가 얼굴에 흉터가 생긴 것에 대한 복수로 그런 일을 할 거라는 생각은 했을까? 그는 그 일이 그녀 자신의 죽음으로 이어진다는 것을 상상이나 했을까? 물론 그렇지 않다. 그는 수동적인 동시에 적극적인 방식으로 이 여자들을 냉담하게 죽음으로 몰고 갔다. 고물 집하장에서 일하는 노년의 절름발이 경리가 아내를 살해한 살인자에 대한 정보를 전하려고 목숨을 걸자,

심지어 그는 노인을 설득해서 살인자의 방문을 노크해 살인자의 신원을 확인하도록 시키기까지 한다. 위험하냐고? 그렇다. 그런데 배니언이 보기에, 그녀 입장에서 이 정도는 감당할 수 있는 위험이다.

프리츠 랑은 영화 역사상 걸출한 악의 창조자에 속했다. 그의 <메트로폴리스Metropolis>(1926)는 무성 영화의 최고작 중 하나지만, 그가 눈도 깜빡하지 않으면서 순수한 악의를 응시한 영화는 피터 로리Peter Lorre가 아동 살인범을 무시무시하게 연기한 <M>(1931)이었다. 히틀러를 피해 독일에서 도망친 그는 할리우드에서 장르 영화를 많이 만든 감독이 됐다. 일부 작품은 수작이었고, 일부 작품은 필름 누아르의 걸작이었다. 그리고 그중 최고작은 <빅 히트>다. 그의 작품에는 주인공들의 용감무쌍한 행동을 은연중에 손상하는 아이러니한 비관론이 배어 있다.

글렌 포드는 <빅 히트>에서 세상 누구나 수긍할 법한 정직한 경찰을 연기했다. 과묵하며 침착한 배니언의 모습은 표면적인 모습일 뿐이다. 그는 무자비한 모습을 드러낼 줄도 안다. 캐릭터 두 명을 거의 목 졸라 죽일 뻔했을 때처럼 화가 나면 갑작스런 폭력을 행사할 수 있는 사람이다. <빅 히트>는 영화가 절반 정도 흐를 즈음까지는 전형적인 경찰 영화처럼 배니언을 착실히 따라간다. 그러다가 절반이 지나면서는 리 마빈과 글로리아 그레이엄의 연기가 영화에 불을 댕긴다.

이 영화는 그레이엄이 펼친 영감 넘치는 연기 중 하나를 선보인다. 그녀는 '거절할 줄 모르는 여자Can't Say No Girl'로 알려진 전설적인 캐릭터인데, 그렇게 된 까닭이 그녀가 <오클라호마Oklahoma!>에서 부른 노래•의 제목 때문만은 아니다. 그녀의 난잡한 사생활은 네 번의 결혼과 여러 번의 불륜으로 이어졌다. 그녀의 남편 중 한 명이 니컬러

• 'I Can't Say No'

스 레이Nicholas Ray 감독으로, 나중에 그녀는 <고독한 영혼In a Lonely Place>(1950)에서 그를 위해 연기했다. 그리고 그녀가 맞은 또 다른 남편은 레이의 아들 앤서니Anthony Ray였다. 그녀는 <배드 앤 뷰티The Bad and the Beautiful>(1952)로 오스카에서 여우 조연상을 받았는데, 그녀가 보여 준 연기야말로 영화를 봐야 할 으뜸가는 이유라 할 수 있는 이듬해 작품 <빅 히트>에서도 상을 수상했어야 마땅하다. 그레이엄에게는 어딘가 참신하면서도 모던한 분위기가 있다. 항상 약간 넋이 나간 분위기를 풍기는 그녀는 우리 귀에는 들리지 않는 멜로디를 들으면서 고개를 끄덕이는 것처럼 보인다. 그녀는 예쁘지만 아름답지는 않으며, 생기 넘치지만 약간은 지겹고 가식적으로 보인다. 그녀에게는 얼굴을 내보이는 특유의 방식이 있고, 말을 할 때는 입술을 거의 움직이지 않는다. 행동거지가 방정한 척 꾸미는 듯한 모습이다. "그건 내가 남자들을 바라보는 방식이 아니에요." 그녀가 한 말이다. "그건 남자들의 얼굴 뒤에 숨겨진 생각을 꿰뚫어 보는 방식이죠."

그녀는 <빅 히트> 내내 약간 침착함을 잃은 것 같은 모습을 보이는데, 자신이 위험에 처했음을 알면서도 그런 사실을 모른다는 식으로 자신을 속이려는 것처럼 보인다. 리 마빈이 연기한 캐릭터는 여자들을 잔인하게 대한다. 그는 나이트클럽에서 어떤 여자를 때리는데, 그레이엄이 배니언에게 자신도 맞았다고 밝히자, 그는 "대체로는 아주 재미있었어요. 값비싼 재미였죠"라고 말한다. 배니언의 싸구려 호텔 방에서 그녀가 배니언을 유혹하려 드는 방식은 흥미롭다. "당신은 수갑만큼이나 로맨틱하네요. 여자한테 듣기 좋은 말 해 본 적 있나요? 뭐, 당신의 머리카락은 하늬바람 같고, 눈동자는 투명한 호수 같고, 피부는 벨벳 같다는 말을요."

얼굴은 길고 홀쭉하며, 화난 얼굴이 보기 좋기도 하고 추하기도 한 리 마빈은 그녀의 섬뜩한 대조물이다. 알렉산더 스커비가 연기하는 조폭 두목이 시나리오 작가의 창조물로 보이는 반면, 리 마빈이 연기하는 캐릭터는 냉혹하고 가차 없으면서도 리얼한 악의를 영화에 불어넣는다. 뜨거운 커피를 끼얹는 장면은 대단히 유명해서 사람들은 그 장면이 스크린 밖에서 벌어졌다는 사실을 잊어 먹기까지 했다. 그 장면 후에 배니언에게 보호를 요청하려고 붕대를 대고 등장한 데비는 주눅 든 모습을 보이지 않기 위해 여전히 용감하게 굴려고 애를 쓴다. "흉터가 심하지는 않을 것 같아요. 한쪽에만 남으면 나쁘지는 않을 거예요. 평생 비스듬한 자세로 살아갈 수는 있으니까요."

표면상으로 <빅 히트>는 리 마빈이 주최하는 포커 판에 경찰청장이 주기적으로 참석할 정도로 경찰 조직에 깊이 파고든 조폭을 상대로 배니언이 단신으로 겁 없이 벌이는 투쟁을 다룬 영화다. 그런데 작품이 다루는 진정한 주제의 측면에서 영화는 장황하고 밋밋하며 무미건조해진다. 여자들은 그 주제를 위해 목숨을 바치고, 리 마빈도 마찬가지다. 이제 조종弔鐘을 울려 보자. 자살한 경찰을 사랑했다가 배니언에게 배신당한 술집 여급 루시 채프먼, 배니언이 자신을 지켜 줄 거라 믿었던 배니언의 아내, 배니언을 좋아했고 어쩌면 가엾게 여겼을 법한, 그래서 결국 얼굴에 상처를 입고는 그를 위해 심부름을 하러 떠난 데비. 배니언은 데비에게 과부의 죽음이 어떻게 조폭을 박살낼 수 있는지를 설명한 후, 한 시간 전에 자기 손으로 버사를 죽일 뻔했다고 조용히 언급하는 것으로 씨앗을 심는다. (데비는 과부를 죽이기 직전에 캐릭터에 충실한 대사를 내뱉는다. "우리가 서로를 이름으로 불러도 상관없을 거예요, 버사. 우리는 밍크코트를 걸친 자매들이니까요.")

배니언은 복직해서 옛날에 쓰던 책상을 되찾고 동료 경찰들에게 환대를 받는다. 그러고는 다른 사건을 수사하러 나가면서 이것은 평소에 여전히 하던 일이라는 점을 사람들에게 상기시킨다. 사무실을 나서던 그는 어깨 너머로 지시한다. "커피 식지 않게 하게." 상황을 고려해 보면, 아주 재치 있는 지시는 아니다. 배니언의 감춰진 계획은 여자들을 위험에 빠뜨리고, 라가나-스톤 일당을 향한 그의 증오를 확인하기 위해 그녀들이 죽게 만든 다음에 복수에 착수하는 것이다. 물론 그 자신은 이런 계획을 이해하지 못한다. 우리가 영화를 보면서 그런 사실을 전혀 떠올리지 못하는 것도 꽤나 있을 법한 일이다. 그게 바로 랑의 도덕적 표리부동에 담긴 아름다움이다. 그는 영웅적인 경찰의 이야기를 들려주는 한편, 그 이야기를 그 아래에 자리한 훨씬 더 음울한 다른 이야기를 감추는 가면으로 활용하고 있다.

# 뻐꾸기 둥지 위로 날아간 새 One Flew over the Cuckoo's Nest	감독	밀로슈 포먼	
	주연	잭 니컬슨, 루이스 플레처	
	제작	1975년	129분

<뻐꾸기 둥지 위로 날아간 새>가 5분의 4정도 지났을 때쯤에 잭 니컬슨Jack Nicholson의 이상하게 긴 클로즈업이 등장한다. 이 장면이 두드러질 정도로 길기 때문에 우리는 이 장면을 특이한 장면으로 느낀다. 이 장면에서 니컬슨이 연기하는 캐릭터 R. P. 맥머피는 골똘히 생각에 잠겨 있다. 이 순간은 영화의 앞부분에서 그가 보여 준 장난기와 웃음, 그리고 최후의 비극으로 전락하는 결말 사이에 존재하는 균형점으로 다가온다. 그는 무슨 생각을 하고 있을까? 새로운 저항을 계획하는 중일까, 아니면 모든 걸 잃었음을 깨닫는 중일까? 맥머피의 생각에 관한 미스터리는 이 영화의 미스터리다. 모든 건 그가 열린 창문 옆의 마룻바닥에 잠든 채로 발견되는, 뒤에 등장하는 장면으로 이어진다. 그는 탈출하기 않기로 결정하면서 어느 정도는 자신이 맞을 운명을 선택했다. 그의 활력이 결국 소진되어 버린 걸까? 정신 병원에 맞서 봉기를 일으킨 후, 환자들의 반란을 주도한 후, 빌리와 추장을 긍정적으로 변화시

킨 후, 최초의 충격 요법을 경험하고 돌아온 후, 그는 결국 희망의 끝자락에 도달한 걸까?

<뻐꾸기 둥지 위로 날아간 새>는 많은 사람이 작성한 좋아하는 영화의 명단에 빠지지 않고 오르는 영화다. 이 작품은 <어느 날 밤에 생긴 일It Happened One Night>(1934) 이래 처음으로 작품상, 남우 주연상(니컬슨), 여우 주연상(루이스 플레처Louise Fletcher), 감독상(밀로슈 포먼Miloš Forman, 1932~2018), 각본상(로런스 하우벤Lawrence Hauben과 보 골드먼Bo Goldman) 등 아카데미상 다섯 개 주요 부문을 모두 수상한 영화였다. 촬영상(해스켈 웩슬러Haskell Wexler)과 편집상(리처드 추Richard Chew)을 줬어도 시비를 걸 사람이 없었을 것이다. 나는 1975년에 시카고영화제 때 2천 석 규모의 리비에라 극장에서 열린 월드 프리미어에 참석했었는데, 이 영화가 받은 떠들썩한 반응보다 큰 환호성은 결코 들어본 적이 없다(심지어 칸에서 <이티E.T.>를 봤을 때도 이 정도는 아니었다). 시사회가 끝난 후, 공동제작자로 이름을 올린 젊은 신인 제작자 마이클 더글러스Michael Douglas는 어리벙벙한 모습으로 로비를 돌아다녔다.

그런데 이 영화를 그토록 사랑한 관객들은 이 영화가 무엇을 다룬 영화라고 생각했을까? 사람들은 이 영화를 맥머피가 주도한 환자들의 반란, 낚시 여행, 철야 혼음, 그리고 래치드 간호사(플레처)에 맞선 저항을 다룬 코미디로 기억한다. 그러나 사실 이 영화는 맥머피의 패배를 다룬 영화다. 추장의 탈출에 담긴 도덕적 승리와 기쁨을 언급하는 사람도 있겠지만, 그것은 맥머피의 패배를 달래는 자그마한 위안일 뿐이다.

영화는 켄 케시Ken Kesey의 1962년도 베스트셀러 소설이 원작으로, 폴린 케일Paulin Kael은 이 소설이 “혁명을 추구하던 정치 세력이 사이키델릭으로 변모해 버린 베트남전 시대에 대한 예언적인 정수를 담고 있다”고 평했다. 1970년대의 관객을 위해, 순응주의를 강요하는 사회에

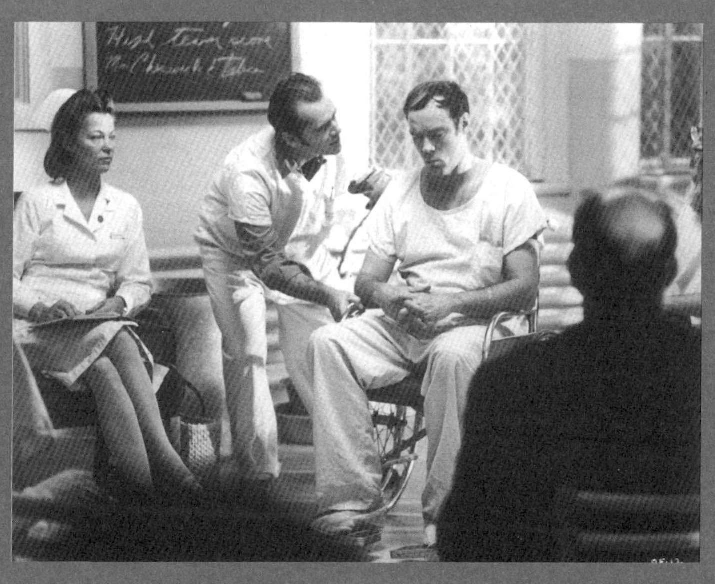

대한 우화로 분위기를 낮춘 영화는 맥머피의 활동에 동조하는 환자들을 껴안아 주고픈 캐릭터들의 집단으로 바꿔 놓으려고 정신 병원의 현실을 일부러 간과했다. 우리는 추장이 사실은 말을 못하는 사람이 아니고, 빌리는 더듬거릴 필요가 없으며, 다른 사람들도 부끄러움이나 두려움 때문에 옴짝달싹 못할 필요가 없음을 알게 된다. 그들은 래치드 간호사가 주는 약이나 잔잔한 실내 음악, 토의 그룹으로 치료되는 것이 아니다. 그들은 맥머피에 의해 — TV로 월드시리즈를 시청하고 낚시를 가고 농구를 하며 술에 취하고 섹스를 하면서 — 평범한 사내들로 해방된다. 이 불쌍한 환자들을 위한 메시지는 이렇다. '니컬슨처럼 돼라.'

사실 정신 질환을 향한 영화의 단순한 접근 방식은 이 영화의 단점이 아니다. 영화는 정신 질환을 앓는 것에 대해서는 조금도 관심이 없기 때문이다. 이 작품은 폐쇄된 시스템에 속한 자유로운 영혼을 다룬 영화다. 대단히 융통성이 없고 맹목적이며, 자신이 옳다는 걸 오싹할 정도로 확신하는 래치드 간호사는 극한에 달한 어머니의 자식을 향한 과보호를 상징하고, 맥머피는 그녀가 생각하는 교양에서 풀려나고픈 허클베리 핀이다. 무엇보다 영화는 여자들을 심하게 두려워한다. 긍정적으로 묘사되는 여성은 맥머피의 창녀 친구인 캔디와 로즈뿐이다. 이런 이야기를 하는 것은 내가 이 영화의 그런 측면에 주목한다는 것이지, 그것을 비판한다는 뜻은 아니다.

맥머피의 과거는 영화 초반부에서 엿보인다. 그는 미성년자를 성폭행해서 징역형을 언도받았고("그녀는 자기가 열여덟 살이라고 말했어요"), '정신병 판정'을 위해 정신 병원에 보내졌다. 서른여덟 살 먹은 그는 한눈에 봐도 말썽꾼이지만 상당히 민주적인 사람이기도 하다. 그는 환자들을 있는 그대로 받아들이고, 그들이 앓는 질환을 원래대로 되돌릴 수도 있는 선택으로 취급하며, 그들이 자유를 맛볼 수 있도록 온갖 규율에서 풀어놓으려는 강한 의지를 실현하려고 한다. 영화도 환자들을 같은 방식으로 바라본다. 촬영과 편집은 항상 같은 메시지를 담은 반응 숏들을 제공한다. 환자들의 판에 박힌 표현은 맥머피가 제공하는 새로운 맥락 때문에 항상 오해를 받는다. 맥머피가 보트를 훔치고 친구들을 배에 태우는 장면을 생각해 보라. 질문을 받은 그는 환자들을 전부 의사라고 소개한다. 그런 다음에 환자들이 서로를 의사처럼 바라보는 클로즈업이 빠르게 편집되어 지나간다. 이 장면은 정신 질환하고는 아무런 관련도 없고, 온전히 코미디하고만 관련이 있다.

니컬슨이 이 영화에서 펼친 연기는 샘이 날 정도로 멋진 반항아들을 연기하며 보낸 기나긴 경력에서 맞은 정점 중 하나다. 잭은 사랑스러운 미국적 인물이고, 훌륭한 영혼이라는 사실이 더 중요한 훌륭한 연기자다. 그는 자신이 펼치는 연기 대부분의 기저에 숨어 있는 장난기를 만사에 불어넣는다. 그는 그렇게 하는 방법을 알고, 그렇게 하기를 원하며, 그렇게 할 배짱도 있다. 그가 연기하는 캐릭터들은 자유와 무질서, 자기만족, 시스템을 향한 반항을 상징하고, 관대한 우정과 근심 걱정에 시달리는 고결한 면모도 종종 대표한다. 그가 <어바웃 슈미트 About Schmidt>에서 펼친 연기가 성공한 비법은 이런 특징들을 숨겼기 때문이다. 그 영화에서 그는 자유분방한 맥머피가 되는 대신 환자 중 한 명이 됐다.

그의 연기가 적절한 찬사를 받았다면, 루이스 플레처의 연기는 오스카상을 받기는 했지만 충분한 평가를 받지 못했다. 그녀가 연기하는 래치드 간호사가 철두철미하게 치사한 인간이고, 그녀가 완벽하게 구현한 특징들이 (남녀 불문하고) 우리 모두가 마땅히 두려워해야 할 대상이라고 교육받은 권위적인 여성의 — 섹슈얼리티와 인간성을 의무와 올바른 과업 속에 집어넣은 인물의 — 특징들이기 때문일지도 모른다. 앙증맞은 모자와 남북 전쟁 스타일의 망토가 딸린, 군복과 흡사한 간호사 복장 차림인 그녀는 어디를 가든지 말수 없는 키 작은 조수를 데리고 다니는 지배자이자 관리인이다.

우리는 그녀에게 대단히 강하게 반응하기 때문에 플레처의 연기를 제대로 보지 못한다. 그러나 맥머피에게 TV로 월드시리즈를 보려면 — 환자 대부분은 자신들이 무슨 일에 투표를 하는지 이해하지도 못하는데도 — 과반수의 표를 확보하라고 요구하는 장면에서 그녀가 보여주는 초자연적인 침착성을, 무표정한 '공정함'을, 규칙에 대한 경직된 고집을 주목하라. 맥머피의 최종 운명이 결정되는 순간, 남자 행정관이 맥머피를 감옥으로 돌려보내자고 모호한 제의를 하자 그의 의견에 단호히 반대하는 래치드의 모습을 주목하라. "우리의 책임을 남에게 떠넘겨서는 안 됩니다."

<뻐꾸기 둥지 위로 날아간 새>는 교묘한 솜씨를 발휘한 덕에 위대한 영화일까, 아니면 너무나 뛰어난 속임수를 쓴 덕에 위대한 영화일까? 나는 이 영화를 어느 쪽으로건 볼 수 있다. 이 영화는 반체제적인 우화로 간주되면서 오랫동안 인기 있는 영화로 남았지만, 정신 질환자를 코믹한 캐리커처로 활용하는 전략을 일부러 선택한 덕에 성공할 수 있었다. 이 결정은 영화에서 가장 인기 있는 장면이자 가장 그릇된 장면인 낚시 여행으로 이어진다. 맥머피는 래치드나 그녀와 비슷한 사람들에게는 즐거운 골칫거리다. 그런데 이 시퀀스의 에너지는 자신들이 어디에 있는지, 또는 왜 거기에 있는지에 대해 아무런 생각도 할 수 없는 사람들의 불안감과 혼란을 감추지 못한다.

조용한 한밤중에 추장(윌 샘슨Will Sampson)이 자기 아버지에 대해 털어놓는 이야기를 이와 비교해서 숙고해 보라. 이것은 리얼한 문제점을 지닌 리얼한 캐릭터를, 세상에 대해 말하기보다는 귀를 닫고 입을 닫는 쪽을 택한 캐릭터를 들여다볼 수 있는 좋은 기회다. 맥머피가 받은 치료는 추장에게 작용하고, 애처로울 정도로 완벽한 맨 마지막 장

면으로 이어진다. 이 과정에서 맥머피는 — 그가 이 상황을 볼 수 있다면 — 자신이 키운 신동神童을 자랑스러워할 것이다.

1932년에 체코슬로바키아에서 태어난 밀로슈 포먼은 미국식 태도와 관습을 걸출하게 해석한 사람에 속하게 됐다. 체코 뉴웨이브의 리더였던 그는 <금발 소녀의 사랑Lásky Jedné Plavovlásky>(1965)과 <소방수의 무도회Hoři, Má Panenko>(1968)처럼 역설적인 유머를 활용해 세계 관객들의 호응을 얻은 초기작들을 만들었다(공산주의 치하의 삶을 다룬 우화로 볼 수 있는 작품에서 불이 붙은 헛간을 구하기에는 너무 늦게 도착한 소방관들은 농부가 춥다고 투덜거리자 그를 불길 가까이로 옮겨 준다).

'프라하의 봄'이 소련의 탄압으로 끝난 후, 포먼은 미국으로 건너와 비범한 성공을 거둔다(<뻐꾸기 둥지 위로 날아간 새>의 공동 제작자 사울 잰츠Saul Zaentz가 제작한 1984년 작품 <아마데우스Amadeus>는 작품상과 감독상을 포함한 오스카상 일곱 개 부문을 수상했다). 그의 영화들이 다룬, 미국의 본질을 반영한 소재들을 살펴보라. <해방Taking Off>(1971)의 도망치는 젊은이와 인습적인 부모들, 반전 뮤지컬 <헤어Hair>(1979), 뉴욕의 역사적 로맨스인 <래그타임Ragtime>(1981), 선동가를 옹호한 <래리 플린트The People vs. Larry Flynt>(1996), 맥머피와 비슷한 장난꾸러기 앤디 코프먼Andy Kaufman을 그린 <맨 온 더 문Man on the Moon>(1999). 순응주의가 새로운 신조였던 시기에 그는 자신이 귀화한 나라를 가장 비순응적인 관점으로, 가장 아웃사이더적인 시각으로 바라봤다. 그가 그려 낸 맥머피는 영화의 불완전함을 이겨 내고는 캐릭터로서 성공하고 승리했다. 그가 가끔씩 우리를 새롭게 만드는 데 성공하는 정화된 인물을 대표하기 때문이다.

석양의 무법자 The Good, the Bad and the Ugly	감독	세르조 레오네	
	주연	클린트 이스트우드, 리 밴 클리프, 일라이 월릭	
	제작	1966년	177분

광활하고 휑한 서부의 풍경, 카메라가 그 풍경을 가로질러 팬 한다. 그러면 햇볕에 탄 필사적인 표정의 얼굴이 숏으로 미끄러져 들어온다. 롱숏이 순식간에 클로즈업으로 돌변하면서 이 풍경은 비어 있는 게 아니라 우리에게 아주 가까이 있는 무법자가 점유하고 있는 곳임을 밝힌다. 세르조 레오네Sergio Leone, 1929~1989는 이 오프닝 프레임에서 <석양의 무법자> 내내 자신이 준수하는 규칙을 확립한다. 그 규칙은 관객과 등장인물들이 볼 수 있는 시야는 프레임의 양옆에 의해 제한된다는 것이다. 영화의 중요한 순간들에서 카메라가 볼 수 없는 것은 캐릭터들도 볼 수 없다. 그러면서 레오네는 영화의 숏에 담긴 현실적인 지형地形으로는 설명할 도리가 없는 것들을 등장시켜 우리를 놀랠 자유를 얻는다.

예를 들어, 주인공들이 넓게 퍼져 있는 북군北軍 야영지를 발견하기 전까지는 그런 야영지가 있다는 사실을 깨닫지 못하는 순간이 있다. 공동묘지에서 한 남자가 난데없이 모습을 드러내는 순간도 그렇다. 그의 모습을 1마일 떨어져 있을 때부터 식별할 수 있었을 텐데도 말이다. 주인공들이 거리를 내려가는 모습이 화면 가득 보이는데도 아무도 그들에게 총질을 하지 못한다. 그건 아마 총잡이들이 주인공들과 같은 프레임에 들어 있지 않기 때문일 것이다.

레오네는 현실적이거나 그럴싸한 것들에는 전혀 신경 쓰지 않는다. 그러면서 잡동사니들을 예술로 승화시키는 스타일을 활용하면서 웨스턴 영화의 쓰레기 같은 클리셰들 위에 위대한 영화를 구축했다. 전작들인 <황야의 무법자A Fistful of Dollars>(1964)와 <속 황야의 무법자For a Few Dollars More>(1965)가 나온 지 오래지 않은 1967년 후반에 이 영화가 미국에서 개봉했을 때, 관객들은 자신이 이 영화를 좋아한다는 건 알았지만 왜 좋아하는지는 몰랐다. 나는 이 영화를 오리엔탈 극장 발코니의 앞줄에서 봤는데, 이 극장의 거대하고 드넓은 스크린은 레오네의 오페라틱한 구도에 이상적이었다. 나는 영화에 강하게 반응했다. 그런데 영화 평론가가 된 지 1년도 채 안 됐던 나에게 이성보다 본능을 높이 평가하는 지혜가 늘 있었던 것은 아니다. 그 시절에 썼던 리뷰를 다시 본 나는 별 네 개를 줘야 한다는 식으로 글을 써 놓고는 실제로는 별을 세 개밖에 주지 않았음을 알게 됐다. 이 작품이 '스파게티 웨스턴Spaghetti Western'이라 예술은 될 수 없다고 생각했기 때문일 것이다.

그런데 스파게티 웨스턴은 예술이다. 우리는 레오네의 상상력으로 빚어져 와이드 스크린에 대단히 선명하게 칠해진 이 영화가 얼마나 열악한 상황에서 제작됐는지를 잊고는 한다. 클린트 이스트우드Clint Eastwood는 할리우드에서 퇴짜 맞는 배우였고, 제작비의 제약이 심한 탓에 콘티에는 에러가 생겼다(당시 <황야의 무법자>의 제작비는 20만 달러였다). 대사가 많지 않았던 것은 무성으로 촬영한 다음에 음악과 음향을 사운드트랙에 채워 넣는 편이 훨씬 수월했기 때문이다. 미국적인 영화처럼 보이게 만들려는 애처로운 시도도 있었다. <황야의 무법

자>의 초기 프린트에서 레오네는 '밥 로버트슨Bob Robertson'이라는 크레디트를 받았고, 영화와 떼어 놓고 생각할 수 없는 고독하고 슬픔에 찬 영화 음악을 작곡한 엔니오 모리코네Ennio Morricone는 '댄 세비오Dan Savio'라는 크레디트를 받았다는 것을 평론가 글렌 에릭슨Glenn Erickson을 통해 알게 됐다. 이스트우드가 연기하는 유명한 캐릭터인 '이름 없는 사나이Man with No Name'조차 홍보 담당자의 창작물이었다. 그는 첫 영화에서는 '조'라고 불리고, 두 번째 영화에서는 '만코'라고 불리며, 세 번째 영화에서는 '블론디'라고 불린다.

스파게티 3부작이, 그리고 특히 걸작인 <석양의 무법자>가 정통 웨스턴과는 판이하게 다른 우주에서 탄생한 영화라는 것은 그 작품들에 담긴 미묘한 이국적 정취가 암시하고 있다. 영화는 생기가 느껴지지 않는 할리우드의 엑스트라들을 핵심 역할에 캐스팅하는 대신, 스페인 로케이션 인근에서 고용했을 게 분명한 지역 주민들을 — 오랜 노동과 태양에 풍화된 사람들을 — 등장시킨다. "위스키 줘!"라고 외치며 두 팔을 써서 살롱으로 들어가는 다리 없는 걸인을 떠올려 보라.

존 포드John Ford는 모뉴먼트 밸리를 그의 웨스턴 캐릭터들의 본고장으로 만들고는 그곳에서 위대한 작품들을 만들었다. 그런데 레오네의 위협적인 스페인 풍경에는 뭔가 새롭고 기묘한 부분이 있었다. 우리는 그전까지는 이런 식의 사막을 본 적이 없었다. 존 웨인John Wayne은 이런 곳에 있어본 적이 결코 없었다. 레오네가 보여 준 이야기들은 만물이 실제의 삶보다 더 크고 황량하며 더 잔혹하고 드라마틱하게 고양된 꿈의 세계였다.

레오네는 대사보다는 화면으로 많은 이야기를 들려준다. 공동묘지에서 벌어지는 걸출한 장면을 생각해 보라. 금화가 어느 묘지에 묻혀 있다는 이야기가 있다. 그 금화를 손에 넣고 싶어 하는 세 남자가 모여든다. 배우들은 클린트 이스트우드(착한 놈), 리 밴 클리프Lee Van

Cleef(악한 놈), 일라이 월릭Eli Wallach(추한 놈)이다. 사내들은 서로에게 피스톨을 겨눈다. 어느 한 명이 총을 쏘면, 그들은 모두 총질을 하고 모두 죽을 것이다. 제3의 사내가 둘 중 한 명을 쏠 수 있기 전에, 두 사람이 제3의 사내를 쏘기로 결정하지 않는다면 말이다. 그런데 두 사람은 누구누구고, 제3의 사내는 누구인가?

롱 숏으로 화면을 시작한 레오네는 권총, 얼굴, 눈동자, 비지땀과 파리를 클로즈업으로 작업해 들어가면서 이성으로는 설명할 길이 없는 방식으로 이 장면을 길게 끌고 간다. 자신이 서스펜스를 얼마나 길게 유지할 수 있는지를 확인하려고 스스로를 시험하고 있는 것처럼 보인다. 그런데 이게 진짜 서스펜스이기는 한 걸까? 이건 전적으로 스타일을 시험해 본 것이고, 장면 자체에 주의를 끌려는 의도에서 비롯된 감독의 고의적인 조작이었을 것이다. 당신이 레오네가 장난을 치고는 했던 패러디의 자유를 맛봤다면 그의 방법을 이해할 것이다. 이것은 영화의 줄거리를 향해서가 아니라, 그가 취한 대담한 제스처를 향해 바치는 찬양이다.

레오네와 처음 작업할 때 서른네 살이었던 이스트우드는 이미 뚜렷해진 권위를 선보인다. 그가 TV 연기자 출신이었다는 사실, <로하이드Rawhide>에 출연했었다는 사실, 그 시절의 영화 관객들은 TV에서 공짜로 볼 수 있는 배우들을 보려고 극장표를 사려고 하지 않았다는 사실 때문에 많은 일이 벌어졌다. 이스트우드는 그 징크스를 극복했다. 어떤 배우도 — 어떤 감독하고도 — 해낼 수 없었던 일이다. 그는 자신이 레오네가 제안한 역할을 맡은 이유는 영화를 하고 싶었는데 할리우드에서는 그를 고용하지 않았기 때문이라고 밝혔다. 맞는 이야기다. 그런데 본인도 중요한 감독이 된 이스트우드는 그 시절에도 레오네가 칼과 샌들이 판치는 이탈리아 특유의 서사 영화를 퍼뜨리는 또 다른 감독이 아니라 열정 넘치는 감독임을 분명히 감지했을 것이다. 의기투합한 레오네와 이스트우드는 ‘이름 없는 사나이’를 TV 스타보다 거대한 인물 수준에 머무르지 않는, 무비 스타보다 더 거대한 인물로 만들었다. 자신에 대한 설명을 할 필요가 전혀 없는 인물로, 부츠와 손가락과 눈동자로 스크린 전체를 채우기에 충분할 만큼 중요하게 여겨지는 인물로 말이다.

이스트우드의 대사 분량이 일라이 월릭이 연기한 캐릭터인 투코가 하는 대사의 10분이 1이나 되는지 궁금하다. 사나이는 결코 입을 열지 않고, 투코는 잠시도 입을 쉬지 않는다. 이것은 월릭이 펼친 영감 넘치는 연기 중 하나다. 그는 자신이 연기하는 캐릭터에게 열려 있는 잠재적인 가능성을 회피하는 것으로 그 캐릭터를 우스꽝스럽게 만들 뿐 아니라 절망적이고 섬뜩한 인물로도 만든다. 그가 스스로 자신을 웃음거리로 만들 때, 우리는 그것이 투코의 성격에서 비롯된 일이 아니라 그가 전략적으로 행하는 짓임을 감지한다. 메소드 연기로 훈련받은 무대 베테랑인 월릭은 이 싸구려 역할을 진지하게 받아들이고는 관객들이 뭔가를 연상해 낼 만한 연기를 펼친다. ‘천사의 눈’을 연기한 리 밴 클리프는 뉴저지 출신으로, 이 영화를 찍을 당시 이미 영화 53편과 헤아릴 수 없이 많은 TV 드라마에 출연한 베테랑이었는데, 그중 상당수는 웨스턴이었다(그가 처음 크레디트를 받은 영화는 <하이 눈High Noon>으로, 여기서 그는 갱단 멤버를 연기했다). 가늘게 뜬 눈이 잔뜩 등장하는 영화에서 가장 가늘게 뜨인 눈이 바로 그의 눈이다. 그리고 그 눈동자에는 미치광이의 강박 관념이 번득인다.

세 남자 모두 남북 전쟁의 황금을 좇는다. 그런데 황금의 소재지에 대한 비밀을 세 사람 모두 나눠 갖고 있다(한 사람은 공동묘지의 이름은 알지만 묘지는 모르고, 다른 사람은 묘지 이름은 알지만 공동묘지를 모른다). 그래서 그들은 묘지를 발견하기 전까지는 자신들이 살아 있을 것임을, 그리고 발견한 후에는 상대를 죽일 것임을 잘 안다.

복원된 버전의 러닝 타임이 180분인 영화를 채울 수 있을 만큼 긴 플롯은 아니다. 그러나 레오네가 가진 아이디어는 부족하지 않다. 서로 관련 없는 캐릭터들을 보여 주는 오프닝의 총격전이 있다. 월릭이 현상 수배범을 연기하고, 이스트우드가 현상금을 받으려고 그를 보안관에게 인계한 다음 월릭이 교수형을 당할 찰나까지 기다리다 정확한 사격으로 밧줄을 끊어 버리는 짭짤한 돈벌이가 있다. 이스트우드가 월릭을 사막에 내동댕이치고, 그다음에 월릭이 이스트우드에게 똑같은 앙갚음을 하는 빼어난 사막 시퀀스가 있다. 이 시퀀스에서 태양은 <탐욕Greed>의 한 장면처럼 이글거린다. 시체와 죽어 가는 남자들로 가득한 잊히지 않는 폭주 마차가 있다. 그리고 놀랍게도, 영화 속 영화라 할 수 있는 야심만만한 남북 전쟁 시퀀스가 있다. 북군의 대위로 출연해 감동적인 연기를 펼치는 알도 주프레Aldo Giuffrè는 자신의 알코올 중독을 간단하게 설명한다. "전투에 앞서 부하들을 취하게 만들 수 있을 만큼 많은 술을 가진 지휘관이 승리하는 지휘관이다." 그는 죽어 가면서 이런 대사를 한다. "나를 조금만 더 살려 둘 수 있겠나? 희소식을 기다리는 중이야."

한없는 비전과 야심을 가진 감독인 세르조 레오네는 스파게티 웨스턴을 발명한 것만큼이나 자기 자신을 만들어 낸 인물이기도 하다. 에릭슨은 레오네가 "로버트 올드리치Robert Aldrich가 이탈리아에서 <소돔과 고모라Sodom and Gomorrah>(1962)를 만들 때 그의 조감독이었다"고 주장하는 뻥을 치고 다녔다고 적었다. "그는 실제로는 하루가 지나서 해고당했다." 레오네는 1961년에 로마 제국을 배경으로 한 잊힌 서사 영화를 만든 후, 구로사와 아키라黒澤明의 사무라이 영화 <요짐보用心棒>를 아주 비슷하게 베낀 <황야의 무법자>를 만들었다. 구스 반 산트Gus Van Sant가 <사이코Psycho>를 숏 단위로 리메이크한 것이 그런 기법을 시도한 첫 사례는 아니었을 것이다.

하찮은 아이디어라고는 조금도 품지 않았던 레오네는 의심의 여지없는 또 다른 걸작 두 편을 만들었다. <옛날 옛적 서부에서Once Upon a Time in the West>(1968)와 <원스 어폰 어 타임 인 아메리카Once Upon a Time in America>(1984)가 그 작품들이다. 그의 경력이 저물어 갈 즈음, 러닝 타임이 긴 영화를 마뜩하지 않게 여긴 할리우드는 <원스 어폰 어 타임 인 아메리카>를 극악하게 난도질해서는 227분짜리 영화를 납득 안 되는 부분이 많은 139분짜리 영화로 만들어 버렸다. <석양의 무법자>도 최초 개봉 버전에서 19분이 잘려 나갔다. 그러나 지금, 그의 여러 작품의 잘려 나가지 않은 버전들을 DVD로 볼 수 있게 됐다. 그가 정말로 대단히 훌륭한 감독이었다는 게 점차 분명해질 것이다.

선라이즈

Sunrise

감독	F. W. 무르나우	
주연	조지 오브라이언, 재닛 게이너	
제작	1927년	95분

스테디캠과 가벼운 디지털 카메라, 심지어는 카메라의 움직임을 재현하는 특수 효과까지 가능한 요즘 시대에 카메라가 자유롭게 움직이는 것은 당연한 일로 여겨진다. 도시의 전경에서 시작해 창문에 있는 조그마한 물건을 포착하는 것으로 끝나는 단절되지 않은 단일 숏도 가능해졌다. <물랑 루즈Moulin Rouge>의 오프닝을 떠올려 보라. 그런데 영화의 초창기에 카메라는 그리 쉽게 움직이지 않았다.

최초의 무성 영화들을 찍던 카메라들은 들어서 운반하기에 충분할 정도로 가벼웠지만, 그것을 움직이는 작업에는 문제가 있었다. 카메라를 든 카메라맨의 손 때문에 카메라가 심하게 흔들렸기 때문이다. 카메라가 움직이는 일은 드물었다. 카메라는 고정된 위치에서 팬을 하고는 했다. 그런 후 트래킹 숏이 탄생했다. 카메라가 캐릭터들의 행동을 따라 움직일 수 있도록, 말 그대로 레일 위에 올려졌다. 하지만 무게 없는 카메라, 날아다닐 수 있는 카메라, 물리적 장벽을 통과하며 움직일 수 있는 카메라 같은 꿈을 꾸듯 자유로운 카메라가 등장하기까지는 무성 영화 최후의 시절이 올 때까지 기다려야 했다. 그러다 유성 영화가 탄생하자 요란한 소리를 내며 작동하는 사운드 카메라는 방음 부스에 들어가 밀폐되어야 하는 신세가 되었고, 카메라가 움직이는 일은 다시 한동안 자취를 감췄다.

F. W. 무르나우F. W. Murnau, 1888~1931의 <선라이즈>는 이 작품을 본 초창기 관객들을 깜짝 놀라게 만들 정도로 자유롭게 시간과 중력을 정복했다. 오늘날 이 영화를 보면 이 영화가 감행한 시각적 실험의 대담함에 놀라게 된다. 무르나우는 독일 표현주의의 거장 중 한 명이었다. 그의 <노스페라투Nosferatu>(1922)는 흡혈귀 영화 장르를 창조했고, <마지막 웃음Der Letzte Mann>(1924)은 자막 화면을 하나도 넣지 않고 전적으로 이미지만으로 이야기를 들려주는 것으로 유명해졌다. 자신이 세운 새 스튜디오를 위해 영화를 만들어 달라는 윌리엄 폭스William Fox의 요청에 따라 미국으로 온 무르나우는 촬영 감독 찰스 로셔Charles Rosher와 칼 스트러스Karl Struss와 함께 스타일 면에서 비범한 약진을 일궈 냈다. 무르나우를 숭배하는 토드 루디Todd Ludy는 이렇게 썼다. "큼지막한 덩치와 단순한 움직임 때문에 오랫동안 구속되어 온 활동사진의 카메라는 <선라이즈>와 함께 마침내 하늘을 나는 법을 터득했다."

영화는 무성 영화가 유성 영화에 길을 내주던 바로 그 순간에 개봉했다. <재즈싱어The Jazz Singer>는 이미 극장에 걸려 있었다. 사실 무르나우의 영화에도 사운드트랙이 있었지만, 대사 녹음은 피하면서 음악과 음향 효과가 행동과 맞아떨어지게끔 하는 정도만 활용됐다. 이듬해 관객들은 배우들이 말하는 소리를 듣고 싶어 했고, 그러한 요구는 <사랑은 비를 타고Singin' in the Rain>에서 인상적으로 풍자된 정적인 화면구도와 '말하는 머리들talking heads'의 시대로 이어졌다.

무성 영화가 완벽한 수준에 도달한 다음에 자취를 감춘, 피터 보그다노비치Peter Bogdanovich가 할리우드 역사에서 가장 위대한 해라고 불렀던 해에 개봉된 <선라이즈>는 박스 오피스에서 성공하지는 못했지만, 업계에서는 이 작품이 걸작이라는 것을 알아봤다. 제1회 아카데미 시상식이 열렸을 때, 최고작은 둘로 나뉘어 시상됐다. <날개들Wings>은 '최고 제작상'을 탔고, <선라이즈>는 '독창적·예술적 영화상'을 탔다.

영화의 줄거리는 몇 마디로 정리할 수 있다. 영화는 우화로서 캐릭터들에게 이름을 지어 주는 것조차 거부한다. 핵심 배역은 남자(조지 오브라이언George O'Brien), 아내(이 역할로 오스카상을 받은 재닛 게이너Janet Gaynor), 도시에서 온 여자(마거릿 리빙스턴Margaret Livingston)다. 도시 여자가 별난 호숫가 마을로 휴가를 와서는 장기간 머무르며 남자를 유혹해 덫에 걸리게 한다. 인상적인 도입부 시퀀스에서, 우리는 그녀가 방에서 담배를 피우며 란제리 차림으로 잠시도 쉬지 않고 서성이다 마을을 가로질러 남자가 사는 집의 불 켜진 창문에 가서는 휘파람(사운드트랙에는 낮고 불길한 음이 들어 있다)을 부는 모습을 본다. 마침내 그는 집에서 빠져나간다. 아내가 저녁을 들고 식탁으로 돌아왔을 때 남자는 없다. 그런 후 영화는 아내가 그들의 아이를 껴안는 모습과 도시에서 온 여자가 남자를 껴안는 모습을 번갈아 보여 준다.

그런데 남자와 도시 여자가 안개 자욱한 늪지대로 미끄러져 들어가는 모습을 보여 주는 숏을 보라. 땅바닥은 질척거리고 울퉁불퉁하지만, 카메라는 그들과 함께 부드럽게 미끄러져 다니면서 관목들을 밀치며 그들의 행로를 따라가다가 마침내 보름달 아래에서 그들이 껴안는 모습을 바라본다. <선라이즈>를 여러 번 봤지만, 이 숏을 볼 때마다 항상 구현이 불가능한 숏임을 깨닫고는 했다. 지금은 이 장면을 이해한다. 20세기 폭스가 출시한 DVD의 코멘터리 트랙에는 영화 역사 초기의 카메라 기법을 연구하는 학자이자, 촬영 감독 칼 스트러스의 열렬한

숭배자인 촬영 감독 존 베일리John Bailey의 설명이 들어 있다. 늪지대는 스튜디오 세트고, 하늘과 달은 정말로 꽤나 가까운 곳에 위치하며, 캐릭터들이 진창과 관목을 밀치며 나아갈 때 카메라가 그들의 뒤에서 따라갈 수 있게끔 머리 위에 있는 케이블이 카메라 플랫폼을 지탱하고 있었다고 그는 설명한다.

이 시적인 장면이 잊히지 않는다면, 호수를 가로지르는 보트 여행과 호수 반대쪽에 있는 도시에서 벌어지는 환상적인 에피소드를 포함한, 나중에 나오는 유명한 장면들에 대한 베일리의 분석에 귀 기울여 보라. 베일리에게는 자신이 몸담은 전문 분야를 세상 사람 모두가 이해할 수 있게끔 애정을 담아 명료하게 설명하는 재능이 있는데, 이것은 전문가들에게서는 찾아보기 힘든 재능이다. 그는 비범한 숏들을 창조해 낸 방법을 설명하려고 스트러스가 남긴 저술과 세트에서 촬영한 스틸 사진, 그리고 무엇보다 자신의 본능과 경험을 활용한다.

최고의 순간 중 상당수는 이중 인화된 이미지들이다. 어느 순간 우리는 남자가 도시에서 온 여자의 유령 같은 두 개의 이미지에 포위된 모습을 본다. 전경前景에는 기차가 지나가고, 중간쯤 거리에는 엑스트라들이 걸어가며, 배경에는 도시가 솟아오르는 모습을 본다. 뮤지션들은 왼쪽에, 댄서들은 가운데에 있고, 모든 것이 헛되게 흘러가고 있는 것처럼 보이는 열광적인 나이트클럽 장면을 본다.

베일리는 이런 숏들은 카메라로 빚어낸 것이라고 설명한다. 이 영화가 제작되던 시기는 컴퓨터는 고사하고 광학 프린터도 나오기 전이었다. 카메라 감독은 필름의 일부를 가리고 나머지 부분을 노출해 작업한 다음, 노출한 부분을 가리고는 남아 있는 부분을 노출했다. 렌즈를 세밀하게 제어하고 개별 프레임의 수를 일일이 세는 작업이 필수적이었다. 숏들은 그 외에도 다른 종류의 리얼리티를 만들어 냈다. 전경에 크게 보이는 기차는 모형이었고, 엑스트라들은 실제였으며, 도시는 매트 드로잉이었다.

베일리의 설명을 듣다 보면, 최고의 코멘터리 트랙은 그 작품을 작업하지는 않았지만 그 작품을 사랑하고 그 작품에 대해 많이 생각해 본 전문가가 참여한 작품인 듯하다는 생각이 든다. 이런 트랙들은 (자신들이 활용한 기법이나 그런 기법을 쓴 의도를 설명하기를 꺼리는 것으로 악명 높은) 감독들이 그날 촬영장 날씨가 어땠는지 같은 허접한 추억에나 잠기는 두서없는 트랙들보다 훨씬 더 유용하다.

<선라이즈>의 위력은 비주얼 이미지들을 통해 정확하게 빚어진다. 베일리는 영화의 크레디트 화면에 찰스 로셔 다음으로 등장하는 스트러스가 촬영에 핵심적인 기여를 했다며 스트러스를 열렬히 옹호한다. 스트러스는 카메라를 직접 구입한 다음 전기 모터를 동력원으로 삼았다. 그 덕에 카메라는 공간을 자유롭게 미끄러져 다니게 됐고, <선라이즈>에 독특하고 꿈결 같은 개성을 부여했다. 그는 일부 효과들을 창출한 기법들도 고안해 냈다. 베일리는 이미지의 일부를 다른 이미지로 대체할 수 있도록 이미지를 가리는 데 활용한 검정 배경막 같은 디테일에 대한 힌트를 세트에서 찍은 스틸들을 보면서 얻었다.

앞서 말한 것처럼 줄거리는 무척이나 단순하지만 위력적이다. 도시에서 온 여자는 함께 도망칠 수 있도록 아내를 익사시키라고 남자를 꼬드긴다. 영화에 별로 등장하지 않는 자막 화면이 등장할 때는 드라마틱하다. '익사'라는 말이 헤엄치며 화면에 떠올랐다 스크린 아래로 흘러내려가 사라진다. 베일리의 지적에 따르면, 남자와 아내가 호수를 가로지르는 보트 여행을 시작할 때 카메라는 항상 하이 앵글에서 남자를 잡는다. 남자가 카메라를 내려다보게 만드는 게 자연스러운 앵글인 것처럼 보이는, 남자가 아내를 내려다보는 장면에서도 말이다. 이러한 전략은 남자를 카메라에 굴복시키면서 그가 짊어진 압박감을 강조한다. 무르나우는 남자를 연기한 오브라이언에게 납덩어리가 든 신발을

신겨 마지못해 느릿느릿 걷는 것처럼 보이게 만듦으로써 남자가 느끼는 고통스러운 심리 상태를 강조한다.

결국 남자는 아내를 익사시키지 않는다. 무성 영화에서 종종 보이는 '미래 도시'를 암시하는 기상천외한 세트들로 구성된 도시에서, 남자와 아내는 다시 사랑에 빠진다. 그런 후 그들이 호수를 건너 귀가할 때 폭풍우 때문에 배가 뒤집히면서 아내가 우연히 익사한 것처럼 보인다. <선라이즈>는 굉장히 자유분방한 멜로드라마로, 구어체 대사의 리얼리즘으로는 그런 영화를 만들 수 없었을 것이다. 그런데 무성 영화는 꿈결 같은 매체다. 그리고 무르나우는 기괴하고 심란한 이미지들과 그것들의 병렬을 통해 악몽 같은 상태를 만드는 데 천재적이었다. 이 영화의 캐릭터들은 복잡다단하지 않은 단순한 캐릭터들이기 때문에 그들의 윤리관은 사뭇 투명하고, 그들이 내리는 결정은 삶과 죽음의 근본적인 문제로 확장된다.

<선라이즈>를 처음 보면 단순한 영화라고 생각할 수도 있다고 생각한다. 아카데미가 이런 작품에 영예를 안겼다고 비웃으며 즐거워할 수도 있다. 그런데 무성 영화에는 나름의 언어가 있다. 무성 영화는 관객의 이성이 아니라 감정을 겨냥했다. 그리고 최고의 무성 영화들은 이야기가 아니라 체험을 원했다. 표현주의가 드리운 어두운 그림자에서 솟아난 무르나우는 자신의 이미지들을 한껏 밀고 나오면서 우리에게 강요했고, 그것들로 우리를 사로잡았다. 당신이 <선라이즈>를 생각하면 할수록, 그 영화는 더 심오한 작품이 될 것이다. 이야기가 더 불가사의해져서 그런 게 아니라, 이 영화가 다루는 진정한 주제는 표면 아래에 잠복한 공포임을 깨닫게 되기 때문이다.

# '세 가지 색' 연작 Trois Couleurs	감독	크시슈토프 키에슬로프스키
	제작	1993~1994년

크시슈토프 키에슬로프스키Krzysztof Kieslowski, 1941~1996는 《세 가지 색Trois Couleurs》 3부작의 마지막 작품인 <레드Rouge>(1994)를 완성한 후 은퇴하겠다고 발표했다. 작품 활동에 싫증이 난 인물이 한 발표가 아니었다. 그는 이것이 마술사의 은퇴, '책을 읽고 담배를 피우려고' 자신이 할 일을 그만두는 것을 만족스럽게 여기는 프로스페로•의 은퇴라고 말했다. 그는 그로부터 2년 후 향년 54세로 세상을 떠났다.

그가 초기작 대부분을 냉전이 한창이던 시절에 폴란드에서 만들었기 때문에, 그리고 그의 걸작 《십계Dekalog》 연작이 멀티플렉스의 컨베이어 벨트에 쉽게 들어맞지 않는 한 시간짜리 작품 열 편으로 구성돼 있기 때문에, 그는 응당 함께 거명돼야 할 베리만Ingmar Bergman, 오즈小津安二郎, 펠리니Federico Fellini, 키튼Buster Keaton, 부뉴엘Luis Buñuel이 반

• 셰익스피어의 희곡 「템페스트」에 나오는 마술사. 작품의 결말에서 마법을 부리는 능력을 포기하고 원래의 직위였던 밀라노 공작으로 복귀한다.

는 인정을 아직도 받지 못하고 있다. 그는 내가 죽어 가고 있음을 알게 됐을 때, 또는 내가 그런 상황을 겪고서도 살아남게 될 것임을 알고 웃음을 터뜨릴 때 위안 삼아 의지할 법한 감독 중 한 명이다.

그는 병, 상실, 죽음을 자주 다뤘다. 그러면서도 그의 작품들의 표면 아래에는 깊이 있는 유머가 흘렀다. <화이트Blanc>(1994)에 이런 시퀀스가 있다. 폴란드인 미용사인 주인공은 파리에서 절망적인 향수병에 걸린다. 그는 여행용 가방 안에 웅크린 채로 바르샤바로 돌아갈 수 있도록 일을 꾸민다. 바르샤바 공항에서는 겁에 질린 친구가 공항 컨베이어 벨트를 지켜보고 있다. 가방은 거기로 나오지 않는다. 가방을 훔쳐 자물쇠를 딴 도둑들은 왜소한 남자만 들어 있는 것을 발견하고는 그를 심하게 구타한 후 쓰레기 더미에 던져 버린다. 비틀거리며 일어선 그는 주위를 둘러보고는 피를 흘리면서도 의기양양하게 외친다. "드디어 집에 왔다!"

<블루Bleu>(1993)에서 쥘리에트 비노슈Juliette Binoche는 남편과 딸을 자동차 사고로 잃은 젊은 여인을 연기한다. 그녀는 정서적 무기력증을 어느 정도 겪은 후 항상 그녀를 사랑해 온 옛 친구에게 전화를 걸어 마침내 그에게 기회가 왔다고 말한다. 그들은 섹스를 한다. 그녀는 섹스가 도움이 될지 알아보고 싶었다. 하지만 도움이 되지 않는다. 아는 사람이 아무도 없는 곳에 살면서 새 친구를 만들지 않기로 결심한 그녀는 파리의 이름 없는 구역의 외진 거리로 이사한다. 그런데 공교롭게도 그녀는 그곳에서 누군가를 만난다. 바로 남편의 애인이다.

세 작품 중 가장 뛰어난 <레드>는 이렌 자코브Irène Jacob를 발랑틴 역할로 등장시킨다. 제네바에 사는 발랑틴은 운전 중에 근사하게 생긴 골든 리트리버를 친다. 건강해질 때까지 개를 보살핀 그녀는 견주인 은퇴한 판사(장루이 트랭티냥Jean-Louis Trintignant)에게 개를 돌려주러 가지만, 판사는 그녀에게 개를 가지라고 말한다. 그는 개에 대한 걱정 따

<블루>

위는 초월한 듯하다. 그는 이웃들의 전화 통화를 엿들으며 하루하루를 보낸다. 그는 마치 신처럼 창문을 통해 이웃들을 바라본다(그는 사실상 신과 아주 비슷한 존재다). 자유 의지를 가진 이웃들이 다음에는 무슨 일을 할지 궁금해한다. 그는 평결을 내리면서 평생을 보내고 난 지금은 세상사에 초연한 관찰자가 되고 싶어 한다.

이 판사는 젊은 시절에 사랑에 빠졌다가 사랑을 잃은 후 계속 그 상태로 지내 왔다. 그는 자신이 받은 정신적 상처를 쓰다듬는다. 그는 처음에는 발랑틴을 거칠게 돌려보내지만, 서서히 그녀에게 자신의 사연을 들려주기 시작한다. <레드>에는 그의 이야기를 공감하며 주의 깊게 들으려고 몸을 기울이는 발랑틴이 마치 기도하는 사람처럼 보이는 순간이 있다. 우리는 판사와 그가 잃은 사랑이 발랑틴과 항상 자리를 비우는 그녀의 연인의 이야기, 그리고 발랑틴이 사는 집의 길 건너편 아파트에 사는 — 그녀가 만난 적 없는 — 젊은 법학도의 인생과 비슷하다는 것을 차츰 알게 된다.

판사와 발랑틴은 평행 우주의 다른 시간대에서는 사랑에 빠졌을 수도 있다. 그들은 40년 정도밖에 안 되는 시간 차이 때문에 같은 연배로 살지 못했다. 허블 우주 망원경이 아득한 시간의 여명을 보게 된 지금, 40년은 그리 긴 시간처럼 느껴지지 않는다. 인류학자 로렌 아이슬리Loren Eiseley가 쓴 책의 한 구절을 보면, 사막의 지표면에 생긴 틈바구니를 내려간 그는 인류의 초기 조상 중 한 명의 해골을 바라보는데, 헤아릴 수 없이 많은 세기를 겪어온 그 해골은 아이슬리를 응시하고 있다. 우주론적인 관점에서 그 상황을 숙고한 그는 자신과 그 해골이 거의 같은 순간을 살고 있다는 결론을 내린다.

키에슬로프스키는 《십계》 연작과 이 삼부작의 시나리오를 크시슈토프 피시비츠Krzysztof Piesiewicz와 공동 집필했는데, 피시비츠는 키에슬로프스키가 폴란드 자유 노조의 재판 과정에서 만난 변호사였다.

<화이트>

“그는 시나리오 쓰는 법을 몰랐습니다.” 감독의 회상이다. “하지만 말은 할 줄 알았죠.” 담배 연기 자욱한 방에 틀어박힌 그들은 이야기를 나누면서 함께 영화들을 창작했다. 키에슬로프스키는 시나리오를 항상 피시비츠와 함께 썼지만, 촬영 감독은 영화마다 거의 다른 사람을 기용했다. 그는 각각의 작품이 조화롭게 보이기를 원치 않았다. 피시비츠를 역발상의 옹호자라고 상상하는 사람도 있다. 그가 집필한 영화들은 예상했던 방향으로 전개되는 것을 고집스럽게 거부하기 때문이다.

삼부작을 보면 <블루>는 반反비극이고, <화이트>는 반反희극이며, <레드>는 반反로맨스다. 세 영화 모두 듣는 즉시 흥미를 자아내게 만드는 내러티브로 관객들을 낚아챈다. 작품들은 모두 형이상학적인데, 이론을 통해 그러는 것이 아니라 등장하는 사례 측면에서 그렇다. 키에슬로프스키는 우화를 들려주지 설교를 늘어놓지는 않는다. 각각의 작품이 십계명의 계명 하나에 기초하는 《십계》 연작과 동일하다. 그런데 《십계》 연작의 작품들이 어떤 계명을 밝히고 있는지, 또는 각각의 작품들이 말하고자 하는 바가 무엇인지를 정확하게 집어내는 게 항상 가능하지는 않다. 나는 영화 강의에서 《십계》연작을 가르쳐 본 적이 있어 이 사실을 알고 있다. 우리는 강의에서 계명들의 순서가 유대교, 가톨릭, 개신교의 버전마다 약간 다름을 알게 됐다. 어떤 학생은 “키에슬로프스키의 버전에서도 약간 다르죠”라고 한숨을 지었다.

정의하기 어려운 마찬가지 방식으로 도움이 될 법한 상징의 활용이라고는 <블루>, <화이트>, <레드>가 자유, 평등, 박애를 상징하는 프랑스 삼색기의 세 색깔을 대표한다는 것이 전부다. <블루>의 쥘리에트 비노슈는 남편과 아이를 잃은 후 인생을 다시 시작하거나 아예 전혀 그렇게 하지 않아도 될 자유를 얻는다. <화이트>의 즈비그니브 자마코브스키Zbigniew Zamachowski는 아내를 파리로 이주시키려고 엄청나게 고생했지만 결국에는 아름다운 아내(줄리 델피Julie Delpy)에게 버림

<레드>

을 받는다. 폴란드의 고향으로 돌아온 그는 그녀와 평등해지기 위해, 그렇게 해서 복수를 하기 위해 백만장자가 되고 싶어 한다. <레드>의 발랑틴과 나이 먹은 판사는 시간과 성性의 장벽을 초월해 솟아난 박애 정신의 소유자다. 그들 모두 세상이 달라졌을 수도 있음을 이해할 수 있는 상상력의 소유자이기 때문이다.

이야기되지 않고 감춰진 것도 있다. 이웃 사람들의 삶에 개입하는 일 없이 그들의 삶을 연구하는 데 무척이나 열중한 판사가 발랑틴과 그녀의 집 건너편에 사는 젊은이를 맺어 준 최후의 마술을 부린 촉매였을지도 모른다는 가능성이다. 그 젊은이는 판사 자신이었을지도 모른다. 아니, 키에슬로프스키의 영화인 이 작품에서는 실제로 그였을 것이다. 물론 그가 사는 시간대는 상황의 변화에 따라 구체적인 세부 사항들이 약간 바뀐 채로 판사의 시간대와 겹친다.

키에슬로프스키를 잘 알고 종종은 그를 위해 통역으로 일했던 컬럼비아대학 교수이자 영화 평론가인 아네트 인스도프Annette Insdorf는 이렇게 밝혔다. "어떤 영화감독에 대해 '참 좋은 사람이야'라는 생각을 하는 경우는 드물어요. 그런데 그는 좋은 사람이었어요. 부연 설명도 잘해 줬고, 정이 많았지만 관객의 감정에 호소하는 일은 없었고, 위트나 행동은 무뚝뚝한 사람이었지만 정말로 인상적인 사람이었어요." 그녀가 쓴 책 『이중의 삶, 두 번째 기회들: 크시슈토프 키에슬로프스키의 영화Double Lives, Second Chances: The Cinema of Krzysztof Kieslowski』는 감독의 작품에 대한 해답을 제목에서 제공한다. 키에슬로프스키는 선택 대안을 갖지 못한 캐릭터들에 대한 영화는 만든 적이 없다. 정말이지, 그의 작품들은 대체로 선택에 대한 영화, 선택에 도달하는 방법에 대한 영화, 사람들이 선택하거나 놓친 것 사이의 긴밀한 연관 관계를 다룬 영화였다.

대부분의 영화는 등장하는 캐릭터들이 영화의 플롯에 의해 규정되거나 제한된다는 암묵적인 가정에 따라 만들어진다. 그러나 인생은 이야기에 대한 것이 아니다. 이야기가 인생에 대한 것이다. 그것이 어린 아이들을 위해 만든 영화와 어른들을 위해 만든 영화의 차이점이다. 키에슬로프스키는 교차하는 시간대와 삶의 궤적을, 내려진 선택과 내려지지 못한 선택을 찬양한다. 그의 모든 작품은 신이 우리에게 자유 의지를 줬는데도 영화감독들은 어째서 그 자유의지를 앗아가려고 고생하는 것인지 이유를 묻는다.

<베로니카의 이중생활La Double Vie de Véronique>(1991)을 보면 버스 차창 밖을 몇 초간 내다본 여주인공이 도시 광장에 서 있는 자신의 모습을 본 것 같다고 느끼는 순간이 있다. 어떻게 이런 일이 가능할까? 시간이라는 옷감의 한 지점이 헤진 것일까? 평행 우주에서 날아온 순간일까? 키에슬로프스키는 해답을 꿈도 꾸지 않을 것이고, 아마 해답도 몰랐을 것이다.

"키에슬로프스키는 자신의 캐릭터들을 진정으로 사랑했고, 우리 자신이 초월의 영역에서 우리가 가진 한계와 능력 모두를 신랄하게 인식할 수 있게끔 우리를 그곳으로 초대했다." 당신은 인스도프가 밝힌 이 견해를 영화의 프레임마다 담겨 있는 애정에서 느낄 수 있을 것이다. <레드>의 노판사는 무정하고 부정적이지만, 발랑틴을 거칠게 대하는 자신의 태도에서 상처를 받지 그런 태도를 즐기지는 않는다. 우리는 여전히 희망이 흐르고 있는 저 위의 어딘가를 향해 질식할 것 같은 인생을 뚫고 헤엄쳐 올라가는 키에슬로프스키의 많은 캐릭터와 그를 비슷한 존재로 본다.

내가 키에슬로프스키에게 그토록 강한 유대감을 느끼는 것은 어린 시절에 찾아갔던 장소들을 다시 방문하는 것으로 잠시나마 초월을 추구하고 싶은 때가 있기 때문이다. 나는 지금 베니스의 카페를, 아일랜드의 도니골 인근 바다를 굽어보는 낮은 절벽을, 케이프타운의 서

점을, 런던에 있는 존 손 경 박물관Sir John Soane's Museum의 조찬실을 생각하고 있다. 나는 순례를 떠난 영혼의 마음가짐으로 그곳들에 이끌린다. 내가 예전에 그곳을 방문했을 때 드리웠던 그림자나 훗날에 그곳을 방문해 드리울 그림자를 볼 수 있는 이는 아무도 없겠지만, 또는 그 그림자들이 어떻게 해서 내 운명의 초석이 됐는지 알 수 있는 이는 아무도 없겠지만. 언젠가 카페에 다가가던 내가 그곳을 떠나려고 막 일어서는 나의 모습을 보더라도, 나는 잠깐이나마 나 자신을 놓쳤다는 생각에 크게 놀라지는 않을 것이다.

키에슬로프스키라면 이해했을 것이다. 3부작의 세 편 모두를 잇는 연결 고리는 거리에 있는 재활용 쓰레기통에 병을 집어넣으려 애쓰는 노파를 보여 주는 짤막한 숏이다. 투입구는 그녀의 손이 닿기에는 약간 높은 곳에 있다. <레드>에서 발랑틴은 그녀를 도우려고 노력한다. 처음 두 영화의 배경은 파리다. 그런데 이 노파는 제네바에서 무슨 일을 하고 있는 것일까? 바로 그것이다.

셰인 Shane	감독	조지 스티븐스	
	주연	앨런 래드, 진 아서, 밴 헤플린	
	제작	1953년	118분

특정한 시각에서 보면 <셰인>의 전체 줄거리는 주인공이 개인적으로 느끼는 압박감과 양심의 가책을 그 앞에서 풀어낼 수 있는 배경막에 불과하다. 사람들은 전통적으로 이 영화를 옛날 서부에서 농부들이 총잡이들이 내세운 잔인한 법에 용감히 대항하는 이야기로, 그 과정에서 정착민들이 고용된 폭력배들의 면전에서 자신들의 땅을 지켜낼 수 있도록 고독한 총잡이가 도와주는 이야기로 간주해 왔다. 영화를 조금 더 주의 깊게 살펴보라. 그러면 이 총잡이와 농부의 아내가 서로에게 끌리고 있음을 알게 될 것이다. 셰인이 농부 부부의 아들인 어린 조이가 보여 주는 존경심에 감동을 받았다는 것도 알게 될 것이다. 영화에 프로이트를 도입해 보라. 마을에 새로 나타난 남자가 6연발 권총을 차고, 솜씨가 월등한 사람임을 입증하기 전까지 계집애처럼 차려입고는 술집에서 불량배들이 가하는 모욕과 난폭한 대접을 묵묵히 받아들일 때, 당신은 모든 가능성을 발견할 것이다.

조지 스티븐스George Stevens, 1904~1975 감독이 만든 <셰인>의 깊숙한 곳에 잠복한 것은 대단히 위대한 진실이 아니다. 모든 요소가 깊숙한 수준에서 공존하면서 영화를 단순한 윤리적 유희의 수준을 뛰어넘는 더 복잡한 영화로 만든다. 맞다, 겉만 보면 셰인은 과거를 뒤에 남겨두고 싶어 하는 총잡이로, 그랜드 테튼스에서 찾아낸 조 스타렛 가족이 살아가는 화목한 가정생활을 동경한다. 맞다, 자신의 가축들이 자유로이 배회할 수 있도록 울타리들을 찢어발기고 싶어 하는 잔인한 루퍼스 라이커(에밀 메이어Emile Meyer)에 누군가는 맞서야 한다. 맞다, 셰인이 바로 그 사람이다. 대결에서 이기더라도 이 계곡을 떠나야 한다는 점을 그도 잘 알지만 말이다. "사람을 죽이면서 살아갈 수는 없단다." 술집에서 세 명을 쏴 죽인 후에 셰인이 조이에게 한 말이다. "이걸 되돌릴 방법은 없어. 옳건 그르건, 이건 낙인이야. 나한테 찍힌 낙인."

맞다, 영화는 그 수준에서 관객에게 먹힌다. 그리고 영화는 바로 그 수준에서 1953년에 나온 최고의 영화 중 한 편으로 꼽혔다. 그런데 바로 그 수준에서만 먹혔다면, 이 영화는 <하이 눈High Noon>이나 다른 고전 웨스턴들처럼 점차 시대에 뒤처졌을 것이다. <셰인>에는 흥미로운 미스터리들이, 수수께끼와 난점들이 담겨 있다. 제목에 등장하는 캐릭터에도, 앨런 래드Alan Ladd가 그 캐릭터를 연기하는 방식에도 담겨 있다.

래드는 체구가 평균보다 작지만 외모는 인상적일 정도로 빼어난 무비 스타였다. 그는 경력의 상당 부분 동안 자신을 실제보다 더 터프하고 훤칠하게 보이게끔 촬영한 영화의 역할들에서 그런 특징들을 표출해 왔다. <셰인>에서 그는 말쑥하고 옹골찬 남자를 솔직하게 보여준다. 그는 신체적으로는 그를 압도하는 윌슨(잭 팰런스Jack Palance)과 캘러웨이(벤 존슨Ben Johnson) 같은 고용 총잡이들하고는 상대가 되지 않는다. 귀여운 머슴애처럼 보이는 술 달린 사슴 가죽 재킷 차림으로

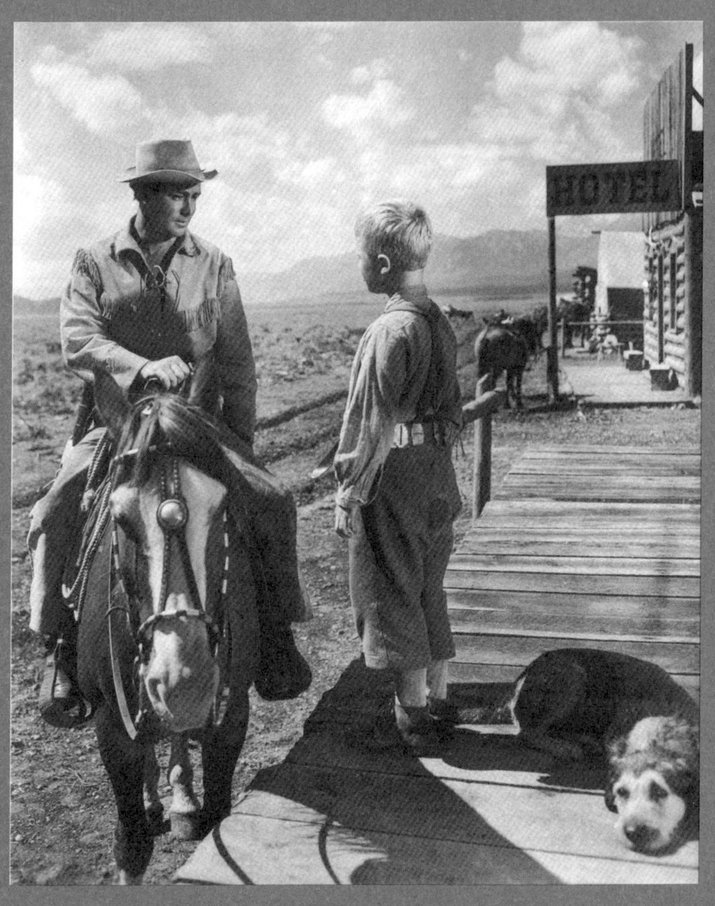
HOTEL

말을 타고 마을에 들어온 그는 새 옷을 사러 가게로 향한다. 술집에서 살아가는 게 분명한 라이커 휘하의 구레나룻을 기른 억센 총잡이들과는 대조적으로, 그는 구입한 정장 바지와 오픈칼라가 달린 푸른색 셔츠 때문에 계집애처럼 보인다.

그의 첫 살롱 방문은 전체 줄거리의 기저에 흐르는 흐름을 설정한다. 말쑥한 도시인처럼 차려입은 그는 소다수를 주문한다. 카우보이들은 낄낄거린다. 캘러웨이가 느릿느릿 다가와 그를 돼지 냄새 풍기는 "농사꾼"이라고 경멸조로 부른다. 스타렛(밴 헤플린Van Heflin)의 농장에서 셰인이 맡은, 땅을 경작하는 일을 가리키는 호칭이다. "나한테 하는 말인가?" 그러자 캘러웨이가 대꾸한다. "거기에 딴 사람이 서 있는 걸로는 보이지 않는 걸." 캘러웨이가 셰인의 새 셔츠에 술을 끼얹는 것으로 대결이 끝나는 동안, 우리는 <택시 드라이버Taxi Driver>의 트래비스 비클이 이 영화의 팬이 아니었을까 의심하게 된다.

농장에서 진 아서Jean Arthur가 연기하는 조의 아내이자 조이의 어머니인 매리언과, 지금은 헛간에서 잠을 자고 있는 미남 손님 사이에 야릇한 감정이 피어나고 있는 건 분명하다. 그녀는 마음이 끌리고 있다는 것을 결코 행동으로 표출하지 않고, 셰인도 그러지 않는다. 우리는 그들이 조를 대단히 존중한다는 걸 감지한다. 그런 와중에 어린 조이는 현실성이 떨어질 정도로 감탄스러운 눈으로 셰인을 바라본다. 그리고 그에게 의미심장한 행위인 총 쏘는 법을 가르쳐 주는 셰인은 아버지 같은 존재가 된다. 격투가 벌어질 때, 조이는 기다란 사탕을 먹어 가며 행복한 표정으로 싸움을 지켜본다. 셰인과 매리언은 독립 기념일에 조가 지켜보는 가운데 춤을 추는데, 조의 표정은 상황에 대한 인식에 비하면 그리 심각해 보이지 않는다.

이전과 이후의 많은 웨스턴이 그랬던 것처럼, <셰인>에서 만사는 술집에서 벌이는 총격전으로 귀결된다. 총격전에 앞서 특이할 정도로 많은 대화가 오간다는 점은 조금 다르지만. 계곡에 사는 사람들은 요즘 캐릭터처럼 단순한 액션 영화의 등장인물이 아니다. 그들은 자신이 취해야 할 행동에 대한 생각들을 놓고 고민한다. 라이커는 자신을 위해 일하러 오지 않겠냐며 두 번에 걸쳐 조를 설득하려 하고, 셰인을 고용하려는 노력도 한 번 기울인다. 라이커와 윌슨은 다른 농부인 토리(엘리샤 쿡 주니어Elisha Cook Jr.)가 폭력을 휘두를 가능성을 놓고 사려 깊은 대화를 나눈다. 조는 라이커가 가하는 위협에 대응하는 방법에 대해 정착민들과 논쟁을 벌인다. 내뱉을 이야깃거리가 그리 많지 않은 유일한 캐릭터가 마을 밖에서 데려온 고용 총잡이 윌슨이다. 대사가 열 줄 정도밖에 안 되는 그는 불길한 조짐을 보여 주는 인물로서만 존재한다. (그는 말을 끌고 걸어서 마을에 도착한다. 할리우드에 전해지는 야담에 따르면, 당시에 말을 타는 팰런스의 모습이 무척이나 꼴불견이라 두 손을 든 스티븐스 감독이 그를 걷게 만들었다고는 하지만, 이것은 아주 효과적인 등장이기는 하다.)

윌슨은 정의보다 완력이 우월하다는 옛 서부의 원칙을 체현한다. 토리가 윌슨과 대결하려고 마을로 들어왔다 총에 맞아 죽는 섬뜩한 시퀀스가 있다. 스티븐스는 이 시퀀스를 현실을 철저히 반영한 시퀀스로 조율한다. 시퀀스 전체를 거의 롱 숏으로 잡으면서, 토리가 무척이나 조심스러운 걸음으로 진창에 난 바퀴 자국을 가로지르며 걸어갈 길을 고르고는 살롱의 목제 베란다(윌슨이 그를 상대하려고 성큼성큼 걷는 유리한 위치)와 나란히 놓인 진창길을 걷는 모습을 보여 준다. 토리는 베란다에 오르지도 못한다. 총을 늦게 뽑은 그는 진창에서 죽는다. 로버트 올트먼Robert Altman의 <매케이브와 밀러 부인McCabe & Mrs. Miller>에서 키스 캐러딘Keith Carradine이 죽는 모습과 비교될 만한, 웨스턴에서 벌어진 총격전 중에서 가장 서글픈 죽음에 속하는 죽음이다.

영화 전체는 셰인이 결국 윌슨을 포함한 다른 총잡이들과 대결을 벌여야 한다는 불가피한 사실을 향해 구축된다. 셰인은 총격전 후에 살아남더라도 마을을 떠나야 할 것이다. 그는 마을에 머무를 수 없다. 살인자로 '낙인찍혔다'는 단순한 사실 때문이 아니라, 매리언을 향한 감정을 해소할 납득할 만한 해결책이 없기 때문이다.

자, 그럼 그는 거기에 왜 간 걸까? 그는 조가 원하는 대로 마을에 가서 죽게끔 놔둘 수도 있었다. 그렇게 되면 뒤에 남은 매리언과 조이에게는 남자가 필요할 것이다. 그런데 셰인은 조가 그렇게 하지 못하게 막으려고 조를 때려눕힌다. 아마도 그는 조도 무척이나 좋아하는 것 같다. 그렇지 않을까? 일상적인 대화에서 말없이 물러서는 셰인의 모습이 대단히 과묵하고 내향적이며 자기중심적이라, 그는 항상 어떤 역할을 연기하고 있는 사람처럼 보인다. 자신이 보유한 폭력적인 능력을 가급적 오랫동안 억제하다가 어쩔 수 없이 그 능력을 사용해야 하는 얄궂은 상황에 스스로 자리를 잡은 다음, 일이 끝나면 말에 올라 다음 마을을 향해 고독하게 떠나는 역할을 말이다. 그는…… 문제가 많은 인물이다.

이야기는 그 이야기를 들려주는 인물에 크게 좌우된다. <셰인>은 마을 사람들과, 클로징 신에서 "셰인! 셰인! 돌아와요!"라는 유명한 대사를 외치는 소년의 관점에서 전개된다. 우리가 셰인을 따라 이 마을 저 마을을 다닌다면, 우리는 그를 옥죄는 행동 양식이 의례적으로 재현되는 양상을 발견하게 될 것이다. 목을 축이려고 조의 농장에서 말을 멈춘 후, 라이커의 부하들이 나타났을 때 그가 농장을 떠날 채비를 마쳤음을 주목하라. 다른 사람들의 말다툼에 흥미를 느낀 그는 자신을 "친구"라고 소개하고는 6연발 권총을 내보인다. 그러면서 그는 자신과 조금도 상관없는 시나리오에 개입하기로 결정하고, 그 시나리오는 그가 이전에도 숱하게 봐왔을 거라고 의심되는 엔딩으로 이어진다.

그는 왜 이렇게 행동할까? 그에게는 사무라이와 중세 기사의 기질이 조금 있다. 그에게는 행동 규범이 있다. 그렇기는 해도, 그의 행동과 성격, 전체적으로 풍기는 분위기는 뭔가 다른 것을 암시한다. 어떤 위협이건 해결할 수 있을 정도로 터프하고, 거의 모든 여성의 마음을 사로잡을 수 있을 정도로 잘생긴 남자가 여기 있다. 그는 왜 자신을 약골로 내비치는 것일까? 그에게는 왜 여자가 없는 걸까? 그의 내면 저 깊은 곳에는 마조히즘에 의해 활기를 찾는 공포가 흐르고 있는 게 분명하다. 그는 여자를 두려워할까? 아마도. 그는 다른 사람들이 그를 해치울 수 있을 거라고 생각하게끔 일부러 상황을 유도한 다음에 그들을 죽이는 걸까? 분명히 그렇다. 그가 이런 짓을 하는 것은 용맹성과 용감함에서 비롯한 것이고, 자신이 옳은 일을 하고 있다고 믿기 때문일까? 진부한 답이다. 그는 깊숙한 욕구나 동경을 표출하려고 그런 짓을 하는 걸까? 상당한 가능성이 있다. <셰인>은 결코 말하지 않는다. 그도 결코 그 해답을 모를 것이다. 셰인은 흰 모자를 쓰고 윌슨은 검정 모자를 쓴다. 그런데 이 영화에 깊이 묻혀 있는 심리는 얼룩덜룩하고 간단치 않은 매혹적인 회색이다.

소방수의 무도회

Hoří, Má Panenko

감독	밀로슈 포먼	
주연	얀 보스트르실	
제작	1967년	71분

밀로슈 포먼Miloš Forman, 1932~2018 감독의 <소방수의 무도회>는 1968년에 소련군이 대중 봉기를 진압하려고 행군해 온 체코슬로바키아에서 공산당 정권에 의해 "영원히, 영구히" 금지됐다. 이 영화가 소비에트 체제와 관료주의를 은밀히 공격했다는 이야기가 있는데, 포먼은 당시에는 이를 부인했지만 지금은 그 이야기에 행복하게 동의한다. 연로한 소방관을 위해 개최된 퇴직 이벤트에 관한 온화하고 인간적이며 매력적인 이야기를 들려주는 이 영화는 시민 위원회와 도둑질 문화, 문제점 앞에서 꼬리를 내리는 해결책들을 조롱감으로 삼는다.

포먼과 시나리오 작가 이반 파세르Ivan Passer는 다른 작품을 집필하던 와중에 이 영화에 영감을 주는 소재를 찾아냈다. 그들은 <금발소녀의 사랑Lásky Jedné Plavovlásky>(1966년도 오스카상 후보작)으로 국제적인 성공을 거둔 참이었다. 이 영화는 여자가 남자보다 압도적으로 많은 공장 도시에 사는 젊은 아가씨의 이야기를 들려준다. 그녀는 현명치 못하게도 그녀를 진지하게 대하지 않는 뮤지션과 사랑에 빠진다. 새 작품의 아이디어를 놓고 작업하던 포먼과 파세르는 프라하가 가하는 압박감에서 벗어나려고 작은 마을을 찾아갔다. 그리고 그 지역 소방관들의 무도회에 참석한 그들은 차기작의 소재를 찾았음을 깨달았다.

이 영화는 인간미가 느껴지는 소소한 이야기들이 삶의 단면을 보여 주는 것처럼 보이지만, 사실은 제약이 심한 소비에트 체제를 다룬 미묘한 우화 노릇을 할 수도 있었던 당시 동유럽에서 꽤나 보편적으로 드러나던 패턴을 따른다. 시나리오는 제작에 들어가기 전에 검열 당국의 승인을 받아야 했는데, 그러고 나서도 제작 승인과 시사회 사이의 기간에 많은 변화가 생겼다. <소방수의 무도회>의 경우, 그 변화는 치명적이었다. 이탈리아인 제작자 카를로 폰티Carlo Ponti도 영화에 공동으로 자금을 투자했는데, 체코 당국이 승인을 철회하면서 폰티도 영화에서 손을 뗐다. 영화는 프랑스의 프랑수아 트뤼포François Truffaut 감독이 개입하고서야 구원을 받으며 국제적인 배급망을 찾을 수 있었다.

영화의 시간적 배경은 소방관들이 이벤트를 준비하고 참석해 행사를 치르는 24시간가량이다. 그들은 전임 소방서장을 위한 헌정 행사를 계획하고 있다. 너무 때늦은 행사일지도 모르지만 말이다. "그분이 85세이던 작년에 일을 치렀어야 했어." 한 사람이 말한다. "돌아가시기 직전인 지금이 아니라." 암 판정을 받은 고령의 소방관은 벨벳으로 안감을 댄 상자에 담긴 근사한 소방용 도끼 모형을 선물로 받게 될 것이다.

늙은 소방관이 소비에트 이전 시기의 거의 잊힌 가치관과 전통을 상징한다고 보는 사람들이 있다. 영화의 클라이맥스는 소비에트 공산주의의 역설에 대한 완벽한 상징으로 어렵지 않게 읽어 낼 수 있다. 무도회 도중에 관내 헛간에 불이 나면서 소방관들이 현장으로 출동한다. 그런데 그들이 탄 트럭이 눈 속에서 지체된 탓에 현장에 도착했을 즈음이면 헛간은 이미 화염에 잡혀 먹힌 뒤다. 농부가 춥다고 투덜거리자,

소방관들은 할 수 있는 일을 해 준다. 농부가 앉은 의자를 불길 가까이로 옮겨 주는 것이다.

이 경이로운 장면은 실생활의 풍미를 담은 일련의 에피소드를 통해 준비된다. 실생활의 풍미가 느껴지는 건 포먼이 지역 주민들에게 역할을 맡겼기 때문일 것이다. 이 영화에 전문 연기자는 한 명도 없다. 우리는 소방용 도끼 모형에 찬사를 보내면서 행사 계획을 세우는 위원회 회의를 본다. 지역 회관에서, 종이로 된 현수막의 양 측면을 그슬리려고 높다란 사다리에 올라갔다가 중심을 잡지 못한 소방관은 들보에 매달리는 신세가 되고, 포스터는 불길 속에서 잿더미가 된다.

소방관들은 미인 경연 대회를 열어 여왕으로 선발된 여성에게 소방용 도끼를 증정하는 일을 맡긴다는 계획을 세운다. 그들은 잡다한 상품들(치즈, 햄, 케이크, 초콜릿)로 테이블을 채운다. 소비재 공급이 딸렸던 당시에는 귀한 물건들이다. 그런데 포먼이 DVD에 담긴 인터뷰에서 인용한 격언에 따르면 "훔치지 않는 자, 가족들을 등쳐 먹게 될 것"이다. 상품들은 대회가 열리기 전에 테이블에서 없어진다. 심지어는 상품을 지킬 사람들로 임명된 존경받는 부부조차 그런 짓을 저지른다.

미인 경연 대회는 재앙이다. 지역 아가씨들이 거의 참석하지 않았기 때문이기도 하고, 예쁜 아가씨들이 이 대회에 관심을 보이지 않기 때문이기도 하다. 소방관들은 참가자들을 선발하려는 노력의 일환으로 날카로운 눈빛으로 군중을 훑고, 차라리 다른 일에 지원하는 편이 훨씬 나을 것 같은 것처럼 보이는, 마지못해 나타난 듯한 결선 진출자들의 대열이 등장한다.

포먼이 조롱하는 대상은 이 캐릭터들이 아니라, 그들이 살고 있는 체제다. 검열 당국은 체코 사회를 "부정적으로 묘사"한다는 이유로 이 작품을 비판했다. 비판을 두려워하는 체제가 툭하면 동원하는 수법이다. 경이로운 이란 영화 <천국의 아이들Bačče-hâ-ye âsemân>에 대해, 검

열 당국은 운동화를 살 형편도 안 되는 아이들이 있는 사회를 보여 준다고 비판했다. 이란에는 운동화를 살 형편이 안 되는 아이들이 여전히 있다는 사실이 영화에서 가장 중요한 요소였는데도 말이다. 우리가 사는 세상이 이런 지경이다. 검열 당국은 자신들이야말로 애국자인 척 가장하고, 체제를 비판하는 사람들을 매국노처럼 대한다. 사실은 비판이야말로 나라 사랑에서 우러난 의무인데도 말이다. 자유로운 사회에서 언론이 사회에 부정적이라는 비판을 받을 때, 그것은 항상 언론이 집권당의 정책에 과감하게 의문을 제기했다는 단순한 사실을 의미한다. 새뮤얼 존슨Samuel Johnson•은 이런 말을 했다. "애국심은 악당들의 마지막 은신처다." 존슨은 이의를 제기하는 사람들에 맞서는 방패로 애국심을 동원하는 사람들에 대해서도 그런 말을 할 수 있었을 것이다.

2002년 여름에 카를로비바리영화제에 참석하러 체코 공화국을 방문한 나는 소련의 점령을 견뎌 낸 사람들을 여러 곳에서 만났다. 그들은 여전히 증오심에 차 있었다. 애국적인 러시아 영화의 출품을 불행했던 지난날의 유물로 본 동료 심사위원 몇 명은 날카로운 의문을 제기했다(나는 어느 나라에서 만든 영화건 표준적인 전쟁 영화라면 어떤 영화나 담고 있는 요소들을 반영한 작품으로, 주인공을 영웅으로 바라보는 영화라서 주인공을 항상 옳다고 여기는 영화로 그 러시아 영화를 봤다).

<소방수의 무도회>는 1967년에 개봉했다. 이때는 체코 뉴웨이브를 낳았고 그런 문화적 흐름을 자양분으로 자라난 자유주의와 표현의 자유가 만개한 '프라하의 봄'이 끝나 가던 무렵이었다. 프랑스 누벨바그에서 영감을 얻은 체코의 영화감독 세대는 한동안 자유 지대를 창출해 냈다. 주도적인 인물로는 포먼과 그의 공동 시나리오 작가 이반 파

• 영국 출신의 작가 겸 비평가(1709~1784)

세르(1965년에 <친밀한 번개Intimní Osvětlení>를 연출했다), 얀 네메크Jan Nemec〔<파티와 손님들에 대한 보고서O Slavnosti a Hostech>(1966)〕, 얀 카다르Jan Kadar(<메인 스트리트의 가게Obchod na Korze>, 1965년도 오스카상 외국어 영화상 수상작), 베라 치틸로바Vera Chytilova〔<데이지Sedmikrásky>(1966)〕, 지리 멘첼Jiri Menzel(<가까이서 본 기차Ostře Sledované Vlaky>, 1967년도 오스카상 수상작)이 있다. 아카데미가 체코를 상당히 좋아하던 시기였다. <소방수의 무도회>는 1969년에 후보로 지명됐다.

1967년에 소련에 맞선 대중 봉기가 일어났지만 봉기는 빠르게 진압됐다. 그리고 이 작품들은 대부분 금지됐고, 감독들도 대부분 활동이 금지됐다. 많은 사람이 나라를 떠났다. 1968년에 뉴욕영화제에서 열렸던 리셉션이 기억난다. 포먼과 파세르, 멘첼을 비롯한 많은 체코 망명객이 방을 가득 메웠다. 모두 새로운 땅에서 새로운 언어로 작업한다는 가능성에 불편하게 직면한 상태였다. 체코 소설가 밀란 쿤데라Milan Kundera는 역사의 이 시기를 『참을 수 없는 존재의 가벼움Nesnesitelná Lehkost Bytí』으로 기록했고, 밀로슈 포먼은 필립 코프먼Philip Kaufman 감독이 그 소설을 영화화한 버전(<프라하의 봄The Unbearable Lightness of Being>)에 배우로 출연하기도 했다.

체코 뉴웨이브 감독 다수가 미국에서 성공을 거뒀지만, 아카데미 역사상 가장 많은 영광을 누린 두 작품(<뻐꾸기 둥지 위로 날아간 새One Flew over the Cuckoo's Nest>와 <아마데우스Amadeus>)을 연출한 포먼보다 성공한 감독은 없었다. 그의 첫 미국 영화 <해방Taking Off>(1971)은 <소방수의 무도회>와 궤를 같이 하는 사회 풍자물로, 어떤 부자가 자신들의 삶이 얼마나 재미있는지를 깨닫지 못하는 사람들의 일상을 이해하게 된다는 내용이다. 히피 아가씨가 도망치자, 포먼은 그녀의 부유한 부모에게 날카로운 시선을 던진다. 낙오자들과 사회 부적응자들에 대한 이런 공감은 이후로 관료제에 맞서는 정신 질환자를 다룬 <뻐꾸기 둥지 위로 날아간 새>뿐 아니라 히피 뮤지컬 <헤어Hair>(1979), <래리 플린트The People vs. Larry Flynt>(1996), 아웃사이더 코미디언 앤디 코프먼Andy Kaufman을 다룬 <맨 온 더 문Man on the Moon>(1999)을 포함한 그의 작품에 반영될 터였다.

오늘날 <소방수의 무도회>는 시대에 뒤떨어진 작품일까? 흥미로운 질문이다. 영화는 1960년대와 1970년대의 많은 공산권 영화가 위험을 감수하며 보여 준 용기에서 더 이상은 에너지를 빌려 오지 않는다. 그 시절에 폴란드나 헝가리, 유고슬라비아, 특히 체코슬로바키아에서 나오는 신작들은 체제를 은밀하게 공격하는 작품일 가능성이 높았고, 탄압의 위험이라는 매력 안에 똬리를 틀고 있었다. 그런데 <소방수의 무도회>는 오락 영화로서는 시대에 뒤떨어지지 않았다. 포먼은 정치적 주장을 강요하지 않는다. 그런 주장들이 인간적인 드라마에서 우아하게 펼쳐져 나오면서 스스로 주장을 펼치게끔 놔두는 것에 흡족해한다. 영화는 꾸밈없고 재미있다. 그리고 우화로서 이 영화는 시간을 초월해 많은 시대와 많은 나라에 적용할 수 있다. 인상적인 것은, 백악관에서 벌이는 브레인스토밍 이야기를 들을 때마다 농부가 앉은 의자를 불길 가까이로 옮겨 주는 소방관들 생각이 대단히 자주 떠오른다는 사실이다.

솔라리스

Солярис

감독	안드레이 타르콥스키	
주연	도나타스 바니오니스, 나탈리아 본다르추크	
제작	1972년	166분

러시아의 거장 안드레이 타르콥스키Андрéй Таркóвский, 1932~1986의 영화들은 오락물이라기보다는 우리의 삶을 감싸 안은 명상물에 가깝다. 영화들이 너무 길다는 말을 종종 듣지만, 그것은 핵심을 놓친 말이다. 그는 우리의 속도를 늦추려고, 우리 인생이 치닫는 속도에서 우리를 서서히 빼내려고, 몽상과 명상의 공간으로 우리를 데려가려고 길이와 깊이를 활용한다. 그가 터무니없이 길어 보일 정도로 시퀀스가 계속 진행되는 것을 허용할 때, 우리는 선택할 수 있는 대안들을 갖는다. 우리는 지루해할 수도 있다. 아니면 그 시간적 여유를 이미 지나가 버린 것들을 갈무리할 기회로, 그것들을 우리의 관점에서 소화해 내는 과정으로 활용할 수도 있다.

타르콥스키가 <노스탤지어Ностальгия>로 북미 시사회를 열고 수상의 영예를 안았던 1982년도 텔루라이드영화제 당시, 시사회가 끝난 후 별빛 아래에서 오랜 논의가 진행됐다. 관객들은 영화의 주인공이 버려진 수영장에서 촛불을 켜고는 그 촛불을 꺼뜨리지 않고 앞뒤로 걸어가려고 하는 시퀀스에 대해 논쟁을 벌였다. 그는 실패하면 다시 시도한다. 영화가 상영되는 동안 관객들이 객석에서 몸부림치는 소리가 들렸다. 일부 관객들은 정말로 멍청한 장면이라고 판단했다. 하지만 다른 관객들은 끝없이 반복되는 자의적인 행동들을 몇 가지 가진 자신들의 삶 자체가 운명을 걸고 도박을 하는 것 같다는 생각을 하게 된 시간이었다고 판단했다. 내가 이 일을 해낼 수 있다면, 내 소원은 성취될 것이다.

타르콥스키는 텔루라이드 메달을 받은 후 무대 모서리로 슬며시 다가왔다. 청바지에 카우보이 부츠 차림으로 두툼한 콧수염을 기른 그는 (점잖은 폴란드 감독 크쥐시토프 자누시Krzysztof Zanussi의 통역을 통해) 성난 목소리로 말했다. "영화는 창녀입니다. 처음에 그녀는 화대로 5센트를 요구했고 지금은 5달러를 요구합니다. 그녀는 몸을 거저 내놓는 방법을 배웠을 때 자유로워질 겁니다." (이튿날 밤, 역시 상을 받은 배우 리처드 위드마크Richard Widmark는 이렇게 화답했다. "여러분께 포주 몇 명의 이름을 들려드릴까 합니다. 히치콕Alfred Hitchcock, 펠리니 Federico Fellini, 베리만Ingmar Bergman, 오슨 웰스Orson Welles……")

타르콥스키의 선언은 영화 연출에 접근하는 방식에 대한 통찰을 볼 수 있는, 짤막하면서도 가치 있는 선언이다. 그의 후기작들은 인간의 본성과 존재의 목적에 대한 비타협적인 명상이라 할 수 있는데, 그 작품들에는 — 그의 작품들을 가위질하고 비판하며 금지한 소련 당국과 말썽을 일으켜 결국에 그를 망명길로 내쫓을 만큼 충분히 — 심오한 영적靈的 저류가 흐르고 있다. 그는 관객의 취향이나 박스 오피스의 성공에 대해서는 추호의 관심도 없이 비타협적일 정도로 진지하고 야심 넘치는 작품들을 만듦으로써 위대한 영화감독이라는 관념을 의식적으로 체현해 냈다.

나는 그의 1972년도 작품 <솔라리스>를 그해에 시카고영화제에서 봤다. 그것이 타르콥스키를 처음 본 기회였는데, 나는 처음에는 멈칫했다. 영화는 너무 길고 느렸으며, 대사는 일부러 무미건조하게 쓴 듯 보였다. 그런데 영화의 전체적인 형태가 시야에 들어왔다. 깜짝 놀랄 만큼 아름다운 이미지들이 있었고, 그다음에는 캐릭터들 자신의 근본적인 존재에 의문을 던지는 줄거리 전개가 있었으며, 마침내 영화에 등장한 모든 것을 새로운 시각으로 볼 필요가 있음을 암시하는 짓궂은 엔딩이 있었다. 영화가 끝난 후에는 생각할 거리가 무척 많았고, 뇌리에 남은 것도 무척 많았다. 나는 타르콥스키의 다른 작품들(<안드레이 루블료프Андрей Рублёв>, <노스탤지어>, <희생Offret>)에서도 동일한 체험을 했다.

사람들은 <솔라리스>를 큐브릭Stanley Kubrick의 <2001 스페이스 오디세이2001: A Space Odyssey>에 대한 타르콥스키의 화답이라고 판에 박힌 평가를 한다. 타르콥스키가 1969년도 모스크바영화제에서 큐브릭의 영화를 봤을 가능성은 있다. 그러나 <솔라리스>의 원작은 폴란드 SF 작가 스타니스와프 렘Stanislaw Lem이 1961년에 쓴 소설이다. 두 영화 모두 인간의 우주여행과 지능을 가진 외계의 존재에 의해 인간이 변화에 직면하는 상황을 다룬다. 외계의 존재들은 인간의 정신을 읽어서 얻은 것이 분명한 단서들을 통해 장소(<2001 스페이스 오디세이>)나 사람(<솔라리스>)을 창조한다. 그런데 큐브릭의 영화가 우주를 향해 내딛은 인간의 다음 행보를 그리는 외향적인 작품이라면, 타르콥스키의 영화는 인간의 본성과 리얼리티에 질문을 던지는 내향적인 작품이다.

<솔라리스>는 심리학자 켈빈(도나타스 바니오니스Donatas Banionis)과 우주 비행사 버튼(블라디슬라프 드보르체츠키Владислав Дворжецкий)이 켈빈의 아버지의 전원주택에서 나누는 긴 대화로 시작된다. 이 주택은 영화 말미에 변형된 맥락에서 다시 등장한다. 버튼은 솔라리스 행성

의 주변을 도는 소련 우주 정거장과, 우주선에서 일어난 죽음들과 미스터리에 대해 이야기한다. 결국 켈빈은 정거장에 도착해 (그의 여정은 나오지 않는다) 승무원 한 명은 죽었고 다른 두 명은 정거장에서 일어나는 사건들 때문에 굉장히 혼란스러워한다는 것을 알게 된다. 행성은 전체가 바다로 덮여 있는데, 행성을 조사하려고 엑스레이를 발사하자, 행성 역시 우주 비행사들의 마음으로 들어와 비행사들의 기억을 현실로 만들어 내는 나름의 조사를 하는 반응을 보였음을 우리는 알게 된다. 하루가 채 지나기도 전에, 켈빈은 행성이 창조할 수 있는 손님 중 한 명을 만난다. 세상을 떠난 아내 하리(나탈리아 본다르추크Наталья Бондарчук)를 복제한 그 손님은 모든 면에서 아내를 쏙 빼지만 아내가 가진 기억은 갖고 있지 않다.

그런데 이 손님은 단순히 육체를 재현하기만 한 존재가 아니다. 그녀에게는 지능과 경각심이 있고 기억할 수 있는 능력도 있으며, 자신에게는 과거에 대한 기억이 없다는 것도 안다. 그녀는 오리지널 하리가 자살했다는 것은 모른다. 그녀는 켈빈에게 궁금한 것들을 묻고, 그녀에 대해 더 많은 걸 알고 싶어 하며, 결국 자신이 자신과 똑같이 생겼던 애초의 사람이 될 수 없다는 것을 깨닫고는 낙담한다. 그녀의 존재는 어느 정도는 켈빈이 그녀를 알고 있는 정도에 의해 제한된다. 솔라리스가 켈빈이 아는 것보다 더 많은 걸 알 수는 없기 때문이다. 이 주제는 스티븐 소더버그Steven Soderbergh와 조지 클루니George Clooney가 2002년에 리메이크한 영화에서 더 분명해진다.

우리가 누군가를 사랑할 때, 우리는 누구를 사랑하는가? 그 사람인가, 아니면 그 사람에 대한 우리의 생각인가? '가상 현실'이 일상적인 용어가 되기 오래 전에, 타르콥스키는 그 단어에 담긴 함의를 탐구하고 있었다. 다른 사람들이 독립적인 육체적 형태 안에 존재한다는 사실에는 의심의 여지가 없지만, 우리가 그들과 맺고 있는 관계 전체는 우리 마음속에만 존재한다. 그들과 접촉할 때, 우리가 경험하는 것은 그 접촉이 아니라 접촉에 대한 우리의 의식이다. 따라서 두 번째 하리는 다른 존재이기는 하지만, 어느 정도는 첫 번째 하리만큼이나 '리얼'하다.

켈빈과 새로운 하리 사이의 관계는 우주 정거장에 있는 리얼리티의 본질을 배경으로 펼쳐진다. 그는 다른 사람들을 본다. 죽은 우주 비행사가 남긴, 정보와 경고로 가득한 녹화 메시지를 본다. 하리는 죽으려고 하지만 죽을 수가 없다. 그녀는 그냥 다른 존재로 교체해 버리면 그만인 존재이기 때문이다. 그녀가 출입문을 여는 방법을 몰라 강철 출입문을 찢고 나오려고 하는 모습을 볼 때처럼, 그녀에게 육체적인 고통이란 무의미하다. 우주 정거장이 무중력 상태로 돌입하고 켈빈과 하리의 불 켜진 촛불이 허공을 떠다니는, 모두가 동의하는 <솔라리스>의 마술 같은 핵심 장면에서처럼, 그녀는 상냥한 감정들에 쉽게 감동받는다.

내가 밝히지 않을 영화의 마지막 시퀀스는 오프닝 시퀀스를 다시 숙고해 보라고, 그리고 영화에는 우리가 처음에 생각했던 것보다 더 많은 손님이 있을지도 모른다는 생각을 해 보라고 우리에게 권한다. 이 마지막 숏이 관객인 우리에게는 보이지만 우주 정거장에 있는 그들에게는 보이지 않는다는 점은 중요하다. 평론가 N. 메들리코트N. Medlicott는 "이 발견은 관객의 몫이지, 캐릭터들의 몫은 아니다"라고 썼다. 캐릭터들이 리얼리티와 관련해서 그들을 기만하는 의식의 상자에 갇혀 있을지도 모른다는 게 적절해 보이는 유일한 설명이다. 영화는 우리 모두가 그렇다고 주장하기 때문이다.

소더버그의 2002년 버전은 타르콥스키의 비전과 아이디어에 세심한 주의를 기울인 수작이지만, 러닝 타임은 훨씬 짧아졌다(164분에서 99분으로). 그러나 러닝 타임을 줄였어도 관객들이 이 영화를 단호히 거부하는 것을 막지는 못했다. 압도적일 정도로 우호적인 리뷰들과, 출구 조사에서 그 영화가 싫었다고 대답한 관객들 사이에는 엄청난 격차가 있었다. 분명한 문제점은 이 영화가 철학적인 명상이 아니라 조지 클루니가 출연하는 SF 영화를 보고 싶었던 사람들, 그리고 타르콥스키에 대해 아는 것도 없고 관심도 없는 사람들을 유혹하면서 엉뚱한 관객들을 끌어모았다는 것이다. 소더버그의 영리하고 매혹적인 리듬을 지루하다고 생각한 관객들은 타르콥스키의 버전을 보고 나서는 심리 치료를 받아야 할 것이다.

타르콥스키의 작품을 관객을 의식하며 적절하게 다듬어 내면 흥행에 큰 도움을 받을 수 있을지도 모른다. 타르콥스키만큼 우리에게 엄청난 인내력을 요구한 감독도 없다. 그런데 그의 숭배자들은 그의 작품에 열렬하게 반응한다. 그들에게는 자신이 느끼는 바를 뒷받침할 훌륭한 이유가 있다. 타르콥스키는 위대하고 심오한 예술을 창작하려고 의식적으로 노력했다. 그는 개인이 영적이고 철학적인 강인함을 통해 현실을 바꿔 놓을 수 있다는 낭만적인 관점을 고집했다. 중세가 배경인 <안드레이 루블료프>의 주목할 만한 시퀀스를 숙고해 보라. 어린 소년은 부서진 종을 다시 주조할 수 있는 비법을 안다고 주장하면서, 사실은 아는 것이 하나도 없는 작업 과정에서 일꾼들을 지휘한다. 종소리가 울려 퍼질 때, 우리가 듣는 것은 타르콥스키의 믿음이 내는 소리다.

수색자

The Searchers

감독	존 포드	
주연	존 웨인	
제작	1956년	119분

존 포드John Ford, 1894~1973 감독의 <수색자>에는 웅장한 장면들이, 그리고 존 웨인John Wayne의 최고 연기가 담겨 있다. 또한 놀랄 만큼 아름다운 숏들이 있다. 『뉴욕New York』지의 커버스토리는 이 영화를 미국 역사상 가장 큰 영향력을 행사한 영화라고 불렀다. 그런데 이 영화의 복판에는 까다로운 질문이 자리한다. 웨인이 연기하는 캐릭터가 명명백백한 인종주의자이기 때문이다. 다른 백인 캐릭터들도 정도가 조금 덜 노골적일 뿐 그와 별반 다르지 않다. 영화는 그들의 태도를 의도적으로 뒷받침하는가, 아니면 그들의 태도를 극화하며 유감스럽게 생각하는가? 오늘날 우리는 계몽된 시각으로 이 영화를 본다. 그런데 1956년의 많은 관객은 인디언을 바라보는 영화의 불쾌한 시각을 그대로 받아들였다.

영화는 강박적인 탐구를 다룬다. 이선 에드워즈(웨인)의 조카딸이 그녀의 가족들을 살해하고 목장 저택을 불사른 코만치족에게 납치된다. 이선은 조카딸 데비(내털리 우드Natalie Wood)를 데려간 인디언 부족을 추적하는 외로운 수색 길에 올라 5년을 보낸다. 그녀를 구하기 위해서가 아니다. 죽이기 위해서다. 그녀가 "코만치놈들의 쓰레기"가 됐기 때문이다. 포드는 인디언을 향한 주인공의 증오가 그릇된 것임을 안다. 그런데도 그는 이선의 수색을 찬양하며 관객들에게서 비뚤어진 남자에 대한 탄복을 이끌어 낸다. 영화의 옹호자들은 이선이 조카딸을 죽이는 대신에 끌어안는 유명한 장면을 지적한다. 숏 하나가 작품 전체를 구원할 수 있을까?

이선의 탐색은 조지 루카스George Lucas가 만든 <스타워즈Star Wars>의 플롯에 영감을 줬다. 그것은 마틴 스콜세지Martin Scorsese가 만든 <택시 드라이버Taxi Driver>의 복판에도 자리하고 있는데, 그 영화의 시나리오를 쓴 폴 슈레이더Paul Schrader는 자신이 직접 연출한 <하드코어Hardcore>에서 그 영감을 다시 활용했다. 슈레이더가 쓴 시나리오의 주인공은 인간 이하의 존재로 여겨지는 자들의 성적 희생자가 된 젊은 백인 여성을 구하겠다는 사명감 때문에 폭력과 광기로 내몰리는 외톨이다. 빔 벤더스Wim Wenders의 <파리 텍사스Paris, Texas>에서 해리 딘 스탠튼Harry Dean Stanton이 나스타샤 킨스키Nastassja Kinski를 찾아다니는 것은 포드의 이야기를 재가공한 것이다. 이선의 유명한 대사 "그럴 리 없다That'll be the day"는 버디 홀리Buddy Holly의 노래에도 영감을 줬다.

<수색자>는 고전적인 웨스턴이 죽어 가던 시절에 만들어졌다. 고전적인 웨스턴은 인디언을 야만인으로 바라보는 판에 박힌 시각을 버리면서 허약해졌다. 포드의 1964년작 <샤이엔족의 가을Cheyenne Autumn>을 포함한 수정주의 웨스턴은 북미 원주민에 대한 계몽된 시각을 채택했다. 그런데 웨스턴의 관객들은 윤리적으로 복잡한 이야기를 원치 않았다. 오늘날의 폭력적인 스릴러와 시가전 영화의 관객들처럼, 그 관객들은 한눈에 봐도 뻔한 악당들을 상대하는 액션을 원했다.

영화의 원작은 앨런 르메이Alan LeMay가 쓴 소설이다. 영화 평론가 출신으로 <황색 리본She Wore a Yellow Ribbon>과 <웨곤 마스터Wagon Master>를 비롯한 열 편의 포드 영화 시나리오를 쓴 포드의 사위 프랭크 누전트Frank Nugent가 소설을 시나리오로 각색했다. '아빠' 포드와 열네 편의 장편 영화를 함께 작업한 존 웨인이 항복한 적이 결코 없음을 자랑하는 남군南軍 병사로 출연한다. 전쟁이 끝난 후 방랑자가 된 그는 동생 아론(월터 코이Walter Coy)과 아론의 아내 마사(도로시 조던Dorothy Jordan)가 사는 농장에 풀이 죽은 채로 당도한다. 그는 훔친 물건처럼 보이는 금화를 소지하고 있는데, 샘 클레이튼 보안관(워드 본드Ward Bond)은 그의 "인상착의가 많이 일치한다"고 말한다.

이선의 눈길이 방을 돌아다니는 마사를 좇는 것을 볼 때, 그가 남몰래 그녀를 사랑하는 건 확실하다. 마틴 폴리를 만나는 자리에서 인디언을 향한 그의 분노가 빠르게 터져 나온다. "젠장, 너를 혼혈아로 오해할 뻔했다." 마틴은 자신의 피의 "8분의 1은 코만치"라고 밝힌다. 이선은 어린 마틴의 가족이 인디언에게 살해당했을 때 그를 구해서는 마사와 아론에게 키워 달라고 맡겼었다. 그런데 이선은 8분의 1도 분명히 너무 많다고 생각한다.

마틴이 납치당한 데비를 찾아 떠나는 이선의 수색 과정에 합류하겠다고 고집을 부리자, 이선은 "명령권자는 나"라고 말하고는 젊은 마틴을 모욕적으로 대한다. 술집에서 이선은 자기 잔에 술을 따르다 마틴의 술잔을 낚아채고는 "다 자랄 때까지 기다려"라고 호통을 친다. 이 시점에서 마틴은 목장 노동자로 결혼을 약속한 약혼녀가 있고, 이선과 벌써 몇 해 동안 수색 길을 함께해 왔다. 이선은 "혼혈아"의 음주를 위험한 일이라고 생각하는 걸까? <수색자>의 미스터리 중 하나는 수색 길에 나선 이선과 마틴의 관계와 관련 있다. 그들은 한 번 나설 때마다 몇 달씩 둘이서만 별빛 아래에서 잠을 자는 외로운 생활을 하며 무슨

이야기를 나눴을까? 어떻게 그들은 동일한 임무를 수행하면서도 인간적으로 가져야 할 공동의 목표를 찾아내지 못한 걸까?

추적 과정에서 마틴이 맡은 역할은 데비를 죽여서는 안 된다고 주장하는 것이다. 이선은 그녀를 찾아내 죽일 작정이기 때문이다. 마틴은 메인 스토리에 어색하고 조잡하게 끼워 맞춰진 로맨틱한 서브플롯도 제공한다. 그는 이웃에 사는 우호적인 스웨덴 이민자의 딸 로리(베라 마일스Vera Miles)와 약혼했다. 포드는 마틴이 로리에게 5년 동안 딱 한 번 편지를 쓴 장면에 촌스러운 유머를 도입한다. 그 편지는 실수로 "인디언 신부"를 사게 된 일을 대수롭지 않은 사건으로 소개한다. 마틴은 그를 다시는 보지 못할 거라고 예상한 로리가 시골뜨기 찰리(켄 커티스Ken Curtis)와 결혼식을 올리는 당일에 목장으로 돌아온다. 남자들이 여자 하나를 놓고 싸우는 시퀀스는 장대한 웨스턴보다는 <7인의 신부Seven Brides for Seven Brothers> 같은 뮤지컬에 더 어울릴 법하다.

<수색자>는 정말로 두 편의 영화처럼 보인다. 이선 에드워즈의 이야기는 황량하고 고독한 강박증 환자의 초상이다. 그 안에서 우리는 슈레이더가 받은 <택시 드라이버>의 트래비스 비클에 관한 영감을 볼 수 있다. 코만치족 추장 스카(헨리 브랜든Henry Brandon)는 웨스턴 모자를 쓴 장발이라서 트래비스가 '추장'이라고 부르는 하비 카이텔Harvey Keitel이 연기한 포주 스포트와 비슷하다. 이선은 인디언을 좋아하지 않으며, 그런 사실을 솔직하게 말한다. 그가 데비를 죽이겠다는 의도를 밝혔을 때, 마틴이 "그 애는 살아 있고, 앞으로도 계속 살아 있을 거예요!"라고 말하자 이선은 으르렁거린다. "코만치 놈들하고 사는 건 살아 있는 게 아냐." 이선은 미친 듯한 총질로 버펄로를 죽이면서 "적어도 이번 겨울에 저놈들이 코만치 놈들의 식량이 되지는 않을 거다"라고 말한다. 이 영화에 들어 있는 또 다른 영화는 우둔한 로맨틱 서브플롯 속으로, 그리고 보드빌 억양을 사용하는 스웨덴인 이웃 라스 저거슨(존

쿠알렌John Qualen)과 마스코트처럼 취급받는 반편이 모스 하퍼(행크 워든Hank Worden)를 포함한 캐릭터들은 기분 전환용 코미디로 끌려 들어간다. 영화에는 뮤지컬 막간극까지 있다. 이 두 번째 가닥은 흥미롭지 않다. <수색자>를 높이 평가하는 이들은 이 가닥을 걸러 내고는 메인 스토리라인이 돌아오기를 끈질기게 기다린다.

평시에는 해야 할 역할이 아무 것도 없는 사납고 외로우며 좌절한 군인인 에드워즈는 포드와 웨인이 창조한 인물 중에서 주목할 만한 캐릭터에 속한다. 그들은 이선의 가치관이 얼마나 비열한 것인지 알았을까? 나는 그들이 알고 있었다고 주장하겠다. 웨인은 사생활에서는 인종적인 편견이 없는 사람으로 유명했기 때문이고, 포드는 인디언을 동정적인 시선으로 바라보는 영화들을 만들었기 때문이다. 이 영화의 인종주의는 그리피스D. W. Griffith의 <국가의 탄생The Birth of a Nation>에 담긴 무의식적이고 무감각한 인종주의가 아니다. 수없이 많은 웨스턴이 명백하게 드러나지는 않는 인종주의를 이야기에 담아 왔다. 이 영화는 그 사실에 의식적으로 초점을 맞춘다. 오점 많은 영웅적 행위를 보여 주는 캐릭터에 웨인을 캐스팅하기 위해서는 상당한 용기가 필요했을 거라고 생각한다. 데비와 재결합하는 극적인 숏은 이선이 구원받았음을 보여 주려는 의도적인 장면이다. 이 장면에서 이선은 큼지막한 손으로 그녀를 붙들고는 하늘로 들어 올린 후, 그녀를 두 팔로 안아 들며 말한다. "집에 가자, 데비." 유명한 데다 사랑까지 많이 받는 이 숏은 영화 내내 그가 품은 가치관들을 약간이나마 상쇄해 준다. 그런데 사실 그가 인디언에 대해 조금이라도 다르게 생각하게 됐음을 보여 주는 징조는 조금도 없다.

존 포드는 미국의 역사를 기록하는 할리우드의 걸출한 사관史官이었다. <시민 케인Citizen Kane>이 아니라 그의 <분노의 포도The Grapes of Wrath>(1940)가 최고의 미국 영화로 거론되던 시기가 있었다. 1914년에 영화계에 처음 발을 들인 그는 1917년 무렵에는 영화를 연출하고 있었다. 장대한 풍경을 감식하는 능력은 타의 추종을 불허했다. 모뉴먼트 밸리를 로케이션 현장으로 삼은 것으로 유명한 그는 촬영 현장에서 출연진과 제작진과 함께 캠핑을 하면서 목장에서 쓰는 취사용 마차에서 식사를 하고 텐트에서 잠을 잤다. 포드의 웨스턴을 찍는 것은 서부에서 사는 것과 비슷했다는 말을 웨인에게서 들은 적이 있다.

화면의 구도를 잡는 포드의 솜씨는 호방하고 탄탄했다. 영화 초입에 나오는 장례식을 생각해 보라. 마차는 오른쪽 아래에 있고, 조문객 무리는 왼쪽 가운데에 있으며, 언덕은 무덤까지 화면을 대각선으로 가로질러 올라간다. 조문객들은 포드가 좋아하는 찬송가인 'Shall We Gather at the River(강가에 모이게 하소서)'를 한목소리로 부른다(그는 나중에 결혼식 장면에서 이 노래를 다시 사용한다). 수색대가 계곡을 통과하는데 그들과 나란히 말을 달리는 인디언들의 실루엣이 하늘을 배경으로 불길한 분위기를 풍기는, 포드의 숏 중에서 상당히 유명한 숏에 속하는 장면을 생각해 보라. 다 자란 데비가 처음 등장하는 극적인 장면으로서 이선이 보지 못하는 가운데 그녀가 이선의 등 뒤에 있는 모래 언덕을 달려 내려오는 장면을, 현관문을 프레임 삼아 이선이 도착하고 떠나는 모습을 보여 주는 오프닝 숏과 클로징 숏을, 데비를 집에 데려다준 후 한동안 잊힌 존재가 된 그가 다른 팔꿈치에 손을 얹고는 문간에 외롭게 서 있는 신랄한 분위기의 모습을 숙고해 보라. 이 숏들은 영화 역사에 남을 보물에 속한다.

나는 포드가 <수색자>에서 집단 학살로 이어진 인종주의를 그려 내려는 불완전한, 심지어는 신경질적이기까지 한 노력을 기울였다고 생각한다. 기분 전환용 코미디는 딱딱한 메시지를 부드럽게 만들려는 무의식적인 시도였을 것이다. 최초의 관객 상당수는 그가 의도한 바를 놓쳤을 것이다. 그들은 이선의 인종주의를 보지 못했다. 그들 자신이 인디언을 바라보는 이선의 시각을 공유했기 때문이다. 8년 후, 포드는 자신의 마지막 웨스턴인 <샤이엔족의 가을>에서 더 선명한 태도를 보였다. 그러나 우리는 <수색자>의 결함 있는 버전에서, 인디언을 증오하는 남자는 더 이상은 복잡다단하지 않은 영웅이 될 수 없음을 어색한 모양새로 배우고 있는 포드와 웨인, 웨스턴의 진면목을 볼 수 있다.

스카페이스

Scarface

감독	브라이언 드 팔마	
주연	알 파치노	
제작	1983년	170분

토니: 나는, 나는 나한테 다가오고 있는 걸 원해.

마놀로: 뭐가 다가오고 있는데?

토니: 세상, 그리고 그 안에 있는 모든 것.

브라이언 드 팔마Brian De Palma, 1940~ 의 <스카페이스>는 알 파치노Al Pacino의 연기와 더불어 출렁거린다. 파치노는 공격적이고, 허풍기를 주체 못하며, 이를 북북 갈고, 팔을 흔들어 대며, 코카인을 흡입하는 식의 과장된 연기를 펼친다. 용서 못할 정도로 허세로 가득한 연기라고 생각하는 사람이 있는가 하면, 눈부신 연기라고 말하는 사람들도 있다. 파치노를 헐뜯는 사람들이 바라는 연기는 무엇일까? 내면적이고 리얼한 연기? 감정 표출을 자제하는 연기? 무엇보다 토니 몬타나 캐릭터는 행위 예술가다. 자신을 멋진 존재로 구현하려고 존재하는 남자다. 그가 플로리다 수용소에서 세상에 있으나마나 한 쿠바인 전과자일 뿐임을 보여 주는 오프닝 숏부터, 그를 밀고 나가는 행동 동기는 자신의 성격과 의지를 다른 사람의 뇌리에 각인시키겠다는 충동이다. 허세를 제외하고는 아무런 무기도, 자원도 없이 시작한 그는 위험한 인물로 보이고 머리가 핑핑 도는 것처럼 보이게 만드는 것만으로 권세 좋은 사내들을 속여 넘긴다. 그가 하는 짓거리는 허풍이다. 따라서 그것을 소극적으로 연기하는 건 사리에 맞지 않는다.

몬타나는 미국 현대 영화에서 독창적인 캐릭터 중 하나로, 헤아릴 수 없이 많은 캐릭터에 영감을 줬다. 범죄 전문가 제이 로버트 내시Jay Robert Nash의 의견대로 미국의 갱스터들이 할리우드의 초기 범죄 영화를 연구하며 말투와 행동 방식을 배웠다면, <스카페이스>도 갱스터들이 채택하는 개인적 스타일의 틀을 잡았다고 볼 수 있다. 새로 출시된 <스카페이스> DVD에는 이 영화가 힙합 아티스트들에게 끼친 영향을 다룬 다큐멘터리가 들어 있다. 이 영화가 대단히 자주 차용된 탓에, 오늘날에는 라틴계 캐릭터가 드물었고 코카인이 클리셰가 아니었으며 최후의 격렬한 총격전 시퀀스가 흔한 장면이 아니었던 1983년에 이 영화가 얼마나 독창적으로 보였는지를 이해하기 어렵다. 「소프라노스The Sopranos」를 보며 자란 세대가 <대부The Godfather>가 얼마나 독창적인 영화였는지를 결코 이해하지 못하는 것처럼, <스카페이스>도 모방작들 속으로 흡수되어 들어갔다.

영화는 폴 뮤니Paul Muni가 출연하고 알 카포네Al Capone•의 삶에서 영감을 얻은 하워드 호크스Howard Hawk 감독의 유명한 <스카페이스Scarface>(1932)에서 이름과 일부 이야기를 빌려 왔다. 두 영화 모두 폭력적이라는 이유로 비난을 받았고, 범죄 기업가의 흥망을 다룬 영화들이며, 두 주인공 모두 여동생에게 집착하고, 둘 다 자신이 취급하는 제

• 미국의 금주법 시대에 시카고를 중심으로 활동했던 폭력단 두목(1899~1947)

품(몬타나는 코카인, 매독 환자 카포네는 매춘부)을 사용하는 바람에 목숨을 잃는다. 그런데 드 팔마의 영화는 전통적인 의미의 리메이크가 아니다. 「맥베스」의 메아리를 담고 있을지도 모르는 친숙한 이야기 구조를 택한 영화는 그 구조를 새로운 영역에 들어선 새로운 캐릭터를 바라보는 데 활용한다. 새로운 영역이란 1980년대 초입의 플로리다로, 피델 카스트로Fidel Castro•가 교도소를 비울 기회를 포착하려고 기진맥진한 군중을 보트에 가득 태워 미국으로 보내는 대규모 이민을 허용한 직후다.

초기 화면의 일부는 다큐멘터리로, 난민들이 미국에 도착하는 모습과 카스트로가 반혁명 요인들을 제거해 대단히 기분 좋다고 설명하는 모습을 뉴스 화면으로 보여 준다. 새 나라에서 새 출발을 할 수 있다면 무슨 일이건 할 생각인 무일푼 범죄자 토니 몬타나는 부유한 쿠바계 미국인이 자신의 미움을 산 동료 난민을 죽여 달라고 맡긴 의뢰를 재빨리 해치운다. 살인의 대가는 시민권이 될 것이다. "나는 재미 삼아 빨갱이를 죽여." 그는 말한다. "그런데 그린카드를 위해서라면 그놈을 정말로 멋지게 칼질해 줄 거야." 얼마 안 있어 그는 남부 플로리다의 마약왕 프랭크 로페즈(로버트 로지아Robert Loggia)의 수하가 되고, 그가 그곳에서부터 출발해 마침내 권좌에 오른다는 것은 불변의 진리다.

시나리오를 쓴 사람은 올리버 스톤Oliver Stone이다. 흥미롭게도 카스트로와 사흘간 이야기를 나눈 후 카스트로 찬양조의 다큐멘터리 <코만단테Comandante>(2003)를 연출한 인물과 동일인이다. 스톤은 사내들, 마약, 섹스, 폭력과 관련된 이야기를 다룰 때는 항상 편안해했다. 그의 작품인 이 영화에는 격렬한 에너지가 담겨 있다. 몬타나 캐릭터가 스톤 본인의 성공을 향한 욕망을 반영한다고 볼 수도 있다. 벤 헥트Ben

• 쿠바의 혁명가이자 통치자(1926~2016). 1959년에 혁명에 성공한 후 2008년까지 쿠바를 통치했다.

Hecht가 쓴 오리지널 <스카페이스>의 시나리오처럼, 그의 시나리오에는 인용할 만한 대사가 가득하다. ("내가 평생 가진 거라고는 불알 두 쪽하고 신용뿐이야. 난 누구를 위해서도 그것들을 망가뜨리지 않아.") 스톤은 몬타나를 부드러운 인물로 만들려고 노력하지 않을 때에는 상당한 터프함을 보여 주는데, 그 덕에 몬타나는 처음부터 끝까지 뱀 같은 인물로 남는다. 그가 어머니에게 1천 달러를 건네자 어머니가 묻는다. "누구를 죽이고 받은 돈이냐?"

알 파치노 입장에서 이 역할은 코폴라Francis Ford Coppola의 <대부>에서 연기했던 마이콜 콜레오네와 정반대되는 범죄 조직 두목을 탐구할 기회였다. 콜레오네는 빈틈없고, 부드러우며, 지능적이고, 전략적이다. 몬타나는 본능적이고, 충동적이며, 무모하다. <대부>는 1972년에, <스카페이스>는 1983년에 만들어졌다. 10년 후, 파치노와 드 팔마는 <칼리토Carlito's Way>에서 다시 같이 작업하는데, 이 영화에서 파치노는 착실하게 살려고 노력하는 푸에르토리코인 범죄자를 연기한다. 그가 심리적 리얼리즘을 통해 연기하는 더 애처롭고 영리한 칼리토는 얼마나 신중하게 연기를 선택해서 토니 몬타나를 창조했는지를 이해하는 데 도움을 준다. 영화가 처음 개봉됐을 때 빈센트 캔비Vincent Canby는 『뉴욕 타임스The New York Times』에 "요란한 연기이기는 하지만, 틀에 박힌 연기가 아니다. 완전히 통제된 연기라는 뜻이다"라고 썼다.

<스카페이스>는 세상을 원하는 남자를 보여 준다. 그가 "세상은 당신 것"이라는 문구가 깜빡거리는 굿이어 비행선을 보는 모습까지 보여 준다. 그가 장악한 세상에는 탐나는 여자도 포함된다. 그는 날씬한 금발 미녀 엘비라(미셸 파이퍼Michelle Pfeiffer)를 본 순간 그녀를 가져야겠다고 결심한다. 그녀는 프랭크의 정부이지만, 얼마 안 있어 프랭크는 죽고 그의 애인과 사업은 토니의 것이 된다. 그가 그녀를 가져야 한다는 건 분명하다. 그런데 그가 그녀에게 무슨 일을 할 속셈인지는 분명

치 않다. 그들 사이에는 그 어떤 로맨스도, 즐거움도 없다. 그들이 함께 있는 두 장면(하나는 수영장 장면, 다른 하나는 토니가 커다란 욕조에 있는 장면)에서 그녀가 지루해하고 있다는 게 확연히 보인다. 그녀는 마약 때문에 그와 함께 있는 것이다. 토니의 관심은 여동생 지나(메리 엘리자베스 마스트란토니오Mary Elizabeth Mastrantonio)에게 더 쏠려 있다. 그의 근친상간 욕구가 다른 남자들을 여동생에게서 떼어놓겠다는 결심으로 비뚤어지기는 하지만 말이다. 이 욕구는 결국 그가 절친한 친구인 마놀로(스티븐 바우어Steven Bauer)를 살해하게 만든다. 그의 질투심에 대한 지나의 반응은 소름끼칠 정도로 직설적이라("이게 오빠가 원하는 거야, 토니?"), 그녀가 토니의 정체를 정확히 알면서 자신이 어떤 버튼을 누를 수 있는지를 안다는 것을 보여 준다.

<스카페이스>는 상승 모드에 들어선 브라이언 드 팔마의 연출력을 보여 주는 사례다. 토니 몬타나처럼, 그는 하찮은 제스처와 섬세한 감정에는 관심이 없다. 그의 최고작들은 광대하고, 정열적이며, 양식화되어 있고, 기분 좋게 오버하는 영화들이다. 그는 평범한 액션 스릴러를 만들어 달라는 요구에 굴복한 적이 한 번도 없다. 실패작들(<스네이크 아이Snake Eyes>)조차 최소한 야심은 만만하다. 드 팔마의 영화에는 활발하게 움직이는 지성이 있고, 스타일 뒤에 아이디어가 자리 잡고 있다. 서투르고 천박한 느낌은 전혀 존재하지 않는다. 비교적 최근작인 <팜므 파탈Femme Fatale>(2002)은 그의 최고작 중 하나로, 칸영화제 개막일 밤에 다이아몬드로 만든 드레스를 입고 있던 여자에게서 그 옷을 훔쳐 낸다는, 믿기 힘들지만 아주 고상한 이야기다. 이 작품이 그다지 성공적이지 않았다는 사실은 요즘 관객들이 내는 조바심을 향한 고발장이라 할 수 있다. 요즘 관객들은 괴롭힘을 당하기를 원하지, 유혹받기를 원치 않는다.

<스카페이스> 같은 영화는 요즘 관객들의 취향에 더 부합한다. 이

영화의 인기가, 심지어 영화를 무력하게 만들어 버린 TV 방영을 위해 편집된 버전조차 인기가 꾸준하다는 것은 그 사실을 설명한다. 영화에는 처절한 폭력이 난무하는 클라이맥스를 향해 돌진하는 앞뒤 가리지 않는 에너지가 담겨 있다. 위대한 촬영 감독 존 A. 알론조John A. Alonzo가 맡은 촬영은 토니 인생의 아이콘들(저택, 장난감, 라이프 스타일)을 휘황찬란하게 확대하다가, 토니의 세상이 축소됨에 따라 작고 협소한 구도에 그를 가둔다. 영화의 명장면 중 하나는 나이트클럽에서 술과 마약에 취해 기진맥진해 있는 토니의 모습을 보여 주는 장면이다. 우리는 그게 비탄에 잠긴 모습이기도 하다는 것을 감지한다. 그는 세상을 다 가졌지만 영혼을 잃은 데서 그치는 게 아니라, 어쩌면 처음부터 그런 영혼을 가진 적이 없었다는 걸 우리는 알고 있기 때문이다. 음악은 조르조 모로더Giorgio Moroder의 솜씨인데, 비인간적인 신시사이저 테크노팝은 겉은 화려하기는 하지만 안락함은 담겨 있지 않은 라이프 스타일에 어울리는 적합한 톤을 제공한다.

그리고 모든 것은 파치노로부터 시작한다. 정말이지 그는 완벽한 연기자다. 크거나 작은 역할, 시끄럽거나 부드러운 역할, 지칠 줄 모르거나 피곤에 쩐 역할들을 연기할 수 있는 배우인 그는 그 역할들을 항상 자신이 연기할 수 있는 유일한 역할인 것처럼 연기한다. <목격자People I Know>(2002)에서 마약에 찌든 애처로운 홍보 담당자를 맡은 그가 부절제라는 안개를 통해 이상주의적인 대의에 초점을 맞추려고 끈질기게 노력하는 모습을 주시하면서, 마약에 중독된 그 캐릭터가 토니 몬타나와 얼마나 다른지를 눈여겨보라. 아니면 <백색 공포The Panic in Needle Park>(1971)에서 길거리 건달을 맡아 보여 준 초기 연기를 살펴보라.

파치노는 비범할 정도로 광범위한 스타일을 갖고 있으며, 그 스타일을 불러내는 능력 또한 완벽하다. '알 파치노 연기의 전형'이라는 것은 존재하지 않는다. 상이한 것들이 무척이나 많이 존재하기 때문이다. 이 작품에서 그는 더욱 더 많은 걸 원하다 결국에는 부절제 탓에 목숨을 잃고 마는 남자인 토니 몬타나를 오페라 같은 규모로 연기해 낸다. 그는 마지막 시퀀스에서 책상에 코카인을 쌓아 놓고는 삶 자체를 흡입하려 기를 쓰는 것처럼 거기에 코를 박는다. 파치노는 코에다 흰색 분말을 묻힌 채로 그 장면을 연기했다. 종종 패러디되는 디테일이지만, 이것은 자신의 욕망을 제외하고는 만사에 무관심한 사람으로 변해 버린 남자를 보여 주기 위한 적절한 선택이었다. 파치노가 <스카페이스>에서 한도를 넘어선 연기를 했다면, 그것은 캐릭터가 그를 그곳으로 데려갔기 때문이다. 한계를 넘어선 세상, 그곳이 바로 토니 몬타나가 사는 곳이다.

스트레인저

Strangers on a Train

감독	앨프리드 히치콕	
주연	팔리 그레인저, 루스 로먼, 로버트 워커	
제작	1951년	101분

앨프리드 히치콕Alfred Hitchcock, 1899~1980 감독이 지속적으로 느낀 공포는 저지르지도 않은 범죄 때문에 죄를 추궁당하게 될 것이라는 데 있었다. 그의 많은 최고작의 핵심에는 이러한 공포가 자리하고 있다. <스트레인저>도 그런 영화에 속하는데, 이 영화에서 한 남자는 목 졸려 죽은 아내의 살인 사건의 유력한 용의자가 된다. 그가 결정적인 용의자가 된 것은 실제 살인범이 짠 계획이 천재적이기 때문이다. 그 계획은 낯선 두 사람이 상대편이 죽었으면 하고 바라는 사람을 살해하는 식으로 '살인을 교환하자'는 것이다. 그렇게 하면 두 사람 모두 범죄가 저질러진 시점에 완벽한 알리바이를 갖게 될 것이고, 살인자와 희생자를 이어 줄 그럴 듯한 연관 관계는 존재하지 않을 것이다.

이것이 퍼트리샤 하이스미스Patricia Highsmith, 1921~1995의 데뷔 소설을 원작으로 만들어진 독창적이고 부도덕한 플롯이다. 하이스미스는 자신이 쓴 리플리 소설들과 다른 작품들에서, 격분해서 충동적으로 사고를 치는 게 아니라 세심한 계획을 바탕으로 범죄를 저지르는, 그러면서도 처벌을 피하는 게 보통인 영리한 범죄자들에 매혹됐다. <스트레인저>에 등장하는 살인 '교환' 계약은, 정말이지 완벽하게 먹힐 것이다. 낯선 이 중 한 명만 그 계획에 동의했다는 사소한 사항만 제외하면 말이다.

유명한 테니스 선수 가이 헤인즈(팔리 그레인저Farley Granger)는 기차에서 브루노 앤서니(로버트 워커Robert Walker)의 인사를 받는데, 브루노의 말을 들어 보면 브루노가 가이의 사생활을 훤히 꿰고 있음을 알 수 있다. 가이는 미국 상원 의원의 딸 앤 모튼(루스 로먼Ruth Roman)과 결혼하기 위해, 바람을 피운 아내 미리엄(케이시 로저스Kasey Rogers)과 이혼하고 싶어 한다. 전용 객실에서 점심을 먹는 와중에 브루노는 자기 아버지가 죽었으면 한다고 밝히고는, 자신이 가이의 아내를 살해하고 가이가 브루노의 아버지를 살해하면 누구도 용의선상에 오르지 않을 거라며 '완전 범죄'를 제안한다.

브루노의 태도는 뻔뻔하고 간사한 데다 기저에 동성애 분위기도 깔려 있다. 가이는 자신의 사생활을 언급하는 게 불쾌하지만, 어쩐 일인지 대화를 끊지는 않는다. 브루노는 가이가 계획에 동의하게 만들려 애쓰고 가이는 브루노의 비위를 맞추면서도 그에게서 벗어나려 노력하는 가운데, 대화는 모호한 분위기로 끝난다. 브루노는 가이의 아내를 살해한 다음, 가이에게 약속의 남은 절반을 이행하라고 요구한다. 히치콕은 이 멋들어진 살인 계획의 매력을 도무지 거부할 수 없었을 것이다. 게다가 가이에게는 아내를 살해할 동기가 있고, 아내가 죽던 날 이른 시간에 사람들 앞에서 아내와 다퉜으며, 약혼녀에게 미리엄을 "목 졸라 죽이고" 싶다는 말을 하기까지 했다.

히치콕은 캐스팅을 제대로 하면 스토리텔링에 들이는 시간을 절약할 수 있다고 말했다. 캐릭터에 대해 일일이 설명하지 않아도 관객들이 배우들의 특성을 감지해 낼 것이기 때문이다. 그레인저를 가이 역에, 워커를 브루노 역에 캐스팅한 것은 분명히 중요한 선택이었다. 히치콕은 가이 역에 윌리엄 홀든William Holden을 원했다고 하는데("그는 훨씬 더 강인해 보입니다"라고 히치콕은 프랑수아 트뤼포François Truffaut에게 밝혔다), 홀든은 완전히 잘못된 선택이었을 것이다. (홀든이 <선셋대로Sunset Boulevard>에서 노년의 여배우가 자신을 조종하게 내버려 두기는 했지만) 홀든이었다면 브루노를 지나치게 강하게 밀쳐 내는 인상을 줬을 것이기 때문이다. 브루노의 제의를 단호히 거절하는 대신 브루노가 쳐놓은 거미줄에서 벗어나려 애쓰는 그레인저는 홀든보다 더 부드럽고 미끈미끈하며 설득력 있다. 워커는 브루노를 바람기 있고 유혹적인 인물로 연기한다. 브루노는 그들의 첫 만남에서 가이에게 지나치게 붙어 앉고, 전용 객실에서는 가이를 향해 한껏 몸을 기울인다. 브루노가 가이에게 접근하는 기차에서의 만남은 우연한 만남이라기보다는 계획적인 접근처럼 보인다.

영화를 흥미롭게 만들고 어느 정도 그럴듯하게 만들어 주는, 이런 결함 있는 — 한 명은 사악하고, 한 명은 연약하며 불분명한 성적인 긴장이 흐르는 — 두 캐릭터에 대한 인상은 브루노가 계획을 얼마나 쉽게 실행에 옮길 수 있는지에 대한 설명을 돕는다. 레즈비언이던 하이스미스의 소설에는 섬뜩할 정도의 심리적 깊이가 있었다. 앤드루 윌슨Andrew Wilson은 2003년에 출간한 전기에서 그녀가 이성애자 여성들과 자주 사랑에 빠졌고, 그녀의 작품들은 불분명한 동성애의 매력을 담은 서브텍스트를 활용했다고 밝혔다. 1999년에 만들어진 영화 <리플리The Talented Mr. Ripley>도 그러한 경우로, 그녀가 창조한 범죄자 주인공 톰 리플리는 자신이 찾아내야 할 인물인 디키 그린리프를 사랑하기보다는 그린리프의 신분과 라이프 스타일을 사랑한다. 1951년 당시는 동성애 섹슈얼리티를 큰소리로 떠들어 대기가 쉽지 않은 상황이었다. 그

럼에도 히치콕은 브루노가 지향하는 바가 무엇인지를 명확하게 인식했고, 영화의 미국 버전과 영국 버전을 별도로 편집하기까지 하면서 미국 프린트에서는 '유혹'의 강도를 낮췄다. 히치콕이 레오폴드-로엡 사건•을 기초로 만든 <로프Rope>(1948)에 그레인저를 캐스팅했었다는 사실은 알아 둘 만하다. 그 영화도 동성애 서브텍스트가 있는 공동 살인에 관한 이야기다.

그런데 <스트레인저>는 심리학적 연구가 아니다. 그때나 지금이나 약간 기이하게 뒤틀린 구석이 있는 1급 스릴러다. 히치콕의 작품들이 종종 그렇듯, 영화는 보이지 않는 곳에서 개인적인 진실들이 자리를 잡아 가고 있다는 느낌을 풍기며 진행된다. 누명을 쓸지도 모른다는 히치콕의 강박 관념이 그가 어렸을 때 겪었던 잊을 수 없을 만큼 충격적인 에피소드 탓이라는 데에는 의심의 여지가 없다. 아버지는 개구쟁이 꼬마 앨프리드를 경찰서에 보내면서, 경사에게 별도의 요구를 할 때까지 아이를 유치장에 가둬 달라고 요청하는 메모를 들려 보냈다. 이 맥락에서 흥미로운 것은, 히치콕이 가이의 약혼녀의 솔직한 여동생 바버라 모튼 역에 친딸 퍼트리샤Patricia Hitchcock를 캐스팅했다는 것이다. 퍼트리샤 히치콕과 케이시 로저스는 생김새가 약간 닮은 데다 비슷한 안경을 쓴다. 파티에서 목 조르기 기술을 유쾌하게 선보이던 브루노는 바버라를 보고는 살인을 저지르던 광경을 떠올리며 기겁한다. 어린 여동생은 소름 끼치는 대사들을 내뱉는다. 가이와 상원 의원의 가족들이 만나는 초반부 장면에서는 특히 그렇다. 그녀는 모두가 입에 담기를 두려워하는 말을 불쑥불쑥 내뱉는다.

• 부유한 가문 출신으로 시카고대학에 재학 중이던 네이선 레오폴드(Nathan Leopold)와 리처드 로엡(Richard Loeb)이 자신들의 지적인 우월성을 보이기 위한 목적으로 1924년 5월에 열네 살 난 소년을 납치해 살해한 사건. 두 명 다 체포된 후 '종신형 + 99년형'을 선고받았다. 이 사건은 히치콕의 영화를 비롯한 많은 작품의 소재로 다뤄졌다.

무엇보다 히치콕은 비주얼 면에서 위대한 장면들을 만들어 내는 거장이었다. <스트레인저>에도 유명한 시퀀스가 몇 개 있다. 가장 잘 알려진 것은 테니스 경기장에서 가이가 관중석을 훑어보는데, 모든 머리가 공을 따라 이쪽저쪽으로 회전하지만, 브루노 딱 한 사람의 머리만 가이를 똑바로 응시하고 있는 장면이다. (그는 <해외통신원Foreign Correspondent>에서도 동일한 기법을 사용했다. 그 영화에서는 딱 하나만 뺀 모든 풍차가 같은 방향으로 회전한다.) 다른 효과적인 신은 브루노가 놀이공원에서 작은 보트를 타고 사랑의 터널을 통과하는 장면이다. 앞선 보트에는 미리엄과 두 남자 친구가 타고 있는데, 벽에 비친 그림자들은 브루노가 그들을 덮치는 듯한 모습을 만들어 낸다. 트뤼포에게 말한 바에 따르면, 히치콕은 브루노의 집에 간 가이가 어둠 속에서 계단을 오르는 장면에서, 관객들의 관심을 가이가 계단 꼭대기에서 보게 될 광경으로부터 돌리려고 굉장히 큰 개를 활용하자는 아이디어를 떠올렸다고 한다. 미친 듯이 도는 회전목마와 관련된 시퀀스도 유명하다. 가이와 브루노가 회전목마 위에서 싸우는 동안, 놀이공원 일꾼은 회전목마를 조종하려고 배를 납작 깔고는 빙빙 도는 놀이 기구 아래를 기어간다. (합성이 아닌 것으로 유명한 이 숏에서는 스턴트맨이 목숨을 잃을 수도 있었다. 히치콕은 그런 기회를 다시는 잡을 수 없을 거라고 말했다.) 또 다른 위대한 숏은 모자챙의 그림자에 가려 흰자위만 보이는 브루노의 얼굴을 보여 준다.

히치콕은 비주얼을 통제하는 데 있어 최상급의 테크니션이었다. 그는 긴장을 강조하기 위해 스크린의 공간을 활용했는데, 관객들이 그런 의도를 항상 감지했던 건 아니었다. 그는 스크린의 왼쪽은 악당 그리고/또는 약한 캐릭터에게 배정하고, 오른쪽은 착한 캐릭터나 일시적으로 우세를 점한 캐릭터에게 배정하는 관례를 늘 활용했다. 조지타운에 있는 집에 귀가한 가이가 길 건너에서 자신을 부르는 브루노의 속삭임을 듣고 브루노에게 다가가는 장면을 보라. 브루노는 철문 뒤에 서 있는데, 창살이 그의 얼굴에 상징적인 그림자를 드리운다. 가이는 브루노의 오른쪽인 문 바깥쪽에 서 있다. 경찰차가 가이의 집 앞에 서자, 가이는 철문 뒤로 잽싸게 이동해 브루노 옆에 선다. 이제 둘 다 창살 뒤에 서게 되자, 가이는 "당신은 내가 범죄자처럼 행동하게 만들었어"라고 말한다.

로버트 워커의 연기는 사생활에서 벌어진 사건들을 반영했을 미묘하고 강렬한 위기감에서 도움을 받았다. 이 영화의 촬영을 끝낸 직후에 신경 쇠약에 걸린 그는 치료를 위해 입원했다가 진정제 과다 복용 사고로 사망했다(이 영화에서 사용하고 남은 클로즈업 장면들이 유작인 <내 아들 존My Son John>을 완성하는 데 사용됐다). 프랑수아 트뤼포와 가진 책 한 권 길이의 인터뷰에서 히치콕이 두 배우 모두 썩 마음에 들지는 않았다고 밝히기는 했지만, 워커가 연기하는 브루노는 히치콕 최고의 악당 중 한 명으로 불릴 만했고, 관객들이 그레인저가 연기한 플레이보이보다는 브루노에게 더 공감할 거라는 점에는 히치콕도 트뤼포의 의견에 동의했다.

일반적으로 이 영화는 히치콕의 최고작 중 하나로 꼽히며(나는 <현기증Vertigo>, <오명Notorious>, <사이코Psycho>, <의혹의 그림자Shadow of a Doubt> 아래에 이 작품을 놓고는 한다), 영화의 매력은 은밀하게 전해지는 오싹하고 독창적인 플롯과 관련이 있다. 그러한 결함은 우선적으로 하이스미스로부터 비롯한 것인데, 그녀의 소설들은 부당하게도 서점에서 범죄 소설 선반에 배치되고는 한다. 그녀가 실제로 쓴 작품은 범죄자들을 다룬 대중적인 주류 소설이었는데도 말이다. '인터넷 무비 데이터베이스Internet Movie Database, IMDb'의 사용자가 남긴 흥미로운 글이 있다. 그는 영화에 카메오로 출연한 하이스미스를 발견했다고 주장한다. 영화 초반부에 있는 레코드 가게 장면에서 미리엄의 뒤에

서서 노트에 뭔가를 적고 있는 사람이 그녀라는 것이다. 하이스미스의 카메오에 대한 얘기는 영화계에도 알려져 있지 않았었다(모든 관심은 히치콕의 트레이드마크였던 감독의 카메오에만 쏟아졌다). DVD의 6번 챕터, 러닝 타임으로는 12분 16초 시점에서 하이스미스의 카메오를 확인할 수 있다. 그녀가 오랫동안 이 영화를 계속 따라다녔을 거라는 점을 생각해 보라.

스트로첵

Stroszek

감독	베르너 헤어초크	
주연	브루노 S., 에바 마테스, 클레멘스 샤이츠	
제작	1977년	115분

베르너 헤어초크Werner Herzog, 1942~ 가 아니면, 위스콘신의 트레일러하우스에서 새 인생을 출발하려고 독일을 떠난, 지능이 떨어지는 전과자와 왜소한 노인과 창녀에 대한 영화를 만들 사람이 누가 있겠는가? <사이코Psycho>에 영감을 준 살인자 에드 긴Ed Gein의 고향 마을에서 영화를 찍으려는 사람이 그 말고 누가 있겠는가? 모든 지역 주민 역할에 그 지역 주민을 캐스팅할 감독이 그 말고 누가 있겠는가? 경찰관이 "불이 난 트럭이 있는데, 스키 리프트의 전원을 끌 수가 없고 닭이 춤추는 걸 멈추게 만들 수도 없다. 전기 기사를 보내 달라"고 무전을 치는 것으로 영화를 끝낼 감독이 그 말고 누가 있겠는가?

<스트로첵>은 역사상 가장 기괴한 영화 중 한편으로 꼽힌다. 관객들이 숏이나 이야기 전개를 예측하기란 불가능하다. 우리는 영화를 감상하며 매료된다. 헤어초크가 내러티브로부터 도망쳐 캐릭터들이 겪는 모험의 냉혹한 논리를 따라 캐릭터들의 뒤를 쫓기 때문이다. 그리고

영화의 모든 순간마다 자기 자신을 연기하는 브루노 S.Bruno S.의 잊히지 않는 인상적인 연기가 있다.

브루노 S.의 개인사는 영화의 심리적 배경을 형성한다. 브루노는 매춘부의 아들로, 너무 심하게 구타를 당한 탓에 한동안 청력을 상실했었다. 그는 세 살 때부터 스물여섯 살 때까지 정신 병원에 있었다. 그런데 헤어초크의 의견에 따르면 그는 정신병 환자가 아니었다. 그를 집중력 강하고 시야는 좁으며 사교성이 떨어지는 남자로 만든 것은 불행한 삶과 사회의 냉대였다. 그는 최악의 일이 벌어질 것을 오래전부터 기다리고 있었다는 듯이 세상을 바라본다.

빔 벤더스Wim Wenders와 라이너 베르너 파스빈더Rainer Werner Fassbinder와 더불어 1960년대 말과 1970년대에 뉴 저먼 시네마를 낳은 헤어초크는 길거리 뮤지션을 다룬 다큐멘터리에서 브루노를 발견했다. 그는 <카스파 하우저의 신비The Enigma of Kaspar Hauser>라는 제목으로도 알려진 비범한 영화 <사람은 누구나 자기편이고 신은 모두의 반대편이다Jeder Für Sich und Gott Gegen Alle>(1975)에 그를 캐스팅했다. 그 영화는 성인이 될 때까지 지하실에 갇혀 살다가 세상을 어떻게 이해할지 확인하기 위해 길거리로 풀려난 18세기 남자의 이야기를 들려준다. 브루노는 그 역할에 무시무시할 정도로 적역이었다. 헤어초크가 나흘 만에 시나리오를 쓴 <스트로첵>의 역할을 위해서도 마찬가지였다.

그런데 시나리오가 이렇게 빠르게 탄생한 이유가 있었다. 헤어초크는 로케이션 장소를 이미 염두에 두고 있었다. 그와 미국의 다큐멘터리 감독 에롤 모리스Errol Morris는 어머니의 묘소 근처에 있는 시체들을 모두 파낸 에드 긴의 이야기에 매혹됐다. 긴은 어머니의 시신도 파냈을까? 그들은 그것을 직접 확인하기 위해 관을 열어 보기로 결심했다. 헤어초크는 시카고의 패시츠 멀티미디어 센터에서 헌정 시사회가 열리는 동안 가진, 그리고 미니애폴리스의 워커 아트 센터에서 가진 질의응답 시간에 내게 사연을 들려줬다. 계획한 날에 모리스는 위스콘신 플레인필드에 나타나지 않았고, 그래서 묘지를 파헤치는 일은 결국 없었다. 그런데 헤어초크는 자신의 차가 고장 나는 바람에 이 영화에 핵심 로케이션과 캐릭터를 제공한 정비소의 정비사를 만났다.

시나리오의 결말을 머릿속에 갖고 있던 헤어초크는 스스로 알아서 전개되는 이야기를 발견했다. 영화는 교도소에서 석방된 브루노(브루노 S.)가 술집에 들어갔다 포주에게 학대당하는 창녀 에바(에바 마테스Eva Mattes)를 만나는 것으로 시작된다. 그는 그녀에게 나이 많고 작달막한 샤이츠 씨(클레멘스 샤이츠Clemes Scheitz)가 관리해 준 자기 아파트를 피신처로 제공한다. 샤이츠 씨는 위스콘신주 레일로드 플래츠에 있는 조카가 그리로 이사 오라며 자신을 초대했다고 밝힌다. 브루노는 이제 모두들 새로운 삶을 시작할 때가 됐다고 선언한다. 에바는 몸을 팔아 돈을 마련한다(그녀의 손님들은 공사장에 있는 터키 노동자들이다). 위스콘신에 간 세 사람은 12미터 길이의 멋들어진 1973년형 플리트우드 트레일러하우스를 갖게 된다.

그런데 이런 줄거리 요약은 별 의미가 없다. 영화의 분위기가 사뭇 이상하기 때문이다. <스트로첵>은 코미디가 아니다. 그런데 나는 이 영화를 묘사할 방법을 도무지 모르겠다. 색다르다는 게 정답일까. 우리는 헤어초크가 현장에서 세부 사항들을 더하고 있음을 알 수 있다. 레일로드 플래츠는 캐릭터들에게 가하는 일을 영화에도 가한다. 샤이츠 씨의 조카를 연기하는 클레이튼 잘핀스키Clayton Szalpinski는 헤어초크의 자동차를 수리해 준 바로 그 정비사로, 새로 이주해 온 사람들에게 지역의 특색에 대한 정보를 한껏 베푼다. 어떤 농부와 그가 모는 거대한 트랙터가 없어졌는데, 클레이튼은 그 농부와 트랙터가 지역에 산재한 많은 호수 중 하나의 밑바닥에 있을 거라고 믿는다. 금속 탐지기를 구한 그는 얼음이 충분히 두꺼운 날에는 수색 작업에 나선다.

브루노는 무위도식이 오래 가지 못할 거라고 확신한다. 그는 은행에서 서명한 서류들이 조만간 그들에게 돈을 내놓기를 원할 거라고 확신하는데, 그의 예측은 맞아떨어진다. 스콧 매케인Scot McKain은 TV 세트의 소유권이 바뀌어야 할 "지도 모른다/것이다might/would"라는 걸 설명하려 애쓰는 몹시도 예의 바른 은행원을 연기한다. (그는 어감을 부드럽게 만들려고 종종 두 단어를 모두 사용한다. 매케인은 돈 문제 꺼내기를 난처하게 여기는 남자의 분위기를 완벽하게 포착해 낸다.) 결국 험악한 위스콘신의 겨울 풍경을 바라보는 브루노를 남겨 놓은 채 플리트우드가 견인되어 가는 잊을 수 없는 장면이 등장한다. 그는 이런 일과 비슷한 일이 일어날 것임을 알고 있었다.

미국 영화 대부분이 당면한 문제는 영화에 등장하는 연기자들이 영화를 위해 고용된 것 같은 사람들로 보인다는 것이다. 그들은 잘생긴 사람일 필요까지는 없다. 하지만 특정한 범위 안에 들어맞는, 보기에 흉하지는 않은 사람들이어야 한다. 그들이 너무 이상한 사람들이라면 어떻게 안정적인 일자리를 찾을 수 있겠는가? 헤어초크는 비전문 연기자들을 활용하는 것으로 이런 제약 조건에서 자주 자유로워진다. 예를 들어 클레이튼 잘핀스키는 산골에 사는 앞니 벌어진 사람의 말투를 구사하지만, 자신이 맡은 역할에는 적격인 인물이다. 어떤 전문 연기자도 작은 마을의 정비사를 이보다 더 잘 연기해 내지 못한다. 그리고 브루노 S.는 비범하다. 헤어초크는 브루노가 촬영하는 장면의 분위기에 젖으려고 한두 시간 동안 비명을 지른 적이 이따금 있었다고 밝혔다. 그는 연기를 펼치는 동안 항상 자신의 모든 것을 완전히 쏟아 내는 것처럼 보인다. 감추고 있는 건 하나도 없고, 딴 데에 신경을 쓰지도 않는다. 그는 관객을 불안하게 만들 정도의 진심을 쏟아 내고, 우리는 브루노의 내면에는 거짓이 뿌리 내릴 구석이 전혀 없음을 깨닫게 된다.

많은 영화가 희망을 잃은 캐릭터들이 범죄의 길로 들어서는 것으로 끝을 맺는다. 그러나 <스트로첵>처럼 끝을 맺는 영화는 없다. 브루노와 샤이츠 씨는 엽총을 들고 은행을 털러 간다. 은행은 닫혀 있다. 그러자 그들은 은행 옆에 있는 이발소에서 32달러를 강탈한 다음, 운전할 수 있는 자동차를 남겨 두고는 길 건너편 슈퍼마켓으로 직행한다. 여기서 브루노는 경찰이 샤이츠 씨를 체포하기 전에 냉동 칠면조를 집어 든다. 그런 다음 인근에 있는 게임 센터로 차를 몰고 가, 닭들이 춤을 추고 피아노를 연주하게 만들려고 동전을 투입한다. 그러고는 스키 리프트에 올라서 돌고, 돌고, 돈다.

헤어초크는 DVD의 코멘터리 트랙에서 마지막 시퀀스가 자신이 촬영한 최고의 시퀀스였다고 밝힌다. 춤추는 닭을 무척이나 싫어한 스태프들은 작업에 참여하기를 거부했고, 그래서 그는 그 장면을 혼자 촬영했다. 그는 닭은 "걸출한 메타포"라고 말한다. 그런데 무엇을 위한 메타포인지에 대해서는 그도 확신하지 못한다. 내 생각은 이렇다. 우리가 이해할 수 없는 힘이 투입구에 동전을 넣으면, 우리는 돈이 바닥날 때까지 춤을 춘다.

<스트로첵>은 미국 사회를 공격한 영화라는 평가를 받지만, 사실 영화에서 더 초라하게 묘사되는 곳은 독일 사회다. 그리고 모든 미국인은 은행원조차 순진하고 단순하며 멋있는 인물로 묘사된다. 영화의 비극은 이들 세 사람이 공통점은 하나도 없고, 그들이 위스콘신이나 그 외의 어느 곳에서 함께 살 수 있을 거라고 생각할 이유가 전혀 없다는 데에서 비롯된다. 에바는 한동안 브루노와 동침한다. 그런데 그녀가 그를 향한 마음의 문을 닫았을 때, 브루노는 인상적인 장면에서 뒤틀린 조각을 그녀에게 보여 주며 제3자의 말을 인용한다. "이것은 브루노의 내면이 어떤지를 보여 주는 개략적인 모델이야. 그것들은 그를 향해 나 있는 문을 모두 닫아 두고 있어."

영화 앞부분에 나오는 베를린에서 브루노는 일자리와 여자를 잃

고는 도움을 요청하러 의사를 찾아간다. 의사(바클라프 보이타Vaclav Vojta)는 주의 깊게 귀를 기울이며 동감하지만 아무 해답도 내놓지 못하고는 조산아를 보살피는 병동으로 브루노를 데려간다. 그는 정말로 조그만 갓난아기가 손아귀를 움켜잡는 힘이 얼마나 센지 보라고 말한다. 아이는 의사의 큰 손가락에 매달린다. 브루노는 바라본다. 그의 표정만 보고는 무슨 생각을 하는지 전혀 알 수가 없다. 아이가 운다. 그러자 의사는 아이를 부드럽게 어르고 아이의 귀에 키스를 한다. 아이는 잠이 든다. 아마도 그것이 브루노에게 필요한 것일 테다.

시골에서의 일요일 Un Dimanche à la Campagne	감독	베르트랑 타베르니에	
	주연	루이 뒤크뢰	
	제작	1984년	90분

1912년 가을로 접어들 때, 어느 노인이 파리 인근에 있는 귀족의 시골 저택에서 하루를 준비하며 노래를 흥얼거린다. 이빨을 닦고, 구두의 광을 내는 그는 행복해 보인다. 아래층 주방에서는 가정부가 그녀 나름대로 노래를 흥얼거린다. 노인이 계단을 내려오자, 두 노래가 섞이면서 멜로디가 아닌 무드의 하모니를 빚어낸다.

두 사람은 기차역까지의 거리를 두고 논쟁을 벌인다. 노인은 걸어서 10분 걸릴 거라고 생각한다. 가정부는 노인의 걸음걸이가 예전 같지 않음을 상기시킨다. 노인이 아들과 아들 가족의 방문을 기다리고 있다는 것이 드러난다. 역으로 출발한 노인은 중간쯤에서 손자 두 명과 마주친다. 노인은 기차가 일찍 도착한 건지 시계가 느린 건지를 놓고 아들과 의견을 나눈다. 노인이 천천히 걸었을 리는 없었을 테니 말이다.

가족 안에 흐르는 숨겨진 조류를 다룬 베르트랑 타베르니에 Brertrand Tavernier, 1941~ 의 우아하고도 섬세한 이야기인 <시골에서의 일

요일>은 그렇게 시작된다. 루이 뒤크뢰Louis Ducreux가 연기하는 노인은 마음 깊은 곳에 자기 인생에 대한 실망감을 품고 있는 라드미랄 씨다. 그의 스튜디오는 저택의 정원에 있다. 아들의 이름은 공자그(미셸 오몽Michel Aumont)이고 며느리의 이름은 마리 테레즈(주느비에브 니쉬Geneviève Mnich)이며, 손주가 세 명 있다. 라드미랄에게는 딸 이렌(사빈 아제마Sabine Azéma)도 있다. 공자그의 가족은 일요일마다 거의 빼놓지 않고 노인을 찾아온다. 독신인 이렌은 아주 가끔씩 찾아온다.

아들이 아버지에게 실망스러운 자식이었던 건 분명하다. 그리고 아버지를 사랑하는 아들이 그 사실을 받아들이는 것도 분명하다. 손자들이 학교에서 얼마나 공부를 잘하는지에 대한 말이 오간다. 아들은 자신이 학교에 다닐 때 공부를 열심히 했던 것으로 기억한다. "그랬었지." 라드미랄이 말한다. "그런데 그렇게 공부를 해도 도움이 되지를 않았잖니." 가족들은 간신히 알아차릴 수 있는 신호들을 주고받으며 빠르게 의사소통을 한다. 마리 테레즈가 미사의 끝을 놓치지 않으려고 서둘러 뛰어가자 노인이 묻는다. "지금도 열심히 다니니?" 아들은 동의한다. 그들이 그 순간 주고받는 눈빛은 이 여자에 관해 그들이 품은 견해에 담긴, 어쩌면 이심전심의 긴 사연을 암시한다. 나중에 노인은 들릴 듯 말 듯한 목소리로 마리 테레즈가 공자그에게 "에두아르도"라는 새 이름을 지어 줬다고 밝힌다. 남편의 본명이 마음에 들지 않았기 때문이다.

타베르니에는 자신의 이야기를 우리에게 강권하지 않는다. 거창한 플롯을 풀어내지도 않는다. 우리가 그저 긴 하루 동안 그의 캐릭터들을 살펴보기를 원한다. 그러면서 그들 중에 자기 삶에 아주 행복해하는 사람은 아무도 없다는 것을 우리가 알게 되기를 바란다. 아들은 최선을 다하건만 아버지를 기쁘게 해드릴 수가 없다. 딸은 최선을 다하건만 아버지를 실망시키지 못한다. 가족 내부에서 미묘하게 오가는 에너지에 주의를 기울인 이 영화와 유사한 사례를 찾아내려면, 우리는 거

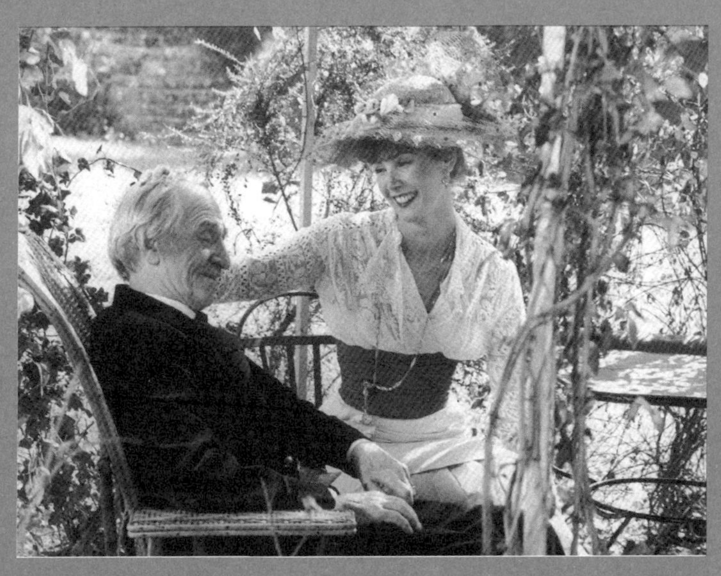

의 모든 작품에서 일본의 가족을 다뤘던 오즈 야스지로小津安二郎를 찾아가야 한다. 인생의 아름다움과 죽음의 불가피성에 대한 달곰씁쓸한 깨달음을 가리키는 일본의 문학용어 '모노노아와레物の哀れ'•는 오즈에게 적용되고, 이 영화에서는 타베르니에에게 적용된다.

영화의 표면은 나른한 파스텔 톤이다. 영화는 인상파를 동경하는 듯 보인다. <시골에서의 일요일>은 여름날의 차분한 분위기로 우리를 진정시킨다. 영화에는 점심 식사와 낮잠, 차茶, 산책, 레스토랑 방문, 저녁 식사가 있다. 우리는 노인이 화가로 성공해 돈을 벌었으며 명예도 얻었다고 추측한다(그의 옷깃에 꽂힌 장미꽃 장식은 그가 레지옹 도뇌르 훈장을 받은 기사임을 가리킨다). 그러나 그는 인상파라는 배를 놓쳤다. 이제 70대에 접어든 노인은 그의 경력을 잘못된 길로 몰아가고 있는 게 확실해 보인다(노인은 어느 순간에 "나는 스승님들이 하라고 말씀하셨던 일들을 했었다"고 중얼거린다).

하루는 느리게 흘러간다. 사내아이들은 무당벌레를 괴롭힌다. 나무에 올라간 손녀는 내려오기를 겁낸다. 낮잠을 자려고 자리를 잡은 공자그는 자신이 그림으로 했던 초기의 실험을 계속해야 하는 건지도 모르겠다고 마리 테레즈에게 말한다. 그의 초창기 작품들은 나쁘지 않았었다. "그런데 아버지는 나한테 실망하셨던 것 같아. 아니면 내가 그분의 라이벌이 됐거나." 그는 말하지만, 그녀는 이미 잠들었다.

이렌이 자동차를 몰고 회오리바람처럼 들이닥친다. 아이들을 품에 안고 집안으로 서둘러 들어서는 그녀는 에너지로 똘똘 뭉쳐있다. 가족들은 함께 인근에 있는 레스토랑에 간다. 사람들 앞에서는 외향적인 모습을 보이는 그녀는 지나치다 싶을 정도로 명랑하다. 그런 그녀가 혼자 있을 때 슬픈 표정을 짓는 모습을 우리는 본다. "그녀는 자유로워

• 헤이안 시대의 문학적, 미적 이념으로, 자연과 인생, 예술 등에 접했을 때 생기는 정취나 정감을 가리킨다.

지고 싶어 하는 게 아니라, 혼자 있고 싶어 합니다." 내레이터(타베르니에)는 우리에게 말한다. "네 누이 이렌을 봐라." 라드미랄은 아들에게 말한다. "그 애는 착실히 앞으로 나아가는데, 너는 그렇지 않구나." 여동생의 차를 꼼꼼히 살핀 아들은 말한다. "저한테는 애들이 있어요. 자동차가 아니라요."

하루의 끝 무렵에 모든 것이 등장한다. 자신의 그림이 잘못된 길로 접어들었다는 라드미랄의 감정, 사랑하는 아버지를 결코 기쁘게 해 드리지 못하는 아들의 감정, 말 없는 며느리의 부르주아적인 자기만족, 이렌이 왔던 속도만큼이나 빠르게 집을 떠나게 만든 갑작스러운 전화 통화 때문에 드러난 딸의 비밀스러운 불행하고 급박한 상황. 모두가 떠난 후, 노인은 작업해 오던 캔버스를 들어 벽 쪽으로 방향을 바꿔 놓는다. 그는 새 캔버스를 올려놓고 자리에 앉아 그것을 응시한다. 그러면 카메라는 라드미랄이 결코 그리지 않을 그림인 인상파의 풍경처럼 보이는 초원에 초점을 맞춘다. 아마도 그것은 그의 내면 풍경일 것이다.

<시골에서의 일요일>은 잊히지 않는 매력과 달콤함, 슬픔을 담고 있다. 이 작품은 한 가족을 다룬 작품이자 많은 가족을 다룬 작품이다. 타베르니에는 걸출한 집중력으로 포착한 디테일을 통해 이야기를 전개하고, 인생이 전개되는 방식에 그 디테일들을 덧입힌다. 리얼리티가 깨지는 놀라운 순간은 세 번 있다. 그중 한 장면에서 우리는 흠잡을 데 없는 차림새로 자고 있는 것처럼 침대에 누워 있는 라드미랄의 시체를 공자그와 마리 테레즈, 가정부가 내려다보는 모습을 본다. 다른 장면에서 이렌은 세상을 떠난 어머니를 보는데, 어머니는 딸에게 "이렌, 인생에 대해 너무 많은 것을 묻는 걸 그만할 수 없겠니?"라고 묻는다. 세 번째 장면에서 이렌은 조카딸을 포옹했다가, 그 애가 열다섯 살 무렵에 어린 나이로 죽게 될 것임을 직감으로 알아차린다. 이 장면들은 초자연적인 장면들이 아니다. 식구들과 함께 있을 때 우리 모두가 품게 되는

일종의 숙고와 기억, 두려움이 실현된 장면들이다.

1941년생인 타베르니에는 가장 재능 있고 인본주의적인 프랑스 감독 중 한 명으로, 누벨바그 이후 세대의 리더다. 그는 평론가로 활동하고 (고다르Jean-Luc Godard와 샤브롤Claude Chabrol을 위한) 홍보 담당자로 일하다 1974년에 데뷔작 <생폴의 시계상L'Horloger de Saint-Paul>을 만들었다. 그 영화의 시나리오를 쓴 작가는 전후의 유명한 시나리오 집필 팀 중 하나였던 장 오랑슈Jean Aurenche와 피에르 보스트Pierre Bost였다. 작가주의 평론가들이 "고상한 작품"이라고 경멸적으로 깔보던 유파를 대표한 그들은 누벨바그를 씻어 내려는 의도를 품었다. 타베르니에는 그들의 작품을 존중했고, <시골에서의 일요일>은 보스트가 쓴 소설 『라드미랄 씨는 조만간 죽을 것이다Monsieur Ladmiral Va Bientôt Mourir』가 원작이다. 그리고 또 다른 연결 고리가 있다. 나치 점령기 동안 작업을 계속하는 프랑스 영화감독에 관한 타베르니에의 <통행증Laissez-passer>(2002)은 오랑슈를 배우로 활용한다.

영화를 사랑하는 타베르니에는 무시된 클래식들을 리바이벌하고 복원하는 작업을 자주 했다. 그는 텔루라이드영화제에서, 그리고 기회가 있을 때마다 자신이 발견한, 경쟁하려는 기미를 조금도 보이지 않는 작품들을 열정적으로 선보인다. 사람들은 그가 자신이 직접 연출한 작품뿐 아니라 사랑하는 작품도 소개하는 것임을 감지한다. 그는 엄청난 다작 감독이다(1974년 이후로 29편의 작품을 만들었다). 특유의 주제나 스타일은 갖고 있지 않으며, 엄청나게 폭넓은 소재를 다룬다. 짐 톰슨Jim Thompson의 소설을 프랑스령 아프리카로 배경을 바꿔 놓은 <대청소Coup de Torchon>(1981), 레스터 영Lester Young과 찰리 파커Charlie Parker의 삶에 기초한 테너 색소폰 연주자의 이야기로 덱스터 고든Dexter Gordon을 출연시킨 <라운드 미드나잇Round Midnight>(1986), 일주일간 학교를 떠났다가 자신의 삶에 대해 심오한 재발견을 하는 선생님 역을 맡은 나탈리 베이Nathalie Baye가 걸출한 연기를 보여 주는 <7일간의 외출Une Semaine de Vacances>(1980), 딸과 화해하는 죽어 가는 남자 역할을 맡은 더크 보가드Dirk Bogarde가 마지막 연기를 펼치는 <아버지 향수Daddy Nostalgie>(1990), 프랑스 마약 경찰들의 일상적인 활동과 헛된 노력을 기록한 <L.627>(1992) 등이 그 일부다.

그 외에도 많은 작품이 있다. 그의 작품은 대단히 독창적이고 관대하다. 타베르니에가 자신이나 우리에게 특정 스타일을 강요하는 일은 결코 없기 때문에, 어떤 면에서 그의 작품들은 그가 한때 지지했던 작가주의 이론의 반대편에 자리 잡고 있다. 하지만 그의 작품에 공통적인 요소가 있다면, 같은 인간들을 향해 느끼는 그의 공감, 인간들이 이룬 업적을 향한 열광, 인간들이 느끼는 실망감에 대한 그의 동조다. 어떤 감독들의 작품을 보면, 그 감독들을 더 가까이서 느끼게 된다. 그런데 타베르니에의 작품을 보면, 인생을 더 가까운 곳에서 느끼게 된다.

# 시에라 마드레의 보물 The Treasure of the Sierra Madre	감독	존 휴스턴	
	주연	험프리 보가트	
	제작	1948년	126분

존 휴스턴John Huston, 1906~1987이 전쟁에서 돌아오고 험프리 보가트Humphrey Bogart가 차기 프로젝트를 직접 선택할 수 있을 정도로 인기 좋은 스타였을 때, 두 사람은 탐욕으로 미쳐 가는 꼴사나운 낙오자에 대한 영화를 만들기로 결정했다. "다음 영화에서 나를 볼 때까지 기다려 봐요." 보가트는 뉴욕의 나이트클럽 앞에서 한 영화 평론가에게 장담했다. "당신이 지금껏 봐 온 중에 최악의 쓰레기를 연기하니까요." 영화는 우울하고 절망적이다. 영화에서 가장 멋진 캐릭터는 자신을 죽이려던 사람들을 지키려 노력하다 죽고, 결말은 비참한 수준에 머무르는 게 아니라 우주가 주인공의 꿈들을 상대로 치는 장난과 비슷하다. 제작진을 멕시코 로케이션에 보냈다가 제작비가 통제가 안 되자 귀국시켰던 스튜디오의 보스 잭 L. 워너Jack L. Warner는 이 영화를 "우리가 만든 영화 중에서 최고의 영화인 게 분명하다"고 생각했다.

<시에라 마드레의 보물>의 줄거리는 모험을 작품의 목적이 아니

라 캐릭터들을 시험하는 시험대로 활용하는 조지프 콘래드Joseph Conrad의 전통을 따른다. 영화에는 현명한 늙은이와 피해망상에 빠진 중년 남성, 그리고 어느 한쪽 편을 들어야 하는 젊은이가 등장한다. 영화는 남자들의 동지애를 좋아한 휴스턴의 방식대로 이런 이야기를 매우 즐겁게 들려준다. 영화는 때로는 웃음을 터뜨리게 만든다. 어떤 웃음은 재미있어서 나오고, 어떤 웃음은 씁쓸한 아이러니 때문에 나온다. 영화의 배경은 태양이 작열하는 고산 관목 지대로, 필요할 때는 산적 무리와 인디언 마을이 등장하기도 하지만, 금을 찾는 세 사람을 빼고는 보통 황량하기만 하다. 영화 끝부분에는 보가트가 미쳐서 헛소리를 해 대는, 「리어왕」과 <탐욕Greed> 사이의 어딘가에 자리를 잡을 법한 장면이 있다.

보가트는 영화를 좋아하는 사람이라면 누구나 그 이름을 알고 있는 영화 캐릭터 중 한 명인 프레드 C. 도브스를 연기한다. 도브스는 1925년에 탐피코에서, 미국에서 온 다른 떠돌이 밥 커틴(팀 홀트Tim Holt)을 만난다. 뼈 빠지게 번 돈을 부정직한 고용인 매코믹에게 사기당한 두 사람은 술집에서 매코믹을 구석으로 몰아넣고는 동네를 어슬렁거리고 다니는 게 적절치 못한 행동처럼 보일 정도로 잔인하게 구타한다. 노인 하워드(월터 휴스턴Walter Huston)가 황금에 관한 이야기를 귀동냥하는 그들에게 다음 행보를 제시한다. 그들은 하워드가 조언에는 능하지만 다른 일에는 그렇지 않을 거라고 생각한다. 그러나 하워드는 기운이 팔팔하다. 게다가 얼마 안 있어 현실적인 조언들을 해준다. 하워드에 따르면 금을 찾는 건 어려운 일이 아니다. 그런데 금을 지키면서 목숨을 잃지 않는 건 쉽지 않은 일이다.

영화의 핵심적 사건의 배경은 산악 지대의 경사지다. 산악 지대의 이름은 제목에 등장하지만, 캐릭터들은 결코 그 이름을 알지 못한다. 그들은 이 지역을 그냥 '산'이라고만 부른다. 이런 풍경에서 그들은 무척 쉽게 눈에 뜨이는 존재라서 하워드의 경험과 서투른 스페인어를 통해서만 이 지역을 헤쳐 나갈 수 있다. 그들은 동업자로 일을 시작하지만, 진짜 황금을 찾은 순간에 욕심이 커진 도브스는 수확을 밤마다 3등분하자고 제안한다. 얼마 안 있어 그들은 각자의 금을 별도로 보관한다. 텐트에서 잠이 깬 도브스는 하워드가 없어졌음을 알게 되고 깨어난 커틴이 도브스가 없어졌음을 알게 된 다음, 마침내 늙은 하워드가 결국 자신에게 다음 차례가 돌아왔다는 것을 깨닫고는 아침에 일을 하려면 다들 잠을 자야 하지 않겠느냐고 말하는 기나긴 밤이 있다.

하워드는 전에도 여기에 왔었다("나는 황금이 사람의 영혼을 어떻게 만들어 버리는지 알아"). 그는 피해망상에 사로잡힌 도브스의 제안에 동의하며 지혜로운 조정자 노릇을 한다. 어떤 선택을 하건 결국 달라질 것이 별로 없음을 알기 때문이다. 그들은 금을 가지고 떠날 수 있게 되거나 그러지 못하게 될 것이다. 감독의 아버지인 월터 휴스턴은 걸출한 연기로 아카데미상을 수상했다(존 휴스턴도 연출과 시나리오로 상을 두 개 더 탔다). 고령의 휴스턴이 쉴 새 없이 따발총처럼 떠들어 대는 이야기에 귀 기울여 보라. 옛날이야기를 브리핑하는 것 같으면서도 어떤 뉘앙스를 풍기기 위한 시간은 조금도 허비하지 않는다. 마침내 금을 찾았을 때, 그는 금을 찾느라 청춘을 보낸 황금광의 스테레오타입을 연기하며 유명한 춤을 춘다. 그런데 광대 노릇을 할 때 그의 눈빛이 얼마나 고요한지 눈여겨보라. 그는 모든 상황을 파악하고, 자신이 선택할 수 있는 대안이 무엇인지를 알며, 도브스가 몰락하는 것을 늦추려고 노력한다.

보가트는 스타라는 자존심은 조금도 내비치지 않는다. 어찌 보면 그는 잘생긴 얼굴로 스타가 된 것은 아니었다. 그의 아내 로런 버콜Lauren Bacall은 <어두운 통로Dark Passage>(1947)를 찍을 무렵에 보가트의 머리가 빠르게 벗겨졌고, <시에라 마드레의 보물>의 로케이션에 도착했을 때는 완전히 대머리가 됐다고 회고록에 적었다. 의사는 그의 음

주와 비타민 B 결핍을 탓했다. B12 주사는 머리숱을 늘리는 데 도움을 줬지만, <시에라 마드레의 보물>의 세 남자는 아침마다 당일 촬영분의 난이도에 따라 세심하게 더럽혀지고 헝클어진 가발을 썼다.

보가트의 행운은 당시 워너 브라더스의 대형 스타였던 조지 래프트George Raft가 존 휴스턴의 데뷔작 <말타의 매The Maltese Falcon>(1941) 출연을 거부한 뒤에 찾아왔다. 키가 큰 편도 아니고 머리가 벗겨진 데다 입술에 흉터도 있었던 보가트는 영웅을 연기할 수 있으면서도 싸우기 좋아하는 왜소한 사내로 변신하는 것을 좋아했다. 휴스턴의 <아프리카의 여왕The African Queen>(1951)의 찰리 올넛을 기억하라. <시에라 마드레의 보물>에서 그는 줄거리가 전개됨에 따라 세상에서 꾸준히 존재감이 줄어들다 마침내 자신과 자신의 망상 속으로 사라져 버리는 캐릭터를 연기했다. 하워드가 노련한 산사람이 되어 그의 목숨을 구하고 커틴이 붕괴된 광산에서 의식을 잃은 그를 구해 냈음에도, 도브스는 그들을 믿지 않는다. 그러고는 더 큰 몫의 황금을 차지하기 위해서라면 둘 중 한 명을 죽일 수도 있다고 생각한다.

그는 자신이 커틴을 죽였다고 생각한다. 그 순간 그는 미치광이의 세계에 접어든다. 그런데 가혹한 상황 논리는 이러한 산악 지대에서 살인이란 늘 선택 대안 중 하나임을 일찌감치 보여 줬다. 그들의 캠프까지 쫓아온 부드러운 말투의 미국인 짐 코디(브루스 베넷Bruce Bennett)가 도움을 주겠다고 제안하며 배당을 달라고 요구하고는 그들을 위해 상황을 분석해 주는 신랄한 에피소드가 있다. 그들은 그를 동업자로 삼거나, 그게 싫으면 죽일 수 있다. 세 사람이 투표를 하는 장면은 그들이 자신들에게 부과된 도덕적인 부담감을 어떻게 평가하는지를 뚜렷하게 보여 준다.

영화의 원작은 정체불명의 전설적인 인물 B. 트레이븐B. Traven의 소설이다. 그의 작품은 자연과 위험이 제기하는 오싹한 선택 대안에 의해 궁지로 몰리는 사람들을 보여 준다. 트레이븐은 정체불명인 것으로 유명했다. 이름은 필명이었고, 얼굴은 결코 드러내지 않았다. 휴스턴 부자를 대표했던 할리우드 에이전트 폴 코너Paul Kohner는 트레이븐을 한 번도 만나지 못한 채 그의 문학 에이전트로 활동했다. 아니, 만난 적이 있었을까? 휴스턴과 코너는 인상이 험악한 작은 남자가 멕시코 로케이션에 나타나 자신을 트레이븐이 보낸 사람이라고 소개했다고 1970년대에 내게 말했다. 두 사람은 이 남자가 트레이븐 본인이 분명하다고 판단했으면서도 대수롭지 않은 듯 행동했다.

나는 <시에라 마드레의 보물>을 여러 번 봤다. 그런데 새로 출시된 DVD를 다시 보다가 내가 늘 보가트의 마지막 신에 사로잡힌다는 것을 알게 됐다. 이 영화는 결코 황금을 다루는 영화가 아니다. 캐릭터들을 다루는 영화다. 그리고 보가트는 과감하게 프레드 C. 도브스를 애처로우면서도 겁 많고 이기적인 인간으로 만든다. 우리는 그가 무척이나 고약한 인간이라서 동정받을 자격이 없다고 느끼면서도 그를 동정해야 한다고 생각하게 된다. 영화가 끝날 때 다른 두 캐릭터는 어느 정도 받아 마땅한 대접을 받지만, 관객들이 느끼는 만족감은 덜한 편이다. 하워드가 인디언 마을에 간 후, 젊은 아가씨가 그의 수염을 만지고 그가 카메라를 보며 윙크를 하는 불필요한 숏이 있다. 이 숏과 이 숏을 둘러싼 목가적인 마을의 삶은 저열한 영화에나 어울린다.

하워드와 커틴의 이야기가 전형적인 이야기로 증발하는 반면, 프레드 C. 도브스의 이야기는 높은 수준의 비극으로 발돋움한다. 밤중에는 사방에서 벌어지는 사건들에 귀를 쫑긋 세우고, 갈증에 시달리며, 그렇게 소중히 여기던 황금을 갖고 사막의 태양 아래에서 비틀거리는 도브스는 자신의 결함 때문에 파멸에 이르는 비극적인 주인공이다. 영화를 더 솔직하고 진실하게 만든 것은 이러한 장면들에 담긴 냉혹하고 적나라한 리얼리즘이다. 영화를 그 수준으로 끌어올리는 것은 자신을 살인자라고 생각한 도브스가 읊조리는, 셰익스피어가 대중화된 스타일의 독백이다. "양심, 대단한 거야! 자기한테 양심이 있다고 믿으면 그 양심은 죽을 때까지 그 사람을 괴롭힐 거야. 그런데 양심이 있다는 것을 믿지 않으면, 그게 무슨 짓을 할 수 있겠어?" 그는 진실을 발견했다.

보가트는 사람들이 가장 많이 인용하는 대사이지만 실제 영화에서는 아무도 말한 적이 없는 대사가 들어 있는 영화 두 편에 출연했다. <카사블랑카Casablanca>에서 "그걸 다시 연주하게, 샘"이라는 말을 하는 사람은 아무도 없다. <시에라 마드레의 보물>에서 산적 두목 역의 알폰소 베도야Alfonso Bedoya는 "배지Badges? 냄새 나는 배지는 필요 없어!"라는 말을 한 적이 없다. 그는 이렇게 말한다. "우리는 배지가 필요 없어. 나는 당신한테 냄새나는 배지를 보여 줄 필요가 없어."

씬맨

The Thin Man

감독	W. S. 밴 다이크
주연	윌리엄 파월, 미르나 로이
제작	1934년 · 93분

윌리엄 파월William Powell과 대사 사이의 관계는 프레드 아스테어Fred Astaire와 춤 사이의 관계와 같다. 파월의 대사 연기는 대단히 익살맞고 교묘하며, 동시에 대단히 영리하고 천진무구해서 그가 말하는 내용이 무엇인지는 별로 중요하지 않은 게 돼 버린다. 연기자들의 개인적인 스타일이 영화가 다루는 살인과 미스터리보다 더 중요한 살인 미스터리 영화 <씬맨>도 틀림없이 그런 경우에 속한다.

파월과 미르나 로이Myrna Loy는 서로 사랑하고 둘 다 약간은 술에 취해 유쾌하게 살아가는 은퇴한 탐정과 부유한 아내인 닉 찰스와 노라 찰스 부부로 공연한다. 닉은 영화 내내 꾸준히 술을 마시는데, 그가 보여 주는 재능과 위트는 현실 세계의 술꾼이 마스터했으면 하고 바랄 만한 것들이다. 우리가 처음 그를 봤을 때, 그는 바텐더에게 칵테일 만드는 법을 가르치고 있다(“리듬 있게 흔들어야 해요. 드라이 마티니를 만들 때에는 항상 왈츠의 리듬으로 흔들어야 해요”). 노라가 들어오자,

그는 그녀에게 술을 건넨다. 그녀는 얼마나 마셨느냐고 묻는다. "이걸로 마티니 여섯 잔째요." 그녀는 그 주량에 맞추려고 다섯 잔을 더 주문한다.

파월은 알코올 중독자가 시를 읊듯 분명치 않은 발음으로 캐릭터를 연기한다. 발음의 정확성은 들쑥날쑥하지만, 그는 만취 상태나 완전히 술에서 깬 상태로는 절대 접어들지 않는다. 술은 우아한 위트와 뛰어난 타이밍을 가진 대사 연기를 펼치기 위한 윤활유로, 겉으로는 퇴폐적이지만 근본적으로는 용감하고 멋진 캐릭터들에 의해 활용된다. 어느 날 밤 닉과 로라는 그들의 아파트에 무장하고 침입한 침입자를 해치운 후, 다음날 아침에 신문에서 그 사건에 대한 기사를 읽는다. "『트리뷴』은 내가 총을 두 방 맞았다고 썼군." 닉이 말한다. "난 당신이 다섯 방 맞았다고 타블로이드에서 읽었어요."• 노라가 말한다. "사실이 아니오." 닉이 말한다. "놈은 내 타블로이드들에는 근처에도 오지 않았어."

석 달 전이 배경인 프롤로그가 지난 후, 영화의 대부분은 크리스마스이브와 크리스마스에 벌어지는 칵테일파티와, 살인자의 정체가 밝혀지는 섣달그믐 즈음에 벌어지는 만찬 파티를 포함한 명절 시즌에 벌어진다. 누아르의 창시자 중 한 명인 대실 해밋Dashiell Hammett의 소설을 원작으로 한 영화는 단서들과 용의자들, 그리고 연쇄 살인에 대한 해답을 기계적으로 제공하지만, 분위기나 의도 면에서는 대사로만 구성된 아스테어와 로저스Ginger Rogers의 뮤지컬에 훨씬 가깝다. 호사스러운 호텔의 펜트하우스에 거주하는 품격 있는 사람들이 등장하고, 대공황의 분위기는 조금도 보이지 않는다.

<씬맨>은 1934년에 가장 인기 있는 영화 중 한 편이었고, 이후로 속편이 다섯 편이나 이어졌으며, 오스카상 네 개 부문(작품상, 남우

• 여기서 "I read you were shot five times in the tabloids"는 '당신이 타블로이드들에 둘러싸인 상태에서 다섯 방을 맞았다고 읽었다'로 해석할 수도 있다.

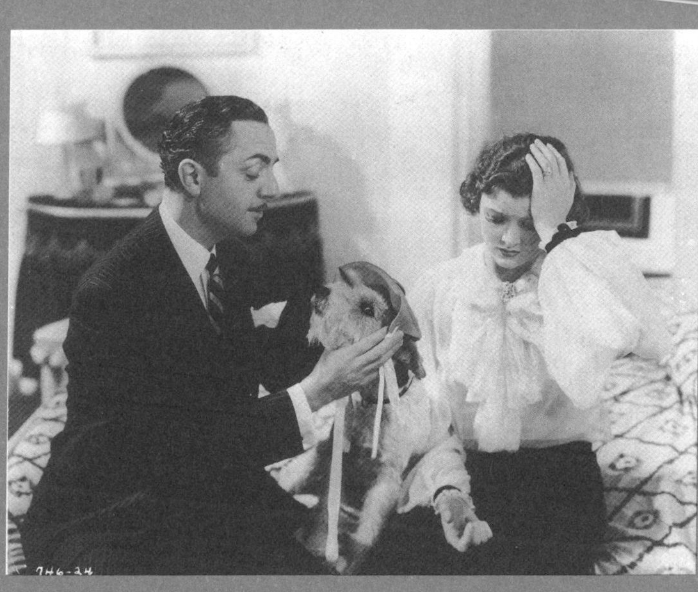
746-24

주연상, 감독상, 각본상)에 후보로 지명됐다. 하지만 이 작품은 저렴한 B급 영화로 만들어졌다. 파월과 로이는 같은 해에 이 영화보다 먼저 만들어진 <맨해튼 멜로드라마Manhattan Melodrama>(전설적인 은행 강도 존 딜린저John Dillinger가 죽기 직전에 본 영화)에서 성공적인 연기 호흡을 보여 줬다. MGM은 잽싸게 두 사람을 이 범죄 코미디에 캐스팅해 2주일이라는 믿기 힘든 짧은 기간에 촬영을 끝냈다. 속전속결의 촬영 일정이 가능했던 것은 필요한 세트가 손에 꼽을 정도로 적은 데다 실외 장면은 거의 없었기 때문이고, 대사는 많은 반면 액션은 거의 없었기 때문이며, W. S. 밴 다이크W. S. Van Dyke, 1889~1943 감독이 일정을 칼같이 지키는 것으로 유명했기 때문이다. <씬맨>이 돈을 적게 들이고도 화면이 그렇게 근사한 것은 실내 장면들이 간결하면서도 품격 있고, 흑백 촬영이 (파월과 로이 외에도 모린 오설리번Maureen O'Sullivan과 젊은 세자르 로메로Cesar Romero를 비롯한) 멋지게 생긴 출연진들이 입은 평상복과 정장을 근사하게 잡아냈기 때문일 것이다. 키가 183센티미터인 파월이 167센티미터인 로이를 보살피듯 내려다보는 (또는 때때로 그녀 쪽으로 바람이 부는 것처럼 몸을 기울이는) 방식에는 우아함이 깃들어 있다.

대실 해밋은 하드보일드 픽션으로 유명했고, 해밋의 소설을 원작으로 한 존 휴스턴John Huston의 1941년도 영화 <말타의 매The Maltese Falcon>는 초기 필름 누아르의 전형이지만, 본질적으로 <씬맨>은 시체들이 등장하는 응접실 코미디다. 플롯은 대단히 터무니가 없어서 제정신 가진 관객치고 플롯을 따라갈 수 있는 관객은 없다. 게다가 영화는 관객들이 따라오게끔 만들려는 노력을 조금도 기울이지 않는다. 닉 찰스는 불가해한 사건들의 한가운데에서 술잔을 들고 서 있다가 자신은 만사를 이해하지만 남들은 그 사실을 이해할 수 없다는 듯 현명한 표정으로 고개를 끄덕이고는 한다. 기자가 그에게 "사건에 대해 얘기해 줄 수 없나요?"라고 묻자 닉은 대답한다. "있어요. 그 사건이 내가 술을 마시는 걸 방해하고 있어요.”

요약하자면 이 영화가 다루는 내용은 발명가(에드워드 엘리스Edward Ellis)의 불가사의한 실종, 닉과 노라의 오랜 친구인 발명가의 딸(오설리번)이 하는 걱정, 발명가의 전처(민나 곰벨Minna Gombell)가 품은 탐욕, 여자의 돈을 우려먹는 그녀의 남편(로메로)이 품은 더 큰 탐욕, 발명가의 애인(내털리 무어헤드Natalie Moorhead)의 수상쩍은 행동 동기와 다양한 폭력배, 배신자, 경찰, 기자, 그리고 찰스 부부의 스위트룸에서 공짜 술을 마시려고 지칠 줄 모르고 밤마다 모습을 드러내는 파티 참석자들 등이다.

이 영화의 매력 중 하나는 닉과 노라가 상대방을, 그리고 인생을 다루는 유쾌한 태도다. 표면적으로는 심각한 장면이 진행되는 와중에, 닉은 그녀의 블라우스에서 보푸라기를 찾아낸 것처럼 시늉을 하고는 그녀가 고개를 숙이면 그녀의 코를 툭 친다. 그녀는 그의 옆구리를 쿡 찌른다. 그는 그녀를 세게 가격하려는 시늉을 한다. 그런 다음 두 사람은 진지한 표정을 지으려 노력한다. 크리스마스 아침에 닉은 선물로 받은 신형 공기총을 시험하려고 크리스마스트리에 달린 풍선들을 향해 사격을 한다. 닉은 용의자 전원이 참석하는 만찬 파티를 주최하고는 평상복 차림의 경찰들을 웨이터로 배치한다. 노라는 그중 한 명에게 말한다. “웨이터, 이 바보들nuts을 대접하세요. 내 말은, 손님들한테 견과류nuts를 대접하란 말이에요.”

영화에서 벌어지는 유일한 실제 속임수는 닉이 한밤중에 발명가의 실험실을 어슬렁거리러 갔을 때 나타난다. 그런데 심지어는 그 순간에도 실제로 범인을 추적하는 것은 부부가 키우는 원기 왕성한 테리어 아스타(스키피Skippy)다. 닉과 노라는 무슨 일을 할 때건 아스타를 데리고 다닌다. 아스타는 당시 영화에 나오는 개 중에서 상당히 유명한 축에 속했다. 스키피의 인기 일부는, 세상살이가 조용히 지켜보기에는 무척이나 심란해질 때마다 앞발로 눈을 가릴 수 있는 능력 덕이었다.

<씬맨>을 연쇄 살인과 그것을 해결하는 활동에 대한 영화가 아니라고 (전체 메커니즘이 히치콕Alfred Hitchcock이 맥거핀으로 묘사했던 것이라고) 가정해야 한다면, 이 영화는 도대체 무엇에 대한 영화일까? 개인적 스타일에 대한 영화다. 인생이 일종의 예술 작업인 것 마냥 살아가는 것에 대한 영화다. 닉이 한때 샌프란시스코의 유명 탐정이었는데 노라와 결혼한 후 은퇴했다는 것을 제외하면, 우리가 닉과 노라의 과거에 대해 아는 것은 거의 없다. 닉이 친구에게 모호하게 설명한 것처럼 그녀의 아버지는 딸에게 소소한 철도와 "아주 많은 다른 것"을 남겼고, 그는 그것들을 관리한다. 그 결과 닉과 노라는 많은 돈을 갖고는 대부분의 시간을 여행을 다니고, 옛 친구들을 만나며, 새 친구를 사귀고, 온종일 꽤나 많은 술을 마시면서 보낸다.

노라가 한밤중에 닉을 깨우는 영화의 한 지점에서, 그는 즉시 술을 한잔 마시고는 그녀에게 다른 잔을 건넨다. 그런 다음에 그녀가 방을 떠나자, 그녀의 술잔을 게걸스레 꺾는다. 두 사람은 어떤 현실적인 기준을 갖다 대더라도 알코올 중독자들이다. 그런데 영화의 관점에서는 그렇지 않다. 그들의 음주는 그들 자신에게나 플롯에나 특별한 영향을 끼치지 않기 때문이다. 음주는 흡연처럼 손으로 만지작거릴 무엇, 대화의 소재로 삼을 무엇, 방안을 돌아다닐 핑곗거리를 제공하는 무엇에 불과하다. 노라가 머리에 얼음주머니를 얹고 나타났을 때에도, 그 모습은 숙취 때문이 아니라 어릿광대처럼 굴려는 모습에 더 가까워 보인다.

미르나 로이는 파월을 꾸며 주는 매혹적인 장식물이었지만, 이 영화에서는 본질적으로 그의 놀이 친구다. 파월은 그윽하고 풍성한 목소리로, 미끄러지는 듯하지만 약간은 불안정한 몸놀림으로, 그가 느끼는 것보다 더 성숙해 보였으면 하는 바람에서 기른 짧은 콧수염으로 영화를 지배한다. 대공황이 기승을 부리던 시절의 관객들에게, <씬맨>은 시각적으로 닮은꼴인 아스테어와 로저스의 뮤지컬처럼 순수한 현실 도피용 영화였다. 값비싼 환경에 거주하는 근사한 사람들이 온종일 말은 몇 마디 않고 세상사에는 관심을 갖지 않는다. 그들에게는 심지어 살인조차 재미있는 기분 전환거리에 불과하다.

파월의 연기 경력은 1912년에 무대에서 시작됐다. 그는 1922년부터 무성 영화에 출연했고, 유성 영화가 탄생했을 때부터 1955년까지 작업했다. 그가 연기한 마지막 역할은 <미스터 로버츠Mister Roberts>의 '딕'이었다. 그는 이 작품과 경이로운 <마이 맨 갓프리My Man Godfrey>(1936), <아버지와 인생을Life with Father>(1947)로 남우 주연상 후보에 올랐지만 수상은 못했다. 파월은 92세가 된 1984년까지 살았는데, 사망하기 전까지도 건강하고 활동적이었다. 1960년대와 1970년대 내내 그의 팬들은 그에게 오스카상 평생 공로상을 수여하라고 영화예술과학아카데미를 압박했지만, 아카데미는 결코 그러지 않았다. <씬맨>을 감상하는 것은 그가 존경의 대상은 될 수 있지만 결코 모방될 수는 없는 개인적인 스타일을 구현해 내는 걸 지켜보는 것이다.

아마데우스

Amadeus

감독	밀로슈 포먼	
주연	F. 머리 에이브러햄, 톰 헐스	
제작	1984년	160분

행복한 사람들은 다른 사람들이 행복해하는 것을 기뻐한다. 비열한 사람들은 시기심 때문에 독기에 젖어 있는데, 세상은 소설가 고어 비달Gore Vidal과 뮤지컬 제작자 데이비드 메릭David Merrick을 그런 사람으로 간주한다. 사람들은 두 사람이 "내가 성공하는 것으로는 충분치 않아. 다른 사람들이 실패해야 해"라는 말을 했다고 믿는다. 밀로슈 포먼Miloš Forman, 1932~2018 감독의 <아마데우스>는 모차르트W. A. Mozart의 천재성을 다룬 영화가 아니다. 그의 라이벌 살리에리Antonio Salieri의 시기심을 다룬 영화다. 살리에리가 받은 저주는 작곡가로서 재능은 삼류지만 음악 애호가로서 귀는 일류였다는 데 있다. 따라서 그는 자신이 솜씨 없는 작곡가라는 것을, 그리고 모차르트가 대단히 훌륭한 작곡가라는 것을 잘 알았다.

영화에서 가장 감동적인 장면은 모차르트의 임종 석상에서 벌어진다. 서른다섯 살밖에 되지 않은 위대한 작곡가는 걸작 '레퀴엠'의 마지막 페이지들을 살리에리에게 구술한다. 깃펜과 악보를 들고 침대 발치에 앉은 살리에리는 열병에 걸린 모차르트의 뇌에서 음표들을 뽑아낸다. 이 장면이 감동적인 것은 모차르트가 죽어 가고 있어서가 아니라, 평생에 걸친 라이벌인 살리에리가 자신의 작품들이 정말로 초라하다는 것을 밝혀 줄 다른 걸작을 죽어 가는 사람에게서 짜내려 애쓰고 있기 때문이다. 살리에리는 모차르트를 미워했지만, 그 미움보다는 음악에 대한 사랑이 더 컸다. 그래서 그는 완벽하다는 이유로 분개할 또 다른 작품을 접해 보지 않고서는 살 수 없을 지경이었다. 사실 살리에리는 그 작품을 자신이 작곡한 작품이라고 주장할 계획이었다. 그런데 그 같은 사람에게 그런 주장은 또 다른 괴로움이 될 터였다(실제로 살리에리는 모차르트의 임종을 보지 못한 훌륭한 작곡가였지만, 영화는 그렇지 않다는 식으로 전개된다).

<아마데우스>는 아카데미상을 휩쓸었고, 상당한 대중적 성공을 거뒀다. 미국인 중 98퍼센트가 클래식 전문 방송을 절대 듣지 않는다는 점을 감안하면, 모차르트가 한동안 베스트셀러가 됐다는 사실은, 그리고 그의 음악이 태아들의 IQ 향상에 좋다는 토크쇼에 출연한 전문가들의 설득에 여성들이 넘어갔다는 사실은 놀라운 일이다. 영화의 성공은 영화가 모차르트를 우리를 괴롭힐 위대한 귀감龜鑑으로 묘사한 것이 아니라 고음으로 웃어 대고, 술을 무척 좋아하며, 네 발로 자신을 쫓아다니기를 좋아하는 풍만한 아내를 둔 얼빠진 원조 히피처럼 그려 낸 전략에 일부 있을 것이다.

이것은 모차르트를 천박한 인물로 그려 내자는 전략이 아니다. 진정한 천재들은 작품에 대한 아이디어를 무척이나 쉽게 얻기 때문에 자신의 작품을 진지하게 받아들이는 일이 드물다는 것을 극화劇化하는 전략이다. 위대한 작가들(나보코프Vladimir Nabokov, 디킨스Charles Dickens, 우드하우스P. G. Wodehouse)은 창작 활동을 장난하는 것처럼 보

이게 한다. 그리고 위대함에 근접한 작가들(만Thomas Mann, 골즈워디John Galsworthy, 울프Thomas Wolfe)은 창작 활동을 형극을 이겨 내고 거둔 업적처럼 보이게 만든다. 이러한 경향은 모든 분야에 나타난다. 셰익스피어와 쇼George Bernard Shaw를, 마이클 조던과 찰스 바클리를, 피카소와 로스코를, 케네디와 닉슨을 비교해 보라. 살리에리는 기를 쓰고 용을 써야 딸랑거리는 음악을 내놓을 수 있었다. 반면에 모차르트는 무척이나 즐겁게 작곡할 수 있었기 때문에, 살리에리는 그가 "하나님이 불러 주는 곡을 받아 적는 것"처럼 보인다고 불평한다.

<아마데우스>를 제작한 사람은 독립 프로듀서 사울 잰츠Saul Zaentz(<뻐꾸기 둥지 위로 날아간 새One Flew over the Cuckoo's Nest>, <프라하의 봄Unbearable Lightness of Being>, <잉글리시 페이션트The English Patient>)다. 극작가 피터 섀퍼Peter Shaffer의 희곡을 사들인 그는 밀로슈 포먼 감독과 함께 작품을 각색해 달라고 섀퍼에게 요청했다. 당신도 알겠지만 잰츠의 수법은, 무척 규모가 크거나 전문적인 내용이라 영화 제작이 불가능해 보이는 성공한 문학 작품을 취해 영화로 만드는 것이다. 체코 출신인 포먼 감독은 러시아인들에게 등을 돌리고는 작품 활동을 하기 위해, 정확히 말하면 할리우드가 아닌 미국으로 건너온 인물이다. 그는 <아마데우스> 이전에 <뻐꾸기 둥지 위로 날아간 새>(1975), <헤어Hair>(1979), <래그타임Ragtime>(1981)을, 그리고 체코슬로바키아에 있을 때는 <뻐꾸기 둥지 위로 날아간 새>와 더불어 이 책에 실린 <소방수의 무도회Hoří, Má Panenko>(1968)를 연출했다.

이 영화의 중요한 선배는 <헤어>다. 포먼은 볼프강 아마데우스 모차르트를 관습을 경멸하고, 술이나 마약 같은 것으로 의식을 흐릿하게 만들며, 연장자들을 훈계하는 데에서 기쁨을 찾는 히피들의 정신적인 형兄으로 바라본다. 등장인물 전원이 가발을 쓰는 영화에서, 모차르트가 쓰는 가발은 (내가 오리지널 리뷰에 적었듯) 다른 사람들의 가발

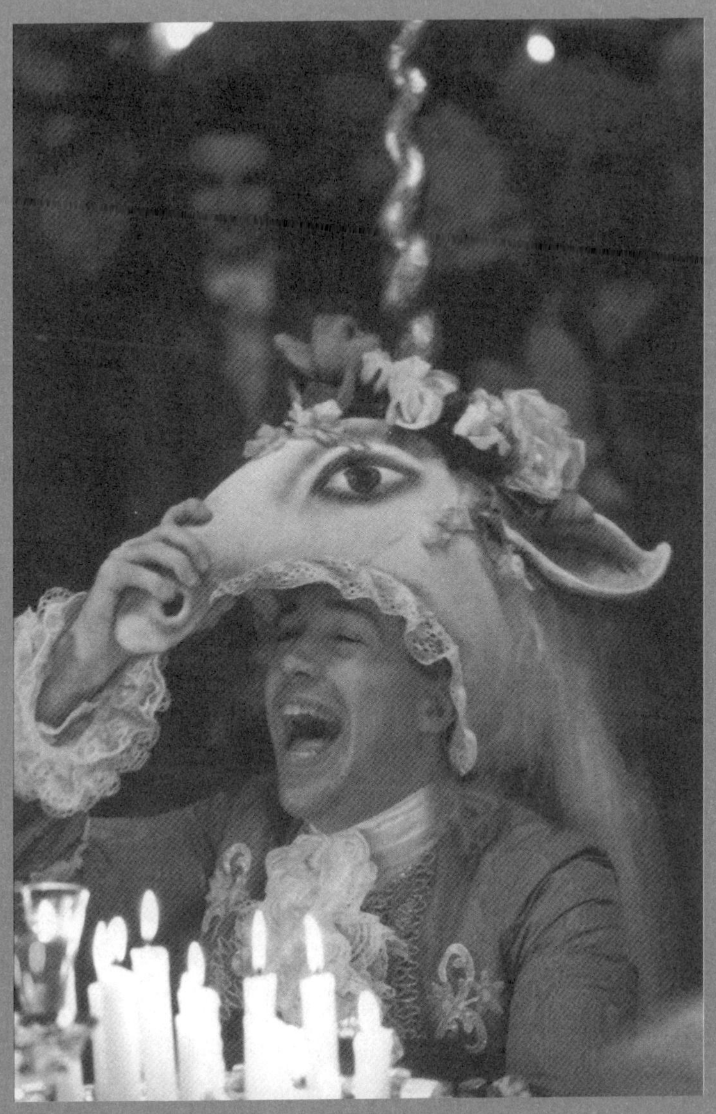

과는 비슷해 보이지 않는다. 그 가발들은 펑크 분위기를 약간 풍기며, 약간은 핑크빛으로 물들어 있다. 모차르트의 비엔나 아파트에는 새롭게 부유해진 록 뮤지션의 거처를 떠올리게 만드는 무언가가 있다. 영화가 끝으로 갈수록 더더욱 그렇다. 집세는 터무니없이 비싸고, 많지도 않은 가구는 아무렇게나 놓여 있으며, 작품들은 사방에 흩어져 있고, 살림살이는 나 몰라라 하는 상태다. 방구석에는 빈 병들이 놓여 있고, 생활의 중심은 침대다.

히피족 모차르트는 연장자 세 명이 비추는 빛을 따라 인생을 (불운하게) 살아가려고 노력한다. 아버지 레오폴드(로이 도트리스Roy Dotrice)는 유럽의 궁정들을 깜짝 놀라게 만들 정도로 천재 소년을 교육시켰지만, 엉망이 된 모차르트가 어른 노릇을 하려는 지금은 불만을 품은 채 옆에 비켜서 있다. 모차르트의 후원자인 요제프 2세(제프리 존스Jeffrey Jones)는 엄격한 법칙들(오페라에서는 발레 금지!)을 세우지만, 그 법칙들을 집행하지는 못한다. 가엾게도 황제는 자신이 금한 것들을 즐기기 때문이다. 그리고 살리에리(F. 머리 에이브러햄F. Murray Abraham)가 있다. 그는 모차르트를 상대로 음모를 꾸미고, 모차르트의 공연을 방해하며, 모차르트의 임명을 방해하는 동안에도 모차르트의 친구 행세를 한다. 살리에리는 세상의 칭송을 받고 존경을 받는데, 한편으로 모차르트는 대단히 참신하고 익숙지 않은 존재라서 그가 정말로 훌륭한 작곡가임을 아는 사람은 살리에리를 제외하면 아무도 없다는 사실은 아이러니다(살리에리에게는 아이러니가 아니다). 모차르트에게 빠져든 황제도 모차르트의 예술만큼이나 모차르트의 건방진 태도를 즐거워한다. 모차르트가 요제프 2세의 궁정에서 행하는 역할은 낄낄거리는 웃음으로 진실을 포장해서 털어놓는 광대다. 모차르트와 더불어 권위에 맞서 싸우는 동지는 아내 콘스탄체(엘리자베스 베리지Elizabeth Berridge)다. 아이처럼 보이는 그녀는 늦게까지 침대에 머무르며 남편을

‘볼피Wolfie’라고 부르지만, 사업 문제에 있어서는 머리가 팽팽 돌고 배신 행위도 날카롭게 알아챘다.

영화는 인생의 말년에 다다른 살리에리가 들려주는 플래시백으로 전개된다. 정신 병원에 감금된 그는 젊은 사제에게 비밀을 털어놓는다. 그는 자신이 모차르트를 죽인 건지도 모른다고 생각한다. 치명적인 결핵과 간 질환을 동시에 앓은 모차르트가 자살했다는 쪽이 더 그럴듯한 설명이지만, 살리에리는 자신이 모차르트의 예술을 살해한 것 같고 그 사실 때문에 가책을 느낀다. 모차르트의 임종 장면에 그 모든 것이 담겨 있다. 지기 싫어하는, 거짓을 말하고 배신하고자 하는, 그러면서도 젊은 이의 음악이 숭고하다는 점을 부인하지 못하는 나이 든 라이벌의 고뇌.

영화는 포먼의 고향이자 도시의 대부분이 18세기 이래로 변하지 않은 채 남아 있는 몇 안 되는 유럽 도시 중 한 곳인 프라하에서 촬영됐다. 영화는 궁전, 의상, 가발, 연회, 개막일 밤, 샴페인, 산더미 같은 빚을 보여 주는 시각적인 향연이다. 모차르트는 넉넉하게 살았던 적이 없었고, 많은 보살핌을 받은 적도 없었다. 반면에 살리에리는 재산이 넉넉했다. 그런데 그가 자작곡을 공연하는데 사람들이 등 뒤에서 킬킬거릴 때 짓는 표정을 보라. 살림살이가 넉넉하다는 게 얼마나 하찮은 위안인지를 알 수 있을 것이다.

디렉터스 컷은 지금의 DVD 시대가 안겨 준 혼란스러운 축복이다. 그중 상당수는 전적으로 비디오를 다시 팔아 치우려는 욕심에서 발매된 것처럼 보인다. 그런데 포먼은 러닝 타임이 1984년 버전보다 30분 늘어난, <아마데우스>의 180분짜리 새 버전이 사실상 오리지널 편집본이라고 말한다. 영화가 모차르트를 다룬 사극 전기 영화로 비치면 박스 오피스에서 고전할지도 모른다고 두려워한 포먼과 잰츠는 그런 현실적인 이유로 30분을 잘라 냈던 것이다.

영화에 추가된 주요 장면은 콘스탄체가 살리에리를 그토록 경멸하는 이유를 더 충실하게 설명한다. 궁정 작곡가인 살리에리는 모차르트의 젊은 아내에게 자신에게 몸을 허락하면 남편에게 짭짤한 일자리를 주겠다고 제안한다. 살리에리가 여자에 (또는 모차르트를 제외한 다른 것들에) 대단한 관심을 보인다는 암시는 거의 없기 때문에, 이 제안은 성적인 욕망에서 비롯된 게 아니라 모차르트를 망신시키려는 필요에서 비롯된 것으로 보인다. 어떻게든 볼피를 돕고 싶은 콘스탄체는 실제로 살리에리의 아파트를 방문해 가슴을 드러낸 후에야 마지막 결심을 굳힌다.

오만한 몸짓들이 가득한 영화에서 상당히 세련된 순간 중 일부는 아주 미묘하다. 황제를 연기하는 제프리 존스가 엄숙해 보여야 하는 의무감과 모차르트의 무례한 행동거지 때문에 느끼는 즐거움 사이에서 균형을 잡는 방식을 눈여겨보라. 오페라에서 발레를 금한 것이 잘못한 일일지도 모른다고 생각할 때 존스의 표정을 관찰해 보라. 에이브러햄이 시기심과 원한과 분노를 삭일 때 그의 표정을 관찰해 보라. 그 비참한 얼굴에 띤 미소는 얼마나 대단한가! 그런 다음 모차르트의 최후 구술을 받아 적는 임종 석상에서 그의 표정을 다시 관찰해 보라. 그는 그 작품이 정말로 훌륭한 작품임을 알고 있고, 바로 그 순간에 자신이 자기 자신보다 더 사랑하는 건 하나뿐이라는 걸, 그것은 바로 모차르트의 음악이라는 걸 잘 알고 있다.

# 아마코드 Amarcord	감독	페데리코 펠리니	
	주연	브루노 자닌, 푸펠라 마지오, 아르만도 브란치아	
	제작	1973년	124분

권력의 정점에 오른 영화감독이 전적으로 자신이 느끼는 향수와 환희를 바탕으로 만든 영화가 있다면, 그것은 바로 페데리코 펠리니Federico Fellini, 1920~1993 감독의 <아마코드>일 것이다. 제목은 감독이 젊은 시절을 보낸 바닷가 마을 리미니의 사투리로 '나는 기억한다'는 뜻이다. 그런데 그 기억들은 기억들에 대한 기억들로서 애정과 상상에 의해 변형됐고, 이야기를 들려주는 과정에서 상당히 미화된 기억들이다. 이 영화는 그가 젊은 시절에 겪었던 일화들을 모아 놓은 작품이다. 모든 캐릭터가 한때는 과장되거나 위축됐던 시기, 화려한 인물들이 독무대를 만난 시기.

영화의 핵심에는 시끌벅적한 대가족의 아들인 웃자란 청년이 있다. 그는 자신을 에워싸고 정신없이 돌아가는 삶 때문에 어질어질하다. 그가 이상적이라고 생각하는 여자들, 그가 욕정을 품는 헤픈 여자들, 마을에서 벌어지는 연례행사들, 그가 즐기는 짓궂은 장난들, 늘 사건으로 끝나고 마는 식사들, 교회에서 원죄와 구원을 맛보는 짜릿한 기회들, 이탈리아가 거국적으로 벌이는 희가극(웅장한 호텔들과 거대한 원양 정기선들의 덧없는 영광, 무솔리니의 파시스트들이 벌이는 의상 파티).

때로는 이 야단법석 가운데에서 완벽하게 아름다운 이미지가 출현한다. 보기 드문 눈이 내리는 동안 탈출한 백작의 공작새가 눈보라 속에서 휘황찬란한 꼬리를 펼칠 때처럼 말이다. 그러한 이미지는 대단히 불가사의하고 재현할 수도 없기 때문에 사랑을 품은 사람들이 할 수 있는 일은 감사하는 마음으로 그런 이미지를 열망하는 것이고, 젊은이가 알 수 있는 건 자신이 영원토록 살면서 모든 여자를 사랑하고 모든 와인을 들이키며 모든 영화를 만들고 펠리니가 될 것이라는 게 전부다.

<아마코드>는 펠리니 최후의 걸작이다. 다른 걸작으로는 <길La Strada>, <카비리아의 밤Le Notti di Cabiria>, <달콤한 인생La Dolce Vita>, <영혼의 줄리에타Giulietta degli Spiriti>가 있다. 그는 <사기꾼들Il Bidone>, <로마Fellini's Roma>, <사티리콘Fellini Satyricon>, <카사노바Il Casanova di Federico Fellini>, <광대I Clowns>를 비롯한 중요한 영화들도 만들었는데, 앞에 소개한 여섯 작품은 재능을 한껏 쏟아 부은 작품들이다. 그의 영화들은 모두 어느 정도는 자전적으로, 그가 품었던 꿈과 환상, 초기작들을 소재로 삼는다. 그 작품들에서 애인을 만들려고 기를 쓰는 바람둥이인 복합적인 인물은 멋진 모자를 쓰고 의기양양한 미소를 지으며 난데없는 기쁨을 표출하면서, 요염한 요부에 의해 꿈의 세계로 들어섰다가 가톨릭의 죄의식에 갇히는 것으로 형상화된다. 그는 캐릭터들을 정연하게 행진시키기를 좋아한, 1940년대와 1950년대 스윙 댄스의 템포를 사랑한 서커스 연출자였다.

펠리니는 러스 메이어Russ Meyer보다 더 여자의 가슴을 좋아했고, 잉마르 베리만Ingmar Bergman보다 더 죄의식에 시달렸으며, 버스비 버클

리Busby Berkeley보다 더 화려했다. 그는 내면에 깃든 리듬에 맞춰 본능적으로 춤을 췄기 때문에 자신의 스타일이 독창적이라는 것조차 깨닫지 못했다. 그가 '펠리니스크Felliniesque'로 알려진 스타일에 대해 한순간이라도 체계적인 생각을 했던 적이 있었을까? 아니면 그는 그냥 촬영 현장에 항상 연주되던 멜로디를 탔던 것뿐이었을까?

화면에 흐르는 멜로디에는 영화의 대부분의 시간 동안 특별한 의미가 담겨 있지 않다. 동시대의 이탈리아 감독들처럼, 그는 대부분의 대사를 후시로 녹음했다. 따라서 그는 연기자들의 대사 연기에는 그다지 신경을 쓰지 않았다. 장면을 촬영하는 동안 음악으로 연기를 지원하려고 촬영장에 소규모 오케스트라나 전축을 등장시키는 경우도 잦았다. 펠리니 영화에 등장하는 연기자들이 평범하게 걸어 다니는 대신 들리지 않는 멜로디에 맞춰 미묘하게 들썩거리고 있는 것처럼 보이는 경우가 잦은 건 그 때문이다. 그들은 그 화면에 깔린 사운드트랙을 들을 수 있는 사람들처럼 보인다.

<아마코드>는 대사와 공공 이벤트, 식사들로 중단되는 기다란 댄스 삽입곡과 비슷하다. 영화는 한 마을의 삶을 어느 해 봄부터 이듬해 봄까지 1년간 가이드를 받으며 투어를 하는 것과 비슷한 방식으로 구성되어 있다. 대사를 잊어버린 것처럼 보이는 나이 먹은 멍청한 주정뱅이와, 이 마을에서 벌어진 역사적 사건들을 박식하게 강의하는 교수를 포함한 내레이터가 몇 명 등장한다. 다른 내레이터로는 노래하는 아이들의 목소리, 봄을 알리는 첫 민들레 홀씨가 도착했음을 선포하는 목소리, 사운드트랙에 담긴 펠리니 본인의 미더운 목소리가 있다.

영화의 시간적 배경은 이탈리아 파시즘이 전성기를 맞이하기 직전으로, 영화는 파시즘을 멍청한 사람들이 꾸는 망상으로 바라본다. 그런데 파시스트 리더의 방문에 항의하려고 교회 종탑에 축음기를 갖다 놓고 '인터내셔널L'Internationale' 노래를 트는 공산주의자 아버지도

멍청하기는 마찬가지다. <아마코드>에 담긴 정치적 메시지의 수준은 지금부터 반세기 전에 베스트셀러였던 조반니노 과레스키Giovannino Guareschi의 『돈 카밀로의 조그만 세계Mondo Piccolo: Don Camillo』에서 주임 사제와 공산주의자 읍장 사이에서 벌어지는 끝없는 싸움과 같은 수준이다. 양쪽 모두 대단히 이탈리아적인 사람들이라서 이기고 지는 것보다는 대중 앞에서 재미있는 드라마를 펼치는 쪽을 더 좋아한다. 하지만 실생활에서 파시즘은 결코 재밋거리가 아니었다. 파시즘 문제를 제대로 알려면 데 시카Vittorio De Sica의 <핀치 콘티니의 정원Il Giardino dei Finzi-Contini>을 봐야 한다. 펠리니의 정원은 캐릭터들을 키우기만 하는 곳이기 때문이다.

이 마을 자체가 캐릭터다. 우리는 풍만한 그라디스카(마갈리 노엘Magali Noël)를 만난다. 미장원을 운영하는 그녀는 천진한 육체를 뽐내고, 그녀의 빨간 모피 모자는 그녀가 마치 공직에 출마한 것처럼 마을 남정네들의 가슴에 불을 지른다. 그라디스카가 범접할 수 없는 존재임을 아는 젊은 티타(브루노 자닌Bruno Zanin)는 관능적인 담배 가게 여주인에게 자신이 그녀를 들어 올릴 수 있을 정도로 힘 좋은 남자라는 것을 보여 주겠다는 대담한 제안을 한다. '로널드 콜먼'은 극장을 운영한다. 티타의 아버지(아르만도 브란치아Armando Brnacia)는 가족의 밥상을 철권으로 통치한다. 티타의 어머니(푸펠라 마지오Pupella Maggio)는 멍청한 짓을 저지르는 남편 때문에 매일같이 자살하겠다고 으름장을 놓는다. 그녀의 남동생은 그물을 써서 머리카락을 길들이려는 헛된 짓을 하고, 최면에 걸린 듯한 집중력으로 음식에 초점을 맞춘다. 교구 사제는 소년들이 자위를 하는지 여부에 집착한다. 티타의 친구들은 한데 모여 열광적으로 자위를 한다.

하루하루가 드라마를 낳는다. 가족은 매년 여름에 지역 정신 병원에 있는 테오 삼촌을 데리고 전원으로 소풍을 간다. 그런데 가족들이 한눈을 파는 사이 나무에 올라간 삼촌은 내려오기를 거부하면서 발정난 황소처럼 “나는 여자를 원해!”하고 소리를 지른다. 그는 자신을 향해 기어오르는 사람들에게 사과를 던져 댄다. 마침내 가족은 정신 병원에 도움을 청하고, 난쟁이 수녀가 도착해서는 테오에게 내려오라고 명령한다. 이 수녀는 대단히 커다란 두건을 쓰고 있어서 얼굴이 보이지 않는다. 하지만 그녀가 사실은 남자일 거라는 생각이 우리 머릿속에 바로 떠오른다.

이 지역 파시스트들의 도착은 바보 같은 공공 행사로 이어진다. 파시스트 전원이 기차역에서 광장으로 행진하는데, 광장에는 우스꽝스러운 불도그처럼 보이는 무솔리니의 초상화가 놓여 있다. 마을 젊은이들은 국가 안보와 확실한 관련이 있는 체조 행사를 실시한다. 우리는 학교 수업을 유쾌하게 몽타주한 장면에서 그들이 수업을 받는 모습도 본다. 그중 한 수업은 상상할 수 있는 가장 독창적이고 천재적인 방법으로 흘려보낸 오줌 때문에 중단된다.

안개가 마을을 감싸고 등장인물들이 살며시 나아갈 방향을 찾을 때처럼, 그리고 거대한 정기선 ‘렉스 호’가 해안을 지나치는 모습을 보려고 마을 사람들이 보트를 타고 바다에 나갔을 때처럼, 영화에는 시적이고 구슬픈 측면도 존재한다(보트들이 올라탄 ‘파도’만큼이나 부자연스러운 정기선은 국가적인 이미지가 환상에 대단히 많이 의존함을 암시한다). 마을 사람들의 히로인인 그라디스카가 호텔에서 인기 좋은 전설을 만들어 내기는 했지만, 그리고 술탄의 후처들이 로프로 엮은 사다리를 내려 보냈을 때 주정뱅이도 그러기는 했지만, 마을 사람 중 누구도 발을 들여놓을 형편이 안 되는 고급스러운 그랜드 호텔에서 무슨 일이 벌어지고 있을까에 대한 지역 주민들의 상상력은 불타오른다. 그라디스카는 남정네들의 육욕이 빚어낸 판타지이고, 희망의 상징이며, 마음씨 고운 친구다. 그녀는 펠리니의 영화들이 감독의 자서전으로 변신하는 전형적인 방법도 제공한다. 그라디스카는 생김새로 보나 행동으로 보나 <8과 1/2 8 1/2>에서 마르첼로의 애인으로 등장하는 칼라(산드라 밀로Sandra Milo)와 사실상 동일한 캐릭터다.

영화에서 가장 아름다운 장면은 눈雪과 공작새 깃털이 등장하는 장면이다. 눈은 극단적으로 높은 담벼락에 쌓이면서 미로를 만들어 내고, 소년들과 그라디스카는 그 안에서 눈싸움을 벌인다. 바닷가에서 벌어지는 가장 슬픈 장면은 그라디스카가 기름기 번들거리는 파시스트 리더와 올리는 결혼식이다. 이 결혼은 그들의 희망이자 파멸이다. 그녀는 신부 부케를 던지려고 남편에게서 떨어지는데, 그 부케를 받는 사람은 아무도 없다.

영화는 이런 사람들을 향한 펠리니의 애정에 흠뻑 젖어 있다. 그 사람들의 희망은 대단히 투명해서, 그들이 다른 사람들의 희망을 통해 자신들의 희망을 볼 수 있을 정도다. 천상과 지상을 중재하는 절반쯤 완공된 공사장 발판, 엑스트라들의 그로테스크한 표정, 퍼레이드와 행진을 포함한 펠리니 특유의 비주얼이 이 영화에 모두 들어 있다. 그리고 늘 그렇듯 니노 로타Nino Rota의 음악(그리고 그가 편곡한 'Stormy Weather(스토미 웨더)' 같은 스탠더드들)도 담겨 있다. 펠리니는 컬러로 촬영하면서, 그라디스카의 의상으로는 특별히 빨간색과 흰색을 활용했다. 그는 대부분의 시간 동안 코미디를 펼치기에 적절한 거리인 미들 숏과 롱 숏에 조심스럽게 머무른다. 그리고 강렬한 갈망을 위해서는 대체로 클로즈업을 활용한다.

그의 영화들은 카메라에서 술술 흘러나오는 것처럼 보인다. 재미난 이야기들이 그 이야기를 말하는 사람의 입에서 청산유수처럼 흘러나오면 사람들에게 먹힐 것임을 알고 있다는 듯이 말이다. 이 영화에 달콤하면서도 씁쓸한 분위기가 깔려 있다면, 그것은 펠리니가 영화 산업이 변해 가고 있고 자신의 영화를 만들 제작비를 조달하는 것이 결코 다시는 이번 영화의 경우와 같지 않을 거라는 사실을 짐작했기 때문일 것이다. 이 영화는 펠리니 자신이 만들고 싶어 했다는 게 가장 좋은 제작 이유였던 펠리니 최후의 작품이었다.

악의 손길 Touch of Evil	감독	오슨 웰스	
	주연	찰턴 헤스턴, 재닛 리, 오슨 웰스	
	제작	1958년	95분

자, 내 미래를 읽어 줘.
당신한테는 미래가 없어.
무슨 뜻이지?
당신 미래는 이미 바닥났어.

<악의 손길>에서 마를레네 디트리히Marlene Dietrich가 연기하는 점쟁이 술집 마담은 오슨 웰스Orson Welles, 1915~1985가 연기하는 국경 마을의 주정뱅이 보안관에게 이렇게 말한다. 그녀의 대사에는 서글픈 여운이 담겨 있다. 웰스는 이 음울한 분위기의 범죄와 부패 이야기를 만든 후 다시는 할리우드에서 영화를 연출하지 못했기 때문이다.

이 작품은 1958년도 브뤼셀세계박람회에서 최우수 작품으로 선정됐지만(고다르Jean-Luc Godard와 트뤼포François Truffaut가 심사 위원이었다), 미국에서는 동시 상영하는 작품 중 두 번째 작품으로 개봉해

흥행에 실패한 후, 웰스가 스튜디오 시스템 내에서 작업할 수 있는 가능성을 끝장냈다. 하지만 이 영화는 시각적이고 드라마틱한 화려함을 즐기는 사람들이 항상 선호하는 영화다. "영화를 네다섯 번 보고서야 줄거리를 파악할 수 있었습니다." 언젠가 피터 보그다노비치Peter Bogdanovich 감독이 친한 사이였던 웰스에게 한 말이다. "영화를 칭찬하는 말처럼 들리는군." 웰스가 냉소적인 투의 저음으로 말하자 보그다노비치는 대답했다. "아뇨, 아니에요. 내 말은 연출 기법을 꼼꼼히 관찰하고 있었다는 뜻이었어요."

그가 한 말은 이 영화를 처음 보는 사람들에게는 이 영화에 접근하는 가장 좋은 방식일지도 모른다. 미로 같은 플롯은 제쳐 두고, 스크린에 등장하는 것만 주시하며 감탄하는 것. 영화는 트렁크에 폭탄이 장치된 자동차를 3분 20초간 따라가는 영화 역사상 유명하기로 손꼽히는 숏으로 시작된다. 비좁은 방에서 단절되지 않고 이어지는 심문 장면과, 거리에서 시작해 캐릭터들을 따라 로비를 통과해 엘리베이터에 오르는 장면을 포함한 다른 걸출한 카메라 움직임도 담고 있다. 영국 평론가 데이미언 캐논Damian Cannon은 이 영화의 '공간 안무'를 다룬 글에서 "모든 위치와 움직임은 한데 엇물려 힘 있는 총체를 이룬다"고 썼다.

웰스와 촬영 감독 러셀 메티Russell Metty가 이런 방식으로 촬영을 한 것은 그저 자신들의 솜씨를 자랑하겠다는 의도에서가 아니었다. 주요 등장인물들의 운명은 처음부터 끝까지 한데 뒤엉키고, 촬영은 그들을 동일 숏에 가두거나 한데 어울리거나 울림을 남기는 컷들을 통해 그들을 한데 엮으려 드는 식으로 그 점을 강조한다. 줄거리는 일직선으로 전진하는 게 아니라 일련의 고리 형태로 엇물려 나아간다.

유니버설 스튜디오가 웰스에게서 영화를 빼앗아 클로즈업들을 가미하고 일부 장면을 가위질하는 식으로 영화를 재편집하면서 그런

고리 중 일부가 삭제됐다. 그래서 이 영화는 오랜 동안 혼란스러운 95분 버전으로만 존재했고, 뒤늦게 나온 108분짜리 버전에도 스튜디오의 간섭이 여전히 반영되어 있었다. 이제 마침내 나온 복원 버전은 웰스가 (스튜디오에 보낸 58페이지 분량의 메모에서 설명한) 애초에 품었던 의도를 반영한 버전으로 3분이 더 길어졌고, 일부는 중요하고 일부는 사소한 50가지가 바뀌었다. 이 버전은 조너선 로젠바움Jonathan Rosenbaum이 1992년에 『필름 쿼털리Film Quarterly』에 기고한 중요한 논문에서 영감을 받은 릭 슈미들린Rick Schmidlin이 제작하고, 오스카상 수상자인 월터 머치Walter Murch가 편집한 것이다.

이야기의 배경은 멕시코와 미국의 평판 나쁜 국경 마을("국경 마을에서는 국내에서 최악의 사건들이 벌어지지") 로스 로블레스다. 술집과 스트립 클럽과 매음굴이 넘치는, 모든 클럽이 거리로 음악을 쏟아내는 곳이다. 오프닝 숏에서 우리는 자동차 트렁크에 폭탄이 실리는 것을 본다. 그런 다음에 카메라는 위로 솟구쳐 자동차를 따라 상점가의 뒷골목 거리를 내려가다가 산책하는 남녀를 포착하는 눈높이까지 활강해 내려간다. 그들은 신혼부부인 마이크 바가스와 수전 바가스(찰턴 헤스턴Charlton Heston과 재닛 리Janet Leigh)다. 남자는 멕시코 마약 단속국 관리다. 그들은 국경 검문소에서 폭발물을 실은 차와 우연히 마주치는데, 차는 교통 정체와 염소 떼 때문에 출발을 못하고 지체된다. 자동차가 스크린 밖에서 폭발할 때 마이크와 수전은 검문을 막 마친 참이었다. 마지막 컷은 폭발하며 허공으로 튀어 오른 차량을 보여 준다. (나는 항상 이 컷이 너무 조급한 컷이라고 생각한다. 스크린 밖에서 폭발하는 소리가 들리고, 마이크와 수전이 불길에 휩싸인 차량으로 달려갈 때까지 기다렸다 컷을 하는 편이 낫다고 본다.)

모두 행크 퀸런 경감(웰스)이 도착할 때까지 기다린다. 카메라를 압도할 것처럼 덩치가 큰, 비지땀을 흘리며 툴툴거리는 인물이다. (웰스는 이 영화를 만들 때는 그리 뚱뚱하지 않았다. 그래서 덩치를 과장하려고 패드를 껴입고 카메라 앵글을 활용했다.) 사건을 넘겨받은 퀸런은 폭발이 다이너마이트 때문에 일어났다고 '직감적으로 파악'한다. 관계자가 아닌 바가스는 어쩌다가 수사에 개입하게 되고, 퀸런은 그의 개입을 무척 불쾌해한다. 영화는 두 남자의 경합으로 변해 가고, 퀸런이 바가스 부부에게 마약 복용과 살인 혐의를 뒤집어씌우려고 하는 상황이 이어진다.

초기 버전에 익숙한 관객들은 자신들이 생판 다른 영화를 보고 있다는 기분이 들지는 않을 테지만, 플롯을 더 쉽게 따라갈 수는 있을 것이다. 가장 중요한 변화는 도입부에 가해졌다. 여기서 헤스턴과 리가 연기하는 캐릭터들의 이야기들은 이제는 교차 편집됐다(스튜디오는 아내가 지역 깡패들 때문에 위기를 겪는 장면 전부를 남편이 퀸런과 볼일을 본 다음으로 배치했었다). 다른 중요한 변화는 다음과 같다. 이제 오프닝 숏은 이중 인화된 크레디트 없이 등장하며(크레디트는 끝으로 옮겨졌다), 헨리 맨시니Henry Mancini의 주제곡 대신 자동차 라디오와 클럽에서 흘러나오는 음악이 깔려 있다(웰스는 그런 음악과 음향 효과가 분위기를 더 잘 설정할 수 있을 거라 판단했다).

웰스는 퀸런의 충실한 동료 멘지스(조지프 칼레이아Joseph Calleia), 비열한 지역 범죄 조직 보스 그란디(아킴 타미로프Akim Tamiroff), 지역의 술집 마담(마를레네 디트리히), 사내 같은 갱 리더(머세이디스 매케임브리지Mercedes McCambridge), 무력한 지방 검사(<시민 케인Citizen Kane>의 레이 콜린스Ray Collins) 등 자신이 선택한 탄탄한 조연 캐릭터들로 영화를 채운다. 특히 성적 강박 관념이 있는 모텔의 야간 종업원(데니스 위버Dennis Weaver)이 보여 주는 독특한 경박함은 2년 후에 나올 <사이코Psycho>의 앤서니 퍼킨스Anthony Perkins에게 영감을 줬을 수도 있다.

이런 인물들이 일련의 불쾌하고 불결한 장소들을 통해 국경선을 이쪽저쪽으로 넘나든다. 플롯라인을 따라갈 수는 있지만, 이 영화의 진정한 요지는 퀸런이 자기만의 방식에 맞추려고 수사 방향을 좌우하는 방식에 있다. 그는 멕시코인들에 대한 편견이 있고, 자신의 담당 구역을 침범한 바가스를 괘씸하게 여기며, 증거를 심어 넣는 것으로 자신이 받은 '직감들'을 뒷받침한다. 바가스가 그를 협잡꾼이라고 부르자, 그는 바가스를 망가뜨리겠다고 다짐한다.

바가스와 퀸런이 수사 과정에서 상대를 압도하려 기를 쓸 때, 수전은 무시무시한 대척점으로 작용하는 장면들에서 위기에 처한다. 바가스는 멍청하게도 지역 갱단이 운영하는 모텔에 아내를 투숙시키고, 젊은 깡패들은 그녀를 공포의 도가니로 몰아넣는다. 그녀가 겪는 위기는 때때로 익살맞기까지 하다. 깡패들이 그녀의 방에 플래시를 비추는 장면에서는 특히 그렇다. 나중에는 윤간이 암시되지만, 영화는 수전이 받을 충격에 대해서는 기이하게도 무시하거나 망각한다.

부보안관 멘지스는 퀸런의 충복이다. 보안관이 언젠가 그를 향해 날아오는 총알을 막아 줬기 때문이다. 영화는 바가스가 퀸런이 증거를 심어가며 무고한 사람들에게 누명을 씌웠다는 것을 입증하는 동안 멘지스가 점차 교화되게 만든다. 퀸런은 왜 그렇게 비열한 짓을 했을까? 그의 아내가 30년 전에 살해당했는데, 살인자는 자유로이 세상을 활보하고 다녔다. 이제 그는 자랑한다. "그놈이 내 손아귀를 벗어난 마지막 살인자였어."

마지막 시퀀스는 환멸을 느낀 멘지스가 마이크를 몸에 숨기고는 퀸런에게 고백을 하라고 부추기는 내용이다. 바가스는 수신기와 테이프 녹음기를 들고 그들을 따라다닌다. 보안관과 부보안관이 쓰레기 덮인 수로를 따라가는 이 장면은 시각적으로는 효과적이지만 논리적이지는 않다. 테이프 녹음기를 멘지스의 몸에 그냥 감출 수도 있을 텐데도, 바가스는 이야기를 나누는 사람들의 전파 수신 범위 안에 머무르려고 물을 건너고 암석 쌓인 언덕을 오른다. 그리고 그는 수신된 소리를 크게 틀어 놓는 이해하기 힘든 행동을 한다. 그래서 퀸런은 자기 목소리의 메아리를 들을 수 있게 된다. 이 설정은 전략으로서는 실패로 돌아갔더라도 쇼맨십으로는 먹힌다.

<악의 손길>의 표면적인 주제는 쉽게 파악할 수 있다. 그리고 양국 문화의 충돌은 아이러니하게 역전된다. 바가스가 미국인의 스테레오타입을 반영하는 반면, 퀸런은 멕시코 경관의 클리셰를 재현한다. 그런데 표면 아래에 다른 주제가 잠복해 있는지도 모른다. 웰스의 작품의 상당 부분은 자전적인 내용이다. 그리고 그가 연기하기로 선택한 캐릭터들(케인, 맥베스, 오셀로)은 오만 때문에 망가지는 거인들이다. 이제 퀸런을 생각해 보라. 옛 상처들을 쓰다듬으며, 영화를 연출하는 감독처럼 주변 사람들에게 대사와 역할을 부여하고 이 시나리오를 조율해 내려 노력하는 인물을 말이다. 퀸런이 이 영화 플롯의 최종 편집권을 원하지만 결국 얻지 못한다는 식으로 영화를 이해할 수도 있다. 그는 방종과 자기 학대로 오랜 세월을 보낸 후에 쇠약해졌다. 그리고 그의 자존심은 그를 말썽으로 이끈다.

이 영화에서 웰스가 연기하는 캐릭터와 웰스가 나중에 된 인물 사이에는 유사점이 있을까? 웰스의 후기 경력은 미완성으로 남은 프로젝트들과 그의 손을 떠난 후 수정된 영화들로 점철된다. 그가 연기한 캐릭터들은 어느 정도는 자신과 미래에 대해 받은 그의 느낌들을 반영한다. <악의 손길>은 행크 퀸런에 대한 영화인만큼이나 오슨 웰스에 대한 영화일지도 모른다. 웰스는 자신의 작품들에 걸출한 스타일을 부여했다. 그러면서 자신이 누릴 자유의 대가로 (그리고 보상으로) 지나치게 많은 인생과 예술을 선뜻 내놓았다.

앙드레와의 저녁 식사

My Dinner with Andre

감독	루이 말	
주연	앙드레 그레고리, 월러스 숀	
제작	1981년	110분

언젠가 누군가 나한테 클리셰가 하나도 없는 영화를 꼽을 수 있느냐고 물었다. 나는 잠시 생각에 잠겼다가 대답했다. <앙드레와의 저녁 식사>. 복원된 프린트로 지금 막 영화를 다시 본 나는 이 영화가 정말로 경이롭고 기이하다는 점에서, 그리고 이 영화 같은 영화는 세상에 없다는 점에서 다시금 깊은 인상을 받았다. 이 영화는 감상을 금지해야 한다. 그렇게 하지 않으면 이 영화를 사랑하는 사람들은 되풀이해서 이 영화를 감상하며 영화에 매혹될 것이다.

제목은 시놉시스 역할을 한다. 우리는 "말 그대로 내가 몇 년간 만나는 걸 피해 오던 남자"와 저녁을 먹으러 가는 길인 극작가 월러스 숀Wallace Shawn을 만난다. 그 남자의 이름은 앙드레 그레고리Andre Gregory로, 뉴욕의 유명한 연극 연출가다. 월러스는 한동안 사람들 눈에 띄지 않았던 앙드레가 "여행 중"이라는 이야기가 떠돌았다고 우리에게 말해준다. 그런데 최근의 어느 날 저녁에 어떤 친구가 맨해튼에서 앙드레와 우연히 마주쳤는데, 그가 빌딩에 기대어 울먹이고 있더라는 것이다. 앙드레는 잉마르 베리만Ingmar Bergman의 영화를 보고 나온 참이었는데, 다음의 대사에 큰 충격을 받았다고 했다. "나는 항상 내 예술 안에서 살 수 있었지만, 내 인생 안에서는 살 수 없었다."

월러스와 앙드레는 만나서 거의 두 시간 정도 이야기를 나눈다. 대화 내내 엄청난 에너지가 오가지만, 대부분의 경우 말을 하는 사람은 앙드레이고, 월러스는 듣는 사람이다. 월러스는 편안하고 가정적인 모습을 보이기를 좋아하는 사람이다. 그는 둥글둥글하고 진지하며 곁눈질을 자주 한다. 우디 앨런Woody Allen은 그가 <맨해튼Manhattan>에서 연기하는 캐릭터를 "난쟁이homunculus"(프레토리우스 박사의 실험실에 있는 병에 담긴 작은 사람 중 한 명)라고 묘사했다. 그의 아버지 윌리엄은 여러 해 동안 『뉴요커The New Yorker』의 편집장을 역임했다. 그는 말한다. "나는 젊고 부자였을 때 미술과 음악 생각만 했어. 이제 서른여섯 살이 된 내가 생각하는 거라고는 돈 문제뿐이야." 그의 친구 앙드레는 키가 크고 말랐으며 수척하다. 기이한 이야기들을 갖고 극지에서 돌아온 그는 눈빛을 번득이며 열심히 그 이야기를 들려준다.

우리는 앙드레가 티베트, 사하라, 영국의 신비로운 농장에 갔던 여행에 대한 이야기를 월러스와 함께 듣는다. 폴란드에서 산 채로 매장되고 달빛 아래에서 연극적인 제의를 펼친 일에 대해 듣는다. 교회에 있었는데 갑자기 "눈꺼풀에서는 제비꽃이 자라고 발톱에서는 양귀비가 자라고 있는 거대한 동물이 나타난" 이야기를 듣는다. 이 마지막 이야기가 나온 후, 대화를 끊지 않고 이어갈 방법을 찾으려 간절히 애쓰는 월러스는 제비꽃을 기회로 삼는다. "「제비꽃은 푸르다Violets Are Blue」라는 연극 본 적 있나?" 그는 묻는다. "잠수함에서 목 졸려 죽는 사람들을 다룬 작품인데."

많은 위대한 영화처럼 <앙드레와의 저녁 식사>는 딱히 어떤 영화라고 분명하게 규정할 수 없는 영화다. "두 남자가 뉴욕의 고급 레스토랑에서 (실시간으로) 대화하고 식사를 한다"라고 『시네북스CineBooks』는 썼다. 틀렸다. 틀린 이야기다. 실시간이 아니라, 루이 말Louis Malle, 1932~1995 감독이 몇 주간 사소한 디테일들에 정교한 집중력을 발휘해 가며 촬영한 영화다. 그리고 뉴욕의 레스토랑이 아니라 스튜디오의 세트다. 앙드레와 월러스가 자연스럽게 주고받는 대화의 흐름은 세심하게 대본으로 작성된 내용이다. "그들은 석 달간 일주일에 두세 번씩 자신들의 대화를 녹화했다." 폴린 케일Pauline Kael이 쓴 글이다. "월러스는 소재를 가다듬어 시나리오 형태로 만드느라 1년 동안 작업했다. 그 시나리오에서 그들은 자신들의 실제 모습을 바탕으로 코믹한 증류 과정을 거쳐 만든 존재를 연기한다."

코믹? 그렇다. 대화가 절망적인 내용으로 빠지는 경우가 종종 있지만(앙드레는 1960년대를 "인류가 절멸되기 전에 인간적인 존재가 될 수 있었던 마지막 번성기"라고 추측한다), 대화의 주제는 풍자적인 내용을 향해 교묘히 방향을 튼다. 연달아 쏟아져 나오는 아이디어에는 고민해 볼 것들이 많은데, 그것이 유머에 도움을 주기도 한다. 앙드레는 뉴 에이지 사상에 열중한 남자를 연기한다. 그가 영국에 있는 농업 코뮌에 대해 이야기할 때, 그에게서는 거의 광채가 뿜어져 나오는 듯하다. 이 코뮌에서는 살충제를 쓰지 않는다. 대신에 "그곳 사람들은 곤충들과 대화를 통해 협정을 맺고는 채소밭 한 뙈기를 곤충들 몫으로 떼어놓을 것"이다.

월러스가 이 이야기에 보이는 반응은 격분이다. 월러스는 자기가 살면서 근본적으로 원하는 것은 희곡을 쓰고 청구되는 온갖 비용을 지불하며 아침에 일어나 맛있고 따뜻한 커피를 한잔 즐기고 현관문에 제대로 배달된 『타임스The Times』를 읽는 것이라고 밝힌다. 그는 소박한 기쁨을 좋아한다. 여자 친구 데비와 저녁을 먹는 것, 전기담요를 덮고

자는 것, 찰턴 헤스턴Charlton Heston의 자서전을 읽는 것의 기쁨을. 영화의 거의 끝부분에서 그는 과학적인 방법들을 감동적으로 옹호하기 시작한다. 미신은 무지의 시기 몇백 년 동안 합리적인 것으로 보였을지 모르지만, 그는 포춘 쿠키가 그의 행운을 담고 있다는 것을, 또는 "징조들"이 비행기가 성공적으로 비행을 완료하는지 여부와 관계가 있다는 것을 더 이상은 믿을 준비가 되어 있지 않다고 주장한다.

앙드레는 과학적인 방법에 의문을 제기하지 않는다. 그는 단순히 과학적인 방법이 도움이 된다는 것을 발견하지 못할 뿐이다. 인간이 새로운 비전과 아이디어에 굶주리고 있을 때, 초월을 향한 추구는 어떤 초월을 찾아낼 수 없을 때에도 중요하다고 그는 느낀다. 두 친구는 계속 이야기를 나누고, 얼굴에 경련을 일으키는 유령 같은 웨이터(진 레나워Jean Lenauer)는 맥베스의 연회에 찾아온 유령처럼 저녁 식사의 시중을 든다.

나는 <앙드레와의 저녁 식사>를 1981년도 텔루라이드영화제에서 열린 그 작품의 첫 공개 시사회에서 봤다. 기립 박수가 터지는 동안, 내 바로 뒷자리에 앉은 남자들이 앙드레와 월러스임을 알게 됐다. 그들이 극장에 들어왔을 때 그들을 알아본 사람은 거의 없었다. 그런데 지금 그들은 영화를 진지하게 받아들이는 곳에서는 결코 잊히지 않는 존재일 것이다.

그들의 영화와 관련된 이야기는 뜻밖의 행운에 속한다. 두 친구가 이야기를 나누던 중에 자신들의 대화를 연극이나 영화로 만들어 낼 방법을 알아보기 시작했다는 이야기. 폭넓은 주제를 다룬 프랑스 감독 루이 말(<뤼시앵의 청춘Lacombe Lucien>, <프리티 베이비Pretty Baby>, <애틀랜틱시티Atlantic City>, <굿바이 칠드런Au Revoir les Enfants>)이 연출 계약에 서명한 다음, 핵심 장면들에서 카메라와 배우들 사이의 거리를 밀리미터 단위까지 계산하고, 현실을 절반쯤 반사하는 거울을 통해 실제 레스토랑의 환상을 빚어냈으며, 반응 숏들의 리듬이 두 남자 사이에 잠재된 긴장감을 미묘하게 반영하게끔 만드는 절제됐지만 세련된 촬영 스타일을 고안했다는 이야기. 영화가 뉴욕에서 개봉했다가 휘청하면서 극장에서 내려질 뻔했지만, 흥행에 도움을 주는 리뷰들에 힘입어 그 극장에서 거의 1년 넘게 상영됐고 — 이해하기 쉽지 않은 도전적인 스타일에도 — 9백 곳의 극장에서 개봉했다는 이야기.

진 시스켈Gene Siskel과 나는 영화의 뉴욕 상영 1주년 기념 시사회가 있은 후 앙드레와 월러스를 상대로 무대에서 질의응답을 하는 시간을 가졌다. 그날 밤에 얻은 가장 근사한 기억은 두 번째 작업을 할 경우에 대한 질문을 받은 두 남자가 그때는 "누구도 우리가 우리 자신을 연기하고 있다는 생각을 하지 못하게끔" 역할을 교체할 거라고 말한 것이다. 그들은 자신들을 연기하고 있는 걸까? 아마 그렇지 않을 것이다. 하지만 나는 그들이 자신들의 성격을 연기하고 있다고 생각한다. 스크린에 오른 것처럼 보이는 사람들은 그들이 실생활에서 보여 주는 사람들과 동일한 사람들이다. (앙드레라면 이렇게 말할지도 모른다. "그게 뜻하는 바가 뭐건.")

다른 관점에서 보면 그들은 스릴 넘치는 드라마, <레이더스Raiders of the Lost Ark>보다 많은 액션을 담은 영화를 전달하는 심부름꾼이다. <앙드레와의 저녁 식사>가 활용하는 것은 귀에 들리는 이야기를 머릿속에서 그림으로 그려 내는 우리의 정신적인 능력이다. 월러스와 앙드레는 모두 타고난 이야기꾼이다. 그들이 이야기할 때 우리는 눈으로는 그들의 얼굴을 보면서도 머릿속에서는 그보다 더 많은 것을 그려 낸다. 산 채로 매장당하는 앙드레, 손가락 끝으로만 몸을 지탱하는 수도사, 숲에서 뛰어다니는 파우누스들. 월러스가 집필한 희곡들을 들고 에이전트들을 전전하는 모습을, 데비와 함께 먹는 행복한 저녁 식사를, 그리고 맞다, 헤스턴의 자서전을 즐기는 모습을. 우리가 이 모든 것을 무척이나 생생하게 보기 때문에 <앙드레와의 저녁 식사>는 일련의 투 숏과 클로즈업으로 구성된 정적인 영화로는 결코 전락하지 않는다. 영화는 그 레스토랑에 불확실한 닻을 내리고, (진리를 찾으려고 반드시 가볼 필요가 있는 곳은 아니라고 월러스가 고집스럽게 주장하는 장소인) 에베레스트산 정상을 향해 돌진하는 일촉즉발의 위험에 처해 있는 듯 보인다.

그들이 말하는 바는 이 영화가 주장하는 요점이 아니다. 나는 앙드레가 펴는 이론과 월러스가 제기하는 의문을 많이 메모했다. 그런데 이것은 논리적인 과정이 아니다. 이 영화가 주장하는 요점은, 톤과 분위기, 에너지가 진정한 주제인 대화다. 제각기 성공적으로 살아갈 방법을 찾아낸 두 친구가 여기 있다. 각자는 상대방에게 잠에서 깨어나 커피 냄새를 맡아보라고 강권하고 있다. 둘의 차이점은 월러스의 경우에는 그게 진짜 커피라는 점이다.

애니 홀

Annie Hall

감독	우디 앨런	
주연	우디 앨런, 다이앤 키튼, 토니 로버츠	
제작	1977년	93분

<애니 홀>은 역대 오스카상 작품상 수상작 중에서 지적인 위트와 문화에 대한 언급을 가장 많이 담고 있다. 1978년에 이 영화가 <스타워즈Star Wars>를 밀어내고 작품상을 수상한 것은 오늘날에는 상상조차 할 수 없는 결과였다. 이 승리는 우디 앨런Woody Allen, 1935~ 이 중요한 영화감독으로 경력을 시작한 분기점이었고(그의 초기작들은 재미는 있었지만 경박했다), 1970년대 미국 영화의 황금기가 끝났음을 알리는 신호탄이었다. <스타워즈>와 더불어 블록버스터의 시대가 우리를 덮쳤고, 괴팍하고 색다른 <애니 홀> 같은 영화들은 초대박을 향한 할리우드의 탐욕 때문에 갓길로 밀려났다. <애니 홀>의 총 흥행 수입은 약 4천만 달러였다. 오늘날의 작품상 수상작이 벌어들이는 흥행 수입보다 적은 액수고, 그중 대다수 영화의 제작비보다 더 적은 액수다.

1977년 4월에 시사회가 열리고 25년이 지난 후에 영화를 다시 본 나는 장면들이 지나갈 때마다 그 장면들이 대단히 친숙하다는 걸 느끼

면서 깜짝 놀랐다. 영화의 일부 대사는 대중의 의식에 스며들었다. <파이브 이지 피시즈Five Easy Pieces>에 나오는 잭 니컬슨Jack Nicholson의 치킨 샐러드 대사처럼, 영화를 보지 않은 많은 이도 그 대사들을 알고 있다. 나는 오랫동안 거미를 "뷰익 자동차처럼 커다란" 존재라고 변함없이 묘사해 왔다. 이 영화는 많은 사람이 "나를 회원으로 받아 줄 클럽에는 가입하고 싶지 않다"고 말한 그루초 마르크스Groucho Marx의 코멘트를 처음으로 들은 영화일 것이다.

이 영화에서 앨런이 연기하는 코미디 작가이자 스탠드업 코미디언인 앨비 싱어는 앨런이 연기한 많은 역할의 원형이다. 섹스에 대해 불안해하면서도 섹스가 빚어낼 모든 고초에 대해서도 불안해하는, 재치 있는 입담을 과시하면서도 동시에 신경질적이고 불평불만도 많은, 하지만 결국에는 로맨틱한 인물이다. 다이앤 키튼Diane Keaton이 연기하는 애니 홀은 앨런의 영화들에 등장했던 앨런의 많은 여자 친구의 행태를 규정했다. 예쁘고 영리하지만 산만하며 나이는 어린, 남자 친구를 향한 애정이 점차 분노로 변해 가는 여자. 앨런의 영화에서 여자들은 상당한 인내심을 보이다가 어느 순간부터 명확히 선을 긋는다.

앨런이 연기하는 많은 캐릭터와 비슷한, 그리고 앨런 본인과 비슷한 앨비 싱어는 살아가면서 겪는 모든 체험에 운동 경기 중계하듯 해설을 곁들인다. 그는 삶에 대한 수다를 떨려고 살아가는 사람이다. 그가 속으로 읊조리는 독백은 단순한 분석뿐 아니라 대안까지 내놓는다. 애니와 처음으로 사랑을 나누고 기진맥진해서 나가떨어진 앨비는 말한다. "'저기 또 다른 소설이 지나간다'라고 발자크가 말했던 대로야."

앨비는 오늘날의 할리우드가 허용하는 기본 원칙들보다 더 영리한 캐릭터다. 요즘 나오는 영화들을, 심지어는 상당히 창조적인 영화들을 보는 관객은 캐릭터들에게 약간 미묘한 검열 기준을 적용하면서 캐릭터들은 관객이 친숙하게 받아들이지 않을지도 모르는 것에 대해서

는 말하지 못함을 깨달을 것이다. 그 결과 캐릭터들은 아이디어들이 아니라 플롯과 감정에 의해 떠밀려 다닌다. 그들은 재담이나 익살이 아니라 유행어를 사용한다. 애니와 앨비가 영화를 보려고 줄을 서 있는데 뒤에 서 있는 허풍선이가 펠리니Federico Fellini에 대한 독단적인 의견을 큰소리로 떠들어 대는 유명한 시퀀스를 생각해 보라. 소재가 매클루언Marshall McLuhan• 으로 옮겨지자 참을성을 잃은 앨비는 떠버리에게 맞선 후 영화 포스터 뒤에서 실제 마셜 매클루언을 의기양양하게 끌어낸 다음, 매클루언이 "당신은 내 작품에 대해서는 아는 게 하나도 없군요!"라고 말하게 만든다. 오늘날이라면 이 장면은 펠리니나 매클루언에 대해 들어 본 적이 있는 관객이 아무도 없을 거라는 전제 아래 가위질을 당했을 것이다.

<애니 홀>은 그런 대화 위에 구축된 영화로, 대화와 독백이 한복판에 자리 잡고 있다. 모두가 좋아하는 우디 앨런 영화라서, 오스카상 수상작이라서, 로맨틱 코미디라서, 이 영화가 얼마나 심하게 말하는 사람들로만, 그저 말만 하는 사람들로만 구성되어 있는지를 감지하는 관객은 드물 것이다. 캐릭터들은 걸으면서 말하고, 앉아서 말하고, 정신과 의사에게 가고, 점심을 먹으러 가고, 섹스하면서 말하고, 카메라를 쳐다보며 말하고, 그도 아니면 애니가 앨비에게 자기 식구들을 묘사할 때 그러는 것처럼 자유 연상법 같은 영감 넘치는 독백을 시작한다. 다이앤 키튼이 연기하는, 대사가 도달할 수 있는 최고의 완벽성에 근접한 이 대사는 기면 발작을 일으키는 조지 삼촌이 공짜 칠면조를 받으려고 줄에 서 있다 잠들어서는 결국 세상을 떠난 사건에 대한 그녀의 기억으로 클라이맥스에 도달한다. 벼랑 끝까지 밀고 나가는 위험하면서도 영리한 정책을 발휘한 단 한 테이크로 완결된 이 대사에서, 키튼(또는 애

• 캐나다 출신의 철학자(1911~1980). 미디어 이론의 초석을 놓은 인물로 "미디어가 메시지다"라는 언명으로 유명하다.

니)은 대사를 망치기 직전까지 이른다.

<애니 홀>이 무척이나 빨리 움직이는 영화이고 무척이나 신선하게 펄떡거리는 영화이기 때문에, 우리는 앨런의 일부 테이크가 굉장히 길다는 것을 감지하지 못한다. 그는 배우 전원이 스크린에 등장하는 대부분의 신에서 대사를 할 때마다 편집을 하는 대신 마스터 숏으로 배우들을 찍는 것을 선호하기로 유명하다. 평론가 데이비드 보드웰David Bordwell은 『필름 쿼털리Film Quarterly』 2002년 봄호에 실린 빛나는 논문에서 앨런의 평균 숏 길이가 길다고 지적했다. <맨해튼Manhattan>의 경우는 22초, <마이티 아프로디테Mighty Aphrodite>의 경우는 35.5초다. 보드웰은 내게 <애니 홀>의 평균 숏 길이는 14.5초라고 말했다(그가 시간을 재어 밝힌 바로는, 다른 1977년도 영화들의 평균 숏 길이는 4초에서 7초 사이였다). 이와 달리 비교적 최근 영화인 <아마겟돈Armageddon>의 평균 숏 길이는 2.5초였다. 지적인 대사를 등장시키기가 사실상 불가능한 속도다.

앨비와 애니는 자신들의 익살맞은 입담을 속으로 즐거워한다. 그들은 페로몬 때문이 아니라 주고받는 대화의 리듬 때문에 서로에게 끌린다. 그들이 테니스 상대로 만난 후에 하는 첫 대화에서 그들은 본질적으로 입으로 치는 거나 다름없는 테니스 경기에 빠져든다.

앨비: 차로 데려다줄까요?
애니: 오, 어머? 음, 차가 있어요?
앨비: 아뇨. 택시 탈 생각이었어요.
애니: 오, 아니에요. 차 갖고 왔어요.
앨비: 차가 있다고요? 이해가 안 되네요. 차가 있으면, 차로 데려다주는 걸 바라는 것처럼 "차가 있어요?"라고는 왜 물어본 거예요?

애니: 아니, 아니, 이런, 모르겠어요. 나는…… 밖에 폭스바겐이 있어요. (혼잣말로) 이런 바보. 차로 태워다 줄까요?

앨비: 좋아요. 어느 쪽으로 가죠?

애니: 나요? 어, 다운타운이요.

앨비: 다운……, 나는 업타운으로 가요.

애니: 어, 그렇다면, 나도 업타운으로 가요.

앨비: 다운타운으로 갈 거라고 했잖아요.

애니: 그렇죠. 그러니까, 그렇지만 나로서는…….

이건 단순히 대사의 차원에 머무르지 않는다. 콤비로 활동하게 될 두 코미디언이 자신들이 그런 사람들임을 발견해 내는 과정이다. 우리는 애니와 앨비가 나누는 말에 귀를 기울일수록 그들이 자신들의 입담에 필적할 사람들을 그리 많이 만날 수는 없을 거라고 생각하게 된다. 앨비가 자기 집에 애니가 이사 오는 것을 내켜하지 않는다는 내색을 하고, 그녀가 자기 아파트는 너무 좁은 데다 배수도 안 되고 벌레도 많다고 투덜거리면, '벌레'라는 말을 신호로 받아들인 앨비는 "곤충학은 급격히 규모가 커져가는 분야"라고 내뱉는다. 그러면 애니는 이 말을 "당신은 내가 당신이랑 동거하는 걸 원치 않는군"이라고 해석할 수 있다.

앨비: 내가 당신이랑 사는 걸 원치 않는다고?!
누가 그런 생각을 해?

애니: 내가.

앨비: 그래, 그건 당신 생각이지.
그런데 사실 나는 그 즉시 그 생각에 찬성했어.

물론 앨비의 삶에는 장미십자회원(앨비: "『파퓰러 메카닉스Popular

Mechanics』에 광고를 하는 종교는 하나도 못 믿겠어")인 『롤링 스톤Rolling Stone』 통신원(셸리 듀발Shelley Duvall)을 포함한 다른 여자들도 있다. 앨비와 결혼했지만 케네디 암살 사건의 '두 번째 총 이론'에 대한 의견 차이 때문에 갈라선 자유분방한 민주당원(캐럴 케인Carol Kane)도 있다. 애니 홀이 앨비의 삶에서 가장 큰 사랑이라는 사실이 곧바로 분명해진다. 영화는 1년 전에 그들이 사랑에 빠졌었다고 슬프게 털어놓는 앨비의 오프닝 독백에서 플래시백으로 넘어간다. 영화는 무엇 때문에 관계가 잘못됐는지에 대한 그의 분석이고, 그가 내놓은 대답은 행복을 찾아냈지만 그 행복을 받아들이지 못했다는 내용이다. 그는 그루초가 한 말은 "여자들과 맺은 관계의 관점에서 보면 내 성인기에서 가장 중요한 농담"이라고 말한다.

'인터넷 무비 데이터베이스Internet Movie Database, IMDb'에 올라 있는 <애니 홀>에 대한 정보는 제작 당시 앨런과 동거했던 다이앤 키튼의 본명이 다이앤 홀이며, 별명이 애니였다는 세세한 사항을 밝힌다. 원래 영화에는 살인과 관련한 서브플롯이 담겨 있었는데, 그 부분은 완전히 삭제됐다. 편집 감독 론 로젠블룸Ron Rosenblum은 그러면서 1차 편집본으로 140분짜리 영화가 94분짜리 영화가 됐다고 『촬영이 멈추면 편집이 시작된다When the Shooting Stops, the Cutting Begins』에 썼다.

최종 편집본을 본 나는 남아 있는 부분들이 정말로 잘 어울린다는 것을 감지하는 데 그치지 않고, 그게 정말로 기적 같은 일이라는 것을 감지했다. 남아 있는 부분들이 어색하게도 조화를 이루는 듯 보이기 때문이다. 화면을 분할해 놓고 각각의 화면에 있는 캐릭터들이 상대방에게 직접 말을 거는 화면 분할 전략, 애니의 혼령이 섹스 도중에 따분해하며 일어나 침대 옆 의자에 앉는 침실 장면, 자전적인 플래시백들, 캐릭터들이 하는 진짜 생각을 드러내는 자막들, 자신들이 어른이나 된 것처럼 말하는 아이들("나는 가죽옷 입었어."), 앨비와 백설공주의 사악한 마녀가 짝을 이룬 애니메이션 시퀀스, 앨비가 스크린 밖 관객에게 직접 말하는 장면들에 이르는 앨런의 놀랄 만한 비주얼 전략을 생각해 보라.

이 영화는 영화의 분위기를 꾸준히 바꾸는 것으로 작품 자체의 분위기를 설정하는 영화다. 이렇게 분위기를 꾸준히 바꾸는 것은 농담거리를 발견해 낼 앵글을 찾아내려고 한 장면이 다루는 분명한 주제에서 다른 곳으로 고개를 돌리는 영화감독의 불안한 마음을 반영한다. <애니 홀>은 완벽한 곳에 뚫린 구멍을 늘 찾고 있는 남자를 다룬 영화다. 세상만사를 농담거리로 바꿔 놓을 수 있으면서도, 자신에게 그럴 능력이 없었으면 하고 바라는 남자를 다룬 영화.

양키 두들 댄디

Yankee Doodle Dandy

감독	마이클 커티즈	
주연	제임스 캐그니, 조앤 레슬리	
제작	1942년	126분

제임스 캐그니James Cagney는 연기를 할 때 발가락 끝으로 서서 연기를 했다는 이야기가 있다. 그렇게 하면 에너지를 더 많이 뿜어낼 수 있다고 믿었기 때문이다. 홍보용으로 지어낸 이야기로 들리지만 실제로 어떤 식으로 연기를 했건 그는 영화 역사상 가장 역동적인 연기 중 하나를 펼쳤다. 평범한 외모에 키가 작은 그는 등장한 모든 장면의 초점이 자신에게 쏠리게끔 만드는 팽팽한 긴장감을 내뿜었다.

그를 가장 유명하게 만든 것은 1930년대에 연기했던 갱스터 역할들이었다. 그는 1930년대에 워너 브라더스에서 평균적으로 1년에 거의 네 편 정도의 영화에 출연했다. 그는 <공공의 적The Public Enemy>(1931년 작품으로, 얼굴에 그레이프프루트를 짓이기는 유명한 장면이 담겨 있다)부터 <광란의 20년대The Roaring Twenties>(1939)까지 할리우드에서 범죄자를 연기한 주도적인 스타였다. 에드워드 G. 로빈슨Edward G. Robinson과 험프리 보가트Humphrey Bogart를 전속으로 데리고 있는 스튜디오에서도 그랬다. 그런데 그는 <양키 두들 댄디>에서 브로드웨이 흥행사 조지 M. 코핸George M. Cohan을 연기한 1942년이 될 때까지는 오스카를 수상하지 못했다.

할리우드가 악당을 연기하는 배우에게 영광을 베풀기를 싫어해서 그런 것일 수도 있다(캐그니는 <더럽혀진 얼굴의 천사Angels with Dirty Faces>에 갱스터로 출연한 1938년에 후보로 지명됐지만 수상에는 실패했다). 1942년에 미국이 새롭게 전쟁에 참전했기에, 'It's a Grand Old Flag(위엄 있는 낡은 깃발)'의 작곡자를 다룬 애국적인 전기 영화에 영광을 베푸는 게 기분이 좋아서 그런 거였을 수도 있다. 그도 아니라면, 캐그니가 그토록 철저하게 유쾌한 배역에 몰입해서였을 수도 있다.

관객들은 캐그니가 노래하고 춤추는 모습을 보게 될 거라고는 기대하지 않았다. 그는 무대 시절에는 전문적인 댄서였지만, 주요 영화에서 춤을 춘 건 딱 한 번〔<풋라이트 퍼레이드Footlight Parade>(1933)〕뿐이었다. 이제 그는 자신이 살던 시대에 춤과 노래로 상당히 유명했던 한 인물의 인생사를 다룬 작품에서 주연을 맡게 된다. 프레드 아스테어Fred Astaire가 거절한 역할이라는 것은 온 세상이 알고 있었다. 캐그니는 아스테어에 비하면 댄서라고 할 수도 없었다. 노래 실력도 보통 사람 수준을 넘지 못했다. 하지만 그는 대단히 뛰어난 배우라서 춤과 노래에 능숙한 사람처럼 꾸밀 수 있었다. "캐그니는 정말로 춤을 잘 추거나 노래를 잘 부르지는 못한다." 평론가 에드윈 제이힐Edwin Jahiel의 주장이다. "그러나 그가 대단히 정력적인 연기를 펼치기 때문에 그렇다는 환상이 빚어진다. 그리고 그는 특유의 힘 있고 갑작스러운 걸음걸이와 뜀박질과 다른 몸놀림으로 댄스의 스텝을 대체했다." 영화 끝부분에 있는 거의 즉흥적으로 연출된 장면에서 그 사실을 감지할 수 있다. 캐그니가 연기하는 코핸은 백악관의 대리석 계단을 내려오다 갑작스레 탭댄스를 시작하면서 즉흥 연기를 하며 계단 아래에 다다른다. 캐그니는

이 장면을 촬영하기 5분 전에야 이런 움직임을 떠올렸다고 나중에 밝혔다. "감독이나 누구하고도 이 문제를 상의하지 않았습니다. 그냥 나 혼자서 한 겁니다."

그는 백악관에서 무슨 일을 하고 있는 걸까? 영화는 뮤지컬 전기 영화(연예계 이야기를 들려주려고 이중으로 과거로 돌아가는 비비꼬인 방식으로 유명한 장르)의 역사상 가장 믿기 어려운 플래시백을 통해 전개된다. 영화가 시작하면 코핸은 전운이 감도는 시기에 대통령에게 찬사를 보내는 브로드웨이 뮤지컬 「차라리 올바른 사람이 되겠다 I'd Rather Be Right」에 프랭크린 D. 루스벨트Franklin D. Roosevelt로 출연하려고 은퇴 생활에서 불려 나온다. 그를 백악관으로 소환하는 내용의 전보를 받은 그는 늦은 밤에 흠뻑 젖은 채로 걸어서 백악관에 도착한다. 그는 대통령 집무실로 안내된다. 집무실에 있는 루스벨트는 오버더숄더 숏으로 잡히는데, 우리는 유명한 담배 파이프를 통해 그의 존재를 인지한다. 대통령은 40년 전에 보스턴에서 보드빌 공연 「코핸네 네 가족The Four Cohans」을 봤다고 기억한다.

"저는 그 시절에는 꽤나 건방진 꼬마였죠." 코핸은 생각에 잠긴다. "꽤나 건방졌어요."

여기서부터 시작한 영화는 코핸이 (시간 여유가 있는 게 분명한) 대통령에게 자기 인생사를 들려주는 내레이션을 통해 진행되는 플래시백으로 이뤄진다. 7월 4일에 태어난 이야기("여섯 살이 돼서야 사람들이 내 생일을 축하하는 게 아니라는 걸 알게 됐죠."), 부모인 제리(월터 휴스턴Walter Huston)와 넬리(로즈마리 드캠프Rosemary DeCamp), 여동생 조시(캐그니의 친동생인 진 캐그니Jeanne Cagney)와 순회공연을 다니는 아역 스타로 경력을 시작한 이야기, <펙의 개구쟁이Peck's Bad Boy>에 출연한 후로 우쭐했던 이야기, 10대 시절에도 무대에서 외할아버지를 연기했던 이야기.

이 기억은 유명한 시퀀스로 이어진다. 젊은 팬 메리(조앤 레슬리 Joan Leslie)가 수염이 텁수룩하고 늙은 코핸에게 조언을 얻으려고 무대 뒤로 찾아오면, 코핸은 메리를 계속 속이다가 갑자기 열광적인 춤을 춘다. 코핸이 분장을 벗기자(그는 그녀에게 연예계에서 활동하려면 "가짜 눈썹에 익숙해져야 할 거요"라고 말한다), 그녀는 비명을 지른다. 얼마 안 있어 그는 그녀를 위한 히트곡〔'Mary(메리)'〕을 작곡하고, 두 사람은 부부가 된다.

물론 영화에는 연예계 전기 영화 특유의 요소들이 있다. 현실은 홍보용 자료가 아니면 신화로 탈바꿈한다. 요즘의 전기 영화는 스캔들이나 프로이트주의의 그늘에 초점을 맞춘다. 그러나 <양키 두들 댄디>에서는 만사가 낙관적이다. 코핸의 청혼조차 연예계의 대사로 표현된다. 나이를 먹은 조지 M. 코핸이 본인의 일생을 다룬 영화를 감상하고는 아주 흡족해했던 것도 놀라운 일이 아니다. (영화 역사가 제이 로버트 내시Jay Robert Nash에 따르면, 코핸의 반응은 그의 성격에 딱 어울린다. "코핸은 웃음을 짓고는 머리를 흔들며 타의 추종을 불허하는 캐그니에게 최상의 찬사를 보냈다. '세상에, 누구도 따라올 수 없는 연기였소!'") 정말 그랬다. 움직일 때마다 몸 전체를 사용하는 아스테어와 달리, 캐그니는 신체를 부위별로 돌려가며 사용하는 것처럼 보이는 댄서였다. 삽입곡 'Yankee Doodle Dandy(양키 두들 댄디)'를 부르며 무대를 으쓱거리며 가로지를 때, 그의 다리는 고무 같지만 등은 꼿꼿하게 서 있고, 몸통은 그루초 마르크스Groucho Marx를 연상시키듯 앞으로 심하게 기울어져 있다.

영화에는 두 가지 조류가 흐른다. 애국심과 입신양명. 코핸은 자신을 열혈 애국자로 여기는데, 평론가들은 경박한 뮤지컬 코미디만 창작한다고 그를 공격한다. 자극을 받은 그는 진지한 희곡을 집필하지만, 작품이 실패하자 사과하고는 팬들이 요구하는 작품으로 돌아간다.

감상적이고 멍청하며 열광적인 국수주의로 말이다. (아이러니한 건, 그가 쓴 가사 중 두 작품이 반전反戰 영화의 제목이 됐다는 것이다. <7월 4일생Born on the Fourth of July>과 <자니 총을 얻다Johnny Got His Gun>.)

모든 장면이 주제를 따라 전개된다. 그는 제1차 세계 대전에 참전하기 위해 입대하려고 노력하지만 나이가 너무 많다는 이유로 입대를 거부당하자 항변한다. "내가 뮤지컬을 공연하는 동안 겪는 일에 비하면 이 전쟁은 다과회에 불과해요." 그는 자신이 말하는 바를 보여 주려고 모병 사무실에서 탭댄스를 춘다. 그런 후 밖으로 나온 그는 고적대의 연주에서 두 음을 포착한다. 그 후 그는 뮤지션을 다룬 영화에서 무척이나 사랑받는 창작의 판타지 중 한 장면에서, 피아노가 있는 텅 빈 무대에 앉아 'Over There(저 너머)'의 첫 소절을 찾을 때까지 그 음들을 연주한다.

영화는 필수적인 장면에서 다음 장면으로 달음박질친다. 부모의 은퇴, 스크린에 등장하지 않는 어머니와 여동생의 죽음, 스크린에 등장하는 아버지의 사망(월터 휴스턴은 훌륭한 마지막 대사를 연기한다), 그리고 그가 창작한 히트작들을 소개하는 네온사인의 몽타주. 결국 백악관 방문에 도달한 코핸은 참을성 많은 루스벨트에게 자기 인생사를 전부 들려준 후 명예 훈장을 받는다.

<카사블랑카Casablanca>를 비롯해 역시 1942년에 개봉한 작품들을 연출한 워너 브라더스의 재능 있는 일꾼 마이클 커티즈Michael Curtiz, 1886~1962가 연출한 <양키 두들 댄디>에 정말로 독창적인 요소는 없다. 전설적인 제임스 웡 하우James Wong Howe가 담당한 촬영은 당시에는 일반적이던 인물들의 우아한 구도를 활용하고, 대규모 엑스트라를 동원하거나 제자리에서 계속 행진하게 만들기 위해 빅 스튜디오의 러닝머신이 동원된 삽입곡 두 곡을 포함한 무대를 연출한다.

이 영화의 위대함은 전적으로 캐그니의 연기에 담겨 있다. 당시의

가장 뛰어난 성격파 배우였던 월터 휴스턴조차 평범한 소재에 갇힌 신세였다. 코핸이 함께 일하고 싶어 하는 브로드웨이 스타 페이 템플턴Fay Templeton이 등장하는 시퀀스에서 갑작스러운 야릇한 감정이 빚어진다(상대적으로 무명 배우였던 아이린 매닝Irene Manning은 그 역할을 맡아 인상적인 모습을 보인다). 그러나 캐그니의 열정적인 연기를 제외하면 영화의 대부분은 기계적으로 진행된다.

그의 춤과 활보는 그렇게 뛰어나지는 않다. 그의 연기는 재미를 안겨 주겠다는 그의 욕심을 관객에게 강요하지 않는다. 대사가 오가는 장면에서 다른 배우들이 입을 열 때, 그의 눈빛은 상대 배우들의 얼굴로 날아가 자기 에너지를 받아들이라고 말없이 강요한다. 그는 팀 동료들에게 자신을 따라잡으라고 부추기려 어찌할 바를 모르는 마이클 조던 같다. 그가 'Give My Regards to Broadway(브로드웨이에 안부 전해 줘요)'나 'Yankee Doodle Dandy'에서처럼 총력을 기울일 때에는 자연의 거대한 위력을 보고 있는 것만 같다.

# 어셔 가의 몰락 La Chute de la Maison Usher	감독	장 엡스탱	
	주연	장 드뷔쿠르, 마르게리트 강스, 샤를 라미	
	제작	1928년	63분

장 엡스탱Jean Epstein, 1897~1953의 <어셔 가의 몰락>에 나오는 거대한 홀은 영화 역사상 가장 잊히지 않는 공간에 속한다. 홀의 바닥은 드넓게 펼쳐진 대리석으로, 주위를 둘러싼 공허함 때문에 위축된 듯한 가구 몇 점이 여기저기에 흩어져 있다. 저 멀리 구석에 기괴한 계단이 솟아 있다. 가장 유명한 프랑스의 초현실주의 영화에 등장하는 이 비전이 <시민 케인Citizen Kane>에 등장하는 재너두의 거대한 홀을 디자인한 디자이너에게 영감을 줬다는 것은 불가능한 일이 아니다. 두 영화 모두에서 실제로는 거기에 존재하지 않는 디테일들을 대체하기 위해 그림자들이 만들어졌고, 여자를 향한 남자의 강박 관념에 삶을 지배당한 남녀 한 쌍은 귀신이 들린 공간 속을 유령처럼 움직여 다닌다.

이 홀은 냉랭하고 거대하며 섬뜩할뿐더러 초현실주의적인 디테일도 담고 있다. 평론가 게리 모리스Gary Morris는 이렇게 썼다. “나뭇잎들이 바닥 위를 불길하게 나뒹군다.” 그리고 기다란 흰색 커튼은 “앙심을 품은 자연이 저택을 조용히, 음흉하면서도 꾸준히 포위하고 있는 것처럼 살기를 뿜어내며 펄럭"댄다. 이곳은 거주하기 위한 공간이 아니라, 초현실적인 오페라를 공연하기 위한 세트다.

이 저택의 거주자는 로데릭 어셔와 그의 젊은 아내 매들린이다. 그들은 에드거 앨런 포Edgar Allan Poe의 원작에서는 남매였지만, 엡스탱은 자막 화면에서 어셔 가의 남자들은 모두 아내들의 초상화에 집착했다고 설명하는 것으로 근친상간의 분위기를 풍길 수 있는 요소를 제거했다. 로데릭은 아내가 죽을 거라는 두려움에 사로잡혀 있다. 그녀가 산 채로 매장될 거라는 두려움도 못지않게 크다. 그는 자신이 그리는 초상화가 그녀의 영혼을 영생永生할 수 있는 형태로 탈바꿈해 놓기를 희망하는 걸까?

이름 모를 친구가 저택에 불려 온다. 가엾은 로데릭 어셔는 흡혈귀가 아니라 미치광이일 뿐인데도, 지역 주민들이 손님을 저택까지 데려다주기를 거부하는 것은 드라큘라 영화들과 걸작 무성 영화 <노스페라투Nosferatu>(1922)를 모방한 요소들이다. 친구의 도착은 기이하게 연출된다. 로데릭은 계단 꼭대기에 선 채로 친구에게 손을 뻗으려 몸을 숙이지만, 실제로는 친구를 향해 단 한 계단도 내려오지 않는다. 그는 건물 내부와 탯줄로 이어져 있는 듯하다. 저주받은 황야의 복판에 자리한 것으로 보이는 저택의 외부는 미니어처라는 게 뚜렷해 보인다. 평론가들은 가짜라는 것을 자랑하듯 하늘에서 설득력 없게 반짝거리는 별들을 지적한다. 관객의 눈을 속이려는 시도조차 않는 이런 명백한 술책은 <칼리가리 박사의 밀실Das Cabinet des Dr. Caligari> 같은 독일 표현주의 영화의 전통에 빚을 지고 있다. 저택의 인테리어는 더 리얼해 보이지만 — 적어도 더 구체적으로 묘사되지만 — 악몽 같은 디테일과 풍광은 리얼리즘보다는 그것이 관객에게 심어 주는 인상하고 더 관련이 깊다.

이 작품에서 엡스탱의 조감독으로 일했던 인물이 살바도르 달리

Salvador Dalí와 악명 높은 공동 작업을 해서 대담한 초현실주의 영화 <안달루시아의 개Un Chien Andalou>를 막 완성한 젊은 루이스 부뉴엘Luis Buñuel이었다. 그가 이 영화의 섬뜩한 분위기에 기여했을까? 의심의 여지가 없다. 엡스탱 자신도 초현실주의자였고, 기저에 깔린 이야기 자체도 심리적인 타당성보다는 즉각적인 인상이 자아내는 오싹함과 이상야릇함에 더 많은 관심을 보인다. (부뉴엘은 엡스탱과 말다툼을 한 끝에 결국 영화를 떠났다.)

로데릭을 연기한 배우는 그 어떤 무성 영화 스타보다도 설득력이 큰 배우인 장 드뷔쿠르Jean Debucourt로, 그는 미치광이라는 인상은 덜 풍기면서 두려움에 사로잡힌 남자라는 아우라는 더 강하게 발산하는 식으로 연기한다. 매들린을 연기한 배우는 프랑스 감독 아벨 강스Abel Gance(<나폴레옹Napoleon>)의 아내 마르게리트 강스Marguerite Gance다. 그녀가 맡은 임무는 관심의 대상이 되는 것이다. 모든 주목과 활력은 두 남자에게 집중된다. 반면에 매들린은 초상화를 위해 포즈를 취하면서 서서히 죽음에 잠긴다. 손님이자 내레이터는 샤를 라미Charles Lamy다.

우리가 영화 내내 주기적으로 보게 되는 초상화에는 재미있고 모호한 분위기가 깃들어 있다. 초상화는 몇몇 숏에서는 로데릭이 그림을 그리는 실제 캔버스다. 다른 숏들에서는 실제 마르게리트 강스가 틀 안에 서서는 그림인 척 시늉을 한다. 평론가 마크 짐머Mark Zimmer는 이렇게 썼다. “오스카 와일드Oscar Wild의 『도리언 그레이의 초상The Picture of Dorian Gray』에서 가져온 모티프에서, 그녀가 죽어 가는 동안 그녀의 원기와 생명력은 눈을 깜빡거리는 그림 속으로 쏟아져 들어간다.” 아마도 그럴 것이다. 그런데 평론가 글렌 에릭슨Glenn Erickson의 의견은 다르다. “로데릭이 그리는 초상화는 매들린이 액자 뒤에 아주 얌전히 앉아 자신이 그려진 이미지라는 양 시늉을 하는 것으로 묘사된다. 불행히도 그녀는 거의 모든 테이크에서 눈을 깜빡여 이 장면이 빚어내려는 환상

6001-F-10

을 망친다.”

두 평론가 모두 정확하게 같은 장면을 보고 있다. 어느 평론가의 견해가 옳을까? 초현실주의자들은 사람들이 이렇게 혼란스러워하는 걸 봤다면 기뻐했을 것이다.

폴란드 출신인 장 엡스탱은 1920년대에 초현실주의자의 궤도에 끌려 들어가기 전까지는 의학도였다. 그는 1920년대 내내 영화를 연출하면서, 남들처럼 무성 영화가 자연스러운 방식으로 판타지와 인상주의를 빚어낼 수 있음을 알게 됐다. 대사를 사용하는 유성 영화는 리얼리즘을 지향하는 이야기에 경도되는 경향이 있다. 무성 영화 최후의 원대한 해인 1928년에 만들어진 <어셔 가의 몰락>은 원작인 포 소설의 플롯보다는 분위기에 더 많이 기초했다. <어셔 가의 몰락>은 1928년에 만들어진 또 다른 무성 영화에서부터 빈센트 프라이스Vincent Price가 출연하는 로저 코먼Roger Corman의 빼어난 1960년 버전에 이르기까지 여러 버전이 있다. 엡스탱은 상황의 논리적인 기법보다는 그 상황의 정말로 괴상한 면모에 더 초점을 맞춘 듯하다. 남자와 여자 모두 죽음에 대한 남자의 집착에 갇혀 있고, 여자는 존재를 거의 잃어 간다.

최근에 새로 출시된 DVD를 보면서, 영화가 나를 철저히 몰입시킨다는 사실에 깜짝 놀랐다. 몇몇 무성 영화는 당신을 외부에 붙들어 둔다. 당신은 영화를 보며 감탄하지만, 그것들은 진지한 구경거리에 불과함을 알고 있다. 그런데 <어셔 가의 몰락>을 보면서는 러닝 타임 66분 동안 격한 감정에 휩쓸렸다. 이 영화의 톤과 분위기는 관객에게 제대로 먹힌다. <노스페라투>가 그렇듯, 이 영화는 픽션이라기보다는 주마등 같은 대체 현실을 구현한 것처럼 보인다. 매들린이 관에 누워 있고 그녀의 하얀 면사포가 관 밖으로 나와 바람에 휘날리는 장면처럼, 엡스탱이 과장된 제스처를 개방적으로 받아들인 것은 큰 도움이 됐다.

현대에 첨가된 두 요소도 영화의 효과를 더욱 강화한다. 새로 출시된 버전에서는 대담한 스타일의 서체로 쓰인 원래의 프랑스어 자막을 무언가로 대체하는 대신에 배우 장피에르 오몽Jean-Pierre Aumont이 영어로 읽는다. 그 결과 자막 화면은 영화처럼 리얼해지고, 오몽은 영화 바깥에 있는 우리 옆에 서서 영화에 담긴 공포를 넌지시 전달한다.

다른 첨가 요소는 1960년에 영화의 재개봉을 위해 롤랑드 드 캉드Rolande de Cande가 작곡한 음악이다. 중세 음악에 기초해 목관 악기와 현악기를 위주로 작곡한 음악은 비범한 작품이다. 이미지에서 저절로 솟아난 듯 느껴지는 음악은 기괴하고 슬프며, 모호하나마 교회 음악처럼 들린다.

공포 영화에 등장하는 캐릭터들은 작위적인 포즈를 취하는 경향이 있다. 그들은 복잡다단한 인간의 본성이 아니라, 그들 자신이 가진 집착이나 약점이나 한계의 비좁은 범위 안에서만 반응하는 것처럼 묘사된다. 그런 영화들의 줄거리는 외부에서 온 손님을 등장시키는 경우가 잦은데, 그 손님이 맡은 역할은 영화에 묘사된 사건을 목격하고 나중에는 보고서를 작성하는 것이다. 로데릭과 매들린의 이야기는 그 이야기를 목격하고는 정상적인 반응을 보이는 사람이 없었다면 덜 드라마틱했을 것이다. 하지만 로데릭과 매들린은 다른 많은 공포 영화의 캐릭터들보다 자신들의 드라마에 더 깊이 뿌리를 내린 듯하며, 관찰자를 필요로 하지 않는 것처럼 보인다. 로데릭은 죽음과 퇴락, 그리고 포가 사랑했던 산 채로 매장되는 것에 대한 두려움만 생각한다. 그리고 매들린은 글쎄, 그녀는 왜 그와 결혼한 걸까? 공포 영화에 그런 현실적인 질문을 던지면 안 된다는 건 안다. 하지만 마르게리트 강스는 매들린이 자발적이든 아니든 주문呪文에 걸려 있으며 역시 강박 관념에 사로잡혀 있음을 성공적으로 암시한다.

공포 영화야말로 모든 장르 중에서 무성 영화를 가장 그리워하는 장르일 거라고 생각하는 사람이 많다. 웨스턴은 대사의 수혜를 입었고, 뮤지컬과 필름 누아르는 대사 없이는 생각할 수 없는 장르다. 그런데 클래식 공포 영화에서 당신이 말로 표현할 수 있는 거의 모든 것은 불필요하거나 우스꽝스럽다. 유성 영화에 등장하는 드라큘라들이 형편없는 비웃음을 불러오지 않으려고 단어들을 얼마나 조심스럽게 선택해야 하는지를 주목해 보라. 완벽한 공포의 상황은 당신이 말로 표현할 수 있는 게 아무것도 없는 그런 상황이다. <함정과 진자The Pit and the Pendulum>에 무슨 대사가 필요한가? <어셔 가의 몰락>은 봉인된 세계 안에 거주한다. 맞다, 마치 생매장된 것처럼.

에이리언

Alien

감독	리들리 스콧	
주연	시고니 위버, 톰 스커릿, 베로니카 카트라이트, 해리 딘 스탠튼	
제작	1979년	117분

가장 근본적인 면에서 <에이리언>은 어둠에서 갑자기 튀어나와 당신을 죽여 버릴 수 있는 괴물을 다룬 영화다. 그 괴물은 <죠스Jaws>의 상어, <할로윈Halloween>의 마이클 마이어스, 여러 종류의 거미와 뱀과 타란툴라와 스토커와 비슷하다. 이 영화에 가장 분명하게 영감을 준 영화는 하워드 호크스Howard Hawks 감독의 <괴물The Thing>(1951)로, 고립된 전초 기지에 거주하던 부대원들이 오랫동안 잠들어 있던 외계 생명체를 발견하고는 그것을 기지에 들여놓았다가 복도 주변을 어슬렁거리는 괴물에 의해 차례차례 목숨을 잃는다는 내용의 영화다. 그 영화를 보면 태아 상태에 있는 <에이리언>이 보일 것이다.

한편 리들리 스콧Ridley Scott, 1937~ 감독의 1979년 영화는 독창적인 걸작이다. 고독한 은하계를 항해하는 거대한 우주선을 보여 주는 <스타워즈Star Wars>(1977)의 독보적인 오프닝 숏을 바탕으로 구축된 영화는 '정통' SF장르에 속하는 이야기를 들려주려고 루카스George Lucas의 스페이스 오페라를 피해 간다. 말투가 거친 승무원들과 그들을 움직이게 만드는 금전적인 행동 동기를 등장시키는 줄거리의 출처는 존 W. 캠벨John W. Campbell이 편집했던 『어스타운딩 사이언스 픽션Astounding Science Fiction』지의 전성기였던 1940년대로 볼 수 있을 것이다. 캠벨은 우주선 조종사, 광선총 총잡이 들이 아니라 엔지니어, 과학자 들이 논리적인 방식으로 외계에 대처하는 이야기를 좋아했다. 실제로 이 영화에는 캠벨에게로 이어지는 연결 고리가 있다. 캠벨의 단편 소설 『거기 가는 사람은 누구인가?Who Goes There?』는 하워드 호크스의 <괴물>로 각색됐고, 그 영화는 분명히 <에이리언>에 영감을 줬다(1982년에 나온 존 카펜터John Carpenter 감독의 <괴물The Thing>은 캠벨의 원작에 더 가깝다).

시고니 위버Sigourney Weaver가 연기하는 리플리 캐릭터는 SF의 황금기를 겪었던 독자들에게 확실하게 어필했을 것이다. 그녀는 에이리언을 찾아내는 일에 따르는 낭만에는 조금도 관심이 없다. 잠재적인 무기인 외계 생명체를 데리고 돌아오라는 고용주의 명령에도 별 관심이 없다. 에이리언의 위력을 목격한 후 '특별명령 24호'("딴 건 모두 제쳐두고라도 외계 생명체를 데리고 복귀하라")에 그녀가 보이는 반응은 짤막하다. "어떻게 해야 놈을 죽일 수 있을까?" 에이리언을 향한 그녀의 달랠 수 없는 증오는 질적인 수준은 점차 낮아지지만, 영화를 풀어나가는 동기가 되는 강박 관념은 고스란히 간직한 세 편의 <에이리언> 속편을 관통하는 실마리다.

<에이리언>의 걸출한 장점 중 하나는 영화의 진행 속도다. 영화는 시간적인 여유를 보인다. 기다린다. 침묵을 허용한다(웅장한 오프닝 숏은 듣기 힘들 정도로 아득한 곳에서 들려오는, 금속성으로 찰깡거리는 제리 골드스미스Jerry Goldsmith의 음악으로 강조된다). 승무원들이 발견한 대상의 어마어마한 중요성을 승무원들의 사소한 업무를

보여 주는 것을 축적해 가는 것으로 강조한다. 승무원들은 신호를 가로챈다. (이 신호는 경고하는 신호일까, SOS 신호일까?) 그리고 외계 행성의 표면으로 하강한다. 자기들 몫을 챙기는 것과 관련된 이야기만 하는 브렛과 파커는 불평을 늘어놓는다. 승무원들이 이동하는 지표면의 어둠을 빼어나게 묘사한 장면에서, 그들이 쓴 헬멧의 라이트는 짙은 어둠을 좀처럼 뚫지 못한다. 외계 우주선의 흐릿한 외형이 보인다. 지휘관 의자에 얼어붙은 외계 조종사의 모습이 보인다. 우주선 내부에서 충격적인 발견을 한다("잔뜩 있어요, 딱딱한 알들이……").

요즘에 이 이야기를 영화로 만들었다면, 그 영화는 에이리언이 승무원들에게 달려드는 부분을 향해 돌진했을 것이다. SF 장르건 다른 장르건 요즘의 슬래셔 영화들은 클라이맥스만 그득하지 긴장을 구축하는 장면이 없다. 2003년에 나온 <텍사스 전기톱 연쇄 살인 사건Texas Chainsaw Massacre>의 딱한 리메이크를 생각해 보라. 그 영화는 관객들에게 제대로 된 설명도 않고, 전기톱 가족을 소개하지도 않으며, 심지어는 적절한 엔딩조차 보여 주지 않는다. 관객들이 즐기는 건 난도질이 아니다. 난도질이 벌어지기를 기다리는 것이다. M. 나이트 시아말란M. Night Shyamalan 감독의 <사인Signs>은 그것을 안다. 그래서 외계인들에 대해 좀처럼 걱정하지 않는다. 호크스의 <괴물>에서 최고의 장면들은 괴물이 숨어 있을지도 모르는 남극 기지의 텅 빈 복도와 관련 있다.

<에이리언>은 에이리언을 영화 내내 참신하게 끌고 가려고 교묘한 장치를 활용한다. 에이리언의 특성이나 형체가 서서히 드러나기 때문에, 우리는 에이리언이 어떻게 생겼고 어떤 짓을 할 수 있는지를 결코 정확히 알지 못한다. 우리는 처음에는 알들이 인간과 비슷한 생명체를 낳을 거라고 추측한다. 오래전에 실종된 외계 우주선에서 딱딱하게 굳은 조종사의 생김새가 그랬기 때문이다. 그런데 우리는 그 조종사가 우주선에 화물로 실린 딱딱한 알들과 같은 종족인지 여부도 모르는 게

사실이다. 그 조종사도 그 알들을 무기로 활용할 생각이었을지 모른다. 우리가 에이리언을 처음으로 제대로 볼 때, 에이리언은 가여운 케인(존 허트John Hurt)의 가슴을 뚫고 나온다. 평론가 팀 덕스Tim Dirks는 형체 면에서 남근을 닮은 게 틀림없는 이 에이리언의 "액체를 뚝뚝 흘리는 벌려진 질膣 같은 입"을 언급한다.

맞는 말이다. 그런데 나중에 에이리언이 몇 차례 공격을 가할 때 보이는 생김새는 더 이상 그렇지 않다. 에이리언은 문어처럼, 파충류처럼, 거미처럼 보인다. 그런 다음에 또 다른 비밀이 밝혀진다. 에이리언의 신체에서 떨어지는 액체는 '완벽한 용해제'로, 그 액체가 우주선 바닥을 차례차례 부식해 들어가는 섬뜩하면서도 매혹적인 시퀀스가 등장한다. 속편들(<에이리언 2>, <에이리언 3>, <에이리언 4>)이 대단히 분명하게 설명하듯, 에이리언에게는 줄거리가 요구하는 그 어떤 형태의 괴물로도 변신할 수 있는 능력이 있다. 형체나 형태와 관련된 어떤 규칙도 따르지 않는 에이리언은 고정된 형체가 없는 위협적인 존재가 돼서는 자유자재로 변신하는 사악한 유령으로 우주선에 출몰한다. 과학 담당 장교 애시(이언 홈Ian Holm)는 에이리언을 "완벽한 생물"이라고 밝힌다. "놈의 구조적 완벽성에 필적하는 건 놈이 품은 적개심뿐이야." 그러고는 인정한다. "나는 놈의 순수성에, 생존 능력에 탄복해. 양심이나 가책, 도덕에 현혹되는 일이 결코 없는 놈이야."

이 야릇한 생명체와 관련한 경력을 오랫동안 쌓은 시고니 위버는 물론 최초의 승무원 가운데 유일한 생존자다. 고양이만 제외하면…… 속편을 만들기를 바랐던 게 분명한 제작자들은 여자 한 명을 제외한 모든 등장인물을 죽이면서, 여주인공과 이 시리즈의 운명을 공동 운명체로 만들었다. 몇 년 후, 『버라이어티Variety』는 위버가 액션 영화를 "개봉"시킬 수 있는 유일한 여배우로 남았다고 적었다. 강인하고 유능하며 냉혹한 리플리를 연기할 수 있으면서도 다른 많은 종류의 역할을 연기해 낼 수 있는 그녀의 다재다능함에 보내는 찬사였다. 그녀가 이 배역을 그토록 잘 연기할 수 있었던 이유 중 하나는 영리하기 때문이다. 1979년 작품인 <에이리언>은 속편들보다 훨씬 더 지적인 영화다. 캐릭터들(그리고 관객들)은 이 이상야릇한 생명체를 향한 호기심에 진정으로 빠져든다.

나머지 배우들의 특징은 누구도 딱히 젊지는 않다는 것이다. 선장 역할의 톰 스커릿Tom Skerritt은 46세였고, 허트는 39세였지만 훨씬 나이 들어 보이며, 홀름은 48세, 해리 딘 스탠튼Harry Dean Stanton은 53세, 야페트 코토Yaphet Kotto는 42세였다. 29세인 베로니카 카트라이트Veronica Cartwright와 30세인 위버만이 일반적인 스릴러 영화의 출연진 연령대에 속했다. 최근의 많은 액션 영화가 핵심 역할이나 조역에 영화적 타당성이 떨어지는 젊은 배우들을 캐스팅한다. 그런데 약간 나이든 배우들을 캐스팅한 <에이리언>은 표 나게 강조하는 일 없이도 두드러진 짜임새를 만들어 낸다. 이 배에 탄 승무원들은 모험가가 아니라, 광석 2백만 톤을 싣고 지구로 돌아가는 일에 고용된 노동자들이다(DVD에 포함된 삭제 장면에 나타나는 우주선의 크기는 어마어마해서, 우주선이 지나가는 모습을 보는 데만 1분가량이 걸린다.)

로널드 슈셋Ronald Shusett과 함께 쓴 소설을 원작으로 한 댄 오배넌Dan O'Bannon의 시나리오는 이 캐릭터들이 개성 있는 목소리를 내도록 한다. 기관실에서 일하는 파커와 브렛(코토와 스탠튼)은 연착에 대해 투덜거리면서 자신들 몫이 줄지나 않을지 염려한다. 그런데 애시가 하는 말을 들어 보라. "지금도 연구 중이에요. 사실 나는 놈의 외피가 다당류 단백질이라는 걸 확인했어요. 놈은 허물을 벗고는 그 허물을 극성 실리콘으로 대체하는 재미있는 습관이 있는데, 그 덕에 험한 환경에서도 오래도록 저항력을 가질 수 있게 됐죠." 그런 다음 리플리는 단도직입적으로 결론에 다가간다.

그 결과, 관객들이 모험에 빠져들기 전에 캐릭터들의 임무에 흡수되는 영화가, 에이리언에게 무턱대고 총알을 갈기는 대신에 호기심과 논리를 갖고 꾸준히 에이리언에게 접근하는 영화가 탄생했다. 이 영화는 평균 숏 길이가 몇 초에 불과하고 대사는 플롯을 타전하는 무뚝뚝한 언명 수준으로 격하되는 <아마겟돈Armageddon> 같은 스페이스 오페라와는 대조적이다. <에이리언>을 만든 공로의 대부분은 리들리 스콧 감독 넉으로 돌려야 한다. 이 영화 이전의 그의 주요 작품으로는 지적이고 우아한 <결투자들The Duelists>(1977)이 유일했다. 그가 <에이리언> 다음으로 만든 영화는 또 다른 지적이고 비주얼 뛰어난 SF 서사 영화 <블레이드러너Blade Runner>(1982)였다. 그의 영화 경력에는 불가사의한 실패작도 몇 편 있지만(<위험한 연인Someone to Watch Over Me>), <델마와 루이스Thelma & Louise>, <지아이 제인G.I. Jane>, (나는 달갑지 않았지만 관객들은 사랑했던) <글래디에이터Gladiator>, <블랙 호크 다운Black Hawk Down>, <매치스틱 맨Matchstick Men>도 포함돼 있다. 이 작품들은 상업적인 동시에 지적인 프로젝트들로, 많은 관객을 끌어모으기를 원하면서도 그 관객들을 모욕하기를 바라지 않는 감독이 만든 작품들이다.

<에이리언>은 현대 액션 영화에 가장 큰 영향력을 행사한 영화로 불려 왔다. 실제로 그렇다. 그 리스트에 <할로윈>도 포함돼 있기는 하지만…… 불행히도, 이 영화의 영향을 받은 영화들은 이 영화가 발휘한 사고력이 아니라 스릴을 연구했다. 지금 우리는 다양한 무서운 존재가 대체로 10대들인 희생자들에게 달려드는 내용의 갓챠Gotcha!• 영화들의 수렁에 빠져 있다. 이 장르가 확장된 최종 결과물이 <텍사스 전기톱 연쇄 살인 사건>으로 대표되는 변태 영화다. 이런 영화들은 본질적

• '잡았다'라는 뜻

으로 관객을 서커스 변태 쇼와 동일한 시험대에 올려놓는다. “당신들, 이제 입장료 지불했지? 우리가 당신들을 정떨어지게 만드는 동안 눈을 뜨고 있을 수 있겠어?” <에이리언>의 발자취를 따른 야심차고 진지한 SF 영화가 몇 편 있다. 잘 만들어진 <에이리언 2>(1986)와 <다크 시티 Dark City>(1998)가 대표적이다. 하지만 음침하고 섬뜩하며 강렬한 오리지널 <에이리언>은 지금도 여전히 관객들에게 울림을 전하고 있다.

열두 명의 성난 사람들

12 Angry Men

감독	시드니 루멧	
주연	헨리 폰다, 리 J. 콥, 에드 베글리, E. G. 마셜 등	
제작	1957년	96분

<열두 명의 성난 사람들>은 영화 형식을 따지자면 법정 드라마다. 영화의 제작 의도를 따지자면, 피고인에게 공정한 재판을 받게 해 주겠다고 약속하고 '무죄 추정의 원칙'이 적용된다는 것을 규정한 미국 헌법의 조문들을 집중적으로 소개하는 특강이다. 영화는 적나라하고 꾸밈없다. 짤막한 설정과 그보다 더 짧은 에필로그를 제외하면, 영화 전체는 '연중 가장 무더운 날'에 열두 명의 남자가 아버지를 살해한 혐의로 기소된 젊은 피고인의 운명을 놓고 논쟁을 벌이는 뉴욕의 조그만 배심원실에서 진행된다. 판사가 배심원들에게 지루하다는 듯 무성의하게 책임을 떠넘기는 장면을 제외하면, 영화에 재판 과정은 전혀 등장하지 않는다. 판사의 목소리에서 묻어나는 분위기는 평결 결과는 들어 보나 마나임을 알려 준다. 우리는 검사나 변화사의 목소리는 듣지도 못하고, 증거에 대해서는 배심원들이 논쟁을 벌일 때 간접적으로만 알게 된다. 법정 영화를 제작하는 사람들은 대부분 명쾌한 평결을 보여 주며

영화를 끝내는 게 필수적이라고 생각한다. 그런데 <열두 명의 성난 사람들>은 피고인이 무죄인지 유죄인지를 결코 밝히지 않는다. 이 작품은 피고인이 죄를 저질렀느냐에 대해 배심원들이 '합리적 의혹'을 품고 있느냐 여부를 다룬 영화다.

피고인이 유죄가 입증되기 전까지는 '무죄'라고 믿는 합리적 의혹의 원칙은 미국 헌법에 담긴 가장 문명화된 요소 중 하나다. 그것을 인정하는 데 어려움을 겪는 미국인이 많기는 하지만 말이다. "이건 척 보면 알 수 있는 사건이잖소." 배심원들이 밀실 공포증을 불러일으킬 것만 같은 작은 방에 모였을 때 3번 배심원(리 J. 콥Lee J. Cobb)이 투덜거린다. 첫 투표를 했을 때, 동료 배심원 열 명이 그와 의견을 같이 하고 8번 배심원(헨리 폰다Henry Fonda) 딱 한 명만이 생각을 달리한다.

이 작품은 캐릭터들의 행동을 통해서가 아니라 개성의 충돌, 대사와 보디랭귀지로 긴장감을 조성하는 영화다. 피고인은 짤막한 한 장면에만 등장하고 이성, 감정, 편견이 주도권을 놓고 다툼을 벌인다. 이 작품은 스타일리시한 리얼리즘의 걸작으로, 영화의 스타일은 촬영과 편집을 통해 줄거리의 골자에 대한 의견을 개진하는 방식으로 빚어진다. 테크니컬러로 풍성한 볼거리를 보여 주는 게 보편적이던 1957년에 개봉된 <열두 명의 성난 사람들>은 초라하고 빈약해 보였다. 하지만 황홀한 리뷰들을 받았고 『라이프Life』가 영화에 대한 특집 기사를 게재하기도 했다. 그럼에도 영화는 흥행에 실패했지만 세월이 흐르면서 지지자들을 찾아냈고, 2002년에 '인터넷 무비 데이터베이스Internet Movie Database, IMDb'가 진행한 여론 조사에서 역사상 최고의 영화 23위로 선정됐다.

레지널드 로즈Reginald Rose가 쓴 TV 대본이 원작인 이야기를 영화화하는 과정에서 시드니 루멧Sidney Lumet, 1924~2011이 연출을 맡았고, 로즈와 헨리 폰다는 공동 제작자로 참여하며 사비를 제작비로 투자했

다. 루멧은 TV 드라마에서 굉장히 많은 경험을 쌓은 연출자로, 이 작품은 그의 장편 영화 데뷔작이었다. 대사가 오가는 장면에서 팽팽한 긴장감을 조성해 내는 솜씨가 있음을 보여 주는 경력(<워터프론트On the Waterfront>, <밤으로의 긴 여로Long Day's Journey into Night>)을 가진 베테랑 촬영 감독 보리스 카우프만Boris Kaufman이 촬영을 담당했다. 출연진에 흥행을 보증하는 스타는 폰다뿐이었지만, 마틴 발삼Martin Balsam, 리 J. 콥, E. G. 마셜E. G. Marshall, 잭 클러그먼Jack Klugman, 잭 워든Jack Warden, 에드 베글리Ed Begley, 로버트 웨버Robert Webber를 포함한 다른 배우 열한 명은 당시 뉴욕에서 활동하던 최고 수준의 연기자들이었다. 그들은 담배를 피우고, 땀을 흘리고, 욕설을 내뱉고, 몸을 축 늘어뜨리고, 방안을 활보하고, 화를 낸다.

배심원들은 95분밖에 안 되는 러닝 타임 동안(때로는 실시간으로 촬영한 영화처럼 느껴진다) 각자의 성격과 배경, 직업, 편견, 정서적 편향의 관점을 통해 개성 있게 규정된다. 증거를 놓고 대단히 철저한 논쟁이 벌어지기 때문에, 우리는 증거에 대해 배심원들만큼이나 많이 알고 있다고 느낀다. 살인이 벌어지는 소리를 듣고 피고인이 도망치는 것을 목격했다고 밝힌 노인에 대해서는, 그리고 움직이는 고가 열차 창문을 통해 사건을 목격했다는 거리 건너편에 사는 여인에 대해서는 특히 그렇다. 우리는 살인에 사용된 흉기인 잭나이프를 보게 되고, 배심원들이 칼에 찔린 상처의 각도를 놓고 논쟁하는 소리를 듣는다. 폰다가 알맞은 시간에 현관문에 도착해 살인자가 도망치는 것을 볼 수 있는지를 확인하려고 풍에 맞은 노인의 질질 끄는 걸음걸이를 흉내 내는 모습을 본다. 독창성 면에서 보면, 서로 모순되는 것처럼 보이는 증거들을 하나씩 들춰내며 짝을 이루는 증거들과 균형을 맞춰보는 방식을 쓰는 <열두 명의 성난 사람들>은 애거사 크리스티Agatha Christie의 스릴러를 요약한 글만큼이나 꼼꼼하다.

그런데 이것은 범죄 사건을 해결하는 영화가 아니다. 젊은이를 사형대로 보내는 것을 다루는 영화다. 오염된 증거를 바탕으로 내려진 사형 판결이 많다는 최근에 밝혀진 사실들의 관점에서 볼 때 시기적절한 영화다. "우리는 여기에서 다른 사람의 목숨 이야기를 하고 있는 겁니다." 폰다가 연기하는 캐릭터가 말한다. "그걸 5분 안에 결정할 수는 없어요. 우리 생각이 틀렸다면 어쩔 겁니까?"

우리가 언뜻 본 피고인은 외모만 보면 '소수 민족' 같지만 특정한 민족으로 규정하기는 어렵다. 그는 이탈리아인, 터키인, 인도인, 유대인, 아랍인, 멕시코인일 수 있다. 다크 서클이 역력한 피고인은 지치고 겁에 질린 모습을 하고 있다. 배심원실에서 일부 배심원은 은근슬쩍 '이런 사람들'을 언급한다. 마침내 10번 배심원(에드 베글리)이 인종주의적 언사를 내뱉기 시작한다. "이 사람들이 어떻게 거짓말을 하는지를 당신들도 알 거요. 타고난 작자들이에요. 진실이 뭔지도 몰라. 한마디 하겠소만, 그놈들은 다른 사람을 죽이는 데 거창한 이유 같은 건 필요하지도 않고, 게다가……." 그가 말을 계속하자, 하나둘 일어선 배심원들은 테이블에서 몇 발짝 떨어진 곳으로 물러서 그에게 등을 돌린다. '피고인은 유죄'라고 생각하는 사람들조차 베글리의 편견에 찬 언사를 가만히 앉아서 듣고 있을 수가 없다. 이 장면은 영화에서 아주 힘 있는 장면에 속한다.

11대 1로 시작한 투표 결과는 서서히 달라진다. 영화가 폰다의 입장을 편드는 건 명확하지만, '유죄'에 표를 던지는 사람들을 하나같이 부정적으로만 그리는 것은 아니다. 핵심 캐릭터 중 한 명이 4번 배심원(E. G. 마셜)으로, 무테안경을 쓴 주식 중매인인 그는 순수 논리에 입각해 추론하면서 판단에 감정을 개입시키지 않으려 노력한다. 야구 경기 입장권을 가진 7번 배심원(잭 워든)은 참을성을 잃어 가며 일을 빨리 진행하려고 입장을 바꾼다. 외국인 억양을 구사하는 이민자인 11번 배심원(조지 보스코벡George Voskovec)은 7번 배심원을 비판한다. “사람 목숨을 갖고 이런 장난을 칠 권리가 당신에게 있다고 누가 말합디까?” 이보다 앞서 11번 배심원은 외국인이라서 공격을 당했다. “먼 데서 온 사람들은 우리한테 일이 돌아가는 방식을 말해 줄 시간이 없었어요.”

이 영화의 비주얼 전략은 영화에 대해 집필한 가장 지적이고 정보가 풍부한 책인 루멧 본인의 저서 『영화 만들기Making Movies』에서 논의된다. 그는 촬영 계획을 짤 때 머리에 ‘렌즈 플롯’이 떠올랐다고 한다. 그는 이야기가 전개됨에 따라 방을 더 비좁게 보이게 만들려고 기존의 렌즈를 초점 거리가 긴 렌즈들로 꾸준히 갈아 끼웠고, 그 결과 배경은 캐릭터들에게 가까워지는 듯 보인다. “게다가 영화의 처음 3분의 1은 눈높이 위에서 찍었고, 두 번째 3분의 1은 눈높이에서 찍었으며, 마지막 3분의 1은 눈높이 아래에서 촬영했다. 그러한 방식을 통해 영화가 끝날 무렵에는 천장이 스크린에 등장하기 시작한다. 벽들이 다가오고 있을 뿐더러 천장도 내려앉고 있는 것이다. 밀실 공포증이 고조된다는 느낌은 영화의 마지막 부분의 긴장감을 고조시키는 데 큰 몫을 했다.” 그는 영화의 마지막 장면에서는 “관객들이 마침내 숨을 돌릴 수 있도록” 광각 렌즈를 사용했다고 밝혔다.

영화는 렌즈 선택이 영화의 분위기에 어떤 영향을 끼치는지에 관심이 있는 감독들을 위한 교과서 역할을 한다. 루멧은 카메라를 지속적으로 낮추는 작업을 통해 또 다른 구도 원칙을 설명한다. 높게 자리한 카메라는 피사체를 압도하는 경향이 있다. 낮게 자리한 카메라는 파사체에 지배당하는 경향이 있다. 영화가 시작할 때 우리는 캐릭터들을 내려다본다. 이 앵글은 그들이 우리에게 이해될 만하고 지배당할 만한 존재라는 것을 암시한다. 영화가 끝날 무렵에는 그들이 우리를 내려다보고, 우리는 그들이 뿜어내는 격정적인 힘에 압도당하는 것 같은 느낌을 받는다. 루멧은 클로즈업을 거의 사용하지 않지만, 사용할 때는 효과적으로 사용한다. 특히 한 사람(9번 배심원(배심원 중 가장 나이 많은 캐릭터를 연기한 조지프 스위니Joseph Sweeney))의 클로즈업은 풀 프레임으로 자주 등장한다. 그가 단도직입적으로 정곡을 찌르면서 남들이 간파하지 못했던 것들을 명확히 밝히기 때문이다.

1924년생인 시드니 루멧에게 <열두 명의 성난 사람들>은 논쟁적인 이슈를 자주 다뤘던 영화 경력의 출발점이었다. 그가 만든 43편의 영화 중 다음의 작품들을 잘 생각해 보라. <전당포The Pawnbroker>(홀로코스트), <페일-세이프Fail-Safe>(사고로 일어난 핵전쟁), <형사 서피코Serpico>(경찰의 부패), <뜨거운 오후Dog Day Afternoon>(동성애), <네트워크Network>(TV 뉴스의 퇴락), <심판The Verdict>(알코올 중독과 의료사고), <다니엘Daniel>(부모가 저지른 죄 때문에 처벌받는 아들), <허공에의 질주Running on Empty>(도망 중인 급진주의자들), <크리티컬 케어Critical Care>(건강 관리). 코미디와 뮤지컬(<마법사The Wiz>)도 있다. 루멧이 가장 유명한 미국 감독에 속하지 않는다면, 그것은 다루는 범위의 폭이 무척 넓은 그를 특정 카테고리로 분류하는 게 불가능한 일이라서 그럴 것이다. 그토록 지속적으로 관객의 지능을 존중해 온 감독은 드물다.

오르페우스

Orphée

감독	장 콕토	
주연	장 마레, 프랑수아 페리에, 마리아 카자레스, 마리 데아	
제작	1950년	95분

오르페우스를 다룬 그리스 신화에서 음악가는 세상을 떠난 아내를 되찾으려 명계로 내려간다. 그가 수금 연주로 신들을 매혹시킨 덕에 신들은 — 오르페우스가 그녀를 절대로 쳐다보지 않는다는 조건으로 — 그녀에게 산 자의 땅으로 돌아가도 좋다고 허락한다. 장 콕토Jean Cocteau, 1889~1963는 그의 1946년도 영화의 배경을 현대의 파리로 설정하고는 그리스인들이 알았다면 경악할 법한 반전들을 가미한다. 죽음의 사신이 제3자로 참여하는 로맨틱한 삼각관계라는 설정은 특히 그렇다.

<오르페우스>는 마술과 요술을 좋아하는 콕토의 취향을 보여 준다. 그는 캐릭터들이 거울을 통과해 죽음의 세계에 들어선다는 것을 보여 주려고 간단하지만 극적인 특수 효과와 트릭 숏을 활용했다. 캐릭터가 활력을 되찾는 것을 보여 주고 싶을 때에는 그냥 필름을 거꾸로 돌리기만 했다. 특수 효과들을 줄거리에 대단히 경쾌하게 짜 넣었기 때문에 시간이 흐른 뒤에 봐도 그것들은 전혀 트릭처럼 보이지 않는다.

그냥 콕토가 창조한 신화적 세계가 존재하는 상태들처럼 보인다.

줄거리는 파리에 있는 '시인의 카페'에서 시작된다. 이곳에서 중년의 유명 시인 오르페우스(장 마레Jean Marais)는 그를 밀어내고 그의 자리를 차지하고 싶어 하는 젊은 시인들에게 조롱을 당한다. 싸움이 벌어지고, 젊은 라이벌 세제스트(에두아르 데르미Édouard Dermit)가 교통사고로 목숨을 잃는다. 롤스로이스가 나타난다. 차의 주인인 인상적인 귀부인(마리아 카자레스Maria Casarès)이 운전사에게 젊은이들을 뒷자리에 태우라고 지시한다. 그런 후 그녀는 오르페우스에게 '증인'으로 함께 가자고 지시한다. 그런데 그들이 가는 길은 병원 쪽이 아니라 결국에는 명계로 변해 가는 우중충한 저승으로 이어진다.

"내가 누구인지 알아?" 귀부인이 세제스트에게 묻는다. "너의 죽음의 사신이야." 날렵하게 드리워진 검정 가운을 걸치고 엄숙한 분위기의 화장을 한 까닭에 도미네이트릭스dominatrix•처럼 보이는 그녀는 정말로 죽음의 사신이다. 그녀의 운전사 외르트비즈(프랑수아 페리에François Périer)는 그녀가 책략을 꾸미는 모습을 지켜보는 일종의 수호정령精靈이다. 외르트비즈와 함께 생명의 세계로 돌아온 오르페우스는 롤스로이스를 차고에 감추라고 운전사에게 명령한다. 그러고는 자동차 라디오에서 흘러나오는 신비로운 메시지에, 그의 예술에 영감을 줄지도 모르는 메시지에 집착한다. 아내 에우리디케(마리 데아Marie Déa)는 남편의 집착을 싫어하고, 외르트비즈는 그녀를 편하게 해 주려고 노력한다. 그러나 결국 에우리디케는 사고로 목숨을 잃고, 중심인물들은 모두 명계로 돌아간다. 복잡한 상황이 벌어진다. 오르페우스는 아내와 귀부인 모두와 사랑에 빠지고, 귀부인은 오르페우스와 사랑에 빠지며, 운전사는 에우리디케와 사랑에 빠진다. 물론 이것은 모두 규칙에 위배

• SM 성행위에서 지배자 역할을 하는 여성

되는 행위다. 귀부인이 질투심 때문에 에우리디케를 죽게 만든 건지도 모른다. 얼마 안 있어 중심인물들은 엄격한 노인들로 구성된 진상 조사 법정에서 증언을 하게 된다.

이 이야기는 현대의 할리우드가 만든 천사와 환생을 소재로 한 영화처럼 들릴 것이다. 여자 친구를 데려오려고 지옥으로 내려간 록 스타가 인터넷에서 다운 받은 MP3 파일에 집착한다는 내용의 리메이크도 예상된다. 그런데 콕토의 버전에는 신비감과 아름다움이 깃들어 있다. 그는 다작을 하는 감독은 아니었다(그는 시, 소설, 희곡을 쓰고 그림을 그리며 조각을 만드느라 분주한 아편 중독자였다). 그런 그가 영화를 만들었을 때, 그 작품들은 흥행 공식에 따라 전개되는 게 아니라 그의 무의식을 원천 삼아 전개됐다. 그리고 초현실주의자들의 동조자였던 그는 이상야릇한 이미지들을 빚어내기를 꺼리지 않았다.

<오르페우스>는 죽음의 사신의 심부름꾼으로 가죽옷 차림의 오토바이 운전자 두 사람을 쓴 것으로 유명해졌다. 롱부츠와 가죽 코르셋은 페티시즘 분위기를 풍긴다. 사신의 법정에서 담배를 피워도 되느냐며 거만하게 물어보는 귀부인도 같은 이미지 부류에 속한다. 잘생긴 장 마레(콕토의 실제 연인)가 오르페우스를 연기한다. 1949년의 관객들은 그의 연기 경력과 그가 연기하고 있는 시인 사이의 유사점을 알아차릴 수 있었다. 둘 다 경력 초기에 유명해졌고, 둘 다 사람들이 중요한 작품(마레는 콕토의 1946년도 걸작 <미녀와 야수La Belle et la Bête>에서 야수를 연기했다)을 연상하게 만들었으며, 둘 다 신세대가 자신의 발뒤꿈치까지 쫓아왔음을 민감하게 인지하고 있었다.

콕토는 그가 오가며 활동한 많은 예술 양식에서 그토록 많은 성취를 이뤄 내지 못했다면 딜레탕트dilettante로 불렸을 것이다. 그는 시, 그림, 영화, 또는 그 외의 무엇이건 한 가지 작업에만 머물렀다면 거장이라는 찬사를 쉽게 받았을 것이다. 그런데 대중은 그의 다재다능함을

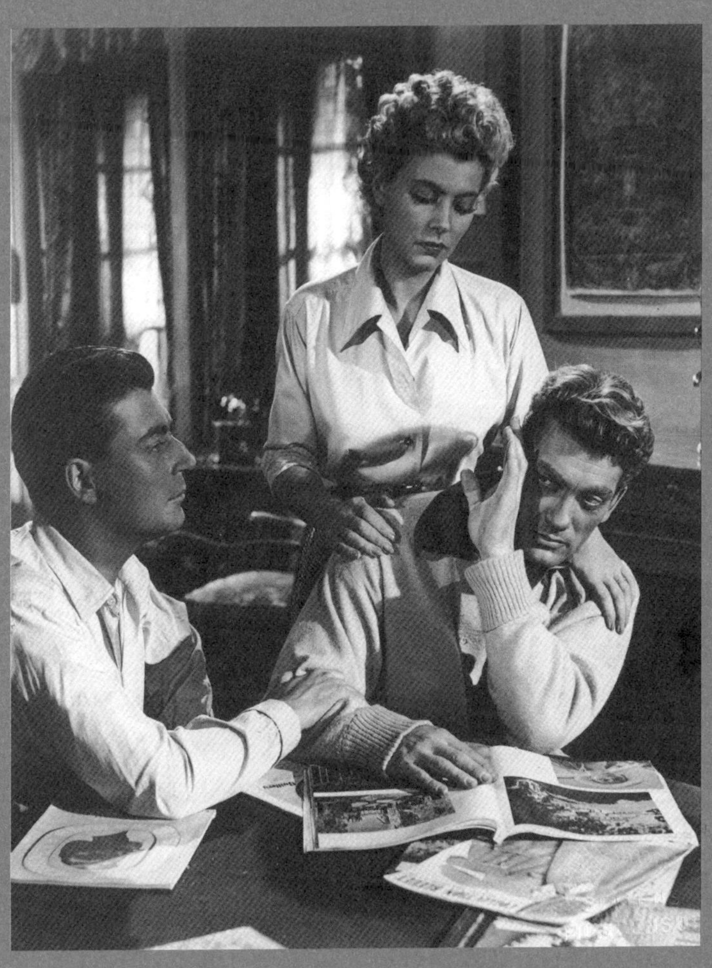

믿지 않았다. 그는 첫 영화 <시인의 피Le Sang d'un Poète>를 1930년에 연출했다. 제작자인 노아유Charles de Noailles 자작은 같은 해에 달리Salvador Dalí와 부뉴엘Luis Buñuel의 <황금시대L'Age d'Or>에도 제작비를 댔다. 바티칸이 달리와 부뉴엘의 영화를 비난하자, 소심해진 자작은 <시인의 피>의 개봉을 2년간 연기했다(결국 영화는 뉴욕의 어느 극장에서 15년간 날마다 상영된 유명한 초현실주의 작품이 됐다).

콕토는 자신의 첫 영화에 대한 생각은 거의 않는다고 주장했지만, 그의 겸손함도 그 작품이 15년간 상영된 사실을 회고록에 언급하는 것까지 막지는 못했다. 그는 1946년에 <미녀와 야수>를 연출하기 전까지는 다른 작품을 연출하지 않았다. 그런 후 1948년에 걸작 <무서운 부모들Les Parents Terribles>이 나왔다. 1949년에 나온 <오르페우스>는 <시인의 피>와 범작인 <오르페우스의 유언Le Testament d'Orphée>(1960)을 잇는 3부작 중 한 작품이지만 독립적인 작품으로도 볼 수 있다.

오늘날 <오르페우스>를 감상하는 것은 이제는 영화에서 완전히 사라진 영화적 영토를 구경하는 것과 비슷하다. 순전히 예술적인 이유로 만드는 영화는 드물고, 실험은 만류되기 일쑤며, 마레 같은 대형 스타들은 그리스 신화를 별나게 리메이크하는 작품에 캐스팅되지 않는 것이 현실이다. 이 영화의 줄거리는 콕토의 손에서 예기치 못하게 복잡해진다. 이 영화는 사랑과 죽음, 질투를 다루는 단순한 작품일 뿐 아니라, 예술이 예술가를 평범한 인간적 관심사에서 어떻게 유혹할 수 있는지를 다룬 작품이기도 하다. 놀랍게도 오르페우스는 죽음의 땅에서 돌아온 후 그를 사랑하는 아내보다는 무의미한 라디오 메시지에 더 관심을 갖는다. (명계를 다녀온 여행은 다른 시인들이 받았던 어떤 영감보다도 뛰어난 영감을 준다고 냉소적인 인간이 그의 귀에 속삭였을지도 모른다.)

헝클어진 머리칼에 휜칠한 마레는 유명인으로서 선명하고 뚜렷한 인상을 남긴다. 운전사 역의 프랑수아 페리에는 영화에서 두 번째로 중요한 캐릭터를 연기하지만, 우리는 그 사실을 뒤늦게야 깨닫는다. 마리 데아는 죽음에서 귀환한 후 오르페우스가 그녀를 쳐다보지 않으려 애쓰는 일련의 장면들에서 멋지고 코믹하기까지 한 타이밍을 활용한다.

완벽한 영화는 아니다. 에우리디케가 아글라오니체(줄리에트 그레코Juliette Gréco)가 이끄는 여성 단체와 맺는 관계에 대한 서브플롯에는 결말이 맺어지지 않는다. 출연진 중에서 존재감이 약한 배우는 죽음의 화신인 귀부인을 연기한 마리아 카자레스다. 그녀에게는 배역에 어울리는 존재감이 부족하다. 의상과 분장을 비롯한 온갖 수법을 다 동원했음에도 그녀는 존재감이 가벼워 보이는 데다 중요도가 떨어져 보인다. 콕토는 가르보Greta Garbo나 디트리히Marlene Dietrich를 원했는데, 그중 한 명이 귀부인을 연기한다고 상상해 보면 퍼즐의 마지막 조각이 제자리에 들어맞는 것을 보게 될 것이다. (둘 중 한 명이 연기했다면 유명해졌을 법한 장면이 있다. 법정이 갑자기 사라진 후, 귀부인이 운전사에게 고개를 돌리고는 이렇게 말하는 장면이다. "이게 인간들의 세계라면, 나는 말했을 거야. 술 한잔 하자고.")

이 영화의 즐거움 중 하나는 영화에 사용된 트릭들이 대담할 정도로 단순하다는 걸 확인하는 것이다. 고무장갑들은 역촬영을 통해 손에 끼워진다. 거울은 틀 속으로 날아서 되돌아간다. 거울은 때로는 거울이고, 때로는 거울의 반대편에 있는 세트다. 캐릭터들이 거울을 통해 나타날 때, 콕토는 캐릭터들의 얼굴이 반사된 고요한 물웅덩이에서 그들의 손이 들어 올려지는 장면으로 컷을 해 버린다. 그는 <미녀와 야수>에서 썼던 기법, 즉 관객에게는 보이지 않는 바퀴 달린 플랫폼에 올라선 등장인물이 허공을 미끄러져 다니는 것처럼 보이는 기법도 활용한다.

캐릭터들은 과장된 연기를 펼치지도 않고, 지나치게 극적인 모습을 보여 주지도 않으며, 자신들이 그리스 신화의 세계에 들어와 있다는 사실을 아는 것처럼 고전적인 인상을 풍기지도 않는다. 간간이 등장하는 유머는 무뚝뚝하다. (그리 많지 않은) 대사의 일부는 콕토 자신의 시적인 언어를 채택한다. 그중 최고의 대사는 다음과 같다. "거울은 죽음의 사신이 오가는 관문입니다. 평생 거울을 들여다보고 있으면, 죽음의 사신이 일하는 모습을 보게 될 겁니다."

외침과 속삭임 Visknngar och Rop	감독	잉마르 베리만	
	주연	해리엣 안데르손, 카리 실반	
	제작	1972년	91분

<외침과 속삭임>은 우리를 공포와 고통, 증오의 무덤에 넣고는 그 무덤을 봉한다. 그러고 나서 영화는 이 강력한 감정들에 맞서기 위해 사심 없는 사랑을 불러온다. 내 생각에 이 영화는 잉마르 베리만Ingmar Bergman, 1918~2007이 자신을 향한 혐오, 그리고 신념을 품은 사람들을 향한 선망을 다루는 방식이다. 널따란 사유지에 있는 스웨덴식 저택 내부에서 벌어지는 이야기는 죽어 가는 여자 아그네스와 그녀의 시중을 들려고 온 사람들인 여동생 마리아와 카린, 하녀 안나를 보여 준다. 세 남자가, 그러니까 두 자매의 남편들과 의사가 잠깐 등장하고, 영화 말미에 등장하는 목사라는 조그만 역할이 있긴 하지만, 이 영화는 본질적으로 고통스러운 과거사로 한데 묶인 여자들의 이야기다.

영화에 등장하는 가족은 괴물 같다. 마리아(리브 울만Liv Ullmann)는 경솔하고 천박하며 남편 몰래 바람을 피우고, 아내의 부정을 알게 된 남편이 스스로 날카로운 물건에 찔렸을 때에도 남편을 도우러 가기

를 거부한다. 카린(잉그리드 툴린Ingrid Thulin)은 쌀쌀맞고 적대적이다. 남편을 증오하는 그녀는 유리 조각으로 자신의 은밀한 부위를 베고는 상처에서 흘러나온 피를 얼굴에 바르면서 의기양양한 미소를 짓는다. 영화에서 상당히 인상적인 장면 중 하나에서, 카린은 마리아에게 그녀를 항상 정말로 미워했었다고 밝힌다.

죽어 가는 여성 아그네스(해리엣 안데르손Harriet Andersson)는 가혹한 고통에 사로잡혀 있다. 그녀는 때때로 상처 입은 짐승처럼 비명을 지른다. 그러면 안나(카리 실반Kari Sylwan)가 와서 그녀의 머리를 젖가슴에 품고는 그녀를 달래려 애쓴다. 영화에서 안나는 굉장히 착한 사람이다. 그녀는 죽은 딸의 영혼을 위해 하나님께 기도를 드리고, 가족들이 자신의 영혼을 잠식해 들어갈 때 뒤에서 조용히 움직인다. 그녀는 아그네스를 사랑한다. 다른 사람들도 사랑했을 것이다. 그 사람들이 그녀의 사랑을 받아들일 수 있었다면 말이다.

베리만은 이토록 고통스러운 영화는 만든 적이 없었다. 이 영화를 보는 것은 인간이 느끼는 감정의 극한을 접하는 것이다. 영화가 대단히 개인적이고 인간의 프라이버시를 대단히 잘 꿰뚫고 들어가기 때문에, 우리는 영화에서 눈길을 돌리고 싶은 심정이 된다. <페르소나Persona>(1966)는 인간성의 미스터리를 보여 주려고 클로즈업을 활용한다는 점에서 특히 이런 점을 강조했다. 인간의 얼굴로 이보다 더 많은 것을 성취한 감독도 없다. 1972년 작품인 <외침과 속삭임>은 그를 자신의 고통스러운 상처를 절개하려는 시도의 극단으로 몰고 갔던 것 같다. 이후로 그의 영화들은 더 사실적인 경향을 띠었고, 그의 삶과 결점에 대한 더 또렷한 기억으로 되돌아갔다(이보다 더 꾸준하게 자전적인 영화를 만든 감독도 없다). 그의 경력이 거의 끝나갈 즈음에 <트로로사Trolösa>(2000)가 나왔다. 베리만의 시나리오를 바탕으로 울만이 연출한 이 영화에서 노인은 다른 사람들에게 상처를 준 것에 대한 회한

을 다루는 것을 도와 달라며 배우들을 (또는 유령들을) 소집한다.

<외침과 속삭임>은 그의 오랜 촬영 감독이던 스벤 닉비스트Sven Nykvist에 의해 벽지와 융단, 커튼이 모두 짙은 핏빛 빨강으로 된 저택에서 촬영됐다. 베리만은 시나리오에 이렇게 적었다. “인간 영혼의 내부는 빨간 장막과 같을 거라고 생각한다.” 여자들은 모두 바닥까지 끌리는 고릿적의 흰색 드레스나 잠옷 차림이다. 카린과 마리아는 아그네스가 세상을 뜬 후에야 검정 옷으로 갈아입는다. DVD에 딸린 에세이에서 평론가 피터 코위Peter Cowie는 감독의 말을 인용한다. “<외침과 속삭임>을 제외한 내 모든 작품은 흑백의 관점에서 생각할 수 있다.” 맞는 말이다. 컬러는 근본적으로 피와 죽음, 영성과 맺은 정서적인 연관성을 대표하기 때문이다. 이에 위배되는 장면은 몇 장면 밖에 없다. 오프닝 숏은 사유지에 있는 대지를 보여 준다. 영화의 중간과 끝부분에 가족들이 푸르른 공원을 산책하는 짧은 시퀀스들이 있다. 이 순간들은 밀실 공포증을 불러오는 고통과 죽음의 각축장에서 잠시나마 우리를 해방한다.

베리만은 진한 빨강으로 프레임 전체를 채우면서 시작하고 끝을 맺는 플래시백을 활용해 여자들의 삶에 파고든 다음, 여자들의 얼굴이 절반쯤 조명을 받는 클로즈업으로 페이드인 하거나 페이드아웃 한다. 이 플래시백들은 실제로 있었던 디테일들을 설명하려는 의도에서 사용된 게 아니라, 마리아가 안나의 아이를 치료하러 온 의사를 음탕하게 유혹할 때나 카린이 남편에게 더 고통스러운 상처를 주려고 자해하는 장면처럼 감정이 극한에 도달한 순간들을 포착하는 데 사용됐다.

어떤 플래시백은 살아남은 자매와 남편들을 보여 준다. 그들은 12년간 충실히 봉사해 온 안나에게 ‘약간의 보수와 아그네스의 유품’만을 보상으로 주겠다는 무정한 결정을 내린다. 다른 장면에서는 마리아가 카린에게 자신들이 친구가 될 수 없느냐고 묻자 카린이 그 요구를 표독스럽게 거절하지만, 얼마 뒤에 마리아가 그녀의 얼굴을 쓰다듬는 것을 허락하는 모습을 보여 준다. 그런 후 그들이 이야기를 나누는 모습은 보이지만 그들이 하는 말은 들리지 않는 장면에서, 두 여자는 친근한 새끼 고양이처럼 서로를 쓰다듬는다. 그들은 사랑이 담긴 말을 주고받는 것처럼 보인다. 나중에 카린이 이 순간을 회상하자, 마리아는 기억에 없다고 싸늘하게 대꾸한다.

무언가 깊은 상처가 이 가족에게 흉터를 남겼다. 가족의 저택에서 (아마도 연인으로) 같이 살고 있는, 결코 결혼한 사이가 아닌 아그네스와 안나는 그 흉터에서 벗어난 것처럼 보인다. 영화가 끝나려는 무렵, 죽은 아그네스가 첫째 동생에게, 다음에는 다른 동생에게 자신을 붙들고 위로해 달라고 요청하는 범상치 않은 꿈 시퀀스가 있다. 두 사람은 그녀의 요청을 거부한다. 그러자 (이 꿈을 꾸는 사람인) 안나가 피에타Pietà를 반영한 구도를 취하면서 그녀를 위로한다. 이 장면에는 아그네스가 생을 되찾았다는 것을 보여 주는 것 같은 숏들이 있다. 그런 기미는 그녀의 손이 움직이는 게 분명해지기 전까지는 모호해 보인다. 그러나 명심하라, 이것은 꿈이라는 걸.

<외침과 속삭임>이 개봉했을 때, 영화는 <제7의 봉인Det Sjunde Inseglet>과 <페르소나>를 제외한 그 어떤 베리만 영화보다 큰 충격을 줬다. 외국어 영화로는 비범한 성취를 거둔 이 작품은 아카데미 작품상, 감독상, 각본상, 촬영상에 후보로 올랐다. 기이하게도 이 영화는 <메멘토Memento>와 <멀홀랜드 드라이브Mulholland Drive>, <파이트 클럽Fight Club> 같은 최근의 알쏭달쏭한 영화들에 빗발치게 쏟아지던 복잡한 해석을 그리 많이 촉발시키지 않았다. 아마도 그러한 이론을 열광적으로 제기하는 젊은 남성 관객층에게 이 영화가 그리 많이 어필하지 못했기 때문일 것이다. 아니면 설명의 영역을 넘어선 영화였기 때문일 것이다. 영화가 묘사하고 불러일으키는 감정들은 자명하다. 자매 중

한 명이, 또는 그들이 취하는 행위 중 하나가 우리를 축복하고 벌할 수 있는 삶의 불가해한 방식 외의 무언가를 '의미한다'고 말하기란 어려울 것이다.

1918년에 루터파 목사의 아들로 태어난 베리만은 평생 불가지론자였다(그가 새로 나온 DVD에 들어 있는 엘란드 요셉슨Erland Josephson과 한 대화에서 다음 생에도 자신의 아내를 만나기를 희망한다고 밝혔음에도 말이다). 그의 작품들의 핵심에 자리하곤 하는 영성은 보통은 공포로 가득한 세상에 대한 신의 침묵과 관련이 있었다. <제7의 봉인>에서 기사는 사신死神과 체스를 두고, <겨울 빛Nattvardsgästerna>에서 루터파 목사는 핵 참사의 가능성을 숙고하다 신앙의 위기를 맞는다.

<외침과 속삭임>에서 안나의 믿음은 온전하고 직접적이다. 그녀는 초에 불을 붙이고 죽은 딸의 사진 앞에 무릎을 꿇고는 그녀를 사랑해 달라고 하나님께 간청한다. 그런 다음 촛불을 끈 그녀는 원기왕성하게 (과즙이 떨어지기 직전에 그것을 입에 넣는 완벽한 타이밍으로) 사과를 베어 문다. 아그네스가 숨을 거뒀을 때 그녀의 시신을 염하는 장면은 그리스도를 십자가에서 내리는 여성들에 대한 성경의 설명을 연상시키고, 고통 때문에 내뱉는 그녀의 비명은 성부聖父에게 자신을 버리시는 거냐고 묻는 것만 같다.

영화의 엔딩은 정서적인 전략 면에서 압도적이다. 무정한 가족들 앞에 불려 온 안나는 약간의 보수를 챙겨 길을 가라는 이야기를 듣는다. 그녀는 '유품'을 가져도 좋다는 제안을 받자 영화에서 유일하게 목소리를 높인다. "아무것도 바라지 않습니다." 그러나 나중에 우리는 그녀가 무언가를 간직하고 있음을 알게 된다. 그녀는 서랍에서 꾸러미를 꺼내 풀어서는 아그네스의 일기를 보여 준다. 그녀는 아그네스가 가을의 어느 완벽한 날을, 고통이 그리 심하지 않았고 네 여자가 파라솔을 들고 정원에 나갔던 날을 회상한 글을 읽는다. "이것이 행복이다. 이보

다 더 나은 것을 바랄 수는 없다." 그녀가 쓴 글이다. "내게 대단히 많은 것을 베푼 내 삶에 진심으로 감사한다."

안나가 거둔 유품은 고통과 죽음의 면전에서 표명한 감사의 마음이다. 카린과 마리아는 죽음을 맞이하는 순간에 그 무엇에도 의지하지 못하고 빈손으로 망각의 면전에 설 것임을 우리는 느낀다. 베리만은 다른 작품들에서 자신이 불완전하고 때로는 잔혹하기까지 한 죄인이라고 느끼는 점을 명확히 밝혔다. 안나의 믿음은 어린아이의 믿음, 의문을 품지 않는 완벽한 믿음이다. 그리고 그는 그 믿음을 부러워한다. 그 믿음은 진실일 수도 있고 헛된 것일 수도 있다. 그러나 절망 속에서 죽음을 맞는 것보다는 그러한 믿음을 갖는 편이 더 낫다.

용서받지 못한 자

Unforgiven

감독	클린트 이스트우드	
주연	클린트 이스트우드, 진 해크먼, 모건 프리먼, 리처드 해리스	
제작	1992년	131분

클린트 이스트우드Clint Eastwood, 1930~ 의 <용서받지 못한 자>의 배경은 옛 서부가 새로운 서부로 변해 가는 시점이다. 전문 총잡이들은 저널리스트들이 따라다니며 이야기를 들을 정도로 멸종 위기에 처해 있다. 별들 아래에서 잠을 자던 남자들은 이제는 거주할 집을 짓고 있다. '유명한 도적이자 살인자'인 윌리엄 머니는 돼지를 키워서 먹고 산다. 1880년 무렵의 폭력이 난무하던 전설적인 서부는 중산층에 합류한 사람들의 기억에서만 명맥을 유지하고 있다. 이후로 몇십 년 내에 와이어트 어프Wyatt Earp는 할리우드 스튜디오들을 어슬렁거리고 다니며 자문을 해 줄 것이다.

이스트우드가 <용서받지 못한 자>의 배경으로 이 시기를 선택한 것은, 그 시대가 자신의 개인적인 인생 역정을 반영하고 있기 때문일 것이다. 그는 TV에서 젊은 악당 총잡이 역할을 하고 세르조 레오네Sergio Leone의 초기작 <황야의 무법자A Fistful of Dollars>와 <속 황야의 무법자

For a Few Dollars More>에 출연하며 경력을 시작했고, 그가 종종 자신의 멘토로 꼽는 돈 시겔Don Siegel 감독의 지도 아래 <일망타진Coogan's Bluff>과 <수녀와 무법자Two Mules for Sister Sara>에 출연하며 성장했다. <용서받지 못한 자>를 만들 무렵, 이스트우드는 이미 오랜 감독 경력을 쌓은 60대였다. 레오네는 1989년에, 시겔은 1991년에 타계했다. 이스트우드는 <용서받지 못한 자>를 그들에게 헌정했다. 당시 웨스턴은 완전히 숨을 거둔 상태는 아니었지만 죽어 가고 있었다. 관객들은 SF와 특수효과를 선호했다. 웨스턴을 위한 만가輓歌를 불러야 할 시점이었다.

영화는 비주얼 스타일 면에서도 흘러간 시절을 반영했다. 오프닝 숏은 집과 나무, 무덤가에 선 한 남자를 보여 준다. 이 남자와 그가 대표하는 시대 위로 해가 지고 있다. 와이드 스크린에 포착된 영화의 실외 장면 중 상당수는 대지의 광활함을 보여 준다. 반면 낮 시간의 실내 장면에는 항상 강한 배후 조명이 쳐진다. 눈부신 햇빛이 창문을 통해 쏟아져 들어오기 때문에, 실내에 있는 인물들은 등 뒤에서 빛을 받아 어둡게 보이고 때로는 누구인지 식별하기가 힘들다. 이 사람들은 실내에 거주하며 문명화된 생활양식을 익힌 탓에 희미한 존재가 되어 버렸다.

이스트우드가 연기하는 윌리엄 머니는 솜씨가 썩 좋은 돼지치기는 아니다. 어느 순간 돼지를 쫓다가 진창에 얼굴을 처박고는 좌절감을 느끼며 한동안 그 자세를 유지하기도 한다. 그는 사랑하는 아내 클라우디아가 세상을 떠난 후 두 아이를 키워 왔다. 그러던 어느 날 스코필드 키드(제임스 울베트Jaimz Woolvett)가 나타나 현상금 사냥꾼 노릇을 해서 현상금을 타 내자는 제의를 한다. 키드는 머니가 "눈처럼 차가운 사람으로, 배짱도 좋고 겁도 없다"고 들었다. 머니는 답한다. "나는 더 이상 그런 사람이 아냐, 키드. 무엇보다 나는 위스키의 힘으로 그런 짓을 저질렀었지. 그런데 10년 동안 한 방울도 마시지 않았어. 우리 집 사람이 나를 치료했어. 술하고 못된 짓을 치료했지."

윌리엄 머니는 살인자에 무법자였지만 결혼을 통해 교화된 선량한 남자다. 따라서 <용서받지 못한 자>는 난폭한 사내들이 여선생님, 전도사, 판사에 의해 '교화된다'는 정통 웨스턴의 테마를 품고 있다. 아내 이야기를 하는 머니의 목소리는 죄를 뉘우치고는 더 이상 나쁜 짓은 하지 않겠다고 결심하는 꼬맹이의 목소리처럼 들린다.

키드는 자신이 사용하는 스코필드Schofield• 모델인 스미스 앤드 웨슨 리볼버를 따서 스코필드 키드라는 이름을 지었다고 밝힌다. 초창기 사내들의 별명은 남들이 붙여 줬다. 이제 그들은 마케팅 활동의 일환으로 자신의 별명을 스스로 짓는다. 그는 윌리엄 머니에게 술 취한 카우보이 두 명이 와이오밍에서 창녀를 잔혹하게 유린한 이야기를 들려준다. "놈들이 그 여자 얼굴을 베고 눈을 도려내고 귀를 자르고, 젠장, 젖꼭지까지 잘랐대요. 현상금이 1천 달러예요, 윌. 5백 씩 나눕시다."

돼지치기는 돈이 필요하다. 그런데 이 영화의 테마는 현상금 사냥꾼의 무능력이다. 키드는 박쥐만큼이나 눈이 나빠 트레이드마크인 리볼버로 아무것도 맞추지 못한다. 그리고 안장에 오를 준비를 하던 윌리엄 머니는 말에 제대로 오르지도 못하는 창피를 겪는다. ("이 늙은 말은 내가 죄를 짓던 젊은 시절에도 나랑 함께했었어." 그는 아이들에게 말한다. "죽은 너희 엄마를 만나기 전에, 나는 못돼져서는 짐승들한테 못된 짓을 하고는 했지.")

머니는 처음에는 키드의 제안을 거절한다. 그러나 그는 고민 끝에 결국 옛 동료인 네드 로건(모건 프리먼Morgan Freeman)을 끌어들이려고 말을 몬다. 키드를 따라잡은 그들은 현상금을 나눠 갖기로 한다. 이런 사건 진행 사이사이로 보안관 '리틀' 빌 대거트(진 해크먼Gene Hackman)가 철권통치를 하는 와이오밍주 빅 위스키의 삶이 교차 편집된다. 리틀

• 미국의 권총 생산업체 스미스 앤드 웨슨(Smith & Wesson)이 제조한 45구경 리볼버

빌이 내건 법칙은 이렇다. 도시 경계선 안에서는 화기 소지 금지. 그는 끔찍하고 가학적인 구타로 법률을 집행한 후 직접 집을 짓고 있는 강가로 간다.

이야기는 부패한 보안관과 정의로운 무법자가 대면하는 정통 웨스턴 방식으로 전개된다. 영화는 현상금보다는 해결책을 도출해 내는 데 필요한 두 사람의 개인적이고 공통적인 필요에, 그리고 두 사람이 과거에 만났던 적이 있기 때문에 더욱 날카로워지는 욕구에 더 집중한다. 결국 우리는 젊은 시절의 윌리엄 머니가 나이의 껍데기를 뚫고 튀어나오는 것을 본다. 그는 다시금 무시무시한 남자로 돌아간다. 이 과정은 마을의 삶에 대한 완벽한 이해를 배경으로 전개된다. 시나리오를 쓴 데이비드 웹 피플스David Webb Peoples는 값비싼 스타들이 매 장면을 지배하게 만드는 최근의 전통을 무시하면서 풍성한 조역들을 창작해 냈다. 그가 이 영화에서 삼은 모델은 자신들의 작품에 지역 공동체의 삶을 펼쳐놓았던 존 포드John Ford 같은 웨스턴 거장들이다.

리처드 해리스Richard Harris가 연기하는 잉글리시 밥은 유명한 총잡이다. 이제는 홍보 활동으로 먹고 사는 그를 싸구려 웨스턴 잡지에 글을 쓰는 W. W. 보챔프(사울 루비넥Saul Rubinek)가 항상 따라다닌다. 머니가 총싸움을 마친 후, 보챔프는 글을 갈겨쓰며 알고 싶어 한다. "제일 먼저 해치운 게 누구죠?" 자신이 거둔 아가씨 딜라일라(애나 톰슨Anna Thomson)에게 칼질을 한 놈들에게 복수하기 위해 아가씨들로부터 현상금을 걷는 마담 스트로베리 앨리스(프랜시스 피셔Frances Fisher)도 마을에 거주하는 주요 인물이다. 술집 겸 매음굴의 주인인 스키니 뒤부아(앤서니 제임스Anthony James)의 관심사는 꽤나 현실적이다. 딜라일라에게 목돈을 지불했던 그는 보상을 받고 싶어 한다. 절반쯤 변질된 웨스턴에서 일부 인물들은 이제는 사건들을 스스로 해결하는 대신 법에 호소한다.

영화의 긴 마지막 신은 관에 갇힌 시체로 살롱 밖에 전시된 친구 네드의 죽음과 공개적인 모욕에 복수하고자 하는 윌리엄 머니의 욕망과 관련 있다. 여기서 우리는 레오네와 시겔에게 배운 덕에 액션 시퀀스의 거장이 된 이스트우드의 솜씨를 보게 된다. 빠른 컷과 의미 없는 폭력으로 이뤄진 따분한 몽타주가 아니라, 사려 깊은 전략을 통해 이야기를 전달하는 것이다. 이러한 이야기에서 벌어지는 사건들은 현실에서 일어날 가능성은 없을지도 모르지만, 그럭저럭 그럴듯해 보이기는 한다. 말에 올라타지도 못하는 불운한 돼지치기 윌리엄 머니가 우리가 이스트우드의 초기 역할들을 통해 알고 있는 솜씨 좋고 전지전능한 복수의 화신으로 바뀐다. 늙은 프로페셔널은 여전히 왕년의 몸놀림을 기억하고 있다.

영화의 제목은 흥미롭다. 지금도 머니는 죽은 아내에게, 그리고 자신에게 몹쓸 일을 당했던 사람들에게 용서를 구하고 있는 것일까? 그가 여전히 죄의식에 시달리고 있다는 분위기가 감돈다. 그는 개심했지만 완전히 새사람이 되지는 못했다. 머니는 로건에게 말한다. “네드, 내가 입에다 총을 쐈더니 뒤통수로 이빨이 튀어나왔던 가축상인 기억나? 그 사람이 가끔씩 생각나. 그 사람은 총 맞을 짓을 한 적이 없었어. 최소한 내가 맑은 정신일 때 기억할 수 있는 일은 하나도 없었어.” 친구는 말한다. “자네는 더 이상 그런 사람이 아냐.” 머니는 말한다. “맞아. 나는 지금은 보통 사람이야. 나는 더 이상 남들과 다르지 않아.” 그러나 그의 목소리에는 확신이 없고, 우리는 마무리하지 못한 일이 있다는 분위기를 감지한다. 머니는 아이들을 키우려면 현상금이 필요하다고 말한다. 그런데 노인네가 젊은 총잡이들을 상대로 목숨을 걸려고 말을 타지 않았다면 아이들은 더 잘 자랄 것이다.

클린트 이스트우드는 스타가 아니었다고 해도 계속 중요한 감독으로 간주될 것이다. 그의 주요 작품들은 웨스턴과 액션, 코미디 장르에 걸쳐 있고, 색소폰 연주자 찰리 파커Charlie Parker를 그린 전기 영화 <버드Bird>(1988)와 러브 스토리 <매디슨 카운티의 다리The Bridges of Madison County>(1995), 탈옥수를 쫓는 이야기처럼 보이지만 추격과는 묘하게 거리를 두면서 캐릭터들의 가치관과 사연에 더 많은 관심을 보이는 경이로운 영화 <퍼펙트 월드A Perfect World>(1993)는 빼어난 영화들이다. <퍼펙트 월드>는 범죄 영화의 요소들을 갖췄지만 예술 영화의 자유로움도 갖췄다. <용서받지 못한 자> 역시 장르를 인간의 본성을 연구하는 방식으로 활용한다. 아마도 그의 최고작일 <미스틱 리버Mystic River>(2003)는 죄의식과 복수를 셰익스피어 스타일로 그려 낸다.

<용서받지 못한 자>에 나오는 대화 중에 내 뇌리에 오래 머물러 있는 게 있다. 리틀 빌은 치명상을 입은 후에 말한다. “내가 이런 꼴이 돼도 싼 짓을 한 적이 없어. 이런 꼴로 죽을 짓을 한 적이 없다고. 나는 집을 짓고 있어.” 그러자 머니가 말한다. “이건 네가 한 짓거리하고는 아무 상관이 없어.” 사실 그들이 저지른 짓은 만사와 관련이 있다. 네드 로건과 딜라일라는 자신들의 행위에 대한 정당한 보상을 받지 못했지만, 윌리엄 머니는 다른 사람들은 받아 마땅한 대가를 받았다고 본다. 웨스턴의 심장부에는 선이 결국에는 악을 침묵시킨다는 화해할 수 없는 도덕적 균형감이 자리하고 있다. 그리고 이스트우드는 그렇다고 말하면서 부끄러움을 느끼지 않는다.

우게쓰 이야기

雨月物語

감독	미조구치 겐지	
주연	모리 마사유키, 교 마치코, 다나카 기누요	
제작	1953년	97분

두 남자가 있다. 한 명은 탐욕에, 다른 한 명은 선망에 사로잡혔다. 약탈을 일삼는 군대가 나라를 휩쓰는 시대에, 그들은 자신들이 집착하는 바를 추구하기 위해 사람들과 가족들의 목숨을 위태롭게 만든다. 미조구치 겐지溝口健二, 1898~1956의 <우게쓰 이야기>는 영화 역사상 위대한 영화 중 한 편에서 — 구로사와黑澤明의 <라쇼몽羅生門>과 더불어 서구 관객에게 일본 영화를 소개한 영화에서 — 그들의 이야기를 들려준다. 주인공들은 교양은 없는데 야망에 사로잡혀 있다. 그런데 영화의 스타일은 우아하고 신비로우며, 우리는 이것이 귀신 이야기라는 이야기를 듣기 전부터 어느 정도는 그럴 거라는 사실을 안다.

오프닝 숏은 미조구치의 유명한 '두루마리 숏scroll shot' 중 하나다. 일본의 두루마리 그림처럼 풍경을 가로질러 팬 하는 방식 때문에 이런 이름이 붙었다. 우리는 마을을, 바람에 날려가지 않도록 얹은 나뭇가지들의 무게에 눌린 조잡한 집들의 지붕을 본다. 우리는 도공인 겐주로

(모리 마사유키森雅之)와 농부인 매제 도베이(오자와 에이타로小沢栄太郎)를 만난다. 바람결에 실려 오는 총소리는 군대가 근처에 있음을 암시하지만, 겐주로는 지푸라기로 포장한 사발, 잔, 꽃병 들을 짐수레에 싣는다.

아내 미야기(다나카 기누요田中絹代)는 이렇게 혼란스러운 시기에 위험하게 도시로 여행을 떠나지 말라고, 집에 남아 자신과 아들을 보호해 달라고 그에게 사정한다. 그러나 그는 고집을 굽히지 않고, 어리석은 흥분을 주체하지 못하는 도베이도 아내 오하마(미토 미쓰코水戸光子)의 반대에도 처남과 함께 가겠다고 고집을 부린다. 겐주로는 보물을 안고 돌아온다. 그는 아내의 손에 묵직한 금화를 올려놓고 도시에서 산 아름다운 옷을 선물로 내놓는다. 그러나 아내가 그 옷은 그녀를 향한 그의 사랑보다는 의미가 덜하다고 말했을 때, 그는 그 말뜻을 이해하지 못한다. 그가 하는 말이라고는 도기를 더 많이 만들어 돈을 더 많이 벌겠다는 이야기뿐이다. 황금에 눈이 먼 그는 미치광이처럼 일터로 돌아간다.

여행길에서 위대한 사무라이를 본 도베이는 그의 군대에 입대하려고 하지만 갑옷이 없다는 이유로 "더러운 거지"라 불리며 쫓겨난다. 두 남자는 도시로 돌아갈 계획을 세운다. 그들이 가마에 불을 넣은 밤에 군대가 마을을 휩쓸고 다니지만, 그들은 작업한 결과물을 잃을지도 모른다는 것만 두려워한다. 일은 그렇게 되지 않았다. 도기들은 살아남았다. 그들은 이번에는 뭍으로 가는 대신 배를 타고 호수를 가로질러 도시로 가는 편이 더 안전할 거라고 판단한다.

유명한 호수 장면은 영화에서 가장 아름다운 장면이다. 스튜디오의 배경 막 앞에 물탱크를 놓고 부분적으로 촬영한 이 장면은 안개와 이슬비로 젖은 세계를 창조한다. 안개 속에서 갑자기 나타난 뱃사공이 해적에 대해 경고한다. 도베이는 아내를 대동한다. 겐주로는 아내와 아

들을 호숫가에 내려 주고는 도베이와 오하마와 같이 길을 나선다. 도시에서 그의 도기들은 빠르게 팔려 나가고, 그는 그의 솜씨에 감탄한 와카사 아씨라는 아름다운 귀족 여성의 성에 초대된다. 와카사 아씨를 연기하는 배우는 <라쇼몽>에도 출연했던 당시의 위대한 스타 중 한 명인 교 마치코京マチ子다.

도베이는 아내와 처남에게서 떨어져 길을 나선다. 시간이 흐른다. 서투른 솜씨로 사무라이를 죽인 그는 그 사무라이가 죽인 적장의 머리를 훔친다. 이 전리품을 사무라이 영주에게 가져간 그는 칭찬을 듣고 말과 집, 부하들을 상으로 받는다. 자긍심이 커진 그는 밤에 부하들을 데리고 기생집에 갔다가, 그에게서 버림받은 후에 병사들에게 겁탈을 당한 아내가 작부가 되어 있는 것을 발견한다.

도시의 다른 쪽에서, 옷가게를 찾은 겐주로는 아내가 아름다운 옷을 갖다 줬을 때 보일 기뻐하는 모습을 상상한다. 그때 와카사 아씨가 나타나 그녀의 성으로 안내해 줄 수 있겠느냐고 묻는다. 그는 그녀의 기이한 아름다움에 매혹된다. 노能의 여주인공처럼 이마 높은 곳에 눈썹을 칠하고, 베일과 챙 넓은 밀짚모자 때문에 얼굴에 그늘이 진 그녀는 그가 여태까지 본 어떤 여자하고도 다르다. 그녀는 성에서 병풍과 휘장 사이를 떠다니다가 그의 소박한 도기를 높이 평가하며 묻는다. "이렇게 아름다운 걸 어떻게 만드셨나요?" 그녀는 칭찬을 하며 그를 유혹한다. 폴린 케일Pauline Kael은 남자가 "나는 이런 쾌락이 있다는 걸 꿈도 꾸지 못했었다!"고 외칠 때 그녀가 기쁨에 겨워 숨을 헐떡였음을 기억한다. 방안에 메아리치는 아씨의 선친 목소리를 들었을 때, 그리고 아씨의 시녀가 "작은 마을에서 재능을 썩히지 마세요! 당신은 아씨와 결혼해야 해요!"라고 충고했을 때, 겐주로는 그것을 경고로 받아들였어야 했다.

미조구치는 '원 신one scene'은 '원 컷one cut'과 같아야 한다는 이론으로 유명하다. 때때로 예외를 보여 주기는 했지만 말이다. 위대한 오즈 야스지로小津安二郎도 똑같은 이론을 주장했는데, 차이점이라면 오즈의 카메라가 후기작들에서 거의 움직이지 않은 반면, 미조구치의 스타일은 시적으로 떠다니는 카메라 움직임 위주로 구성됐다는 것이다. 와카사 아씨가 야외 연못에서 목욕하는 겐주로를 찾아가는 장면을 떠올려 보라. 그녀가 그와 함께하려고 연못에 들어갈 때 물이 옆으로 철벅거리고, 동심원을 그리며 출렁거리는 물을 옆으로 팬 하면서 따라간 카메라의 움직임은 두 사람이 풀밭에서 소풍을 즐기는 장면에서 끝난다.

겐주로가 도시에 나왔다 호숫가 성으로 돌아가는 길에 승려를 만나는데, 그가 겐주로를 멈춰 세우고는 "자네 얼굴에 죽음이 보이네! 귀신을 만난 적이 있나?"라고 묻는 중요한 시퀀스가 있다. 승려는 겐주로에게 "금지된 사랑에 매혹되지" 말라고 경고한다. 성에 돌아온 겐주로를 껴안으려던 와카사 아씨는 뒷걸음질을 치며 "저이 피부에 뭔가가 있어!"라고 소리를 지른다. 승려는 겐주로의 몸을 퇴마의 상징들로 뒤덮었는데, 이 상징들이 불꽃처럼 귀족 여인에게 화상을 입힌 듯하다.

물론 와카사 아씨는 귀신이다(우리는 그 사실을 결코 의심하지 않았다). 겐주로가 불에 탄 폐허인 성의 실체를 목격하는 잊을 수 없는 장면이 있다. 그리고 영화에는 우리가 결코 의심하지 않는 또 다른 귀신이 등장한다. 그런데 이 경우에 귀신이라는 존재가 드러나는 것은 영화의 정서를 감동적으로 해방시키는 결과를 낳는다. 이 장면은 영화의 거의 끝부분에, 벌을 받은 두 남자가 모두 마을로 돌아오고, 그들의 아내들이 야망에 눈이 먼 남자들의 실수를 용서한 후에 등장한다.

게리 모리스Gary Morris가 『브라이트 라이트 필름 저널Bright Lights Film Journal』에 기고한 논문을 통해, 나는 미조구치가 <우게쓰 이야기>의 줄거리를 자기 인생사에서 끌어왔을지도 모른다는 것을 알게 됐다. 모리스에 따르면, 감독이 일곱 살 때 감독의 아버지가 무모하게도 위험한 사업을 벌여 가산을 다 날렸다고 한다. 가족은 빈민가로 이사했고, 감독의 열네 살 난 누나 스즈는 "남의 집에 보내졌다 결국 기생집에 팔려" 갔다. 결국 아버지가 저지른 죄는 미조구치의 두 남자 주인공에게 덧씌워졌다. 미조구치는 많은 초기작을 만든 후 (그는 1923년부터 영화를 연출했다) <오하루의 일생西鶴一代女>(1952)과 <산쇼다유山椒大夫>(1954), 그리고 누이의 인생사에서 끌어왔을 법한 게이샤들에 대한 고찰을 담은 <수치의 거리赤線地帶>(1956)를 포함한 일련의 걸작들로 경력을 마무리했다. 그의 세계에 들어서려면 —오즈의 세계에 들어서는 것과 마찬가지로 — 영화가 고려하는 분위기를 창조하는 듯한 영화 언어를 발견해야 한다. 줄거리와 그 줄거리를 들려주는 스타일은 짝을 이룬다.

<우게쓰 이야기>의 캐릭터들은 현실적이다. 도베이의 캐릭터는 코믹하기까지 하다. 그런데 태곳적부터 내려온 것처럼 느껴지는 줄거리는 사실 일본 연극의 귀신 전설에서 가져온 것이다. 서구의 유령 이야기와 달리, 미조구치의 영화는 관객을 깜짝 놀라게 하거나 관객에게 충격을 주려고 하지 않는다. 두 번째 귀신의 발견은 우리에게 차분한 묵시의 순간을 선사하고, 우리는 그런 분위기를 빚어낸 온화하고 관대한 귀신을 이해한다. 와카사 아씨가 유혹하려고 사용하는 기법들도 시각적이지 않다. 그녀는 섹시함이나 관능미로 겐주로를 정복하는 게 아니라, 낯선 태도로 거리를 둠으로써 겐주로를 정복한다. 항상 온몸을 가리고, 종종 베일로 몸을 감추는 그녀는 살갗이라는 현실이 아니라 눈으로 볼 수 없는 내밀함으로 사람을 감질나게 만듦으로써 그를 홀린다. 나는 이국적인 여성을 따라 호수 건너에 있는 죄 많은 도시로 가려고 아내와 자식을 내팽개치는 시골 남자를 다룬, 무르나우F. W. Murnau의 걸작 무성 영화 <선라이즈Sunrise>(1927)를 떠올렸다.

시대적 고증은 정확하고 풍성하다. 도시의 장터, 사무라이의 본거

지, 도베이가 갑옷과 창을 사려고 방문하는 가게, 겐주로가 (와카사 아씨를 따라가야 하기 때문에) 소중한 도기들을 봐 달라며 다른 상인에게 부탁할 때 보여 주는 조급함. 이 모든 것이 삶은 각박한데 남자들의 멍청한 꿈을 통해서만 그 삶에서 탈출할 수 있었던 봉건 세계를 창조한다. 여자들은 더 신중하다. 군대가 시골에서 약탈과 겁탈을 자행하는 동안, 뒤에 남겨진 미야기가 아들을 보호하며 아들에게 밥을 먹이려고 노력하는 시퀀스에는 솔직한 리얼리즘이 있다. <우게쓰 이야기>의 결말에서, 우리는 우화를 감상했음을 깨달으면서도 마치 실제의 삶과 숙명을 목격한 것 같다는 이상한 느낌도 받는다.

움베르토 D

Umberto D.

감독	비토리오 데 시카	
주연	카를로 바티스티, 마리아피아 카실리오, 리나 제나리	
제작	1952년	89분

움베르토는 정직하고 깔끔하며 꼼꼼한 사람이다. 그가 입은 옷의 재봉선은 한때 그의 지위가 상당했음을 보여 준다. 지금 그는 퇴직 공무원이다. 그가 받는 고정 수입은 그가 사는 가구가 간소하게 딸린 방의 방세를 지불하기도 힘든, 심지어 끼니를 걸러야 할 정도로 적은 액수다. 욕심 많은 하숙집 여주인은 세상의 눈을 피해 밀회하는 커플들에게 오후에 그의 방을 빌려주겠다는 심산으로 움베르토와 그의 개를 내쫓으려 한다.

비토리오 데 시카Vittorio De Sica, 1902~1974 감독의 <움베르토 D>는 가난한 삶에서 치욕스러운 삶으로 전락하지 않으려고 분투하는 노인에 대한 이야기다. 지극히 간결하며 작품이 전하려는 메시지를 명확하게 만들려고 드라마적인 효과나 긴장감을 활용하지 않는 이 영화는 이탈리아 네오리얼리즘 영화 중 최고작일 수 있다. 움베르토는 개를 사랑하고, 개는 그를 사랑한다. 개와 인간 사이의 유대 관계의 본질이 그렇기 때문이고, 둘 다 자신이 맺은 관계를 충실히 지키려고 노력하기 때문이다.

영화는 거짓된 드라마 없이 전개된다. 움베르토가 구급차를 불러 병원에 데려가 달라고 요청할 때에도, 거기에는 거짓된 위기나 그가 죽게 될 거라는 작위적인 공포 따위는 없다. 나중에 움베르토가 자살을 고려할 때, 그가 대단히 차분하고 논리적인 방식으로 그 문제에 대한 고민에 착수하기 때문에 우리는 그가 하는 추론 과정을 따라갈 수 있고, 불안감을 느끼게끔 조종당하는 대신 그와 더불어 다른 대안들을 평가할 수 있다. <움베르토 D>는 주인공을 월터 매소Walter Matthau나 잭 레먼Jack Lemmon이 연기하는 사랑스러운 할리우드의 노인네로 변신시키려는 유혹을 일절 회피한다. 움베르토 도메니코 페라리는 떠들썩한 파티를 즐기는 사람이 아니라, 자신이 할 일을 조용히 수행하려고 혼자 있고 싶어 하는 사람이다. 우리가 그의 입장에 서 보면 그가 하는 것처럼 용감하고 재치 있게 행동하고 싶어 할지도 모른다.

영화는 그가 셋방을 잃고 거리에서 구걸하는 신세로 전락할지도 모른다는 가능성에 직면하는 동안 주인공인 그를 따라다닌다. 자기 앞으로 청구되는 대금을 항상 착실히 지불해 온 그는 그런 신세가 될지 모른다는 가능성 때문에 공포에 젖는다. 오프닝 숏은 로마에서 열리는 거리 시위에 합류한 그를 보여 준다. 국가가 주는 얼마 안 되는 연금을 인상받으려는 노인들의 시위다. 움베르토는 항의 대열에 합류해 행진하지만 적극적인 시위자는 아니다. 경찰이 군중을 해산시키자, 그가 분개하는 대상은 경찰이 아닌 시위 조직책들이다. "놈들은 시위 허가조차 받지 않았어!" 그는 노인들이 무료 점심을 먹는 식당에 개를 몰래 데리고 들어가 식탁 아래에 있는 조그마한 개 플레이크에게 음식을 밀어주는 한편, 잽싸게 접시를 교체해 엄격한 봉사자들의 눈을 피한다. 그는 시계를 팔려고 노력하지만, 사람들은 하나같이 팔고 싶어 하는 시계를 갖고 있다.

우리는 그의 삶의 윤곽을 서서히 파악한다. 그는 개미가 들끓는 방에 산다. 집주인은 개미와 관련해서는 아무 조치도 취해 주지 않을 것이다. 그가 방에 돌아왔을 때, 밀회를 즐기던 커플은 막 방을 떠나는 참이다. 하숙집에 있는 그의 친구는 임신한 가정부 마리아다. 그녀는 아이의 아버지가 피렌체에서 온 청년인지 나폴리에서 온 청년인지를 확신하지 못한다. 그는 그녀가 여러 남자와 잠을 잤다는 사실에 불쾌해하지 않는다. 그는 섹스가 가져올 수 있는 곤란한 상황에 놀라는 수준은 초월한 사람이다. 그는 그녀가 그에게 마음을 쓰듯 그녀에게 마음을 쓴다. 그들은 좋지 않은 곳에 사는 마음씨 착한 사람들이기 때문이다.

개한테 필요한 게 여러 가지 있기에, 움베르토도 필요한 게 여러 가지 있다. 그는 플레이크를 돌봐야 한다. 병원에 입원하려 일을 꾸밀 때, 그는 몸이 좋지는 않지만 아주 심한 정도는 아니다. 이 여행은 대체로 깨끗한 시트와 괜찮은 식사로 이뤄진 며칠을 누리려는 여행이다. 그는 자신이 없는 사이에 개를 돌봐달라고 가정부에게 부탁하고, 개가 그를 쫓아오지 못하게 다른 곳으로 주의를 돌리도록 지팡이와 공으로 팬터마임을 연출하기까지 한다. 나중에 그는 개가 그를 찾아 아파트를 뛰어나갔다 실종됐음을 알게 된다. 움베르토가 개 수용소에서 플레이크를 찾다 사람들이 원치 않는 개들이 어떻게 도살되는지 알게 되는, 다큐멘터리 같은 투박한 장면이 있다. 그가 무력하게 들여다보는 우리에는 짖어 대고 요동치는 개들로 꽉 차 있어, 그는 플레이크가 거기에 있는지조차 확인하지 못한다. 그가 개를 발견했을 때, 데 시카가 서로를 반기는 그들의 모습을 어떻게 보여 주는지 주목해 보라. 이 여정의 전체가 대단히 감동적인 것은 영화가 관객의 눈물을 짜내는 대신, 관객이 영화에서 벌어지고 있는 모습을 그저 지켜보게 만들기 때문이다.

네오리얼리즘은 이탈리아에서 탄생한 영화 사조다. 전쟁 중에 탄

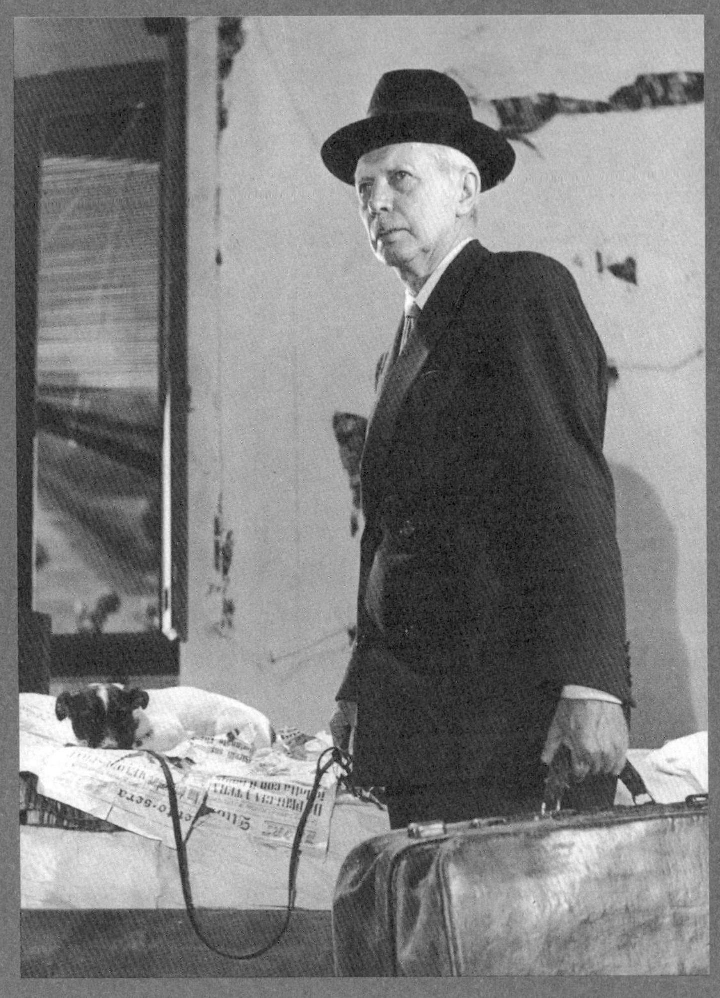

생해 1950년대 내내 지속된 이 사조는, 영화는 일상의 표면에 근접하게 만들어야 하며, 연기는 영화의 캐릭터들을 체현한 비전문 연기자들이 해야 한다고 믿었다. <움베르토 D>는 이 이론을 가장 성공적으로 논증한 영화에 속한다. 노인을 연기한 사람은 당시 70세였던 카를로 바티스티Carlo Battisti로, 연기를 해 본 적이 없는 대학 강사였다.

데 시카는 자신이 쓴 방법은 "오랫동안 공동으로 작업해 온 세자레 자바티니Cesare Zavattini와 함께 시나리오를 작업하는 동안 캐릭터에 대한 정신적인 이미지를 형성한 것"이라고 밝혔다. "나는 마음의 눈으로 목격한 인물에 적합한 남자나 여자, 아이를 발견할 수 있을 때까지는 촬영을 시작하지 않는다." 그리고 그는 <움베르토 D>에 대해 이렇게 설명했다. "행운이 나에게 다시금 미소를 보내기 전까지 로마와 나폴리, 다른 도시들을 헤매며 내 영화의 주인공인 연금 수령자 노인을 찾아내기에 적합해 보이는 장소들에서 몇 시간을, 심지어는 며칠을 서성거렸다. 그러다 시나리오의 페이지에서 곧장 튀어나온 듯 서글픈 위엄을 갖춘 그 사람이 처음 만난 내게 미소를 지었다."

"서글픈 위엄"은 바티스티가 움베르토를 위해 구현한 느낌을 나타내는 정확한 표현이다. 그는 주의 깊게 바라보며 이해하고 공감한다. 세상의 불공정함을 불평하지 않고, 그저 그의 개가 점유한 모퉁이를 지켜 내겠다고 결심한다.

움베르토가 다른 캐릭터들과 그리 많은 이야기를 나누지 않기 때문에, 우리는 그의 모습과 그가 하는 행동을 통해 그가 하는 생각들을 판단해야 한다. 그가 거리에서 구걸하는 문제를 고려하다 그러지 않기로 결정하는 모습을 담은 탁월한 장면이 있다. 이 시퀀스의 타이밍을 주목하라. 이 장면은 숏 단위로 약간만 다르게 비틀면 채플린Charlie Chaplin의 작은 방랑자처럼 코믹한 장면이 될 수도 있었지만, 데 시카는 이 장면에 담긴 억제된 비애감을 고스란히 담아낸다. 움베르토는 성공적으로 일하는 걸인을 지켜본다. 그는 손바닥을 내밀어 보지만, 정말로 구걸할 생각은 없기 때문에 절반 정도만 내민다. 한 남자가 그에게 돈을 건네려 하자, 그는 비가 오는지 확인하려고 그랬다는 양 손바닥을 뒤집는다. 그는 구걸은 할 수가 없다. 그리고 잠시 고민한다. 개에게 모자를 내민다. 개가 모자를 물고 앉아 있는 동안, 그는 근처에 몸을 숨긴다. 아니다. 이것 역시 제대로 먹히지 않을 것이다. 그는 자신이 하지 않을 짓을 개에게 시키는 것으로 개의 품위를 떨어뜨릴 수 없을 것이다.

움베르토가 자살을 생각하고 그 생각에서 멀어지는 단계들은 영화에서 최고의 장면에 속한다. 이 장면의 중심에는 그의 개가 자리 잡고 있다. 그가 죽어 버리는 것으로 개를 내팽개칠 수는 없기 때문이고, 개가 그의 곁을 떠나는 걸 거부하기 때문이다. 그를 구해 내는 것은 개의 사랑이다. 그는 개의 사랑을 무시하지 못하기 때문이다. 움베르토가 버림받은 개들을 맡아 키우는 부부에게 개를 데려갈 때 걸출한 장면이 탄생한다. 부부가 이 일을 하는 목적은 돈 때문이라는 것이 명백해진다. 그들이 맡은 개의 상당수는 그리 오래 살지 못할 것이다. 움베르토는 플레이크를 맡아 달라며 돈을 건네지만, 그들의 눈빛은 그 정도 액수로는 개를 오래 키울 수 없다는 속내를 전한다. 부부를 떠난 그는 다리 아래에 몸을 숨기지만, 개는 그를 찾아낸다. 우리는 채플린의 영화처럼 될 수도 있던 이 시퀀스가 말 없는 슬픔으로 분위기를 낮췄다는 점을 다시금 상기하게 된다.

<움베르토 D>는 판에 박힌 이야기일 수도 있는 이야기를 들려주지만, 판에 박힌 방식을 사용하지는 않는다. 영화가 보여 주는 순간들은 실제로 일어날 법한 상황을 통해 탄생한 것처럼 보인다. 판에 박힌 영화는 해피 엔딩을 만들어 내는 방법을 찾아낼 것이다. 그러나 움베르토를 위한 행운이 하늘에서 뚝 떨어지지는 않을 것이다. 그가 누린 최고의 행운은 자존심을 잃지 않으면서 불운을 견딜 내적인 힘을 갖고 있

다는 것일 테다. 채플린이 연기하는 캐릭터들은 이런저런 수준에서 항상 자신들을 사랑하는지 우리에게 묻고 있다는 이야기가 있다. 움베르토는 우리가 그를 사랑하는지 여부에는 신경 쓰지 않는다. 그것이 우리가 그를 사랑하는 이유다.

웃는 남자 The Man Who Laughs	감독	파울 레니	
	주연	메리 필빈, 콘라트 파이트	
	제작	1928년	110분

영화에 등장하는 악당들은 억지로 웃는 기색이 역력하다. 웃을 때 입과 눈이 섬뜩할 정도로 따로 놀기 때문이다. 그런데 상상해 보라. 일평생 활짝 웃어야 하는 저주를 받은 선량한 남자를 말이다. 그런 사람은 어렸을 때는 놀림감이 되고, 어른이 되어서는 사람들이 기피하는 사람이 될 것이다. 독일의 표현주의 무성 영화가 빚어낸 마지막 보물에 속하는 <웃는 남자>는 그런 남자를 다룬다.

그의 이름은 그윈플렌이다. 그의 아버지는 귀족이었다. 어려서 고아가 된 그는 범법자들에게 붙잡히는데, 악당들은 그의 얼굴에 칼로 흉물스런 웃는 모습을 새긴다. 흉측한 몰골이 된 채로 홀로 남겨진 그는 갓 난 여자아이를 구하고, 자상한 보드빌 제작자는 두 아이를 함께 키운다. 장성한 두 사람은 제작자가 공연하는 사이드쇼sideshow•에 출

• 본 공연에 관객을 끌어모을 목적으로 펼치는 소규모 공연

연하며 사랑에 빠진다. 앞을 보지 못하는 그녀는 그의 얼굴에 새겨진 웃는 모습에 대해서는 아는 게 없다.

빅토르 위고가 17세기 잉글랜드를 배경으로 쓴 이 이야기는 <밀랍인형 전시실Das Wachsfigurenkabinett>(1924)과 <고양이와 카나리아The Cat and the Canary>(1927)의 감독인 파울 레니Paul Leni, 1885~1929에 의해 (거의) 마지막 무성 영화 중 한 편으로 만들어졌다. 뒤틀린 세트들과 캐릭터들, 날카로운 각도와 깊이 드리워진 그림자, 기울어진 계단들이 등장하는 영화들로 구성된 표현주의 시대에 그는 독일에서 성장한 미술 감독이었다. 그와 주연 배우인 위대한 콘라트 파이트Conrad Veidt는 유대인 난민들로 할리우드에 와서 유니버설을 위한 영화를 만들었다.

보는 사람을 심란하게 만드는 찡그린 표정을 한 파이트의 얼굴 이미지는 영화의 역사를 들여다본 사람에게는 친숙한 이미지가 됐지만, 이 영화 자체는 찾아보기 어려웠다. 나는 이 영화를 1998년도 텔루라이드영화제에서 처음 봤는데, 그해 영화제는 피터 보그다노비치Peter Bogdanovich가 '할리우드의 가장 위대한 해Hollywood's Greatest Year'를 기념하는 시리즈의 일환으로 프로그래밍한 행사였다. 그해는 할리우드가 무성 영화들을 제대로 만들면서 형편없는 유성 영화들은 아직 만들기 시작하기 전인 1928년이었다고 그는 말했다. 이 영화는 할리우드가 사운드를 불안정하게 실험하고 있던 바로 그 시점에 촬영됐다. 같은 해에 만들어진 다른 많은 영화처럼, 이 영화는 무성 영화로 기획됐다가 추후에 약간의 사운드가 덧씌워졌다. 이 영화에는 목소리로 연기되는 비중 있는 대사는 하나도 없지만, 기초적인 형태의 음향 효과는 딸려 있다. 키노에서 출시한 DVD 복원판에는 스코어와 노래, 그리고 군중 신이 펼쳐질 때 등장하는 희미한 고함 등이 포함되어 있다.

<웃는 남자>는 멜로드라마다. 가끔씩은 스워시버클러swashbuckler• 이기도 하다. 하지만 표현주의의 우울한 분위기에 흠뻑 젖어 있어 공포 영화처럼 보이기도 한다. 모든 것의 복판에 그윈플렌의 기이한 얼굴이 있다. 즐겁지도 않으면서 파안대소하는 그의 얼굴은 오리지널 만화 『배트맨Batman』의 조커 캐릭터에 영감을 줬다. 하지만 조커와 웃어대는 대다수 악당과 달리, 그는 선량하고 예의 바른 남자다. 자신의 몰골이 흉측하다는 것을 무서울 정도로 잘 인식하는 그는 무대 위에서만 생계 수단으로 그 얼굴을 드러내고, 그 외의 시간에는 마스크와 스카프, 손수건, 또는 뒤집은 팔로 얼굴을 감춘다. 앞을 못 보는 아가씨 데아(메리 필빈Mary Philbin)은 그를 사랑하지만, 그는 그녀가 그를 사랑하는 것은 순전히 그의 비밀을 모르기 때문일 것이라고 생각한다.

세상에 잘 알려지지 않은 이 영화의 스토리는 빅토르 위고의 훨씬 더 유명한 소설 『노트르담의 꼽추Notre-Dame de Paris』와 유사하다. 그 작품에도 순수한 아가씨를 사랑하는 기괴한 몰골의 외톨이가 등장한다. 유니버설은 1923년에 만든 동명의 영화로, 그리고 메리 필빈이 역시 기괴한 몰골의 주인공의 품에 안긴 여성으로 출연했던 <오페라의 유령The Phantom of the Opera>(1925)으로 엄청난 성공을 거뒀다. 스튜디오가 이 영화를 추진할 때 그 영화들을 심중에 품고 있었다는 데에는 의심의 여지가 없다. 다른 연결 고리는 이그제큐티브 프로듀서 파울 코너Paul Kohner였다. 당시 유니버설의 베를린 지사를 운영하던 (그러다 간신히 나치의 손아귀에서 벗어난) 그는 레니와 파이트하고는 독일에서부터 안면이 있는 사이였다.

파이트의 연기는 고난도 연기의 수준을 훌쩍 뛰어넘는다. 현대 관객들에게는 <카사블랑카Casablanca>의 몸을 꼿꼿이 세우고 웃음기 없

• 과거를 배경으로 화려한 액션과 영웅적인 주인공을 등장시키는 장르

는 슈트라서 소령 역할로 가장 잘 알려져 있는 그는 독일 무성 영화의 기념비적 작품인 <칼리가리 박사의 밀실Das Cabinet des Dr. Caligari>을 비롯한 1백 편이 넘는 영화에 출연했었다. 그는 장수했다면 할리우드에 엄청난 영향을 줬을 공산이 큰 독일 피난민 그룹의 일원이었다. 그는 <카사블랑카>를 찍은 다음해에 심장마비로 향년 50세에 숨을 거뒀다. 레니는 <웃는 남자>의 개봉 1년 후에 44세로 타계했고, <노스페라투Nosferatu>와 <선라이즈Sunrise>의 감독인 F. W. 무르나우F. W. Murnau는 1931년에 43세로 세상을 떠났다.

파이트는 입을 팽창시켜 그로테스크한 이빨을 드러나게 만드는 메이크업 장치를 착용했다. 그 장치는 끔찍할 정도로 불편했고, 한술 더 떠서 그가 눈빛만으로 감정을 표출해야 하는 힘든 일을 하게 만들었다. 그럼에도 이 영화에는 사랑과 공포, 연민과 욕정을 감지할 수 있는 신들이 있고, (당시로서는 대담한 묘사인) 창피한 걸 모르는 왕실 여성 조시아나 공작부인이 그를 유혹하려 시도하는 흔치 않은 신도 있다. (그녀는 사이드쇼 공연을 구경한 후 그에게 보내는 쪽지에 이렇게 쓴다. “나는 웃지 않았던 여자랍니다. 측은한 마음 때문이었을까요, 아님 사랑 때문이었을까요? 내가 보내는 전령이 자정에 찾아갈 겁니다.”)

그녀가 보이는 관심은 삐딱한 관심이기는 하지만 진심에서 우러난 것이다. 그 관심이 어디로 이어질지는 그녀 자신도 전혀 모르지만 말이다. 그는 마음이 흔들린다. 어떤 면에서 그는 전혀 경험해 본 적이 없는 섹스를 원한다. 그리고 다른 면에서 그는 데아에게 충실한 채 남고 싶다. 그런데 자신의 비밀을 밝히기 전까지는 데아와 육체적 관계를 맺지 않을 작정인 그는 그녀가 그 사실을 알게 된 후 그를 사랑하지 않을까 봐 두렵다. 그가 공작부인과 함께하는 신은 관객을 심란하게 만든다. 그가 (의심의 여지없이) 그런 일들을 생각하고 있을 때 조시아나가 그에게 키스를 하려고 하는데, 우리는 그녀가 그의 입에 매혹된 것은 잔혹한 처사이거나 페티시에서 비롯된 짓임을 감지하기 때문이다. 그는 키스당하는 걸 원치 않는다. 또는 누가 자기 입에 손을 대거나, 자기 입에 대해 알게 되는 것을 원치 않는다.

그런데 영화의 플롯은 지금까지 밝힌 것보다 훨씬 더 복잡하다. 사실 그윈플렌은 귀족 작위의 상속자다. 그리고 아니나 다를까, 현재 조시아나가 누리고 있는 웅장한 저택과 영지의 적법한 상속자이기도 하다. 이 사실을 알게 된 시기심 많은 신하는 공작부인 신분을 유지하고 싶어 하는 그녀가 그윈플렌과 억지로 결혼하게 만들어 그녀를 망신시키고 싶어 한다. 딱하기도 하고 특이하기도 한 신에서, 사이드쇼 공연자는 앤 여왕의 궁전에 불려와 상원上院으로 인도되고, 그 후에는 조시아나와 결혼하라는 명령을 받는다. 그녀는 재산에 대한 탐욕 때문에, 그리고 아마도 그에 매료된 까닭에 결혼하는 데 동의한다. 하지만 그는 데아를 사랑하기 때문에 명령을 거부한다. 그런 후 영화는 진정한 멜로드라마로 치닫고, 충직한 늑대개 호모가 개입해 데아의 옷을 물고는 말 그대로 그녀를 행동에 나서도록 끌고 간다.

영화는 비주얼 스타일에 통달한 레니의 솜씨 덕에 훨씬 더 심란한 영화가 됐다. 로테 아이즈너Lotte Eisner는 독일 무성 영화 시대의 역사를 다룬 책 『겁에 질린 스크린Die Dämonische Leinwand』에서, 표현주의자들은 캐릭터들이 어쩔 도리 없이 구부정하게 걷거나 옆걸음을 걷게 만들려고 특이할 정도로 낮은 천장과 출입구를 자주 사용했다고 언급했다. 그들이 만든 계단이 아래층 바닥에서 위층 바닥까지 곧장 이어지는 경우는 드물었다. 그 계단들은 비비 꼬여 미스터리 속으로 이어지는 듯 보였다. 극적인 조명은 스크린의 상당 부분을 어둠 속에 남겨 뒀다. 드러내는 대신 은폐하는 것으로 존재감을 높이는 게 카메라가 부여받은 임무였다. 아이즈너는 레니가 <웃는 남자>보다 4년 전에 만든 <밀랍 인형 전시실>에서 보여 준 비주얼 스타일에 대해 이렇게 썼다. "그 영화의 비주얼이 자아내려고 시도한 모든 것은 형언할 수 없는 빛의 우아함, 그리고 움직이는 형체, 그림자, 선線, 곡선 들이다. 카메라가 인지하는 것은 극단적인 리얼리티가 아니라 내면에서 벌어지는 사건들의 리얼리티다."

<웃는 남자> 같은 영화는 현대의 영화 관객들에게 심하게 맞지 않는다. 그런 영화를 받아들이지 못하는 관객에게 혐오감을 안겨 주기 때문이고, 동시에 그런 영화를 받아들일 수 있는 관객에게는 으스스한 지하 세계에 대한 매혹을 자아내기 때문이다. 나는 유성 영화는 대체적으로 관객의 마음속에서 특정 수준의 편안함을 빚어낸다고 생각한다. 그 영화들은 우리의 실제 생활이 아니라 대부분의 시간 동안 실제 생활이 인지되는 방식을 고스란히 반영하기 때문이다. 무성 영화는 흑백 영화와 비슷하게 뺄셈을 하는 것으로 덧셈을 한다. 무성 영화는 스크린에 있는 것에 초점을 맞추고는 그것이 더 많은 일을 하게끔 만드는 것으로 그것들을 강화해 주는 식의 일은 하지 않는다. 이미지들을 언어로 논의할 수 없을 때, 그 이미지들은 자신들이 어떤 존재인지를 설명해야 한다. 아무런 컬러도 보이지 않을 때에는 모든 컬러가 가능성을 갖는다.

간밤에 그 영화를 다시 감상하면서 몽상에 빠져서는 가끔 감동하고, 가끔 즐거워했으며, 가끔 기묘한 꿈결 속을 걸었다. 무성 영화는 언어의 논리로 우리의 정신을 또랑또랑하게 만들지 않는 것으로 우리를 환상의 그림자 속으로 더욱 수월하게 미끄러져 들어가게 만들 수 있다. <웃는 남자> 같은 영화가 제작 의도를 공개적으로 드러내기를 거부하면서 페이소스에서 동정심으로, 멜로드라마에서 진정으로 짜릿한 오락물로, 생기 넘치는 공포의 요소들에서 조시아나의 욕망이 음울하게 피어나는 것으로, 늑대개가 어찌어찌 승리를 거둘 때 터지는 웃음에서 앞 못 보는 아가씨가 연인이 가진 비밀의 본성을 깨달을 때의 엄청난 감동으로 자유자재로 이동하는 모습은 눈여겨볼 만하다.

워크어바웃

Walkabout

감독	니컬러스 로그	
주연	제니 어거터, 룩 로그, 데이비드 걸필릴	
제작	1971년	100분

<워크어바웃>은 다루고 있는 것처럼 보이는 소재에 관한 영화에 불과할까? 고매한 미개인과 도시 거주자의 부서진 영혼을 다룬 우화일까? 영화가 표면적으로 제시하는 것처럼 보이는 건 그렇다. 하지만 나는 이 영화가 뭔가 더 심오하면서도 딱히 정의하기 어려운 무언가를 다룬 영화이기도 하다고, 의사소통의 미스터리를 다룬 영화이기도 하다고 생각한다. 영화는 이런저런 방식으로 망가진 인생들을 보여 주며 끝난다. 두 사람은 자신의 욕구와 꿈을 명확하게 표현할 방법을 궁리해 내지 못하기 때문이다.

1971년에 개봉된 니컬러스 로그Nicolas Roeg, 1928~2018의 영화는 걸작이라는 갈채를 받았다. 그런데 영화는 소유권을 둘러싼 다툼 때문에 잊힌 채 사라졌고, 관객들은 여러 해 동안 영화를 볼 수 없었다. 영화 전문지 『프리미어Premiere』는 비디오로 출시되어야 마땅한 영화들의 리스트 맨 윗줄에 이 영화를 올려놨지만, 영화는 출시되지 않았다. 그러

다가 최초 개봉할 때는 잘려나갔던 누드 장면 5분을 복원한 새로운 극장판이 1996년에 나왔다. 그리고 이 디렉터스 컷이 마침내 비디오로 출시됐다.

영화는 호주의 애버리진Aborigine• 사이의 관습에서 제목을 취했다. 성인 남자로 접어드는 나이가 된 애버리진 소년은 아웃백Outback◆으로 6개월간 '워크어바웃walkabout★'을 나서야 하고, 사냥과 덫 놓기, 황야에서 물을 찾아내는 솜씨에 따라 살아남거나 죽는다.

영화는 벽돌과 콘크리트로 이뤄진 시드니의 협곡에서 시작한다. 이곳에서 가족들은 층층이 나뉜 아파트에서 살아간다. 우리는 그런 가족이 생활하는 한 순간을 엿본다. 주부는 멍청한 라디오 쇼에 귀를 기울이고, 두 아이는 수영장에서 물장구를 치며, 아버지는 발코니에서 칵테일을 들이키며 침울한 눈빛으로 아이들을 내려다본다. 이 가족에는 무언가 미묘하게 잘못된 게 있는데, 영화는 실내에는 없는 곤충에 대한 암시적 숏을 보여 주는 것 외에는 그것을 자세히 보여 주지 않는다. 다음 장면에서 우리는 아버지와 아이들이 헐떡거리는 폭스바겐을 타고 길도 없는 아웃백을 달리고 있는 모습을 본다. 아이들은 생각한다, 소풍을 가고 있다고. 아버지가 남매에게 총질을 하기 전까지는 말이다. 열네 살 먹은 딸(제니 어거터Jenny Agutter)은 여섯 살 난 남동생(룩 로그Luc Roeg)을 등성이 위로 끌고 간다. 그들은 아버지가 총으로 자살하고 자동차가 불길에 휩싸이는 광경을 목격한다.

우리는 그가 문명 세계에서 실패했다고 추정한다. 이제 소녀와 어린아이는 자연의 손아귀에서 파멸에 직면해 있다. 그들은 입고 있던 옷을 그대로 걸치고 있고, 배터리로 작동하는 라디오와 소풍 바구니에

• 호주 원주민
◆ 호주의 미개척 오지
★ 숲속 떠돌이 생활

들어 있던 음식과 음료수를 갖고 있다. 그들은 며칠간 아웃백을 떠돈다(영화는 구체적인 시간을 늘 모호하게 다룬다). 그러다가 흙탕물 웅덩이가 있는 오아시스를 우연히 발견한다. 그들은 여기에서 목을 축이고 물장구를 치고 잠을 잔다. 그런데 아침이 되자 웅덩이는 말라 있다. 이즈음 남매는 점잖은 젊은 애버리진(데이비드 걸필릴David Gulpilil)이 자신들을 주시하고 있음을 깨닫는다.

그들은 구조되기를 바란다. 그는 그들을 구한다. 그는 생존법을 알고 있는데, 영화는 힘 있으면서도 자연스러운 아름다움을 갖춘 장면들에서 그 비법들을 공개한다. 우리는 애버리진 소년이 야생 동물에게 창을 던지고 속이 빈 갈대로 말라 버린 웅덩이에서 물을 찾아내는 모습을 본다. 어린아이가 햇볕에 화상을 입자 그는 천연 연고로 치료한다. 애버리진 소년이 캥거루에게 창을 던지는 장면이 포함된 아웃백 장면들의 일부는 정육점을 잠깐씩 빠르게 보여 주는 화면들과 교차 편집된다. 인간의 본성은 많은 단계를 거치면서도 변하지 않고 남아 있다.

영화에는 모르고 지나칠 수 없는 성적인 저류가 흐른다. 10대인 소년과 소녀 둘 다 성에 대한 의식이 고조되는 초입에 들어섰다. 소녀는 여전히 교복 차림인데, 카메라는 미묘하게 도발적인 시선으로 교복을 바라본다(앞에서의 모호한 숏은 아버지가 딸의 육체를 불건전한 방식으로 의식하고 있음을 암시한다). 복원된 장면에는 소녀가 웅덩이에서 알몸으로 수영하는 모습과, 애버리진이 그녀에게 과시하려고 자신의 남자다움을 과시한다는 것을 가리키는 장면들이 포함됐다.

이러한 이야기 전개의 주변을 무자비하고 냉담한, 하지만 아름다운 자연을 담은 장면들이 둘러싸고 있다. 로그는 감독이 되기 전에는 촬영 감독이었다(그는 이 단독 데뷔작을 찍기 전인 1970년에 믹 재거Mick Jagger의 영화 <퍼포먼스Performance>를 공동 연출했다). 이 작품에서 그의 카메라는 아웃백의 동물들을 보여 준다. 도마뱀, 전갈, 뱀, 캥거

루, 새. 그는 그 동물들을 감상적인 스타일로 촬영하지 않았다. 그것들은 다른 동물들을 잡아먹으며 살아가고 있다.

애버리진 문화는 시간 감각 면에서 시계에 얽매여 사는 사회보다는 덜 직선적이다. 그리고 영화의 시간은 그러한 성격을 보여 준다. 영화에 나오는 모든 일은 영화가 보여 준 정확히 그 순서대로 벌어진 것일까? 모든 일이 실제로 벌어지기는 한 걸까? 일부 순간은 상상 속에서 벌어진 일이 아닐까? 어떤 캐릭터가 한 상상일까? 이 질문들은 겉보기에는 단순해 보이는 다음과 같은 줄거리의 모서리에 숨어 있다. 어린 여행자 세 명은 애버리진의 기술 덕에 아웃백에서 살아남는다. 그런데 의사소통이 문제다. 언어의 장벽을 뛰어넘어 메시지를 간파해 내는 어린아이의 타고난 능력을 가진 듯 보이는 남동생보다는 누나에게 더 큰 문제지만 말이다.

여행자들이 마을과 가까운 곳을 지나쳐 가는 감질 나는 장면이 있다. 애버리진은 마을을 보지만, 마을을 볼 수 있도록 다른 사람들을 언덕 꼭대기로 데려가지는 않는다. 그는 그들에게 마을을 숨기고 있는 걸까? 아니면 그들이 마을을 찾고 있는 이유를 이해하지 못하는 것일까? (영화는 애버리진의 배경에 대해서는 아무런 정보도, 그가 현대 문명과 접촉해 본 적이 있는지에 대한 정보도 제공하지 않는다.) 그들이 버려진 농가를 둘러보는 잊히지 않는 장면이 있다. 소녀는 몇몇 사진을 보며 울먹이고, 소년은 그녀가 하는 것처럼 소녀를 조심스레 지켜본다. 결국 한 장면에서 애버리진은 부족의 문양을 칠하고는 구애의 춤으로 해석할 수 있는 춤을 춘다. 소녀는 관심을 보이지 않고, 두 문명 사이에 나 있는 심연에는 다리가 놓이지 않는다.

이 이야기가 제시하는 상황이 주어질 경우, 우리는 무엇을 희망해야 할까? 남매가 자연에 더 유기적으로 뿌리를 내린 라이프 스타일을 포용하는 법을 배울 것을? 애버리진이 그들에게서 고층 빌딩과 라디오가 있는 세계에 대해 배울 것을? 두 10대가 각자의 영역으로 돌아가기 전에 보편성에 대한 심벌의 일종인 사랑을 나눌 것을?

나는 영화가 그러한 목표들에는 중립적인 입장을 취한다고 생각한다. 이글거리는 태양 아래에서 눈 한 번 깜빡이지 않고 앉아 있는 도마뱀처럼, 영화는 그런 목표들을 위한 비망록을 갖고 있지 않다. 영화는 문명 생활을 무미건조하고 보람 없는 것으로 본다. 하지만 손쉬운 이상주의는 우리로 하여금 애버리진이 더 행복하다고, 또는 그의 삶이 더 보람 있다고 믿게끔 만들 수도 있다(영화는 애버리진의 주변을 계속해서 윙윙거리고 날아다니는 파리들을 상당히 불쾌하게 묘사한다).

니컬러스 로그는 비현실적인 감상적인 가치관에 찬성하지 않는다. 그는 <워크어바웃> 이후로 오랜 동안 점점 기이해지고 묘해지는 일련의 영화들은 통해 그 점을 명확히 해 왔다. 그는 <쳐다보지 마라 Don't Look Now>, <지구에 떨어진 사나이The Man Who Fell to Earth>, <무의미Insignificance>, <트랙 29 Track 29>, <배드 타이밍Bad Timing>에서 자신들만의 강박 관념의 덫에 걸린, 타인들과 소통하는 데 치명적으로 무능력한 캐릭터들을 보여 줬다(이들 중 많은 작품에 그의 아내 테레사 러셀Theresa Russell이 출연했다). 캐릭터 사이의 성적 관계는 모두 뒤틀리거나 손상됐거나 그릇된 이해에 바탕을 뒀다.

<워크어바웃>에서 중요한 세부 사항은 두 10대가 소통할 방법을 결코 찾아내지 못한다는 것이다. 그들은 심지어 보디랭귀지조차 사용하지 않는다. 이것은 부분적으로는 소녀가 그러할 필요성을 전혀 느끼지 않기 때문이다. 그녀는 영화 내내 중산층의 틀에 박힌 생활 방식을 준엄할 정도로 고수한다. 그녀는 애버리진을 자신과 같은 인간이라기보다는 호기심의 대상이자 편리함을 베푸는 사람으로 간주한다. 주어진 정보가 충분치 않기 때문에 그녀의 태도를 인종주의나 문화적 편견으로 몰아붙일 수는 없다. 그러나 분명히 그녀의 태도에는 호기심이 상

당히 결여되어 있다. 애버리진 입장에서 그는 자신이 속한 부족이 아닌 다른 집단의 관점을 채택해 자신의 입장(그의 성욕)을 바라보며 욕망을 억눌러야 함을 상상할 능력이 부족하다. 그는 그것이 실패하자 절망에 빠져 목숨을 버린다.

<워크어바웃>은 아웃백에서 길을 잃은 어린 남매가 수완 좋은 애버리진의 지식 덕에 살아남는다는 훈훈한 이야기가 아니다. 영화의 끝부분에서도 여전히 길을 잃은 세 사람에 대한 영화다. 그들은 이전보다 더 심하게 길을 잃었다. 이제 그들은 세상을 떠도는 것이 아니라, 자신의 내면에서 길을 잃었다. 영화는 대단히 비관적이다. 영화는 우리 모두가 우리가 속한 환경에 반응하며 특유의 기술과 재능을 길러 왔지만, 더 넓은 영역을 가로지를 때에는 그러한 기술과 재능이 쉽사리 작동하지 않을 것임을 시사한다. 우리는 환경과 프로그래밍의 포로다. 우리에게는 영원히 보이지 않는 곳으로 남아 있는 광범위한 실험과 체험이 있다. 그것들은 우리가 볼 수 없는 스펙트럼에 속해 있기 때문이다.

웨스트 사이드 스토리

West Side Story

감독	로버트 와이즈, 제롬 로빈스	
주연	내털리 우드, 리처드 베이머	
제작	1961년	152분

<웨스트 사이드 스토리>는 1961년에 작품상을 포함한 아카데미 열 개 부문을 수상한 작품이지만, 요즘 영화 팬들은 이 영화를 그리 많이 언급하지 않는다. 아마도 백전노장인 <사랑은 비를 타고Singin' in the Rain>를 더 많이 감상하고 더 사랑하기 때문일 것이다. 사람들은 존경스럽지만 현실적이지는 않은 자유분방한 정서를 가식적으로 표현하는 <웨스트 사이드 스토리>를 그럭저럭 잘 만든 뮤지컬에 속한다고 생각한다. 영화에 등장하는 전쟁 중인 길거리 깡패들(한쪽은 푸에르토리코인들, 다른 쪽은 유럽 이민자들의 자식들)은 현재의 현실과 비교해 보면 가슴 뭉클할 정도로 순진하다.

나는 영화가 개봉된 1961년 이후로 이 영화를 본 적이 없었다. 보고 싶은 생각도 그리 크지 않았다. 그 긴 시간 동안 <사랑은 비를 타고>, <스윙 타임Swing Time>, <톱 햇Top Hat>, <마이 페어 레이디My Fair Lady>, <파리의 아메리카인An American in Paris>을 셀 수 없이 많이 봤으

면서도 말이다. 내 식어 버린 열정은 주위 사람들의 그것과 별반 다르지 않았다. 미국영화연구소가 선정한 역사상 가장 위대한 영화 명단에서 이 영화가 41위를 차지하기는 했지만, 영화 산업에 대한 고려는 별로 하지 않는 편인 '인터넷 무비 데이터베이스Internet Movie Database, IMDb'의 투표자들은 톱 250위권에 이 영화를 들여놓지도 않았다. 그럼에도 이 영화의 새로 출시된 두 장짜리 복원판 덕에 영화를 다시 보고 싶다는 생각을 하게 됐다. 이 영화에는 걸출한 요소가 많다고 생각한다. 레너드 번스타인Leonard Bernstein과 스티븐 손드하임Stephen Sondheim이 만든 노래들, 리타 모레노Rita Moreno와 조지 차키리스George Chakiris의 힘 있는 연기, 그리고 무엇보다도 제롬 로빈스Jerome Robbins, 1918~1998의 안무는 특히 그렇다. 이 영화는 위대한 영화다. 부분적으로만 그렇다.

1961년에 주류 평론계는 이 영화를 사랑했다. 『뉴욕 타임스The New York Times』의 보슬리 크로더Bosley Crowther는 이 영화의 메시지가 "나라 전역의 사려 깊은 사람들(인정 많은 사람들)에게 전달돼야 한다"고 생각했다. 그 메시지는 무엇인가? 사탕 가게 주인인 왜소한 유대인 닥은 맞서 싸우는 깡패들에게 그 메시지를 이렇게 표현한다. "너희 놈들은 세상을 엉망으로 만들고 있어! 언제쯤 싸움을 그만 둘래?" 힘 있는 순간이고, 네드 글래스Ned Glass가 연기하는 닥은 영화에서 가장 진실한 캐릭터에 속한다. 하지만 사실은 이렇다. 영화에 뚜벅뚜벅 들어온 인종주의자가 대사 한 줄 듣고 마음을 고쳐먹은 적이 있던가? 이 영화는 사람들이 이미 다 동의하고 있는 내용을 굳이 중언부언하고 있는 건가?

아서 로렌츠Arthur Laurents가 쓴 시나리오는 셰익스피어의 「로미오와 줄리엣」에서 영감을 받은 것으로 유명하다. 결말을 새로 창작해 오리지널의 완벽한 비극을 피하기는 했지만 말이다. 토니를 죽이는 것은 잔인한 오해가 아니라 분노의 총알이다. 마리아는 죽지 않는다. 권총

wss-44(106-2)

을 낚아챈 그녀는 자신도 죽겠다고 위협하다 권총을 떨어뜨린다. 자살은 영화를 끌고 가기에는 너무 무거운 설정이기 때문일 것이다. 할리우드에는 당시에도 지금처럼 영화를 해피 엔딩으로 끝내야 한다는 막강한 편견이 있었다.

그런 잘못된 설정들이 영화를 리뷰하는 최고 수준의 평론가들에게 중요하게 보인 듯하다. <웨스트 사이드 스토리>가 1961년에 개봉했을 때, 스탠리 카우프먼Stanley Kauffmann은 이 영화를 "지금껏 만들어진 뮤지컬 영화 중 최고"로 꼽기는 했지만 그 리뷰의 나머지 부분은 스탠리 본인이 앞서 한 주장을 훼손하는 것처럼 보인다. 그는 영화에 훌륭한 결말이 없고, 작품은 사회학적인 면에서는 쓸모도 없는 겉핥기이며, 결말에서 두 집단이 화해했음을 보여 주는 암시는 "전적으로 허위"라고 밝혔다. 폴린 케일Paulin Kael의 리뷰는 영화를 초토화시켰다. 폴린에 따르면 이 영화는 "미쳐 날뛰는 시시한 수작"이고, 대사는 "고통스러울 정도로 구닥다리에다 감상적"이며, 춤은 "불쾌할 정도로 억지웃음을 지으며 로맨틱하게 추는 발레"이고, "로봇 같은" 내털리 우드Natalie Wood는 "완벽에 가깝게 진부해서 사랑에 대한 생각을 모조리 박살내" 버린다.

케일은 과잉 살상이라는 죄를 범했다. 카우프먼은 진실에 가깝다. 춤에 대해 케일과 의견을 달리한 점에서는 특히 그렇다. 브로드웨이 역사상 독창적이기로 손꼽히는 안무가인 제롬 로빈스는 처음에는 영화를 연출할 수 없다면 영화 작업에 관여하지 않겠다고 거절했다. 믿음직한 할리우드의 일꾼을 원했던 프로듀서 월터 미리시Walter Mirisch는 <시민 케인Citizen Kane>의 편집 감독이자 스튜디오의 베테랑인 로버트 와이즈Robert Wise, 1914~2005를 선택했다. 로빈스는 춤을, 와이즈는 드라마를 연출하기로 합의했다. 그런데 로빈스가 어느 장면에서 춤을 연출하다가 어느 시점이 돼서도 촬영을 중단하지 않으면서 문제가 생겼다. 출연했던 무용수 중 한 명은 영화 제작 과정을 다룬 다큐멘터리에서 "그는 '컷'이라고 말하는 법을 몰랐습니다"라고 회고했다. 로빈스는 결국 계획보다 너무 많은 시간을 초과하는 바람에 해고됐다. 그러나 그의 춤은 작품에 그대로 남았고, 영화에 등장하는 모든 안무는 그의 솜씨다.

그 다큐멘터리를 보고 나면, 대단히 원기왕성하고 발랄하며 상쾌한 춤 장면들이 분명 달리 보일 것이다. 로빈스는 촬영을 시작하기 석 달 전부터 리허설을 한 다음에 로케이션 현장에서 모든 것을 수정했는데, 때로는 지나치게 많은 것을 수정했다. 그의 안무는 엄청나게 많은 노력을 요하는 것이라 단번에 촬영을 마친 장면은 하나도 없었다. 삽입곡 'Cool(침착해)'에 참여한 무용수들은 이보다 힘든 작업은 이전에도, 이후에도 해 본 적이 없다고 말한다. 부상과 탈진, NG가 이어졌다. 깡패들이 아주 높은 철망 울타리로 뛰어가 맨손으로 울타리를 기어오르고는 운동장으로 뛰어내리는 간단한 장면을 살펴보라. 이것은 스턴트맨들이 해야 하는 작업이지, 무용수 10여 명이 할 작업은 아니다. 우리가 추측할 수 있는 거라고는 이 장면을 음악에 맞춰 수월한 동작으로 보여 주려고 얼마나 많은 테이크가 필요했을까 하는 점뿐이다.

음악 이야기를 해 보자. 리타 모레노에 따르면, 무용수들은 대체로 4박자, 6박자, 8박자에 맞춰 춤을 춘다. "그런데 레너드 번스타인이 오면서 4분의 5박자, 8분의 6박자, 6분의 25박자 음악을 가져 왔죠. 정말 미친 짓이었어요. 그런 음악에 맞춰 춤을 추는 건 정말로 어렵거든요. 무용수들이 음악을 이해하지 못하니까요." 그러나 로빈스의 완벽주의와 번스타인의 인습에 사로잡히지 않은 리듬은 정말이지 새로운 춤을 창조해 냈다. 길거리 깡패들이 춤을 춘다면, 브로드웨이의 코러스 라인처럼 추는 게 아니라 이 영화의 제트파나 샤크파처럼 춤을 출 거라고 말할 수 있다.

영화는 뮤지컬이 브로드웨이에서 엄청난 성공을 거둔 직후에 만들어졌다. 촬영은 부분적으로는 뉴욕의 로케이션에서, 부분적으로는 스튜디오 촬영장에서 진행되었다(영화의 오프닝은 현재 링컨 센터가 서 있는 자리에서 촬영되었다). 내털리 우드를 마리아 역에 캐스팅한 것 때문에 논란이 많았다(푸에르토리코인이 아닌 그녀의 목소리는 마니 닉슨Marni Nixon이 더빙한 것으로, 그녀는 무던한 춤꾼이었을 뿐이다). 일부는 토니를 깡패 두목이라기보다는 영화 주인공처럼 연기한 리처드 베이머Richard Beymer에게 냉담한 반응을 보였다. 두 사람은 실생활에서는 그리 잘 어울리지 않았다. 그러나 우드는 그들이 함께한 장면에서는 따스함과 열정을 뿜어냈고, 그 아름다움과 귀여움은 경력 내내 그녀와 함께 했다.

우드와 베이머를 무안하게 만드는 것은 푸에르토리코의 연인 아니타와 베르나도를 연기하는 리타 모레노와 조지 차키리스의 연기다. 그들이 오스카에서 조연상을 수상했지만 주인공들은 그러지 못했다는 사실은 조금도 놀랍지 않다. 모레노는 노래와 춤을 잘해 냈고, 그녀가 등장하는 장면에 유별난 활력을 불어넣는 열정을 발산했다. 내가 보기에 영화에서 가장 힘 있는 장면들은 마리아가 토니에게 보내는 사랑 메시지를 전하려고 아니타가 닥의 사탕 가게를 찾아올 때, 그리고 제트파에게 모욕을 당하며 이리저리 밀려다니다 강간을 당할 뻔할 때 등장한다. 이 장면들은 분노한 그녀가 로맨틱한 메시지를 팽개치고는 마리아가 죽었다고 고함치는 장면(셰익스피어 작품의 마지막 막에 담긴 엔진을 가동시켜 극적으로 완벽한 장면을 이끌어 내는 설정)으로 이어진다. 이 장면에서 그녀가 연기하는 방식을 연구해 보면 우드의 연기에 부족한 점이 무엇인지 이해할 수 있다.

대사에 대해서는 케일의 의견이 옳다. 대사는 대체로 단조롭고 평범하다. 대사는 임무를 어느 정도 수행하며 플롯을 끌고 가지만, 셰익스피어의 감동과 시적인 표현 뿐 아니라 오닐Eugene O'Neill이나 윌리엄스Tenessee Williams 같은 20세기 극작가들이 불어넣었을 법한 힘조차도 부족하다. 데이비드 매밋David Mamet의 버전을 상상해 보라. <웨스트 사이드 스토리>의 발코니 장면을 프랑코 제피렐리Franco Zeffirelli가 7년 후에 촬영한 <로미오와 줄리엣Romeo and Juliet>의 동일한 장면과 비교해 보라. 위대한 대사를 그대로 활용하면서 박스 오피스 히트작을 만들어 내는 게 가능함을 알게 될 것이다.

내가 <웨스트 사이드 스토리>에서 사랑하는 것은, 그리고 이 영화를 추천하는 이유는 춤이다. 오프닝의 손가락 튕기는 시퀀스는 영화 역사상 춤을 가장 잘 활용한 사례에 해당한다. 이 장면은 시나리오를 읽던 로빈스가 "그들은 무엇에 대해 춤을 추는 건가요?"라고 물어보는 바람에 생겨났다. 작가 로렌츠도 동의했다. "살인, 폭력, 편견, 강간 시도를 노골적으로 드러내는 이야기는 할 수 없어요. 그걸 전통적인 뮤지컬 시퀀스로 표현해야 해요." 그래서 그는 대사 없는 프롤로그의 틀을 잡았고, 로빈스는 길거리 깡패들을 설정한 후 그들의 서열과 길거리에서 부리는 허세, 육체적 매력을 보여 주며 그들 사이의 적개심을 표현했다. 이 모든 것이 번스타인의 음악과 손가락 튕기는 소리, 분노에 의해 강조된 발레로 표출됐다.

프롤로그는 영화에 담긴 모든 춤이 보여 주는 힘찬 육체적 인상을 설정한다. 로빈스는 깡패들이 집단적으로 움직일 때도 모든 무용수가 개인별로 춤을 추고 있는 것처럼 보이게 만드는 재능을 발휘했다. 깡패 개개인은 자신만의 스타일, 자신만의 동기를 갖고 있고, 카메라는 하이 앵글과 아주 낮은 앵글을 오가며 모든 것이 한데 어울려 절정으로 치닫는 것처럼 보여 준다. 나는 또 다른 1961년도 영화인 구로사와 아키라黑澤明의 <요짐보用心棒>에 등장하는 안무를 떠올렸다. 그 영화에서 사무라이 무리는 뱀과 같은 코디네이션을 통해 액션 내내 빠르고 유연하게 움직인다.

춤은 놀랄 만한 수준이고, 일부 삽입곡은 스탠더드로 자리하면서 작품성을 증명했으며, 깜짝 놀랄 정도의 힘과 진실이 담긴 순간들도 있다. <웨스트 사이드 스토리>는 뮤지컬 역사의 기념비로 남았다. 그런데 영화의 드라마가 안무처럼 선명했다면, 주인공들의 연기가 모레노의 강렬한 집중력에 필적했다면, 깡패들이 더 위험한 존재로 보이면서 명랑 만화에 나오는 악동들과 덜 비슷해 보였다면, 엔딩이 오리지널에 담긴 애절함과 비극성을 전달했다면, 그 결과로 어떤 작품이 탄생했을지는 말할 필요도 없을 것이다. 영화는 화려한 비전으로 시작한다. 당신이 영화가 안전한 오락물로 탈바꿈해 가는 과정을 거치면서도 그 비전이 살아남았음을 감지하는 순간이, 바로 그 순간이 이 영화의 최고의 순간이다.

# 위대한 유산 Great Expectations	감독	데이비드 린	
	주연	존 밀스, 발레리 홉슨	
	제작	1946년	118분

찰스 디킨스Charles Dickens의 위대성 중 하나는 그가 지어낸 인물들이 우리의 기억을 장악하는 방식에 있다. 셰익스피어를 제외하면, 디킨스가 창작해 낸 것보다 더 많은 인물의 이름을 사람들 뇌리에 남겨 놓은 작가가 또 있을지, 그가 창작한 인물들보다 인간의 본성에 더 충실한 유형들이 또 있을지 궁금하다. 디킨스의 소설을 각색하는 감독은 디킨스가 이미 감독 자신이 해야 할 일의 상당 부분을 작업해 놓았음을 알게 될 것이다.

디킨스 원작의 영화 중에서 가장 뛰어나다고 평가되는, 그리고 위대한 소설을 원작으로 한 영화가 달성하기 힘든 과업을 이룬 데이비드 린David Lean, 1908~1991 감독의 <위대한 유산>은 그것을 보여 주는 분명한 사례다. 그 과업이란, 우리가 이미 마음속에 품고 있는 이미지들과 상충하지 않는 화면을 스크린에 창조하는 것이다. 이 영화에서 린은 우리의 어깨 너머에서 소설을 읽어 주는 것처럼 디킨스의 걸작 고전에 생명력을 불어넣는다. 핍이 교회 묘지에서 만나는 죄수 매그위치, 핍과 미치광이 미스 해비샴의 첫 만남, 교수대에 빼앗겨 버린 의뢰인들의 데스마스크로 벽을 장식한 재거스 씨의 법률 사무실이 풍기는 엽기적인 분위기 등이 그런 장면들이다.

영국 평론가 에이드리언 터너Adrian Turner는 <위대한 유산>이 공포 영화와 닮았다고 주장했다. 확실히 영화에는 공포가, 그리고 결혼하는 날에 버림받고는 여생을 쓰디쓴 원한 속에 살아가는 미스 해비샴의 존재가 풍기는 오싹함이 담겨 있다(그녀의 저택에 있는 모든 시계는 그녀가 약혼자로부터 배신당했음을 알게 된 그 시간에 멈춰 있다). 대장간 집에서 자라는 고아인 핍이 지역의 부유한 여성이 사는 고딕풍 저택에 불려가, 아직도 웨딩드레스 차림인 늙은 미스 해비샴이 결혼 피로연이 열릴 예정이던 방을 차지하고 있음을 알게 되는 전반부 장면에서 디킨스는 (그리고 린은) 소름 돋을 정도의 성공을 거둔다. 그녀는 거미줄이 쳐진 가운데 쥐가 갉아먹고 있는 '웨딩케이크'를 가리키고는, 핍에게 그녀가 앉은 휠체어를 밀면서 결혼 피로연에 올 손님들을 앉힐 계획이던 커다란 테이블 주위를 돌아다니라고 명령한다.

저택의 분위기, 그리고 이 저택에 살고 있는 정신이 이상한 거주자는 의심의 여지없이 4년 후에 만들어진, 베벌리힐스에 있는 저택의 내부에 유배된 나이 먹은 영화계 여왕을 다룬 빌리 와일더Billy Wilder의 <선셋대로Sunset Boulevard>에 영감을 줬다. 린과 와일더에 대한 저서들을 집필한 터너는 두 영화를 비교하면서, 매그위치가 스크린 밖에서 핍을 향해 튀어나오는 전반의 교회 묘지 장면이 이후에 만들어진 숱한 공포 영화들에서 모방된 것은 아닌지 궁금해한다.

미스 해비샴의 저택에는 어린 소녀 에스텔라(놀랄 만큼 아름다운 열일곱 살의 진 시몬스Jean Simmons)가 있다. 소녀를 입양한 노파는 남자들의 마음을 아프게 만들겠다는 단 한 가지 목적을 위해 소녀를 키

운다. 핍은 만나는 즉시 그녀를 사랑하게 되지만, 에스텔라는 자신에게서 멀리 떨어지라고 경고한다. 그녀가 그를 정말로 좋아하기 때문일 것이다. 에스텔라가 결심한 것은 남자들에게 고통을 주는 것이고, 미스 해비샴은 이로써 불공정한 세상을 향한 원한을 어느 정도는 풀 수 있다. 잔소리 많은 누나(프레다 잭슨Freda Jackson)와 마음씨 착한 대장장이인 매형 조 가저리(버나드 마일스Bernard Miles) 밑에서 자란 핍은 우아한 에스텔라에 비하면 너무 교양 없는 아이인데, 신비에 싸인 후원자는 핍이 변신할 수 있도록 돈을 대 준다. 핍을 부른 미스 해비샴의 변호사 재거스는 런던에서 핍이 (특히 신사처럼 옷을 입고 말하는 법에 대한) 교육을 받고 연습하는 동안 후원자가 비용을 지불할 것이라고 밝힌다. 핍은 훌륭한 모범을 보여 줄 품위 있는 청년 허버트 포켓(알렉 기네스Alec Guinness)과 같은 집에 거주한다.

물론 핍은 미스 해비샴이 후원자일 거라고, 자신이 에스텔라의 남편이 되기 위한 신랑 수업을 받고 있는 거라고 추측한다(당시 스물아홉 살이던 발레리 홉슨Valerie Hobson이 에스텔라의 스무 살 시절을 연기한다). 그의 추측이 맞느냐 틀리냐는 디킨스가 소설의 멜로드라마 같은 결론에서 풀어 준 의문 중 하나다. 린은 관객들이 품은 감상적인 요구에 흡족하게끔 결론을 약간 수정했다. 소설에 친숙한 독자들이라도 영화가 어떻게 끝나는지를 알 수 없다는 뜻이다.

디킨스가 캐릭터들을 뚜렷하고 다채로운 필치로 그려 냈기 때문에, 역할들을 채워 넣을 최고의 접근 방식은 아마도 타입 캐스팅일 것이다. 핍은 약간 특색 없는 주인공이다. 디킨스의 많은 핵심 캐릭터처럼, 핍은 사건의 출처가 아니라 그의 인생에 들이닥치는 다채로운 사건들과 사람들을 목격하는 인물이다. 이야기를 생기 넘치게 만드는 것은 조연들이다.

매부리코에다 갈가리 찢긴 레이스와 리넨으로 꾸민 초라한 행색,

오랜 유배 생활을 했음에도 영양실조에는 걸리지 않은 미스 해비샴을 연기하는 마티타 헌트Martita Hunt는 전반부 장면들을 장악한다. 이따금 그녀의 옆얼굴은 기괴하게도 빅토리아 여왕의 청동상처럼 보인다. 또 다른 에너지의 원천은 재거스를 연기한 비범한 배우 프랜시스 L. 설리번Francis L. Sullivan이다. 그의 목소리는 넓은 화면 프레임을 우렁차게 울려 대고, 풍채는 왜소하지만 부지런한 조수 웨믹(아이버 바너드Ivor Barnard)의 체구를 더욱 왜소하게 만든다. 웨믹이 핍을 데리고 자기 집에 가서 늙은 아버지를 뵙게 만드는 장면은 디킨스가 우리의 상상력에 어필하게끔 만드는 전형적인 장면이다. '늙은 아버지' 같은 중요치 않은 캐릭터를 이렇게 영화에 남길 필요는 전혀 없다. 그러나 귀가 먼 노인네가 사람들로부터 인사받기를 얼마나 좋아하는지를, 그리고 재미난 고갯짓이 많이 일어난다는 것을 우리는 기억한다.

캐스팅에서 유일한 실수는 어른 핍을 연기할 배우로 존 밀스John Mills를 선택한 것이다. 영화가 만들어질 당시 밀스는 서른여덟 살이었고, 그가 연기한 핍은 스물한 살이 되어 가는 중이었다. 열여섯 살인 어린 핍(앤서니 웨이저Anthony Wager)으로부터 그보다 네 살 많다고 설정되어 있지만 솔직히 중년 남성처럼 보이는 장성한 핍으로 넘어가는 과정에서 영화는 심하게 삐걱거린다. (핍의 동년배 허버트 포켓을 연기하는 알렉 기네스는 서른두 살이었다. 이것은 기네스가 영화에서 처음으로 맡은 주요 배역이었다.)

린은 이 영화를 만들 당시 초기 경력에서 정점에 달해 있었다. 트레버 하워드Trevor Howard와 실리아 존슨Celia Johnson이 출연하는 애처롭고 감동적인 로맨스 영화 <밀회Brief Encounter>(1945)는 영국의 위대한 고전으로 남아 있다. 같은 해에 <즐거운 영혼Blithe Spirit>을 만든 그는 <위대한 유산>을 만든 다음, 또 다른 디킨스 각색 영화 <올리버 트위스트Oliver Twist>(1948)로 직행했다. 그는 데뷔작을 연출하기 전에 7년간 편집 감독으로 일했는데, 그의 경력은 편집 감독으로 일하다 감독이 되는 쪽이 촬영 감독으로 일하다 감독이 되는 쪽보다 더 뛰어나다는 이론을 지지하는 주장을 뒷받침한다. 촬영 감독은 화면의 때깔에 유혹당하는 반면, 편집 감독은 줄거리가 관객에게 먹히게 하려고 고민한다.

많은 사람이 데이비드 린 경을 당대의 가장 위대한 영국 영화감독으로 여겼다. 린 경이 편집 감독 시절에 (1941년 작품 <49번째 평행선49th Parallel>에서) 같이 작업했던 마이클 파월Michael Powell을 더 훌륭한 감독으로 여기는 사람도 많기는 하지만 말이다. 그는 <콰이강의 다리The Bridge on the River Kwai>에서 시작해 일련의 기념비적인 작품들로 이어진 웅장한 영화들 덕에 위대한 명성을 쌓았다. 그 웅장한 영화들은 <아라비아의 로렌스Lawrence of Arabia>(1962), <닥터 지바고Doctor Zhivago>(1965), <라이언의 딸Ryan's Daughter>(1970), 그리고 <바운티호의 반란Mutiny on the Bounty>의 제작이 불발되면서 오랜 침체기를 겪은 후에 나온 <인도로 가는 길A Passage to India>(1984)이다. 그는 <콰이강의 다리>와 <아라비아의 로렌스>로 오스카상 감독상을 수상했고, (<위대한 유산>을 포함한) 다른 다섯 편으로 후보에 올랐다. 물론 후기작들은 린에게 세계적인 명성을 안겼다. 그의 작품 전부가 그렇듯, 후기작들은 드라마틱한 시각적 구도를 총애하는 경향을 보인다. 그는 관객의 시선을 숏의 극적인 중심부로 끌고 갈 수 있도록 프레임 구도를 잡기를 좋아했다. 초기작들의 특징은 스토리텔링에 있어서 굉장히 경제적이고, 그 결과 굉장히 힘이 있다는 것이다. 후기의 린은 전직 편집 감독이라기보다는 전직 촬영 감독처럼 일했다.

영국영화협회가 칸영화제에서 연회를 주최하며 창립 50주년을 축하할 때, 주빈은 린, 그리고 찰스 왕세자Charles, Prince of Wales와 다이애나 비Diana, Princess of Wales였다. 린지 앤더슨Lindsay Anderson과 앨런 파커Alan Parker를 포함한 린의 라이벌들은 외진 좌석에 앉았다. 그런데

<위대한 유산>처럼 소품이던 초기작들이 그의 최고작이었고, 후기작들은 그가 완벽주의에 도취하는 바람에 빈약해졌다고 생각하는 사람들도 있다. 나는 1969년에 아일랜드의 딩글반도에 있는 <라이언의 딸> 촬영장을 방문했었는데, 비가 휩쓸고 간 시골집에서 로버트 미첨Robert Mitchum이 우리를 접대했던 게 기억난다. "우리 감독님은 촬영을 하루만 했어요." 그가 한 말이다. "우리는 촬영 일정보다 일주일 뒤처졌죠."

알폰소 쿠아론Alfonso Cuaron이 1998년에 만든 <위대한 유산>은 초목에 뒤덮인 플로리다의 저택을 배경으로 설정하는 식으로 줄거리를 업데이트하면서 핍 역에 이선 호크Ethan Hawke를, 에스텔라 역에 귀네스 팰트로Gwyneth Paltrow를, 미스 해비샴 역에 앤 뱅크로프트Anne Bancroft를 출연시켰다. 린의 영화와 비등한 정도의 공포와 비애감을 담은 영화였지만, 리뷰들은 우호적이지 않았다. 줄거리를 지나칠 정도로 충실히 따라가겠다는 의지가 강해서였을 것이다. 하지만 나는 쿠아론의 배짱이 마음에 든다.

위험한 도박

House of Games

감독	데이비드 매밋	
주연	린지 크라우스, 조 만테냐	
제작	1987년	102분

데이비드 매밋David Mamet, 1947~ 이 만든 거의 모든 영화에는 사기 행각이 등장한다. 어떤 캐릭터가 사기꾼들에게 속는 <위험한 도박>에서처럼, 때때로 그것은 말 그대로 사기다. 나이 든 구두닦이가 시카고 조폭의 우두머리로 오해받는다는 내용의 <제3의 기회Things Change>처럼, 때때로 그것은 의도치 않은 사기다. 부동산 세일즈맨이 고객을 속이는 동안 그들 자신도 소속 회사로부터 사기를 당하고 있다는 내용을 다룬 <글렌게리 글렌 로즈Glengarry Glen Ross>처럼, 때때로 그것은 이중의 사기다.

이 가운데 어떤 사기도 고전적인 사기 행각처럼 단순한 범죄의 관점에서 집필되거나 묘사되지 않는다. 그것들은 모두 사기 피해자가 느끼는 정서적인 차원에서 벌어지는 사기 행각과 관련 있으며, 그 층위 덕에 사기 행각들은 드라마를 위한 멋진 소재가 된다. 매밋의 데뷔작 <위험한 도박>에는 사기의 근원에 깔린 전략을 설명해 주는 장면이 있는데, 이 설명은 그의 모든 작품에 딱 들어맞는다. “기본적인 아이디어는 이래요.” 사기꾼(조 만테냐Joe Mantegna)은 제자가 된 여자(린지 크라우스Lindsay Crouse)에게 설명한다. “이것의 이름은 신뢰 게임이에요. 왜? 당신이 나한테 믿음을 주기 때문에? 아니지. 내가 당신한테 내 믿음을 주기 때문이에요.”

그는 시범을 보인다. 웨스턴 유니언 사무실에 간 그들은 이체되어 들어올 돈을 기다리는 척한다. 한 남자가 들어와 직원에게 자기 돈이 도착했는지 묻는다. 돈은 아직 오지 않았다. 남자는 자리에 앉는다. 그를 대화에 끌어들인 만테냐는 남자가 캠프 펜들턴으로 돌아갈 버스비가 필요한 해병임을 알아내고는 부드러운 목소리로 말한다. “해병? 나도 해병이었어.” 인연을 확실하게 만든 만테냐는 자신이 기다리는 돈이 도착하는 대로 버스비를 빌려주겠다고 제안한다. 그는 그의 믿음을 준다. 그는 남자를 믿는다는 것을 보여 준다. 당연히 남자의 돈이 먼저 도착하고, 당연히 그는 만테냐에게 돈을 빌려주겠다고 나선다. 이 사기 행각의 아름다움은 사기 행각이 펼쳐지는 내내 만테냐가 돈을 빌려달라고 요청한 적이 없다는 점이다. 그는 돈을 빌려주겠다고만 했다.

믿음에 바탕을 둔 이런 사기성 제안은 매밋의 영화들에 이런저런 방식으로 깔려 있지만, 결코 반복적으로 등장하지는 않는다. 그의 사기성 제안은 무한한 극적 가능성을 풀어놓기 때문이다. 매밋의 영화에는 느릿한 순간이 거의 존재하지 않는다. 아무리 사소한 대화라도, 아무리 평범한 일상의 한순간이라도, 거기에는 말하는 사람의 감춰진 동기가 잔뜩 실려 있기 때문이다. 우리는 아무 일도 일어나지 않는 것처럼 보이는 순간에도 무언가가 일어나고 있는 게 분명하다는 환상에 사로잡혀 주의를 집중하게 된다. 하지만 그 일이 무엇인지를 분간할 수는 없다. 이것이 매밋이 우리를 상대로 치는 사기다. 그는 우리가 그의 플롯을 따라올 수 있을 거라는 믿음을 우리에게 내놓는다.

우리는 때때로 플롯을 따라잡지 못한다. <스페인인 죄수The Spanish Prisoner>의 복잡한 미로를 생각해 보라. 한 남자(스티브 마틴 Steve Martin)가 열대의 섬에 나타난다. 그의 사기 대상(캠벨 스콧Campbell Scott)은 그가 수상 비행기로 섬에 도착했을 거라고 추측하지만, 사실 그가 도착하는 모습을 본 사람은 아무도 없다. 스콧은 회사의 비밀 정보(1백만 달러 가치가 나가는 공식)에 접근했다. 마틴은 그에게 자신의 믿음을 제공한다. 그는 뉴욕에 사는 누이한테 책을 전해 달라고 스콧에게 요청하면서 누이가 괜찮은 연애 상대가 될지도 모르겠다는 힌트를 준다. 책 배달은 비밀을 밝히게끔 스콧을 끌어들이는 우회적인 방법처럼 보인다. 하지만 사실 영화에는 그보다 더 깊은 층위가 있고, 결말에서 우리는 정말로 경악할 만한 사실을 알게 된다.

나는 매밋이 명확하게 해 준 설명의 밑바닥에는 속임수의 또 다른 층위가 있을 거라고 확신하며 극장을 나섰다. 실제로는 그런 게 없었을 수도 있다. <스페인인 죄수>의 진짜 사기 행각은 매밋이 관객을 상대로 친 사기 행각인 게 분명하다. 사기 행각이 관객들이 생각하는 그것이 아닐지도 모르며 진실의 폭로가 아무것도 설명해 주지 못할 수도 있는 순간에, 매밋은 영화에 사기 행각이 있었으며 그가 그 사실을 밝혔노라고 관객들을 납득시킨다. 경이롭다. 그는 그의 믿음을 우리에게 주는 것을 통해 그 일을 해냈다.

나는 매밋의 영화들을 특히 좋아한다. 그의 작품들은 나의 내면에 걸려 있는 민감한 현絃을 강타한다. 배우들이 그의 연출 지시에 따라 펼치는 무미건조한 행동 방식(결과에 도달하려고 행동하는 게 아니라 결과가 그들에게 찾아오게끔 만드는 방식)이 마음에 든다. 연기자와 카메라 모두가 보여 주는 약간 틀에 박힌 연기 스타일이 마음에 든다. 매밋의 연출을 보면 파스빈더Rainer Werner Fassbinder의 영향을 받았다는 게 감지된다. 파스빈더는 배우들이 미술 작품 안에서 포즈를 취하고 있는

것처럼 행동하는 것을 좋아했고, 배우들도 자신이 그런 식으로 행동한다는 것을 알았다.

매밋의 연출에는 짓궂은 특징이 있는데, 나는 그 특징에서 우리에게 이야기를 들려주는 동안 신중하게 카드를 펼치는 마술사를 떠올린다. 우리는 마술사가 하는 이야기가 카드와는 아무런 관련이 없음을 안다(“다이아몬드의 퀸은 하트의 킹과 바람을 피우기로 결심했고……”). 그가 하는 이야기는 바람잡이다. 진짜 이야기는 카드에 무슨 일이 벌어지고 있는가 하는 것이다. 그가 무언가 다른 일을 하면서 우리에게 무슨 이야기를 들려줄 때, 그가 실제로 하는 일은 무엇인가? 마술사의 목소리는 퀸과 킹이 바람났다는 것을 그 자신이 진짜로 믿는 것처럼 들리지 않는다. 그의 이야기는 약간은 형식적으로 관객을 조롱하는 것 같은 특징을 띤다. 그는 우리에게 이야기를 들려준다는 제식을 펼치면서, 그러는 동안 다른 감춰진 방식으로 트릭을 펼치고 있다. 매밋의 영화들이 주는 느낌도 그렇다. 진짜 카드들은 어딘가에 감춰 두고 있는 마술사가 쓰는 수법이다. 매번 똑같은 쉰두 장의 카드를 등장시키는 마술사처럼 그가 동일한 배우들을 거듭 활용하는 데에는 다 이유가 있다(실제로 매밋은 리키 제이Ricky Jay가 출연하는 브로드웨이 쇼를 연출한 적이 있는데, 제이는 그의 영화 대부분에 출연한 정상급 카드 마술사다).

나는 매밋의 데뷔작 <위험한 도박>을 좋아한다. 이 작품이 그가 연출한 <제3의 기회>, <호미사이드Homicide>, <스페인인 죄수>, <올레아나Oleanna>, <윈슬로우 보이The Winslow Boy>, <스파르탄Spartan>, 혹은 시나리오를 쓴 <글렌게리 글렌 로즈>, <디 엣지The Edge>, <왝 더 독Wag the Dog>보다 나은 작품이라서가 아니다. 참신한 충격을 담고 도착한 작품이기 때문이다. 그 영화를 보러 간 나는 새로운 스타일을, 특이한 목소리를 접했다.

크라우스는 베스트셀러를 쓴 작가이자 심리치료사로 출연한다. 그녀의 환자 한 명이 도박사로부터 다리를 부러뜨리겠다는 위협을 받는다. 어느 날 밤, 그녀는 도박사(만테냐)와 만나려고 에드워드 호퍼의 그림에 나오는 풍경 같은 거리를 가로질러 '게임의 집House of Games'에 간다. 그녀는 열린 문틈으로 카드 게임이 진행되고 있는 광경을 본다. 만테냐는 그녀와 이야기를 나누러 나오고, 그녀는 그를 겁주려는 태도를 취한다. 우리는 이 상황과 협박은 아무런 관련도 없음을 감지한다. 그녀는 위험한 남자를 상대로 터프한 이야기를 나누는 데에서 에로틱한 스릴을 느낀다. 만테냐는 단박에 그녀의 생각을 읽어 낸다. 그는 빚을 탕감해 줄 방법이 있다고 말한다. 여자가 그가 벌이는 사기 행각을 돕는 것이다. 게임에 참여한 도박꾼 중에는 부유한 텍사스 사람(리키 제이)이 있다. 그는 '티'(좋은 패를 받았을 때 그 사실을 본의 아니게 드러내는 제스처)를 낸다. 만테냐는 크라우스에게 자신은 방을 떠날 테니, 그가 티를 내는지 여부를 크라우스가 확인해야 한다고 말한다. 크라우스는 꼼꼼히 살펴보고는 티를 내는 것을 확인한다. 그녀는 흥분한다. 그녀는 자신들이 큰판을 먹을 수 있다는 것을 안다. 텍사스 남자는 판돈을 몽땅 이 판에 건다. 만테냐가 가진 돈으로는 그만큼의 판돈을 걸 수가 없다. 크라우스는 그에게 수표를 발행해 주겠다고 제안한다. 아름답다. 그는 그녀에게 믿음을 줬고, 그녀는 그에게 돈을 줬다.

아하, 하지만 영화는 이것보다 훨씬 더 복잡하다. 내가 너무 많은 것을 누설했다고 생각하지는 마라(더 이상은 아무것도 누설하지 않을 셈이다). 나는 사기의 메커니즘이 이야기의 거죽(킹과 퀸)을 제공하는 한편으로, 여자의 리비도가 사기 행각에 동참한다는 스릴 때문에 얼마나 급격히 달아오를 수 있는지에 대한 진짜 이야기를 펼쳐 가는 방식이 마음에 든다. 나중에 그녀와 만테냐는 다른 남자의 호텔 방에 들어간다. 금지된 문을 통과해 들어가는 것은 그녀에게 격렬한 전희처럼 작동한다. 모든 장면이 그녀의 시점에서만 관찰된다는 사실이 줄거리의 메커니즘에 중요하다.

매밋의 대사는 실생활에서 볼 수 있는 평범한 빨간 벽돌들에서 시작된다. 그런 다음, 매밋은 그 벽돌들에 회반죽을 발라 약간 비스듬한 벽을 쌓아 간다. 당신이 못 알아듣는 말을 구사하는 사람은 아무도 없다. 캐릭터들은 천박함과 음탕함과 클리셰를 좋아한다. 그런데 대사는 약간 새로운 차원으로 탈바꿈한다. 약간은 틀에 박혀 있고, 말하는 사람이 제2 외국어를 구사하거나 리허설을 해 본 적 없는 역할을 연기하는 것처럼 어느 정도는 자의식적으로 구성되어 있다. 그래서 우리는 더 조심스레 귀 기울이게 된다. 영화가 끝날 무렵에 등장하는 대사가 있다("당신은 형편없는 말馬이야. 그래서 당신한테는 돈을 걸지 않을 거야"). 이 대사가 등장한 순간과 등장하는 방법의 (그리고 등장하는 이유의) 측면에서 이 대사는 정말로 완벽하다. 이것은 믿음에 따르는 선물을 마지막으로 거둬들이는 것이다. 게임은 끝났다.

이것이 스파이널 탭이다

This is Spinal Tap

감독	롭 라이너	
주연	롭 라이너, 마이클 매킨, 크리스토퍼 게스트, 해리 시어러, 프랜 드레셔, 브루노 커비	
제작	1984년	82분

기타리스트 나이절 터프넬이 다큐멘터리 감독 마티 디버기에게 자신의 앰프에 대해 설명한다.

나이절: 굉장히 특별한 거예요. 보면 알겠지만, 숫자가 11까지 올라가거든요. 계기판을 가로질러 가죠. 11, 11, 11…….

마티: 대부분의 앰프는 10까지만 올라가죠?

나이절: 바로 그거예요.

마티: 그럼 이게 소리가 더 크다는 뜻인가요? 소리가 좀 더 큰 건가요?

나이절: 흐음, 한끝 더 커요. 그렇지 않겠어요? 10이 아니니까. 있잖아요, 연주자 대부분이 10까지만 연주를 해요. 기타로 10까지 연주하면, 그다음에는 어디로 갈 수 있겠어요? 어디로요?

마티: 모르겠는데요.

나이절: 아무 데도 못 가요! 그렇잖아요! 우리가 하는 일이 뭔지, 우리가 낭떠러지 너머로 나아가야 할 때 하는 일이 뭔지 알겠죠?

마티: 11까지 올리는 거군요.

나이절: 정확히 맞췄어요. 11이요. 한끝 더 큰 소리인 거예요.

마티: 그냥 10을 더 크게 만들지 그랬어요. 10을 최고 수치로 만들고는 좀 더 큰 소리가 나게 만들면요?

이 지적에 너무나 당황한 나이절은 껌 씹기를 거의 중단하기까지 한다. "이건 11까지 올라간다니까요." 결국 그는 이 말만 되풀이한다. 낭떠러지 너머의 경지에 돌입했다는 그의 믿음은 확고부동하다. 이제 마티 디버기는 자신이 접한 주장이 기타에 관한 논리학이 아니라 기타에 관한 신학임을 깨닫는다. 나이절은 생각 같은 게 별로 없는 사람이지만, 자신이 드물게 하는 생각만큼은 명확하게 정의하고 거만하게 방어해 낸다. 합리적인 영화감독인 디버기는 황홀경에 빠진 나이절의 면전에서는 속수무책이다.

역사상 가장 웃긴 영화 중 하나인 <이것이 스파이널 탭이다>가 다루는 이야기는 많다. 그중 하나는 그 장면이 진짜로 다루고 있는 이야기를 의문시하거나 해답의 형태로 제시하는 대신 프레임의 변두리에 배치하는 방식이다. 영화는 두 가지 이야기를 보여 준다. 록 밴드 스파이널 탭이 생각하고 소망하고 믿거나 두려워하는 사건들이 실제로 벌어지는 것에 대한 이야기, 그리고 그 밖의 실제로 벌어지는 사건에 대한 이야기. 밴드 멤버들은 대단히 사랑스럽다. 천진난만하고 낙천적인 모습이 무척이나 감동적이기 때문이다. 록 스타가 됐다는 순수한 재미에 도취한 그들은 밴드의 유효 기간이 한참 지난 후에도 여전히 군중의

환호성을 듣고 싶어 하면서, 점점 규모가 줄어드는 청중 앞에서 점점 적어지는 돈을 받으며 공연한다.

1984년에 개봉한 이 페이크 다큐멘터리는 롭 라이너Rob Reiner, 1947~의 감독 데뷔작이었다. 당시 시트콤 「우리 식구 모두All in the Family」의 '바보' 역할로 유명했던 그는 얼마 안 있어 할리우드에서 대대적인 성공을 거둔 감독 중 한 명이 됐다(<사랑에 눈뜰 때The Sure Thing>, <프린세스 브라이드The Princess Bride>, <해리가 샐리를 만났을 때When Harry Met Sally>, <미저리Misery>, <대통령의 연인The American President>). 그는 스파이널 탭이 6년 만에 처음으로 나선 미국 순회공연을 따라다니는 끈덕진 다큐멘터리 감독 마티 디버기를 연기한다. 그는 처음에는 밴드의 '유별난 요란함' 때문에 밴드에 매력을 느꼈다고 말하는데, 그런 까닭에 나이절이 밝힌 기술적 비법이 더 반가웠을 것이다.

밴드 멤버는 금발머리 '록의 신' 데이비드 세인트 허빈스(마이클 매킨Michael McKean)와 베이스 연주자 데릭 스몰스(해리 시어러Harry Shearer), 그리고 나이절 터프넬(크리스토퍼 게스트Christopher Guest)이다. 데이비드의 여자 친구 지닌 페티본(준 채드윅June Chadwick)이 순회공연에 합류하러 영국에서 날아온다는 소식을 들은 나이절의 가슴은 철렁 내려앉는다. 그는 그녀를 사내들로만 구성된 밴드를 엉망으로 만들 아웃사이더로 간주한다. 공연의 전면에 선 사내들이 대부분의 영광을 누리는 반면, 드러머 믹 슈림튼(R. J. 파넬R. J. Parnell)은 밴드의 덤 같은 존재로 살아가며 이따금씩 음향을 발산한다. 예전에 스파이널 탭에서 활동했던 드러머들의 사망률은 놀라운 수준이다. 드러머 한 명은 자연 발화로 사망했고, 다른 한 명은 구토물 때문에 질식사했다("그런데 그가 토한 구토물 때문은 아니었어요").

미국 투어에 나선 밴드를 뒷바라지하는 사람들을 연기한 인물들은 음악 산업에 종사하는 집단을 완벽하게 관찰한 끝에 차출한 사람들이었다. 매니저 이언 페이스(토니 헨드라Tony Hendra)는 응석받이들에게 하이킹이 거의 끝나간다고 약속하는 기진맥진한 보이스카우트 단장과 비슷하다. 그는 크리켓 배트를 갖고 다니면서 TV를 박살내는 치유 활동으로 중요한 순간에 느끼는 압박감을 해소한다. 보비 플렉맨(프랜 드레셔Fran Drescher)은 밴드의 새 앨범 "Smell the Glove(장갑 냄새를 맡아 봐)"가 음반 매장에 깔리지 않는 진짜 이유는 설명하지 않으면서도 그럴듯한 설명을 들려주려 노력하는 음반사 홍보 담당자다. 「데이비드 레터맨 쇼Late Night with David Letterman」의 밴드 리더 폴 섀퍼Paul Shaffer는 사인 행사에 팬을 단 한 명도 끌어모으지 못한 홍보 담당자 아티 퍼프킨을 연기하고, 프레드 윌러드Fred Willard는 공군 기지 격납고에서 열린 장교들의 무도회에서 펼치는 밴드의 마지막 미국 공연을 책임진 낙천적인 훅스트라텐 중위를 연기한다.

게스트와 매킨, 시어러, 라이너는 즉흥적인 리허설을 통해 영감을 받아가며 직접 시나리오를 쓰고 노래들도 작곡했다. 그중 'Sex Farm(섹스 농장)'을 비롯한 일부 곡들은 인기를 얻었는데, 실제로 그들의 노래는 다른 헤비메탈 히트곡들보다 못하지 않았다. (이 장르가 마음에 든 게스트는 <거프먼을 기다리며Waiting for Guffman>, <베스트 인 쇼Best in Show>, <마이티 윈드A Mighty Wind> 등 세 편의 모큐멘터리mockumentary를 직접 연출했다.) 청년기에 포크 그룹으로 활동을 시작해 1960년대에 히피족으로 변신한 후 무시무시하고 소름끼치는 최후의 모습을 취하게 된 스파이널 탭의 입장에서 헤비메탈은 오디세이의 종착역이다. 이제 그들의 투어에는 거대한 저승사자의 머리와 — 적어도 계획상으로는 — 밴드 멤버들을 한 명씩 낳게 될 외계인의 고치 같은 소품들이 등장한다.

라이너는 배경 정보와 미묘한 터치로 프레임을 채운다(마티의 견해를 전하는 동안 팔짱을 꼈다 풀었다 하는 방식을 눈여겨보라). 나이절, 데이비드, 지닌 사이의 삼각관계는 결코 공공연하게 인정되지 않는다. 투어의 지리멸렬함은 옆에서 툭하고 던지는 무심한 방식으로 설명된다(보스턴 콘서트가 취소된 후 나오는 말, "거긴 캠퍼스 타운은 아니잖아"). 데릭 스몰스가 그루피를 "내가 새로 사귄 특별한 친구"라고 소개할 때처럼, 대사는 정확한 단어 선택으로 정곡을 찌른다.

영화 후반부에서 가장 웃기는 장면은 오랫동안 많은 사소한 요소를 사랑스러운 방식으로 결합한 데에서 비롯된다. 그 장면은 세트 디자이너 폴리 도이치(앤젤리카 휴스턴Anjelica Huston)에게 내려진, 대작大作을 공연하는 동안 무대로 내려올 스톤헨지의 고인돌을 복제하라는 지시와 관련이 있다. 의사소통이 잘못되면서 복제품의 크기가 잘못된다. 라이너와 편집 감독의 솜씨를 제대로 파악하려면, 그들이 이 사건이 맞을 의외의 결말을 준비하는 방식을 관찰해 보라. 그들은 잘못 만들어진 소품이 무대 위에서 내려오는 단순한 장면을 보여 주는 대신, 무슨 일이 벌어질지에 대해 우리에게 들려주는 장면을 삽입한다. 그다음에 관객의 예상을 자아낼 중간 장면들을 거친 후에야 우리는 비참한 순간을 목격한다. 이것은 의외의 예리한 순간이 도달하기 전에 그런 일이 있을 거라는 점을 미리 알아두게끔 도움을 주는 드문 사례다. 우리는 실제로 벌어진 일뿐 아니라 — 그것만으로도 충분히 웃기지만 — 이런 사건에 대해 마음의 준비를 미처 하지 못한 밴드 멤버들의 반응에도 웃음을 터뜨린다.

최근에 <하드 데이즈 나이트A Hard Day's Night>를 다시 본 나는 비틀스가 상당히 재미있는 시간을 보냈다는 사실에 깊은 인상을 받았다. 그들이 'She Loves You(그녀는 너를 사랑해)'를 부르는 장면보다 흥겹고 오르가슴이 넘치는 단일 장면을 보지 못했다. 폴Paul McCartney과 존John Lennon이 노래를 부르는 동안 서로를 바라보며 미소 짓는 모습(공연을 위해 보여 주는 가식적인 모습이 아니라 그들 자신도 주체 못하는 감정을 표현한 모습)을 볼 수 있다. 많은 뮤지션이 성공이라는 행운을 누린 대가로 스스로 자신을 괴롭히고 싶어 하는 초기 단계를 거쳐야 한다. "우리는 그들이 자신이 맡은 배역을 구현하기를 얼마나 사랑하는지 맛볼 수 있다." 『슬레이트Slate』의 데이비드 에델스타인David Edelstein이 <이것이 스파이널 탭이다>가 재개봉했을 때 쓴 글이다. "왜 아니겠는가? 아무리 우스꽝스럽고 멍청하며 쇠락해 가는 거장일지라도 록의 거장이 되기를 원치 않는 자가 어디 있겠는가? 이것은 우리 시대 최고의 허무한 공상이다."

그는 이 작품의 가장 심오한 매력을 정확하게 지적했다. 스파이널 탭에 관한 이야기는 재미있지만 잔인한 재미는 아니다. 영화는 그들이 그들 자신이 되면서 느끼는 쾌감을 관객과 공유한다. 영화에는 이 연약한 세 영혼을 향한 애정이 담겨 있다. 맞다, 그들은 못돼졌다. 맞다, 그들은 불가능한 요구를 해 댄다(분장실에서 먹을 빵의 크기와 관련된 장면은 버릇없는 행동에 관한 걸작이다). 맞다, 그들의 음악은 꽤나 형편없다.

그런데 그들은 악한 사람이 아니다. 지금도 그럭저럭 그들을 하나로 단결시키는 꿈의 세계에서 살아가는 성스러운 바보들이다. 그들은 막판에 나설 일본 투어를 통해 구원을 받을 만한 가치 있는 존재들이다. 그런데 일본 사람들은 어쩌다 이런 밴드를 좋아하게 된다는 죗값을 치르게 된 걸까? <이것이 스파이널 탭이다>의 가장 사랑스러운 아이러니는 영화가 만들어진 후에도 밴드의 명줄이 이어졌다는 것이다. 그들은 실제로 투어를 다녔고 앨범들을 발표했다. 스파이널 탭은 지금도 살아 있지만 눈곱만치도 나아지지는 않았다.

이웃집 토토로 **となりのトトロ**	감독	미야자키 하야오	
	제작	1988년	88분

여기, 우리가 점유한 세상을 위해서가 아니라 우리가 당연히 살아가야 하는 세상을 위해 만들어진 아동용 영화가 있다. 악당이 없는 영화. 격투 장면은 없다. 못된 어른도 없다. 두 아이는 서로 싸우지 않는다. 무서운 괴물은 없다. 동트기 전의 어둠은 없다. 온화한 세상, 숲에서 이상하게 생긴 커다란 존재를 만나면 그 존재의 배에 올라가 몸을 말고 낮잠을 잘 수 있는 세상.

<이웃집 토토로>는 그리 많은 홍보나 광고 없이도 큰 사랑을 받는 가족 영화 반열에 올랐다. 이 작품은 세월이 흘러도 변치 않는 베스트셀러 비디오다. '인터넷 무비 데이터베이스Internet Movie Database, IMDb' 투표에서, 이 영화는 역사상 최고의 가족 영화 5위에 올랐다. <토이 스토리 2Toy Story 2>의 바로 아래 등수고, <슈렉Shrek>보다 높은 등수다. 새로 나온 『아니메 백과사전Anime Encyclopedia』은 이 영화를 역사상 최고의 일본 애니메이션이라 부른다. 나는 이 영화를 볼 때마다 미소를

짓고, 미소를 짓고, 또 미소를 짓는다.

이 작품은 가장 위대한 일본 애니메이터로 불리는 미야자키 하야오宮崎駿, 1941~가 수작업으로 만들어 낸 사랑스러운 작품이다. 스튜디오 지브리에 소속된 그의 동료 다카하타 이사오高畑勲 정도만이 미야자키에 필적할 인물일 것이다. 이 책에 수록된 <이웃집 토토로>와 다카하타의 <반딧불의 묘火垂るの墓>가 1988년에 동시 상영작으로 개봉했다는 사실은 주목할 만하다. 미야자키는 최근까지도 작품의 그림 작업에 컴퓨터의 도움을 받지 않았다. 그의 작품들에 쓰인 그림은 프레임마다 전통적인 방식대로 손으로 그린 것으로, 거장 미야자키는 수만 장에 달하는 프레임에 직접 기여를 했다.

애니메이션은 일본에서 거대 산업이다. 몇 년간은 박스 오피스의 25퍼센트를 차지하기도 했다. 미야자키는 '일본의 디즈니'로 불린다. 약간 불공평한 호칭이다. 월트 디즈니는 애니메이터라기보다는 프로듀서와 공상가에 가까운 반면, 미야자키는 소매를 걷어붙이고 자신의 작품을 몸소 그리는 사람이기 때문이다. 그는 일본에서 대단히 인기가 좋다. <타이타닉Titanic>은 <모노노케 히메もののけ姫>(1997)에게서 일본 역대 박스 오피스의 왕관을 빼앗았는데, 그의 <센과 치히로의 행방불명千と千尋の神隠し>(2001)은 <타이타닉>의 흥행 기록을 능가했다. 그가 만든 다른 아홉 편의 주요 작품 중에서 미국에 널리 알려진 작품으로는 <마녀배달부 키키魔女の宅急便>(1989), <천공의 성 라퓨타天空の城ラピュタ>(1986), <바람계곡의 나우시카風の谷のナウシカ>(1984), <루팡3세: 칼리오스트로의 성ルパン三世 カリオストロの城>(1979) 등이 있다.

미야자키의 영화들은 무엇보다 비주얼이 매혹적이다. 수채화 느낌이 나는 배경을 활용하고, 독특한 일본 아니메 전통에 입각해 커다랗고 동그란 눈과 작을 때는 점처럼 작지만 클 때는 동굴처럼 커지는 입을 가진 캐릭터들을 만들어 낸다. 디테일을 감지하는 방식 면에서는 부자연스럽지 않은 리얼리즘을 보여 준다. 예를 들어 <이웃집 토토로>의 앞부분에서 아이들이 집 근처에 있는 작은 폭포를 바라볼 때, 폭포 밑바닥에는 누군가가 냇물에 던져 넣은 병이 눈에 띄지 않게 놓여 있다.

영화는 구사카베 집안의 어린 자매 사쓰키와 메이의 이야기를 들려준다. 이야기가 시작하면 자매의 아버지는 근처에 드넓은 숲이 있는, 가족이 새로 살 집으로 차를 몰고 있다. 와병 중인 자매의 어머니는 이 지역에 있는 병원으로 옮겨졌다. 자, 이 문제에 대해 생각해 보라. 이 영화는 두 여자아이를 다룬다. 미국 애니메이션이 그러는 것처럼 두 남자아이도 아니고 남자아이 하나에 여자아이 하나도 아니다. 최근의 할리우드가 흉악한 아버지나 가정을 비운 아버지들을 선호하는 것과는 정반대로, 이 영화의 아버지는 강인하고 다정하다. 자매의 어머니는 와병 중이다. 미국 애니메이션에 와병이 존재하나?

그들이 이웃집 소년에게 새집을 찾아가려면 어떻게 가야 하느냐고 물었을 때, 우리는 소년이 얼굴을 찌푸리는 모습을 본다. 그러나 그들은 보지 못한다. 나중에 소년은 그 집은 귀신이 들린 집이라고 말한다. 그러나 미국적인 의미로 유령이나 무서운 존재가 등장하는 식의 귀신이 들린 것은 아니다. 메이와 사쓰키가 어두운 곳에 빛을 들였을 때, 아이들은 보풀이 난 조그맣고 까만 점들이 안전한 곳을 찾아 서둘러 몰려가는 것을 본다. 아버지는 "먼지 덩어리일 거야"라고 말하지만, 아이들을 돌봐 주러 온 할머니는 그것들이 "먼지 귀신들"이라고 말한다. 먼지 귀신들은 버려진 집을 좋아하는데, 웃음소리가 들리면 활동을 멈추고는 그 집을 떠난다.

아이들이 처음으로 집에 접근하는 방식을 잘 생각해 보라. 현관에 썩은 기둥이 있는데, 아이들은 조심스레 기둥을 앞뒤로 밀며 기둥이 얼마나 위험하게 지붕을 지탱하고 있는지를 보여 준다. 그런데 기둥은 지붕을 지탱하는 데 성공하고, 우리는 요란하고 충격적인 방식으로 지붕

이 무너지면서 모두가 안전한 곳을 찾아 재빨리 흩어지는 식의 미국식 클리셰에서 벗어난다. 아이들이 집안을 기웃거리며 다락방을 살펴볼 때, 아이들은 분명히 무서워한다. 그러나 아이들은 창문을 활짝 열고 위층에서 아버지를 향해 손을 흔드는 것으로 무서움을 떨쳐 버린다.

신기한 것들이 있다는 자매의 말을 아버지가 묵묵히 받아들이는 장면을 잘 생각해 보라. 먼지 귀신과 토토로는 존재하는가? 소녀들의 마음속에 그것들은 분명히 존재한다. 날랜 발 여덟 개로 숲을 헤치고 다니고 큰 눈동자는 헤드라이트 역할을 하는 고양이 버스 같은 경이로운 존재들도 마찬가지다. 평론가 로버트 플래몬돈Robert Plamondon은 이렇게 썼다. "어른들이 그것들을 정말로 믿는지 여부에 대해 말하기는 조금 어렵지만, 미야자키가 '어른들은 나를 거짓말쟁이라고 생각해. 그러니 나 혼자 힘으로 세계를 구해야 해'라는 식의 고색창연하고 진부한 아동 문학을 자랑스레 내놓은 적은 한 번도 없었다. 일본의 전통적인 영적 존재들을 향한 이러한 긍정적인 태도는 우리 두 문화 사이의 흥미로운 차이점을 잘 보여 준다."

<이웃집 토토로>는 갈등과 위협이 아닌 체험과 상황, 탐구에 기초한 작품이다. 이 점은 토토로(일본 신화에 나오는 숲속 존재들이 아니라, 미야자키가 이 영화를 위해 고안한 존재)와 관련된 사랑스럽고 긴 시퀀스들에서 명확해진다. 어린 메이는 처음에 아기 토토로를 발견한다. 고양이처럼 생긴 그것은 뜰을 서둘러 가로지르고, 메이는 그것을 따라 숲에 들어간다. 혼자 집에서 공부에 열중하는 메이의 아버지는 딸이 없어졌다는 것을 알아차리지 못한다. 아기 토토로는 메이를 잎이 무성한 녹색 터널로 데려가고, 메이는 거기에서 잠을 자고 있는 큼지막한 동물의 배 위로 떨어진다. 미야자키는 어둡고 두려운 숲이라는 클리셰를 활용하지 않는다. 사쓰키와 아버지가 메이를 찾아 나섰을 때, 그들은 큰 어려움 없이 (토토로가 사라졌기 때문에 맨바닥에서 잠을 자고

있는) 메이를 찾아낸다.

나중에 자매는 아버지가 탄 버스를 마중 나간다. 그런데 시간이 늦어지고 숲은 점점 어두워진다. 조용히, 문득, 커다란 토토로가 버스 정거장에 합류해 상상 속의 친구인 두 자매의 옆에 경호하듯 서 있다. 비가 내리기 시작한다. 우산을 갖고 있는 자매는 토토로에게 우산 하나를 건네고, 우산에 떨어지는 빗방울에 기뻐한 토토로는 나무를 흔들어 물방울 폭포를 떨어뜨리려고 땅을 구른다. 그러는 가운데 버스가 도착한다. 이 장면이 얼마나 차분하고 긍정적으로 다뤄졌는지를 주목하라. 밤과 숲은 하나의 상황으로만 다뤄졌을 뿐 위협적인 요소가 아니다. 영화는 악당을 필요로 하지 않는다. 나는 <위니 더 푸Winnie-the-Pooh>에도 원래는 악한 캐릭터들이 없었다는 사실을, 그런데 새로 나온 미국 영화 버전에 못된 족제비가 A. A. 밀른A. A. Milne의 온화한 세상에 집필되어 들어갔다는 사실을 떠올렸다.

자매의 집에 위급한 일이 두 번 닥친다. 가족의 새집에 대한 이야기를 하나도 빼놓지 않고 듣고 싶어 하는 어머니를 면회하려고 병원을 찾아갈 때, 그리고 의사한테서 전화를 받은 사쓰키가 도시에 있는 아버지와 통화할 필요가 생겼을 때. 두 장면 모두에서 어머니의 병환은 불행으로 이어질 게 분명한 비극이 아니라 살다 보면 겪을 수 있는 사건으로 다뤄진다.

미국 영화에서 흔히 볼 수 있는 '아이들 대 어른들' 식의 플롯은 없다. 가정은 안전하고 아늑한 안식처로 등장한다. 아버지는 합리적이고 통찰력이 있으며 재치 있다. 그는 이상한 존재들에 대한 이야기를 받아들이면서 딸들을 믿고, 열린 마음으로 딸들의 설명을 귀담아 듣는다. 선한 의도에서 비롯된 행동을 잘못 해석한 부모가 부당하게 아이들을 벌하는 우울한 장면은 이 영화에 없다.

<이웃집 토토로>의 미덕을 찬양하는 내 이야기가, 이 영화가 유익

하기만 한 영화라는 식으로 당신 귀에 들릴까 봐 두렵다. 이 영화가 세계 전역에서 관객들을 얻게 된 것은 따뜻한 마음씨를 품고 있는 영화라서 그런 것만이 결코 아니다. 영화에는 두드러질 정도로 설득력 있는, 실제 사람들과 (외모가 아니라 성격이) 닮은 두 어린 소녀를 관찰하는 방식에서 우러난 인간적인 코미디도 풍부하다. 토토로와 관련한 장면들에서는 경외감이 생기고, 고양이 버스가 등장하는 장면들은 매혹적이다. 영화는 약간 슬프고, 약간 무섭고, 약간 놀랍고, 약간 교육적이다. 딱 우리의 삶처럼 말이다. 영화는 플롯 대신에 상황에 의존한다. 그리고 삶의 경이로움과 상상력은 우리가 필요로 하는 모든 모험을 제공해 줄 수 있다고 주장한다.

이창

Rear Window

감독	앨프리드 히치콕	
주연	제임스 스튜어트, 그레이스 켈리	
제작	1954년	112분

앨프리드 히치콕Alfred Hitchcock, 1899~1980의 <이창>의 주인공은 휠체어에 갇혀 있다. 우리도 역시 갇혀 있다. 그의 시점에, 자유롭게 행동하지도 못하고 선택 대안도 제한된 그의 처지에 말이다. 그가 뻔뻔하게도 이웃들을 몰래 지켜보는 버릇을 유지하며 기나긴 낮과 밤을 보낼 때, 우리는 그가 느끼는 강박 관념을 공유한다. 우리는 남들을 엿보는 게 못된 짓임을 안다. 그러나 어찌 됐건, 우리는 영화를 보러 갈 때마다 항상 관음증 환자가 되지 않는가? 이 영화는 우리가 객석에서 하는 일(렌즈를 통해 낯선 이들의 사생활을 관찰하는 일)을 스크린 위에서 행하는 남자에 관한 영화다.

남자는 유명한 사진작가 L. B. 제프리스다. 약혼녀는 그를 '제프'라고 부른다. 제임스 스튜어트James Stewart가 연기하는 활동적인 이 남자는 다리가 부러져 엉덩이까지 올라오는 무거운 깁스를 한 채 꼼짝없이 누워 지내고 있다. 아파트를 벗어나지 못하는 그를 두 사람이 정기적으로 방문한다. 한 명은 보험 회사에서 파견한 간호사 스텔라(셀머 리터Thelma Ritter)로, 남자가 그런 짓을 하다가는 골치 아픈 일이 생길 거라 예상한다("뉴욕주는 피핑 톰한테 6개월 노역형을 선고해요"). 다른 사람은 약혼녀 리자 프리몬트(그레이스 켈리Grace Kelly)로, 자기 일에만 빠져드는 남자 때문에 절망하는 우아한 모델이자 드레스 디자이너다. 스텔라는 자신의 살갗에 들어 있는 삶보다는 다른 이들의 삶을 더 열심히 관찰하는 그에게 잔소리를 한다. "사람은 집구석을 벗어나 변화를 모색해 봐야 해요."

제프의 아파트 창문은 다른 많은 창문과 안마당을 공유한다(히치콕은 세트 한곳에 이 구조물 전체를 지었다). 그는 날이 갈수록 다른 세입자들의 삶에 익숙해진다. 가상의 신사 손님들을 위해 저녁 파티를 주최하는 미스 론리하트가 있고, 여러 사내를 위한 음주 파티를 주최하는 미스 토르소가 있으며, 사랑하는 작은 강아지를 바구니에 담아 정원에 내려놓는 부부가 있고, 경력이 망가지고 있다고 두려워하는 작곡가가 있다. 그리고 소월드(레이먼드 버Raymond Burr)가 있다. 이 남자의 아내는 온종일 침대에서 보내면서 남자의 삶을 비참하게 만든다. 어느 날 그 아내의 모습이 보이지 않는다. 몇 가지 단서(톱, 여행 가방, 소월드가 안마당 정원을 새로 판 흔적)을 끼워 맞춰 본 제프는 살인 사건이 일어났을 거라고 의심하기 시작한다.

그가 이러한 결론에 도달하는 길은 영화라는 매체가 사용하는 방법을 설명한다. 영화가 사용하는 방법을 이처럼 평이하면서도 대담한 방식으로 드러내는 영화는 드물다. 제프는 망원 렌즈가 달린 카메라를 들고 휠체어에 앉아 영화 카메라가 하는 방식대로 처음에는 여기를, 다음에는 저기를 바라본다. 우리는 그가 보는 것을 본다. 그리고 그가 도출하는 결론을 — 개별 장면이 쌓여 의혹의 몽타주로 발전하기 때문에 말 한마디 없이 — 도출한다.

영화의 초창기에 러시아 감독 레프 쿨레쇼프Лев Кулешов는 남자의 얼굴을 담은 동일한 숏을 다른 숏들과 병치하는 유명한 실험을 했다. 남자의 얼굴이 음식과 연결되자, 관객들은 남자가 배고파하는 것 같다고 말했다. 숏들은 중립적이다. 몽타주가 그 숏들에 의미를 부여한다. <이창>은 동일한 원칙을 장편 영화 길이로 증명한 것과 비슷하다. 영화에서 숏들은 제프의 머릿속에 쌓여서는 살인 사건으로 발전한다.

나는 때때로 히치콕의 마음속에서는 다양한 전형적 상황이 수족관 탱크에 있는 상어들처럼 지치지 않고 맴을 돌았을 거라고 상상한다. 그중 하나는 관음증(자신이 관찰당하고 있음을 모르는 사람들을 관찰하는 것)에 대한 매혹이고, 또 다른 유명한 하나는 누명을 쓴 결백한 사람이라는 관념이다. 그리고 그의 영화 중 상당수는 성 불능인 남자나, 차가운 금발 미녀를 앞에 두고도 무관심한 남자를 등장시킨다. 히치콕의 금발들(킴 노백Kim Novak, 에바 마리 세인트Eva Marie Saint, 그레이스 켈리, 티피 헤드런Tippi Hedren)에 대해서는 많이들 이야기한다. 그런데 그들이 에로틱한 애인이라기보다는 수수께끼의 인물이거나 위협적인 인물이라는 점을 관찰해 보라. 켈리가 연기하는 캐릭터인 리자는, 자신의 라이프 스타일을 묘사하면서 그녀에게 거리를 두는 제프를 헛되이 사랑한다. 그는 그녀에게 패션모델은 사막이나 정글을 견뎌 낼 수 없을 거라고 말한다.

그가 그녀를 멀리하는 이유는 다리 깁스로 상징되는 성 불능에 대한 두려움일 것이다. 두 사람의 관계는 <현기증Vertigo>에서 스튜어트가 연기한 캐릭터인 스카티와, 바버라 벨 기디스Barbara Bel Geddes가 연기하는 패션 일러스트레이터 사이의 놀라울 정도로 유사한 관계를 상기시킨다. 그녀 역시 그를 사랑했었다. 그는 거리를 뒀다. 켈리가 부러진 다리를 간호하듯, 그녀는 그의 현기증을 동정했다. 두 사람 모두 그의 관음증을 향한 강박 관념을 관찰한다. <현기증>에서 스카티는 그가 염탐해 왔지만 말은 한마디도 나눈 적 없는 여자와 사랑에 빠진다. <이창>에서 사진사라는 직업을 사랑하는 그는 렌즈를 통해 본 이미지들을 재구성하는 작업에 완전히 빠져든다. 그는 팔만 뻗으면 잡을 수 있는 대상을 원하는 게 아니라 멀리서 염탐하며 지켜볼 수 있는 대상을 원한다.

이러한 캐릭터들을 연기할 배우로 스튜어트를 선택한 것은 흥미롭다. 그는 1930년대와 1940년대에 경쾌한 코미디, 로맨스, 범죄물, 웨스턴에서 연기를 펼쳤는데, 그가 연기한 캐릭터들은 거의 항상 관객들의 호감을 얻는 캐릭터였다. 전후에는 캐프라Frank Capra의 <멋진 인생It's a Wonderful Life>의 판타지 신에서 어두운 측면을 드러냈는데, 히치콕은 그의 그러한 쌀쌀맞고 냉담한 측면을 <로프Rope>, <나는 비밀을 알고 있다The Man Who Knew Too Much>, <현기증>, <이창>에서 활용했다. 이런 역할들이 낳은 기이한 효과를 이해하고 싶다면, 서민적인 매력 면에서 지미 스튜어트와 종종 비교되곤 하는 톰 행크스Tom Hanks를 생각해 보라. 그에게 기괴하고 비뚤어진 빛을 비춘다면 어떤 기분이 들 것 같나?

<이창>에서 제프는 성인군자나 경찰, 모범 시민이 아니라, 관찰을 즐기는 남자다. 영화에는 그가 분명히 행동에 나서야 할 필요가 있는데도 그것을 미루는 중요한 장면들이 있다. 그가 행동을 미루는 건 벌어지는 사건에 관심이 없어서가 아니다. 자신이 적극적인 행위자가 될 수도 있다는 사실을 잊고 있기 때문이다. 그는 수동적인 역할에 열중한다. 의미심장한 것은 영화의 결말 부분에서, 자신의 아파트에서 위험에 처한 그가 사용하는 무기가 카메라의 플래시건이라는 점이다. 그는 적이 앞을 보지 못하게 만들고 싶다. 남자가 천천히 시력을 되찾는 장면은 남자의 눈을 통해 포착되는 흥분을 연상시키는 핏빛 디졸브를 통해 표현된다.

켈리는 이 영화에서 멋지고 우아하다. 그리고 그녀가 느끼는 진짜 아픔을 느낄 수 있는 장면이 몇몇 있다. 그녀는 아름다운 드레스 차림으로 근사하게 등장해서는 샴페인과 배달돼 온 저녁으로 제프를 만족시키기를 좋아한다. 하지만 그는 신경을 쓰지 않는다. 아니면 그녀의 구애를 달가워하지 않는다. 그녀의 구애는 그가 벗어나고 싶어 하는 관계를 떠올리게 만들기 때문이다. 그녀가 그에게 키스하려고 몸을 숙이고, 카메라가 그녀의 섹슈얼리티에 굴복하는데도 제프는 그렇지 않다는 걸 보여 주는, 부분적으로는 시점 클로즈업으로 등장하는 숏이 있다. 제프가 지켜보고 있는 대상에 대한 강박 관념을 끝장내 달라고, 대신에 그가 눈동자에 담긴 것(그녀의 아름다움)에 넋을 잃어야 한다는 걸 참작해 달라고 그녀가 관객에게 간청하는 듯한 장면이다.

<이창>의 원격 조종 서스펜스 장면들은 위험한 상황을 빚어내고는 제프가 무심하거나 행동에 나서려 들지 않는 동안 리자와 스텔라가 그 상황에 뛰어들게 만드는, 히치콕의 가장 극악무도한 장면들이다. 제프는 휠체어에 머문다. 여자들은 위험한 상황에 과감히 뛰어든다. 심지어 켈리는 부인을 살해한 용의자의 아파트에 들어가기까지 한다. 그리고 남자는 지켜본다. 우리는 다가오고 있는 위험을 본다. 우리는, 그리고 그는 움직일 수가 없다. 위급하다는 것을 알릴 수도 없다.

이러한 위급함과 서스펜스의 수준이 요즘 만들어지는 슬래셔 영화들의 값싼 스릴보다도 훨씬 수준이 높기 때문에, 1954년에 오락 영화로 만들어진 <이창>은 지금은 예술적인 영화로 인정받는다. 히치콕은 오래 전에 놀람과 서스펜스의 차이점을 이렇게 설명했다. 테이블 밑에 있는 폭탄이 터지면, 그건 놀람이다. 그런데 테이블 밑에 폭탄이 있다는 걸 알지만 그게 언제 터질지 모른다면, 그것은 서스펜스다. 요즘의 슬래셔 영화들은 어둠 속에서 예기치 않게 튀어나오는 위험에 의존한다. 놀람이다. 그런데 놀람은 우리에게 만족감이 아니라 찰나적인 동

요만 선사하고는 빠르게 사라진다. <이창>은 영화 내내 서스펜스에 충실하게 투자하면서 우리의 기억에 서스펜스를 저장해 둔다. 그런 까닭에 최후의 클라이맥스에 도달하면, <이창>은 성적 전희와 맞먹는 스릴러가 된다.

인 콜드 블러드 In Cold Blood	감독	리처드 브룩스	
	주연	로버트 블레이크, 스콧 윌슨	
	제작	1967년	134분

트루먼 커포티Truman Capote가 『인 콜드 블러드In Cold Blood』를 출간한 1966년 이후로, 트루 크라임true crime 장르는 서점의 별도 섹션을 온전히 채울 정도로 성장했다. 이전에도 범죄 사건을 상세히 다룬 문헌들은 보편적으로 출판됐었지만, 커포티는 심층 보도와 뉴 저널리즘New Journalism의 기법을 결합시켰고, 이후로 뉴 저널리즘은 황금기를 맞았다. 그는 자신의 저서를 '논픽션 소설'이라고 불렀다. 그는 캔자스주 홀콤 외곽의 목장 주택에 거주하는 클러터 가족 네 명이 살해당한 1959년의 몰지각한 사건과, 무지한 전과자 두 명의 체포로 이어진 경찰의 끈질긴 수사에 대한 이야기를 들려준다.

여러 시사지는 커포티의 보도와 관련한 무용담으로 — 맨해튼의 나약한 사교계 명사가 캔자스로 건너가 살인 용의자 딕 히콕Dick Hickcock과 페리 스미스Perry Smith, 수사관 앨빈 듀이Alvin Dewey와 현지 주민들과 어떻게 절친한 관계가 됐고 심지어는 우정을 맺기까지 했는지에 관한 이야기로 — 가득했다. 커포티는 뛰어난 기억력 덕에 인터뷰 대상자들과 나눈 대화들을 축약해 기억할 수 있었고, 여섯 명(클러터 가족과 그들의 살인자들)이 냉혹하게in cold blood 죽었다고 주장할 수 있게끔 살인 사건의 묘사를 책의 맨 뒷부분으로 미뤘다고 주장했다. 책은 사형을 반대하려는 의도를 담고 있었고, 평론가 일부는 커포티가 스미스와 히콕과 지나치게 가까워진 탓에 그들의 불운한 삶에 대한 동정심 때문에 맹목적이 되면서 클러터 일가가 당한 참변에 대해서는 초점을 잃고 말았다고 믿었다.

『인 콜드 블러드』는 당시에 독보적인 베스트셀러였다. 그러고 1년 후, 리처드 브룩스Richard Brooks, 1912~1992는 이 책을 바탕으로 황량한 분위기의 흑백 영화를 만들었다. 브룩스는 살인 사건이 발생한 평탄하고 드넓으며 바람 많은 공간을 포착하기 위해 촬영 감독 콘래드 홀Conrad Hall의 와이드 스크린 구도를 활용했다. 그는 원래 폴 뉴먼Paul Newman과 스티브 매퀸Steve McQueen을 살인자 역할로 캐스팅하기를 바랐지만, 그렇게 캐스팅을 했다면 영화는 스미스와 히콕을 이 슬프고 지저분한 이야기에는 전혀 어울리지 않을 매혹적인 도스토예프스키적 주인공들로 만들면서 절망적일 만큼 왜곡된 방향으로 접어들었을 것이다. 결국 그는 신인 배우 두 명을 찾아냈다. 스콧 윌슨Scott Wilson과 로버트 블레이크Robert Blake는 떠돌이들을, 그리고 그 떠돌이들의 기형적이고 제정신이 아닌 성격을 체현한 배우들이었다.

영화에 등장하는 정신과 의사는 그들이 혼자서는 살인을 저지를 수 없었을 것이라고 말한다. 둘은 한데 어울리면서 네 명의 목숨을 앗아간 성격을 형성했다. 스미스는 말한다. “딕이 처음에 계획을 말했을 때, 그건 현실적으로 보이지 않았어요. 그런데 우리가 그것에 좀 더 가까워질수록, 그것은 더욱 현실적으로 되어 갔죠.” 그의 입장에서 범행 계획은 클러터 가족을 살해하는 것이었다. 자신은 사람을 죽일 수 있는 인간이 아님을 아는 히콕은 목격자를 남겨 두고 싶지 않았다. 그래서 그는 방아쇠를 당길 정도로 '충분히 미친' 인간을 찾아냈다. 영화는 둘 중에서는 좀 더 나은 사람이었고, 범죄에서 손을 떼고 싶어 했으며, 클러터 일가에게 동정심을 느낀 스미스가 일가를 살해한 인물 중 한 명이 된 것을 그의 학대받은 어린 시절을 보여 주는 플래시백으로 설명한다. 그는 책과 영화에서 가장 유명한 대사를 통해 이렇게 밝힌다. "클러터 씨는 아주 좋은 신사라고 생각했어요. 그의 목을 긋는 순간에도 그렇게 생각했어요."

영화는 (모든 살인이 스크린 밖에서 벌어짐에도) 불필요하게 폭력적이고, 살인자들을 옹호하며, 사형에 대한 자유주의자들의 판에 박힌 공격이라고 간주한 사람들 때문에 논란에 휩싸였다. 오늘날보다는 1967년에 훨씬 더 충격적이던 영화는 할리우드의 썩어 빠진 가치관을 향해 부르는 만가라는 점에서 1967년에 나온 다른 영화 <우리에게 내일은 없다Bonnie and Clyde>와 관련 있었다. 그러나 브룩스의 연출과 각색, 콘래드 홀의 촬영, (할리우드 경력에 첫 발을 뗀) 퀸시 존스Quincy Jones의 음악은 오스카 후보로 지명됐다.

<인 콜드 블러드>는 2002년에 로버트 블레이크가 부인 살해 혐의로 체포되면서 새로운 악명을 떨쳤다. 뉴스들은 모두 콘래드 홀이 촬영한 가장 유명한 숏을 방영하기 시작했다. 블레이크가 연기한 페리 스미스가 교수형을 당하기로 예정된 날 밤, 빗물이 흘러내리는 창문을 통해 들어온 빛을 블레이크의 클로즈업된 얼굴에 비춰 그의 얼굴에 눈물이 흘러내리는 것처럼 보이게 만든 숏 말이다.

<인 콜드 블러드>와 블레이크가 실생활에서 겪은 고초 사이에 관련이 있다고 가정하는 한도 내에서, 블레이크를 캐스팅한 것은 타입 캐스팅으로 설명할 수 있다. 블레이크는 사생활에서나 그가 맡았던 많은 캐릭터에서나 주변 사람들에게 괴롭힘을 당하려고 태어난 것 같은 배

우였다. 키가 작다는 이유로 프로젝트에서 쫓겨나기 일쑤였던 그는 해묵은 불만과 상처를 안고 살았다. 전문 연기자로 활동한 기간 내내, 그는 가족들과 스튜디오들이 자신을 열심히 일하는 아역 스타로 취급하는 방식에 대한 분노에 사로잡혀 있었다. 그는 《우리 패거리Our Gang》 코미디 시리즈에 출연했고(초기에는 미키 구비토시Mickey Gubitosi라는 이름으로, 나중에는 보비 블레이크Bobby Blake라는 이름으로 크레디트가 달렸다), 《레드 라이더Red Ryder》 시리즈에서 리틀 비버를 연기했다. 열 살이 될 무렵에 거의 1백 편의 장·단편 영화에 출연했고, <시에라 마드레의 보물Treasure of the Sierra Madre>에서는 험프리 보가트Humphrey Bogart에게 복권을 파는 멕시코 꼬마 역할을 맡았다.

블레이크의 불행한 유년기는 페리 스미스의 학대받은 유년기에서 거울을 찾아낸 듯 보인다. 플래시백에서 보이는 스미스는 남편과 함께 로데오 쇼에서 활약하다 알코올 중독 때문에 창녀로 전락한 글래머 멕시코인 어머니를 우상화한다. 영화에서 허버트 클러터가 살해되는 순간은 스미스의 분노한 아버지가 아들에게 엽총을 겨누고는 방아쇠를 당기는 플래시백과 교차 편집된다. 장전되지 않았던 그 엽총은 스미스가 거꾸로 아버지를 향해 방아쇠를 당길 수 있을 때까지 몇십 년을 기다린 것처럼 보인다.

커포티가 '논픽션 소설'을 위해 실제 사람들의 인생사를 훔쳐 온 것처럼, 브룩스도 홀콤과 실제 클러터 저택을 활용하며 실제 로케이션에서 촬영하고 지역 주민들을 엑스트라로 고용했다. 배우들이 실제 가족들이 살았던 바로 그 집에서 클러터 일가의 행복한 삶을 재연하는 장면에서는 오싹한 마술 같은 분위기가 피어난다. 이것은 필요한 일이었을까? 내가 1968년에 블레이크를 인터뷰했을 때, 그는 이렇게 밝혔다. "우리가 촬영을 네브래스카에서 했다면, 사람들은 말했을 겁니다. '할리우드답지 않은 걸. 사건은 캔자스에서 벌어졌는데 촬영은 네브래스카에서 했어.’”

브룩스가 이 영화에서 거둔 위대한 업적은 스미스와 히콕을 실제처럼 평범하고 아둔하며 도덕적인 면에서는 어찌할 바를 모르는 낙오자들로 묘사한 것이다. 할리우드는 전통적으로 살인자들을 미화하는 경향이 있다. 그러나 오토바이 사고 때문에 찢어진 다리의 통증을 가라앉히려 아스피린을 한 움큼씩 씹어 대는 페리 스미스나 ‘목격자를 남겨두지 않겠다’는 데 집착하는 딕 히콕에게는 매력적인 측면이 조금도 없다. 길고 외로운 고속도로를 내려가는 그들의 오디세이를 따라가는 영화는 그들이 멕시코로 갔다 하릴없이 돌아오는 모습을 보여 주고, 꼬마와 할아버지와 팀을 이뤄 한 병에 3센트씩 받는 환급금을 위해 빈 병을 수집하는 비범한 시퀀스에서는 그들이 품은 부富를 향한 몽상을 축소한다.

영화에서 수사관 앨빈 듀이(존 포사이스John Forsyth)는 커포티를 대신하는 것이 분명한 저널리스트(폴 스튜어트Paul Stewart)에게 틈틈이 말을 건다. 히콕과 스미스가 사형수 감방에 갇힌 후의 장면들에서 저널리스트는 내레이터로 영화에 개입해 사형제의 무용성에 대해 꽤나 서투른 대사들을 내뱉는다. 이 캐릭터와 그가 말하는 모든 대사는 영화의 결점들로, 영화가 초기 장면들의 밋밋한 미니멀리즘을 유지했다면 훨씬 더 좋았을 것이다. 예를 들어 브룩스는 살인 장면에서 집 바깥에서 들려오는 황량한 바람소리만 사용할 뿐 아무 음악도 깔지 않을 정도로 영리하다.

영화가 전하려는 메시지는 몇 가지 이유에서 방향을 상실하는데, 그중 가장 큰 이유는 대부분의 사람이 히콕과 스미스는 죽어 마땅한 짓을 저질렀다는 데 동의한다는 것이다. 영화의 주된 뼈대는 비참한 유년기 때문에 비뚤어진 두 살인자를 향한 상당한 동정심을 자아내지만, 본질적으로 영화는 원작이 그랬던 것처럼 클러터 일가가 멍청하고 무의미한 이유로 목숨을 잃었다는 것을 보여 준다. 스미스는 1만 달러가 든 금고는 존재하지 않다는 게 명확해진 후에 이 사실을 빼어나게 표현한다. "우리는 멍청이야. 너는 있지도 않은 금고 때문에 정신 나간 딱따구리처럼 벽을 탁탁 치고 다니고 있고, 나는 고작 코 묻은 은화나 훔치려고 아픈 다리를 끌고 마룻바닥을 쓸고 다니고 있잖아."

자동차 대소동

Planes, Trains and Automobiles

감독	존 휴스	
주연	스티브 마틴, 존 캔디	
제작	1987년	93분

어떤 영화들은 위대함을 대번에 드러낸다. 반면 어떤 영화들은 위대함을 서서히 내보인다. 1987년에 <자동차 대소동>이 개봉했을 때, 영화를 정말로 재미있게 본 나는 영화를 호평한 다음 하던 일을 계속 해 나갔다. 그런데 영화는 내 기억 속에서 계속 살아났다. 이 영화는 다른 대중적인 오락물들(<멋진 인생It's a Wonderful Life>, <이티E.T.>, <카사블랑카Casablanca>)처럼 보편적인 주제를 담아냈을 뿐 아니라 그 주제들을 알맞은 연기자들과 줄거리에 연결했다. 그 덕에 이 영화는 비슷한 종류의 다른 영화들을 월등히 능가하면서, 그 영화들 중에서 거의 완벽에 가까운 영화로 우뚝 섰다. 이 영화는 매년 추수 감사절에 우리 식구들이 관례적으로 감상하는 유일한 영화다.

영화는 연기자들의 본질적인 개성에 기초하고 있다. 이 영화는 캐스팅이 완벽하고 구성도 탄탄하며, 그 외의 모든 것도 자연스레 흘러간다. 스티브 마틴Steve Martin과 존 캔디John Candy는 캐릭터들을 연기하지 않는다. 그들은 캐릭터 자체다. 바로 그것이 로드 무비와 버디 무비 두 장르에 안전하게 뿌리를 내리며 시작한 이 코미디가 애정과 진실을 한껏 드러낼 수 있었던 이유다.

줄거리는 친숙하다. 마틴은 시카고의 광고업자 닐을 연기한다. 흠잡을 데 없는 푸른색과 회색 정장 차림에 매끄럽게 면도를 하고 최근에 이발을 한 그는 자신감과 부티, 깐깐한 분위기를 풍긴다. 캔디가 연기하는 델은 샤워 커튼 고리(“세계 최고”)를 판매하는 시카고 출신의 순회 판매원이다. 키도 덩치도 무척 큰 그는 어울리지 않는 셔츠와 스웨터, 조끼, 스포츠 코트, 파카를 몇 겹이나 껴입고 있다. 촘촘하게 난 앙증맞은 콧수염은 스크린에 등장하기 직전에 삐뚤어지게 붙인 것처럼 보인다. 그가 맨 나비넥타이도 삐딱하다.

추수 감사절 이틀 전에 맨해튼에 있던 두 남자는 명절을 쇠러 고향에 가고 싶어 한다. 그런데 운명은 그들을 숙명으로 몰아넣는다. 두 사람은 현대의 교통수단이 희생자들에게 가하는 모든 모욕을 함께 견뎌 내게 된다. 그들을 더욱 괴롭히는 건 상대방과 같이 있을 수밖에 없는 덫에 걸려 있다는 사실이다. 델은 남들을 즐겁게 해 주고 싶어 한다. 닐은 혼자 있을 수 있기만을 바란다.

이 영화를 집필하고 연출하고 제작한 존 휴스John Hughes, 1950~2009는 최근 몇십 년 사이에 가장 많은 작품을 내놓은 다작 감독에 속한다. <조찬 클럽The Breakfast Club>, <신비의 체험Weird Science>, <페리스의 해방Ferris Bueller's Day Off> 같은 일부 작품이 열혈 숭배자들을 거느리고 있음에도, 그가 위대한 감독으로 언급되는 경우는 그리 많지 않다. 그를 지지하는 입장에서 할 수 있는 말은, 그는 대체로 자신이 명확하게 이해하고 있는 사람들에 대한 진솔한 이야기를 만들어 낸다는 사실이다. 예를 들어 그의 많은 청소년 코미디는 최근에 만들어지는 섹스와 무도회로 점철된 영화들보다 몇 단계 더 독창적이다. <자동차 대소동>에

OSHKONOGGIN

장착된 스토리 엔진은 서서히 커져 가는 우정이나 괴팍한 커플들의 적개심(저열한 영화들이라면 활용해 봄직한 장치들)이 아니라, 상대방에 대한 공감이다. 이 영화는 다른 사내의 기분에 대한 이해를 다루는 영화다.

우리는 델이 다른 사람들의 입장을 공감하는 데 타고난 사람임을 느낀다. 그는 닐의 문제점을 본능적으로 파악한다. 그는 자신이 닐이 타려던 택시를 가로챘음을 알고는 정말로 미안해한다. 그들이 탄 비행기가 목적지를 바꿔 위치타에 착륙하자, 그는 비어 있는 호텔 방이 없는 그곳에서 방을 잡을 수 있게 도와주겠다고 잽싸게 제안한다. 반면에 닐은 자신의 신용카드와 독자적인 행동 방식에 의존하는 사람이다. 그는 나름의 계획을 세우고, 자기 방을 잡으며, 자기가 탈 차를 렌트하고 싶어 한다. 그는 영화 내내 델에게서 떨어지려고 안간힘을 쓰지만 실패한다. 델은 영화 내내 상처 받은 기분을 느끼지만, 어찌 됐건 닐을 위해 일을 성사시키려고 노력한다.

이 영화는 비참한 영화 <별난 커플 2 Odd Couple II>(1998)처럼 고래고래 고함지르기 경기를 벌이는 영화가 될 수도 있었다. 하지만 휴스는 그보다는 솜씨가 좋다. 초반부의 핵심적인 장면은 그들이 같이 쓰는 위치타의 모텔 방에서 벌어진다. 화를 주체 못한 닐은 델이 지껄이는 농담들은 불쾌하고, 그가 하는 이야기들은 하나도 재미가 없으며, 뚱보가 해대는 무의미한 수다를 들어주느니 보험 세미나에 앉아 있는 편을 택하겠다고 쏘아 대며 분통을 터뜨린다. 캔디가 얼굴을 떨구는 모습을 보라. 그는 델을 상처받고 우울한 남자로 — 그리고 이런 상처와 우울함을 겪는 게 처음이 아닌 사람으로 — 보여 준다. 나중에 그는 살아오면서 만난 가장 중요한 사람이, 그는 남을 즐겁게 해 주려고 너무 열심이며 때를 가리지 않고 그렇게 열심히 노력해서는 안 된다는 말을 언젠가 했었다는 것을 기억해 낸다.

델은 이 지점에서 관객의 마음을 사로잡고, 영화는 단순한 코미디 이상의 영화가 될 채비를 한다. 그렇기는 해도 이 영화는 코미디다. 영화에 담긴 기발한 대사를 사람들 사이에 유행시킬 수 있는 영화는 1년에 한 편이 될까 말까 하다. 우리는 잭 니컬슨Jack Nicholson이 <파이브 이지 피시즈Five Easy Pieces>에서 토스트를 주문하는 법을 기억한다. <꿈의 구장Field of Dreams>의 "그걸 지으면 그들이 올 것이다", <이티E.T.>의 "이티, 집에 전화해", <미드나잇 카우보이Midnight Cowboy>의 "내가 지금 걷고 있잖아!", <지옥의 묵시록Apocalypse Now>의 "아침에 맡는 네이팜탄 냄새가 너무 좋아", <택시 드라이버Taxi Driver>의 "나한테 하는 말이야?"를 기억한다. 그리고 우리는 델과 닐이 비좁은 모텔 방 침대에서 껴안고 자다 깨어나는 장면을 기억한다. 닐은 델에게 지금 그의 손이 어디에 있느냐고 묻고, 델은 베개들 사이에 놓여 있다고 대답한다. 닐이 "그건 베개가 아냐"라고 말하자 화들짝 놀란 두 남자는 침대에서 튀어나오고, 닐이 "지난주에 베어스 게임 봤어?" 하고 소리를 치자 델은 울부짖는다. "정말 끝내주는 경기였어! 정말 끝내줬다고! 베어스는 쭉 잘 나갈 거야!" 이것은 동성애 혐오에서 비롯된 반응이 아니라 다른 사람들을 조심스러워하며 거리를 두도록 — 오해받기 쉬운 친밀한 모습을 보이는 걸 두려워하도록 — 양육된 두 남자가 보여 주는 자연스러운 반응이다.

이 영화의 다른 걸출하고 코믹한 장면은 영화가 R등급•을 받게 만들었는데, 영화 중에 PG-13등급◆을 넘어서는 등급을 받을 다른 요소는 없다. 그 장면은 닐이 "졸라f-word"라는 말로 교향곡을 연주하는 장면이다. 렌터카 회사 셔틀버스가 몰고 갈 차도 없는 자신을 공항에서 5킬로미터 떨어진 곳에 떨어뜨려놓자 막나가기로 작정한 닐이 이 교향

• 17세 미만인 사람은 성인 보호자 동반을 요하는 등급

◆ 13세 미만 사람에게는 부분적으로 부적합함을 알리는 등급

곡을 연주한다. 눈밭과 진창을 헤치고 활주로를 가로지르고 제방에서 굴러 떨어지는 고초를 겪으며 공항으로 돌아와야 했던 그는 수다를 떠는 렌터카 회사 직원(에디 매클러그Edie McClurg)과 마침 대면한다. 그녀는 전화로 디저트에 들어갈 자그마한 버섯이 필요하다는 수다를 떨고 있다. 그녀가 닐에게 불편한 것이 있느냐고 상냥하게 묻자, 그는 명사가 등장할 때마다 앞에다 "졸라"라는 말을 형용사로 집어넣는, 그리고 그것을 추임새로 활용하는 일장 연설을 풀어놓는다. 그가 말을 마치자, 그녀는 영화 대사 중에 가장 위대한 순간에 속하는 두 단어로 된 대답을 내놓는다.

닐은 보통 사람들 옆에서는, 그리고 체계적이고 정돈되지 않은 상황에서는 불편해한다. 그의 마음은 주간 근무자처럼 체계화되어 있다. 만사가 풍족한 고치 안에서 살아가는 그가 평범한 이들과 접촉할 수 있는 기회는 충분히 많지 않다. 버스에서 델이 함께 노래를 부르자고 제안하자, 닐이 근사해 보이려 어색한 노력을 기울이며 'Three Coins in a Fountain(분수 속의 동전 3개)'을 부르는 (그러면서도 가사를 모르는) 장면을 생각해 보라. 다른 승객들은 그를 미친 사람 보듯 쳐다본다. 델은 닐만 빼고는 모두가 아는 노래인 'We're the Flintstones!(우리는 플린스톤 가족!)'을 요란하게 불러 대는 것으로 상황을 모면한다.

<자동차 대소동>이 개봉하고 몇 년 후의 어느 날, 뉴욕의 호텔 바에 홀로 앉아 담배를 피우고 술을 마시는 존 캔디1950~1994를 우연히 만났다. 우리는 잠시 이야기를 나눴다. 우리는 다음날 같은 TV 프로그램에 출연하기로 되어 있었다. 그런데 그는 의기소침해 있었다. 사람들은 그를 사랑했지만, 그는 그것을 알지 못하는 듯, 또는 그것만으로는 충분치 않은 듯했다. 그는 사랑스러운 사내였고, 그에게 싫은 소리를 하는 사람은 아무도 없었다. 그런데 그는 자신을 싫어했다. 그가 원하는 건 사람들을 웃기는 게 전부였다. 그런데 그는 때때로 사람들을 웃기

려고 지나치게 기를 썼고, 일부 출연작에서 그런 모습을 보이는 자신이 미웠다. 나는 델을 떠올렸다. 그 역할은 무척이나 참된 역할이라 영화 전체를 바꿔 놓았다. 휴스는 그 사실을 잘 알았고, 작가이자 감독인 크리스 콜럼버스Chris Columbus는 <온리 더 론리Only the Lonely>(1991)에서 그 모습을 포착했다. 그 사실을 알았던 스티브 마틴은 솔직하게 맞장구를 치는 식의 연기를 했다.

오랫동안 사랑받는 영화, 우리가 틈틈이 다시 보는 영화들이 항상 고상한 주제를 갖고 있거나 미로처럼 복잡한 것만은 아니다. 그 영화들이 오랫동안 사랑받는 것은 관객의 마음에 곧장 파고드는 화살 같은 영화들이기 때문이다. 모텔 방에서 닐이 비난을 퍼붓자, 델은 슬픈 표정으로 말한다. "오, 알겠어." 이 순간은 델의 인생을 규정하는 순간일 뿐 아니라, 닐의 인생의 전환점이기도 하다. 닐도 역시 외로운 인물이지만, 그렇다는 사실을 알기에는 너무 잘 정돈된 삶을 살고 있기 때문이다. 기이한 것은 이 코미디에 신랄함이 대단히 많이 스며들어 있다는 점, 그리고 우리가 웃음을 터뜨리는 동안 그 신랄함이 점점 강해지기만 한다는 점이다.

정원사 챈스의 외출

Being There

감독	핼 애슈비	
주연	피터 셀러스, 셜리 매클레인	
제작	1979년	130분

카스파로프Гáрри Каспáров•가 딥 블루에게 패한 날, 나도 모르게 영화 <정원사 챈스의 외출>을 떠올렸다. 체스 챔피언은 컴퓨터에는 자신이 이해하지 못하는 무언가가 있었다고, 그 때문에 겁이 났다고 말했다. 컴퓨터가…… 생각하는 것처럼 보이는 순간들이 있었다는 것이다. 물론 체스는 생각하는 게임이 아니라 수학적인 전략을 겨루는 게임이다. 딥 블루는 의식을 소유하지 않고도 아주 훌륭한 솜씨를 발휘할 가능성이 있다는 것을 보여 줬다.

인공 지능을 판별하는 전형적인 테스트는 이렇다. 컴퓨터가 인간과 대화할 때 컴퓨터가 아니라 실제 인간이 대화하는 것처럼 보이게끔 컴퓨터를 프로그래밍할 수 있을까? <정원사 챈스의 외출>은 마음이 초보적인 인공 지능 프로그램처럼 작동하는 사람을 다룬 영화다. 영화

• 가리 카스파로프(1963~). 1997년 당시 체스 챔피언으로서 IBM의 컴퓨터 '딥 블루'와 대국을 가졌다.

에는 그가 성인기 내내 일해 온 곳인 정원의 관점으로 표현한, 세상에 대한 단순화된 일반화가 많이 등장한다. 그런데 그는 겉보기로는 훌륭한 교육을 받은 사람처럼 보이기 때문에 (그는 그가 거주했던 저택의 주인인 부유한 노인처럼 걷고 말하며 노인의 맞춤 정장 차림이다) 그의 단순함은 심오함으로 오해받고, 얼마 안 있어 그는 대통령에게 조언을 하고 백만장자와 친구가 된다.

남자의 이름은 챈스Chance다. 우리는 그가 부유한 은둔자의 연립주택에 있는 담으로 둘러싸인 정원에서 평생을 살아왔다고 추측하게 된다(그는 아마 은둔자의 아들일 것이다). 그는 판에 박힌 일상을 위해 알아야 할 필요가 있는 것을 잘 안다. 침대와 욕실이 어디에 있는지, 정원에 있는 식물들을 어떻게 보살펴야 하는지를……. 요리사 루이제는 그의 끼니를 차려 준다. 영화는 그의 상태에 대한 진단을 하나도 제공하지 않는다. 그는 주어진 자극에 반응할 줄 알고, 제한된 범위 안에서 적응하며 학습할 수 있다. 영화 앞부분에서 그는 자신을 "챈스…… 가드너gardener(정원사)"라고 소개하는데, 상대방은 그 말을 "촌시 가디너Chauncy Gardiner"로 잘못 알아듣는다. 그는 차림새와 품행에 어울리는 와스프WASP• 분위기의 이름 덕에 얼마 안 있어 대통령에게 조언을 하게 된다. "봄, 여름, 가을, 겨울…… 그리고 다시 봄이 옵니다." 만고불변의 진리 아닌가.

챈스를 연기한 피터 셀러스Peter Sellers는 언젠가 나한테 이런 말을 한 적이 있다. "나는 개성을 정말이지 조금도 갖고 있지 않아요. 나는 카멜레온이에요. 역할을 연기하고 있지 않을 때면, 나는 어떤 사람도 아니에요." 물론 그는 자신이 예지 코신스키Jerzy Kosiński의 소설에서 비롯한 이 역할을 연기하기에 이상적인 배우라고 판단했다. 셀러스는 챈

• White Anglo-Saxon Protestant, 앵글로색슨 백인 신교도

스를 자신이라는 존재를 평온하게 여기는 인물로 연기한다. 노인이 죽은 후, 집이 청산되고 챈스는 쫓겨난다. 챈스가 언제 강도로 변할지 모르는 무리와 맞닥뜨리는 유명한 장면이 있다. 그는 무리에게 리모컨을 겨누고는 단추를 누른다. 그는 아무것도 사라지지 않자 흠칫 놀란다.

셀러스는 챈스를 영화 내내 동일한 분위기로 연기해 낸다. 그는 초연하고 과묵하며 자신이 아는 지식 안에서 안정된 모습을 보이면서 자신의 한계를 알지 못한다. 그는 일련의 행복한 우연을 통해, 죽어 가는 백만장자 벤자민 랜드(멜빈 더글러스Melvyn Douglas)의 집에 머문다. 백만장자의 아내 이브(셜리 매클레인Shirley MacLaine)는 챈스를 손님방에 묵게 하는데, 그는 거기에서 TV를 보고는 행복해한다(그의 유명한 대사가 "나는 보는 걸 좋아합니다"이다). 얼마 안 있어 백만장자는 자신에게 위안을 주는 친구를 더욱 소중히 여기게 된다. 눈치가 빠른 집안의 주치의(리처드 다이사트Richard Dysart)는 챈스의 진실성에 의심을 품기 시작하지만, 그가 돌보는 환자가 촌시 덕에 "죽음을 무척 쉽게 받아들일 수 있게 됐다"고 말하자 입을 다문다. 벤은 촌시를 대통령(잭 워든Jack Warden)에게 소개하고, 촌시는 대통령의 비공식 조언자가 된다. 조만간 그는 TV에서 인터뷰를 하게 되는데, 여기에서 그가 보여 주는 통찰은 인터뷰를 위해 활용할 수 있는 제한된 시간적 여유에 근사하게 어울린다.

오늘날 미국 영화에서 풍자는 멸종 위기에 처해 있다. 풍자가 등장할 경우에는 멜 브룩스Mel Brooks의 영화에서처럼 두루뭉술한 슬랩스틱으로 등장하는 게 보통이다. 핼 애슈비Hal Ashby, 1929~1988가 연출한 <정원사 챈스의 외출>은 적절한 분위기를 찾아낸 다음 그 분위기를 벗어나지 않는 아름다운 희귀조라 할 수 있다. 이 영화의 매력은 주인공이 도무지 이해할 수 없는 일련의 난국을 보편적이면서도 무의미한 말을 구사해서 생존해 나가는 내용의 독창적인 지능 게임이라는 점에서

비롯된다. 그런데 챈스의 발언들은 대통령이 “현재 기조의 유지”에 대해 연설할 때보다 현저하게 덜 유용한 것일까? 우리 시대의 양식 있는 대중 연설은 (1) 10초짜리 TV 연설이라는 제약을 지켜야 할 필요성과 (2) 특정한 주장이나 약속에 대한 구체적인 태도를 요구받을 가능성을 회피하려는 욕망, (3) 챈스처럼 TV를 시청하다 언제든 리모컨을 돌릴 준비가 되어 있는 청중들의 짧은 주의력 집중 시간이라는 한계에 갇혀 있다.

챈스의 짤막한 슬로건들은 대중을 상대로 한 연설이 얼마나 피상적일 수 있는지를 보여 준다. 한편 그의 슬로건에 대한 반응은 더 많은 것을 폭로한다. 그는 와스프고 중년이며 차림새도 단정한 데다 맞춤 정장 차림이고 교육받은 사람처럼 말하기 때문에, 사람들은 자동적으로 그를 자산가에다 교양 있는 사람으로 간주한다. 그는 사실은 세상 물정을 전혀 모른다(루이제는 그에게 “당신은 항상 꼬마처럼 살아갈 거야”라고 말한다). 그런데 그의 이러한 특성은 자신감으로 오해될 수도 있는 솔직함으로 이어진다. 대통령을 부를 때 이름으로 부르거나 양손으로 대통령의 양손을 맞잡을 때처럼 말이다. 영화는 당신이 외모가 적절하고 말투 또한 적절하며 상황에 적당한 말을 하는 권세 좋은 친구들을 뒀다면, 당신은 우리 사회에서 크게 출세할 수 있다고 주장한다. 영화가 끝나 갈 무렵에 챈스는 대통령 후보감으로 진지하게 거론된다. 글쎄, 안 될 이유가 뭐가 있겠는가? 언젠가 시스팬에서 라마 알렉산더Lamar Alexander•를 다룬 45분짜리 프로그램을 본 적이 있는데, 그가 뉴햄프셔의 식당에서 짤막한 연설을 할 때 그 연설에 챈스가 할 수 없었던 말은 하나도 없었다. 조지 W. 부시George W. Bush의 많은 연설도 챈스와 비슷하다.

• 2000년 미국 대선의 공화당 소속 예비후보(1940~)

영화에 결점이 없지는 않다. 영화에는 섹스와 관련한 서브플롯이 두 개 있는데, 어느 쪽도 필요한 게 아니다. 대통령의 발기 부전에 관한 이야기는 영화에서 완전히 들어내도 무방하다. 백만장자의 아내인 셜리 매클레인이 챈스를 유혹하려고 시도하는 것은 그녀가 당연히 보여야 할 행위보다 훨씬 덜 지적인 행위를 하게끔 만든다. 매클레인은 영리한 사람이라는 분위기를 표출한다. 따라서 그녀가 연기하는 캐릭터는 주치의 캐릭터처럼 상황을 더 잘 이해해야 마땅하다. 그랬다면 곰가죽 위에서 창피한 포즈를 취하는 것보다 훨씬 더 흥미로운 장면들을 끌어낼 수 있었을 것이다.

<정원사 챈스의 외출>의 많은 논란을 불러온 마지막 장면에서 챈스는 무심코 호수 위를 걷는다. 우리는 그가 진짜로 물 위를 걷는 모습을 볼 수 있다. 그가 흥미롭다는 듯 몸을 기울여 우산으로 물밑을 찔러 보기 때문이다. 이 영화를 강의할 때 학생들과 이 장면에 대해 끝없이 토론했고, 많은 학생이 이 장면을 설명하려고 시도했다. 그는 감춰진 모래톱 위를 걷고 있다, 물의 깊이는 1센티미터 정도밖에 안 된다, 수중에 선창이 있다 등등. "타당하지 않아요!" 나는 호통을 쳤다. "영화는 우리에게 이미지를 보여 줍니다. 여러분이 그 이미지의 의미를 논의할 수는 있지만, 그 이미지를 설명하는 건 허용되지 않습니다. 애슈비가 선창을 보여 주지 않기 때문에, 선창은 없습니다. 영화는 영화가 우리에게 보여 준 정확히 그것입니다. 그 외의 것은 아무것도 없습니다."

그렇다면 영화는 우리에게 무엇을 보여 주는가? 영화는 챈스가 인류의 역사에서 딱 한 명만 했던 행위와 본질적으로 관련이 있는 행위를 하고 있음을 보여 준다. 우리는 무엇을 떠올리는가? 챈스가 그리스도 같은 인물이라고? 위대한 지도자들의 지혜는 의미가 담긴 현상만 보여 준다고? 우리가 무엇을 추구하건 우리는 거기에서 정치와 종교를 찾아낼 거라고? 그는 (역시 중력을 무시하는) 로드 러너처럼 자

신이 가진 딜레마를 이해하기 전까지는 물에 가라앉지 않을 거라고? 이 장면에 담긴 함의는 심상치 않다. 우리 모두가 정원사 챈스를 영리하게 발전시킨 버전에 불과하다고 주장하는 것은 가능한 일일까? 우리가 어렸을 때부터 주어진 말과 개념에 자동적으로 반응하게끔 훈련을 받았다고 주장하는 것은 가능할까? 무언가에 대해 우리 스스로 생각하는 것은 정말 그리 많지 않고, 대신에 우리는 다른 사람들이 동일한 상황에서 써먹는 생각을 반복하는 데 만족한다고 주장하는 것은 가능할까?

영화의 마지막 대사는 "인생은 정신의 상태입니다"이다. 어떤 컴퓨터도 살아 숨 쉬지는 못할 것이다. 하지만 우리가 우리 자신의 프로그램에 어느 정도는 제한되어 있기 때문에, 우리 자신도 역시 살아 숨 쉬지는 못할 것이다. 문제는 컴퓨터가 인간처럼 생각하게 될 것이냐가 아니라, 우리가 컴퓨터처럼 생각하는 것에서 해방되는 것을 스스로 선택하느냐다.

좋은 친구들 Goodfellas	감독	마틴 스콜세지	
	주연	로버트 드 니로, 레이 리오타, 조 페시	
	제작	1990년	145분

> 기억이 닿는 한, 나는 늘 갱스터가 되고 싶었다. 나에게 갱스터가 되는 건 미합중국 대통령이 되는 것보다 좋은 일이었다.

뉴욕 조직범죄의 고유한 지식과 문화를 다룬 마틴 스콜세지Martin Scorsese, 1942~ 의 영화 <좋은 친구들>의 오프닝 장면에서 헨리 힐은 이렇게 말한다. 헨리가 직접 자신의 이야기를 들려준다는 것이 — 그리고 나중에는 그의 아내가 그녀 자신의 이야기를 들려준다는 것이 — 영화의 성공에 중요한 기여를 했다. 이 작품은 아웃사이더의 관찰을 토대로 한 영화가 아니라, 갱스터의 라이프 스타일에 대한 향수를 품은 1인칭 시점의 영화다. "그들은 블루칼라다." 헨리의 아내가 설명한다. "부수입을, 진짜 부수입을 벌 수 있는 유일한 방법은 밖에 나가 눈 먼 돈을 벌어 오는 것이었다." 그들이 휘두르는 권력에는 중독성이 있다. "우리는 뭔가를 원하면 그걸 그냥 가졌다." 헨리가 하는 말이다. "불평을 늘어놓는 놈은 심하게 두들겨 줬고, 정말로, 그러고 나면 다시는 불평 따위는 하지 않았다.”

헨리(레이 리오타Ray Liotta)는 영화가 끝날 때쯤에도 여전히 왕년을 그리워한다. 그는 빈털터리 신세고, 친구들은 대부분 죽었으며, 가장 친한 친구는 그를 죽일 준비를 하고 있다. 하지만 연방 증인 보호 프로그램에 들어가 안전해진 후에도 그는 여전히 불만을 늘어놓는다. “우리는 근육질 무비 스타처럼 대접받았었다.” 그의 회상이다. “지금은 모든 게 달라졌다. 몸을 쓸 일이 없다. 나는 다른 모든 사람처럼 기다려야 한다.”

<좋은 친구들>의 핵심에는 노력하지 않아도 굴러 들어오는 특권이라는 보상이 자리하고 있다. 영화 앞부분에 헨리의 파트너인 지미 콘웨이(로버트 드 니로Robert De Niro)를 소개하는 장면이 있다. 그는 눈부신 빛을 뿜어 대며 얌전히 숏에 들어온다. 그의 보디랭귀지는 이렇게 말한다. “부탁인데, 박수는 치지 말아줘.” 헨리의 다른 파트너 토미 드비토(조 페시Joe Pesci)는 자신의 권력을 조용히 행사하는 대신, 그 권력을 남용하는 잘못을 저지른다. 그는 영화 역사에 남을 걸출한 복선과 클라이맥스에 해당하는 장면들에서 자신이 ‘성공한 남자made man’•가 될 거라고 믿지만, 자신의 실수를 너무 늦게야 깨닫고는 머리에 총을 맞기 직전에 “오, 안 돼oh, no”라고 내뱉는다. 그는 자신이 지닌 특권을 느긋하게 향유하는 법을 결코 배우지 못했다. 그는 만사를 늘 앞을 향해 밀어붙여야만 했다.

<좋은 친구들>의 초반 장면들은 브루클린 지역 조폭의 잔심부름을 하는 어린 헨리 힐을 보여 준다. 택시 차고에 있는 조폭의 본거지는 그가 사는 집의 바로 길 건너편에 있다. (헨리가 창밖을 바라보는 숏

• 마피아의 정식 멤버를 가리키는 표현

은 맨해튼의 리틀 이탈리아에서 보낸 스콜세지 본인의 기억을 반영한다. 조폭들의 구두와 타이, 머리카락, 반지, 시가를 클로즈업으로 보여 주는 미묘한 슬로 모션을 사용한 후의 시퀀스도 마찬가지다.) 경고도 없이 급작스레 출현하는 폭력으로 유명한 이 영화에서 가장 큰 충격과 놀라움은 헨리가 학교를 빼먹었다는 이유로 아버지에게 두들겨 맞을 때 찾아온다. 그는 10대 시절에 택한 직업 때문에 집에서 "몇 번은 맞아야" 했다고 회상하는데, 그가 내린 선택은 매를 감수할 만한 가치가 있었다. 폭력은 모든 장면의 기저에 깔린 북소리 같다.

헨리가 창창하게 뚫린 앞날을 기뻐하고 있다는 건 분명하다. 그는 훔친 담배를 자동차 트렁크에서 꺼내 팔고, 주차장에 불을 지르며, 스물한 살 나이에 팁을 펑펑 뿌려 댈 만큼 많은 돈을 번다. 영화에서 가장 유명한 숏에서 그는 미래의 아내 캐런(로레인 브라코Lorraine Bracco)을 코파카바나 나이트클럽에 데려간다. 현관에는 긴 줄이 서 있지만, 그녀를 호위하며 거리를 건넌 그는 계단과 종업원용 복도를 내려가 주방을 통과한 다음, 이제 막 무대 바로 앞에 그들을 위한 테이블이 설치된 공연장으로 들어간다. 184초 동안 단절되지 않고 이어지는 이 숏은 카메라맨의 재주를 보여 주려는 숏이 아니다. 젊은 헨리 힐 앞에 온 세상이 얼마나 쉽게 펼쳐지는지를 보여 주려는 영감 넘치는 전략이다.

헨리가 동료 갱스터들을 소개할 때 굉장히 긴 다른 숏이 등장한다. 헨리는 카메라를 이끌고 북적대는 클럽을 통과하며 캐릭터들이 카메라를 향해 고개를 끄덕이거나 헨리에게 말을 건넬 때 각각의 이름을 부른다. 때로 카메라는 헨리의 뒤를 좇아가는 듯하지만, 어떤 때는 그의 시점을 대표하는 듯 보이기도 한다. 그는 때로는 동료들에게 말을 하고, 때로는 우리에게 말을 한다. 이 전략은 우리를 영화로 끌어들인다. 촬영 감독 마이클 볼하우스Michael Ballhaus는 — 이 영화가 받은 오스카상 여섯 개 부문 후보 지명에 포함되지는 않았지만 — 이 영화의 중요한 공동 작업자였다. 그는 스콜세지의 인장이라 할 스타일을 따르면서도 자신의 카메라가 얌전히 멈춰 있는 것을 결코 허용하지 않는다. 카메라는 항상 아주 조금씩이라도 움직이고 있고, 우리는 움직이는 카메라 때문에 수동적인 관찰자가 아니라 적극적인 관음증 환자가 된다.

니콜라스 필레기Nicholas Pileggi와 스콜세지는 필레기가 헨리에 대해 쓴 책 『마피아 단원: 마피아 패밀리의 삶Wiseguy: Life in a Mafia Family』을 바탕으로 시나리오를 썼다. 이 시나리오는 리틀 이탈리아에 대한 스콜세지 본인의 기억에도 비슷한 정도로 바탕을 뒀을 것이다. 영화는 폴 시스로(폴 소르비노Paul Sorvino)가 지휘하는 조폭 패밀리를 보여 준다. 전화 통화는 절대로 하지 않고, 집단적인 대화를 싫어하며, (형량이 너무 높기 때문에) 마약을 용인하지 않는 시스로가 헨리에게 아내와 가족의 품으로 돌아가라고 명령할 때, 그가 하는 말은 주임 사제가 하는 설교처럼 들린다. 그의 명령이 헨리가 애인을 팽개쳐야 한다는 뜻은 아니다. 사내들은 하나같이 아내와 애인을 동시에 두고, 여인들은 훔친 물건들을 놀라울 정도로 멋대가리 없게 쌓아 놓는다.

<좋은 친구들>은 갱스터 영화에는 일반적으로 등장하지 않는 여성들에게 유별나게도 많은 스크린 등장 시간을 제공한다. 캐런 힐은 헨리의 권력과 명성에 끌렸다고 고백하면서 그녀 자신이 바라본 이야기를 들려준다. 그녀가 헨리에게 길 건너편에 사는 남자가 치근덕댔다고 말하자, 헨리는 권총으로 남자를 갈겨 댄 다음 숨겨 놓으라며 그녀에게 권총을 넘긴다. 그녀는 우리에게 말한다. "내 친한 친구들처럼, 남자 친구가 숨기라며 총을 넘기는 그 순간에 관계를 끝내 버리려는 여자들이 있다는 걸 안다. 그러나 나는 그러지 않았다. 진실을 인정하겠다. 그 사건은 나를 흥분시켰다." 「소프라노스The Sopranos」의 뿌리를 <좋은 친구들>의 내레이션에서, 특히 캐런의 내레이션에서 찾을 수 있다고 말하는 것도 이치에 맞는 말이다.

폭력의 밑바닥에는 경제적 야심에 관한 이야기가 깔려 있다. 헨리와 캐런은 출신 배경으로 볼 때 캐딜락과 라스베이거스에서 보내는 휴가, 모피 코트와 쉽게 연결될 수는 없는 사람들이다. 그녀는 그가 라이프 스타일을 위해 지불해야 하는 것들을 정당화한다. "그중 어느 것도 범죄처럼 보이지 않았다. 헨리는 사업을 하고 있는 쪽에 가까웠다. 다른 사내들이 동냥을 기다리며 궁둥짝을 땅에 붙이고 있는 동안, 그와 동료들은 부정한 방법으로 약간의 돈을 벌고 있었다."

플롯은 헨리가 조폭 내부에서 승승장구하는 모습과 교도소로 전락하는 모습, 그리고 최후에 배신을 하는 모습을 따라간다. 조폭은 처음에는 그의 인생을 활짝 열어 줄 것처럼 보였다. 그러나 그가 마약을 팔기 시작한 후에는 밀실 공포증 같은 결말이 찾아온다. 초반 장면들의 카메라 스타일은 그의 권력과 영향력을 자유분방한 스타일로 찬양한다. 끝부분에 나오는 어느 하루에 집중된 미친 듯한 시퀀스에서 헬리콥터가 머리 위를 항상 선회하는 것처럼 보이는 동안 그가 가족과 이웃 사이를 질주해 다니며 범죄 임무를 수행할 때, 스타일은 서두르면서 격하게 뛰어 다닌다.

스콜세지가 가장 주력하는 것은 이 소재에 대한 그의 열광을 사람들과 공유하는 것이다. 영화에는 자신에게 좋은 이야깃거리가 있다는 것을 아는 이야기꾼의 앞뒤 가리지 않는 저돌적인 힘이 담겨 있다. 스콜세지의 카메라는 이 사내들을 쓰다듬고, 그들의 구두에서 나는 광과 그들이 걸친 옷의 마름질에 주의를 기울인다. 그들이 유명한 루프트한자 강탈을 계획할 때, 그는 빽빽한 스리 숏으로 그들과 함께 속삭여 댄다. 그들은 머리를 낮게 숙이고는 자신들의 대담함에서 비롯된 스릴을 흥정한다. 우리는 그들이 도둑질을 얼마나 재미있어 하는지 알 수 있다.

영화는 폭력으로 대사를 멈추는 전략을 쓴다. 페시의 유명한 레스토랑 장면에서 그랬던 것처럼, 헨리가 토미는 "웃기는 사람"이라는 말을 했을 때 진심으로 하고 싶은 말이 뭔지를 토미가 알고 싶어 하는 레스토랑 장면 같은 거짓된 경보를 발령하는 장면들도 있다. 다른 순간들은 조폭 문화에서 갑자기 튀어나온다. 토미가 시중드는 아이의 발을 쏘고는 나중에 그를 죽여 버리는 방식을 보라. 바에서 오간 농담이 남자가 야만적인 구타를 당하는 것으로 이어지는 방식을 보라. 캐릭터들의 일상을 파고드는 그런 폭력이 항상 강조된다. 토미, 헨리, 지미, 그리고 트렁크에 실린 시체는 칼을 구하려고 토미의 어머니 집에 들른다. 그런데 어머니는 식사를 해야 한다며 새벽 3시에 그들을 식탁에 앉힌다.

스콜세지는 이 영화에서 재능을 맘껏 발휘한 것 같다. 영화는 오스카상 작품상을 <늑대와 춤을Dances with Wolves>에 넘겨줬지만, 2002년 11월에 『사이트 앤드 사운드Sight & Sound』가 실시한 여론 조사에서 지난 25년 사이의 최고의 영화 4위에 꼽혔다(앞선 순위에 있는 작품은 코폴라Francis Ford Coppola의 <지옥의 묵시록Apocalypse Now>, 스콜세지의 <분노의 주먹Raging Bull>, 베리만Ingmar Bergman의 <화니와 알렉산더Fanny och Alexander>였다). 영화는 조직범죄를 고발하지만 조직의 외부에서 우월적이고 교훈적인 입장을 취하지는 않는다. 영화는 어린 시절에 당한 구타 때문에 권력을 혐오하는 게 아니라 권력을 선망하는 법을 배운 허기진 젊은이에게 범죄가 어필했다고 설명한다. 영화 오프닝에서 헨리 힐이 우리에게 말할 때, 그의 말소리는 사랑에 빠진 꼬마의 목소리처럼 들린다. "나에게 이건 보잘 것 없는 사람들로 가득한 이웃들 사이에서 대단한 사람이 됐다는 걸 뜻했다. 그들은 남들과 달랐다. 하고 싶은 일은 뭐든 했다는 뜻이다. 그들은 소화전 앞에 불법 주차를 했지만 아무도 그들에게 딱지를 떼지 않았다. 그들이 여름에 밤새 카드를 쳐도 경찰에 신고하는 사람은 아무도 없었다."

# 죠스 Jaws	감독	스티븐 스필버그	
	주연	로이 샤이더, 로버트 쇼, 리처드 드레이퍼스	
	제작	1975년	124분

더 큰 배가 필요할 것 같소.

경찰서장은 상어 사냥꾼에게 유명한 대사로 이렇게 알린다. <죠스>에서 식인 상어가 처음으로 잠깐 모습을 나타낸 직후의 일이다. 이건 그저 근사하기만 한 대사가 아니다. 이것은 상어가 실제로 모습을 보이기보다는 상어에 대해 떠들어 대는 이야기가 더 많이 등장하고, 상어의 실제 모습보다는 상어가 취하는 행동의 관점에서 상어를 더 많이 보여 주는 영화를 관통하는 영화 내내 스티븐 스필버그Steven Spielberg, 1946~가 구사하는 전략의 전형이다. 프로듀서 리처드 자눅Richard Zanuck과 데이비드 브라운David Brown이 피터 벤츨리Peter Benchley의 베스트셀러를 영화로 연출해 달라는 제안을 하려고 스필버그에게 접근했을 때, 스필버그가 조건 하나를 들어 줄 경우에만 연출 제의에 응하겠다고 대답했다는 이야기가 있다. 상어는 영화가 시작하고 한 시간 동안은 모습을 드러내지 않는다는 조건. 영화 개봉 25주년 기념판 DVD를 보면서 상어가 정말로 조금밖에 등장하지 않는다는 것을 깨닫고는 깜짝 놀랐다.

스필버그는 대형 식인 상어를 스크린 밖에 배치하는 것으로 앨프리드 히치콕Alfred Hitchcock이 경력 내내 활용했던 전략을 택하고 있다. "테이블 밑에 폭탄이 있는데 그 폭탄이 터지면 그것은 놀람입니다." 히치콕이 한 말이다. "그런데 테이블 밑에 폭탄이 있는데 그 폭탄이 터지지 않으면 그것은 서스펜스입니다." 스필버그는 영화 대부분의 시간 동안 상어를 테이블 밑에 놔두고 있다. 영화 후반부에 상어가 등장하는 많은 장면에서도 간접적으로만 상어를 보여 준다. 우리는 상어가 아니라 상어가 취한 행동의 결과를 본다. 이런 전략의 결과물이 역사상 가장 효과적인 스릴러 중 한 편이다.

영화의 배경은 관광객들이 쓰는 달러로 먹고사는 관광지인 애미티 섬의 독립기념일 주말이다. 유명한 오프닝 시퀀스는 연해에 식인 상어가 출현했음을 보여 준다. 한 아가씨가 달빛 아래 수영을 하러 들어갔다 물밑으로 끌려 들어가며 비명을 지른다. 모든 증거는 상어의 출현을 가리키고 있지만, 관광객들이 겁에 질려 도망치게끔 만들고 싶지 않은 마을 대표 본(머리 해밀튼Murray Hamilton)은 경찰서장 브로디(로이 샤이더Roy Scheider)에게 해수욕장을 계속 개방하라고 지시한다. "사람들은 여기에서 헤엄을 칠 수 없으면 케이프 코드나 햄프턴스나 롱아일랜드의 해변에 가서 헤엄을 칠 걸세." 마을 대표가 말하자 브로디는 맞받아친다. "관광객들에게 진수성찬을 대접해야 한다는 뜻은 아니군요." 하지만 읍장은 요란한 정장 재킷에 타이 차림으로 바닷가를 활보하며 사람들에게 물에 들어가라고 부추긴다. 사람들은 결과를 뻔히 예측하면서도 바다에 들어간다.

영화에서 두 번째로 중요한 캐릭터인 거칠고 편협한 퀸트(로버트 쇼Robert Shaw)가 마을 사람들이 모인 회의 석상에 끼어든다. 그는 상어 그림이 그려진 칠판을 손톱으로 긁어 주의를 끈 후, 현상금 사냥꾼으로 활동하겠다고 제안한다. “당신들 모두 나를 잘 알잖소. 내가 무슨 일로 먹고 사는지 말이오.” 얼마 안 있어서 브로디는 집에서 상어를 다룬 책의 페이지를 넘기고 있다. 이 책은 페이지를 넘길 때마다 등장하는 무시무시한 이빨과 차갑고 작은 눈동자들, 그리고 그들의 시체에서 끌어낸 희생자들의 모습을 보여 주면서 관객들이 머릿속으로 식인 상어의 모습을 그릴 수 있도록 하기 위해 스필버그가 채택한 장치다. (사진 중 하나는 잠수부의 공기탱크를 아가리에 물고 있는 상어의 모습을 보여 주는데, 브로디가 상어를 해치우는 반짝거리는 아이디어를 여기에서 얻었을 것임을 암시한다.)

세 번째 핵심 캐릭터는 자문으로 모셔 온 해양학자 후퍼(리처드 드레이퍼스Richard Dreyfuss)로, 드라마틱한 정보를 들려줄 수 있는 인물이라는 점에서 유용한 캐릭터다(“우리가 여기서 상대하고 있는 놈은 완벽한 엔진이에요. 식인 엔진이요”). 브로디는 해수욕장을 반드시 폐쇄하고 상어를 죽여야 한다는 확신을 얻는다. 마을 대표는 핑계를 대는데, 상어에 현상금 3천 달러가 걸렸다는 소식이 TV 뉴스를 타자, 돈에 눈이 먼 앞뒤 안 가리는 사냥꾼들이 애미티에 들끓는다.

스필버그가 상어를 암시하는 독창적인 비주얼 중 하나를 보여 주는 지점이 바로 여기다. 상어를 잡고 싶어 하는 사람들이 나무로 만든 선창에 모인다. 그중 한 명은 미끼로 쓰려고 아내가 요리하려고 마련한 쇠고기를 훔쳐 왔다. 사람들은 섬뜩하게 생긴 낚싯바늘에 고기를 꿰어 쇠사슬로 선창에 묶고는 바닷물에 미끼로 던진다. 상어는 선창 끝부분을 가볍게 잡아끌어 정박지에서 뜯겨 나간 선창을 바다로 끌고 간다. 효과적인 장면이다. 그런데 더 오싹한 장면은 다음 숏이다. 우리는 떠다니던 선창이 방향을 바꿔 해변으로 움직이는 것을 보게 된다.

영화 내내, 떠다니는 물체들은 보이지 않는 상어를 암시한다. 퀸트

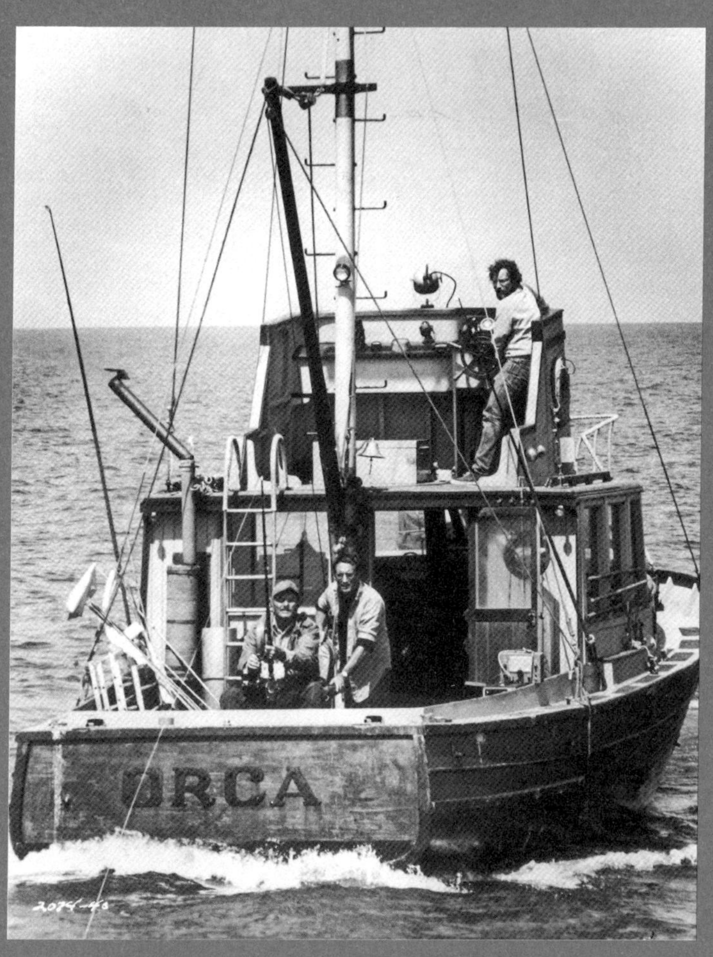
ORCA

의 물이 새는 배를 타고 바다로 나간 브로디, 퀸트, 후퍼는 상어를 향해 작살을 발사한다. 노란 부표를 로프로 작살에 연결한 것은 부표를 단 상어가 물속에서 올라왔다 내려갔다를 반복하다 지치게 하기 위함이다. 결말부의 중요한 액션 시퀀스에서 부표는 보이지만 상어는 보이지 않는 경우가 자주 등장한다. 그런데 이런 설정에 대한 전제가 대단히 잘되어 있기 때문에, 우리는 상어가 거기에 있다는 것을 안다.

하워드 새클러Howard Sackler가 기여하고 로버트 쇼가 집필에 참가한 중요한 대사가 들어 있는, 스필버그와 벤츨리, 칼 고틀립Carl Gottleib이 쓴 시나리오는 우화로 변신하려는 시도를 하지 않는다. 캐릭터들에게는 모두 직접적인 행동 동기가 있다. 짤막한 대사는 큰 효과를 낳는다. 한 줄 한 줄의 대사는 날카롭고 힘찬 대사로 뇌리에 남는다.

> 나는 여기 서서 저놈이 절개돼 펼쳐진 후에 그 조그만 킨트너네 꼬맹이의 몸뚱어리가 부두 전체에 퍼져나가는 모습을 지켜보지는 않을 거요.

> 보트 끄트머리에서 양주잔 크기의 이빨을 꺼냈는데, 식인상어의 이빨이었어요.

> 상어 얘기를 하자면, 그놈의 눈은 인형의 눈처럼 죽은 것처럼 보여. 새까맣지. 그런데 놈이 당신을 쫓아올 때, 놈은 당신을 물기 전까지는 살아 있는 것처럼 보이지 않을 거야. 그러다가 그 새까만 눈동자들이 하얘지면서…….

상어를 설정하고 액션의 막을 여는 장면들이 모두 지난 후, 영화의 핵심은 후퍼와 (물을 무서워하는) 브로디가 퀸트의 배를 타고 바다로 떠나는 긴 여정이다. 브로디의 생각은 옳다. 그들에게는 더 큰 배가 필요하다. 퀸트의 배는 소름끼칠 정도로 부적합하다. 물이 샐 뿐 아니라 엔진은 시커먼 매연을 내뿜고, 갑판은 선원들을 배 밖으로 떨어뜨리려고 설계된 것 같으며, 작살 발사대는 그 위에 선 남자들을 케밥 꼬챙이에 꿴 애피타이저처럼 보이게 만들 정도로 뱃머리에서 튀어나와 있다.

영화에서 가장 뛰어난 장면은 밤에 배의 주방에서 펼쳐진다. 남자들은 살구 브랜디를 마시고, 퀸트와 후퍼는 흉터들을 비교한다. 마침내 퀸트가 제2차 세계 대전 때 있었던 인디애나폴리스 호의 침몰 이야기를 들려주는 침울한 독백을 시작한다. 그는 그 전함의 승무원이었다. 그는 승무원 1천1백 명이 바다에 빠졌는데, 구조대가 도착하기 전에 상어들이 316명을 제외한 나머지 인원 전부를 먹어치웠다고 말한다. "시간당 평균 여섯 명씩이었지."

마침내 클로즈업으로 화면에 등장한 상어는 꽤나 흡족할 정도로 무시무시하다. 대부분의 관객은 너무나 놀란 까닭에 상어가 그토록 큰 불편함을 왜 기꺼이 감수하려 드는지, 심지어 어느 순간에는 보트를 집어삼키려는 시도를 왜 하는지에 대한 질문을 던지지도 못한다. 상어는 대사와 준準다큐멘터리 소재들을 통해 대단히 철저하게 설정되어 왔다. 그래서 상어의 실제 모습은 우리가 듣고 보면서 떠올린 모든 상상에 의해 강화된다.

스필버그 최초의 빅 히트작에는 이후 그의 작품들에서 자주 반복된 요소들이 담겨 있다. 밤중에 상어를 찾아 바다로 사냥을 나가는 모습은 안개에 의해 조명 불빛이 광선처럼 보이는, 그가 즐겨 쓰는 시각적 특징의 초기 사례다. 그는 캐릭터들에게도 꼼꼼한 관심을 기울여 왔다. 1990년대에 특수 효과를 활용해 영화를 만든 많은 감독처럼 특수 효과를 강조하려고 캐릭터들을 서둘러 지나치는 일 따위는 하지 않았다. <죠스>와 이후의 작품들에서 스필버그는 관객에게 정서를 억지로 강요하는 대신 무드를 조성하는 쪽을 선호한다. 이 영화의 인상적인 특징 중 하나가 상대적으로 차분한 톤이다. 존 윌리엄스John Williams가 작곡한 친숙한 테마는 날카로운 비명을 지르는 대신, 저음으로 교묘하게 분위기를 조성한다. 이 테마는 수면이나 수면 아래에서 바라보는 시점 숏에서 자주 들리는데, 상어를 보여 주는 일 없이 상어의 존재를 암시하는 스필버그의 또 다른 수법이다. 빌 버틀러Bill Butler가 담당한 촬영은 미국 중류 계급에 속한 입장에서 이야기를 들려주려 애쓴다. 만약 스필버그가 좋아하는 로케이션이 교외 지역이었다면, <죠스>는 휴가를 즐기러 온 교외 거주자를 보여 줬을 것이다.

1975년에 개봉된 <죠스>는 당시까지 만들어진 영화 중에서 최고의 수익을 거둔 영화가 됐고, B급 영화나 특정 관객층을 겨냥한 영화들을 개봉하던 여름 시즌의 성격을 영원히 바꿔 놓았다. 여름을 회피하던 할리우드의 메이저 스튜디오들은 이제는 여름이 주요한 개봉 시즌임을 확인했고, <죠스>는 수백 편의 여름철 스릴러와 특수 효과 영화에 영감을 줬다. 스필버그의 입장에서 이 영화는 현대 영화사에서 가장 비범한 연출 경력을 펼치기 위한 발사대였다. 그는 <죠스> 이전에는 <대결Duel>(1971)과 <슈가랜드 특급The Sugarland Express>(1974) 같은 영화를 연출한 재능 있는 젊은 감독으로 알려져 있었다. 그리고 <죠스>와 <미지와의 조우Close Encounters of the Third Kind>(1977)와 <레이더스Raiders of the Lost Ark>(1981) 이후에 그는 제왕이 됐다.

쥴 앤 짐

Jules et Jim

감독	프랑수아 트뤼포	
주연	잔 모로, 오스카 베르너, 앙리 세르	
제작	1962년	105분

프랑수아 트뤼포François Truffaut, 1932~1984의 <쥴 앤 짐>은 회전목마 음악, 그리고 1912년에 파리에서 만나 평생 친구가 된 두 젊은 남자(한 명은 프랑스인, 한 명은 오스트리아인)에 대해 들려주는 쉴 틈 없는 내레이션으로 시작한다. "그들은 상대에게 자신의 언어를 가르쳤고, 시를 번역했다." 오스트리아인 쥴은 여자를 원한다. 하지만 그가 데이트하는 여성들은 너무 말이 없거나, 너무 말이 많거나, 그렇지 않으면 다른 결점이 있었다. 그는 매춘부를 사귀려 시도해 보지만, 그 역시 해답은 아니다. 트뤼포는 매춘부의 발목에 걸쳐진 시계를 보여 주는 숏으로 모든 걸 설명한다. 나는 이 매혹적인 오프닝 시퀀스를 보면서 웰스Orson Welles의 <위대한 앰버슨가The Magnificent Ambersons>를 떠올렸는데, 그 영화 역시 진짜 이야기는 이제야 시작함을 인식하면서 등장인물들의 인생 초기를 빠르게 훑고 간다. 웰스의 주인공은 결국 그가 받아야 할 '응보'를 받는데, 트뤼포의 주인공들 역시 그렇다. 그런데 그들이 처

음에 느끼는 경박한 기쁨은 정말로 크다.

이 영화는 1962년에 개봉했다. 그해는 고다르Jean-Luc Godard, 샤브롤Claude Chabrol, 로메르Eric Rohmer, 르네Alain Resnais, 말Louis Malle 등등 창조적인 누벨바그 감독이 폭발적으로 쏟아져 나온 때였다. 이 영화는 (1959년의 <400번의 구타Les Quatre Cents Coups>와 1960년의 <피아니스트를 쏴라Tirez sur le Pianiste>에 이은) 트뤼포의 세 번째 장편 영화였다. <쥴 앤 짐>은 그때까지 만들어진 영화들의 거의 관습적인 영화 스타일과는 생판 다른 스타일을 구현한 최초의 놀라운 영화 중에서도 가장 영향력 있는 작품이고, 논란의 여지는 있지만 최고의 작품일 것이다. (트뤼포가 내놓은 이야기를 바탕으로 만든) 고다르의 <네 멋대로 해라 À Bout de Souffle>도 그런 경우라 할 수 있지만 말이다. 이 영화의 연출에는 오늘날의 관점에서는 참신해 보이고 당시의 관점에서는 대담해 보이는 환희가 깃들어 있다. 스크린에서 느껴지는 펄떡이는 에너지에서 트뤼포가 한때 연출할 뻔했었고 무기력증에 빠져 있던 미국 영화계에 큰 충격을 안긴 <우리에게 내일은 없다Bonnie and Clyde>(1967)에 영감을 준 스타일과 감수성을 감지할 수 있을 것이고, 1960년대가 탄생하는 모습을 볼 수 있을 것이다. 쥴과 짐과 그들의 위대한 연인 카트린은 한때 히피였다. 1960년대는 그들이 영향을 준 영화 <우리에게 내일은 없다>처럼, <쥴 앤 짐>처럼, <델마와 루이스Thelma & Louise>처럼 슬프게 막을 내렸다. 이 영화가 코미디에서 비극으로 전환되는 것은 어느 한쪽만을 예상하며 영화를 감상했던 관객들에게 상당히 강력한 위력을 발휘했다.

전해 오는 이야기에 따르면, 트뤼포는 앙리피에르 로셰Henri-Pierre Roché, 1879~1959가 쓴 원작 소설을 1955년에 헌책방 밖에 있는 할인 서적 매대에서 발견했다. 트뤼포는 1971년에는 로셰의 다른 소설을 각색해 <두 명의 영국 여인과 유럽 대륙Les Deux Anglaises et le Continent>을 만

JJ·21

들었다. 로셰가 <쥘 앤 짐>을 쓴 건 노년의 일이었지만, 이야기는 젊은 이가 쓴 것처럼 느껴진다. 그가 실제로 경험했던 삼각관계를 묘사한 작품이기 때문이다. 카트린 캐릭터의 모델은 영화 개봉 당시에도 여전히 살아 있었다. 실명이 헬렌 헤셀Helen Hessel인 그녀는 시인이었다. (다리아 갈라테리아Daria Galateria가 『브라이트 라이츠 필름 저널Bright Lights Film Journal』에 쓴 바에 따르면) 그녀는 신분을 감추고 시사회에 참석한 후 이렇게 자인自認했다. "그래요, 내가 심통이 나서 센강에 뛰어들고 사랑스럽고 관대한 쥘과 결혼한 후에 짐한테 총을 쏜 여자예요."

짐(앙리 세르Henri Serre)은 트뤼포의 <쥘 앤 짐>에서는 총에 맞지 않는다. 카트린(잔 모로Jeanne Moreau)이 그를 향해 피스톨을 흔들어 대기는 하지만 말이다. 트뤼포는 더 구슬픈 엔딩을 염두에 두고 있었는데, 카트린이 하는 마지막 대사 "우리를 지켜봐, 짐!"에는 그러한 신랄함이 담겨 있다. 그러나 그것은 영화의 결말일 뿐이다. 영화는 명랑하고 유쾌한 분위기로 시작해 로맨스와 열정을 풍기며 계속되다가 유럽의 정신 세계를 박살내듯 그들의 관계를 박살낸 제1차 세계 대전이 끝난 후 원래 분위기를 되찾는다.

쥘(오스카 베르너Oskar Werner)과 짐은 친구가 될 인연이었다. 파리의 젊은이들은 매력과 자유가 그득한 인생을 구가한다. 쥘은 매춘부를 단념한 후 테레즈(마리 뒤부아Marie Dubois)를 이상적인 여성으로 본다. 처음 봤을 때 그녀는 벽에다 페인트로 무정부주의 슬로건을 칠하다가 "사람들이 무정부주의자들은 철자법도 제대로 모른다고 생각할 것"이라는 이유로 남자 친구에게 맞는다. 테레즈는 담배의 불붙은 끄트머리를 입에 집어넣고는 다른 쪽 끄트머리로 연기를 내뿜는 '증기 엔진'을 보여 주는 유명한 순간을 만든 여성이다. 그녀가 자신의 천생배필이 아님을 결국 알게 된 쥘이 짐에게 하는 설명은 걸작이다. "나한테 그녀는 어머니인 동시에 딸처럼 느껴져."

조각품들을 보여 주는 슬라이드 쇼에 참석한 친구들은 아름답기는 하지만 모습이 분명치 않은 여성의 상반신 이미지에 강한 인상을 받는다. 그들은 진짜 조각상을 보려고 즉석에서 아드리아해로 여행을 가기로 결정하고는 곧바로 여행을 떠난다. 여행에서 돌아온 직후, 그들은 조각상을 쏙 뺀 것처럼 보이는 카트린을 만난다. 쥘은 모든 게 바뀌었음을 직감한다. 이때까지 친구들은 여자 친구들을 주고받으며 공유해 왔다. 쥘은 "하지만 이 여자는 아냐, 짐. 알았어?"하고 말한다. 짐은 동의한다. 이후 세 사람은 어디든 함께 다닌다. 유명한 숏에서 바닷가의 임대 별장에 들어간 그들은 각자 별도의 창문으로 몸을 내밀고는 이야기를 나눈다. 스트린드베리August Strindberg•의 연극을 보고 나온 어느 날 밤, 남자들은 그 작품을 별로 좋아하지 않는다. 여자 주인공의 자유로운 모습에 감탄한 카트린은 갑자기 센강에 뛰어드는 것으로 자신의 감정을 표현한다. 이 장면에서 내레이션의 등장은 필수불가결하다. 그렇지 않다면 우리는 다음과 같은 사실을 알 수 없을 테니까. "그녀의 투신은 벼락처럼 짐을 감동시켰다."

두 남자 모두 그녀와 사랑에 빠진다. 하지만 짐은 결혼하기 위해 그녀를 오스트리아로 데려가고, 그런 후 전쟁은 그들을 갈라놓는다. 적군이 된 두 남자는 상대를 쏴 죽일지도 모른다는 두려움에 떤다. 전쟁이 끝난 후, 짐은 라인강변의 별장으로 쥘과 카트린을 찾아간다. 두 사람 사이에는 딸 사빈이 있지만 결혼 생활은 행복하지 않다. 쥘은 카트린이 도망쳐서 연애를 했었다고 털어놓는다. 하지만 그는 그녀를 사랑하고 그녀의 천성을 이해하기 때문에 그녀 곁에 머문다. 어느 날 저녁 식사 자리에서 그녀는 수없이 많은 프랑스 와인의 이름을 따발총처럼 읊어 대는 것으로 내부에 억눌린 비참함을 드러낸다. 친구들은 편치

• 스웨덴의 극작가 겸 소설가(1849~1912)

않은 모습이다. 쥘은 그녀를 행복하게 해 줄 수 있다면 무슨 일이든 할 작정이다. 심지어 그녀를 짐과 공유하는 것까지도 말이다. 쥘은 짐에게 말한다. "그녀를 사랑한다면, 나를 장애물로 여기지 마." 카트린은 짐에게 집으로 이사 들어오라고 청한다. 쥘은 말한다. "조심해, 짐. 두 사람 다 조심해." 쥘은 짐이 카트린과 결혼할 수 있도록 자신이 이혼하는 게 최선일지 궁금해 한다. 그는 그들의 우정이 이러한 사건을 통해서도 살아남을 수 있을 거라고 믿는다.

그들이 매혹적인 청춘을 함께 보냈지만 성인기는 그런 매혹을 포용하지도 않고 포용할 수도 없다는 데 그들의 비극이 있다. 그들의 인생이 어떠한 현실적인 해결책을 내놓더라도 그들이 젊은 시절에 파리에서 누렸던 자유를 재현할 수는 없다. 남자들은 이러한 상황을 감수하려고 노력할 수 있지만, 카트린은 그러지 못한다. 사실 <쥘 앤 짐>은 카트린의 영화다. 이 작품은 잔 모로가 위대한 연기를 처음 선보인 영화로, 그녀의 연기는 카트린의 불만을 표현해 내는 연기 기법 때문에 더욱 위대하다. 실력이 떨어지는 배우라면 카트린을 미치광이나 히스테리를 부리는 여자로 연기했을지도 모른다. 카트린 캐릭터의 표면 아래에서 광기와 히스테리가 풀려 나오고 있기는 하지만, 그 캐릭터는 대체로 예측 불가능성(사람들의 예상에 맞아떨어지는 행동은 하려고 들지 않는 근본적인 성향)에 의존한다. 그녀가 친구들에게 충격을 주는 것은 친구들을 시험해 보는 방법의 일환이다.

1962년에 이 영화의 스타일은 계시로 다가왔다. 트뤼포는 이야기를 가볍게 훑고 지나가면서도 조금도 어슬렁거리는 것처럼 보이지 않는 속도로 25년의 시간을 다룬다. <아메리카의 밤La Nuit Américaine>(1973)에서 그의 자전적인 주인공은 극장 입구에서 <시민 케인Citizen Kane>의 8×10인치 스틸 사진을 훔친다. 이 작품이 <시민 케인>의 영향을 받았다는 것은 트뤼포가 전쟁을 재현하는 뉴스 릴과 제

2차 세계 대전의 전조를 보여 주는 나치의 서적 소각 장면을 담은 뉴스릴을 활용한 것으로 짐작할 수 있다(오스카 베르너는 책을 금지한 세상을 다룬 트뤼포의 1966년도 영화 <화씨 451Fahrenheit 451>에 출연하게 된다).

트뤼포의 카메라는 민첩하고 카메라의 움직임은 대단히 매끄럽다. 그래서 우리는 그가 설정 숏, 클로즈업, 반응 숏 등으로 구성된 전통적인 할리우드 문법에 도전한다는 것을 알 수 있다. <쥴 앤 짐>은 핸드헬드 스타일을 몹시 활용하고 싶어 한다. 내레이터도 우리에게 사건들을 전부 보여 줄 시간적 여유가 없다는 듯이 사건들에 대한 이야기를 서둘러 들려준다. 내레이터 활용은 트뤼포가 즐겨 쓰는 테크닉이 되었다. 내레이터 활용은 영화에 등장하는 이야기가 이미 끝났고, 이야기의 결말이 영화가 시작되기 전부터 알려져 있는 상태임을 관객에게 알려 주는 방법이다. 그가 관객이 거의 알아차릴 수 없도록 짧게 활용하는 프리즈 프레임은 일부 장면을 과거에 속한 내용을 담은 스냅숏처럼 느껴지게 만든다.

영화의 미스터리(결점이라고 말하는 사람들도 있다)는 영화가 이들의 인생을 정말 빠르게 보여 줬다는 것이다. 비법은 (영화를 촬영할 때 스물아홉 살이던) 트뤼포가 이해한 것처럼, 노인이 가진 기억의 본질이 그렇다는 것일 테다. 앙리피에르 로셰는 영화의 등장인물들처럼 사건들을 몸소 체험했고, 그 자신이 캐릭터 중 한 명이었으며, 이야기의 모든 단계를 알고 있었다. 그는 그것들을 대단히 자주, 대단히 잘 회상했기 때문에 소설가였던 자신의 상상 속에서 핵심적인 사건들을 두드러지게 강조한 반면, 그 사이에 있는 시기들에 대한 기억은 아스라해졌다.

이 영화를 거추장스러운 모든 행동 동기를 설정하고 모든 행동을 설명하는 전통적인 내러티브를 가진 영화로 만들었다면 더 나은 영화가 됐을까? 트뤼포는 이 영화를 만들기 2년 전에 자신의 영웅인 히치콕Alfred Hitchcock이 <사이코Psycho>에서 노먼 베이츠에게 그랬던 것처럼 카트린을 진단하려고 무대에 정신과 의사를 끌고 왔어야 했을까? 전혀 그렇지 않다. <쥴 앤 짐>은 관객들이 얼마나 빠르게 생각할 수 있는지를, 그리고 감정들의 내면에 어떻게 그 감정에 대한 설명이 담겨 있는지를 아는 보기 드문 영화에 속한다. 이것은 그들 나름의 완벽한 행복의 순간이 끝났음을 인정할 수 없어서 음침하고 서글픈 장소에서 그 행복을 계속 추구하는 세 사람을 다룬 영화다. 갈라테리아는 트뤼포가 한 말을 이렇게 인용했다. “즐거운 영화가 될 거라고 믿으면서 영화를 시작했다. 그런데 영화를 만드는 동안 슬픔만이 이 영화를 구해 낼 수 있음을 깨달았다.”

천국의 아이들

Les Enfants du Paradis

감독	마르셀 카르네	
주연	아를레티, 장루이 바로, 피에르 브라쇠르, 피에르 르누아르	
제작	1945년	190분

마르셀 카르네Marcel Carné, 1906~1996 감독의 <천국의 아이들>과 관련한 모든 논의는 영화의 제작을 둘러싼 기적에 대한 이야기로 시작한다. 칸 영화제에서 역사상 가장 위대한 프랑스 영화로 지명된 것은 물론 이전에 만들어진 그 어떤 프랑스 영화보다 많은 제작비가 들어간 <천국의 아이들>은 나치 점령기에 파리와 니스에서 촬영된 후 1945년에 개봉했다. 영화의 세트들을 두 도시 사이로 이동시켜야 하는 경우도 잦았다. 나치의 추적을 받는 유대인이던 프로덕션 디자이너와 영화 음악 작곡가는 몸을 숨기고 작업을 했다. 카르네는 나치 동조자들을 엑스트라로 고용하라는 압력을 받았다. 그 엑스트라들은 자신들이 레지스탕스 투사들과 일하고 있다는 사실을 추호도 몰랐다. 나치는 러닝 타임 90분을 넘기는 영화는 모두 금지했다. 그래서 카르네는 두 편의 영화를 만들었다. 전쟁이 끝나면 두 편을 한꺼번에 상영할 수 있을 거라는 자신감에서였다. 파리가 해방된 직후에 그곳에서 개봉한 영화는 54주 동안

상영됐다. 날마다 파리의 어딘가에서는 상영되고 있었다는 이야기가 있다.

1828년의 파리가 배경인 부도덕하고 세속적이며 화려한 영화를 그러한 열악한 상황에서 상상해 낼 수 있었다는 사실은 경이롭다. 의상과 마차, 극장, 저택, 북적이는 거리, 지저분한 하숙집을 담은 영화의 제작을 그 시절에 준비할 수 있었다는 사실은 물류 면에서 불가능한 일처럼 보인다(폴린 케일Pauline Kael은 "굶주린 엑스트라들이 촬영을 시작하기도 전에 촬영을 위해 준비해 놓은 연회용 음식들을 갖고 도망갔다는 이야기가 있다"고 썼다). 카르네는 1935~1945년에 주도적인 프랑스 감독이었지만, 전시戰時에 이 야심만만한 시대극을 만들려면 영향력 이상 가는 무언가가 필요했다. 제작을 위해서는 무모한 용기가 필요했다.

<천국의 아이들>의 명성이 드높음에도 상영 가능한 프린트는 대부분 낡은 데다 흐릿했다. 시카고의 사랑스러운 클라크 극장은 해마다 새해 첫날에 이 영화를 상영했는데, 내가 1967년에 이 영화를 처음 본 장소도 그곳이다. 그런데 1991년에 출시된 레이저 디스크의 상태는 실망스러웠고, 비디오테이프의 상태는 그보다 더 열악했다. 지금 시중에 나온 크라이테리언 DVD는 눈부시게 선명한데, 파테가 복원한 35밀리미터 프린트를 원본으로 삼아 디지털 기술로 잡음, 먼지, 긁힌 자국 들을 제거한 결과물이다. 필름의 상태가 시사회 후로 이보다 더 뛰어났던 적은 없을 것이다. 브라이언 스톤힐Brian Stonehill과 찰스 에이프런Charles Affron이 참여한 방대한 정보를 담은 코멘터리 트랙도 들어 있다.

(DVD에 담긴) 영화의 오리지널 예고편은 <천국의 아이들>을 <바람과 함께 사라지다Gone With the Wind>에 대한 프랑스의 응답이라고 부른다. 두 작품은 규모나 조심성 없는 여주인공 측면에서 유사하지만, 이 영화는 웅장한 사극이 아니라 배우, 살인자, 사기꾼, 소매치기, 매춘

부, 흥행업자, 퇴폐적인 부자 들을 다룬 세련되고 냉소적인 초상화다. 등장인물 상당수가 실제 인물을 바탕으로 하고 있는데, 나이트클럽, 싸구려 술집, 작업실, 극장 들과 냄새 고약한 은신처들도 마찬가지다.

카르네는 '범죄의 거리'에서 시작하는 유명한 오프닝 숏으로 관객들을 곧장 이 세계로 데려간다. <바람과 함께 사라지다>의 '죽어 가는 자들의 거리'와 쌍벽을 이루는 이 장면은 헤아릴 수 없이 많은 엑스트라가 북적대면서 활력이 넘치는 거리가 끝없이 이어지는 것처럼 보인다. 이것은 비밀리에 작업한 위대한 미술 감독 알렉상드르 트로네 Alexandre Trauner가 디자인한 세트였다. 그의 기여는 크레디트에 '비밀 작업'이라고 올랐다. 그는 관객의 눈을 속이고 원근법을 강제하기 위해 높이가 급격히 낮아지는 빌딩들과, 난쟁이들이 끄는 미니어처 마차들을 활용했다. 거리에는 다채로운 하층민이 있다. 무언극 배우와 마술사, 연기하는 동물, 댄서 들은 군중을 극장으로 끌어들이려고 극장 밖에서 시연을 한다. 우리의 눈길을 처음으로 끄는 것 중 하나가 '진실'이라고 광고하는 공연이다. 우아한 고급 매춘부 가랑스가 등장하는 이 공연에서, 그녀는 물이 담긴 욕조에서 천천히 몸을 돌리면서 거울을 통해 자기 모습을 보고 있다. 물은 그녀의 몸을 감춘다. 따라서 그녀는 "진실, 그렇지만 목 윗부분만의 진실"만을 제공한다. 이것은 그녀의 생계 수단이기도 하다.

가랑스를 연기하는 아를레티Arletty는 본명이 레오니 바티아Léonie Bathiat로, 1930년대에 스타가 됐다. 그런데 사실 그녀는 남자들을 홀리는 관능적인 요부를 연기하기에는 조금 늙었다. 아를레티가 풍기는 매력의 밑바탕은 그녀와 종종 비교되는 마를레네 디트리히Marlene Dietrich 처럼 참신한 원숙미가 아니라 보는 이를 감질나게 만드는 세련됨이다. 남자들이 매혹당하는 것은 그녀가 모든 것을 보고 행하며 그 사실을 인정하고 남자들을 평가한다는 점, 그럼에도 남자들을 사랑하는 것으로 그들을 기쁘게 한다는 점이다. 살인자들조차 그녀의 마법에 걸려든다. 범죄자 라세네르가 그녀에게 "나는 당신에게 다이아몬드가 넘치는 강을 선사하기 위해 홍수 같은 피를 쏟아 낼 거요"라고 말하자, 그녀는 그의 눈을 쳐다보며 대답한다. "나는 그것보다 낮은 가격도 받아들일 거예요."

아를레티의 주변에는 영화에 중요한 캐릭터가 많다. 무언극 배우 밥티스트(장루이 바로Jean-Louis Barrault)는 무대에 있다가 그녀를 보고는 소매치기 혐의를 쓴 그녀를 변호하려고 팬터마임 연기를 펼쳐 장미를 사례로 받은 후 그녀에게 빠져든다. 뭔가 훌륭한 작품(아마도 셰익스피어 작품)을 하겠다는 꿈을 품은 연기자 프레데릭 르메트르(피에르 브라쇠르Pierre Brasseur)도 마찬가지다. 라세네르(마르셀 에랑Marcel Herrand)도 마찬가지인데, 그는 주름 장식 셔츠와 곱슬머리, 악당 특유의 콧수염에다 냉담한 말투에 이르기까지 레트 버틀러와 닮았다. 에드와 드 몽트라리 백작(루이 살루Louis Salou)도 그녀에게 매혹된다. 그는 그녀를 사들였다고 생각하지만, 그저 임대한 것뿐임을 알게 된다.

아를레티가 순진한 밥티스트를 진정으로 사랑하는 것은 가능한 일이다. 술집에서 벌인 싸움에서 승리한 밥티스트는 그녀를 자신의 누추한 하숙집에 데려와 그녀가 혼자 쓸 방을 빌린 후에 그녀가 정숙하게 밤을 보낼 수 있도록 물러난다. 그러나 같은 하숙집에 사는 프레데릭은 조금도 망설이지 않는다. 그 문제에 있어서는 밥티스트도 성인군자가 아니다. 그는 극장 흥행주의 딸과 결혼해 (케일이 쓴 것처럼) "밉살맞은 자식"을 낳았으면서도 여전히 아내를 속이면서 가랑스를 사랑한다. 무자비하다는 명성에 힘입어 지하 세계의 제왕으로 군림하는 라세네르는 마음만 먹으면 아를레티를 가질 수 있을 거라 생각하지만("당신은 내가 경멸하지 않는 유일한 여자요"), 그녀를 차지하는 사람은 돈을 가진 백작이다. 백작이 밥티스트의 품에 안긴 가랑스의 모습을 볼 수 있도록 라세네르가 장막을 들추자, 대단히 많은 남자가 그녀에 대한 권리를 갖고 있다고 여기는 배우는 이렇게 말하기까지 한다. "한 여자가 누구의 소유도 아닐 때, 질투심은 모든 남자의 것이죠."

영화의 대부분은 — 실외 장면까지 포함해 — 세트에서 촬영됐다. 결투가 벌어지는 안개 낀 새벽 장면은 파리 외곽으로 나가는 드문 여행을 제공한다. 데이비드 톰슨David Thomson은 카르네에게는 "안개 자욱한 거리와 지저분한 하숙집의 낭만에 대한 감식력"이 있었다고 썼다. 그의 캐릭터들은 화류계에서 부자연스럽게 살아가는, 언제나 무대에 올라 있는 상태인 배우들이다. 우리는 장님 피 드수아(가스통 모도 Gaston Modot) 같은 길거리 걸인을 만나더라도, 그가 실내에 들어서면 세상을 무척이나 잘 볼 수 있다는 사실에 그리 크게 놀라지 않는다.

카르네는 평소 공동 작업을 자주 했던 자크 프레베르Jacques Prévert와 같이 쓴 시나리오에서 자신들이 다루는 이야기의 배경을 연극계로 설정할 뿐 아니라, 연기를 하는 배우들의 모습을 보여 주려고 주요 줄거리에서 벗어나기도 한다. 케일은 "다섯 가지 종류의 무대 연기"를 헤아렸는데, 거기에는 밥티스트의 마임 연기와, 플롯에 간접적으로 반영된 「오셀로」의 장면들도 포함된다. 가장 큰 인상을 남기는 것은 밥티스트의 연기다. 당시 코미디 프랑세즈의 스타였던 장루이 바로는 범죄의 거리를 시무룩하게 훑어보는 광대 분장으로 처음 등장해, 가랑스를 변호하려고 마임 연기를 활용할 때에야 활력을 찾는다. 나중에 그는 무대에서 나름의 확장된 마임 연기를 펼치지만, 가랑스가 무대 앞에서 시시덕거리는 모습만 보게 된다. 이 영화에서 자신이 베푸는 신뢰에 대한 보상을 받는 이는 아무도 없다.

카르네가 프랑스의 주도적인 감독이었다면, 프레베르는 시나리오 작가가 감독과 대등한 대우를 받던 그 시기의 주도적인 시나리오 작가였다. 두 사람 모두 이후로 몇십 년간 — 프레베르는 1960년대까지, 카르네는 1980년대까지 — 작업을 계속했지만 <천국의 아이들>을 능가하는 작품을 내놓지는 못했다. 사실 이런 종류의 재기 넘치는 웰 메이드 영화는 나중에 누벨바그로 알려진 1950년대의 젊은 프랑스 평론가들에게 정면으로 공격을 당했다. 그들은 더 거칠고 직설적이며 즉흥적인 느낌을 원했다. 무대에 올린 연극이 아니라 관객의 면전에서 펼쳐지는 연극을 원했다.

칸영화제가 역사상 최고의 프랑스 영화를 지금 다시 선정하려고 할 경우에도 <천국의 아이들>이 선정될 수 있을까? 아마 그럴 것이다. 그렇지 않을 수도 있고. 미국 평론가들이 항상 <시민 케인Citizen Kane>을 선택하는 동안 미국 관객들은 <바람과 함께 사라지다>나 <카사블랑카Casablanca>를 선호하는 것처럼, 칸의 종려나무는 고다르Jean-Luc Godard나 트뤼포François Truffaut, 또는 장 비고Jean Vigo의 <라탈랑트L'Atalante>에게 향할 수도 있다. 그런데 마침내 고품질의 프린트가 등장하면서 새로운 추종자들을 맞을 채비를 마친 <천국의 아이들>도 승산은 있을 것이다. 영화계에서 이 영화가 이룬 성취에 필적할 만한 작품은 몇 편 되지 않는다.

쳐다보지 마라

Don't Look Now

감독	니컬러스 로그	
주연	줄리 크리스티, 도널드 서덜랜드	
제작	1973년	110분

<쳐다보지 마라>의 주인공은 영매나 예시나 내세를 믿지 않는 이성적인 사람이다. 영화는 그가 품은 회의적인 생각을 박살낸 다음, 그를 파멸시킨다. 영화에서 여자들은 초자연적인 것에 직관적인 유대감을 느끼는 반면, 분석적인 성향을 가진 — 줄거리에 등장하는 사건들의 수수께끼를 풀려고 노력하는 건축가, 주교, 경찰 같은 — 남자들은 그런 것들을 부정하려는 심정에 갇혀 있다. 건축가의 아내와 눈먼 여인, 그 여인의 언니는 남자들에게 경고를 하려고 애쓰지만 어쩔 도리가 없다.

니컬러스 로그Nicolas Roeg, 1928~2018의 1973년도 영화는 공포 영화의 위대한 걸작으로 남아 있다. 이 작품은 쉽게 사람을 놀래는 게 아니라 불안감과 슬픔과 근심을 느끼게 만드는 것으로 관객을 사로잡는다. 점차 커져만 가는 공포에서 자유롭게 벗어날 방법을 궁리하려 노력하는 남자의 마음속으로 관객들을 그토록 성공적으로 데려간 영화는 무척 드물다. 로그와 편집 감독 그레임 클리퍼드Graeme Clifford는 편집

을 통해 심란한 이미지에서 다른 심란한 이미지로 넘어간다. 영화는 분절적인 비주얼 스타일을 구사하면서 최후의 유혈이 낭자한 순간에 이를 때까지 이미지를 축적해 나간다.

영화의 전체적인 시간적 배경은 만물이 우중충하고 축축한, 서릿발이 내리기 직전인 늦가을이다. 영화는 존과 로라 백스터(도널드 서덜랜드Donald Sutherland와 줄리 크리스티Julie Christie)의 전원 별장에서 시작된다. 부부는 벽난로 앞에서 몸을 말고 일하고 있고, 아이들은 밖에서 뛰놀고 있다. 영국의 시골에서 찍은 이 장면에서 안전해 보이거나 고요해 보이는 순간은 전혀 없다. 반짝반짝 빛나는 빨간 우비를 입은 어린 여자아이 크리스틴이 연못가에서 놀고 있다. 집안에서 아이의 아버지는 베니스에 있는 예배당들의 슬라이드를 꼼꼼히 살펴본다. 꼬마의 오빠가 자전거를 타고 가다 판유리 위를 지나면서 유리가 깨진다. 아버지가 무슨 소리를 들은 것처럼 갑자기 고개를 든다. 크리스틴이 연못에 공을 던진다. 아버지가 잔을 엎지르면 피 같은 얼룩이 (베니스의 예배당에 있는 우비의 빨간 두건을 보여 주는) 슬라이드 표면에 번진다. 크리스틴의 우비가 연못에 거꾸로 반사된 광경이 등장한다. 무언가 때문에 갑자기 고개를 쳐든 존이 집에서 달려 나가 물에 잠긴 딸의 시신을 찾아낸다. 그는 딸의 시신을 들어 올리면서 야수처럼 슬픔에 젖은 비명을 터뜨린다.

이 시퀀스는 백스터 부부의 삶을 황폐하게 만든 상실감을 구축할 뿐 아니라, 영화의 시각적 테마들도 설정한다. 이후의 영화에서 캐릭터들에게 미래에 일어날 사건을 예견하거나 과거에 벌어졌던 사건들을 현재에 끼워 넣을 때 난데없이 숏들이 등장할 것이다. 영매의 예시가 날카롭게 영화에 파고들 것이다. 크리스틴의 익사는 존 백스터가 오래된 예배당을 복원하는 곳이자 살인자가 활보하는 곳이며 경찰이 운하에서 시신을 끌어내는 곳이자 어린아이의 인형이 물가에 떨어져 있는 곳인 베니스를 향해 이해하기 어려운 방식으로 이어질 것이다.

반짝이는 빨간 우비는 영화를 관통하는 연결 고리가 될 것이다. 베니스에서 백스터는 자신에게서 도망치거나 모습을 감추는 왜소한 인물을 보게 될 것이다. 그러면서 이 인물이 딸의 유령은 아닐지 의아해할 것이다. 멀리 있는 다리 위에서, 또는 두 개의 아치 뒤를 지나는 보트에서 빨간 옷을 입은 인물을 보게 되는 우리는 백스터가 보는 것보다 더 자주 그 인물을 보게 될 것이다. 빨간색의 선명한 분위기는 영화를 통틀어 가장 두드러진 표식이 될 것이다. 로그는 영화 전체의 분위기를 음울한 흙 색깔로 칠해 버리는데, (숄, 스카프, 벽에 걸린 포스터, 놀라울 정도로 밝은 색깔로 현관을 칠한 저택처럼) 밝은 빨간색이 튀어 보이는 모습을 소개할 때에는 그런 분위기에서 벗어난다. 그 빨간색은 죽어 버린 과거와 미래 사이를 잇는 연결 고리다.

영화에서 존과 로라의 결혼 생활은 플롯의 편의에 따라 작위적으로 만들어진 것이 아닌, 현실적이고 견실한 생활처럼 보인다. 딸의 죽음은 그들의 삶을 비참하게 만들었다. (나중이라는 것만 알뿐 정확한 시간은 알 수 없지만, 다시금 늦가을의 끝 무렵에) 그들이 베니스에 있는 모습을 볼 때, 둘 사이에는 슬픔이 감돌고 있다. 로라는 레스토랑 화장실에서 영국인 자매 해더(힐러리 메이슨Hilary Mason)와 웬디(클렐리아 마타니아Clelia Matania)를 만난다. 장님인 해더는 어린 크리스틴이 점심 식탁에 부모와 앉아 환하게 웃고 있는 걸 "봤다"고 로라에게 말한다. "그 애는 지금 행복해요!"

로라는 처음에는 미심쩍어 하지만, 결국에는 기쁜 마음으로 그 사실을 믿는다. 그녀는 레스토랑에서 쓰러지지만, 그날 밤 백스터 부부는 (아마도 크리스틴이 죽은 후 처음으로) 사랑을 나눈다. 이 장면은 그 장면에 담긴 격정과 진솔함 덕에 찬사를 받았지만, 이 장면의 모든 정서적 효과는 편집을 통해 빚어진다. 존과 로라의 정사는 정사를 끝낸

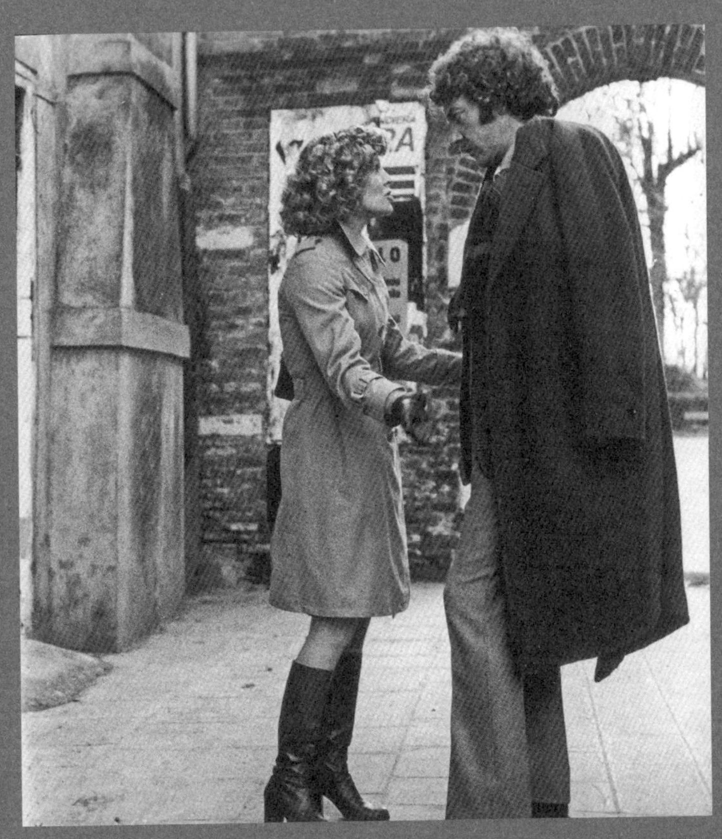

후에 옷을 차려입는 숏들과 교차 편집되며, 그 결과 그들이 지금이나 나중에나 열정적으로 서로에게 몰두해 있으면서도 함께 있는 동시에 떨어져 있음을 보여 준다. 여기에는 이성의 영역을 넘어서는 날카로운 통찰력이 담겨 있다. 시간에 관심을 둔 영화에서 이 시퀀스는 우리의 미래는 우리의 현재에 담겨 있다고 — 모든 것이, 엑스터시조차도 시간 속에서 흘러가 버린다고 — 주장한다.

유령이 출몰하는 도시 베니스가 <쳐다보지 마라>에서보다 더 우울한 모습을 보여 줬던 적은 없었다. 도시는 광대한 공동묘지처럼 보이고, 돌덩이들은 축축하고 연약하며, 운하에는 쥐 떼가 우글거린다. 앤서니 B. 리치몬드Anthony B. Richmond와, 크레디트에는 오르지 않은 로그가 담당한 촬영은 베니스에서 사람들을 없애 버린다. 북적이는 거리나 대운하 인근처럼 베니스 거주자나 관광객을 볼 수 있는 장면이 몇 개 있지만, 존과 로라가 (처음에는 함께, 나중에는 별도로) 길을 잃는 한결같은 두 장면에서는 아무도 보이지 않고 거리, 다리, 운하, 막다른 골목, 잘못된 모퉁이는 서로 포개져 있는 것처럼 보인다. 베니스를 걷는 것은, 특히 안개 자욱한 겨울밤에 걷는 것은 꿈속을 걷는 것과 비슷하다.

도시는 낡고 불길한 느낌을 풍긴다. 존은 예배당의 벽에서 튀어나온 횃대에 조각상을 올리려고 진땀을 빼는데, 조각상에 덮인 덮개를 벗기자 혀를 쑥 내밀고 있는 흉측한 이무깃돌이 드러난다. 그가 딛고 있는 비계가 부서진다. 백스터 부부가 머무는 호텔은 관광 시즌의 끝을 맞아 문을 닫고 싶은 생각이 간절하다. 로비의 가구에는 이미 덮개가 씌워져 있다. 운하는 익사한 시신들을 뱉어 낸다. 이상한 자매에게 귀를 기울이던 아내가 딸이 그들에게 메시지를 보내고 있다고 확신하자, 존의 근심은 커져만 간다. "그 애는 죽었어, 로라." 존은 말한다. "우리 딸은 죽었어. 죽었어, 죽었어, 죽었어, 죽었어."

그러나 정작 예지력을 가진 사람은 존이다. "그는 재능이 있어요.

자신은 그걸 모를지라도, 그 능력을 거부하고 있더라도 말이에요.” 자매는 서로에게 그렇게 말한다. 로라가 기숙 학교에서 사소한 사고를 당한 아들과 함께 집으로 전화를 건 후, 존은 대운하에서 모터보트의 뱃머리에 선 아내와 이상한 자매가 그의 앞을 지나가는 모습을 본다. 그녀는 어떻게 여기와 저기에 있을 수 있단 말인가? 베니스에 가 본 적이 있는 사람은 그것이 장례용 보트임을 알아볼 수 있을 것이다.

<쳐다보지 마라>의 플롯은 ― 그것이 현실적인 방법으로 요약할 수 있는 것이라면 ― 꽤나 표준적인 공포 영화용 소재가 될 것이다. 빨간 두건을 쓴 인물의 정체는 작위적이고 심지어는 불필요하기까지 하다. 영화에 으스스한 위력을 안겨 주는 것은 영화의 비주얼 스타일과 연기의 분위기다. 이 영화는 M. 나이트 시아말란M. Night Shyamalan의 영화들처럼 플롯이나 액션을 통해서가 아니라 불안감을 통해 관객에게 먹힌다. ‘설명’은 마지못해 하는 겉치레에 불과하지만, 공포는 즉각적으로 명확하게 알 수 있다.

영화의 원작은 대프니 듀 모리에Daphne du Maurier가 쓴 소설이다. 『필름 쿼털리Film Quarterly』 리뷰에서 마이클 뎀프시Michael Dempsey는 이 작품을 “로맨틱한 흙탕물”이라고 칭하면서, 시나리오가 원작을 확장하고 심오하게 만들었지만 빨간 두건을 쓴 인물이라는 장치는 개선하지 못했다고 설명했다. 그리고 뎀프시는 영화의 몽타주 활용에 대해 중요한 지적을 했다. 그는 숏들은 연결되어야 한다고 주장한 에이젠슈타인Сергей Эйзенштейн과 달리, 로그와 클리퍼드는 연결될지도 모르고 연결되지 않을지도 모르는 숏들을 이어 붙였다고 설명했다. 우리는 존 백스터가 보는 것과 존재하는 것, 존재할 것, 존재하지 않는 것 사이의 관계에 대해 존 백스터만큼이나 확신하지 못한다.

1928년생인 로그는 그의 첫 두 작품인 <퍼포먼스Performance>(1970)와 <워크어바웃Walkabout>(1971)에서 운동이 시간을 거치는 동안에 누리는 유사한 자유를 활용했고, 이후 계속해서 시간의 연대기를 갖고 놀았다. 그는 별개의 순간들이 서로 빛을 비출 수 있다는 것처럼 줄거리를 다룰 때 항상 그 줄거리의 처음부터 들어서기만 하지 않았고, 줄거리의 끝을 떠날 때에는 항상 그 주위에 무언가를 남겨 놓았다.

학생들과 함께 숏들을 검토하며 영화 전체를 연구해 본 적이 있다. 우리는 시각적 전략의 표식인 빨간색 활용에 주의를 기울였다. 이 작품은 촬영이 분위기를 불러일으키고 편집이 불확실성과 함께 분위기를 강조하는 방식 면에서 영화 연출이 빚어낸 걸작이다. 클라이맥스가 약하다는 명백한 사실은 제대로 된 논점을 벗어난 이야기다. 나는 빨간 우비를 입은 인물의 정체가 폭로되는 것을 편안하게 받아들였다. 그 인물이 딱히 누군가가, 무언가가 될 필요는 없다. 시간의 끝에서 혀를 쏙 내밀고 우리를 기다리고 있는 이무깃돌을 제외하면 말이다.

친절한 마음과 화관

Kind Hearts and Coronets

감독	로버트 해머	
주연	데니스 프라이스, 발레리 홉슨, 조앤 그린우드, 알렉 기네스	
제작	1949년	106분

제2차 세계 대전이 끝난 후 몇 년간, 영국의 일링 스튜디오는 무척이나 무뚝뚝하면서도 익살스럽고, 대단히 교양 있으면서도 냉소적이라 '일링 코미디'라는 표현으로밖에는 묘사할 길이 없는 일련의 코미디를 제작했다. 그중 많은 작품에 당시 30대였던 알렉 기네스Alec Guinness가 출연했는데, 기네스는 너무나 개성 없게 생긴 탓에 어렸을 적에 선생님한테서 "너는 절대로 배우로 성공하지 못할 거다"라는 말을 듣기도 했었다. 상황은 그의 경력이 막바지에 달했을 때도 마찬가지였다. 언젠가 촬영을 위해 히틀러처럼 차려입은 그가 집밖에 나섰을 때, 지나가는 경찰은 그를 보고도 아무런 표정 변화 없이 가던 길을 계속 갔다. 당대의 다른 위대한 연기자들(올리비에Laurence Olivier, 길거드John Gielgud, 리처드슨Ralph Richardson)은 가는 곳마다 군중을 끌어모은 반면, 기네스는 사인해 달라는 요청을 받는 일 없이 영화를 보러 갈 수 있었다고 밝혔다.

그는 실생활에서는 두드러진 면이 없는 사람이었을지 모르지만, 영화에서는 일련의 두드러진 캐릭터들을 연기하면서 각각의 캐릭터에 새롭고 독창적인 개성을 불어넣었다. 그는 <위대한 유산Great Expectations>(1946)에서는 부끄러워 말을 더듬는 허버트 포켓이었고, 2년 후의 <올리버 트위스트Oliver Twist>에서는 극악무도한 페이긴이었다. <콰이강의 다리The Bridge on the River Kwai>(1957)에서는 다리를 날려 버렸고, <말의 입The Horse's Mouth>(1958)에서는 괴팍한 화가였으며, <튠스 오브 글로리Tunes of Glory>(1960)에서는 상냥한 대령이었고, 같은 해 작품인 <하바나의 사나이Our Man in Havana>에서는 진공청소기 세일즈맨이었다. <아라비아의 로렌스Lawrence of Arabia>(1962)에서는 사막의 왕자였고, <닥터 지바고Dr. Zhivago>(1965)에서는 소비에트 장교였으며, <인도로 가는 길A Passage to India>(1984)에서는 침착한 인도인 의사였다. 크롬웰이었고, 디즈레일리였고, 브라운 신부였고, 스크루지였고, 당연히 히틀러였다. 그의 자서전 제목이 『불행해 보이는 행복Blessings in Disguise』인 것은 조금도 놀라운 일이 아니다. 그가 《스타워즈Star Wars》 시리즈의 오비완 케노비로 가장 잘 기억되는 것은 불공정하다. 그는 내게 그 역할은 무척이나 따분했다고 말했다. 대부분의 시간을 배경 영사 스크린 앞에 서서 대사를 낭송하며 보냈기 때문이다.

<친절한 마음과 화관>에 그런 특수 효과가 얼마나 불필요한지를 생각해 보라. 이 작품에서 기네스는 같은 가문에 속한 상이한 가족 여덟 명을 연기해 내는데, 이 캐릭터들의 성별은 남녀에 걸쳐 있고, 나이 차는 심하면 60살이나 난다. 그는 분장, 제스처, 몸놀림을 동원해 상대적으로 미묘한 연기를 해냈다. 누구로도 변신할 수 있는 평범한 사람이었던 그는 이 영화에서는 젠체하고 멍청하고 사리에 맞지 않는 캐릭터들을, 심지어는 근사하기까지 한 캐릭터들을 창조해 낸다(영화의 주인공은 자신의 고용인인 에스코인 대스코인에 대해 "나를 친절하게 대해 준 그를 죽일 필요가 없어졌다는 사실이 기뻤다"고 말한다).

이 영화는 일련의 전형적인 일링 코미디의 서막을 열었다. 이 작품 뒤로 <라벤더 힐 몹The Lavender Hill Mob>과 <흰색 정장을 입은 남자The Man in the White Suit>(모두 1951년 작품)가 나왔고, 몸집 작고 친절한 노파가 전부 도둑인 새 입주자들이 뮤지션이라는 말을 곧이곧대로 믿는다는 <레이디킬러The Ladykillers>(1955)가 나왔다. 그들의 리허설 장면은 값을 매길 수 없을 정도로 특출한 장면이다. 내가 런던에 있던 2002년 8월에 이 일링 작품들이 모두 재상영됐다. 대형 스크린은 흑백 촬영의 품격을 강조했는데, <친절한 마음과 화관>의 경우는 <시민 케인Citizen Kane>에 — 결말부터 시작해 내레이션을 통해 처음으로 거슬러 올라가는 영화에 — 뭔가를 빚지고 있는 듯 보였다.

<친절한 마음과 화관>의 오프닝 신은 작위爵位로 가는 길을 뚫으려고 찬찬히 살인을 해 나가려고 노력한, 새로이 공작 작위를 받은 루이스 마치니 역의 데니스 프라이스Dennis Price를 보여 준다. 교수형 당하기 전날 밤에 회고록을 집필한 루이스가 회고록을 큰소리로 읽으면 우리는 그의 인생을 거슬러 올라가는 여정에 오른다. 그의 어머니는 귀족인 대스코인 집안의 딸이었는데, 이탈리아인 테너와 눈이 맞아 도망치는 바람에 집안에서 의절을 당했음을 우리는 알게 된다. 아들이 태어나던 날 밤에 테너가 세상을 떠난 후, 어머니는 가문에 도움을 청하지만 가문은 싸늘하게 거절한다. 모자는 겉으로는 점잖은 척하지만 실제로는 가난에 시달리는 신세로 전락해 버린다. 그러나 루이스의 어머니는 항상 아들이 언젠가는 (아들뿐 아니라 딸을 통해서도 계승되는 대스코인 가문의) 작위를 물려받을 것이라는 소망을 품고 있다. 어머니가 세상을 떠나고 대스코인 가문이 그녀의 유해를 납골당에 안치하는 것을 잔인하게 금지하자, 루이스는 그녀를 '흉측한 교외 묘지'에 모시면서 복수를 맹세한다.

행복한 어린 시절을 보낸 곳인 가문의 저택을 그린 어머니의 그림

뒤에 가계도를 붙인 그는 대스코인 가문의 구성원이 죽을 때마다 그들의 이름에 하나하나 X 표시를 한다. '운 좋은 전염병 디프테리아'가 그중 한 명을 데려가지만, 루이스는 나머지 사람들은 살해해야 한다. 가문의 저택으로 싸구려 관광을 온 그는 자신이 얼마나 이곳에 가까워질 수 있는지 궁금해하며 "우호적인 관계에 있지 않은 사람을 죽이는 일을 솜씨 좋게 해치우는 건 정말로 어려운 일이구나" 하고 구슬프게 이야기를 털어놓는다.

프라이스는 살인자 역으로 흠잡을 데가 없다. 고상하게 생겼고 말투도 세련됐으며 몸가짐도 단정하다. 그는 그런 특성 덕에 자신을 가엾게 여긴 삼촌이 근무하는 가문의 은행에 취직한다. 삼촌과 다른 모든 대스코인 식구들(공작, 은행가, 교구목사, 장군, 제독, 젊은 애스코인 대스코인, 젊은 헨리, 애거사 대스코인 부인)은 모두 기네스가 연기한다. 흥미로운 것은 이 모든 캐릭터가 같은 가문의 식구들인 것은 분명하지만, 우리가 그런 사실을 고집스럽게 떠올리려 하지 않는 한 이들 모두가 기네스가 연기하는 사람들이라는 게 명확하게 느껴지지는 않는다는 점이다. 관객들이 그의 모습을 너무 자세하게 살펴보지 못하도록 클로즈업을 피하면서 대부분의 경우 롱 숏이나 미디엄 숏으로 그들을 찍은 로버트 헤이머Robert Hamer 감독의 연출 전략이 그의 연기를 도왔다.

기네스는 키가 크거나 작거나 허리가 굽은, 젊거나 늙은, 남자이거나 여자인 대스코인들을 연기하는 동안 보디랭귀지와 몇 개의 가발이나 수염에 주로 의존해 각각의 캐릭터들을 연기한다. 대부분의 장면이 젊은 루이스에게 초점을 맞춘 것도 도움이 됐을 것이다. 아무튼 여덟 명의 캐릭터를 연기하는 배우가 크레디트에 맨 처음으로 등장하는 배우가 아니며, 영화도 그를 다룬 작품이 아니라는 점은 의미심장하다.

루이스가 살인을 위해 동원한 방법들은 조지 오웰George Orwell의 유명한 에세이 『영국식 살인의 퇴락Decline of the English Murder』(1946)에서 거론한 정신을 따른다. 오웰은 그 에세이에서 단순하게 사람을 향해 총을 쏘는 것으로 살인을 마무리 짓는 현대의 세태를 개탄했다. 또 영국의 앞 세대 살인자들의 독창성을 칭송하면서 "영국 대중에게 엄청난 기쁨을 선사한" 범죄들을 검토한다. 그는 독살이 가장 선호된 수단이었고, 이상적인 살인자는 사회적 신분이 상승되거나 유산을 상속받게 될 거라는 희망에서 살인을 저지른 중산층 사람임을 생각한다.

1900년경이 배경인 <친절한 마음과 화관>은 오웰의 기준을 훌륭하게 충족시킨다. 어떤 대스코인은 독으로 목숨을 잃고, 다른 사람은 차를 마시다 폭사하며, 세 번째 대스코인은 루이스가 보트의 줄을 풀어 버린 후에 폭포에 휩쓸린다(그때 희생자는 애인과 불륜을 저지르는 중이었다. "여자한테는 미안한 일이지만, 그녀가 주말에 이미 죽음보다 더 비참한 운명을 경험하고 있었는지도 모른다는 생각을 곰곰이 해보고 나자 마음이 약간은 풀렸다"고 루이스는 말한다). 내가 좋아하는 살인은 여성 참정권자인 대스코인을 죽이는 방법이다. 그녀가 열기구에 올라 시위를 벌일 때, 루이스는 화살로 그녀를 추락시키며 말한다. "나는 허공으로 화살을 날렸네. 그리고 그녀는 지상의 버클리 광장에 떨어졌네."

그도 공작 작위에 오르는 과정에서 유사한 불륜을 벌인다. 하나는 사랑하는 여자와 갖는 관계, 다른 하나는 필요한 여자와 갖는 관계다. 시벨라(조앤 그린우드Joan Greenwood)는 그가 어머니가 돌아가신 후에 하숙하던 집안의 딸이다. 그녀는 그를 사랑하지만 그에게는 미래가 없다고 믿고는 따분한 남자와 결혼한 후 루이스를 찾아오기 시작한다. 약간 혀 짧은 소리를 내며 나른하고 심술궂은 분위기를 풍기는 그린우드의 연기는 관능적이다. 다른 여자인 에디스(발레리 홉슨Valerie Hobson)는 그에게 살해당한 희생자가 남긴 과부로, 돈도 있고 사교계 지위도 상당한 여자다. 도덕에는 관심이 없는 루이스는 사랑하는 여자와 함께 있지 않을 때에는 그 시점에서 같이 있는 여자를 사랑한다.

<친절한 마음과 화관>은 살인과 불륜, 배신과 핏줄의 반목을 다루는 영화이면서도 자신이 저지른 죄악들을 멀찌감치 떨어져 연구했다고 주장하는 루이스의 회고록에 의해 확립된 무뚝뚝하고 초연한 분위기를 풍긴다. 어머니가 받은 멸시 때문에 상처 받은 그는 본질적으로 대스코인 가문 사람들이 그런 불행을 자초했다고 믿는다. 영화는 객관적이고 억제된 보이스 오버 내레이션에 굉장히 많이 의존하는데, 그 덕에 우리는 영화에서 벌어지는 선정적인 사건들에서 멀찌감치 거리를 둘 수 있고, 그 때문에 영화는 더 재미있어진다. 살인은 범죄 행각의 불쾌한 세부 사항들보다 악당의 괴팍함에 더 눈길을 주는 한 (루이스가 표현한 것처럼) 가장 유쾌한 오락거리가 될 수 있다. 오웰도 이 점에 동의할 것이다.

 # 제목은 테니슨Alfred Tennyson• 의 작품에서 따온 것으로, 루이스는 테니슨이 던진 충고를 명심해야 옳았다. "친절한 마음은 화관花冠보다 소중하다 / 천진난만한 신념은 노르만족의 피보다 소중하다."

• 영국 빅토리아 시대의 계관 시인(1809~1892)

카비리아의 밤

Le Notti di Cabiria

감독	페데리코 펠리니	
주연	줄리에타 마시나, 프랑수아 페리에	
제작	1957년	118분

카비리아의 눈썹은 만화의 캐릭터마냥 눈동자 위에 까만 수평선으로 그려져 있다. 그녀가 보이는 어깨의 으쓱임과 걸음걸이와 표정 짓는 법, 그 모든 게 그녀가 연기를 하고 있다는 것을 넌지시 내비친다. 물론 창녀들은 항상 이런저런 방식으로 연기를 한다. 그런데 카비리아는 마음속에 어떤 캐릭터를, 아마도 채플린Charlie Chaplin의 작은 방랑자에다, 1950년대에 이탈리아 TV에서도 방영됐을 게 분명한 루실 볼Lucille Ball의 분위기를 가미한 캐릭터를 담고 있는 것처럼 보인다. 카비리아는 코믹한 페르소나로 자신을 방어하기만 하면 그녀가 속한 세계의 공포를 수월하게 통과할 수 있을 거라고 생각하는 듯하다. 아니면 이것이 연기가 아닌 카비리아 본연의 모습일 수도 있다. 그녀는 어린아이처럼 순수한, 죄인들 무리에 자리한 성인聖人일 것이다. 이러한 보호막이 절대로 걷히지 않는다는 점은 줄리에타 마시나Giulietta Masina의 연기가 주는 기쁨 중 하나다. 카비리아의 행동은 때로는 작위적으로 보이지만, 그 행

동은 항상 그녀 특유의 행동처럼 보인다. 그리고 이 왜소한 여자는 로마의 빈민가를 자랑스레 헤치고 다닌다.

마시나의 남편인 페데리코 펠리니Federico Fellini, 1920~1993가 1957년에 연출한 <카비리아의 밤>은 칸에서 여우 주연상을, 오스카에서 외국어 영화상을 받았다. 펠리니로서는 1954년에 <길La Strada>로 수상한 이래 두 번째 수상이었다(그는 1963년에 <8과 1/2 8 1/2>로, 1974년에 <아마코드Amacord>로 다시 상을 받았다). 그런데 이상한 것은 이 작품이 덜 알려진 펠리니 작품에 속한다는 것이다. 너무나 알려지지 않은 덕에, 그는 불과 3년 후에 만든 <달콤한 인생La Dolce Vita>에서 이 영화에 담긴 기초적인 소재들을 상당수 재활용할 수 있었다. 현재 영화는 복원된 35밀리미터 프린트에다 피에르 파올로 파솔리니Pier Paolo Pasolini가 쓴 대사를 더 잘 이해할 수 있게 해 주는, 다시 번역된 힘 있는 자막을 달고 다시 개봉됐다. 영화의 초기 버전에서는 삭제됐던 7분 30초짜리 장면도 들어 있다.

펠리니가 총애하던 작곡가 니노 로타Nino Rota의 음악이 들어 있는 새롭게 복원된 영화를 보면, <카비리아의 밤>은 펠리니와 채플린이 성인용 주제를 놓고 원기왕성하게 공동 작업을 벌인 작품인 것처럼 느껴진다. 나는 마시나가 그녀가 연기하는 카비리아를 일부러 작은 방랑자에 기초해서 연기해 냈다고 생각한다. 우산을 갖고 보여 주는 몇 가지 행동과, 나이트클럽의 커튼 속에서 몸부림치는 장면은 특히 그렇다. 그러나 채플린의 캐릭터가 상투적인 악당들과 해피 엔딩의 세계에 거주하는 반면, 카비리아는 로마의 싸구려 매매춘 거리에서 힘들게 살아간다. 그녀를 간택한 유명 배우가 로마의 중심 유흥지인 비아 베네토에서 일하느냐고 묻자, 그녀는 사무적으로 아니라고, 지하철로 통근할 수 있기 때문에 유적지 도로에서 일하는 쪽을 좋아한다고 대답한다.

카비리아는 직업여성이다. 이 이야기를 원작으로 한 브로드웨이 뮤지컬과 영화인 <달콤한 자선Sweet Charity>에서처럼 감상적인 여성이 아니라, 트럭에도 오르고 싸우기도 하며 경찰이 급습하면 수풀에도 몸을 숨기는 억센 아가씨다. 그녀는 집(공장지대 황무지에 있는 조그만 오두막집)이 있다는 게 자랑스럽다. 그녀는 조만간 진정한 로맨스를 찾아내겠다는 꿈을 꾸지만, 남자들을 판별하는 그녀의 감식력은 위험한 수준이고, 그런 위험이 빚어낼 결과가 무엇인지는 자명하다. 영화는 그녀의 현재 기둥서방이 그녀의 핸드백을 낚아채고는 그녀를 익사시키려고 강물에 밀어 넣는 것으로 시작된다.

창녀들은 하는 일의 특성상 밤에 도시의 거의 모든 지역에 갈 수 있고 거의 모든 무리와 어울릴 수 있다. 예를 들어 그녀는 무비 스타(아메데오 나자리Amedeo Nazzari)의 후원 아래 나이트클럽에 들어갈 수 있게 된다. 약혼녀와 다툰 후 그녀를 선택한 그는 대궐 같은 빌라로 그녀를 데려간다. 그런데 예기치 못하게 약혼녀가 나타나자 그녀를 욕실에 숨긴다(카비리아는 그의 개와 함께 밤을 보낸다). 나중에 구원을 얻으려는 그녀는 다른 아가씨와 포주와 더불어 성모 마리아가 현현한 곳이라고 널리 알려진 곳을 방문한다. 개봉된 영화에서는 잘린 장면에서 그녀는 자선 단체가 음식과 선물을 갖고 집 없는 이들을 찾아가는 길에 동행한다(그녀는 한때 아름다웠던 창녀가 땅에 파인 동굴에서 기어 나오는 모습을 보고는 경악한다).

이런 장면들은 모두 <달콤한 인생>에 이런저런 방식으로 메아리치는데, 그 영화는 창녀 대신 가십 칼럼니스트(마르첼로 마스트로야니 Marcello Mastroianni)의 눈을 통해 똑같은 세계의 일부를 바라본다. 두 영화 모두에서 창녀는 고객이 될 뻔한 사람이 애인과 사랑을 나누는 모습을 문틈으로 훔쳐본다. 이국적인 외국인 댄서들로 시작하는 나이트클럽 장면이 두 영화에 모두 등장한다. 야외 나이트클럽에서 펼쳐지는 뮤지컬 시퀀스가 두 영화에 모두 등장한다. 그리고 거의 모든 펠리니

영화에 담겨 있듯, 풍만한 창녀와 바닷가 석조 건물, 사람들의 행렬, 황혼을 배경으로 윤곽이 드러나는 야외무대가 두 영화에 모두 등장한다. 이것들이 펠리니의 내밀한 상상력의 시금석인 게 분명하다.

펠리니는 대사와 음악을 활용해서 시를 쓰는 시인이었다. 그는 촬영을 할 때에는 절대로 대사를 녹음하지 않았다. 대부분의 이탈리아 감독처럼 그는 대사를 후시로 녹음했다. 촬영장에서 그는 거의 모든 장면을 찍는 동안 음악을 틀었다. 당신은 대부분의 펠리니 영화에서 캐릭터들이 무언가 특유한 방식으로 몸을 놀리며 걷는다는 것을 감지할 수 있을 것이다. 엑스트라들조차 동일한 리듬을 듣고 있는 것처럼 보인다. 카비리아도 그 음악을 듣는다. 그런데 그녀는 자기만의 멜로디를 듣고 있는 것처럼 종종 그 음악과는 대조적인 걸음을 걷는다. 그녀는 자신이 사랑하는, 무슨 일이건 해 주고픈 남자가 고작 4천 리라 때문에 그녀를 익사시키려 했다는 것을 믿을 수 없는 고집스러운 감상주의자다("5천 리라 받고 그 짓거리를 하는 사람들이 있어"라고 이웃에 사는 친구가 확인해 준다).

그녀는 구원받기를 바라는 여자고, 죄인으로 일하지만 내면의 영성을 갈구하는 여자다. 어느 날 밤에 그녀는 우연히 최면술사의 공연을 보러 갔다 무대로 불려 올라간다. 그녀가 자신의 믿음과 상냥함을 드러내는 (절반은 보드빌이고, 절반은 매혹적인 판타지인) 무아지경에서 영화의 가장 비범한 시퀀스가 펼쳐진다. 그녀는 음탕한 관객들에게 자기는 집도 있고 은행 구좌도 있다고 알려 준다.

무대에 선 그녀를 본 오스카라는 남자(프랑수아 페리에François Périer)가 꽃과 진지한 태도로 그녀에게 구애하기 시작한다. 그는 그녀의 순수함과 착한 심성에 감동받았다고 말하고, 그녀는 그를 믿는다. 그녀는 마침내 믿을 수 있는 남자를 찾아냈다. 여생을 함께 보낼 남자를. 친구들이 (그리고 객석에 앉은 우리가) 그녀의 순진함을 비관적으로 생각하는데도, 그녀는 기쁨에 들떠 있다.

영화감독으로서 펠리니는 전후 이탈리아 네오리얼리즘 사조에 뿌리를 두고 있다(그는 1945년에 <무방비 도시Roma Città Aperta>에서 로셀리니Roberto Rossellini 밑에서 일했다). 그의 초기작들에는 후기작들에서 현혹적인 환상으로 대체되어 가는 현실의 불쾌한 모습이 고스란히 담겨 있다. <카비리아의 밤>은 전환기의 작품이다. 영화는 <달콤한 인생>의 시각적인 자유로움을 지향하는데, 한편으로는 전후 로마의 리얼한 세계에도 여전히 주의를 기울인다. 자선단체와 관련된 장면은 도시의 동굴들과 다리 밑에서 살아가는 사람들을 보여 주는 뼈대를 제공한다. 카비리아가 자신의 집을 사들인 헐벗은 대가족에게 집 열쇠를 건네주는 장면은 훨씬 더 감동적이다.

이 장면들은 그녀보다 훨씬 더 우아한 (그리고 키가 훨씬 큰) 비아 베네토 창녀 두 명에게 조롱을 당할 때나, 그녀가 배우의 커다란 미제 승용차를 타고 드라이브를 가면서 자신의 새 고객을 라이벌 창녀들에게 과시하는 장면(펠리니가 <달콤한 인생>에서 재활용한 또 다른 장면) 같은 경박한 장면들에 정서적 맥락을 제공하는 닻을, 깊은 곳에 흐르는 강한 역류를 영화에 제공한다. 그녀는 이 모든 장면에서 반항적인 캐릭터로 남는다. 그런 다음 우리는 결말로 향할수록 그녀가 부드러워진다는 것을 감지한다. 그녀가 오스카와 함께하는 게 자신의 미래라고 진지하게 믿을 때, 그녀의 눈썹은 눈에 띄는 수평선에서 미세하게 부드러운 선으로 변하고, 눈 위의 곡선과 얼굴은 더 연약한 모습으로 변하기 시작한다. 이 모든 건 영화의 믿을 수 없는 마지막 장면을 위한 준비 작업이다. 우리는 그 장면에서 불굴의 결심을 표출하는 카비리아의 얼굴을 보게 된다.

언젠가 펠리니는 자신이 다룬 모든 캐릭터 중에서 카비리아만이 유일하게 지금도 걱정되는 캐릭터라고 말했다. 아카데미 평생 공로상을 수상한 1993년에 연단에 선 그는 앞줄에 앉아 있던 마시나를 내려다보며 울지 말라고 말했다. 그녀의 얼굴을 비춘 카메라는 그녀가 눈물을 흘리면서도 용감한 미소를 짓는 모습을 보여 줬다. 카비리아가 거기에 있었다.

칼라 퍼플

The Color Purple

감독	스티븐 스필버그	
주연	우피 골드버그, 대니 글로버	
제작	1985년	135분

<칼라 퍼플>을 거의 20년 만에 다시 보고는 1985년도 최고작으로 이 영화를 꼽았던 시절보다 이 영화의 결점들을 훨씬 더 쉽게 찾을 수 있었다. 그런데 이 영화가 나를 그토록 깊이 감동시켰던 이유도, 그리고 어떤 영화의 위대함이 그 영화의 완벽함이나 논리가 아닌 그 작품에 담긴 진실에 의존하는 이유도 이해할 수 있었다. 영화는 일관성 없고 혼란스러우며 그럴듯하지 않을 수도 있다. 하지만 이 영화의 한복판에는 한 가지 완벽한 것이 있는데, 우피 골드버그Whoopi Goldberg가 연기하는 셀리 캐릭터가 그것이다. 나는 내 오리지널 리뷰에 "올해의 최우수 여배우가 여기 있다"고 썼다. 그것은 분명 진실이다. <칼라 퍼플>이 오스카상 열한 개 부문 후보에 올랐으면서도 그중 단 하나도 수상하지 못했지만 말이다.

세상으로부터 가혹한 대접을 받는 여성 셀리는 인생의 대부분이 그녀를 겁탈하고 구타하고 싶어 하는 남자들을 피해 도망쳐 다니는 것

으로 구성된, 부끄럼 많고 겁도 많은 왜소한 존재다. 그녀가 결국 활짝 꽃을 피우는 것은 내가 영화를 보면서 경험했던 기분 좋은 경험 중 하나였다. 그녀가 꼬드김과 설득 끝에 마침내 함박웃음을 짓는 장면은 줄거리의 전환점이다. 그리고 그 장면 중 어느 순간에 우리는 인간미가 스크린으로부터 우리를 향해 환하게 빛을 발하는 것을 보게 된다.

스티븐 스필버그Steven Spielberg, 1946~ 감독의 이 영화는 앨리스 워커Alice Walker의 소설이 원작인데, 원작은 영화보다 훨씬 더 음울하고 복잡하다. 셀리의 인생이 그보다 더 고통스러울 수는 없을 테지만 말이다. 그녀는 10대 초반에 아버지라고 알고 있는 남자에게 겁탈당하고, 낳은 아이 둘을 모두 빼앗긴다. 더 이상은 아이를 갖지 못할 거라는 말을 들은 그녀는 그녀가 미스터(대니 글로버Danny Glover)라고 부르는 난폭한 농부한테 보내진다. 남편은 그녀를 구박하고, 그녀를 하녀이자 육욕을 쏟아 내는 배출구로 써먹으며, 그녀에게 못생겼다는 말을 주입한다. 그래도 그녀의 인생에는 아름다운 게 하나 있다. 바로 여동생 네티(아코수아 부시아Akosua Busia)다. 네티는 자매의 아버지가 자신을 덮치려고 기를 쓰자 안전한 곳을 찾아 셀리에게 도망쳐 온다. 그러자 이번에는 미스터가 네티를 쫓아다닌다. 네티가 반항하며 맞서자 미스터는 그녀를 내쫓는다. 그러면서 두 자매의 오랜 이별이 시작된다. 상당히 말이 안 되는 우연의 일치로, 네티는 셀리의 아이들을 입양한 선교사 부부와 함께 아프리카로 간다.

영화는 현실 세계보다는 세트 장식에서 더 많은 영향을 받은 듯한 풍경에서 진행된다. <분노의 포도Grapes of Wrath>보다는 <푸른 초원The Green Pastures>에 가깝다. 인근 읍내에 백인들이 있기는 한데, 그들은 정도의 차이만 있을 뿐 모두 인종주의자다. 그런데 이 영화에서 백인들과 그들의 인종주의는 단역에 불과하다. 이야기의 대부분은 흑인들이 거주하는 목가적인 농장에서 진행된다. 미스터는 넓은 베란다와 짙푸른

잔디밭이 딸린 근사한 2층집에 산다. 근처에 있는 교회는 연하장에 등장해도 좋을 법한 곳이다. 시냇물이 있고, 꼬불꼬불한 흙투성이 도로가 있다. 농장에서 많은 작업이 행해지는 게 분명하지만, 미스터가 트랙터를 타고 있는 장면은 딱 한 번 등장한다. 그는 대부분의 시간을 셀리의 인생에서 악당 역할을 연기하며 보낸다. 이 지역에서 가장 재배 규모가 큰 작물은 보라색 꽃인 것 같다.

미스터에게는 첫 결혼에서 얻은 아들 하포(윌러드 퓨Willard Pugh)가 있다. 어느 날 하포가 사랑하는 여자 소피아(오프라 윈프리Oprah Winfrey)를 집에 데려오면서 불행이 덮치기 시작한다. 소피아는 아이를 가졌으면서도 미안한 기색도 없이 떳떳해한다. 미스터가 여자들한테 퍼붓는 험한 말을 들으면서 살 생각이 조금도 없는 소피아는 하포에게 아버지와 자기 사이에서 선택을 하라고 강요한다. 하포는 선택하지 못한다. 하포는 인생의 대부분을 주변에 있는 모든 사람이 행복한 상태에 있게 만들려고 노력하며 보낸다. 그는 그런 성향 덕에 강 하류에 있는, 교회에서 소리치면 들을 수 있을 정도로 가까운 곳에 있는 '술집'의 주인으로 이상적인 사람이다.

보잘 것 없는 삶을 사는 미스터도 애지중지하는 사람이 있다. 그의 단 하나뿐인 진정한 사랑으로 남은 재즈싱어 셔그 에이브리(마거릿 에이브리Margaret Avery)다. 어느 비 내리는 밤에 간호가 필요할 정도로 아픈 상태로 집에 도착한 셔그가 셀리를 보고 처음 내뱉는 말은 "당신, 정말로 못생겼네!"다. 하지만 셔그는 셀리의 두려움 아래에 자리 잡은 아름다움을 볼 수 있다. 그녀가 셀리에게 애정이 담긴 키스를 받는 게 어떤 기분인지를 가르쳐 주는 섬세하고 고요한 장면이 있다. 그녀는 셀리의 인생을 탈바꿈시키는 중요한 인물이고 셀리가 거두는 최후의 승리를, 미스터가 당하는 패배를 이끌어 내는 원동력이다.

내가 영화를 처음 봤을 때에는 관심과 주의를 셀리에게 집중시키고 있었기 때문에, 영화는 전체적으로 그녀의 이야기가 되어 버렸다. 이번에 볼 때에는 영화가 흑인 여성들은 강인하고 용감하며 참되고 모든 고초를 이겨 낼 것이지만, 흑인 남성들은 연약하고 잔인하거나 코믹한 캐릭터들이라는 믿음을 시종일관 잃지 않고 있음을 깨닫고는 거북한 기분이 들었다. 하포는 집을 짓는 와중에 지붕에서 너무나 많이 떨어지기 때문에 버스터 키튼Buster Keaton의 영화에 출연해도 될 지경이다. 그는 코믹한 행동으로 영화의 심각한 분위기를 풀어 주는 역할을 잘 해낸다. 목사인 셔그의 아버지는 성경에 적혀 있는 진리들을 거듭 내뱉기는 하지만 판에 박힌 생각을 하는 고루한 사람은 아니다. 미스터는 괴물이다. 그리고 그의 아버지인 올드 미스터(아돌프 시저Adolph Caeser)는 담배를 꼬나물고 이기적인 견해나 주절거리는 혐오스럽고 추접하며 왜소한 남자다.

셔그는 고결한 가정에 태어났고 셀리는 서서히 그런 분위기에 젖어드는 반면, 윈프리가 연기하는 소피아는 활력이 넘치는 캐릭터다. 그녀는 읍내에서 백인 읍장에게 지옥이나 가라고 퍼부으며 그와 다툰다. 그리고 그 대가로 한쪽 눈이 먼 채로 몇 년을 교도소에서 보낸다. 망가지고 얼이 빠진 멍한 상태로 나타난 그녀는 처음에 그녀를 고생길로 이끌었던 바로 그 읍장 부인의 하녀가 되어 있다. 소피아에게서 운전 교습을 받는 읍장 부인이 소피아가 아이들과 크리스마스를 보낼 수 있도록 소피아의 집으로 그녀를 데려다주겠다는 관대한 제안을 하는 장면이 있다. 이 만남은 굉장히 감동적인 재결합이 될 수도 있었지만, 스필버그는 읍장 부인을 형편없는 운전자로 설정해서는 그 만남을 망쳐 버린다. 차가 좌충우돌하다 멈춰 버리는 슬랩스틱 장면이 연출되고, 읍장 부인은 그녀를 도우려고 나온 흑인들이 자신을 공격하려 한다고 생각한다. 소피아가 엄마를 거의 기억하지 못하는 아이들과 만난 지 15분밖에 지나지 않았는데도, 그녀는 소피아가 집까지 운전을 하고 가야 한다고 주장한다. 말없고 애처롭고 기쁨에 찬 장면이자, 잔인함이 손쉽게 웃음을 따라잡지 못하는, 소피아를 위한 장면이 됐어야 마땅한 장면이다. 소피아가 결국 자존심과 영혼을 회복한 것은 대단한 업적으로, 이 업적은 열정적이고 분노에 찬 연설로 이어진다. 그런데 영화는 그녀가 등장하는 걸출한 장면을 회피한다.

남부의 촌락과 아프리카를 혼란스럽게 교차 편집한 장면들도 있다. 이 장면들에서 셀리의 아이들은 영어를 구사하는 선교사들과 네티 밑에서 자랐으면서도 그 지역의 언어만 구사하는 이해하기 어려운 모습을 보인다. 미스터가 수십 년간 네티가 보내온 편지들을 감춰 뒀기 때문에, 네티가 살아 있고 아이들도 그렇다는 것을 셀리가 알게 되는 것은 오로지 셔그 덕이다. "나한테 아이들이 있어요!" 셀리는 자랑스러워하며 도전적인 어조로 말한다. "나한테 두 아이가 있다고요!" 내 안에서 뭉클한 감정이 솟구친다. 그녀가 결국 아이들과 재회하는 장면은 영화 역사에서 가장 가슴 미어지는 순간 중 하나다.

셀리의 재탄생은 이 영화의 숭고한 핵심이다. 사소한 것 하나(그녀가 프리사이즈 바지를 파는 가게를 연 것)는 그럴 법하게 보이지 않지만, 그녀가 자존심과 사랑, 즐거움을 찾아내는 것으로 충분하다. 그녀가 장사로 성공할 필요까지는 없다. 이것은 우피 골드버그가 펼친 최초의 중요한 연기였고, 그녀의 최고 연기로 남아 있다. 그녀가 내면에 담긴 진실을 끌어내도 좋다는 허락을 받았고, 어리석거나 코믹한 역할을 연기할 필요가 없었기 때문이다. <페이탈 뷰티Fatal Beauty>(1987)에서 개인적인 비밀을 밝히는 장면과 1955년도에 개인적인 고초를 겪으면서도 몽고메리 버스 보이콧을 지지하는 하녀를 연기한 <롱 워크 홈The Long Walk Home>(1990)의 역할을 포함한, 그녀가 참된 연기를 펼치는 장면들이 있다. 그런 영화들과 몇 편의 다른 영화들은 골드버그가 노래하는 수녀와 <스타트렉Star Trek>의 캐릭터들을 연기하기 시작하면서 세상이 진지한 여배우를 잃었음을 보여 준다.

세상은 감동을 대가로 치르면서도 완벽함을 달성하라고 요구하는 경향이 있다. 스필버그가 그림엽서에나 나올 법한 풍경을 보여 줬고 캐릭터를 너무 뻔하게 구현했으며 플롯을 너무 얽었다는 이유로 <칼라 퍼플>을 비판하는 것은 정당하다. 그런데 그가 만든 영화는 한복판에 위력적인 진실을 담고 수많은 대중에게 어필할 수 있는 영화였다. 그 영화의 캐릭터가 제대로 살아 움직일 경우, 우리는 그 캐릭터로 변신한다. 영화가 우리에게 제공하는 것이 그것이다. 우리 자신의 삶이 아닌 다른 이의 삶으로 도피하는 것. 나는 여자도 아니고 흑인도 아니며 셀리도 아니다. 하지만 <칼라 퍼플>을 보는 동안, 내 마음은 내가 그 모든 존재가 됐다면서 나를 속이고, 내가 그녀의 투쟁과 승리에 공감하는 동안 그녀와 비슷한 사람이 됐다면 어떻게 했어야 하는지에 대해 무언가를 배운다. 셀리는 놀랄 만한 우아함과 애정이 담긴 연기로 구현된 위대하고 강렬한 캐릭터다. 그녀의 이야기를 가슴 절절히 느끼는 것은 그녀가 가진 인간미의 축복을 받는 것이다. 우리는 모두 못생겼다고 느꼈었나? 미소 짓기를 두려워했었나? 삶에서 소중한 것들을 잃었었나? 감히 꿈을 꾸지 못했었나? 셀리는 고초를 견뎌 내고 이겨 냈다. 그리고 희망은 살아 있다. 당신이 이 영화를 보고 가슴 깊은 곳까지 감동을 느낀다면, 이 영화는 그저 한 편의 영화 수준에 머무르지 않을 것이다.

컨버세이션 The Conversation	감독	프랜시스 포드 코폴라	
	주연	진 해크먼	
	제작	1974년	113분

감청 업계에서 일하는 동료들이 해리 콜을 대단한 천재로 여긴다는 것을 아는 우리는 콜이 직업적 수완이 얼마나 형편없는 사람인지를 깨닫고는 약간 충격을 받는다. 공공장소에서 오가는 대화를 도청해 주는 대가로 돈을 받는 남자가 여기 있다. 그는 도청에 성공하지만, 외부인이 그 테이프들을 훔쳐갈 수 있는 상황을 조장한다. 3중 잠금장치가 되어 있는 그의 아파트는 집주인이 들어와 생일 선물을 놔두고 갈 수 있을 정도로 보안이 취약하다. 그의 우편물은 남의 손에 개봉되어 읽힌다. 그는 자신의 전화번호가 전화번호부에 등재되어 있지 않다고 생각하지만, 집주인과 의뢰인 모두 그 번호를 알고 있다. 업계 전시회에서 그는 주요 경쟁자가 마이크가 감춰진 경품용 볼펜으로 그를 농락하는데도 속수무책이다. 그의 애인은 그에게 말한다. "언젠가 당신이 계단 옆에 숨어 나를 한 시간 동안 지켜보고 있는 걸 봤어."

프랜시스 포드 코폴라Francis Ford Copploa, 1939~ 가 감독한 <컨버세

이션>의 주인공 해리는 자기 직업에 서투를 뿐 아니라 직업에 대한 불만도 많다. 언젠가 그가 했던 도청이 어떤 여자와 아이의 죽음으로 이어졌을 수도 있었다. 이제 그는 자신이 녹음한 새 테이프가 다른 살인으로 이어질 수도 있다고 두려워한다. 고해소에 들어간 그는 자신이 주의 이름을 남용했고 신문 판매대에서 신문 몇 부를 훔친 적이 있다는 말로 고해를 시작한다. 그런 다음 이렇게 고해를 잇는다. "어떤 일에 관여하게 됐는데, 제 생각에 그 일은 젊은 사람 두 명을 해치는 데 이용될 것 같습니다. 저는 전에도 그런 일을 겪었습니다. 사람들이 제가 한 일 때문에 해를 입었었죠. 그런 일이 다시 일어날까 봐 두렵습니다. 그리고 저는…… 저는 결코 그 일에 책임이 없었습니다. 이번 일에도 책임이 없습니다. 이 일들과 지난 시절에 제가 지은 모든 죄를 충심으로 후회합니다."

책임이 없다면 왜 후회를 하는가? 위대한 연기 경력 중에서도 핵심이 될 만한 연기를 펼친 진 해크먼Gene Hackman이 연기하는 해리는 직업상 하는 일에서 거리를 두려고 노력한다. 그러나 컨벤션에서 만나 집에 데려간 창녀 메러디스(엘리자베스 맥레이Elizabeth MacRae)조차 그가 얼마나 근심이 많은 사람인지를 알아차린다. "잊어버려요, 해리. 그건 일일 뿐이잖아요. 직업이라고요. 당신은 그런 일에 대해서는 아무 생각도 말아야 해요. 그냥 그 일을 하기만 해요." 그녀가 하는 말은 그녀 자신에게 하는 말이기도 하다. 잠에서 깨어난 그는 그녀가 자기에게 한 충고들과 테이프를 함께 훔쳐 달아났음을 알게 된다.

시나리오를 쓰고 연출한 코폴라는 이 작품을 자신이 만든 가장 개인적인 작품으로 간주한다. 워터게이트 도청 사건이 일어난 지 2년 후에, 그리고 베트남전의 파국이 한창이던 시절에 이 영화를 만든 그는 첨단 기술에 심하게 의존하는 사람, 자신이 떠맡은 개인적인 책임에 공포를 느끼는 사람에 대한 이야기를 들려준다. 해리 콜은 당시 미국의 축도縮圖다. 악한 사람은 아니고, 맡은 일을 수행하려 애쓰며, 죄의식에 사로잡힌 데다 자신이 수행한 일 때문에 인생에 오점이 생겼다고 느끼는 사람이다.

그러한 윤리적 수준에서 작동하는 영화는 팽팽하고 지적인 스릴러이기도 하다. 영화는 사람들이 북적이는 샌프란시스코의 광장을 보여 주는 빼어난 망원 숏으로 시작한다. 멀리서 들려오는 음악이 전자 음향과 섞인다. 콜의 뒤통수로 천천히 줌 인 해 들어간 카메라는 그를 따라다닌다. 다른 숏들은 인근의 빌딩 옥상에서 엽총형 마이크를 든 남자를 보여 주는데, 그 남자는 감시 대상인 젊은 커플(신디 윌리엄스Cindy Williams와 프레드릭 포레스트Fredric Forrest)을 조준하고 있다. 결국 우리는 전자 장비로 가득한 밴의 내부에 들어가게 되는데, 거기에는 해리의 조수인 스탠(존 커제일John Cazale)이 기다리고 있다.

"이런 사람들한테 관심을 갖는 사람이 누구예요?" 커제일이 묻는다. 해리가 싫어하는 것 중 하나가 스탠이 자기 일을 불경스럽게 대하는 것이다. 해리는 자신의 직업을 성스러운 소명으로 여긴다. 나중에 우리는 그 관심을 갖는 사람이 누구인지 알게 된다. 해리는 처음에는 고용인의 어시스턴트(해리슨 포드Harrison Ford)를 상대하지만, 해리를 고용한 사람은 대기업의 중역(로버트 듀발Robert Duvall)이다. 젊은 여자인 앤이 중역의 아내이고, 젊은 남자인 마크는 그녀의 연인이라는 게 분명해진다. 그렇다면 다음에는 무슨 일이 벌어질까? "그는 기회가 생기면 우리를 죽일 거야." 마크가 말한다. 그럴까? 해리는 일렬로 늘어선 테이프레코더 세 대를 조작해 가며 테이프를 거듭 재생한다. 코폴라는 이 장면의 영감을 자신이 찍은 사진들에서 진실을 끌어내려 노력하는 안토니오니Michelangelo Antonioni의 <욕망Blow Up>에 나오는 사진작가에게서 받았다고 밝혔다. 대화의 도막도막은 소리가 커졌다 작아졌다 하는 데다, 광장에서 밴드가 연주하는 'Red, Red Robin(레드, 레드 로

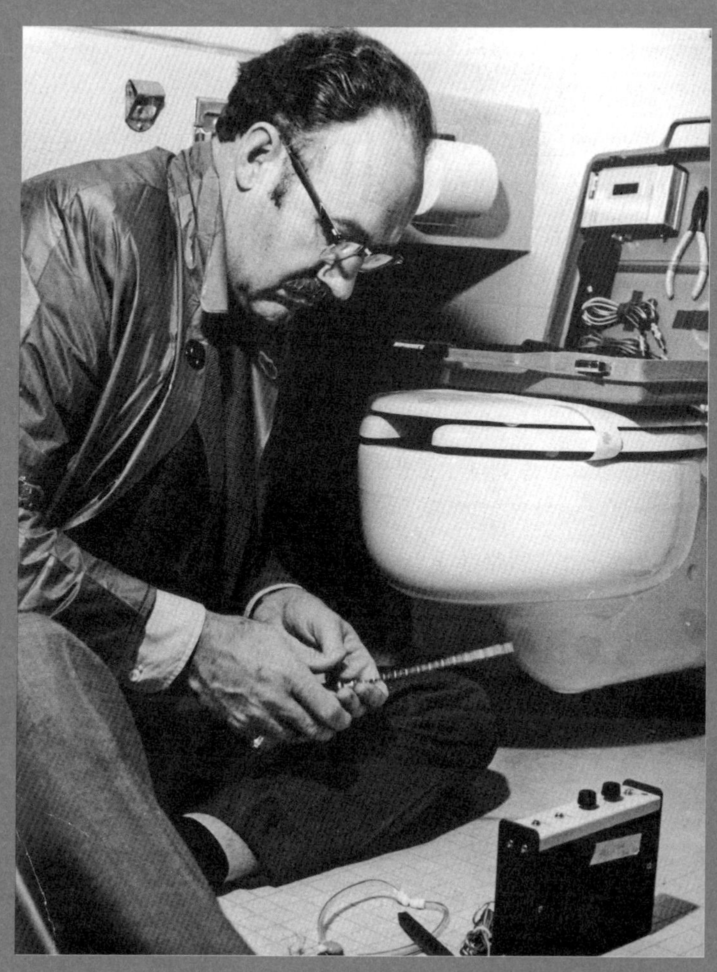

빈)'과 뒤섞이면서 사람을 미치게 만든다.

해리는 스탠을 견딜 수가 없다. 세상 사람 모두를 견딜 수가 없다. 귀가한 그는 집주인이 아파트에 들어왔으며 자신의 생일은 물론 나이까지 알고 있음을 알고는 충격을 받는다. 전화를 걸자 집주인은 비상 상황에 대비해 자기 몫의 열쇠가 필요하다고 설명한다. "불이 나서 내 개인적인 물건들이 몽땅 타버리면 나는 끝내주게 행복할 겁니다." 해리는 집주인에게 말한다. "개인적인 물건은 하나도 갖고 있지 않거든요. 값어치 있는 건 하나도 없어요. 내 열쇠만 빼고는요." 그는 애인 에이미(테리 가Teri Garr)를 찾아간다. 딴에는 조용히 들어간답시고 수를 써서 애인의 집에 들어가지만, 그녀는 그가 왔음을 안다. 그녀는 그에게 사적인 것들을 자신과 공유하자고 청한다.

그는 말한다. "나한테는 비밀 같은 건 없어."

그녀는 말한다. "내 존재가 비밀이잖아요."

최고의 조연은 해리의 경쟁자로 성공적인 활동을 해 나가는 모란을 연기하는 앨런 가필드Allen Garfield다. 업계 전시회에서 해리는 자신에게서 떠난 스탠이 모란과 일하고 있음을 알게 된다. 그럼에도 그는 개의치 않고 모란과 스탠을 비롯한 사람들을 자기 사무실로 초대한다. 다른 구역은 텅 비어 있는, 창고에 쳐진 철망 뒤가 그의 사무실이다. 그는 모란이 자신을 도청했음을 알고는 굴욕감을 느낀다. 물론 그는 그날 밤 나중에도 창녀에게 배신을 당한다. 그가 꾸는 악몽은 핵심 정보를 제공한다. 해리는 어렸을 때 몸 한쪽이 마비됐었고, 목욕을 하다가 익사할 뻔했다. 그의 성姓인 '콜Caul'의 뜻은 두 가지인데, 두 뜻은 서로 관련이 있다. 거미줄을 뜻하기도 하고, 태아를 에워싼 대망막大網膜을 뜻하기도 한다. 출생한 아이의 머리에서 이게 발견되면 '그 아이가 익사하지 않게 해 준다'는 속설이 있다.

고생스러운 어린 시절을 거친 해리는 외로운 남자로 성장했다. 그는 혼자 산다. 재즈 음반에 맞춰 색소폰을 연주하는 것 외에는 오락거리도 없다(그는 완벽한 녹음을 하려고 다시금 애쓰고 있다). 그를 돌봐 주는 여자는 없다. 그건 분명하다. 그렇지 않다면 그가 여행용 가방에 접혀 들어 있는 것과 비슷한 종류의 초라한 비닐 우비를 걸치고 다니지는 않을 것이다. 그의 가톨릭 신앙의 뿌리는 믿음과 소망이 아니라 수치심이다. 감춰진 도청 장치를 찾아 아파트를 샅샅이 훑던 그는 실내에 있는 모든 것을 뜯어내면서도 성모 마리아 조각상 앞에서는 멈칫거린다.

순수한 스릴러로서 영화는 해리가 마크와 앤이 만나기로 약속한 호텔 방의 옆방에 투숙하는 장면에서 최고의 효과를 자아낸다. 벽을 통해 소리를 엿듣는 그는 다투는 소리, 아마도 살인을 하는 소리를 듣는다. 그의 반응은 공포에 질려 침대보 밑에 숨는 것이다. 그가 한참 후에 옆방에 들어갔을 때, 방은 아주 깔끔하다. 그런데 변기의 물을 내리자 선명한 붉은 피가 넘쳐흐른다.

이 장면에 대해 많은 글이 쓰였다. 이 장면은 현실인가 상상인가? 새로 출시된 <컨버세이션> DVD에는 코폴라와, 편집 감독이자 음향의 귀재인 월터 머치Walter Murch가 등장하는 코멘터리 트랙이 들어 있다. 그런데 두 사람 모두 이 질문에 대해서는 설명하지 않는다. 코폴라는 이 장면은 <사이코Psycho>의 샤워 장면에서 영감을 받았다고 밝히고, 머치는 범죄의 증거가 솟구치는 것을 보면서 소년 시절에 야한 잡지를 변기에 넣고 물을 내렸다가 좋지 않은 시점에 그게 거꾸로 쏟아져 나왔던 기억을 떠올리게 된다고 말했다. 나는 이 장면이 현실일 거라고 생각한다. 나중에 그 방에서 일어났을 수도 있는 장면들이 빠르게 편집되는 것은 해리가 하는 추측일 것이다.

<컨버세이션>은 경우의 수가 너무나도 단순한 현대의 스릴러들하고는 다른 시대, 다른 장소에서 태어났다. 이 영화는 자기 인생에서 자신을 벗겨낸 남자, 전자 장비를 통해 자신의 삶을 냉정하게 관찰할

수 있다고 생각하는 남자, 그러고는 자신이 설치한 모든 장벽이 아무런 소용도 없다는 걸 알게 된 남자를 서글픈 시선으로 관찰하는 캐릭터 연구다. 촬영(오프닝 숏은 해스켈 웩슬러Haskell Wexler가, 나머지는 빌 버틀러Bill Butler가 담당했다)은 관음증적인 시점을 유지하려고 세심하게 계획됐다. 우리는 항상 지켜보지만 불완전하게 볼 수 있을 뿐이다. 여기, 진실을 찾아 헤매는 사람이 있다. 그런데 나머지는 항상 감춰진 채 남아 있다. 그는 대화를 거듭 재생한다. 그런데 마크가 한 말은 "그는 기회가 생기면 우리를 **죽일** 거야"일까 "그는 기회가 생기면 **우리를** 죽일 거야"일까?

콰이강의 다리

The Bridge on the River Kwai

감독	데이비드 린	
주연	윌리엄 홀든, 잭 호킨스, 알렉 기네스	
제작	1957년	161분

데이비드 린David Lean, 1908~1991 감독의 <콰이강의 다리>의 마지막 대사는 "미쳤어! 미쳤어…… 미쳤어!"다. 영화에서 중요한 두 캐릭터 모두 미치기는 했지만, 두 사람은 악당이라기보다는 영웅에 가깝기 때문에 우리는 이 마지막 대사가 무엇을 가리키고자 하는지 언뜻 확신하지 못한다. 이런 수수께끼의 일부는 영화의 관점이 이동하는 데에서 비롯된 것이다.

영국군 포로대대 지휘관인 니컬슨 대령(알렉 기네스Alec Guinness)의 눈을 통해 보이는 전쟁은 콰이강을 가로지르는 다리를 짓는 단일한 과업으로 좁혀진다. 수용소에서 탈출한 미국인 시어스(윌리엄 홀든William Holden) 입장에서 정글로 돌아가는 것은 미친 짓일 것이다. 포로수용소의 일본군 소장 사이토 대령(하야카와 셋슈早川雪洲) 입장에서, 영국군이 그의 부하들이 지을 수 있는 것보다 더 좋은 다리를 건설하는 것은 광기와 자살에 가까운 일이다. 그리고 마지막 대사를 내뱉는

군의관 클립튼 입장에서 이 모든 것은 최후의 폭력적인 혼란이 불필요한 죽음으로 이어졌다는 뜻일 뿐이다.

대부분의 전쟁 영화는 소재로 삼는 전쟁을 찬성하거나 반대한다. 그런데 <콰이강의 다리>는 옳고 그름이라는 거창한 주제가 아니라 개인들에 초점을 맞춘 몇 안 되는 영화에 속한다. 로버트 그레이브스Robert Graves의 제1차 세계 대전 회고록 『모든 것에 안녕Goodbye to All That』처럼, 이 영화는 군대의 규율과 자신이 속한 부대의 자긍심에 지독히도 집착하는 것으로 제정신을 유지하려는 남자들을 보여 준다. <콰이강의 다리>가 끝날 무렵, 우리는 누가 승리하느냐보다는 개별 캐릭터들이 어떻게 행동할 것이냐에 더 큰 관심을 갖는다.

영화의 배경은 1943년 버마에 있는 포로수용소다. 이 수용소는 일본군이 말레이시아와 랭군 사이에 놓고 있는 철도 옆에 자리하고 있다. 시어스는 이미 수용소에 수용돼 있다. 우리는 그가 병실에 들어가기 위한 뇌물로 내놓으려고 시체에서 라이터를 훔치는 모습을 봤다. 그는 니컬슨이 이끄는 영국군 포로 행렬이 '보기Bogey 대령 행진곡'을 휘파람으로 불며 수용소로 행진해 오는 모습을 지켜본다.

오래지 않아, 지휘관인 니컬슨과 사이토는 대립하게 된다. 사이토는 영국군 전원을 다리를 짓는 작업에 투입하고 싶어 한다. 니컬슨은 제네바 협약은 장교들에게 육체노동을 강요할 수 없도록 규정했다고 말한다. 그는 심지어 협약 사본을 내보이기까지 하지만, 사이토는 그 사본으로 니컬슨의 얼굴을 후려쳐 피를 보게 만든다. 니컬슨은 원칙을 꺾느니 죽는 쪽을 택한다. 결국 영화에서 가장 유명한 시퀀스에서, 그는 '오븐'(땡볕 아래 세워진 물결 모양 함석으로 지은 오두막)에 갇힌다.

영화의 핵심적인 인간관계는 사이토, 그리고 군 복무 28년째를 눈앞에 둔 직업 군인 니컬슨("그 기간 동안 집에 있었던 시간은 열 달도 안 되는 것 같소") 사이의 관계다. 일본군 대령은 직업 군인은 아니다.

런던에서 유학하던 시절에 영어를 배웠다고 말하는 그는 콘비프와 스카치위스키를 좋아한다. 그러나 그는 강직하고 충성스러운 장교이고, 우리는 니컬슨이 자신보다 뛰어난 교량 건설자라는 점 때문에 굴욕감을 느낀 그가 남몰래 울먹이는 모습을 본다. 정글에서 벌어지는 장면들은 시원시원하게 전개된다. 우리는 건설되고 있는 다리를 보고, 두 대령이 벌이는 자존심 싸움을 지켜본다. 하야카와와 기네스는 결코 상대에게 굴복하지 않으려는, 하지만 결국 다리를 완공한다는 비전을 말없이 공유하는 잘 훈련된 장교들을 창조해 내면서 훌륭한 연기 경합을 벌인다.

하야카와는 할리우드 최초의 중요한 아시아계 스타였다. 그는 세실 B. 데밀Cecil B. DeMille의 <사기꾼The Cheat>(1915)에서 빼어난 무성 연기를 펼치면서 유명해졌다. 그는 일본과 미국의 무대와 스크린에서 연기했는데, 감정을 잘 드러내지 않는 연기를 펼친다는 점에서 그와 같은 세대의 일본인 연기자 중에서는 예외적인 존재였다. <콰이강의 다리>에서 그는 고래고래 소리 지르는 법 없이, 기네스처럼 머리를 짧게 깎고는 차분하면서도 절제된 모습을 보인다(믿기 힘든 점은, 이 역할을 연기할 때 그의 나이가 68세였다는 것이다).

기이한 일은, 이 역할로 오스카 남우 주연상을 수상한 알렉 기네스가 린이 처음 선택한 배우가 아니었다는 점이다. 원래 린이 니컬슨 대령으로 캐스팅한 배우는 찰스 로튼Charles Laughton이었는데, 로튼의 아내 엘자 랜체스터Elsa Lanchester는 로튼이 "로케이션인 실론의 더위와 개미, 우리에 갇히는 걸 감당하지 못했다"고 회고록에 썼다. 로튼과 기네스는 극단적으로 다른 연기자들이라, 사람들은 린이 어떻게 두 사람이 같은 배역을 연기하는 모습을 상상할 수 있었는지 의아해한다. 로튼은 분명 더 활기찬 모습을 보이고 더 많은 감정을 드러냈을 것이다. 린이 그 역할에 "딱히 자신을 원한 건 아니었다"고 자서전에 쓴 기네스는 니컬슨을 무뚝뚝하고 말수는 적지만 내적인 강박 관념에 불타오르는 인물로 연기했다.

그 강박 관념은 더 나은 다리를 짓겠다는, 그리고 제시간에 완공하겠다는 강박이다. 줄거리의 커다란 아이러니는 한때 사이토와 성공적으로 맞서 싸운 니컬슨이 사이토의 프로젝트를 곧바로 자신의 프로젝트인 양 헌신적으로 받아들인다는 점이다. 그는 다리를 놓기에 더 좋은 지점을 제시하고, 청사진과 시간표를 내놓는다. 심지어는 일꾼을 더 동원하려고 클립튼의 병동에 들어가 환자와 부상자들을 끌고 나오기까지 한다. 첫 열차가 통과하기 전날 밤, 그는 이 다리를 "영국군 장병들이 설계하고 지었다"고 자랑하는 명판에 망치질을 한다.

클립튼은 적군을 도운 죄로 기소당하지 않겠느냐며 자신 없는 목소리로 물어본다. 기네스는 전혀 그렇지 않을 거라고 대꾸한다. 전쟁포로는 명령을 받으면 사역을 해야 하며, 게다가 그들은 영국인의 효율성을 보여 주는 모범 사례를 만들고 있는 중이다. 그는 말한다. "언젠가 전쟁이 끝나면 이 다리를 오랫동안 사용할 사람들이 와서 이 다리를 어떻게 지었는지, 누가 지었는지를 가슴에 새기게 되기를 바라네." 낙관적인 견해지만, 그러기 전까지 다리는 연합군을 상대로 하는 전쟁에 사용될 것이다. 니컬슨은 다리를 대단히 자랑스러워한 나머지 전쟁에 대해서는 완전히 잊어 먹고 있다.

정글의 이야기는 깔끔하고 경제적이며 위력적으로 진행된다. 이와 나란히 전개되는 시어스와 관련된 이야기는 그만큼 성공적이지는 않다. 탈출한 시어스는 영국군이 점령한 실론의 병원에 입원해 마티니를 마시고 간호사와 시시덕거리다가 복귀해서 다리를 폭파할 계획에 참여해 달라는 워든 소령(잭 호킨스Jack Hawkins)의 요청을 받는다. "미쳤소?" 시어스는 언성을 높이지만, 그가 장교를 사칭했었다는 사실을 미군에 알리겠다는 워든의 협박을 듣는다. 게릴라 임무가 시작되기 전까지 홀든이 연기하는 캐릭터는 작위적이다. 그는 전쟁 기피자를 설득력 있게 연기하지는 못하지만, 결말에서 보여 주는 영웅적인 행위는 조금 그럴 듯해 보인다.

린은 꼼꼼한 솜씨로 클라이맥스에 서스펜스를 불어넣는다. 다리 아래에서 플라스틱 폭약을 설치하고 있는 부대원들에게 공허한 메아리를 전하는 장면에서 그는 다리 위에 선 초병들의 군화를 멋지게 활용한다. 그러는 동안 영국군은 포로수용소의 환경이 참혹했다는 정보를 반영하지 않는, 있을 법하지 않은 뮤지컬 공연으로 다리의 완공을 축하한다. 이튿날 아침, 멀리서 다가오는 기차 소리가 서스펜스를 빚어내는 동안, 캐릭터들의 상호작용과 행동 동기는 정교하게 교차한다. 믿기 어렵지만, 니컬슨은 애지중지하는 다리를 잃느니 파괴 작전을 폭로할 준비가 되어 있는 것처럼 보인다(다리가 폭파되면서 기차가 강물로 떨어지는 장면은 이상하게도 버스터 키튼Buster Keaton의 걸작 무성 영화 <제너럴The General>의 비슷한 장면을 그대로 반영했는데, 키튼의 기차가 더 그럴듯하게 보인다).

데이비드 린 경卿은 1957년 작품인 <콰이강의 다리>부터 이어진 웅장한 영화들로 명성을 얻었고 그 덕에 작위도 받았지만, 그의 최고작은 오스카상이 쌓이기 전에 완성됐다는 반대 의견도 있다. <콰이강의 다리> 다음으로 <아라비아의 로렌스Lawrence of Arabia>, <닥터 지바고Dr. Zhivago>, <라이언의 딸Ryan's Daughter>, <인도로 가는 길A Passage to India>이 나왔다. <라이언의 딸>을 제외하고는 모두 작품상 후보에 올랐고, 앞의 두 작품은 작품상을 수상했다. 그는 <콰이강의 다리> 이전에 <밀회Brief Encounter>, <올리버 트위스트Oliver Twist>, <위대한 유산Great Expectations>을 비롯한 규모가 작고 더 긴장감 있게 구성된 영화들을 만들었다. (<라이언의 딸>은 제외한) 여러 후기작에는 인간적인 디테일이 상실된 것을 보상하는 웅장함이 있다. 그런데 사이토가 혼자 시간을 보내는 순간들과 니컬슨이 완공된 다리를 점잔을 떨며 시찰할 때처럼, 그는 <콰이강의 다리>에서도 여전히 인간미 넘치는 솜씨를 발휘하고 있다. 니컬슨이 제정신임을 보여 주는 최후의 순간에는 리어 왕과 비슷한 무언가가 깃들어 있다. "내가 무슨 짓을 한 거지?"

크리스마스 스토리

A Christmas Story

감독	밥 클라크	
주연	피터 빌링슬리, 대런 맥개빈, 멜린다 딜런	
제작	1983년	94분

<크리스마스 스토리>가 제대로 그려 낸 디테일 중 하나가 라이프보이Lifebuoy 비누로 입을 씻어 버리겠다는 위협이다. 다른 비누가 아니다. 라이프보이다. 아이보리나 팜올리브가 아니다. 라이프보이는 분명 욕설을 씻어 낼 수 있는 성분을 함유하고 있다. 이런 과업을 위해 언급되는 유일한 다른 비누는 라바Lava 뿐이다. 그런데 라바는 입 세척용 비누의 핵폭탄이라 할 수 있다. 너무나 강력한 이 비누는 우리가 지금까지 알지 못했던 욕설들을 위해서만 사용된다.

<크리스마스 스토리>에는 사소하지만 완벽한 순간이 꽤 많다. 그중 으뜸은 어머니가 랠피의 입에서 라이프보이를 뺀 다음, 랠피를 침대로 보낸 다음에 등장한다. 어머니는 비누를 살펴보고 잠시 생각에 잠긴 다음 입에 비누를 문다. 무슨 맛인지 알아보기 위해서다. 일부 사람들이 해마다 명절 시즌에 <크리스마스 스토리>를 감상하는 이유는 바로 그런 순간들 때문이다. 이 코미디의 저변에는 인간의 본성에 대한

리얼한 인식이 깔려 있다.

영화의 원작은 진 셰퍼드Jean Shepherd가 쓴 회고록이다. 유머 작가인 그는 1940년대에 인디애나에서 보낸 성장기를 회상하는 라디오 프로그램들과 저서들로 유명하다. 영화에서 어느 크리스마스 시즌을 특별히 회상하는 사운드트랙의 목소리가 바로 셰퍼드의 목소리다. 그의 목소리는 크리스마스 선물로 데이지 레드 라이더 2백 연발 카빈 비비탄 총을 — "내가 여태까지 눈독을 들인 것 중에서 가장 멋지고 치명적인 무기"로, 개머리판에 나침반이 들어 있는 총을 — 받고 싶다는 어린 주인공의 들끓는 욕망을 묘사한다.

나도 그런 총을 가진 적이 있었다. 그 총을 만질 때 느꼈던 감촉이 너무나 생생해서 지금도 방금 전에 그 총을 내려놓고 글을 쓰고 있는 것 같은 느낌이 든다. 게다가 나는 그 총에 대한 모든 걸 기억하고 있다. 연습용 표적으로 쓰려고 판지로 된 상자에다 신문지를 채워 넣는 방법도, 위를 밀어서 여는 마분지 통에 비비탄을 집어넣는 방법도, 총알을 쏟아 넣을 때 나는 요란한 소리도, 그리고 물론 그런 짓을 하다가는 눈알이 빠질 거라고 모두 이구동성으로 윽박지르던 경고도 말이다.

랠피의 인생은 그러한 위험 때문에 비참해진다. 그는 인디애나 북부에 거주하는 그 누구도 (어머니도, 선생님도, 심지어는 산타클로스까지도) "네 눈이 빠질 것"이라는 말을 사용하지 않고는 비비탄 총에 대해 생각조차 할 수 없다는 사실을 알게 된다. 사람들에게 복수하는 내용의 공상에 잠기는 영화의 어느 지점에서, 그는 검은 안경을 쓰고 시각 장애인이 쓰는 지팡이와 걸인들이 쓰는 양철 컵을 들고는 부모님의 문을 노크한다. 충격을 받은 부모는 눈물을 쏟으면서 어쩌다가 앞을 보지 못하게 된 거냐고 묻는다. 그는 냉정하게 대답한다. "비누 독성 때문에요."

영화는 크리스마스와 비비탄 총만 다루는 게 아니다. 유년기를,

그리고 진실처럼 들리는 디테일들을 연달아 다룬다. 학교의 왕초는 충성스러운 부하를 구타해서 희생자들을 쫓아 버린다. 어린 동생은 방한복보다 크게 자라 버린 탓에 방한복이 너무 꽉 껴서 미셰린 타이어 광고에 나오는 사람처럼 걸어 다닌다. 그 애는 넘어지면 혼자 힘으로는 일어나지 못한다. 랠피를 네 살짜리 여자애라고 생각한 아주머니는 분홍색 토끼 의상을 보내온다. 그런데 인생의 다른 문제들은 먼 옛날에 속한 문제들이지 지금 나이에 속한 문제들은 아니다. 지하실 석탄화로의 벽돌들이나 타이어의 펑크가 한 예다. 펑크 난 타이어가 어떤지는 모두들 안다. 그런데 지금 살아 있는 많은 사람은 펑크가 나는 그 순간에 나는 정말로 섬뜩한 굉음을 한 번도 경험해 보지 못했다.

<크리스마스 스토리>는 1983년 크리스마스 시즌에 개봉했다. 영화는 처음에는 준수한 흥행만 기록했다(사람들은 특별한 명절을 주제로 삼은 영화를 자주 보러 가지는 않는다). 영화는 긍정적인 리뷰들을 받았고, 밥 클라크Bob Clark, 1939~2007의 연출과 시나리오는 지니상Genie Awards(캐나다의 오스카) 두 개 부문을 수상했다. 그런 다음에 가정용 비디오로 옮겨 온 영화는 시즌이 거듭될수록 충성스러운 관객들을 찾아내며 슬그머니 히트작 대열에 합류했다. 예를 들어 영화 리뷰 웹사이트 '스리 블랙 칙스3blackchicks.com'의 평론가 중 한 명은 이 영화를 사랑한다고 털어놓는다. "똑같은 위대한 영화를 15년 넘는 동안 거듭 감상하면서도 항상 짓는 미소와 항상 터뜨리는 웃음소리를, 어떻게 하면 말을 너무 많이 하는 수다쟁이가 퍼붓는 이야기처럼 들리지 않게 하면서도 짤막하게 묘사할 수 있을까?"

영화의 배경은 인디애나지만, 작품 대부분은 토론토 인근에서 촬영되었다. 다운타운 숏들은 <포키스Porky's>와 <위트와 슬라이Baby Geniuses> 같은 대형 히트작을 연출한 클라크가 클리블랜드에서 촬영했다. 주인공 랠피의 열광적이고 한결 같은 비전을 통해 이야기를 들려

주는, 그리고 랠피를 연기한 피터 빌링슬리Peter Bilingsley에게서 순수함과 타산적인 분위기의 미묘한 결합을 발견해 내는 영화는 정말로 완벽하다.

랠피의 부모인 파커 씨 부부는 대런 맥개빈Darren McGavin과 멜린다 딜런Melinda Dillon이 연기했다. 그들은 따스함, 활력, 애정을 발산한다. 그들은 내가 기억하는, 부모애를 강요하지 않는 영화들 중에서 가장 근사한 부모다. 파커 부인이 막내아들 랜디에게 음식을 먹이려고 아들을 '엄마의 새끼 돼지'인 것처럼 꾸미는 장면을 주목해 보라. 그들이 함께 터뜨리는 웃음에 담긴 기쁨을 관찰해 보라. (항상 불리는 호칭처럼) '아버지Old Man'가 (보이지 않는) 지하실의 보일러를 공격하고, 못된 이웃집 개들과 싸우고, 타이어를 "4분 내에" 교체하겠다고 약속하며 "시간 재 봐"라고 말하는 장면에 담긴 열의를 관찰해 보라. 크리스마스 밤에 부모가 서로에게 사랑스럽게 팔을 얹는 애정 넘치는 마지막 장면을 관찰해 보라.

영화의 시퀀스 중 일부는 최고의 시퀀스로 우뚝 섰다. 예를 들어 아버지가 여자 다리처럼 생긴 화려한 램프를 '대상大賞'으로 따내는 전체 과정이 그렇다(그가 '사고로' 램프를 부러뜨린 후 그것들을 접착해 붙이려고 노력하는 동안 파커 부인이 뒤쪽에서 웃음을 감추는 장면을 주목하라). 랠피와 랜디가 백화점 산타클로스를 찾아가는 장면도 그렇다. 산타클로스 도우미는 산타의 무릎에서 아이들을 몰아내려고 겁에 질린 아이들을 데려가 미끄럼틀 아래로 걷어차서는 1층으로 보내 버린다. 아이들이 얼어 버린 가로등 기둥에다 혀를 붙이는 과감한 짓을 하는 바람에 소방관이 출동해야 하는 시퀀스도 마찬가지다. 랠피가 마침내 "어린 고아 애니의 비밀 해독기 반지"를 우편으로 받았다가 애니의 비밀 메시지가 다름 아닌 싸구려 광고임을 발견했을 때 느끼는 깊은 환멸도 그런 장면에 해당한다.

의심 많은 눈초리로 아이들을 쏘아보는 왕초라고 랠피가 우리에게 거듭 밝히는 스콧 파커스(잭 워드Zack Ward)와 관련한 문제도 있다. 학교마다 그런 아이들이 있다. 자기보다 덩치가 작은 아이들을 골라서 괴롭히지만 실제로는 겁쟁이인 아이가 있다. 그는 랠피의 인생을 비참하게 만든다. 파커스가 응당 받아야 할 벌이 굉장히 만족스러운 장면으로 연결되는 방식을, 그리고 랠피의 어머니가 상황을 다루는 완벽한 재치를 주목해 보라. (당신은 아버지가 식탁에 앉았을 때 이미 이야기 전체를 파악하고 있었다는 내 생각에 동의하는가?)

<크리스마스 스토리>는 미국에는 더 이상 존재하지 않는 세계를 신랄한 방식으로 기록한다. 아이들은 더 이상 방치되지 않기 때문에 산타를 기다리는 줄에 설 수 없다. 아이들을 대상으로 한 라디오 프로그램의 순수함은 빈틈없고 아이러니한 TV 아동용 프로그램으로 대체됐다. 신형 데이지 비비탄 총은 발사 속도가 경찰이 쓰는 일부 리볼버보다 빠르고, 16세 이하의 구매자에게는 판매되지 않는다. 레드 라이더가 누구인지 아는 사람은 아무도 없다. 레드 라이더의 조수 리틀 비버는 말할 것도 없다.

너무나 많은 것이 잊혔다. 아버지가 콘테스트에 참가하려고 해답을 내놔야 하는 순간이 있다. 콘테스트의 주제는 '미국 문학에 등장하는 캐릭터들'이고, 제출된 문제는 "론 레인저의 조카가 타는 말의 이름은 무엇인가?"이다.

물론 빅터다. 그걸 모르는 사람은 없다.

킹콩
King Kong

감독	메리언 C. 쿠퍼, 어니스트 B. 쇠드색	
주연	페이 레이, 로버트 암스트롱, 브루스 캐벗	
제작	1933년	100분

나는 기분 좋은 날이면 <시민 케인Citizen Kane>을 유성 영화 시대에 가장 영향력이 큰 작품으로 간주한다. 그런데 기분이 좋지 않은 날이면 그 영화는 <킹콩>이 된다. 기술적으로 완벽한 요즘 시대의 눈으로 보면 오싹한 경외감을 창출하려고 대단히 소박한 수법을 활용한 <킹콩>을 내가 싫어한다는 뜻이 아니다. 특수 효과, SF, 엄청난 파괴, 논스톱 쇼크로 이뤄진 현대를 향해 난 길을 제시한 것이 <시민 케인>의 심리학적 퍼즐이 아니라 이 싸구려 괴수 영화였음을 표현하려고 한 말일 뿐이다. <킹콩>은 <쥬라기 공원Jurassic Park>, 《에이리언Alien》 시리즈, 그리고 솜씨 좋은 특수 효과로 주인공들을 엄청나게 떨게 만드는 다른 헤아릴 수 없이 많은 이야기의 원조다. 악의 근원을 인간의 성격에서 찾는 <양들의 침묵The Silence of the Lambs> 같은 영화는 <킹콩>과 대조해 보면 인간미가 넘치는 것처럼 보인다.

<킹콩>을 여러 번 봤는데, 그중 가장 인상적이었던 건 1950년대

에 재개봉했을 때였다. 그때 나는 이 영화가 정말로 무서웠다. 그리고 최근에 나는 이 영화의 특출한 특수 효과에 초점을 맞췄다. <잃어버린 세계The Lost World>(1925)의 특수 효과를 작업했던 윌리스 오브라이언Willis O'Brien과 다른 제작진의 작업에 기반한 특수 효과는 그들이 이전에 이뤄 냈던 작업 전체의 빛을 바래게 만들 정도로 세련되고 근사했다. 영화는 스크린 위에서 환상을 빚어내기 위해 교과서에 들어 있는 실사 액션, 배경 영사, 스톱 모션 애니메이션, 미니어처, 모형, 매트 페인팅 등 온갖 트릭을 닥치는 대로 사용했다. 그래서 영화에는 특수 효과가 부족하지 않다. 제멋대로인 대사와 엉터리 연기로 이뤄진 초반 30분이 지난 후, 영화는 킹콩을 소개하고는 이런저런 종류의 트릭들을 필요로 하는 시퀀스들에서 거의 벗어나지 않는다.

그런데 <킹콩>은 기술적 성취의 수준을 넘어서는 영화다. 이 영화는 야수를 파괴적인 괴물로 보는 게 아니라 나름의 방식으로 옳은 일을 하고 싶어 하는 피조물로 바라보는, 기이하게도 감동적인 우화이기도 하다. 단순한 공격성의 화신인 《에이리언》 시리즈의 외계 생명체와 달리, 킹콩은 마음을 빼앗긴 인간 여성을 보살피고 그녀를 보호하며, 자극을 받았을 때에만 공격에 나선다. 그는 태평양에 있는 섬에 혼자 남았더라도 완벽하게 행복했을 것이다. 킹콩을 분노하게 만든 것은 할리우드 흥행사의 탐욕이다. 관객들이 객석에 자리를 잡은 뉴욕 무대에 야수를 전시하겠다고 생각한 사람은 그런 일을 당해도 싸다. 아니, 그 이상의 일을 당해야 마땅하다.

영화의 감독은 메리언 C. 쿠퍼Merian C. Cooper, 1893~1973와 어니스트 B. 쇠드색Ernest B. Schoedsack, 1893~1979이고, 그들과 함께 영화를 제작한 사람은 당시 RKO 라디오 픽처스의 회장이던 전설적인 제작자 데이비드 O. 셀즈닉David O. Selznick이었다. 셀즈닉은 자신이 했던 핵심적인 기여는 쿠퍼와 쇠드색이 내놓은 스토리 아이디어에 오브라이언의 FX 기법을 투입한 거라고 말하면서 영화에 기여한 자신의 공로를 거의 내세우지 않았다.

영화에서는 거액의 제작비가 투여된 서사 영화의 규모와 분위기가 느껴지지만, <킹콩>의 제작비는 상대적으로 수수한 약 60만 달러였다. 킹콩이 나무에 매달려 있는 사람들을 떨어뜨리려고 통나무를 흔드는 장면처럼, 지금 같으면 작업하는 데 몇 주가 걸렸을 시퀀스들은 이틀 만에 뚝딱 완성됐다. 섬의 주민들과 괴수를 갈라놓는 거대한 장벽은 원래 세실 B. 데밀Cecil B. DeMille이 <왕중왕The King of Kings>(1927)을 위해 만들었던 예루살렘 사원 세트였다. 1919년부터 영화에 출연해 온 배우 페이 레이Fay Wray는 B급 스타였지만, 남자 주인공 브루스 캐벗Bruce Cabot에게 이 영화는 그가 할리우드 클럽의 도어맨으로 일하다 쿠퍼 감독의 눈에 띈 후 처음으로 출연한 영화였다.

줄거리는 복잡하지 않다. 배를 전세 낸 영화감독(로버트 암스트롱Robert Armstrong)은 출항 직전에 뉴욕 길거리에서 주연 여배우를 캐스팅하고는 싱가포르에서 들었던 신비로운 태평양의 섬으로 떠난다. 섬에는 전설적인 거대 유인원이 사는데, 감독은 그 유인원을 자기 영화의 스타로 촬영하고 싶어 한다. 페이 레이가 킹콩과 공연하는 앤 대로를 연기하고, 캐벗은 그녀와 사랑에 빠져 킹콩에게서 그녀를 구해 내는 선원을 연기한다.

요즘 관객이라면 킹콩에게 신부를 제물로 바치는 장면에서 섬사람들을 스테레오타입으로 묘사하는 사이에 불편한 마음으로 자리를 뜰 것이다(코미디가 아닌 영화에서 코코넛 브래지어를 보는 건 쉽지 않은 일이었다). 그러나 영화는 킹콩이 스크린에 등장하는 순간부터 사실상 숨 쉴 틈도 없게 만든다. 놀랄 만한 수준의 창조적 에너지를 쏟아 낸 오브라이언과 (RKO의 전설적인 시각 효과 아티스트 린우드 던Linwood Dunn과 음향 기사 머리 스피백Murray Spivack을 포함한) 동료들

은 킹콩이 공룡 두 마리와 거대한 뱀, 하늘을 나는 파충류, 티라노사우루스와 싸우는 모습을 보여 준다. 나중에 뉴욕에서 킹콩은 엠파이어스테이트 빌딩 꼭대기에 올라 맨손으로 복엽기를 추락시킨다.

1985년에 출시된 크라이테리언 레이저 디스크에 실린, 역사상 최초로 녹음된 코멘터리 트랙 중 하나에서 영화 역사가 론 헤이버Ron Haver는 이 영화에 쓰인 시각 효과들을 설명한다. 그는 킹콩 모형을 더 크게 보이게 만들려고 일부 실사 액션 장면들을 미니어처화한 방법을 묘사하며 놀라워한다. 실사 액션을 영사할 적절한 스크린을 찾아다니던 감독들은 콘돔으로 만든 스크린을 고안해 냈다. 인근 약국의 약제사는 당시로서는 어마어마한 수량이던 콘돔 주문량을 이해하지 못하고 경악했다. 헤이버는 킹콩의 털이 몇몇 장면에서 느릿하게 물결치는 것처럼 보이게 만든 방법도 설명한다. 모형은 토끼털로 덮여 있었는데, 스톱 액션 애니메이터는 스톱 액션 숏 사이사이에 손가락으로 털을 흐트러뜨렸다. 감독들이 "근육 웨이브"라고 설명한 효과들은 기이하게도 효력을 발휘한다.

<킹콩>은 영화 제작에 돌입한 순간부터 검열관의 가위 아래에 놓이게 됐다. 쿠퍼는 월드 프리미어 후에 악명 높은 시퀀스 하나를 직접 들어냈다. 통나무에서 떨어진 남자들이 깊은 수렁에 빠진 후에 거대한 거미들에게 잡아먹히는 장면인데, 이 장면은 "영화를 그 자리에서 중단시킨 것이나 다름없었고", 사람들은 우르르 극장을 빠져나갔기 때문이다. 그리고 미국영화협회의 규범이 도입된 후로는 다른 장면이 잘렸다. 킹콩이 신기해하며 레이의 옷을 일부 벗기고는 그녀를 간질인 다음에 자기 손가락 냄새를 맡는 장면이었다. 킹콩의 입에서 인간들이 으깨지는 클로즈업 장면들도 다양한 버전에서 편집됐지만, 지금은 영화를 — 거미들은 제외하고 — 다시 온전한 상태로 볼 수 있다.

영화는 정말로 얼마나 무서웠을까? 『버라이어티Variety』에 1933년

에 실린 리뷰는 "관객들이 거대한 동물들이 보이는 기계적인 움직임과 다른 기계적인 결점들에 익숙해지고 가짜로 연출한 분위기에 익숙해진 이후로는 이 영화의 위력을 느끼기 시작한 것 같다"고 인정했다. 그러나 연예계의 성경이라 할 이 잡지는 "레이가 지르는 비명을 영화 러닝타임 길이로 늘여 놓은 작품으로, 여배우에게나 관객에게나 너무 과하다"고 불평했다. 맞다, 그런데 누구도 그 연기를 잊을 수가 없었다. (나는 1972년에 할리우드에서 열린 파티에서 휴 헤프너Hugh Hefner가 페이 레이에게 인사하는 걸 봤다. "당신 영화를 사랑합니다." 그가 그녀에게 말하자 그녀가 물었다. "어느 작품이죠?")

『버라이어티』가 세상의 관심을 별로 끌지 못하는 건 그때나 지금이나 마찬가지다. 그런데 10대 시절에 이 영화를 처음 본 경험을 바탕으로 한 내 추측은 관객들이 이 영화를 꽤나 무서워했다는 것이다. 평론가 제임스 버라디넬리James Berardinelli가 썼듯, 지금 보면 이 영화는 나이를 먹었고 "당시에는 선구적이던 기술과 연기는 시대에 뒤떨어졌다." 맞는 말이다. 그런데 이 영화의 일부 특수 효과들이 대단히 작위적이기는 해도, 이 영화에는 오늘날의 매끈하고 흠 잡을 데 없는, 컴퓨터의 도움을 받은 이미지에는 존재하지 않는 오싹함이 있다.

우리는 <쥬라기 공원>에서 리얼한 공룡을 볼 수 있다. 그런데 우리가 <킹콩>에서 보는 것은 상상력을 발휘하며 작업하고 있는 기술자들의 손에 의해 창조된, 공룡에 대한 관념이다. 킹콩이 최초의 대규모 전투 장면에서 거대한 육식 공룡과 싸울 때, 그가 공룡의 아가리를 찢고 뼈를 으스러뜨리자 쩍 벌어진 목에서 피가 떨어지는 장면이 있다. 그 즉시 컴퓨터로는 복제해 내기 어려운 무언가가 벌어진다.

물론 우리가 어쩔 수 없이 던지게 되는 질문들이 있다. 헤이버가 질문 하나를 던졌다. 원주민들이 장벽에 출입문을 만든 이유는 무엇일까? 킹콩이 들어올 수 있도록? 보통 사람들은 다른 질문을 던진다. 킹콩의 키는 정말로 얼마인가? (감독들은 시적詩的인 대답을 내놨다. 섬에서는 5.5미터, 무대에서는 7.3미터, 엠파이어스테이트 빌딩에서는 15미터.) 지루한 도입부와 나무토막 같은 뻣뻣한 연기, 툭하면 등장하는 비명이 담겨 있기는 하지만, <킹콩>에는 시간을 초월해서 지금도 어느 정도는 먹히는 원초적인 무언가가 있다.

토요일 밤의 열기

Saturday Night Fever

감독	존 배덤	
주연	존 트라볼타, 케런 린 고니	
제작	1977년	118분

<토요일 밤의 열기>는 진 시스켈Gene Siskel•이 좋아한 영화였다. 그는 이 영화를 최소 열일곱 번 봤다. 우리는 모두 그런 영화들을 갖고 있다. 좋고 나쁨의 평범한 범주를 초월해 우리 마음속으로 곧장 파고드는 영화들을. 내 나름의 짤막한 명단에는 <달콤한 인생La Dolce Vita>, <하드 데이즈 나이트Hard Day's Night>, <제3의 사나이The Third Man> 같은 영화들이 포함될 것이다. 이 작품들은 내가 인생의 어느 순간에선가 한번쯤은 열망하던 것을 대표하는 영화들이고, 우리가 첫사랑에 빠졌던 여름철에 유행하던 유행가에 귀를 기울이는 것처럼 거듭 보게 되는 영화들이다.

시스켈이 이 영화에 매혹된 것은 주로 그의 정서적인 수준에서 이뤄진 일이었지만, 그는 이 영화의 매력을 주제의 관점에서 이야기했다. 핵심적인 주제는 두 가지다. 첫째, 종신형으로 선고받은 따분한 일에서

• 미국의 영화 평론가(1946~1999). 사망할 때까지 로저 에버트와 TV 프로그램을 공동 진행했다.

탈피해 맨해튼 고층 빌딩의 유혹 같은 것에 해당하는 그들 나름의 버전을 획득하려는 모든 젊은이의 욕망. 그리고 둘째, 일부 남자가 여자를 단순한 섹스의 대상이 아닌, 동지이자 친구로 관계를 맺는 과정에서 느끼는 어려움이다.

사랑하는 여자 스테파니와 벤치에 앉은 주인공 토니 마네로가 브루클린에서 뻗어 나간 다리에 대해 — 다리의 높이, 길이, 다리를 만드는 데 투입된 엄청난 양의 콘크리트에 대해 — 이야기해 주는 장면이 있다. 우리는 브루클린을 뒤로 하고 그 다리를 건너고픈 그의 욕망을 감지할 수 있다. 앞선 장면에서 스테파니는 잔혹한 몇 마디 말로 그를 묘사했다. "당신은 부모랑 함께 살고, 친구들하고 어울리다 토요일 밤에는 모든 걸 2001 오디세이에서 불사르잖아. 당신은 진부해. 당신은 세상 어디에도 가지 못하는 이름 없는 존재야." 토니는 그녀의 말이 옳음을 깨닫는다.

대도시를 향해 탈출한다는 주제는 미국 영화와 문학에서 핵심적인 주제다. 그런데 <토요일 밤의 열기>에는 명확한 선배격의 작품이 있다. 맨해튼의 유혹과 여자들과 관련한 문제들이라는 주제는 이 영화보다 10년 전에 마틴 스콜세지Martin Scorsese의 <누가 내 문을 두드리는가?Who's That Knocking at My Door?>에서 다뤄졌다. 이 영화의 주인공도 프로이트가 '마돈나-창녀 콤플렉스Madonna-whore Complex'라고 부른 증세로 고통을 겪는다. (이 콤플렉스의 논리는 이렇다. 나는 당신을 엄청나게 사랑하기 때문에 당신과 동침하고 싶지만, 동침한 후로는 당신을 더 이상 사랑할 수 없다. 당신은 남자와 섹스를 한 여자가 됐기 때문이다.) 영화가 끝날 무렵에 토니는 보잘것없는 친구들을 뒤로 하고는 맨해튼을 향해, 그리고 여성들을 향한 더욱 긍정적인 관점을 향해 비틀거리는 첫걸음을 내딛는다. 그렇게 해서 영화가 다루는 주제들도 해결된다.

그런데 나는 <토요일 밤의 열기>에는 시스켈이 매력적으로 봤던

90 proof
comes
through
Taste it.

또 다른 것이, 우리 삶의 미완성된 부분을 때때로 채워 주는 방식으로 반영된 또 다른 것이 있다고 짐작한다. 보기에 따라 토니 마네로는 시스켈이 경험하지 못했던 종류의 청년기를 대표했고, <달콤한 인생>의 주인공인 마르첼로는 내가 한때 갈망했던 그런 인생을 살았던 사람을 대표했다. 영화에서 가장 오래 남을 이미지는 토니가 인도를 으스대며 활보하는 장면, 저녁 시간을 위해 옷을 차려입는 장면, 토니가 관객들의 갈채를 받으며 솔로로 춤을 추면서 디스코 플로어를 지배하는 장면처럼 무척이나 즐거운 이미지들이다. 영화에는 슬프고 고통스러운 부분도 많지만, 몇 년의 시간이 지난 후 우리가 기억하는 것은 그 유명한 흰색 디스코 복장 차림으로 댄스 플로어에 선 존 트라볼타John Travolta와 비지스Bee Gees의 사운드트랙이다.

트라볼타의 연기는 정말로 두드러진다. 그는 토니를 연약하지만 대체로 사랑스러운 캐릭터로 연기한다. 열아홉 살배기를 연기하는 그는 감동적일 정도로 어려 보인다. 그가 길거리를 으스대며 걸어갈 때 조심스레 광을 낸 구두에 초점을 맞추는 오프닝 숏은 영화의 분위기를 규정한다. 그는 집에서는 여전히 어린애 취급을 당한다. 그가 철물점에서 받는 급여가 4달러 오르자, 아버지는 말한다. “요즘 4달러로 살 수 있는 게 뭔지 아니? 그거로는 3달러조차 못 사.” 그러나 그는 알 파치노Al Pacino와 <록키Rocky>의 포스터가 붙어 있는 침실에서 맨가슴을 드러내고, 거울에 비친 자신의 모습에 감탄하며, 사랑스럽게 머리를 빗고, 금목걸이를 걸고, 지퍼를 올릴 때 재미있는 모습을 보이며 약간 출렁거리는 디스코 복장에 발을 들여놓는다. (“디스코 바지의 색다른 구조는 현대 엔지니어링이 이룩한 경이驚異다”라고 스콧 T. 앤더슨Scott T. Anderson은 이 영화를 기리기 위해 만든 웹페이지에서 밝혔다. “발목 부근은 너무 헐겁고, 사타구니 부분은 너무 낀다.”) 저녁 식탁에서 아버지한테 맞은 그는 기분이 나쁘다. “제 머리 좀 보세요. 머리 만지느라 정말 오래 걸렸는데, 그걸 때리셨잖아요!"

토니의 형 프랭크 주니어 신부의 사진이 지배하는 집은 올가미다(마네로 부인은 신부의 이름을 입에 올릴 때마다 성호를 긋는다). 자유를 대표하는 행위는 길거리를 휘젓고 디스코 플로어에 오르는 것이다. 영화의 플롯은 그가 그를 사랑하는 여자 아넷(도나 페스코Donna Pescow)과, 맨해튼에서 일하면서 그가 꾸는 수준 높은 꿈을 대표하는 여자인 스테파니(케런 린 고니Karen Lynn Gorney) 사이에서 하는 선택과 관련되어 있다. 스콜세지의 영화에서 여자는 정말로 수준이 높다(그녀는 발레리나다). 그러나 스테파니는 유명한 사람들(폴 앵카Paul Anka!)이 종종 들르는 사무실에서 타자를 치는, 아넷의 정장 차림 버전일 뿐이다.

나는 토니에게는 아넷이 스테파니보다 더 나은 선택이라고 항상 생각해 왔다. 아넷은 착각 따위는 하지 않기 때문이다. ("너는 왜 나를 그렇게 싫어하는 거니?" 그녀가 그에게 묻는다. "내가 하는 거라고는 너를 좋아하는 게 전부인데 말이야?") 그런데 토니는 그것을 모른다. 여자를 제대로 바라보고 판단할 능력이 없기 때문이다. 영화의 잔혹한 클로징 신에서, 그는 스테파니를 겁탈하려는 마음 내키지 않는 시도를 한다. 그러고는 아넷이 뒷자리에서 친구 두 사람에게 겁탈을 당하는 동안 조수석에 앉아 있다. 물론 이 시점에서, 그리고 이런 상황에서 그것을 겁탈로 간주할 수는 없다. 그것은 에너지 넘치는 연애 활동에 불과하다.

영화는 완벽함과 거리가 있고, 일부 장면은 어색하다. 영화를 다시 보면서 프랭크 주니어 신부와 관련한 서브플롯 전체가 정말로 서투르게 다뤄졌음을 깨닫고는 충격을 받았다. 토니의 형은 집에 돌아와 성직을 떠났다고 밝힌 후, 토니와 특이한 겉핥기식 대화를 하고 그와 함께 디스코텍에 가서 즐거운 미소를 짓고는 디스코텍과 영화에서 사라져 버린다. 이 영화를 거쳐 다른 영화로 향하는 캐릭터를 슬쩍 본 것만 같은 상황이다. 마지막 디스코 경연이 우리 기억에서 차지하는 큼지막한 규모에 비해 스크린에 등장하는 시간이 정말 짧다는 것을 확인한 것도 흥미롭다.

보비 C.(배리 밀러Barry Miller)가 절반쯤은 고의로 다리에서 떨어져 죽는 쪽으로 영화가 샛길로 빠지면서 아넷의 강간이 뜬금없어지는 방식도 이상하다. 토니와 스테파니가 창턱에 앉아 미소를 짓는 해피 엔딩은 직전까지 존재했던 문제점에 대한 해결책을 찾으려고 들지는 않지만, 그럼에도 희망으로 가득한 미래에 대한 생각을 불러일으킨다. 토니는 대학에도 안 갔고 스테파니가 가진 타이핑 기술도 없지만, 맨해튼에서 일자리를 찾을 수 있을지도 모른다. 그런데 그가 새로 얻은 일자리가 그가 남겨 두고 온 철물점 점원 일만큼 흥미로울 것 같지는 않다.

궁금하다. 그렇다면 왜 이 영화가 진 시스켈에게 그토록 의미가 컸던 걸까? 그가 특정한 시기에 이 영화를 봤기 때문일 거라고 생각한다. 토니 마네로의 꿈이 그에게 감동을 줬기 때문일 것이다. 토니가 댄스 플로어에 서면 골칫거리들이 잊히면서 한계를 뛰어넘을 수 있기 때문일 것이다. 내가 <달콤한 인생>을 처음 봤을 때, 그 영화는 내가 얻고자 했던 모든 것을 대표했다. 10년 후, 그 영화는 나를 가둬 두고 있던 것들을 대표했다. 또 10년 후, 그 영화는 내가 탈출해서 벗어난 것들을 대표했다. 하지만 내가 그 영화에서 느끼는 매력은 계속 커지고만 있다. 나는 변했지만 영화는 그렇지 않다. 어떤 영화들은 우리를 과거로 다시 데려가는 타임머신과 비슷하다.

우리 모두는 각자의 삶의 버전을 형성하는 순간에 그 순간을 함께 해 준 사람에 대한 강렬한 기억을 갖고 있다. 토니 마네로는 정확히 그 순간에 균형을 잡고 서 있다. 그는 실수를 저지르고 더듬거리고 틀린 이야기들을 내뱉는다. 그러나 그는 사랑하는 일을 할 때 그 일에서 특별한 멋을 느낀다. 그가 느끼는 기분은 얼마나 대단한가. 그가 등장한 영화의 약점들을 초월하는 그는 얼마나 근사한가. 그의 활보에 대한, 그가 추는 춤의 아름다움에 대한 우리의 기억은 옳다. “당신의 삶을 당신이 사랑하는 것에 바쳐라. 좋아하는 것이 아니라, 사랑하는 것에.” 시스켈이 즐겨하던 말이다. <토요일 밤의 열기>는 토니 마네로가 어떻게 그런 삶을 사는지를 다룬 영화다.

\#   시스켈은 자선 경매에서 이 영화의 유명한 흰색 정장을 구입했다. 언젠가 그 옷을 보러 갔었다. 그 옷은 가랑이 아래에서 단추를 채울 수 있게 되어 있는 셔츠와 함께 배달되어 왔는데, 댄스 플로어에서 밤을 보내고 난 다음 날에도 여전히 말쑥해 보일 것 같았다. 시스켈에게 옷을 입어 봤느냐고 물었다. 그는 옷이 너무 작다고 했다. 그러나 중요한 건 옷의 사이즈가 아니라, 그 옷이 담고 있는 관념이었다.

파리, 텍사스

Paris, Texas

감독	빔 벤더스
주연	해리 딘 스탠튼, 나스타샤 킨스키, 딘 스톡웰
제작	1984년 / 147분

남자는 성경에 등장하는 인물처럼, 세상과 절연한 참회자처럼 사막에서 걸어 나온다. 그는 미국에서 흔한 차림새인 야구 모자에 청바지 차림이지만 텁수룩한 수염과 움푹 팬 눈, 지칠 줄 모르는 걸음걸이는 황무지를 헤매 다니는 이야기를 들려준다. 그는 무엇을 찾는 걸까? 그에게는 기억이나 있을까?

빔 벤더스Wim Wenders, 1945~ 의 <파리, 텍사스>는 거듭된 상실감에 대한 이야기다. 이름이 트래비스인 이 남자는 한때 결혼해서 아들을 두었다. 그런데 일이 잘못되면서 아내와 아들을 잃고는 몇 년간 방랑을 해 왔다. 이제 그는 가족을 찾았다가 다시 잃을 것이다. 그런데 이번에는 광기를 통해서가 아니라 희생을 통해서다. 그는 가족을 사랑하기 때문에 그들을 포기할 것이다.

이 영화에는 관객에게서 감정을 끌어내고 줄거리에 흥미를 가미하기 위해 활용하는 장치가 없다. 그것들이 필요치 않기 때문이다. 영화는 나름의 진실에 담긴 슬픔으로 관객을 매료한다. 소외와 분노의 극작가 샘 셰퍼드Sam Shepard가 쓴 시나리오는 벤더스가 자신의 경력 내내 반복해서 다뤄 온 테마들을 반영한다. 벤더스는 로드 무비에, 미국의 신화에, 변두리에 서서 고통을 목격하는 사람들에 매력을 느낀다. <파리, 텍사스>의 트래비스는 <베를린 천사의 시Der Himmel über Berlin>의 수호천사 다미엘과 비슷하다. 그는 사람들을 사랑하고 염려하고 공감하지만 그들을 만질 수 없다. 그에게는 그런 재능이 없다.

영화의 줄거리는 단순하다. 시골 주유소에서 물을 청하던 트래비스(해리 딘 스탠튼Harry Dean Stanton)는 의식을 잃으면서 지역 병원에서 보살핌을 받는다. 동생 월트 헨더슨(딘 스톡웰Dean Stockwell)이 그를 데리러 오지만, 차를 길가에 세우자 그는 다시 철길을 따라 내려가며 걷기 시작한다. 그는 말을 하려 들지 않는다. 마침내 입을 열었을 때 그는 잊고 있던 자아를 더듬거리며 재조립하고 있는 듯하다. 월트와 아내 앤(오로르 클레망Aurore Clément)은 트래비스의 아들 헌터(헌터 카슨Hunter Carson)와 로스앤젤레스에 산다. 우리는 이야기의 조각들을 점차 알게 된다. 남편을 더 이상 감당할 수 없었던 트래비스의 아내 제인(나스타샤 킨스키Nastassja Kinski)은 헨더슨 부부에게 헌터를 맡기고는 휴스턴에 있는 은행을 통해 달마다 수표를 보내오고 있다.

트래비스는 미치지 않았고, 자신이 느끼는 소외감을 행동으로 드러내는 것도 아니다. 짧은 기간 동안 기쁨이 넘쳤지만 자신의 음주와 시기심 때문에 망쳐 버린 결혼 생활에 절망하며 크나큰 슬픔에 길을 잃은 것뿐이다. 그는 헨더슨 부부의 집에 한동안 머무르면서 헌터의 신뢰를 서서히 얻는다. 부자父子는 함께 학교에서 집으로 걸어오며 서로 상대방의 걸음걸이를 흉내 내는 흐뭇한 장면을 연출한다. 그러다가 그는 헌터와 진지하게 대화를 나누고, 트래비스의 구형 포드 픽업에 올라탄 두 사람은 제인을 찾아 휴스턴으로 길을 나선다.

이 영화는 인디언에게 빼앗긴 젊은 여자를 찾아 사막을 방랑하는 남자를 다룬 존 포드John Ford 감독의 <수색자The Searchers>와 늘 비교된다. <수색자>에서 영감을 받은 또 다른 영화가 스콜세지Martin Scorsese의 <택시 드라이버Taxi Driver>다. 그 영화에서 (역시 이름이 트래비스인) 주인공은 포주의 수중에서 젊은 여성을 구해 내려 애쓴다. 벤더스와 셰퍼드의 이야기에서 제인은 섹스 클럽에서 일하는 모습으로 발견된다. 그녀의 장기는 한쪽만 보이는 유리 뒤에 앉아 전화로 고객과 이야기를 나누는 것이다. 각각의 영화에 잠재된 주제는 성적으로 속박된 것으로 보이는 여자를 구해 낼 필요성이다. (각각 존 웨인John Wayne, 로버트 드 니로Robert De Niro, 스탠튼이 연기하는) 주인공 세 명 모두 여자가 수행하는 역할을 제대로 이해하지 못하는 바람에 수색 과정에서 길을 약간 잘못 든다.

로스앤젤레스에서 휴스턴으로 떠나는 여행에는 트래비스와 헌터가 나누는 긴 이야기가 많이 들어 있다. 나는 이 장면들을 보면서 긴 여행을 함께하며 여자들에 대해, 자신들이 여자들을 얼마나 필요로 하는지에 대해, 동시에 자신들이 여자들을 이해하지 못하고 있다는 데 대해 이야기를 나누는 두 남자를 다룬 벤더스의 <시간이 흐르면Im Lauf der Zeit>(1976)을 떠올렸다. 트래비스와 헌터는 아내와 어머니를 잃은 것에 대해 간접적으로 이야기를 나누지만, 빅뱅과 상대성 이론도 거론한다. 두 사람은 트럭 앞좌석에 나란히 앉아 있으면서도 때로는 워키토키를 통해 이야기를 나눈다. 그들의 대화에 기계가 개입하는 모습은 트래비스가 섹스 클럽의 부스에서 전화기로 아내와 이야기를 나누는 나중 장면에 반영된다.

<파리, 텍사스>는 화살처럼 똑바로 날아간다. 절망에서 빠져나온 트래비스는 동생 가족과 헌터와 재결합한다. 그는 가족의 모습을 많이 볼수록 헌터가 생모와 살아야 한다는 느낌을 더 많이 받는다. 그들

은 휴스턴에 도착한다. 그러고는 모든 것이 트래비스와 제인이 상대방에게 자신을 설명하려 노력하는 가슴 아픈 장면으로 좁혀진다. 그들이 더듬더듬 나누는 첫 이야기는 고통스럽다. 트래비스는 제인에게 돈을 주면 고객을 집으로 데려갈 수 있는지를 확인하려 노력한다. 그녀는 그런 일은 안 한다. 우리는 트래비스가 질투심 때문에 그런 질문을 한 것이 아님을 이해한다. 그는 세워 둔 계획이 있기 때문에 그런 질문을 한 것이다. 두 번째 대화에서 제인은 트래비스의 모습은 보지 못하고 전화기를 통한 쇳소리로 멀리서 들려오는 그의 목소리만 듣는 데도, 트래비스는 창문을 등진다. 그는 그녀에게 이야기를 들려주는 동안 제인을 쳐다보지도 못한다.

"이런 사람들을 알아요." 트래비스는 영화 역사에 길이 남을 걸출한 독백을 시작한다. "두 사람을요. 그들은 서로를 사랑했어요. 여자는 무척 어렸어요. 열일곱 살인가 열여덟 살이었을 거예요. 그리고 남자는 나이가 꽤나 많았어요. 볼품없는 데다 거친 남자였죠. 하지만 그녀는 아주 아름다웠어요."

그는 슈퍼마켓에 다녀오는 것조차 모험이던 시절을 이야기한다. 여자와 함께 집에 있으려고 직장을 때려치웠던 시절을, 그러고는 질투심이 어떻게 그를 잠식하기 시작했는지를 말한다. "그러던 그는 여자에게 소리를 질러 대며 트레일러에 있는 물건들을 때려 부수기 시작했어요." 제인은 "트레일러요?"라고 물을 때 상대가 트래비스임을 분명히 알고 있다(나는 그녀가 그보다 더 빨리 알아차렸지만 눈빛을 흐리며 그 사실을 숨겼다고 생각한다). 이야기를 계속한 그는 결혼 생활이 산산조각 나고 트레일러에 불이 나면서 그가 깨어나던 순간으로 이야기를 마무리한다. "그런 다음, 그는 달렸어요. 불이 난 곳을 절대로 뒤돌아보지 않았어요. 그냥 달리기만 했어요. 태양이 떠오르고 더 멀리 달릴 수 없을 때까지 달렸어요. 그러다 태양이 지면, 다시 달렸어요. 사람의 흔적이 모조리 사라질 때까지 닷새간 그런 식으로 달렸어요.”

고백을 들은 제인은 창문을 등지고는 자기 이야기를 들려준다. 어느 순간, 그녀가 자신이 앉아 있는 방의 불을 끄고 그가 자신의 얼굴을 향해 불빛을 돌리기 때문에 그녀는 그를 볼 수 있게 된다. 그는 헌터가 메리디안 호텔 1520호실에서 그녀를 기다리고 있다고 말한다. “그 애는 지금 당신이 필요해, 제인. 그 애는 당신을 보고 싶어 해.”

영화는 모자의 상봉으로 끝난다. 극적으로나 영화적으로나 영감이 넘치는 결정을 내린 트래비스는 인근 주차장 옥상에서 모자의 만남을 지켜본다. 그러고는 차를 몰고 떠난다. <수색자>에서 존 웨인이 실종된 소녀를 가족에게 돌려보내고는 그 모습을 바라보다 황야를 향해 등을 돌려 걸어가며 다시 혼자가 되어 잊힐 때와 똑같은 정서다.

이 이야기에 대한 현실적이고 논리적인 변론을 제기할 수 있다. 월트와 앤에게서 헌터를 데려간 트래비스의 행위는 옳은 것인가? 제인은 아이를 제대로 돌볼 수 있을까? 제인이 클럽에서 일하면서도 몸을 팔지 않을 수 있을까? 그러나 그런 점에는 신경 쓰지 말자. 벤더스는 리얼리즘에 속하는 소재를 활용하지만, 이 영화는 그의 걸작 <베를린 천사의 시>만큼이나 우화다. 이 영화는 미국적인 신화를 배경으로 원형적인 갈망을 다룬 영화다. 우리는 트래비스라는 이름에서 소설가 존 D. 맥도널드John D. MacDonald가 만든 캐릭터 트래비스 맥기를 떠올린다. 사설탐정인 맥기는 길 잃은 영혼들을 구해 내고 때로는 그들과 사랑에 빠지지만, 그 관계는 항상 그가 보트에 홀로 남는 것으로 끝난다. 영화의 배경인 텍사스는 웨스턴을 연상시키지만, 이 작품은 사막 편에 서서 도시를 반대하는 영화가 아니다. 한쪽에서 다른 쪽으로 이어지다 행복의 형태로 마무리되는 여행에 대한 영화다.

벤더스는 1970년경에 꽃을 피운 독일 뉴웨이브로 알려진 인재들에 속한다(헤어초크Werner Herzog, 파스빈더Rainer Werner Fassbinder, 슐뢴

도르프Volker Schlöndorff, 폰 트로타Margarethe von Trotta도 이 그룹에 속한다). 그는 항상 미국의 영화와 음악에 매료됐다. 그의 작품 중 상당수는 최소한 부분적으로나마 미국을 배경으로 한다. 라이 쿠더Ry Cooder가 맡은 <파리, 텍사스>의 음악은 고독과 거리감으로 가득하다(두 사람은 쿠바 음악에 대한 다큐멘터리 <부에나 비스타 소셜 클럽Buena Vista Social Club>에서 다시 공동으로 작업했다). 로비 뮐러Robby Müller가 담당한 촬영은 모든 클로즈업 숏 뒤에 아득한 지평선을 담아낸다. 화려함과 꾸밈과는 거리가 먼 셰퍼드가 쓴 대사는 쓰라린 진실을 담아내면서도 우리 마음속에 오랫동안 울려 퍼진다.

그리고 해리 딘 스탠튼과 나스타샤 킨스키, (케런 블랙Karen Black과 L. M. '키트' 카슨L. M. "Kit" Carson의 아들인) 헌터 카슨이 펼친 기적 같은 연기가 있다. 야윈 얼굴과 굶주린 눈빛으로 미국 누아르의 음침한 모퉁이에 오랫동안 거주해 오던 스탠튼은 이 작품에서 슬픈 시詩를 창작해 낸다. 독일인인 킨스키는 학교를 중퇴한 텍사스 아가씨가 구사할 법한 단조로운 억양을 완벽하게 구사해 낸다. 그녀가 나이 많은 '볼품없는' 남자와 결혼한 것이 힘들었던 어린 시절 때문이라는 점에는 의문의 여지가 없다. 상대성 이론과 우주의 기원을 논하다가 "엄마는 왜 우리를 떠난 거죠?"라는 훨씬 난해한 질문도 던지는 어린 카슨은 진실을 꾸밈없이 드러내는 아역 배우들이 보이는 재능을 지녔다. 우리는 이 가족을 정말 많이 걱정한다. 거대한 공허 속에서 고독과 불안의 틀에 갇힌 가족을.

파이브 이지 피시즈

Five Easy Pieces

감독	밥 라펠슨	
주연	잭 니컬슨	
제작	1970년	96분

1969년에 <이지 라이더Easy Rider>는 잭 니컬슨Jack Nicholson이 위대한 성격파 배우임을 입증했다. 1970년에 <파이브 이지 피시즈>는 그가 위대한 배우이자 스타임을 입증했다. 이 작품은 경력이 10년이 넘는 그가 배짱 좋은 친구 잭, 아웃사이더 잭, 분노할 줄 알고 빈정거릴 줄 알며 자기 연민에 빠질 줄 아는 잭, 상냥하고 슬픔에 잠길 줄 알며 폭력을 휘두를 준비가 되어 있지만 정작 제대로 폭력을 휘두를 솜씨는 없는 잭을 스크린에서 활짝 꽃 피운 영화였다. 초창기 영화들에서 이런 페르소나를 살짝 엿볼 수 있었는데(1967년작 <오토바이 위의 지옥의 천사들Hell's Angels on Wheels>에서 그가 연기한 시인 캐릭터를 보라), 범상치 않은 깊이의 독창성을 갖춘 이 작품은 베토벤의 3번 교향곡•에서 가운데 이름의 영감을 얻은 로버트 '보비' 에로이카 듀피라는 남자를 그려 내

• 이 작품은 '영웅'이라는 명칭으로도 불리는데, '영웅'의 이탈리아어 표현이 'Eroica'다.

기 위한 캔버스다.

오늘날, 개봉 당시에 영화를 봤던 관객들에게 보비 듀피가 얼마나 큰 의미를 가진 캐릭터였는지를 설명하기란 어렵다. 나는 뉴욕영화제에서 있었던 <파이브 이지 피시즈>의 시사회에 참석했었다. 폭발적인 폭소와 깊은 침묵, 영원토록 이어질 것 같던 마지막 숏이 펼쳐지는 동안 관객들이 보여 준 놀라운 집중력과 그들이 쏟아 낸 박수갈채를 기억한다. 우리는 계시를 받았다. 이 작품은 미국 영화계가 나아가야 할 방향을 제시했다. 색다른 캐릭터들을 향한 방향을, 천박한 사람들과 교양 있는 사람들 모두가 알아듣고 이해하는 대사를 향한 방향을, 캐릭터들에 대해 깜짝 놀랄 만한 요소가 없는 플롯을 향하고 반드시 해피 엔딩일 필요가 없는 실존주의적인 엔딩을 향한 방향을 말이다. <파이브 이지 피시즈>는 모호하게 떠오르던 존 카사베츠John Cassavetes의 개인적인 영화와 새로운 독립 영화 사조의 퓨전이었다. 이 작품을 최초의 선댄스 영화라 불러도 무방하다.

영화가 발견한 것은 잭 니컬슨만이 아니었다. 케런 블랙Karen Black, 로이스 스미스Lois Smith, 랠프 웨이트Ralph Waite가 연기한 변덕스러운 조역들도 있었는데, 이 역할들은 모두 대단히 완벽한 캐릭터들이었고, 기존 영화에서는 볼 수 없었던 상대적으로 참신한 캐릭터들이었다. 영화는 감독이자 공동 시나리오 작가였던 밥 라펠슨Bob Rafelson을 아메리칸 뉴웨이브의 리더로 자리매김 시켰다. <이지 라이더>와 <오토바이 위의 지옥의 천사들>도 촬영했던 헝가리 출신 촬영 감독 라슬로 코바치László Kovács는 영화 역사상 가장 위대한 카메라맨 중 한 명이 됐다. 영화가 끼친 가장 큰 영향력은 라펠슨과 캐럴 이스트먼Carole Eastman이 쓴 시나리오에서 비롯됐는데, 이 시나리오는 우회와 탈선을 허용했고, 플롯보다는 행동에 더 많은 관심을 가졌으며, 영화가 시작할 때는 짐작할 수 없었던 방식과 톤으로 결말을 맺었다.

영화는 관객들의 집단적인 기억 속에 영원히 남을 순간들도 담고 있다. 가장 유명한 장면은 치킨 샐러드 장면이라고 항상 거론되는, 잭 니컬슨이 치킨 샐러드를 주문하는 장면이다. 그 장면을 인용하지 못하는 영화광이 있을까? 그 장면의 대사, 그리고 <이지 라이더>에서 미식축구 헬멧을 쓰고 모터사이클에 오른 니컬슨의 숏은 그가 무명 배우에서 전설적인 배우로 순식간에 도약할 수 있게 해 준 결정적인 순간들이었다.

영화에는 인상에 남는 다른 대사들("나는 쇼팽을 조금 꾸며 냈고, 당신은 대단한 반응을 꾸며 냈죠")도 있지만, 이 영화에서 무엇보다 두드러진 것은 보비 듀피의 캐릭터다. 그는 초기의 삶으로 돌아갈 수 없지만, 앞으로 나아갈 그럴싸한 방편도 없는 자발적인 부랑자다. 그는 직업과 성격, 포부, 사회적 계급 사이에서 오도 가도 못한다. 1970년에 (그리고 이전과 이후에) 대부분의 미국 영화는 플롯을 규정하고, 플롯을 지배하며, 플롯이 펼쳐지게끔 만드는 주인공들에 초점을 맞췄다. 그런데 <파이브 이지 피시즈>는 영화에는 어울리지 않는 캐릭터를 다룬다. 영화에는 그가 주변 사람들을 편하게 여기는 장면이 하나도 없다. 영화의 줄거리는 보비가 (자신의 관점에서 보기에) 사람들을 실망시켰고, 사람들의 기대에 부응할 수 없었으며, 방탕한 짓을 했고, 능력에 비해 낮은 성과를 거뒀던 삶의 지점을 통과했다가 돌아가는 여정을 뒤쫓는다. 영화에서 그를 대놓고 비판하는 유일한 사람은 그에 대해 아는 것이 가장 적은 사람이다. 그의 가족과 웨이트리스 여자 친구는 그의 결점들을 못 본 척하거나 용서하지만, 그는 자기 자신을 용서할 수 없다.

캘리포니아의 유전油田이 배경인 영화의 전반부는 후반부에 대한 힌트를 조금도 주지 않는다. 보비는 풍성한 헤어스타일에 광택 없는 입술을 가진, 컨트리 가수 태미 위넷을 좋아하는 웨이트리스 레이엣 디페스토(케런 블랙)와 동거하는 유전 노동자다. 그녀가 느끼는 그를 향한 갈망과 그를 잃을지도 모른다는 두려움은 애처롭다. 보비는 킥킥거리며 웃어 대는 촌스러운 방식으로 자신의 진지함을 표출하는 동료 일꾼이자 친구 엘튼(빌리 '그린' 부시Billy "Green" Bush)에게서 그녀가 임신했다는 사실을 알게 된다. 엘튼이 가족생활의 즐거움에 대한 설교를 늘어놓을 때, 우리는 보비가 자신에 대해 품고 있는 감춰진 생각을 처음 엿보게 된다. "말도 안 돼. 나는 여기 앉아서 지겨운 가난뱅이 촌놈이 하는 말이나 듣고 있고, 트레일러 파크에 살면서 그 인간의 인생을 내 인생하고 비교하고 있어." 그런데 바로 그 순간에 우리는 보비 역시도 가난뱅이 촌놈이라고 생각한다. 그가 달리 어떤 존재겠는가?

영화는 보비와 레이엣이 살아가는 블루칼라의 세계를 수월하게 헤쳐 나간다. 그들은 다투고 화해한다. 그들은 엘튼 부부와 볼링장에 간다. 보비는 엘튼네 갓난아이를 안게 되는데, 우리는 그가 아이들을 불편해하는 모습을 보게 된다. 그는 아이를 책임질 준비가 안 돼 있다. 아니, 아이에 대한 생각조차 않고 있다. 레이엣에게 엮이는 게 두려운 보비는 우연히 낚은 여자 베티(샐리 스트러더스Sally Struthers)와 섹스를 한다. 그들은 격렬하고 자유분방하다. 베티는 환희에 찬 비명을 지르고, 몰아지경으로 섹스에 빠진 보비는 베티를 사방으로 데리고 다니다 결국 기진맥진한다. 그러면서 우리는 그가 입은 티셔츠에 적힌 오토바이 로고를 읽을 수 있게 된다. "승리TRIUMPH." 이 웃기는 장면은 이 장면에 담긴 슬픔을 감춘다. 베티 역시도 그가 찾아 헤매는 여자는 아니다.

이보다 앞서 보비의 감춰진 모습을 보여 주는 장면이 있다. 교통 정체에 발이 묶인 그는 움직이는 트럭의 짐칸에 실린 피아노를 보고는 트럭에 올라가 트럭이 움직이는 동안 피아노를 연주한다. 그의 연주 스타일은 미친 사람 같고 광포하며 요란하고 빠르다. 그는 음악에 상처를 입히고 싶어 한다. 우리는 그가 피아노를 연주할 수 있다는 사실조차 몰랐다. 나중에 뜻밖의 전환이 일어나면서 그는 녹음 스튜디오로 들어가고, 우리는 거기 있는 피아니스트가 그의 누나 파티타(로이스 스미스)임을 알게 된다. 그녀는 그를 무조건적으로 사랑한다. 그녀의 미소와 몸짓에서 그 사실을 알 수 있다. 그녀는 그에게 집에 돌아올 시간이 됐다면서, 아버지가 풍에 맞았다고 알려 준다. 이 장면이 영화의 후반부를 연다.

그는 캘리포니아에서 가족들이 살고 있는 워싱턴 해안 외곽의 섬까지 차를 몰고 간다. 그는 마지못해 데려간 레이엣을 모텔에 버려두고는, 몇 년 만에 처음으로 아버지 니컬러스(윌리엄 찰리William Challee)와 형 칼 피델리오(랠프 웨이트), 칼의 제자이자 연인인 캐서린(수전 앤스패치Susan Anspach), 그리고 파티타가 마음을 두고 있는, 집안에 새로 온 식구인 남자 간호사 스파이서(존 P. 라이언John P. Ryan)를 보러 간다.

아버지는 말을 못한다. 칼은 동생에 대해 평가하기를 거부한다는 점에서 중요한, 서먹하면서도 명랑한 방식으로 우호적인 태도를 취한다. 보비는 우아하고 균형 잡힌 뮤지션인 캐서린에게 매력을 느끼고, 그녀는 그와 섹스를 하지만 그들의 관계에 미래가 있다는 생각을 비웃는다. "당신은 당신 자신도 사랑하지 못하고 가족이나 친구들도 사랑하지 않아요. 그런 당신이 어떻게 사랑을 요구할 수 있죠?"

이 방문은 인상적인 장면을 많이 낳는데, 그중 두 장면이 특히 인상적이다. 하나는 갑작스럽게 택시를 타고 도착한 레이엣이 다른 사람들을 어떻게 생각하고 있는지를 모두가 알 수 있게 해 주는 멍청하기 짝이 없는 행동을 통해 자신은 교양 없는 하층 노동자임을 드러내는 장면이다. 밉살스러운 정체불명의 손님(아이린 데일리Irene Dailey)이 그녀를 깎아내리려 노력하자, 레이엣은 "이동 주택 밖에서 토르티야처럼 납작하게 으깨져 죽은" 친구의 새끼 고양이에 대해 칼에게 큰소리로 떠들어 댄다. 우리는 그녀가 하는 행동이 정확히 뭔지를 안다. 여자가 그녀를 깎아내리려 노력하자, 보비는 일어나서 레이엣 편을 든다. "당신은 그녀와 같은 방에 있어서도 안 돼, 이 잘난 체하는 금욕주의자야.”

영화에 많이 등장하는 그런 대사는 놀라움과 많은 가능성으로 영화를 살아 숨 쉬게 만든다. 이 캐릭터들은 해외에서 개봉됐을 때 쉽게 더빙할 수 있는 평범하고 진부한 대사의 틀에 얽매이지 않았다. 그들은 미국 사회의 스펙트럼 상단에서 하단에 이르기까지 각 계층에 어울리는 특유의 언어를 구사한다. (때로는 상황에 맞게 스타일을 교체한다. 보비는 그런 모습을 자주 보여 준다). 다른 걸출한 장면을 주목해 보라. 아버지가 탄 휠체어를 밀고 바닷가로 간 보비는 독백을 통해 자기 인생을 설명하려 애쓰지만 그렇게 못 하고는 눈물을 쏟아 낸다. 니컬슨이 대단히 경이롭게 연기해 낸 이 장면에는 영화의 정수가 담겨 있다. 피아노 연주로 아버지에게 기쁨을 안겨 주지 못했던(“아버지나 저나 제 솜씨가 그리 좋지 않다는 걸 알고 있었죠”) 후회하는 아들이야말로 다른 모든 보비가 감추려고 드는 바로 그 보비다.

주유소가 배경인 마지막의 긴 장면은 이 영화가 응당 가져야 할 그런 엔딩이다. 이런 장면은 계약서에 해피 엔딩이 못 박혀 있는 오늘날에는 허용되지 않을 것이다. 이것은 우리가 알게 된 보비 듀피에게 참된 엔딩이다. 이 엔딩은 그가 그의 모든 인생에 속한 어떤 것도 직시할 수 없기 때문에 모든 인생에서 도망을 치고 있다는 것을 보여 준다.

<파이브 이지 피시즈>는 복잡함과 뉘앙스, 심오함을 갖춘 최고의 픽션이다. 영화는 이 사람들과 이곳과 이때에 우리를 몰입시키고, 그들이 우리에게 사랑과 갈채를 요청하지 않는데도 우리는 그들에게 관심을 기울인다. 우리는 보비와 레이엣을 기억한다. 그들이 대단히 철저하게 본연의 모습을 보여 주기 때문에, 그리고 대단히 열성적이고 무척 가난하며 자신들의 외로움에 대해 대단히 용감하기 때문이다. 살아서 펄떡거리는 캐릭터들을 보고 나면, 꼭두각시 쇼에 등장하는 로봇들에 관심을 기울이기란 더더욱 어려운 일이 될 것이다.

패튼 대전차 군단

Patton

감독	프랭클린 J. 섀프너	
주연	조지 C. 스콧, 칼 몰든	
제작	1970년	170분

나는 전쟁을 사랑해. 정말이지, 정말로 사랑해.
내 목숨보다 더 사랑해.

<패튼 대전차 군단>에서 조지 S. 패튼George S. Patton• 장군은 전쟁에 대해 이렇게 말한다. 우리는 그가 한 이야기에서 훗날에 등장할, 전쟁 영화를 통틀어 가장 인상적인 대사의 조짐을 듣는다. <지옥의 묵시록Apocalypse Now>에서 킬고어 중령이 하는 "아침에 맡는 네이팜탄 냄새가 정말로 좋아"라는 대사 말이다. 두 영화 모두 프랜시스 포드 코폴라Francis Ford Coppola가 공동으로 시나리오를 쓴 작품이라는 사실은 확실히 우연이 아니다. 킬고어 캐릭터는 종전 무렵에 부하들 앞에서 "좋은

• 미국의 육군 장군으로 제2차 세계대전에 참전했던 인물(1885~1945). 전쟁 당시 북아프리카, 시실리, 프랑스, 독일에서 전투를 지휘했는데, 저돌적인 작전과 험한 말투, 포로에 대한 잔혹 행위 등으로 많은 논란을 일으켰다.

일에도 끝은 있기 마련"이라고 말한 남자인 패튼을 스크루볼 코미디 장르로 투입한 것처럼 보인다.

패튼은 자신을 범인凡人의 수준을 뛰어넘고 시대를 초월한 인물로 본다. 카르타고가 로마의 공격을 받았던 곳인 북아프리카 전장戰場을 둘러보던 그는 "나는 예전에 여기 있었어"라고 말하는데, 그건 진심에서 우러난 말이다. 그는 윤회와 숙명을 믿는다. 그는 유럽 침공 전야에 후방으로 좌천되자 장담한다. "평생에 마지막이 될 최고의 기회인데 거기 물러나 있어라? 하나님은 그런 일이 벌어지게 놔두지 않으실 거야." 그런 집념과 허세가 그의 장점이자 약점이었다. 그는 영웅적인 전공을 세우라며 부하들을 격려할 줄 알았던 빼어난 전략가였지만, 곤경을 자초하는 데에도 천재적이었다. 그는 수백만 명이 끔찍하게 죽어 가는 전쟁터에서 전쟁의 공포에 질린 병사의 뺨을 때렸고, 그 때문에 그의 경력은 위기에 몰렸다.

인기 없던 베트남전이 최고조에 달한 시기에 개봉된 프랭클린 J. 섀프너Franklin J. Schaffner, 1920-1989 감독의 <패튼 대전차 군단>을 당시의 많은 평론가가 '진정한' 반전反戰 영화로 묘사했다. 그런데 이 영화는 그런 영화가 아니다. 결함도 있고 괴팍한 한 남자로 의인화된 군대의 윤리를 비타협적으로 찬양한 영화다. 그 남자의 결함과 괴팍함은 평시에는 사회적으로 무시당하지만, 전쟁터에서는 이상적인 무대를 찾아낸다. 이 영화에서 그는 처칠Winston Churchill과 별반 다르지 않다. 두 남자 모두 현란한 기행을 활용했고, 추종자를 고무하면서 적들을 골치 아프게 만들 방법으로 자기 홍보를 하는 데 재능이 있었다. 패튼이 어느 정도 — 적어도 이 영화의 제작진에게는 — 미치광이라는 사실은 의심의 여지가 없다. 그런데 그의 업적은 신중하고 사리분별 잘하는 라이벌 몽고메리의 그늘에 가려졌고, 심지어 굴욕까지 당했다.

영화의 러닝 타임은 거의 세 시간에 달하는데, 조지 C. 스콧George

C. Scott은 그중 대부분의 시간 동안 스크린에 등장한다. 우리가 그의 모습을 보지 못하는 때는 전투 장면이나 (항상 패튼 문제로 고심하는) 나치 전략가들이 등장하는 장면들이다. 스콧의 연기는 연기자의 개성과 캐릭터가 서로를 충족시키며 발전해 나가는 탁월한 연기에 속한다. 이 역할은 스콧보다 인기가 많았던 다른 배우들(평론가 팀 덕스Tim Dirks는 버트 랭커스터Burt Lancaster, 로드 스타이거Rod Steiger, 리 마빈Lee Marvin, 로버트 미첨Robert Mitchum, 존 웨인John Wayne을 꼽았다)에게 제의됐던 역할이지만, 스콧 없는 이 역할은 상상이 불가능하다. 그가 <닥터 스트레인지러브Dr. Strangelove>(1964)에서 연기했던 코믹하고 오페라틱한 배역인 벅 터지슨 장군은 패튼의 광기와 러시아인들을 향한 증오가 약간 더 커졌을 때의 모습을 보여 준다. 스콧1927~1999은 거구에다 강렬했고 외톨박이였으며 탁월했다. 술꾼이고 완벽주의자인 그는 할리우드 동아리들하고는 한참이나 거리가 먼 인물이라, 그가 아카데미 시상식에 나타나지 않을 거라는 점은 일찌감치 예견됐었다. 그는 연기 경력 동안 패튼이 전투를 갈망했던 것과 같은 방식으로 셰익스피어와 오닐Eugene O'Neill, 밀러Arthur Miller의 희곡 같은 도전적인 작품들을 추구했다. 패튼처럼 그는 무대 밖에서는 삶의 목표를 찾지 못하는 사람이었다.

패튼의 부관이 패튼에게 옷을 입히는 장면을 보라. 부관은 패튼이 쓴 철모를 왕관을 놓듯 경건하게 바로잡는다. 거울에 비친 자기 모습을 바라본 패튼은 혼잣말을 한다. "나는 평생 지독한 전투에서 많은 부하를 지휘하고 싶어 했지." 그는 무대로 나갈 준비를 하고 있는 배우였는지도 모른다. "장군님, 사람들은 장군님께서 항상 연기를 하고 있는 건지 아닌지를 알지 못할 겁니다." 화려한 연설이 끝난 후 부하 장교가 말하자, 패튼은 대꾸한다. "그걸 알 필요가 있는 사람은 나 하나뿐이야."

헤드라인들과 뉴스 영화들은 장군들의 이름을 거명하는 것(롬멜이 아프리카에서 패했다, 패튼이 프랑스를 통해 북쪽으로 진군한다)으

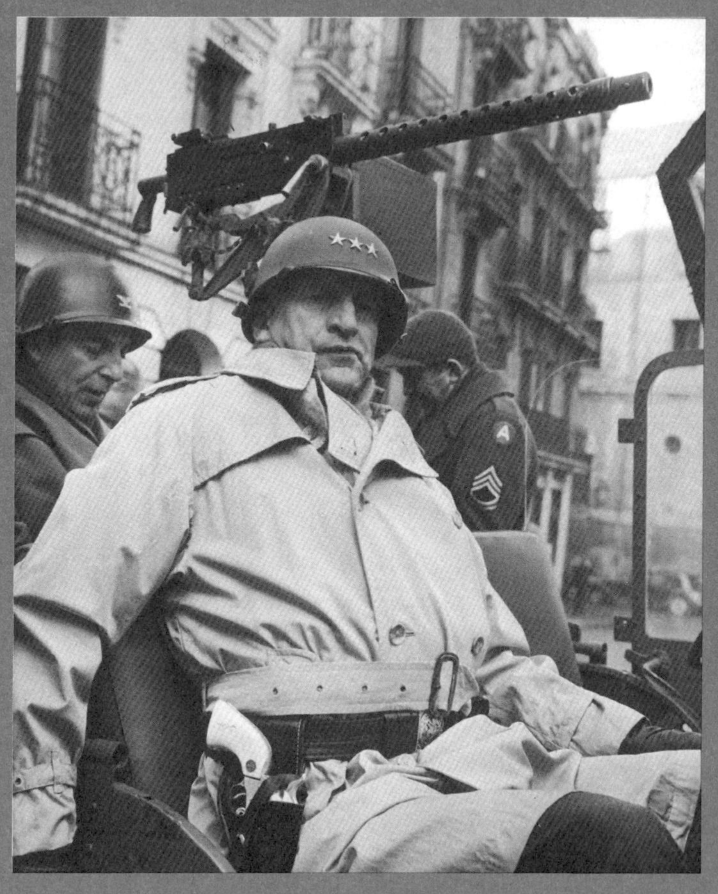

로 군대를 의인화한다. 패튼도 같은 방식으로 전쟁을 바라본다. 몽고메리가 도착하기 전에 메시나를 해방시키겠다고 약속할 때, 패튼은 1인칭 시점으로 전쟁을 생각하고 있다. 영화에서 패튼을 제외하면 유일하게 의미 있는 주연이라 할 오마 브래들리 장군(칼 몰든Karl Malden)은 패튼이 인명과 장비가 위험해질 수도 있는 계획을 선뜻 세우자 움찔한다. 패튼 입장에서는 부하들과 장비들은 패튼 자신의 자존심의 일부일 뿐이라는 걸 브래들리는 제대로 알지 못하기 때문이다. 패튼의 내면에서는 허영과 용기가 교차한다. "자네가 터키 해군의 제독으로 임명된다면," 브래들리는 패튼에게 말한다. "나는 자네 부관들이 더플 백을 샅샅이 뒤져 적절한 장식품들을 꺼내 놓을 수 있을 거라고 믿네."

<패튼 대전차 군단>은 전쟁 영화라기보다는 연기하기에 안성맞춤인 역할을 찾아낸 인물에 대한 이야기다. 스콧의 연극적인 연기는 짜릿하다. 지프차에서는 늘 기립해 있고 연설하기를 좋아하며 갈채받기를 즐기는 패튼은 몸소 교통정리까지 하면서 부하들을 선동할 작전에 뛰어든다. 그에게서는 조병躁病 분위기가 느껴진다. 그는 사생활도 없는 것처럼 보인다. 영화는 그의 가족이나 아이, 심지어는 가까운 친구조차 언급하지 않는다. 그의 허심탄회한 말 상대는 자기 자신이다. 독서량도 방대한 듯 보이는 그는 부하들에게 전쟁의 역사와 나폴레옹의 교훈, 이 행군로를 앞서 걸었던 지휘관들의 경험을 강의한다. 그는 매순간 고전을 인용해 댄다. "이 개자식아," 그는 롬멜을 압도하는 작전을 펼친 후 의기양양하게 소리친다. "내가 네놈이 쓴 책을 읽었단 말이다!"

스콧의 연기는 밋밋하지 않다. 그는 시종일관 남들 앞에 모습을 드러내고 싶어 하는 다층적인 인간을 그려 낸다. 따분한 행동거지를 가미하는 대신, 패튼의 내면에서 벌어지고 있을지도 모르는 모습을 우리가 잠깐씩 엿볼 수 있도록 한다. 그는 용맹함의 화신으로 삼을 생각에 개 한 마리를 구하지만, 그 개는 대부분의 시간 동안 겁에 질려 있다.

그는 어디를 가건 그 겁 많은 짐승을 사랑스럽게 끌고 다닌다. 언론을 통해 미국 대중이 그의 "진주 손잡이가 달린 리볼버"에 매혹됐다는 이야기를 들은 그의 얼굴이 경직된다. "상아 손잡이야. 진주 손잡이가 달린 리볼버를 갖고 다니는 건 뉴올리언스에 있는 싸구려 창녀 집의 포주뿐일 거야." 이 모습은 그가 리볼버에 몇 가지 관념을 부여했음을 드러낸다. 영화 초반부에서 나치의 기습적인 공습을 받은 그는 길거리 한복판에 서서 비행기를 향해 리볼버를 쏴 댄다. 미친 짓인 건 사실이다. 그런데 그런 사건이 그의 전설에 추가된다.

영화에서 가장 유명한 장면은 첫 장면으로, 패튼이 병사들에게 연설하려고 70밀리미터 스크린을 가득 채운 거대한 성조기를 배경으로 무대에 오르는 장면이다. 극장에서 보면 그는 심란할 정도로 실물 크기의 인간으로 보인다. 그의 연설은 미안한 기색이라고는 찾아볼 길이 없는 살벌한 연설이다("우리는 놈들의 창자를 산 채로 잘라 내 우리 탱크의 캐터필러에 기름칠을 하는 데 쓸 것이다"). 그의 군복과 장식물, 리본과 메달, 승마 바지와 승마화와 허세는 그루초 마르크스Groucho Marx가 보여 줬을 법한 모습과 별반 다르지 않다. 스콧의 대단히 인상적인 코는 미국을 상징하는 독수리의 부리와 비슷하다. 클로징 숏은 화려하기만 했던 전쟁기 패튼의 모습과는 정반대되는 숏으로, 백발의 외로운 노인네가 개를 산책시킨다. 우리는 패튼이 그런 순간에조차 연기를 하고 있다고 의심하게 된다. 그런데 그도 그것을 알았을까?

프랭클린 J. 섀프너는 힘 있고 정돈된 캔버스를 연출해 낸 거장이었다. 1950년대에 TV 생방송 연출로 경력을 시작한 그는 (정치를 다룬 할리우드 영화 가운데 최고작 중 하나인 <베스트 맨The Best Man>을 비롯한) 드라마들을 연출하다가 <워 로드The War Lord>(1965), <혹성탈출Planet of the Apes>(1968) 같은 서사 영화에서 타고난 재능을 발견하고 나서 <패튼 대전차 군단> 이후 <니콜라스와 알렉산드라Nicholas and Alexandra>(1971)와 <빠삐용Papillon>(1973)을 연출했다. 그의 <패튼 대전차 군단>은 곁가지 플롯도, 다채로운 보조 캐릭터도, '인간에 대한 관심'도 없는 가장 잘 정돈된 전쟁 영화에 속한다. 모험을 벌이는 개별 병사의 뒤를 쫓는 장면은 없다. 전투 장면들은 롱 숏으로 나타나며 개인화되지 않는다. 전투는 <플래툰Platoon>이나 <라이언 일병 구하기 Saving Private Ryan>, <위 워 솔저스We Were Soldiers>처럼 치열한 백병전을 보여 주는 대신, 빅토리아 시대의 캔버스에 해 대는 붓질처럼 묘사된다. 브래들리 캐릭터조차 얌전히 서서 패튼을 바라보다 패튼을 타이르고 지원하며 패튼 때문에 골치 아파 하는 것 외에는 다른 목적을 갖고 있지 않다. 영화는 전쟁을 패튼이 바라보는 대로, 패튼이 이야기하는 대로 바라본다. 아무튼, 그것도 전쟁을 바라보는 방법이기는 하다.

나는 전쟁을 오랜 친구인 러스 메이어Russ Meyer 감독의 눈을 통해 가장 선명하게 봤다. 열일곱 살 때 입대해 패튼의 부대에서 복무한 그는 그 사건이야말로 자신의 인생에서 벌어졌던 최고의 사건이라고 믿었다. 그는 오랫동안 그 이야기를 끝도 없이 해 댔고, 나는 메이어를 통해 어렴풋이나마 패튼을 겪을 수 있었다. 전쟁이 끝날 무렵, 메이어는 프랑스의 독일군 전선 근처에 주둔한 통신대 카메라맨이었다. 한밤중에 침대에서 끌려 나온 그는 패튼의 지휘 아래 적진을 기습하는 허가받지 않은 작전에 합류하라는 명령을 받았다. 히틀러가 전선을 비밀리에 방문하고 있다고 믿은 패튼이 독단적으로 히틀러를 사로잡을 계획을 세운 것이다. "밤중에 차를 몰고 들어갔지." 메이어의 회상이다. "히틀러는 없었어. 우리는 빈손으로 돌아왔고, 이 작전에 대해 함구하라는 경고를 받았지. 그게 바로 패튼다운 거였어."

푸른 연
蓝风筝

감독	톈좡좡	
주연	뤼리핑, 푸춘신, 리슈에젠	
제작	1994년	138분

베이징에 있는 '말라 버린 우물'이라는 이름이 붙은 골목길 인근의 안뜰에 접한 작은 방에서 사람들은 결혼을 축하한다. 아이가 태어난다. 안뜰에 사는 사람들은 서로 아는 사이로 기쁨과 슬픔과 음식을 한데 나눈다. 그들은 평범하고 소박한 시민들이다. 확성기가 스탈린의 사망 소식을 알리자 그중 한 명이 묻는다. "스탈린이 누구예요?" 이후 25년간 그들의 인생에 정치적 히스테리의 파도가 거듭 몰려와 그들이 품었던 모든 희망과 계획을 무의미하게 만든다. <푸른 연>은 이념적 광기의 시대를 살아가는 것이 어떤 것인지를 보여 주려는 작품이다.

소년의 이름은 티에토우鐵頭로 '쇠로 된 머리'라는 뜻이다. 아이의 어머니는 선생님이고, 아버지는 사서다. 그의 유년기 기억에는 놀이 친구들과 가족들이 한데 모인 것, 둘 다 군에 입대한 삼촌과 삼촌 여자 친구의 불길한 왕래가 들어 있다. 그는 푸른 연을 보물처럼 아낀다. 연이 나무에 걸리자, 아버지는 새 연을 마련해 주겠다고 약속한다. 연은 상실감의 상징이 된다.

중국은 영화가 그려 내는 초기 시절에는 여전히 비공식적인 자본주의 사회이지만, 변화의 바람이 불어오고 있다. 지역 위원회가 집주인 여자의 소유권에 대해 심문하러 온다. 안뜰이 국가의 재산이라는 사실을 알게 되면서 기세를 누그러뜨린 여자는 임대료를 낮춘다. 이렇게 착한 시민들은 혁명 이후의 국가가 변해야 함을 이해한다. 그들은 변화에 동참하려고 최선을 다하지만, 그들이 이해하지 못하는 건 합리적인 국가 차원의 계획이 존재하지 않는다는 사실이다. 계절마다 부는 방향이 바뀌는 정치적인 바람은 — 국가가 통제할 수 있는 범위 내에서 공포 분위기를 조성하려고 — 불만을 가진 사람들과 개성을 표출하는 사람들을 끝장내는 기능만 수행한다.

그렇게 불던 바람 중 하나가 결국 티에토우의 아버지를 영원토록 날려 버린다. 샤룽(푸춘신濮存昕)은 훌륭한 사서다. 어느 날 이 성실한 일꾼은 교정 운동의 일원으로 회의에 불려 가는데, 이 회의에서는 우익 성향인 사람을 식별해 내야 한다. 기관마다 쿼터가 배정되어 있는데, 도서관은 그 쿼터를 충족시키지 못했다. 샤룽은 화장실을 가려고 회의 석상을 떠나는 현명치 못한 짓을 한다. 그가 돌아오자 회의실에 있는 모든 눈동자가 그에게로 향한다. 문간에서 멈칫한 그는 그 소름 끼치는 순간에 자신이 방을 떠날 시간을 잘못 골랐음을 깨닫는다.

그의 아버지는 '멀리로, 멀리로' 보내진다. 어머니 슈주안(뤼리핑吕丽萍)이 티에토우를 가르친다. 노동 수용소에 가게 된 샤룽은 결국 사고로 목숨을 잃는다. 이제 <푸른 연>은 강인한 어머니가 혼란이 혼란 자체를 위해 존재하는 듯 보이는 사회에서 아이를 키우려고 분투해야 하는 이야기가 된다. 모자母子는 대약진 운동과 문화 혁명의 광기를 견디고, 가난과 굶주림을 겪으며, 두 차례의 결혼 생활을 거치며 살아갈 것이다. 그리고 그 시간 내내 평범한 방식으로 평범한 삶을 살아갈 수

있기만을 바랄 것이다.

<푸른 연>을 연출한 톈좡좡田壮壮은 장이머우张艺谋와 첸카이거陈凯歌를 포함하는 중국의 5세대 감독에 속한다. 그도 힘든 시기를 겪었다. 그는 이 영화에 대해 쓴 글에서 이 작품의 촬영을 1992년에 마쳤다고 밝혔다. "그런데 후반 작업을 하는 동안, 중국의 영화 산업과 관련이 있는 몇몇 정부 기관이 영화를 점검했다. 그들은 영화에 '정치적' 학습과 관련한 문제점이 있다고 결정하고는 영화의 완성을 막았다. 오늘날, 영화가 이렇게 모습을 나타낼 수 있다는 사실 자체가 기적이다."

그의 동년배들도 근대사에 비판적인 영화들을 만들면서 비슷한 문제들을 겪었다. 첸카이거의 <패왕별희霸王别姬>(1993)와 장이머우의 <인생活着>(1994)을 중국 내에서 본 사람은 거의 없다. 중국 정부는 그 작품들이 해외에서 벌어오는 돈을 공유하는 일에는 흡족해하지만, 그 시절을 겪었던 사람들 입장에서는 무척이나 고생스러웠던 시절을 극화하는 데에는 그리 열의를 보이지 않는다. 현재 중국을 통치하는 공산당은 문화 혁명 때 미쳐 날뛰던 당의 직접적인 계승자로, 심지어는 나라의 체제를 자본주의를 향해 무모하게 돌진하게끔 통치하기까지 한다.

<푸른 연>은 일상적이고 평범한 삶을 다루는 영화가 되는 것에서 에너지의 대부분을 얻는다. 이 영화에는 악당이 없다. 당의 고위급 지도자도 등장하지 않는다. 폭도가 포스터를 붙이고 구호를 외치며 길거리를 배회하지만, 어떤 면에서 보면 그들은 올바른 일을 하려고 애쓰는 이웃들이다. 고발당한 교사의 머리가 깎이지만, 젊은 폭도는 즐거운 듯하다. 티에토우는 어머니에게 유쾌하게 말한다. "어머니, 오늘 우리는 교장하고 투쟁하면서 그년을 비난하는 포스터를 쓰고 그년 머리카락을 밀었어요. 정말 나쁜 년이에요. 우리를 꾸짖고 벌을 줬죠. 모두가 그년한테 침을 뱉었어요." ('투쟁'은 영화 내내 정치적 교정을 뜻하는 단어로 사용된다.)

어머니는 모자母子를 아주 좋아하면서 그들의 방을 자기 집처럼

여기는 가족의 친구와 결혼한다. 그런데 어느 날 밤, 만두를 식탁으로 옮기다 쓰러진 그 남자는 2주 후에 세상을 떠난다. 수수께끼 같은 진단은 "간 질환, 운동 부족, 영양실조"다. 결국 그녀는 다시 재혼한다. 이번 남편은 당의 하위 관료다. 그들은 남자의 집에서 살면서 한동안 편히 지낸다. 그런데 어느 날 밤에 모자를 앉힌 그는 돈을 내놓으며 이혼하자고 말한다. 그는 일터에서 고발을 당했는데, 모자 입장에서는 그와 한통속으로 비춰지지 않는 게 최선일 것이다. 그가 이제는 10대가 된 티에토우를 쓰다듬는 장면에서 가장 슬픈 대사가 등장한다. "나는 이 아이를 정말로 좋아했소. 이 아이는 나를 조금도 좋아하지 않았더라도 말이오. 애들은 다 그런 법이지."

심장병을 앓는 관료는 구호를 외치는 폭도에 의해 들것에 실려 집에서 끌려 나간다. 이 미친 사회에는 옳은 것도, 그른 것도 없음을 우리는 안다. 군중에게서 떨어져 있는 거리의 차이만 있을 뿐이다. 하지만 톈좡좡은 누구를 비난하지도 않고 그 사람들의 이름을 거명하지도 않는다. 폭도는 결코 외부에서 몰려오는 게 아닌 듯 보인다. 그들은 착한 시민이 되려고 애쓰는 평범한 사람들로 이뤄져 있다. 그들은 지도자들에게 배신을 당했고, 광기는 나라 곳곳에 퍼져 있다. 따라서 그들은 정치적 광기를 애국적인 의무로 받아들인다. "영화의 줄거리는 실제로 있었던 일들입니다. 그리고 그 사건들은 실제 있었던 일에 100퍼센트 충실합니다." 감독이 언젠가 했던 말이다. 그중 일부는 그 자신의 경험에 기초한 것이다. "내가 가장 걱정하는 것은 실제 사건에 충실했다는 점 때문에 이야기를 들려주는 것이 금지되는 상황으로 이어지지나 않을까 하는 것입니다."

그의 영화에 담긴 힘은 인간에게 맞춘 단호한 초점에서 비롯된다. 우리는 그 시절에 그 골목길에서 살아가는 것이, 음식과 연료를 서로 나누는 것이, 학교 운동장에서 즐겁게 뛰노는 것이, 창밖을 내다보는 것만으로도 누가 오가는지를 알 수 있는 것이 어떤 것인지를 명확하게 알게 된다. 영화가 묘사하는 베이징은 옛날의 중국과 새롭게 부상하는 신세계 사이에서 균형을 잡고 있다. 자동차는 군대 장면에는 등장하지만, 사람들이 자전거와 도보로 바쁘게 다니는 도시의 길거리에서는 좀처럼 보이지 않는다. 삶의 초점이 작은 동네에만 맞춰져 있기 때문에, 우리는 영화의 배경이 거대한 메트로폴리스라는 느낌을 전혀 받지 못한다. 영화는 놀랄 만큼 우아하게 촬영됐다. 컬러와 구도는 이 사람들의 인생에서, 특히 그들의 얼굴에서 아름다움을 찾아낸다.

당신의 가족을 위해 안전하고 행복한 삶을 살고 싶다는 욕망은 잘못된 것이고 반동 부르주아적인 사고일까? 일을 잘하면서 그에 따른 보상을 받고 싶어 하는 것은? 전혀 그렇지 않다. 그것들은 보편적인 희망이다. 우리는 <푸른 연>을 보는 내내 영화의 캐릭터들이 그것들을 추구하는 모습을 볼 수 있다. 늙은 어머니는 차를 마시면서 자신은 정치와는 관련이 없다고 — "그걸 하기에는 너무 늙었다"고 — 말한다. 그리고 눈이 나빠 제대한 삼촌이 여전히 군복 차림인 여자 친구를 마지막으로 면회하러 가는 신랄한 장면이 있다. 그녀는 자신을 잊으라고 충고한다. 그녀는 이곳에 오래도록, 오래도록 있을 것이기 때문이다(이 장면은 소설가 하진哈金이 쓴, 국가에 대한 의무 때문에 로맨스와 결혼이 오래도록 유예된다는 내용의 소설들과 비슷하다).

<푸른 연>은 심오한 정치 영화다. 그런데 영화는 에두르는 방식으로 목적을 달성한다. 중국이라는 특정 국가에 대한 영화라기보다는 인간의 본성에 대한 영화다. 문화 혁명에 대한 글을 읽고 나면 어떻게 그런 광기가 한 나라를 휩쓸 수 있는지 의아해진다. 이 영화를 보고 나면 아무 생각 없는 애국주의가 잘못되면 엄청난 해독害毒으로 이어질 수 있음을 이해하게 된다. 이 영화는 어떤 면에서는 미완성 상태라는 주장도 틀리지 않은 이야기다.

프로듀서 The Producers	감독	멜 브룩스	
	주연	제로 모스텔	
	제작	1968년	88분

우리는 제로 모스텔Zero Mostel과 진 와일더Gene Wilder가 마룻바닥을 정신 사납게 굴러다니는 <프로듀서>의 한 장면에서 그들이 서로를 박살내 버릴 거라 예상한다. 모스텔은 너무 흥분한 데다 야만적이고, 와일더는 패닉 상태에 빠져 히스테리를 부린다. 당신은 어째서 카메라 렌즈에 침이 튀지 않는 건지 궁금할 것이다. 이 영화 전체는 광포하다 싶을 만큼 필사적으로 그 수준을 유지한다. 그런데 이 영화를 감상하는 많은 즐거움 중 하나는, 배우들이 고래고래 고함을 치는 동안에도 연기의 타이밍과 뉘앙스를 얼마나 잘 통제할 수 있는지를 지켜보는 것이다.

이 영화는 역사상 가장 재미있는 영화에 속한다. 지금 다시 영화를 보면 그 사실을 이해할 수 있다. 내가 그랬던 것처럼 1968년에 이 영화를 처음 감상하는 것은 <메리에겐 뭔가 특별한 것이 있다There's Something About Mary>조차 필적할 수 없을 만큼 자유분방한 뻔뻔함을 목격하는 것이었다. 영화는 교양과 단정한 품행에 대한 관객의 관념 내부에서 폭발하는 폭탄과 비슷했다. 주인공들의 내면에 그토록 큰 탐욕이, 그토록 기분 좋은 사기 행각이, 그토록 큰 욕심이, 그토록 큰 갈망이, 모든 원칙과 기꺼이 타협하겠다는 철두철미한 마음가짐이 있기 때문에, 우리는 그 내면을 파고들어 그들과 어울릴 수 있다.

영화는 모스텔을 실패한 브로드웨이 제작자 맥스 비얄리스톡으로, 와일더를 시원찮은 경리사원 레오 블룸으로 등장시킨다. 비얄리스톡은 시시덕거리려고 사무실을 찾아오는 아담한 노부인들에게서 수표를 우려내는 것으로 제작비를 모은다. ("우리는 순진한 젖 짜는 계집아이하고 음탕한 마구간 머슴아 놀이를 할 거야!") 장부를 정리하러 온 블룸은 비얄리스톡이 지난번 실패작을 제작하면서 날린 돈보다 2천 달러를 더 많이 거둬들였음을 발견한다. 그는 눈을 반짝거리면서 제작비를 과다 투입한 실패작을 만들면 많은 돈을 벌 수 있다고 말한다. "국세청은 쪽박 찬 작품들에는 관심이 없어요."

그들은 이 말에서 엄청난 영감을 받는다. 비얄리스톡은 '노부인들의 왕국'으로 모험을 떠나 실패가 보장된 작품을 제작하는 데 필요한 돈보다 몇만 달러 더 많은 돈을 모을 것이다. 평론가 데이비드 에렌스테인David Ehrenstein은 '창조적 회계creative accounting'라는 말이 처음 사용된 시점을 추적해 보니 <프로듀서>가 시초였다고 밝혔다. 비얄리스톡과 블룸은 창조적 회계를 예술의 경지로 끌어올린다. "헬로, 총각들!" 맥스는 금고 옆에 주저앉아 돈 더미를 두드리며 말한다.

실패를 보장하는 그들만의 비법은 군화를 신은 나치 친위대 여성들이 춤을 추고, "멍청한 짓 말고 영리해져라! 와서 나치당에 가입하라!" 같은 가사가 등장하는 「히틀러의 봄날」이라는 뮤지컬에 있다. 그들이 찾아낸 신나치 극작가 프란츠 립킨트(케네스 마스Kenneth Mars)는 개막일 밤에 오토바이를 타고 나타나 나치 헬멧을 쓴 채로 로

비로 들어와 그들에게 말한다. "마술을 부릴 시간이오!" 1막이 공연되는 동안 등장하는 반응 숏들은 공포에 마비돼 입을 쩍 벌린 관객들을 보여 준다.

작가이자 감독인 멜 브룩스Mel Brooks, 1926~ 는 이런 심각한 소재를 어떻게 성공적으로 다뤘을까? 나는 핵심 캐릭터 두 명이 처음부터 도덕과는 무관한 절박한 상황에 처해 있다고 설정하는 것으로, 그리고 아무리 그런 상황에서라도 관객들이 좋아하지 않고는 배길 수 없는 연기자들을 캐스팅하는 것으로 그런 일을 해냈다고 생각한다. 제로 모스텔이 연기하는 맥스 비알리스톡은 팔스타프•처럼 너무 큰 허기를 느끼기 때문에 자신이 품은 욕망을 용서받을 수 있을 만한 남자다. 그가 커피를 부어 지저분한 사무실 창문을 닦고는 침침한 창문을 통해 밖을 내다보다가 흰색 롤스로이스를 보고 고함을 치는 장면이 있다. "저거야, 자기야! 저걸 갖게 되면, 세상에 자랑을 하라고! 자랑을 하란 말이야!" 우리는 그의 선망과 탐욕을 맛볼 수 있다. "이거 보여?" 그는 비어 있는 보석 세팅을 들고 블룸에게 말한다. "여기에는 네놈 눈깔만큼 큰 진주가 박혀 있었어. 지금의 나를 봐! 마분지로 만든 벨트를 차고 있어!" 그가 이런 대사를 치고 난 다음에 벨트를 꺼내 갈기갈기 찢어 버리는 것은 이런 영화에서는 전형적인 모습이다.

모스텔은 블랙리스트의 표적이 됐던 진지하고 지적인 연기자였다. 이 작품에서 그의 연기는 익살극의 걸작이다. 그는 옷깃 선에서 시작하는, 대머리를 감추려고 머리를 올려 빗은 헤어스타일을 하고서도 미스 '나 잡아 봐라! 나 만져 봐라!'(에스텔 윈우드Estelle Windwood)가 주례 방문을 하러 사무실로 들어오기 전에 머리를 넘기려고 손에다 침을 뱉으면서 낙관적인 허영심을 뿜어낸다. 모스텔이 뿜어내는 것은 무엇

• 셰익스피어의 희곡 「헨리 4세」와 「헨리 5세」에 나오는 캐릭터

보다 똘똘 뭉친 자신감이다. 그는 심사숙고 따위는 하지 않는다. 그는 적자생존과 자연 도태의 급박한 상황이 맺게 만든 열매에 대한 생각 말고는, 아예 생각 같은 걸 하지 않는지도 모른다.

<우리에게 내일은 없다Bonnie and Clyde>(1967)에서 핵심적인 조역을 맡아 관객에게 선을 보였던, 1968년에는 신인이었던 진 와일더도 신경질에 몰입하는 캐릭터를 연기한다. 그가 <프로듀서>에서 펼친 연기는 패닉 상태가 되면 공격성을 드러낼지도 모른다는 기색을 소극적으로 표출한다. 모스텔이 마룻바닥에 누운 그를 내려다보자 그는 비명을 지른다. "뛰지 마요! 뛰지 마요!" 모스텔이 발작하며 깡충거리기 시작하자, 와일더는 구석으로 도망쳐 의자 뒤에 몸을 숨기고는 비명을 지른다. "신경이 곤두섰어요! 신경이 곤두섰다고요!" 모스텔이 물을 따라 그의 얼굴에 뿌리면 와일더는 멋들어진 대사를 내뱉는다. "젖었어요! 신경이 곤두선 데다 젖었어요! 아파요. 게다가 젖었고, 그런데도 여전히 신경이 곤두서 있어요!"

영화의 조연급 스타들은 영화 개봉 후 한동안 유명해졌다. 그중 누구도 다시는 이만큼 재미있는 작품에 출연하지는 못했지만 말이다. 마스는 옥상에서 비둘기를 키우며 나치 군가를 부르는 눈이 튀어나온 광신자로서, 나중에는 관객들에게 웃음을 그치라고 명령한다. 그 이유는 이렇다. "내가 작가야! 내가 당신보다 높아!" 브룩스는 화려한 브로드웨이 연출가 로저 드 브리스(크리스토퍼 휴윗Christopher Hewett)와 시종 카르멘 지아(안드레아스 보우치나스Andréas Voutsinas)를 등장시키면서 나치 농담에 게이 농담을 덧붙인다. 어느 순간 맥스와 레오, 카르멘은 좁다란 엘리베이터에 타게 되면서 당황해서 숨도 제대로 못 쉬는 지경에 이른다. 한 번에 한 글자씩 타자를 치고는 자축하는 의미로 잠시 미소를 짓는 가슴 풍만한 울라 역의 육체파 리 메러디스Lee Meredith는 이성애를 대표한다. 히틀러를 연기하는 배우 딕 숀Dick Shawn이 펼친 연

기는 또 다른 걸출한 조역 연기다. 플라워 파워flower power•가 한창인 시기에 만들어진 영화에서 그는 손가락 심벌즈와 캠벨 스프 깡통 목걸이, 무릎까지 오는 장식 달린 부츠로 빈약해질 수도 있는 역할에서 히피를 구축해 낸다.

물론 「히틀러의 봄날」이라는 제목의 뮤지컬을 제작하는 것은 공연 도중에 극장을 떠나는 관객의 모습(바로 그런 반응에 의지하는 비알리스톡과 블룸에게는 대단히 기쁜 모습이다)에서 볼 수 있듯 지구상 최악의 취향이다. 그런 뮤지컬을 다룬 영화를 만드는 것 역시도 짓궂은 취향인 것은 마찬가지다. 비알리스톡과 블룸이 유대인이라는 건 분명하지만, 그들은 그 사실을 절대로 언급하지 않는다. 프란츠 립킨트가 열광적인 설교를 하자, 그들은 고개를 끄덕인다. 그가 더 기분 나빠할수록 그의 연극이 실패할 가능성은 커지기 때문이다. 브룩스는 그들이 개인적으로 하는 생각을 보여 주는 짧은 순간을 덧붙인다. 극작가의 아파트에서 멀어지자, 블룸은 프란츠가 줬던 빨강과 검정으로 된 나치 완장을 가린다. "좋았어. 완장을 빼지." 비알리스톡이 완장을 빼면서 말한다. 두 사람 모두 완장을 쓰레기통에 버린다. 레오는 거기에다 침을 뱉고, 맥스도 그렇게 한다.

이 영화에서 최고의 시각적 개그는 맥스와 레오가 맨해튼 주변을 돌아다니며 계획을 완벽하게 가다듬으면서 보낸 긴 하루의 마지막 무렵에 등장한다. 밤중에 그들은 자신들이 링컨 센터 분수대 앞에 있음을 알게 된다. 음악이 밀려온다. 레오가 목청을 높인다. "나는 영화들에서 봤던 모든 걸 원해!" 그러면 분수가 물을 내뿜는다. 모두가 그 분수를 기억한다. 음악과 대사는 그 장면을 그저 놀라운 장면이 아닌, 인상적인 대목으로 만든다.

• 1960년대 말의 반항적인 젊은이들이 비폭력을 주장하며 내건 슬로건

브룩스가 만든 대부분의 영화처럼 <프로듀서>는 웃음을 위해서라면 어디든 유쾌한 마음으로 기꺼이 가려고 한다. 브룩스는 다음 작품인 <불타는 안장Blazing Saddles>(1974)에서 유명한 캠프파이어 장면을 연출했다. 에디 머피Eddie Murphy가 연기하는 클럼프 가족이 방귀 때문에 고초를 겪기 한참 전의 일이다. 진 와일더는 경이로운 <영 프랑켄슈타인Young Frankenstein>(역시 1974년 작품)에서 다시 그와 일했고, 브룩스는 그 후에도 왕성한 창작력을 발휘했다. 정점은 버트 레이놀즈Burt Reynolds의 샤워 신이 있는 <무성 영화Silent Movie>(1976), 트래킹 숏이 판유리 창문을 깨 버리는 히치콕Alfred Hitchcock 패러디 <고소 공포증High Anxiety>(1977), 프레스턴 스터지스Preston Sturges 감독의 <설리번의 여행Sullivan's Travels>에서 영감을 얻은 과소평가된 <추락한 백만장자Life Stinks>(1991)였다.

멜 브룩스는 1950년대에 시드 시저Sid Caesar가 출연한 버라이어티 쇼 「여러분의 쇼 중의 쇼Your Show of Shows」의 작가로 일류 연예계 경력을 시작했다. 칼 라이너Carl Reiner와 닐 사이먼Neil Simon이 당시의 동료 작가들이다. 그가 스탠드업 코미디언 경력을 밟지 않은 것은 그쪽 경력을 좇겠다는 선택을 하지 않아서인 게 분명하다. <프로듀서>가 개봉되고 몇 달 후, 나는 뉴욕에서 그와 그의 아내인 배우 앤 뱅크로프트Anne Bancroft와 같은 엘리베이터에 탔던 것을 기억한다. 엘리베이터에 탄 어떤 여자가 그를 알아보고는 이런 말을 했다. "이 말은 꼭 해야겠네요, 브룩스 씨. 당신 영화는 천박해요." 브룩스는 호의적인 미소를 짓고는 말했다. "부인, 제 영화는 밑바닥의 천박함에서 솟아오르고 있습니다."

# 필사의 도전 The Right Stuff	감독	필립 코프먼	
	주연	스콧 글렌, 에드 해리스	
	제작	1983년	193분

미국이 우주에 첫 걸음을 내딛는 이야기인 필립 코프먼Philip Kaufman, 1936~ 감독의 <필사의 도전>에는 두 명의 남자가 수시로 출몰한다. 한 남자는 말을 약간만 하고, 다른 남자는 말을 거의 않는다. 말수가 적은 남자는 척 예거Chuck Yeager•인데, 역사상 최고의 시험 조종사로 점차 인정받게 되는 이 남자는 말이 아닌 성취를 통해 자신을 평가한다. 다른 남자는 캘리포니아 사막에 있는 공군 시험 비행장에서 활동하는 목사로, 잦은 장례식을 집전하는 그는 조종사들과 그들의 여자들이 술을 마시는 술집에 유령처럼 등장하고는 한다.

비행장에 새로 도착한 부인이 어떻게 하면 자기 남편 사진을 벽에 걸 수 있느냐고 묻는다. 대답은 이렇다. "죽어야 한다." 우리는 오가는 대화의 일부를 들을 수 있다. "지난 32주간 62명이야. 평균이 얼마인지

• 미국 공군 장교를 지낸 인물(1923~). 1947년에 인류 역사상 최초로 음속을 돌파했다.

알아?” 조종사가 새로운 비행기를 시험할 때마다 사망 확률은 4분의 1이다. 또는 조종사들이 즐겨 말하듯 “서툰 도박꾼을 결딴내는 것”이다. 챌린저호와 컬럼비아호가 당한 참사가 드리운 그늘 속에서 다시 본 <필사의 도전>은 인간을 우주로 보내는 데 따르는 잔인한 대가를 떠올리게 만든다. 이 영화는 흔히 보기 힘들다는 공통점을 가진 두 종류의 용기에 대한 이야기다. 그리고 우주를 향한 레이스가 군사 비밀 프로그램에서 대중 홍보용 업적으로 탈바꿈하는 방식에 관한 이야기이기도 하다.

영화에서 벨 X-1 로켓 비행기의 초기 비행 현장에 참석한 기자들은 “보도는 안 돼요! 명령입니다. 국가 안보와 관련된 사항이란 말입니다”라는 말을 듣는다. 얼마 지나지 않아 관련자 전원이 스포트라이트 안으로 들어가려고 몸싸움을 벌인다. 최초의 ‘우주 비행사’ 7인이 아내, 가족과 함께 소개되고, 헨리 루스는 그가 발행하는 『라이프Life』지에 독점으로 게재할 기사들을 사들이려고 50만 달러짜리 수표에 서명한다. 존 글렌John Glenn•의 아내이자 말을 더듬기 때문에 사람들 앞에 나서기 싫어하는 애니가 린든 B. 존슨Lyndon Baines Johnson◆ 부통령을 방송 제작진과 함께 집안에 들여놓지 않으려 하자, 존슨은 차 안에서 분통을 터뜨린다. “요즘 세상에는 스피드 기록보다 더한 게 필요해요.” 프로그램 홍보 담당자는 설명한다. “방송을 탈 필요가 있어요.” 머큐리 프로그램은 예산이 필요한 다른 항목들과 자금을 놓고 경합해야 한다. 우주 비행사들이 서로에게 “쩐錢이 없으면 버크 로저스★도 없어” 하고 말하듯 말이다.

• 미국 해병대 조종사 출신의 사업가 겸 정치인(1921~2016). 1962년에 지구 궤도를 순회한 최초의 미국인으로 기록되었다. NASA에서 은퇴한 후에는 상원 의원이 됐다.

◆ 미국의 정치인(1908~1973). 존 F. 케네디 행정부 시절 부통령이었다가 케네디 암살 이후 대통령직을 승계했고, 1964년에 미국 36대 대통령으로 당선됐다.

★ 우주에서 악당과 싸우는 만화 주인공

우주 프로그램의 초창기 시절을 다룬 톰 울프Tom Wolfe의 1979년도 책에 담긴 정신을 포착하고 그 내용을 반영한 이 코프먼의 영화는 1983년 개봉 당시 위대한 미국 영화 중 하나라는 찬사를 받았다. 울프의 책은 예거(샘 셰퍼드Sam Shepard)가 대단히 영향력이 큰 인물이라, 그의 말투가 수십 년간 민간 항공사 조종사들이 조종실에서 방송할 때 쓰는 말투에 무의식적으로 스며들었다고 주장한다. 그런데 영화는 박스 오피스에서 영문 모를 쪽박을 찼다. 어떤 이들은 대중이 영화와 상원 의원에 출마한 존 글렌의 선거 운동 사이에서 혼동을 일으켰다고 비난했다.

그러나 당시에도 더욱 그럴 법한 설명은, 관객들은 우주 프로그램을 회의적인 시선과 코미디, 아이러니로 접근하는 영화를 받아들일 준비가 아직은 되어 있지 않았다는 것이었다. 실제 우주 비행사들은 영화에서 묘사한 것과 비슷한 곤란 때문에 고생하지 않았다. 그들은 『라이프』지에게는 영웅들이었지만, 초창기 우주선 발사의 배후에 있던 베르너 폰 브라운Werner von Braun과 독일인 과학자들이 캡슐에 원숭이를 태우는 쪽을 선호한다는 것을 알고 있었다. (사람을 태울 생각을 하는 정부 관료들은 파도타기 선수들을 우주 비행사 후보로 고려한다. 심지어는 '각자 헬멧을 갖고 있는' 개조 경주용 차량 레이서들도 물망에 오른다.) 우주 비행사들이 비행을 하는 게 아니라 캡슐에 탑승한다는 것을 알게 된 예거는 그들을 "캔에 담긴 스팸Spam"이라고 부른다. 유명한 장면에서 설계자들이 우주에 다녀오는 짧은 시간 동안에는 아무것도 볼 필요가 없다고 — 자리에 착 달라붙어 있는 것 말고는 무슨 일을 할 이유가 없다고 — 주장하는데도 우주 비행사들은 우주선에 창문을 내야 한다고 주장한다.

그런데 존 글렌(에드 해리스Ed Harris)이 조종 솜씨를 발휘해 지구로 진입할 정확한 각도를 찾아내고, 머큐리 캡슐을 잿더미가 될 위기에

서 구해 낸다. 원숭이는 해낼 수 없는 일이다. 나중에 아폴로 13호 승무원들은 자신의 임무와 목숨을 구해 내려고 필사적으로 임기응변을 해서 론 하워드Ron Howard 감독의 1995년도 영화에 영감을 준다. 챌린저호와 컬럼비아호의 승무원들이 자신들의 목숨을 구하기 위해 할 수 있는 일은 하나도 없었다. 그 사실은 유인有人 우주 비행 대 무인無人 우주 비행에 대한 논란에 다시 불을 댕겼다. 그런데 소련이 인간을 궤도에 올려놓은 최초의 나라가 된 초기에, 미국은 어쩔 수 없이 소련의 뒤를 따를 수밖에 없었다. '우주 레이스'가 레이스라기보다는 장거리 비행사의 고독에 가까웠던 시절에도, 심지어는 지금도 우주 프로그램은 인간 우주 비행사를 계속 상징으로 내세운다.

톰 울프는 머큐리의 7인과 사귀고 그들의 문화와 그들이 쓰는 전문 용어들을 흡수하고는, 가죽 헬멧과 고글이 NASA 로고가 박힌 반짝거리는 은빛 우주복으로 교체되는 것을 목격했다. 초반 장면에서 예거와 그의 라이벌 시험 조종사 스콧 크로스필드가 마하 1을, 다음에는 마하 2를, 그러고는 "악마가 살고 있는 마하 2.3 너머의 어딘가"를 향해 "하늘에 구멍을 뚫으려" 노력할 때, 지상에서 그들을 지켜보는 사람들은 지프에 기대 담배를 피워 대는 친구들이었다. 몇 년 후 우주선 발사 방송은 다른 모든 TV 프로그램을 편성표에서 밀어내고, 취재 기자 에릭 서버레이드Eric Severeid(본인이 직접 연기했다)는 TV 시청자들에게 그들은 지금 "여태껏 방송된 것 중에 가장 위대한 죽음에 도전하는 스턴트"를 목격하고 있는 참이라고 알려 준다. 그즈음 '캡슐'은 자체 추진력으로는 날 수도 없고, 인디언의 원뿔형 천막집보다 작으며, 로켓 꼭대기에 있는 컨테이너에 승객을 묶어 놓고는 로켓을 발사하는 이블 크니블Evel Knievel•의 오리지널 우주선과 굉장히 비슷하게 작동하기는 했

• 점프 스턴트로 유명한 미국 출신의 스턴트맨(1938~2007)

지만, '우주선'으로 이름을 고쳐 달았다(발사 후 조종사는 관제 센터에 "고도계가 작동하고 있다!"고 보고한다).

그 발사들은 인간에게는 최초의 작은 발걸음들이었고, 인류에게는 거대한 도약이었으며, 그 길의 막바지에는 1969년의 달 착륙과 그에 이어진 다른 눈부신 업적들이 있었다. 그러나 최초의 아이디어는 미국인을 하늘 높은 곳에 신속하게 올려놓는다는 단순한 것이었다. 존슨 부통령은 "나는 공산주의에 물든 달빛 아래서는 잠을 잘 의향이 없는 사람이오"라고 선언하고, 글렌은 위험하다는 경고를 받으면서도 시험되지 않은 로켓에 탑승한다는 데 합의한다. 그러려면 용기가 필요하다. 예거는 영화에서 그가 한 가장 긴 대사에서 이렇게 말한다. "폭발물 몇 톤 위에 앉아 궤도로 날아오르는 것은 시험되지 않은 비행기를 타고 나는 것보다 더 용감한 일이야." 물론 우주 비행사들은 시험 조종사들이었다. 그것도 우수하고 용감한 조종사들이었다. 그런데 처음에는 그들의 조종 솜씨가 필요치 않았다. 그리섬은 "우리는 원숭이야"라고 말한다.

울프가 쓴 베스트셀러를 시나리오로 각색한 사람은 윌리엄 골드먼William Goldman이었는데, 그는 코프먼 감독과 일련의 '악몽 같은' 미팅을 가졌다. 골드먼은 프로젝트를 떠났고, 최종 집필 크레디트는 코프먼이 홀로 받았다. 울프의 책은 예거로부터 시작됐다. 골드먼은 예거를 내다 버리고 싶었다. 예거는 핵심 줄거리하고는 아무런 관련도 없었기 때문이다. 그런데 "필립의 마음은 예거와 함께했다"고 골드먼은 회고록 『영화 업계에서 한 모험들Adventures in the Screen Trade』에 썼다. 골드먼은 머큐리 7인의 선발과 훈련 과정, 주요 비행들에 초점을 맞추고 싶었다. 그런데 물론 코프먼이 옳았다. <필사의 도전>이 더욱 위대한 영화인 것은 역사를 곧이곧대로 묘사한 영화라서가 아니라, 예거와 다른 시험 조종사들이 주된 역할을 하던 활동이었던 우주 비행이 엄청난 위력을 가진 홍보 산업으로 전환해 가는 과정을 기록한 연대기이기 때문이다.

코프먼이 내린 다른 두 가지 결정은 조금 의문스럽다. 영화가 그려 내는 그리섬(프레드 워드Fred Ward)의 모습에는 캡슐이 태평양에 내려온 후 밀실 공포증에 걸린 우주 비행사가 흥분 상태에 빠진 모습을 보여 주는 장면이 있다. 코프먼은 탈출용 해치가 폭발 볼트들과 함께 폭발되어 열리는 것을 보여 주는 실외 장면으로 편집해 넘어가는데, 이것은 그리섬이 패닉 상태였음을 암시한다. 그리섬은 항상 해치가 저절로 폭발해서 열렸다고 주장했다. 우주 프로그램이 그를 최고의 인력 중 한 명이라고 믿는 믿음을 결코 저버리지 않았던 것은 분명하다. 그리고 영화는 린든 B. 존슨(도널드 모펏Donald Moffat)을 텍사스 시골뜨기로 간주하며 지나치게 노골적으로 희화화한다(그렇기는 해도 존슨은 글렌이 자신과 TV 제작진을 집안에 들여놓지 않으려는 말더듬이 아내의 거부 의사를 확고하게 지지하는 인상적인 장면을 남긴다).

예거 캐릭터를 향한 코프먼의 사랑은 영화의 매력적인 클로징 시퀀스에서 보상을 받는다. 이 시퀀스에서 '세계 최고의 조종사'는 신형 공군 제트기를 지긋이 바라보고는 "여기 있는 이 작고 낡은 비행기가 러시아인들의 기록을 깰 수 있을지도 모르겠다는 기분이 드는군"이라고 말한다. 그러고는 거의 그런 수준에 접근한다. 허가받지 않은 비행에 나선 그는 거의 37킬로미터까지 비행기를 몰고 가는데(별들이 보인다), 비행기와 조종사는 맥을 못 추고 지상으로 추락한다. 1964년 민주당 전당대회에 등장한 노련한 부채춤 댄서 샐리 랜드는 언뜻 보기에는 이 순간과 병치하기에는 무척이나 괴상한 존재처럼 보이지만, 코프먼은 댄서가 아니라 그녀가 든 깃털 달린 날개에 초점을 맞추는 것을 통해 이 몽타주를 기이하게 감동적인 것으로 만든다.

예거가 인간의 한계를 가능한 한 먼 곳까지 넓혔을 때, 그 위업은 비행기 한 대에 탄 조종사 한 사람에 의해 이뤄졌다. 개인 탐험가의 시대(마르코 폴로, 마젤란, 콜럼버스, 리빙스턴, 스콧, 린드버그의 시대)

는 끝났고, 팀원들이 라임라이트 속으로 걸어 들어왔다. 그것이 <필사의 도전>의 진짜 주제다. 예거는 적절한 자질right stuff을 갖췄는데 다른 이들은 그렇지 않았다는 게 아니다. 그들 모두가 그런 자질을 갖췄다. 그런데 그 자질은 새로운 종류의 자질이 되어 버렸다.

인간이 달 표면을 걸을 수 있었던 것은 지난 세기가 이룬 가장 위대한 업적 중 하나다. 그런데 <필사의 도전>을 보고 나면, 유인 비행이 우주 프로그램의 핵심이어야만 한다고 주장하기는 어렵다. 허블 망원경은 우주가 탄생한 첫날의 여명을 볼 수 있었다. 망원경이 궤도에 도달한지 얼마 되지 않아, 우리는 자신들의 목숨을 구하기 위해서는 아무 일도 할 수 없었던 용감한 남녀 7명을 잃었다. 허블을 궤도에 올리기 위해 인간의 목숨을 위태롭게 만드는 것과, 고등학교 과학 박람회 프로젝트를 위해 인간의 목숨을 위태롭게 만드는 것은 별개의 일이다.

행잉 록에서의 소풍
Picnic at Hanging Rock

감독	피터 위어	
주연	레이철 로버츠, 도미닉 가드, 헬런 모스	
제작	1975년	115분

1900년의 나른한 밸런타인데이에 호주의 엄격한 기숙 학교에 다니는 소녀들이 학교에서 그리 멀리 떨어지지 않은 노천광인 행잉 록으로 소풍을 간다. 소녀 세 명과 선생님 한 명이 감쪽같이 사라진다. 그중 한 명이 일주일쯤 후에 나타나지만, 그녀는 기억하는 게 거의 없다. 다른 사람들은 결코 발견되지 않는다. 피터 위어Peter Weir, 1944~ 감독의 <행잉 록에서의 소풍>은 이런 토대 위에서 잊히지 않는 미스터리와 잠복된 성적 히스테리에 관한 영화를 구축한다. 영화는 현대 호주 영화의 특징 두 가지도 채택한다. 아름다운 촬영, 그리고 유럽에서 건너온 정착민들과 그들이 새로 얻은 유서 깊은 고향에 담긴 미스터리들 사이에 생긴 균열.

개봉된 지 오래됐고 비디오로 구할 길이 없던 이 영화가 새로운 디렉터스 컷으로 복원됐다. 그런데 대부분의 개정판과 달리, 이 작품은 장면들이 추가된 게 아니라 기존에 있던 장면들이 삭제됐다. 위어는 그렇지 않아도 간결하고 파악하기 어려운 영화에서 7분을 들어냈다. 그 결과 당신의 마음속에서 독특한 장소를 창조한 영화가 탄생했다. 플롯에서 자유롭고, 어떤 최종적인 설명도 제시하지 않는, 체험으로만 존재하는 영화. 어떤 의미에서 관객들은 소풍을 나섰다가 안전하게 돌아온 소녀들과 비슷하다. 우리가 보기에 사라진 캐릭터들은 — 그들의 입장에서처럼 — 우리 시야에서 빠져나가 앞으로 다시는 우리 눈에 띄지 않는 곳에서 항상 시간 속에 얼어붙은 채 머무른다.

영화의 원작은 조앤 린지 부인Lady Joan Lindsay이 1967년에 쓴 소설이다. 집필 당시 72세였던 그녀는 이 작품은 픽션이라고 밝히면서도 실제로 있었던 사건에 기초한 것인지도 모른다는 힌트를 내비쳤다. 소설과 영화를 바탕으로 돈벌이를 하는 영세 기업들이 호주에 생겨났다. 사람들은 사라진 여학생들에 대해 보도한 기사를 찾아 옛날 신문들과 기록들을 뒤적거렸지만 헛수고였다. 영화의 배경은 토요일인데, 1900년에는 밸런타인데이가 토요일이 아니었다는 사실을 두고도 많은 논의가 있었다. 소녀들은 다른 시간대로 사라진 걸까? 그날에 역시 행잉 록에 있었던 10대 청년 두 명이 그들을 욕보인 걸까? 소녀들은 그저 지표면에 생긴 틈바구니 속으로 추락한 걸까? 일주일 후에 살아 있는 상태로 발견된 소녀는 어떻게 된 걸까? 신발을 잃은 그녀는 맨발이었는데, 그 날카로운 바윗길에서도 그녀의 발은 아무런 상처도 입지 않았다. 그녀는 초자연적인 힘에 의해 공중을 떠돌았던 걸까? 심지어는 『행잉 록에서의 살인들The Murders at Hanging Rock』이라는 책도 있는데, 이 책은 실종 사건을 픽션이라고 설명하면서도, 이 사건과 관련해 UFO 납치를 비롯한 몇 가지 이론을 제시하기까지 한다.

물론 가장 중요한 사실은 영화에는 설명이 담겨 있지 않다는 것이다. 소녀들은 황무지 속으로 걸어갔고, 더 이상은 모습을 보이지 않았다. 애버리진Aborigine들은 바위가 어떤 면에서는 살아 있다고 — 바위가 외부인들을 삼켜 버리고는 침묵을 지켰다고 — 생각할지도 모른다. 러셀 보이드Russell Boyd의 카메라가 바위를 — 그리고 바위에 사는 뱀과 도마뱀, 새와 꽃들을 — 멋들어진 모습으로 포착하며 꼼꼼히 훑어보는 동안, 일부 숏들은 바위가 방문객들을 지켜보는 것처럼 바위에 얼굴 비슷한 것들이 드러나는 광경을 보여 준다.

이 영화는 한 남자의 아내가 지중해의 섬을 헤매 다니다 다시는 모습을 보이지 않는다는 내용을 가진 안토니오니Michelangelo Antonioni의 <정사L'Avventura>(1960)와 비교되어 왔다. 안토니오니의 <욕망Blowup>(1967)은 있었을 수도 있고 없었을 수도 있는 시체와 결코 해결되지 않는 미스터리를 다룬 영화다. 나는 <행잉 록에서의 소풍>을 보면 1984년에 데이비드 린David Lean이 영화로 만든 포스터E. M. Forster의 소설 『인도로 가는 길A Passage to India』이 떠오른다. 그 소설에서는 일군의 영국인 방문객이 마라바르 동굴로 여행을 가는데, 이 동굴은 사람들이 내뱉는 모든 이야기를 의미 없는 메아리로 바꿔 놓는 특이한 성질이 있다. 여자 한 명이 동굴에서 내면의 변화를 겪고(소설은 그 변화의 내용이 무엇인지를 결코 설명하지 않는다), 그녀의 성적 히스테리는 나머지 이야기를 밀고 나간다. 기저에 깔린 암시는, 성性을 향한 빅토리아 시대의 태도가 태곳적의 땅이 품은 심란한 미스터리들과 결합해서는 현대인의 정신으로는 처리할 수 없는 사건들로 이어졌다는 것이다. 그런데 그것이야말로 <행잉 록에서의 소풍>이 전하는 메시지다.

영화는 관객들이 영화를 완벽하게 이해할 수 있을 거라는 듯이 시작된다. 빅토리아 우드엔드에 있는 애플야드칼리지에서는 엄격한 규율과 숙녀다운 품행을 지식과 학습의 대체물로 가르친다. 이 '칼리지'는 사교계에 진출하려는 사춘기 소녀들을 준비시키는 교양 학교라 할 수 있다. 소녀들이 생활하는 온실 같은 분위기에서 여학생 특유의 연정

이 피어나는 것은 불가피한 일이다. 애플야드 부인(레이철 로버츠Rachel Roberts) 자신도 분석할 수 없는 욕구를 품고 있는 듯 보인다. 그녀는 격하게 반항하는 어느 소녀에게 학교가 소풍하는 동안 기숙사에 머물러 있으라는 처벌을 내린다.

전부 해서 열아홉 명인 다른 소녀들과 교사 두 명은 마차를 타고 행잉 록으로 떠난다. 그들은 모두 정숙함과 불편함을 강조하는 빅토리아 시대 의복 차림이다(앞선 장면은 그들이 줄을 서서 서로의 코르셋을 졸라매는 모습을 보여 준다). 바위 비탈에 놓인 파라솔과 행복한 웃음소리는 태고의 신비를 간직한 음침한 땅과 대조를 이룬다. 클로즈업 촬영은 헤아릴 수 없이 많은 형태의 동물과 파충류, 곤충의 삶이 얼룩진 바위를 보여 주는데, 이것들은 방문객 따위는 신경 쓰지 않고 자신들이 해야 할 잔인한 일을 해치우느라 열심이다. 팬파이프로 연주되는, 클래식한 분위기도 약간 풍기는 음악은 그와 대조되는 심란한 분위기를 조성한다.

"우리는 정말로 열심히 일했습니다." 위어가 『사이트 앤드 사운드Sight & Sound』와 가진 인터뷰에서 한 말이다. "환각적이고 최면적인 리듬을 만들어 내려고요. 그 덕에 관객들은 객관적인 사실에 대한 지식을 잃고 무언가 덧붙이기를 멈추면서 이 폐쇄된 분위기에 빠져듭니다. 관객들에게 최면을 걸어 가능한 한 해답들에서 멀리 떨어지게 하려고 전력을 기울이며 갖은 일을 다 했습니다."

1975년에 이 영화를 봤던 나는 상세한 내용을 확실하게 기억하지는 못하지만, 내 짐작에 위어가 7분을 잘라낸 것은 관객들을 "해답"에서 멀리 떨어뜨려 놓으려는 의도에서 비롯된 행위일 것이다. 그날 바위에 다른 사람들(두 젊은 남자와 노년의 부부)이 있었던 것은 그들을 용의자로 보여 주려는 것이 아니라, 바위로 소풍을 가는 것은 완벽하게 안전한 일이라는 걸 보여 주기 위해서였다고 믿는다. 영화는 젊은 학생들의 고조되고 억압된 섹슈얼리티가 그들의 실종과 어떤 식으로든 관련이 있다는 것을, 그들의 정서적인 상태는 그 땅에 살고 있는 존재들과 어느 정도 맞물려 있다는 것을 관객들이 인지하기를 바란다.

우리가 이런 생각으로 향하게끔 돕는 다른 단편적인 암시들도 있다. 원래 산책을 나갔던 소녀 중 한 명인 에디스는 다른 사람들이 모두 사라졌다고 비명을 지르며 재빨리 돌아온다. 나중에 그녀는 실종된 선생님이 속옷 차림으로 있는 모습을 봤다고 회상한다. 이후 수색 과정에서 레이스 달린 속옷 조각이 발견된다. 학교로 돌아와 보면, 애플야드 부인의 훈육과 관련한 많은 행위의 기저에는 말로 표현되지 않은 성적인 느낌이 깔려 있다. 반항적인 사라(소풍가는 걸 허락받지 못한 소녀)와 관련해서는 특히 더 그렇다.

평론가 케빈 메이너드Kevin Maynard는 “이 영화는 지독히도 불가해하다”고 썼다. 나는 그가 많은 관객을 대변하고 있다고 확신하지만, 당신이 영화를 간파할 수 있다면 세상에 영화란 당연히 존재할 수 없을 것이다. 그저 사건을 수사한 경찰이 작성한 사건 보고서가 있을 뿐이다. 호주에 대한 나의 생각은 거의 다 호주에서 만들어진 영화들을 통해 만들어졌다. 나는 호주를 태고의 신비를 간직한 드넓은 아웃백Outback(현대 사회의 논리는 적용되지 않고 설명할 수 없는 일들이 벌어질 수 있는 곳)으로 둘러싸인 내륙의 소규모 도시들에 의존하는, 목걸이처럼 이어진 연안 도시들로 상상한다.

니컬러스 로그Nicholas Roeg의 <워크어바웃Walkabout>은 <행잉 록에서의 소풍>과 동일한 느낌을 일부 빚어낸다. 그 영화에서 백인 남매는 아버지가 자살한 후 황무지에 내버려진다. 얼마 못 가 죽을 운명이던 그들을 구한 애버리진 소년은 아이러니한 반전에 의해 남매를 문명으로 다시 데려다준 다음에 스스로 목숨을 끊는다. <워크어바웃>과 <행잉 록에서의 소풍>이 주장하는 것은 애버리진의 삶은 도시에서 지탱할 수 없다는 것, 또는 유럽 문명에 기초한 삶은 자연에서 지탱할 수 없다는 것이다. 두 영화 모두 성숙해지기 직전인 소녀(들)에 초점을 맞춘다는 사실은 흥미롭다.

1944년생인 피터 위어는 <행잉 록에서의 소풍> 이후에 대단히 성공적인 행보를 보였다. 그의 작품으로는 <위트니스Witness>와 <갈리폴리Gallipoli>, <잃어버린 시간The Last Wave>, <가장 위험한 해The Year of Living Dangerously>, <모스키토 코스트The Mosquito Coast>, <죽은 시인의 사회Dead Poets Society>, <그린카드Green Card>, 그리고 대대적인 찬사를 받은 1998년 작품 <트루먼 쇼The Truman Show> 등이 있다. 이들 작품 대부분이 어떤 식으로건 자신과 딱 어울리는 곳이 아닌 곳에 있게 된 아웃사이더들을 다룬다는 점은 흥미롭다. 우리는 집에 머물러 있을 때에는 아무 일도 없겠지만 다른 고장에서 헤매 다닌다면 자신이 실종됐음을 알게 될지도 모른다는 확신이, 그의 상상력의 제일 밑바닥 어딘가에 잠복해 있는 게 분명하다.

허슬러

The Hustler

감독	로버트 로센	
주연	폴 뉴먼, 파이퍼 로리	
제작	1961년	134분

버트: 자네는 재능이 있어.

에디: 내가 재능이 있다? 그렇다면 내가 뭣 때문에 지는 거죠?

버트: 성깔.

대단히 현실적이라 관객들이 표준적인 인물형으로 언급하는 영화 캐릭터는 손에 꼽을 정도인데, 그중 하나가 패스트 에디 펠슨이다. 폴 뉴먼Paul Newman이 <허슬러>에서 연기하는 당구의 달인은 잊히지 않는다. 그의 캐릭터에 무게가 실리는 것은 이 영화가 최후의 풀pool 경기에서 거둔 그의 승리에 대한 영화가 아니라 풀에 의해, 삶에 의해, 모자란 성격에 의해 당한 그의 패배에 대한 영화이기 때문이다. 이 영화는 주인공이 포기를 통해, 자신의 꿈이 아닌 현실을 인정하는 것을 통해 승리를 거두는 몇 안 되는 미국 영화 중 한 편이다.

이 영화에서 등장인물들이 경합하는 종목은 당구다. 그런데 영화는 게임을 숏 단위로 따라가려는 시도는 조금도 하지 않는다. 심지어는 게임의 룰을 설명하려 들지도 않는다. 선수들은 각자의 내적인 강인함을 놓고 경합한다. 허세와 자신감, 판돈 관리, 심리에 의존하는 탐욕스러운 경기라면 무엇이건 이 영화의 소재가 될 수 있다. 이 영화는 <신시내티 키드The Cincinnati Kid>로 리메이크됐는데, 그 영화의 소재는 포커였다. 당구장, 싸구려 여인숙, 술집, 버스 터미널로 이뤄진 세계에는 몸을 숨길 구석이 없다. 당신은 결국 당신 자신이 어떤 존재인지를 밝히게 될 것이다. 그리고 풀은 당신이 당구 솜씨를 통해서만 그 경지에 도달할 수 있는 종목이다.

이 영화는 폴 뉴먼을 할리우드 일급 배우 반열에 올려놓았다. 그런데 다른 연기자들이 얼마나 중요한 역할을 담당하는지를, <허슬러>가 값비싼 배우들을 거의 모든 숏에 등장시켜야 하는 시절 이전에 만들어졌다는 사실에서 얼마나 많은 혜택을 받았는지를 확인하는 것도 유익한 일이다. 뉴먼의 캐릭터는 당구대에서뿐 아니라 세라 패커드(파이퍼 로리Piper Laurie)와 맺은 관계에서도 시험을 겪는다. 영화에서 세라의 이야기는 에디의 이야기만큼이나 온전하게 소개된다. 이 영화는 여자를 지극히 단순한 관점으로밖에는 바라볼 줄 모르는 감독들이 1990년대에 만든 마초 영화가 아니다. <허슬러>의 진정한 경합은 '패스트 에디'와 '미네소타 패츠' 사이에서 벌어지는 게 아니라, 세라를 향한 에디의 사랑과 그의 자기 파괴적인 충동 사이에서 벌어진다.

냉혹하고 지독한 도박사 겸 매니저 버트 역의 조지 C. 스콧George C. Scott은 이 영화가 불과 세 번째 출연작이었다. 그는 우리가 이후로 거듭 보게 될 절대적인 권위를 풍긴다. 자신을 고귀하게 여기는 남자의 분위기를 말이다. 그가 여기에서는 잔혹한 말을 하고 저기에서는 달착지근한 제안을 속삭여 대는 식으로 세라를 다루는 방식은 에디의 엄지들을 부러뜨리라는 그의 지시만큼이나 냉혹하고 고통스럽다. 버트는 늘 계산

을 하고 있다. 그가 에디를 "패배자loser"라고 부를 때, 우리는 그가 에디를 자극해서 이기게 만들거나 에디를 흥분시켜 지게 만들려고 그러는 것임을 안다. 그가 자신의 판단을 곧이곧대로 드러내는 경우는 결코 없다.

그리고 전설적인 풀 챔피언 미네소타 패츠(에디가 자신이 최고라는 걸 입증하기 위해서는 반드시 꺾어야만 하는 인물)를 연기하는 재키 글리슨Jackie Gleason이 있다. 글리슨과 스콧은 이 영화에서 펼친 조연 연기로 오스카상 후보에 올랐다. 재미있는 것은 스콧의 대사는 상당히 많고, 글리슨은 자기가 칠 당구공을 지정하는 것 외에는 대사가 얼마 되지 않았는데도 두 사람이 막상막하의 잊기 힘든 인상을 남긴다는 점이다. 글리슨의 연기는 풍채와 보디랭귀지, 애처로운 표정, 당구대를 활용하는 간결하면서도 집중적인 방식, 쓸데없는 움직임은 취하지 않는 것으로만 행해진다. 그는 당구 경기를 통해 죄를 깨끗이 씻은 남자, 모든 서글픈 타협과 부정직한 베팅과 사기성 술책을 겪어 내고는 소박하고 품격 있게 경기를 치르는 사람으로 새로 태어난 남자라는 인상을 준다. 그는 오래 전에 사기 당구에서 손을 씻었다. 에디와 달리 그는 다른 선수들이 찾아와 자신들의 솜씨를 시험해 볼 수 있도록 최고의 선수라는 믿음직스러운 존재가 되는 것으로 생계를 꾸린다. 그는 초라한 왕국의 통치자다. 영화가 끝날 때, 에디와 버트가 무정하게 맞설 때 그는 플로어 복판에 무기력하게 앉아 이전에 수도 없이 들었던 이야기를 귀담아 듣는다. 재능을 펼치려면 이 세계를 받아들여야 한다는 사실을 새삼 곱씹으면서.

영화를 제작하고 연출한 로버트 로센Robert Rossen, 1908~1966은 1940년대에 매카시 마녀사냥•에 소환됐을 때 처음에는 "동료들의 이름을 폭

• 미국의 상원 의원 조지프 매카시(Joseph McCarthy)가 공산주의자들이 미국의 주요 정부 기관에 침투했다는 식의 주장을 펼치면서 그들을 색출한다는 명목으로 사회 각계의 인사들을 청문회에 소환해 심문하는 식으로 벌인 활동

로하는 것”을 거부한 시나리오 작가였다. 그러다가 마음을 고쳐먹은 그는 자신이 공산주의자였음을 밝히고 다른 공산주의자 57명의 이름을 폭로했다. 그것은 그가 영화 일을 계속하기 위해 치러야 할 대가였다. 패스트 에디가 성공하기 위해 해야 하는 타협에는 분명히 그 대가의 그림자가 드리워져 있다. 월터 테비스Walter Tevis가 쓴 소설이 원작인 이 영화를 각색한 작가는 로센과 시드니 캐럴Sydney Carroll이다. 흑백 시네마스코프로 촬영한 촬영 감독 유진 슈프턴Eugene Shuftan은 오스카상을 받았다. 흑백이 왜 올바른 선택이었는지를 알려면, 이 영화를 마틴 스콜세지Martin Scorsese의 <컬러 오브 머니The Color of Money>(1986)와 비교해 보라. 역시 뉴먼이 패스트 에디로 출연한 영화지만, 한밤중의 당구장의 음침한 어둠을 보여 주기에는 너무 화사하고 생기 넘쳐 보인다. (뉴먼은 그의 유일한 오스카상을 <컬러 오브 머니>로 수상했다. 오스카상 회원들이 <허슬러> 때 했던 일에 대해 뒤늦게 개심하고 내놓은 결과가 아니라면 아이러니한 일이다.)

로센이 내린 중요한 결정은 캐릭터 모두에게 온전한 비중을 부여하고, 각자에게 꼭 필요한 스크린 등장 시간을 허용한 것이다. 파이퍼 로리가 연기하는 세라는 신탁 수익으로 생계를 잇는다. 절름발이 알코올 중독자인 그녀는 잠을 잘 수 없을 때에는 버스 터미널에 앉아 있고, 화요일과 목요일에는 대학에 다니지만 다른 날에는 술을 마시고, 에디가 첫 키스를 할 때에는 고개를 돌리면서 “당신은 너무 굶주렸어요”라고 말하며, 그에게 다음과 같은 현명한 조언을 해 준다. “봐요, 나는 골칫거리가 있고, 당신도 골칫거리가 있을 거라고 생각해요. 우리는 서로를 혼자 있게 놔두는 게 나을지도 몰라요.”

버트가 백만장자 핀들리(머리 해밀튼Murray Hamilton)와 고액을 건 경기를 하려고 루이빌로 에디를 데려가고 싶어 할 때, 세라의 눈물에 무릎을 꿇은 에디는 그녀를 대동하고 간다. 그녀를 라이벌로 여긴 버트는 전문가다운 솜씨를 발휘해 며칠 안에 그녀를 무자비하게 파괴해 버린다. 에디의 부러진 엄지들이 회복되었음을 아는 그는 "내가 병신한테 돈을 쏟아 붓는다는 생각이 싫어"라고 말한다. 세라를 직접적으로 겨냥한 대사다. 핀들리가 주최한 파티에서 세라가 술에 취해 벽에 기대서자 그는 그녀에게 다가가 그녀의 귀에다 우리는 들을 수 없는 무슨 말을 속삭이고, 그녀는 그에게 술을 끼얹고는 쓰러진다. 그리고 그녀의 죽음을 향한 절차가 진행되기 시작한다. 영화가 이 두 조역에 관심을 기울이고 그들의 라이벌 관계에 상당한 무게를 실으면서, 줄거리에는 깊이와 풍미가 더해진다. 이 영화를 보면, 우리는 현대의 많은 영화가 실속도 없이 서두르기만 하는 캐릭터 한 명에 대한 한 가지 이야기를 들려주는 1차원적이고 단선적인 영화들임을 알게 된다.

<허슬러>는 신 하나하나가 우리의 기억 속에서 영역을 키워 나가는 심리적 무게를 담고 있는 영화에 속한다. 에디와 패츠가 벌이는 경기들에서도 그렇다. 어느 훌륭한 평론가는 "미네소타 패츠 역의 글리슨과 벌이는 클라이맥스에 해당하는 두 번의 경기"에 대해 썼다. 영화에 등장하는 가장 긴 경기인 첫 경기는 영화의 약 3분의 1지점까지 진행된다. 그런데 이 두 사람이 벌이는 최후의 대결이 화면에 등장하는 시간은 그리 길지 않다. 그 대결이 최후의 완벽한 종결부를 이끌어 내기는 하지만 말이다.

에디: 팻 맨, 당신은 끝내주게 쳤어요.

패츠: 자네도 그래, 패스트 에디.

나는 이 영화를 기억할 때 밤을 꼴딱 새면서 다음 날까지 이어지는 이 두 번째 경기가 더 긴 경기였다고 생각했다. 그런데 미네소타 패츠는 그토록 전설적인 캐릭터이고 그를 꺾어야 한다는 에디의 욕구는 엄청나게 불타올랐기 때문에, 로센은 현명하게도 원하는 효과를 얻기 위해 길었던 첫 경기를 재연할 필요가 없다는 것을 깨달았다. 이 영화는 위대한 디디 앨런Dede Allen이 편집한 네 번째 영화였다(그녀의 다음 작품은 <우리에게 내일은 없다Bonnie and Clyde>가 될 터였다). 그녀는 풀 게임(당구대 주위를 도는 선수들, 공을 치는 당구채, 당구공, 표정 관찰)에서 선수들이 몰아지경에 빠졌을 때 느낄 법한 리듬을 찾아낸다. 그녀의 편집은 게임을 무척이나 완벽하게 '들려주기' 때문에, 우리는 게임을 이해하지 못하더라도 그렇다는 사실조차 잊게 된다.

에디와 패츠의 첫 만남은 당구 경기가 주가 되는 만남이었다. 두 번째 만남은 버트가 정확하게 예견한 것처럼 개개인의 성격과 관련한 만남이었다. 비법은 "성깔"이라고 버트가 말했을 때, 그가 한 "성깔"이라는 말은 선량함이나 정직함, 또는 다른 모범적인 미덕을 가리키는 게 아니다. 무엇보다 승리를 최상위에 두고, 샛길로 빠질 가능성의 유혹에 결코 현혹되지 않는 뱀 같은 능력을 가리킨다.

이 영화에는 불필요하게 관객의 눈길을 끌려고 들지는 않는 단역 연기자가 많이 등장한다. 몇 년간 미국 당구 챔피언이었던 윌리 모스코니Willie Mosconi는 전반부 경기에서 판돈을 관리하는 '윌리'로 출연했다. 글리슨이 자신이 공을 치는 장면 전부에서 직접 당구를 쳤고 뉴먼도 대부분의 공을 직접 쳤다는 이야기가 있는데, 모스코니는 영화의 일부 묘기 장면에서 공을 치기도 했다. 머리 해밀튼(핀들리)은 그로부터 6년 후에 영화 <졸업The Graduate>에서 로빈슨 씨라는 유명한 역할을 맡았다. 바텐더 중 한 명은 '성난 황소Raging Bull' 제이크 라 모타Jake La Motta다. 영화에 가끔 출연하던 연극 배우 마이런 매코믹Myron McCormick이 — 정상에 오르는 과정에서 에디가 내팽개친 초라하고 솔직한 — 에디의 첫 매니저를 연기했다.

폴 뉴먼의 시원시원하게 잘생긴 외모는 영화에 등장하는 늙고 세

파에 찌들고 냉혹하거나 잔인한 남자들의 얼굴과 대비된다. 그런데 이 캐스팅은 적절했다. 그는 이 추악한 세계에 어울리지 않게 지나치게 잘생기지는 않았지만, 소년 같은 천진한 미소와 누구 게임할 생각 없느냐고 묻는 숫기 없는 방식을 악용하는 허슬러처럼 보인다. 그의 얼굴은 에디를 그의 당구 솜씨만큼이나 먼 곳으로 데려간다. 그는 허슬러처럼 보이지 않는다. 그런데 최고 수준의 허슬러들은 결코 그런 사람들처럼 보이지 않는다.

현금에 손대지 마라

Touchez pas au Grisbi

감독	자크 베케르	
주연	장 가뱅, 르네 다리	
제작	1954년	94분

나이를 먹는 건 한껏 물이 오른 솜씨와 때때로 말을 듣지 않는 육체적 능력 사이에서 균형을 잡는 것이다. 50세가 된 거짓말쟁이 막스는 도둑이라는 직업에 대한 지혜가 최고조에 달했다. 그런데 그는 더 이상 도둑질에 신경 쓰지 않는다. 그의 꿈은 오를리 공항에서 훔친 금괴 96킬로그램을 안전하게 현금으로 바꾸는 것이다. 그러고 나면 은퇴할 생각이다. 막스는 옹골차고 깔끔하며 흠잡을 데 없는 차림새로 시종일관 예의 바르게 행동하는 남자다. 그의 행동 규범이 내면에 무척이나 깊숙이 내재돼 있기 때문에, 그는 그 행동 규범을 간접적인 방식으로라도 결코 입에 담지 않는다. 사흘이라는 기간 동안 그는 꿈을 실현하기 위해 갖고 있는 지혜와 경험을 몽땅 활용하고, 그의 꿈은 거의 실현될 뻔한다.

막스를 연기한 장 가뱅Jean Gabin은 프랑스 여론 조사에서 '세기의 배우'로 꼽힌 연기자다. 자크 베케르Jacques Becker, 1906~1960 감독의 1954년도 프랑스 범죄 영화 <현금에 손대지 마라>는 이듬해 나온 장피에르 멜빌Jean-Pierre Melville의 걸작 <도박사 봅Bob le Flambeur>이 나아갈 방향을 신비할 정도로 제시했다. 두 영화는 줄거리의 흐름이 비슷하고 주인공들도 비슷하다. 사람들에게 인기 좋고, 앞에 놓인 일의 가능성을 가늠할 줄 알며, 단골 클럽과 레스토랑을 다니는 데 익숙하고, 성급한 동료들이 드러내는 열의 때문에만 상처를 받는 중년 남자들. 가뱅은 말수가 적은, 그리고 진심에서 우러난 따스함을 지녔지만 그렇다는 내색은 잘 않는 남자를 연기한다. 지하 세계에서 살아남기 위해 발로 뛰거나 총질을 해 대는 대신, 항상 머리를 굴려 한 발짝 앞을 생각해 보는 남자다.

그의 약점은 그가 '돼지 머리'라고 부르면서 오랫동안 실질적으로 보살펴 온 동료 리통(르네 다리René Dary)을 향한 우정이다. 막스는 리통을 사랑할까? 막스는 영화에 등장하는 거의 모든 여자의 현재 애인이나 옛 애인처럼 보인다. 그리고 맞다. 그는 리통을 사랑한다. 막스가 자신을 미행하려 애쓰는 라이벌 패거리보다 뛰어난 수완을 보이며 리통을 그의 안가安家로 — 리통은 그런 게 있다는 것조차 모르는 아파트로 — 데려가는 사랑스러운 장면이 있다. 거기에서 그는 와인을 따르고, 파테와 비스킷으로 야식을 차리며, 새 파자마와 이불, 칫솔을 옷장에서 꺼내 친구에게 건넨다. 가뱅의 얼굴은 속내를 전혀 내비치지 않지만, 우리는 막스가 영화에서 일어나는 그 어떤 일보다 이러한 사소한 집안일을 즐긴다는 것을 안다. 그는 나이트클럽이 지겹고 범죄를 저지르는 데 지친 게 분명하다. 그가 우아한 애인 베티(매릴린 뷔페Marilyn Buferd)를 찾아가 부부처럼 행세하기는 하지만, 이것은 욕정에서 비롯된 행위라기보다는 의식儀式에 가깝다.

봅과 다른 많은 프랑스 갱스터처럼 막스도 몽마르트에 산다. 영화는 몽마르트를 특히나 세세하게 보여 준다. "파리의 어느 곳보다도 믿음이 가는 곳입니다." 베케르 감독이 한 말이다. 그의 영화는 그가 도시

가 돌아가는 방식을 본능적으로 친숙해한다는 것을 보여 준다. 영화는 막스가 똑같은 레스토랑에서 저녁을 먹는 것으로 열리고 닫힌다. 마담 부슈가 좋아하는 갱스터들이 가게에 있을 때에는 레스토랑에 빈 테이블이 많더라도 일반인들은 환대받지 못한다는 점을 강조하는 방식을 주목하라. 막스는 저녁 식사를 끝낼 무렵 젊은 친구의 식대를 대신 치른다. 나중에 마담을 찾아갔을 때 마담에게 돈을 맡기기도 한다. 레스토랑은 그가 거래하는 은행이자 그가 즐기는 클럽이기도 하다.

첫날 밤, 그들은 쇼걸 두 명을 그녀들이 일하는 스트립 클럽으로 데려가려고 레스토랑을 나선다. 쇼걸들은 롤라(도라 돌Dora Doll), 그리고 리통이 애인으로 여기는 조지(스물다섯 살 시절의 잔 모로Jeanne Moreau)다. 우리는 클럽에서 마약상 안젤로(리노 벤추라Lino Ventura)와 별명이 '뚱보'인 클럽 주인 피에로(폴 프랑쾨르Paul Frankeur)를 만난다. 막스와 안젤로는 좋은 관계처럼 보이는데, 잠시 후 분장실의 문을 연 막스는 조지가 안젤로의 품에 안겨 있는 모습을 보게 된다.

스스로 타고난 바람둥이로 여기며 조지를 자기 여자라고 생각하는 리통에게 이것은 특히 나쁜 소식이다. 그런데 베케르가 이 상황을 얼마나 품위 있게 풀어 가는지 주목하라. 막스는 동료에게 여자가 딴 짓을 했다는 말을 전하는 대신에 조지를 포기하라고 충고한다. 댄스 플로어에서 매춘부들을 리드하는 나이 많은 플레이보이들을 가리킨 그는 리통의 눈 밑에 있는 처진 살로 주의를 돌린 다음 일찍 귀가하자고 제안한다. 리통은 한잔만 더 하자고 한다. "안 돼." 막스는 가뱅 특유의 단호하고 차분한 말투로 말한다. 그는 한잔이 그다음에 어떻게 이어질지를 안다. 안젤로와 마시는 샴페인 한 병으로 이어지고, 그다음에는 여자들을 데리고 양파 스프를 먹으러 가야하며, 그다음에는 섹스를 해야 하고…… 지금 자리에서 일어나는 편이 훨씬 더 쉽다.

플롯은 오스카 삼촌(젊은 애인을 데리고 사는 또 다른 빼빼 마른 노인네)을 통해 금괴를 처분하려는 막스의 시도, 그리고 리통을 납치해 장물이 감춰진 곳을 찾아내려는 안젤로의 시도가 경주를 펼치는 식으로 풀려 나간다. 뭔가 수상쩍은 일이 벌어지고 있음을 감지한 막스는 리통에게 경고하고, 이 경고는 그들의 야식으로 이어진다. 두 오랜 친구가 불을 껐을 때, 우리는 이것이 레스토랑과 클럽에서 오간 몇 마디 말과 집으로 오는 길에 미행을 당한 막스가 벌이는 차분한 추격전으로만 이뤄진, 흠잡을 데 없는 줄거리를 가진 40분가량의 오프닝 시퀀스였음을 깨닫는다.

이튿날 벌어진 사건에 대해서는 당신이 직접 확인하도록 여기에서 설명하지는 않겠지만, 막스가 리통이 납치됐음을 알게 되는 비범한 숏이 있는 장면만은 묘사하겠다. 막스는 리통이 납치당한 것이 몸값으로 금괴를 내놓으라는 뜻임을 안다. 그런데 그는 금보다는 동료에게 관심이 많다. 우리는 막스가 아파트 안을 이리저리 서성일 때 머릿속으로 하는 놀라운 독백을 보이스오버로 듣는다. 그는 리통이 얼마나 멍청한지, 20년간 얼마나 큰 골칫거리였는지 말한다. “그놈 대가리에 들어 있는 이빨치고 내가 돈뭉치를 쓰지 않은 이빨은 없어.” 우리는 막스를 이해한다. 무슨 일이건 척척 해치우는 그는 자기 도움 없이는 살아갈 수 없는 리통의 무능력을 소중하게 생각한다. 독백이 끝날 때, 그는 틀에 박힌 갱스터들이 그렇듯 화를 키우는 대신에 샴페인 병을 열고 주크박스를 조작해 쓸쓸한 하모니카 솔로를 틀고는 편한 의자에 앉아 담배에 불을 붙인다. 그는 자신이 보살피는 피조물들의 편안함을 소중하게 생각한다. 그것들을 잃을지도 모를 때에는 더더욱.

자크 베케르는 섬광처럼 등장한 프랑스 감독은 아니었다. 그는 영화의 소재를 직설적으로 다뤘다. 이 영화에는 공들여 연출한 화려한 숏이 하나도 없다. 거의 모든 것이 눈높이로 등장하고, 시점은 존중되며, 스타일은 나서서 설치기보다는 조용히 뒤로 물러선다. 프랑수아 트뤼포François Truffaut 같은 젊은 감독들은 베케르의 솔직함과 소박함을 사랑했다. “그는 나름의 템포를 만들어 냈다.” 베케르가 사망한 후에 트뤼포가 쓴 글이다. “그는 빠른 자동차와 긴 식사를 사랑했다. 그는 실제로는 15분밖에 필요하지 않은 소재로 두 시간짜리 영화를 촬영했다. (…) 그는 용의주도하고 반성적이며 한없이 섬세하다. 그는 평범한 사물들에 대한 세밀한 영화들을 만들기를 좋아했다.” 트뤼포는 <현금에 손대지 마라>의 리뷰에서 이렇게 지적했다. “그는 대사에 필수적인 것만을 남겨 놓는다. 과잉인 부분의 필수적인 부분까지도.” 리통의 이빨에 대한 독백도 분명히 그런 사례다. 우리는 그처럼 하찮은 일에 대해서도 몽땅 듣지만 오를리에서 일어난 강도 사건은 전혀 보지 못했고, 막스도 그 사건에 대해서는 한마디도 않는다. 트뤼포는 이런 결론을 내렸다. “<현금에 손대지 마라>의 진짜 주제는 나이 먹음과 우정이다.”

리통이 막스가 말한 것처럼 그렇게 심각한 상태인지 확인하려고 거울로 눈 밑의 처진 살을 확인하는 장면을 생각해 보라. 꾸벅꾸벅 졸게 될까 봐 겁이 나서 나이트클럽에는 가고 싶지 않다는 막스의 말을 기억하라. 그가 위험한 상태에 처할지도 모를 임무에 뚱보를 끌어들이려고 클럽에 갔을 때, 클럽 주인의 아내는 막스에게 남편을 보살펴 달라고 부탁하며 말한다. “우리 나이가 되면 두 번째 기회란 없어요.”

가뱅은 이 영화를 만들 당시 50대를 바라보고 있었다. 그의 연기에는 허영의 기미가 전혀 없다. 르누아르Jean Renoir의 <위대한 환상La Grande Illusion>에서 탈출한 포로를 연기했고, <망향Pépé le Moko>에서 위풍당당한 범죄자를 연기했던 그는 어른을 연기하려고 성장한 배우다. 베케르는 가뱅을 르누아르의 촬영장에서 만났을 것이다. 1930년대에 베케르는 위대한 감독의 조감독으로 <위대한 환상>과 <게임의 규칙La Règle du Jeu>을 비롯한 많은 작품에 참여했다. 베케르 자신의 작품 중에는 두 편의 영화가 <현금에 손대지 마라>와 동등한 평가를 받는다.

탈옥하려 애쓰는 죄수들을 다룬 <구멍Le Trou>(1960), 그리고 1890년대를 배경으로 한 사랑과 배신의 이야기로 시몬 시뇨레Simone Signoret를 스타로 발돋움시킨 <황금투구Casque d'Or>(1952)가 거기에 해당한다.

프랑스 범죄 영화가 묘사하는 세계는, 프랑스인들이 알아보고는 이름을 붙인 장르인 할리우드 필름 누아르에 대한 그들의 애정이 담긴 유별난 곳이다. 그런데 1950년대의 위대한 프랑스 누아르들은 할리우드의 복사판이 아니었다. 그 영화들에는 프랑스적인 독특한 풍미가 담겨 있었다. 평론가 테런스 래퍼티Terrence Rafferty는 "진짜 사람들이 파테를 먹는" <현금에 손대지 마라>가 "영화를 만드는 감독이나 영화에 등장하는 캐릭터 모두 자신이 미국인이라는 환상의 영향을 전혀 받지 않은, 범죄자 계급을 다룬 아주 드문 프랑스 영화에 속한다"고 썼다. 몇 년 후 벨몽도Jean-Paul Belmondo는 고다르Jean-Luc Godard의 <네 멋대로 해라À Bout de Souffle>(1959)에서 보가트Humphrey Bogart와 교감하려 한다. 그런데 <현금에 손대지 마라>에서 가뱅은 오로지 자기 자신과 교감한다. 그는 독창적이다. 따라서 영감을 구할 필요가 전혀 없다.

홍등

大红灯笼高高挂

감독	장이머우	
주연	공리	
제작	1991년	125분

1991년도 중국 영화 <홍등>은 1964년도 일본 영화 <모래의 여자砂の女>와 비슷하게 성적 노예 상태를 다룬 영화다. 두 영화에서 주인공들은 모두 탈출구가 없는 폐쇄된 시스템으로 들어가고, 그들의 삶은 오래전부터 확립되어 온 '관습'에 지배당한다. 일본 영화에서 여자는 남자를 포획한다. 사막에 있는 구덩이 아래에서 밤을 보내고 일어난 남자는 탈출용 사다리가 없어졌음을 알게 된다. 중국 영화의 주인공은 아버지를 잃은 후 학교를 그만둔 열아홉 살 대학생이다. 계모가 그녀를 부양하기를 꺼리자, 그녀는 부자의 첩(남자의 '네 번째 소실')이 된다는 데 동의한다. 소실 네 명은 떠나는 게 허용되지 않는 저택에서 같이 산다.

두 영화 모두 어느 정도까지 사실적인 영화가 되고자 하는지 말하기란 어렵다. 나는 <모래의 여자>를 — 사람들이 영화에 나오는 사막의 거처에 살았거나 살고 있다는 걸 보여 주는 증거가 존재하지만 — 항상 우화로 읽었다. 장이머우张艺谋 감독의 <홍등>의 배경은 1920년대 중국이다. 첩을 두는 게 흔한 관행이던 시절이지만, 나는 부유한 진 씨 가문이 사는 이 특별한 저택의 상황은 당시에도 특이한 것이었을 거라 짐작한다.

영화의 주인공은 공리巩俐다. 그녀는 장이머우의 더 사실적인 초기작 <국두菊豆>와 <인생活着>에서 주목받는 연기를 했고, <홍등>으로 주도적인 중국인 스타로 발돋움했다. 그녀의 아름다운 미모는 감독이 관능적인 스타일로 촬영한 이 작품의 주제 중 하나다. 영화의 공간적 배경은 돌과 기와로 지은 진 씨네 대저택의 회색빛 담벼락 안으로 국한된다. 대인大人은 가운데 집에서 살고, 소실 네 사람은 가운데 안뜰로 열려 있는 각자의 별채에 거주한다. 때로 비에 젖거나 눈에 덮이는 저택은 성격이 불분명한 배경이지만, 별채 네 곳의 내부는 풍성한 색채로, 주로 두드러진 빨간색으로 장식되어 있기 때문에 이 중 한 곳에 들어가는 것은 시각을 통해 욕정을 불러일으키는 공간에 들어서는 것이다.

저택의 구조를 보여 주는 숏이 많지만, 이상하게도 이 저택의 크기와 배열을 제대로 이해하기란 쉽지 않다. 저택은 우리 시선의 방향을 따라 모든 방향으로 끝없이 확장되는 듯 보인다. 상당히 많은 사건이 벌어지는 옥상은 복도와 계단으로 이뤄진 미로로 구성되어 있다. 옥상에는 여자들이 — 물론 과거에 — 죽은 곳이라고 이야기되는 불길한 작은 집도 있다.

공리가 연기하는 캐릭터인 송련은 저택에 도착하자마자, 대인의 총애를 받으면서 언젠가는 소실이 되겠다는 야심을 품은 하녀 연아(공린孔琳)와 어색한 관계가 된다. 가문의 집사는 송련을 데리고 다니면서 다른 여자들에게 인사시킨다. 첫째 소실(진슈유안金淑媛)은 연배가 가장 높은 내실의 책임자다. 수수하면서도 명랑한 둘째 소실(카오퀴펜曹翠芬)은 얼굴이 보살 같다고 묘사된다. 한때 경극 가수였던 셋째 소실(헤사이페이何賽飛)은 여전히 젊고 아름다우며 질투가 심하다.

많은 일이 가문의 관습에 따라 행해진다. 일들은 항상 그런 식으로 행해져 왔고, 앞으로도 그렇게 행해질 것이다. 하인들은 그러한 관습을 대인보다 더 존중한다. 그 문제에 있어서 대인의 모습은 좀처럼 보이지 않는다. 집안일에 작용하는 그의 의지는 대단히 커서, 그는 모습이 보이지 않을 때에도 그 자리에 있는 것처럼 보인다. 그의 모습을 포착하기가 대단히 어려운 탓에 그가 몇 차례 롱 숏으로, 등 뒤에서 찍은 숏으로, 걸려 있는 베일을 통해 흐릿하게 스크린에 등장하는데도, 어떤 장면에서는 미디엄 숏으로 희미하게나마 그의 얼굴을 볼 수 있음에도, 이 영화에 대한 몇몇 리뷰는 사실상 그는 한 차례도 모습을 보이지 않는다고 썼다. 그러나 그는 특정한 개인으로 규정되지 않는다. 영화의 요지는 그의 가부장적 지배가 대단히 완벽하기 때문에 이 가문에서 그는 일개 개인이라기보다는 공무원처럼 활동한다는 것일 테다.

송련이 도착했을 때, 앞선 소실 세 명은 불편한 평화 속에 살고 있다. 송련은 말썽의 촉매가 된다. 그녀는 대인이 그날 밤에 품을 소실을 간택하면 그 소실의 별채에 홍등이 걸린다는 것을 알게 된다. (밤마다 홍등이 걸릴 곳을 공표하는 의무를 진 남자는 연극의 등장인물이나 된 것처럼 거드름을 피운다.) 간택받은 소실은 발 마사지를 받고, 이튿날 메뉴를 결정할 수 있게 된다. 간택을 받으려는 경쟁은 치열하고, 송련은 결국 음모 속에 음모가 있음을 알게 된다. 심지어는 친구라고 생각했던 사람조차 믿어서는 안 됨을 터득한다.

이 여자들이 각자가 처한 상황과 대인의 의지, 가문의 '관습'에 철저히 굴복하면서 서로를 적으로 만들어 가는 것은 이상해 보인다. 이 작품에는 페미니즘 메시지가 담겨 있을지도 모르는데, 그 메시지는 이야기의 표면에 떠 있는 드라마 밑에 제대로 감춰져 있다. 의도적으로 비좁은 세계에서 시작한 (소동苏童이 지은 소설 『처들과 첩들妻妾成群』을 원작으로 삼은) 장이머우는 관객들이 여성들의 개성에 대해 더 많

고 깊게 알게 만드는 과정을 통해, 그리고 각자의 처지가 비틀리면서 각자의 삶을 규정짓는 방식을 통해 그 세계를 확장한다.

영화는 색채와 여성미를 관능적으로 활용하지만, 전통적인 의미의 섹스는 등장하지 않는다. 누드도 없고 애무도 없다. 접촉도 거의 없다. (믿기 힘들겠지만, 영화는 이런 소재를 PG 등급•을 받을 수 있게끔 다뤄 냈다!) 한두 차례 등장하는 짤막한 베드신은 얇게 비치는 커튼을 통해 희미하게 보인다. 우리는 강간은 폭력적인 범죄이지만 섹스는 그렇지 않음을 안다. <홍등>은 그러한 상황을 그려 낸다. 여성들을 경제적인 포로로 붙들어 둔 남성 지배 사회에서 이 여자들은 각자의 처지에 따라 본질적으로 겁탈을 당하고 있는 거나 다름없기 때문이다. 따라서 영화는 현명하게도 섹스 자체가 아니라 섹스를 규제하고 섹스의 값어치를 매기는 상황에 초점을 맞춘다. 영화는 대인이 소실들을 찾는 것도 쾌락을 위해서가 아니라 소실들을 현재의 처지에 묶어 두고 소실들 각자의 의무를 일깨워 주기 위한 것이라는 분위기도 풍긴다. (물론 소실들의 의무 중 하나는 아들을 낳는 것이다.)

영화는 프롤로그와 다섯 단락으로 나뉘는데, 한 단락을 빼고는 모두 송련의 클로즈업으로 끝난다. 이것은 그녀가 한 경험이고, 우리는 그녀가 소실들 가운데서 자리를 잡으려고 투쟁하는 것을, 그녀를 대상으로 한 음모들을 발견하는 것을, 다른 소실에게 상처를 입히는 것을, 시스템을 규탄하는 것을 본다. 영화가 황량하고 초라하기보다 관능적이고 아름다운 것(영화의 줄거리가 당시의 지저분한 매음굴이 아니라 호사스러운 저택을 배경으로 삼는 것)은 남자들이 "여자들은 정말로 대접을 잘 받고 있다"는 전제에서 여자들을 차별하는 것에 대해 변명하는 잘못을 범하고 있음을 보여 주려는 것이라고 나는 믿는다.

• 아동에게 적합하지 않은 일부 내용이 있으니 아동이 관람할 경우 부모가 동반 관람해서 지도할 필요가 있는 영화에 부여하는 등급. PG는 parental guidance의 약자다.

나는 급진적인 페미니스트는 아니다. 내가 들어 온 것처럼 모든 섹스는 강간이며 모든 남성은 강간범이라고 믿지는 않는다. 내가 <모래의 여자>를 언급한 것은 그 영화가 흥미로운 반증을 제공하기 때문이다. 그 영화에서 남자가 덫에 걸리는 것은 여자와 그녀가 속한 경제 시스템을 유지해 나가는 데 남자의 노동력이 필요하기 때문이다. 부유한 남자와 가난한 여자를 다루는 두 영화 모두에서 돈은 지배력을 암시한다.

장이머우는 문화 혁명 이후에 작품 활동을 시작해 모택동주의의 절정기에 허용된 것보다 더 개방적이고 예술적인 방식으로 중국 사회를 다룬 중국 5세대 감독의 일원이다. 5세대 감독들의 작품 모두가 중국 내에서 대규모로 개봉해도 좋다는 중국 당국의 허락을 받지는 못했지만, 그 작품들은 해외에서 관객들을 찾아내며 소중한 외화 수입원이 됐다. <홍등>은 베니스영화제에서 은사자상을 공동 수상했고, 오스카상 후보에 지명됐다. 그의 후속작으로 역시 공리가 출연한 <인생>(1994)은 강박적인 도박꾼이 모든 것을 잃은 후 전시戰時에 멋지게 컴백하는 이야기다. 공리는 <귀주 이야기秋菊打官司>, <국두>, <인생>과 <홍등>을 장이머우와 작업했고, <패왕별희霸王別姬>(1993)에서 다른 5세대 감독인 첸카이거陈凯歌와 작업했다. 그토록 짧은 기간에 이 정도의 예술적 성취를 일궈 낸 여배우는 몇 안 된다.

이 감독들과 배우들이 이후로 그 시절에 필적할 정도로 창조력을 분출시키지 못했다면, 그건 아마도 그들이 중국 예술이 개방되기 전에 경험했던 기나긴 좌절에서 영감을 받아 이 영화들을 만들었기 때문일 것이다. <홍등>은 엄청난 자신감을 갖고, 타협했다는 증거는 조금도 내비치지 않으면서 대단히 직설적이고 아름답게 이야기를 들려준다. 이 작품은 새로운 중국 영화 산업이 이런 작업을 지원해 줄 수는 있었으면서도 작업에 참견하는 법은 아직 배우지 못했던 시대의 산물이다.

희생자

Victim

감독	바실 디어든	
주연	더크 보가드, 실비아 심스, 데니스 프라이스	
제작	1961년	96분

요즘의 평론가들은 <희생자>가 동성애를 소극적으로 다룬다고 생각하지만, 1961년의 영국이라는 맥락에서 봤을 때 이 영화는 용감한 영화다. 이 영화를 만드는 데 얼마나 많은 용기가 필요했는지는 '동성애'라는 용어가 등장했다는 이유로 이 영화의 미국 상영이 애초에 금지됐었다는 사실에서 알 수 있다. 동성애자가 되는 것은 미국과 영국에서 범죄 행위였다. 그래서 영화는 펼치고자 하는 주장을 펴기 위해 필름 누아르와 스릴러의 장치들을 활용하며 동성애를 금지하는 법률들을 "공갈범을 위한 면허장"이라고 부른다. 실제로 영국에서 벌어진 협박 사건의 희생자 중 90퍼센트가 동성애자였다.

이 영화가 만들어질 당시 동성애를 옹호하는 건 박스 오피스에서 인기 있는 주제가 아니었다. 바실 디어든Basil Dearden, 1911~1971 감독은 영화를 스릴러이자 수사물로 만드는 것으로 영화의 매력을 확장하려고 노력했다. 스크린에 섹스는 (아니, 그와 비슷한 것조차) 등장하지 않는다. 주인공은 선천적으로 동성애자이지만, 그가 동성 섹스를 경험했는지는 의심스럽다. 플롯은 부유하고 명망 있는 동성애자들에게서 정기적으로 돈을 뜯어내는 정체 모를 공갈범들과, 그들에게 맞서겠다는 유명 변호사의 결심에 따라 전개된다.

멜빌 파라는 이름의 이 변호사는 40세라는 젊은 나이에 여왕의 고문이 될 기회를 막 얻은 참이다. 언론이 그를 게이라고 판단할 경우, 그는 그 자리에 임명되는 기회를, 경력을, 결혼 생활을 잃게 될 것이다. 그럼에도 그는 법이 불공정함을 보여 주기 위해 누군가는 공갈범들에 맞서야 한다고 생각한다. 그가 희생자들의 네트워크를 통해 공갈범들을 추적하는 동안에 영화는 그의 뒤를 따라 당시의 런던(법정, 경찰서, 펍, 클럽, 이발소, 헌책방, 카페, 응접실, 자동차 대리점)을 돌아다니면서, 타고난 본성을 비밀로 감춰야 하는 현실 때문에 헤아릴 수 없이 많은 방식으로 일상에 영향을 받는 런던 시민이 얼마나 많은지를 보여 준다.

더크 보가드Dirk Bogard는 파를 강인함과 과묵함을 드러내는 침착하고 솜씨 좋은 변호사로 연기했다. 그가 영화에서 목소리를 높이는 건 두세 번뿐이지만, 우리는 그의 내면에 흐르는 분노의 조류를 감지할 수 있다. 그는 동성애가 처벌받는 건 잘못된 일임을, 게이들이 협박을 받았다고 항의하며 경찰서에 갈 수 없는 건 잘못된 일임을, 위선이 창궐하는 건 잘못된 일임을 깨닫는다. 영화에는 그가 자신을 모욕한 사람을 갑작스레 구타하는 순간이 있다. 그 장면은 그의 부드러운 성격 밑에 상처와 분노, 자기 신념을 끝까지 행동에 옮기겠다는 굳은 결심이 자리하고 있다는 사실을 드러낸다.

그가 약간 관련되어 있는 영화의 오프닝 시퀀스에서, 우리는 잭 배럿(피터 매키너리Peter McEnery)이라는 젊은이가 경찰을 피해 도망가는 경로를 따라간다. 우리는 그가 게이라는 것을 금세 알게 될 뿐 아니라 횡령죄로 수배 중이라는 것도 서서히 알게 된다. 빈털터리 신세라서 런던을 벗어나기 위한 도주 자금이 간절히 필요한 그는 파에게 전화를 걸었다 거절당한 후 헌책방 주인(노먼 버드Norman Bird)과 자동차 딜러에게도 외면당한다. 그의 절박함은 많은 캐릭터가 노닥거리는 술집에서 자세히 드러난다. 이 술집 손님 중에는 이상한 한 쌍도 있다. 쥐처럼 생긴 왜소한 남자와, 앞을 보지는 못하지만 가십들은 모조리 다 듣는 덩치 큰 동료다.

배럿이 체포당하면서 파에 대한 기사들을 모아 놓은 스크랩북이 들통 난다. 그런 사람이 정말 있을까 싶을 정도로 영리하고 품위 있는 해리스 경위(존 배리John Barrie) 입장에서, 이것은 한눈에 파악이 가능한 사건이다. 배럿은 돈이 없고 누추하게 살아가며, 고용인의 돈 수천 파운드를 훔쳤고 게이처럼 보이는데, 그래서 공갈의 희생자다. 그는 파에게 전화를 걸지만, 파는 도움 주기를 거절한다. 그런데 청년이 감방에서 목을 맸다는 이야기를 해리스에게 들은 파는 심한 충격을 받는다. 그럴 만한 좋은 이유가 있다. 그는 배럿을 사랑했었다.

남편의 분위기를 금세 간파한 아내 로라(실비아 심스Sylvia Syms)는 결국 남편과 배럿 사이의 우정을 알게 된다. 결혼할 당시, 그녀는 남편이 케임브리지의 동창생에게 매료된 적이 있다는 것을 알았지만, 그것은 '과거지사'였다. 그는 배럿과 섹스를 한 적이 결코 없다고, 둘 사이의 감정이 너무 강해지고 있다는 걸 감지하면서 청년과 만나기를 멈췄다고 아내에게 말한다. 그러나 그녀의 입장에서 이것은 육체적 접촉만큼 심각한 배신이다. 그가 아내를 향해 느끼는 감정과 배럿을 향해 느끼는 감정은 다른데, 후자의 감정이 더 강하다는 분위기를 풍기기 때문이다.

영화는 범죄 스릴러와 캐릭터 연구의 두 가지 층위에서 전개된다. 이러한 이중적 속성은 영화가 오락물인 동시에 메시지 영화로서 효력을 발휘하게 만든다. 영리한 시나리오가 에둘러 표현하는 요소가 많다. 시나리오는 파와 그의 부인이 함께 있는 장면들에서 행동 동기들을 감추

고, 관객의 의혹을 잘못된 방향으로 이끌며, 우리의 예상을 속이고, 진실과 위엄을 발견한다. 작위적인 해방감을 제공하기보다는 쓸쓸한 리얼리즘의 분위기로 끝나는 위력적인 마지막 장면은 얼마나 탁월한가.

재닛 그린Janet Green과 존 매코믹John McCormick이 시나리오를 쓴 영화는 대사로 이뤄진 일련의 장면을 통해 주로 전개되며, 등장인물들의 삶을 그대로 살아 내는 일군의 성격파 배우 덕에 풍성해졌다. 최고의 배우는 헌책방 주인 역의 노먼 버드로, 그는 배럿을 외면하지만 그를 향한 (그리고 나중에 밝혀지듯 파를 향한) 감정은 보기보다는 훨씬 더 복잡하다. 책방 주인은 나름의 조사에 착수한 파가 방문하는 인물 중 한 명이다. 배럿의 이성애자 친구에게서 얻은 몇몇 이름을 갖고 조사에 나선 그는, 협박에 대한 대가를 언제 어떻게 지불하는지 말해 줄 사람을 찾아내려 애쓴다. 거의 모든 희생자가 사실을 털어놓는 걸 두려워한다. 나이 먹은 이발사 헨리(찰스 로이드 팩Charles Lloyd Pack)는 천성 때문에 교도소에 두 번이나 갔다 왔는데 다시 그곳에 가고 싶은 생각은 없다고 격한 목소리로 파에게 말한다.

촬영은 이러한 행위들을 살아 숨 쉬는 런던 안에 다채롭게 배치한다. 영화의 화면은 캐릭터들이 살아가고 말하는 방식에 대한 느낌을 담아낸다. 폴린 케일Pauline Kael이 보기에, 영국식 대사 발성 매너리즘 덕에 일부 캐릭터들은 감정을 드러내지 않는 보가드보다 더욱 더 게이처럼 보였다. 정말로 우리는 누가 사냥꾼이고 누가 사냥감인지를 가늠할 수가 없다. 예를 들어 사건을 맡은 경찰 중 한 명이 게이일지도 모른다는 걸 암시하는 서브플롯이 있다.

더크 보가드1921~1999의 경력에서 그가 <희생자>에서 연기한 역할은 중요한 분기점이었다. 그는 1950년대에 판에 박힌 액션과 로맨틱한 역할들을 연기하는, 심지어는 《닥터Doctor》 코미디 시리즈 세 편(<집안의 의사Doctor in the House>, <바다의 의사Doctor at Sea>, <도망 중

인 의사Doctor at Large>)에 출연하기까지 한 인기 좋은 주연 배우였다. 1961년에 동성애자를 연기하는 것은 그러한 주류 역할을 끝장낼 거라고, 미국 감독들이 그에게 관심을 갖고 있던 시기에 할리우드가 그를 고용하지 못하게 만들 거라고 그의 에이전트는 그에게 경고했다.

하지만 어쨌든 그는 멜빌 파가 그랬던 것처럼 일을 밀고 나갔고, 정말로 다시는 전통적인 남자 주인공 역할로 출연하지 못했다. 그런데 기이하게도 이 상황은 그가 걸출한 성공을 거두게 해 주는 열쇠로 탈바꿈했다. 전통적인 주인공으로 머물렀다면 실패로 이어졌을지도 모르는 시기에, 그런 틀에서 자유롭게 풀려난 그는 거듭해서 도전적인 영화들을 작업할 수 있었다. <하인The Servant>, <왕과 나라King and Country>, <달링Darling>, <사고Accident>, <중개인The Fixer>, 비스콘티Luchino Visconti의 <망령들The Damned>과 <베니스에서의 죽음Death in Venice>, 레네Alain Resnais의 <프로비던스Providence>, 파스빈더Rainer Werner Fassbinder의 <절망: 양지로의 여행Despair> 등이 그 예다.

보가드는 동성애자였지만 그 사실을 결코 공개하지 않았다. 그는 파트너였던 토니 포우드Tony Forwood의 삶과 죽음에 대한 감동적인 회고록을 집필하면서도, 자신들의 관계를 연인 관계가 아닌 배우와 매니저 관계로 묘사했다. 그가 일부 게이 작가들과 활동가들에게서 비난을 받은 문제에 대해서는 이렇게 생각해 보자. 그는 배우 경력에 자살 행위나 다름없어 보이는 <희생자> 출연을 승낙하는 것으로 그가 연기한 캐릭터인 멜빌 파가 했던 것과 동일한 결정(옳은 일을 하고 그에 따른 결과를 받아들인다)을 한 것은 아닐까? 결과적으로 그는 그 역할과 다른 많은 역할(가장 두드러진 것은 <베니스에서의 죽음>의 나이 먹은 동성애자 역할)을 연기하며 커밍아웃을 하지 않았나? 그가 사생활에서 어떤 존재였고 무슨 일을 했건, 그건 남들이 신경 쓸 바는 아니지 않을까? <희생자>가 주장하는 바는 이 모든 질문에 대한 대답은 '그렇다'라는 것이다.

그가 비스콘티 영화를 찍고 있던 베니스에서 어느 여름날 오후에 그를 만난 적이 있다. 우리는 지우데카 운하를 굽어보는 궁전의 정원에서 차를 마셨는데, 그는 수풀 뒤에 숨어 있는 검정 옷을 입은 노년의 숙녀를 즐거운 표정으로 가리켰다. "저분은 나한테 이곳을 빌려준 백작 부인입니다. 그런데 저분은 자기가 이사해 나가지 않았다는 걸 내가 모르고 있다고 생각해요." 그는 과묵하면서도 생기 넘치는 내성적인 사람이었다. 언론을 즐겁게 해 주려고 사적인 사실들을 폭로하는, 당신이 상상할 수 있는 그런 사람이 아니었다. 그렇다. 오늘날에는 상황이 다르다. 그런데 보가드는 1921년생이었고, 영국에서 동성애는 1967년에야 합법화됐다. 그는 배우 경력에 엄청난 변화를 불러올 중요한 역할을 떠맡는 대단히 큰 위험을 감수했다. 그리고 어찌 됐건, 그는 우리가 알아야 할 권리가 있다고 생각하는 그에 관한 모든 정보를 작업을 통해 우리에게 말해 주지 않았던가?

007 골드핑거

Goldfinger

감독	가이 해밀턴	
주연	숀 코너리	
제작	1964년	111분

세상의 모든 남자가 제임스 본드처럼 되고 싶어 하지는 않는다. 그런데 모든 소년은 그처럼 되고 싶어 한다. 본드는 모험과 그에 이어지는 또 다른 모험을 하면서 세상을 구하고, 이상야릇한 악당들을 꺾으며, 멋들어진 장비들을 갖고 놀고, 굉장히 섹시한 여성들을 유혹하거나 그런 여성들에게 유혹을 당한다(마지막 특징은 12세 이하의 소년들에게는 덜 매력적이다). 그는 영웅이지만 고리타분한 사람은 아니다. 죽음이 확실한 상황에서도 불안해하는 대신 운이 따를지도 모른다는 가능성에 초점을 맞춰 기운을 낼 수 있는 사람이다. 그는 육체적인 안락을 제공하는 것에, 윗사람을 골치 아프게 만드는 일에, 모든 물질적인 것을 향해 보여 주는 세련된 태도에, 적지에 낙하산을 타고 들어간 지 5분 만에 턱시도를 입고 나타날 수 있는 능력에 집착한다. 영화 속 스파이들의 세계에서, 007은 원스톱 쇼핑으로 풀 서비스를 베푼다.

제임스 본드는 20세기 영화 주인공 중에서 가장 내구성이 좋은 주인공이고, 21세기에도 오랫동안 버텨 나갈 것 같은 주인공이다. 셜록 홈스도 불멸의 존재이고, 타잔도 다시 등장시키기에 훌륭한 주인공일 테지만 말이다(≪스타워즈Star Wars≫와 ≪스타트렉Star Trek≫ 시리즈는 단일 주인공을 등장시키지 않는다는 점에서, 또는 다루는 시간대가 연속적이지 않다는 점에서 실격이다).

시리즈로 다뤄지는 주인공 중에서 본드가 장수하는 이유 중 하나는 품질 관리가 잘됐기 때문이다. 거의 모든 본드 영화의 제작진은 동일한 반면, 타잔은 품질의 편차가 무척 심한 영화들의 주인공이다. 홈스가 햄릿보다 더 심한 수정주의적 해석을 불러일으키는 반면, 본드는 시종일관 본드의 모습을 보여 준다. <007 살인번호Dr. No>가 이언 플레밍Ian Fleming이 만들어 낸 스파이를 스크린으로 불러온 1962년 이래로, 그는 변치 않고 동일한 캐릭터로 남았다. 데이비드 나이번David Niven이 주연을 맡은 이단적인 영화 <카지노 로열Casino Royale>의 괴팍한 007 같은 사이비 본드나, '우리 요원 플린트Our Man Flint'나 매트 헬름Matt Helm, 오스틴 파워스Austin Powers 같은 패러디 본드조차도 플레밍이 창조한 전설의 보편적인 아웃라인을 추종할 뿐이다. 본드는 대단히 설득력 있는 원형原型이라, 그를 수정하는 것은 신성 모독에 해당한다.

모든 본드 시리즈 중에서도 최고작은 <007 골드핑거>로, 이 영화는 시리즈를 대표하는 작품으로 우뚝 선다. 이 영화를 위대한 영화라고 볼 수는 없다 하더라도 최소한 위대한 오락 영화라고 할 수는 있다. 그리고 거듭해서 먹히는 본드 법칙의 요소를 모두 담고 있는 작품이다. 앞서 나온 두 편의 수수한 본드 영화들과 뒤에 나온 엄청난 제작비를 투입한 초호화 쇼 사이의 연결 고리라는 점에서도 흥미로운 영화다. 이 영화가 나온 후, 프로듀서 앨버트 '커비' 브로콜리Albert "Cubby" Broccoli와 해리 솔츠먼Harry Saltzman은 007이 롱런하기에 충분한 캐릭터라는 걸 확신할 수 있었다.

러닝 타임이 111분으로 <007 살인번호>와 같은 <007 골드핑거>는 제임스 본드 시리즈 중에서 가장 짧은 영화이지만, 그중 어떤 작품보다도 오래 남을 이미지들을 담고 있다. 황금 페인트로 코팅되어 살해당한 젊은 여자, 쇠로 된 챙이 달린 중산모를 쓴 말 없는 한국인 자객 오드잡(해럴드 사카타Harold Sakata), 치명적인 비밀 장비들과 탈출용 좌석이 잔뜩 장착된 애스턴 마틴, 퍼시 갤로어(오너 블랙맨Honor Blackman)와 벌이는 본드의 섹시한 가라테 대련, 악당 골드핑거와 그의 금박 입힌 롤스로이스, 그리고 물론, 본드가 시리즈 주인공으로 계속 등장하는 데 가장 필요한 부위인 본드의 아랫도리에 겨냥된 레이저 빔.

브로콜리와 솔츠먼은 <007 골드핑거>를 만드는 과정에서 가장 내구성 좋은 법칙을 찾아냈다. 첫 두 영화에서 모습을 드러냈던 시리즈의 윤곽이 이 작품에서 완성된다. 먼저 본드를 바람둥이로 규정하면서 그를 스턴트 시퀀스나 눈부신 죽음과 관련짓는 타이틀 시퀀스, 그런 다음 영국 정보부의 우두머리인 M의 호출과 지구 정복에 집착하는 악당들에 대한 브리핑, 그리고 머니페니와 시시덕거리기, 본드가 맡을 다음 사건을 위해 특별히 발명된 새로운 장비들을 소개하는 Q의 시범, 그런 후 악당과 그의 흉악하고 이상야릇한 하수인과 여성 조력자·공범·애인의 소개, 악당의 사악한 계획의 본질을 알아내는 본드, 생포된 본드의 확실시되는 죽음, 악당의 여자를 유혹하는 본드. 항상 이런 과정을 통해 본드가 최후의 보상(직전의 정복을 통해 얻은 관능적인 과실)을 즐기려는 참인 마지막 장면으로 이어진다.

"즐기려는 참." 가장 중요한 문구다. 본드 영화에는 노골적인 섹스 신이 없다. 섹스의 서막과 에필로그만 있을 뿐이다. 평론가 스티브 로즈Steve Rhodes는 "본드의 섹스는 특별한 영화 스타일이다"라고 밝혔다. "짧지만 강렬한 키스를 보여 주고, 뒤이어 벌어지는 본 경기는 건너뛴 다음, 섹스 후의 모습을 보여 주는 것으로 구성된다. 사랑스러운 말

장난과 섹슈얼한 빈정거림으로 섹스를 했다는 힌트만 줄 뿐, 섹스가 노골적으로 등장하는 일은 결코 없다.” <007 살인번호>에서 우르줄라 안드레스Ursula Andress가 바다에서 비너스처럼 등장한 것부터 시작해서 모든 본드 영화는 미녀를 등장시킨다. 이 미녀들은 전통이 된 홍보 활동이 벌어지는 동안, 영화가 아니라 시사회 직전에 가판에 깔리는 『플레이보이Playboy』 최신호에서 누드를 드러낸다.

<007 골드핑거>에는 내가 쓴 『소형 영화 용어집Little Movie Glossary』에도 실린 ‘떠버리 살인자 증후군Talking Killer Syndrome’의 전형적인 사례가 들어 있다. 오릭 골드핑거(거트 프로브Gert Frobe)는 본드를 생포해 본드의 명줄을 좌우할 수 있게 된다. 사실 그가 해야 하는 일이라고는 입을 꽉 다문 채 레이저가 본드를 반 토막 내게 놔두는 게 전부였다. 그런데 잽싸게 머리를 굴린 본드는 그렇게 하지 말라고 설득하고, 풀려난 후에는 골드핑거의 포로가 된다. 본드 시리즈의 다른 많은 악당처럼 골드핑거는 욕구 불만인 파티 주최자 노릇을 하는 것처럼 보인다. 그는 가장 공들여 만든 비밀을 은밀한 곳에 감추고는 그 비밀을 온 세상에 자랑하지 못해 짜증이 난 게 분명하다. 그래서 골드핑거는 켄터키에 있는 종마 농장으로 본드를 데려가는데, 여기서 본드는 중국인들과 골드핑거가 짜낸 포트 녹스 습격 계획을 엿듣는다. 이 계획이 성공하면 황금왕 골드핑거는 세상에서 가장 막강한 인간이 되고, 공산주의자들은 세계의 혼란에서 수혜를 누리게 된다. 나중에 골드핑거는 유쾌한 수다를 떨면서 멍청하게도 “몇 톤에 달하는 황금을 어떻게 옮길 수 있느냐” 같은 본드의 나머지 질문들에 답을 해 준다.

영화의 이러한 전개는 근본적으로 불합리성에 바탕을 두고 있다. 골드핑거는 미국 마피아 패밀리의 우두머리 전원을 켄터키 농장에 소집한다. 그가 버튼을 누르면 영화 역사상 가장 공들여 만든 프레젠테이션이 펼쳐진다. 천장에서 스크린들이 내려온다. 포트 녹스를 촬영한

필름이 소개된다. 마룻바닥이 열리면서, 포트 녹스를 축소한 엄청난 규모의 모형이 (본드가 그 안에 숨어 있는) 유압 승강기를 타고 마루 위로 올라온다. 골드핑거는 마피아들에게 자신이 실행하려는 계획을 설명하고, 본드는 그 설명을 듣는다. 그러고 나면 셔터들이 내려지고, 방 안에 갇힌 마피아들은 곧바로 독가스로 살해당한다. 내가 갖는 의문은 이것이다. 프레젠테이션을 한 후에 모조리 해치울 생각이라면 돈 많이 드는 프레젠테이션을 보여 주는 수고는 왜 하는 것일까? 내가 생각해낸 최상의 추론은 이렇다. 골드핑거의 부하들이 이 프레젠테이션을 준비하느라 몇 주 동안 사방을 들쑤시고 다녔기 때문에, 골드핑거는 이것을 누군가에게 보여 주고 싶었기 때문이다.

초기작들에서 본드를 연기한 배우는 물론 숀 코너리Sean Connery다. 그는 그에게서 역할을 넘겨받은 배우들(조지 라젠비George Lazenby, 로저 무어Roger Moore, 티모시 달튼Timothy Dalton, 피어스 브로스넌Pierce Brosnan)을 케케묵은 존재들로 만들어 버렸다. 그와 동시에 그 자신의 영화 경력도 샛길을 달려야 했다. 한동안 코너리를 본드 아닌 다른 존재로 생각할 수 있는 사람은 없었다. 그는 1967년작 <007 두 번 산다You Only Live Twice> 이후 시리즈를 떠났다가, 라젠비를 투입해서 시리즈가 대실패를 경험한 후에 <007 다이아몬드는 영원히Diamonds Are Forever>(1971)로 다시 돌아왔고, 마지막으로 <007 네버 세이 네버 어게인Never Say Never Again>에 출연했다(그가 이 작품에 대한 권리를 소유하고 있었기 때문이다). 다른 본드들도 잘못된 선택은 아니었다(심지어 라젠비조차 팬을 거느리고 있다). 그러나 그들은 코너리가 아니었고, 그 사실이야말로 그들이 짊어져야 하는 십자가였다.

코너리는 이 역할에 필수적인 '호감 가는 자신감'을 풍기고, 중의적으로 해석되는 말을 무표정하게 던지는 재능도 있다. 또한 그는 — 아마도 달튼을 제외한 — 어느 누구도 갖지 못한 것을 내보일 수 있었다. 강철 같은 터프함 말이다. 그가 눈을 가늘게 뜨고 몸에 힘을 주면, 당신은 장난질은 끝났고 유혈이 낭자한 사태가 벌어질 참이라는 것을 알게 된다.

플레밍의 제임스 본드 소설이 미국에서 인기를 얻은 것은 케네디 대통령이 재미삼아 읽는 책이라는 게 알려지고 난 후부터였다. 정말이지, 우리는 JFK에 대해 많은 걸 알게 될수록 그가 얼마나 본드와 닮았는지, 또는 역逆의 관계는 어떻게 성립하는지를 더 잘 알게 된다. '유행의 첨단을 걷는 런던Swinging London'이 대중문화를 압도했을 때 (<007 골드핑거>에서 본드가 당시만 해도 신인이던 비틀스의 노래를 귀마개를 끼고 들으라고 추천하는, 그로서는 드물게도 대중의 취향과는 동떨어진 취향을 보여 주기는 하지만) 본드 시리즈는 완벽한 입지를 다졌다. 그런데 본드는 유행의 첨단을 걷는 런던의 시대가 지나간 후에도 계속 그 위치를 지키고 있다.

영화 스틸 아카이브를 위한 투쟁

메리 콜리스 Mary Corliss

“나는 과거에서 살고 있다.” 나는 『위대한 영화』 1권에 쓴 에세이를 이 문장으로 시작했었다. 당시 나는 내 직업을 뉴욕현대미술관Museum of Modern Art, MoMA의 영화 스틸 아카이브Film Stills Archive에서 일하는 보조 큐레이터로 소개했었다. 나는 1968년 이후로 그곳에서 미술관이 소장한 영화 사진 컬렉션을 정리하고 확장하는 일을 해 왔다. 영화들의 황홀한 비주얼 스타일과 배우들의 덧없는 아름다움에 대한 이 얼어붙은 증거들은 수세대가 지난 증거들일 수도 있었지만, 내가 그것들을 올바로 인식하고 감상하는 법을 배운 곳이 바로 이 스틸 아카이브였다. 동료 테리 기스켄Terry Geesken과 나는 종이에 현상된 스틸들의 품질을 그대로 보존하고 다가올 수세대 동안 그 상태를 그대로 유지해 나가게끔 노력하면서, 그 이미지들을 보살피고 대중이 그것들을 활용할 수 있도록 하는 작업에 보람을 느꼈다. 스틸 아카이브에서 일하는 것은 정보를 풍성하게 담고 있는 노스탤지어를 방문하라는 공공연한 권유를 받는 것이었다.

최근에 — 3년 전부터 — 나는 강한 향수를 느낀다. 내 직업에 대한 사랑을 목청껏 선언하는 글을 썼을 때, 나는 조만간 그 직업을 잃게 될 거라는 사실을 몰랐었다. 더 심하게는 영화 스틸 아카이브가 2002년 1월 11일에 아무런 사전 예고도 없이 폐쇄될 거라는 사실도 몰랐었다. 영화 스틸에 관한 한 세상에서 가장 포괄적인 수집물인 그 아카이브에 그 스틸들을 활용하는 연구자, 작가, 학자 들뿐 아니라 그 스틸들에 영양분을 공급하는 일을 직업으로 삼은 사람들도 접근하지 못하게 된 것이다. 아카이브는 내가 이 글을 쓰는 2004년 1월에도 싸늘한 창고에 폐쇄된 채 남아 있다.

뉴욕현대미술관의 스틸 아카이브에 접근할 수 없게 된 상황은 몇 가지 현실적인 결과를 낳았다. 하나는 사람들이 세상을 떠난 영화인들을 담은 사진을 구하기 위해 다른 곳으로 가야 한다는 것이다. 말론 브란도Marlon Brando, 캐서린 헵번Katharine Hepburn, 그레고리 펙Gregory Peck, 척 존스Chuck Jones, 일리어 커잰Elia Kazan을 비롯한 많은 유명인사가 타계했다는 소식을 듣고 내가 느끼는 슬픔은, 그들의 경력을 담은 찬란하면서도 활용 의도에 꼭 들어맞는 시각 자료들이 뉴욕현대미술관 저장실에 갇혀 있음을 잘 아는 내 지식 때문에 더욱 깊어졌다.

아카이브 폐쇄에 따른 또 다른 결과는 이 책에 필요한 사진을 다른 곳에서 구해야 했다는 것이다. 다행히도 뉴욕에는 카를로스 클래런스Carlos Clarens와 하워드 만델바움Howard Mandelbaum이 1982년에 창립한 '포토페스트Photofest'라는 경이로운 사진 서비스가 있다. 동생 론Ron과 함께 회사를 운영하는 하워드는 뛰어난 기록 보관인일뿐 아니라 관대하고 활달한 사람이기도 하다. 고맙게도 그는 내가 로저의 꼼꼼한 산문에 첨부할 스틸을 고르는 과정에서 포토페스트의 방대한 컬렉션을 마음껏 활용할 수 있게 해 줬다.

로저가 얻은 명성은 신작 영화들을 비평하는 비평가로서 얻은 것일지도 모른다. 그러나 나는 세상이 그를 시대를 불문하는 위대하고 도전적이며 매력적인 영화들을 칼럼을 통해, 영화제에서 행하는 프레임 단위 분석을 통해, 그가 개최하는 오버룩트영화제에서 잊혔거나 시야에서 벗어난 곳에 파묻혀 있는 보물들을 재발견하는 작업을 통해, 그리고 이러한 책들을 통해 전파하고 교육한 인물로 오랫동안 기억할 거라고 믿는다. 그는 관객들의 시야를 넓혔고, 그들의 영화 감식력의 조리개를 확장시켰으며, 많은 나라에서 만들어진 걸출한 작품들을 소개했다. 그가 아니었다면 관객들은 그런 작품들을 조심스러운 태도로 혁신적인 작품이라고만 여기고 말았을지도 모른다. 그는 위대한 영화들을 홍보하는 방법으로 그 작품들이 관객들의 뇌리에 깊이 뿌리 내리게 만들었고, 더 도발적인 작품들을 출시하라며 비디오와 DVD 회사들을 부추겼다. 진보는 진보를 낳는다. 학생은 선생님이 된다. 오늘 구로사와黑澤明나 르누아르Jean Renoir 영화에서 영감을 받는 젊은이가 내일의 로저 에버트가 될 수도 있다.

내가 지금도 뉴욕현대미술관 아카이브에서 일하며 로저가 선택한 영화들에 꼭 들어맞는 사진들을 찾아다니고 있다면 얼마나 좋을까. 그런데 포토페스트가 이 책의 제작에 관여하게 된 데에는 긍정적이고 적절한 측면도 있다. 영화가 모든 예술 장르 중에서도 열성적인 아마추어들의 큐레이터 정신에서 가장 큰 수혜를 입는 예술 장르이기 때문이다. '아마추어'라는 단어의 어원인 프랑스어에 담긴 의미에 따르면, 영화계의 아마추어들은 영화 전문가가 된 영화 애호가들이다.

문학, 미술사, 고고학 분야의 발견들은 전문가들과 공인된 학자들에 의해 이뤄지는 게 전형적이다. 하지만 영화 고고학자들은 그들과는 다른 계통에 속한다. 그들은 우리처럼 스타를 동경하는 팬들로 경력을 시작하는 경우가 많다. 그들 중에는 학위가 없는 사람도 있고, 심지어는 영화 강좌를 들어본 적이 없는 사람도 있다. 그 대신 그들은 심야 상영과 영화 잡지라는 공인되지 않은 대학에서 독학했다. 도서관의 서가, 친척집 다락방의 모퉁이에 쌓여 있는 먼지를 털어 냈다. 차고 세일은 그들의 실습 현장이다. 이 전문 분야의 학자는 어렸을 때부터 수집하려는 충동, 전후 맥락을 맞춰 보는 지능, 팬으로서 가진 심미안을 영웅적 임무로 탈바꿈하는 헌신이라는 축복을 받았다. 그 임무는 어떤 수단을 써서라도 필요한 영화를, 영화 스틸을, 영화 포스터를 보존하고, 그것들을 세계와 공유하는 것이다. 그들은 영화의 유산을 구해 내는 구조대원이며 구원자다.

옛날 영화들을 만들고 보유한 스튜디오들이 그것들을 보존해야 한다는 윤리적인 책임감을 인식했다면, 세상은 이런 학자들을 간절히 필요로 하지는 않았을 것이다. 그런데 할리우드는 자신들이 만들어 낸 작품들을 보존하는 데 프록터 앤드 갬블Procter & Gamble•이 한물간 프링글스 깡통들을 보존하는 데 쏟는 정도만큼의 관심도 기울이지 않는다. 보유한 영화들과 값을 매길 수도 없는 유물들을 보존하는 수고를 하려는 스튜디오는 정말 드물다. 귀중한 자료들이 안전하게 지켜지는 경우는 그것들이 충분한 관심을 받지 못했기 때문인 경우가 잦다. 1977년에 카를로스와 나는 할리우드 아트 디렉터 작품들의 뉴욕현대미술관 전시회를 준비하려고 로스앤젤레스에 갔었다. <바람과 함께 사라지다Gone With the Wind>와 <레베카Rebecca>의 스케치들을 찾아 데이비드 O. 셀즈닉David O. Selznick 컬렉션에 들어간 우리는 창고 바닥에 어질러져 있을 게 아니라 박물관 벽에 걸려 있어야 마땅한 작품들이 사방에 흩어져 있음을 알게 됐다.

• 미국의 소비재 회사로, 비누, 샴푸, 기저귀 등을 제조하고 판매한다. P&G라고도 부른다.

스튜디오 임원들이 본인들이 채굴한 보석들의 가치를 깨닫지 못할지라도 컬렉터들은 깨닫는다. 이 놀랄 만한 매체에 대한 우리의 이해는 윌리엄 K. 에버슨William K. Everson과 케빈 브라운로Kevin Brownlow, 데이비드 셰퍼드David Shepard와 존 코발John Kobal, 카를로스와 하워드와 론 같은 사람들이 아니었다면 훨씬 편협해졌을 것이다. 그들은 영화 산업의 양심이자 기억이다.

그들은 이따금은 영화의 역사를 구해 내려고 쓰레기통을 뒤지는 게릴라 전법을 택해야 했다. 1960년대에 파라마운트 픽처스 뉴욕 지사의 누군가가 스튜디오의 영화 스틸 소장품을 내다 버리라는 지시를 내렸다. 다행히도 젊은 캐나다인 존 코발이 이 보물들을 구하려고 그곳에 나타났다. 코발의 영화에 대한 사랑을 잘 아는 파라마운트 직원 윌리엄 켄리Willam Kenly로부터 연락을 받은 코발은 제시간에 뒷골목에 가서 반세기에 걸친 잊을 수 없는 이미지들을 수습해 운반했다. 코발은 이런 저런 정당한 습격 활동을 통해 유명한 코발 컬렉션을 구축했다. 이 컬렉션은 창립자가 세상을 떠난 지 13년이 지난 지금도 최상의 사진 출처로 남아 있다.

에버슨은 어렸을 때부터 영화에 대한 애정에 시달리던 런던 소년이었다. 자라서 뉴욕에 온 그는 비디오가 선을 보이기 이전 시대에 획득한 희귀한 옛날 영화들의 16밀리미터 프린트들을 자택 상영회와 뉴스쿨 상영회를 통해 영화 애호가들과 공유했다. 나중에는 자신이 수집한 방대한 컬렉션을 뉴욕대학에서 자신이 맡은 영화사 강좌를 위한 토대로 활용했다. 역시 런던에서 자란 브라운로는 열한 살 때 영화를 수집하기 시작했고, 열다섯 살 때 아벨 강스Abel Gance 감독의 <나폴레옹Napoléon> 릴 두 개를 손에 넣었다. 그는 무성 영화 아티스트들을 만나려고 미국에 왔고, 그가 행한 인터뷰들은 매혹적인 역사서 『행렬은 사라졌다The Parade's Gone By』로 취합되었다. 케빈은 많은 무성 영화의 걸작들을 복원했고, 영화의 첫 황금기에 대한 빼어난 다큐멘터리를 10여 편 제작했다. 뉴욕 토박이인 셰퍼드는 열두 살 생일에 중고 16밀리미터 영사기를 구입한 다음, 옛날 영화들을 사들이기 시작했다. 블랙호크 필름스와 미국영화연구소에서 그는 무성 영화와 초기 유성 영화들의 구조와 복원을 도왔다. 지금은 그가 설립한 회사인 '필름 프리저베이션 어소시에이츠Film Preservation Associates'를 통해 그 작품들을 거래하고 있다.

성적인 매력을 발산하며 세계를 여행하던 쿠바인 카를로스 역시 꼼꼼한 영화 연구자였다. 그의 책 『삽화로 보는 공포 영화의 역사An Illustrated History of the Horror Film』와 『범죄 영화Crime Movies』는 고전이다. 뉴욕 퀸스 출신의 하워드는 10대 시절에 영화 스틸을 수집하기 시작했다. 그는 어빙 클로Irving Klaw가 1950년대 모델 베티 페이지Bettie Page의 악명 높은 본디지 숏들을 판매한 곳이기도 한 뉴욕의 사진 기념품 가게 '무비 스타 뉴스Movie Star News'에서 몇 년간 일했었다. 카를로스가 1987년에 세상을 뜨자 하워드는 포토페스트의 운영을 도와 달라며 동생 론을 입사시켰고, 현재 포토페스트는 직원이 25명이나 되는, 영화 사진 분야의 으뜸가는 상업 에이전시가 됐다. 가정 학습으로 탄생한 이 강건한 학자들의 계보를 통해 만개한, 영화와 영화 스틸을 보존하겠다는 상서로운 열정이 피어난 곳은 뉴욕과 런던, 캐나다와 쿠바였다.

나는 나 자신을 영화 구원자의 만신전에 올려놓지 않는다. 그러나 나는 34년이 넘는 세월 동안 영화 역사의 한 귀퉁이를 키우고 보존하는 일에 최선을 다했다. 나는 앨프리드 히치콕Alfred Hitchcock에서 피에르 파올로 파솔리니Pier Paolo Pasolini에 이르는, 이디시 영화에서 디즈니 만화 영화에 이르는 광범위한 주제들에 대한 전시회를 41회나 기획하며 스틸 아카이브에 소장된 자료들을 수천 명의 학생과 작가, 영화인

이 쓸 수 있게 도왔다. 헤아릴 수 없이 많은 영화 서적과, 예술과 영화 산업을 다룬 셀 수 없이 많은 다큐멘터리는 크레디트에 자그마한 글씨로 아카이브의 이름을 (그리고 내 이름을) 인용하는 것으로 고마움을 표했다.

2001년에 미술관은 3개년 확장 프로젝트 준비를 위해 53번가 본관을 비우기 시작했다. 직원과 갤러리의 대부분은 퀸스로 옮겨갔다. 그때 폐쇄된 유일한 공공 아카이브가 영화 스틸 아카이브였다. 우리가 해고된 다음 날, 『뉴욕 타임스The New York Times』는 아카이브 폐쇄를 다룬 기사를 실었다. 우리에게 호의적인 기사들이 『로스앤젤레스 타임스Los Angeles Times』, 『뉴스데이Newsday』, 『뉴욕 옵서버New York Observer』, 『빌리지 보이스Village Voice』와 다른 신문들에 실렸다. 어려울 때 힘이 되는 친구 로저는 『뉴욕 타임스』에 격분한 내용의 편지를 보냈다.

테리와 나는 아카이브 폐쇄가 2000년 봄과 여름에 뉴욕현대미술관 직원들이 파업하는 동안 우리가 노조에 참여해서 벌인 활동에 대한 앙갚음이라고 믿는다. 우리의 상급 노조인 전미자동차노조는 전국노동관계위원회에 불만을 제기했다. 조사를 마친 전국노동관계위원회는 차별 행위를 했다며 미술관을 고발했고, 우리를 변호할 준비에 착수했다. 법정은 2003년 9월 29일에 사건을 행정법 판사에게 이관했고, 2004년 1월 30일에 심의가 끝났다. 우리는 지금 판사의 평결을 기다리고 있다.

당신이 이 글을 읽을 즈음이면 결정이 내려졌을 것이다. 규모와 아름다움 면에서 세상에 필적할 상대가 없는 컬렉션은 재개장했거나, 영원히 우리의 손길이 닿지 않는 곳에 머무르게 될 운명에 처하게 될 것이다. 나는 지난 2년 반 동안 스틸 아카이브를 보존하기 위한 투쟁 과정에서 면식이 없던 사람들과 친구들이 베푼 친절에서 힘을 얻었다. 우리 가족은 음울한 우크라이나 분위기의 좌우명을 따르며 살아가는 사람들이라는 말을 듣는다. “최악의 상황을 예상하면 결코 실망하는 일이 없을 것이다.” 그러나 나는 감히 희망한다.

과거에서 사는 사람일지라도 미래를 믿을 수 있다.

역자 후기

나는 에버트와 인연이 굉장히 깊다고 생각한다. 내가 번역을 직업적으로 시작했을 때 의뢰받은 첫 글이 에버트의 영화 리뷰였고, 처음으로 의뢰를 받은 단행본 번역이 최보은 선배와 작업한 『위대한 영화 1』이었다. 『에스콰이어』 한국판에서 마감을 앞두고 급히 번역해 줬으면 하는 기사가 있다는 연락과 함께 메일로 받은 파일을 열어보니 에버트를 인터뷰한 기사였다. 그리고 얼마 지나지 않아서는 에버트의 자서전 『로저 에버트: 어둠 속에서 빛을 보다』를 번역하게 됐다. 이처럼 20년 가까이 여러 인연을 맺었으니 에버트와 나는 거리에서 잠깐 스쳐가는 수준은 훌쩍 뛰어넘는 수준의 인연이라고 말해도 무방할 듯하다.

에버트의 자서전을 한창 번역하던 중이었다. 한국에서 몇 손가락 안에 드는 실력을 가진 명리학자 분을 몇 번 만나 가르침을 듣는 기회가 생겼다. 나 자신의 명命에 대해 궁금한 걸 묻고 그에 대한 고견을 들었는데, 자리가 파할 무렵에 에버트 생각이 났다. 에버트의 사주를 보고 무슨 말씀을 하실지, 나와 에버트의 합合은 어떻다고 하실지 궁금했다. 그래서 에버트의 이름도 어떤 사람인지도 말씀드리지 않고는 검색으로 찾아낸 에버트의 생일을 보여드리며 “이 사람의 사주는 어떻게 보시느냐?”고 여쭸다. 그런데 그분이 에버트의 사주를 보시고 하신 말씀은 무척이나 생뚱맞았다. “이 사람은 범죄 영화에 자주 나오는 장면처럼 백열등 하나만 켜진 어두운 방에서 범인을 날카롭게 심문하는 형사 같은 사람”이라는 거였다. 전혀 예상치 못한 말씀으로, 무슨 뜻인지 가늠이 되지 않았다.

오랫동안 세계에서 가장 유명한 영화평론가라는 소리를 들어온 사람의 사주를 물었는데 ‘범인을 심문하는 형사’ 같은 사람이라니. 내가 찾은 생일이 잘못된 게 아닌지 의아해하던 중에 에버트의 생일도, 그분의 사주풀이도 잘못된 게 아니라는 걸 퍼뜩 깨달았다. “백열등 하나만 켜진 어두운 방”은 다름 아닌 극장이었고, ‘심문당하는 범인’은 상영되는 영화였다. 에버트는 영화와 관련된 내용을 꼬치꼬치 캐물으며 그 안에 담긴 얘기를 속속들이 캐내려는 형사 같은 사주를 타고난 사람이었던 것이다. 에버트의 자서전에 부제를 붙이고 싶은데 알맞다고 생각되는 제목이 있느냐는 출판사의 물음에 “어둠 속에서 빛을 보다”라는 부제를 제안한 건 암 투병 과정에서 턱뼈를 제거해야 하는 바람에 얼굴이 심하게 변했는데도 그에 굴하지 않고 칠흑 같은 어둠 속에서도 한줄기 빛을 찾아내려는 사람처럼 열심히 대외적인 활동을 하던 에버트의 삶의 태도를 반영한 제목이라서 그런 것이기도 했지만, 어두운 극장에서 빛으로 영사되는 영화를 냉철한 눈으로 분석하는 영화 평론가라는 에버트의 직업을 반영한 제목이라 생각해서 그런 것이기도 했다.

그런데 에버트의 역할은 단순히 어둠 속에서 빛을 보는 데에만 머무르지 않았다. 그는 어둠 속에서 빛을 보고는 아직 그 빛을 보지 못한, 또는 빛을 봤지만 그 빛의 진가를 제대로 알아보지 못하는 대중에게 그 빛이 안겨 주는 감흥을 편견 없는 마음으로 쉽게 전달하려고 애쓰는 해설자이기도 했다. 나는 빛의 진가를 제대로 파악하는 눈을 가진 것도 에버트의 장점이지만, 에버트의 진정한 미덕은 '쉽게 전달하려고 애쓰는' 부분에 있다고 생각한다.

여기서 잠깐 에버트의 변해 버린 외모에 대한 이야기를 해야 할 것 같다(인터넷을 검색해보면 내가 말하는 에버트의 얼굴을 쉽게 볼 수 있다). 에버트 이야기를 하면서 외모 이야기를 꺼내는 건 내가 사람의 외모에 대한 편견을 갖고 있기 때문도 아니고 에버트의 얼굴을 구경거리로 삼겠다는 의도에서 그러는 것도 아니다. 에버트의 변해 버린 얼굴을 본 사람이라면 알겠지만, 솔직히 그 얼굴은 어지간한 사람이라면 하루아침에 달라져 버린 자기 모습을 남들에게 보여 줄 엄두를 내지 못해 세상과 담을 쌓으려고 들 것만 같은 얼굴이다. 그런데 에버트는 변해 버린 얼굴을 세상에 드러내는 것을 조금도 마다하지 않았다. 에버트는 『에스콰이어』와 인터뷰를 하면서 잡지에 실을 초상 사진을 위해 카메라 앞에서 스스럼없이 웃음을 지어 보일 정도로 용감한 사람이었다(나는 그 사진을 자서전의 표지로 삼자고 제안했고, 출판사는 내 제안을 받아 줬다). 순전히 내 주관적인 의견이지만, 나는 자신의 달라진 외모를 대수롭지 않게 받아들이는 그의 태도는 온전히 영화를, 궁극적으로는 인생을 바라보는 그의 철학에서 비롯한 것일 거라고 짐작한다.

나는 에버트가 삶에서 중요하게 여긴 것은 세계와 영화의 겉모습이 아니었다고, 우리 눈에 훤히 보이는 게 아니었다고 생각한다. 범행 현장을 꼼꼼히 살피고 피의자의 진술에 바짝 귀를 기울이는 형사에게 중요한 것은 현장의 모습과 피의자의 진술 자체가 아니라 결국에는 어떤 사건이 왜 일어났고 어떤 방식으로 일어났느냐를 파악하는 것이듯, 에버트가 영화를 보며 중시한 건 관객의 말초 신경을 한껏 자극하겠다는 목표에만 주력하며 연출된 화려한 영상과 압도적인 음향이 아니라 영화를 만든 이들이 관객에게 전달하고자 하는 바가 무엇이며 그것이 얼마나 효과적이고 진솔하게 전달되느냐 하는 것이었을 것이다. 『위대한 영화』 시리즈에 간간이 등장하는, 이렇다 할 알맹이는 하나도 없이 현란한 영상만 생각할 틈도 주지 않고 늘어놓는 것으로 관객들을 현혹시키려 드는 영화에 대한 에버트의 혹평은 바로 그런 그의 영화 철학에 바탕을 뒀을 것이다. 『위대한 영화』에 실린 글을 읽어 본 독자라면 내가 하는 말에 동의할 거라 생각한다.

그런데 반드시 강조하고픈 말이 있다. 『위대한 영화』 시리즈는 단 한 글자도 틀린 구석이 없는, 누구나 추앙해야하는 신성한 경전이 아니라는 것이다. 이 시리즈를 경전처럼 추앙하는 이가 있다면 에버트는 고개를 설레설레 저을 것이라고 생각한다. 에버트는 이 시리즈에 영화 평론가라면, 그리고 영화를 사랑하는 이라면 누구나 명작이라고 동의할 영화들에 대한 '에세이'(리뷰가 아니라는 점을 주목하라)를 수록했지만, 만장일치의 동의를 이끌어내지는 못하는 영화일지라도 그때그때 일어난 시사적인 이슈와 관련 있는 수작을 수록한 경우도 많다. 가끔은 '왜 이런 영화를?'이라는 의문이 생기는 영화를 수록해 놓기도 했다. 그래서 나도 에버트가 선정한 영화들의 명단에 100퍼센트 동의하지는 않는다. 각각의 영화들에 대한 에버트의 평가와 의견에 100퍼센트 공감하는 것도 아니다. 에버트도 자신의 글을 읽는 사람이 하나같이 그렇게 해 주기를 바라지는 않았을 것이다.

에버트가 『위대한 영화』 시리즈를 집필하면서 세운 목표는 자신보다 늦게 영화와 사랑에 빠진 사람들을 위해 정성껏 길을 안내하는 길잡이 역할을 하겠다는 거였을 것이라고 생각한다. 때로는 길 안내가 틀렸을 수도 있고 제대로 된 길이 어느 쪽이냐에 대해 안내를 받는 이와 의견이 엇갈릴 수 있지만, 그래도 초행길에 나선 길손들에게 전체적인 여로에 대한 정보를 제공하고 여정에 대한 감感을 제공하는 길잡이 역할 말이다. 그렇기에 에버트가 시사적인 이슈와 관련된 영화들을 실은 건 실생활에서 일어난 사건에 관심을 기울이는 사람들에게 그와 관련이 있는 영화를, 그것도 좋은 영화를 감상하면서 실제 사건을 더 깊이 있게 이해하는 한편으로 영화에 대한 애정도 더 깊어지게 만드는 계기를 제공하겠다는 의도에서였을 것이다.

앞서도 에버트의 장점이라고 언급했지만, 에버트는 무척 쉬운 글을 쓰는 것으로 그 의도를 효과적으로 실행에 옮기려 애쓴다. 영화 평론을 전공하는 전문가들이나 이해할 법한 전문적인 용어는 최대한 피하면서 이해하기 쉬운 비유와 평범한 용어들을 사용하려 노력한다. 이것은 다양한 배경을 가진 불특정 다수의 독자를 상대로 읽고 이해하기 쉬운 글을 써야 하는 신문기자였다는 에버트의 출신 배경이 반영된 특징일 것이다.

그렇게 쉽게 읽히는 글을 쓰면서도 두고두고 곱씹어 볼만한 촌철살인의 문장들도 자유자재로 구사한다는 엄청난 장점에 매력을 느껴 에버트를 좋아하다가 『위대한 영화 1』을 번역하는 기회까지 잡은 2003년에, 나는 직업적인 번역의 길에 처음 들어선 초짜였었다. 그러고서 16년이 지난 지금, 세상은 변했다. 『위대한 영화 1』이 나올 때만 해도 회원들에게 회비를 받고 DVD를 대여하는 업체에 불과했던 '넷플릭스'가 지금은 영화를 비롯한 각종 영상 콘텐츠를 세계 전역에 VOD로 유통하고 때로는 직접 콘텐츠를 제작하기까지 하는 업체로 변모한 것에서 볼 수 있듯, 미국에서 『위대한 영화 1』과 『위대한 영화 4』가 출판된 시기 사이에 세상은 어마어마하게 변했다.

영화라는 (예술 및 오락) 매체가 제작되고 유통되고 소비되는 방식도, 영화를 대하고 즐기는 사람들의 태도도 변화의 예외는 아니었다. 이 시리즈에 실린 영화 중에는 내가 비디오로 처음 봤던 영화들이 많다. 보고 싶은 마음은 굴뚝같지만 극장에서 볼 길이 전혀 없는 영화들을 보는 방법은 비디오를 구해서 보는 것밖에는 없던, 그나마도 구하기 쉽지 않던 비디오를 빌리려고 버스로 왕복 1시간 거리의 대여점을 찾아가 한꺼번에 몇 편을 빌려서는 보고 반납하러 다시 대여점을 찾던 시절이 있었다(마우스 몇 번 클릭하면 보고픈 영화를 VOD로 감상할 수 있는 요즘, 이 글을 읽는 독자 중에는 비디오가 무엇이고 비디오 대여점이 어떤 곳인지를 모르는 이도 있을 것이다). 내가, 그리고 에버트를 비롯한 앞선 시대의 사람들이 영화를 보려고 그 정도 정성을 쏟았었다는 자랑을 하려는 게 아니다. 정성을 쏟아 가며 감상한 영화에 대해 품는 애정과 편하고 쉽게 구한 디지털 파일을 재생하고는 주변에서 일어나는 잡다한 일에 정신이 팔려가며 대충대충 보고 넘기는 영화에 품게 되는 애정은, 그리고 거기서 받는 감동과 느끼는 재미는 분명 차이가 있다는 이야기를 하려는 것이다. 영화를 팝콘처럼 쉽고 가볍게 소비하는 세상이 됐다고 비난을 하고 싶지는 않다. 그건 시대의 흐름을 거스르려는 어리석은 짓이니까. 하지만 영화를 보고 즐기는 세상의 태도가 이렇게 바뀐 것이 무척이나 안타까운 마음이 드는 건 사실이다. 에버트도 영화를 즐기는 사람들의 태도가 변한 것을 심히 애석해했을 것이다. 그래도 『위대한 영화』 시리즈를 읽는 분들은 영화에 대한 애정이 남다른 분일 거라고, 그래서 에버트가 안타까워할 일은 없을 거라고 믿는다.

시간이 흐르면서 변한 건 세상과 영화, 관객의 태도만이 아니다. 나도 변했다. 에버트는 <달콤한 인생La Dolce Vita>에 대한 에세이에서 그 영화는 예나 지금이나 변한 게 없지만 그 영화를 바라보는 자신의 시각은 나이를 먹어 감에 따라 달라졌다고 썼다. 세월이 흐르는 동안 영화를 바라보는 에버트의 시각이 변했던 것처럼, 에버트의 글을 처음 번역한 이후로 많은 시간이 지나는 동안 (바라건대) 지식도 쌓고 조금이나마 트인 눈으로 세상을 보게 된 내 생각도 많이 변했다.

네 권을 한꺼번에 번역하는 만만치 않은 작업에 착수하기로 마음먹은 건 그런 변화를 바탕으로 『위대한 영화』 시리즈를 작업하면 조금이나마 나아진 솜씨로 에버트의 세계를 조금이라도 더 정확하고 풍부하게 독자들에게 전할 수 있지 않을까하는 막연한 기대 때문이었다. 1권을 작업할 때에는 산전수전 다 겪은 최보은 선배라는 기댈 언덕이 있었지만, 이제는 온전히 모든 걸 혼자 떠맡아야했기에 두려움도 없지는 않았다. 하지만 에버트의 글을 좋아하는 팬으로서, 에버트와 인연이 깊다고 생각하는 사람으로서 최선을 다해보자는 마음가짐으로 앞서 작업했던 『위대한 영화』 1권과 2권을 다시 번역하고 3권과 4권을 새로 번역했다. 정성을 다하고 온힘을 쏟았지만 결과물로 나온 번역이라는 게 사람의 마음대로 되는 것은 아니라서 부족한 부분도 있고 오류도 있을 거라고 생각한다. 아무쪼록 내 부족한 실력이 에버트의 글에 누가 되지 않기를 바랄 뿐이다.

번역에 도움을 주신 분들이 많다. 누구보다도 오홍석 선배에게 많은 신세를 졌다. 선배가 이 시리즈에 실렸지만 구하기 쉽지 않았던 영화들을 구해주지 않았다면 번역 작업은 무척이나 험난했을 것이다. 번역 작업을 도와주면서 이런저런 격려를 해준 오홍석 선배에게 감사드린다. 번역하는 내내 물심양면으로 도와주신 한상진 선배에게도 감사드린다. 전인한 교수님은 바쁘신 중에도 알렉산더 포프의 시와 셰익스피어의 글을 번역해 주셨다. 감사드린다. 그 외에도 고마운 분들이 많다. 여기에 일일이 이름을 적고 인사드리지 못해 죄송할 따름이다. 그래도 그분들에 대한 고마움만큼은 결코 잊지 않을 것이다.

네 권짜리 시리즈를 한꺼번에 출판한다는 쉽지 않은 결정을 하고 작업을 맡겨 준 을유문화사 임직원 분들께도 감사드린다. 그분들의 노고가 있었기에 모자란 번역이 좋은 책으로 탈바꿈됐다고 생각한다.

마지막으로, 이 글은 에버트에게 너무 뒤늦게 보내는 팬레터이기도 하다. 생전에 에버트가 쓴 다른 책의 번역 의뢰가 들어왔을 때 계약금을 여비 삼고 저자를 직접 만나 번역의 질을 높이겠다는 구실을 내세워서는 시카고로 날아가 에버트를 만나겠다는 생각을 한 적이 있었다. 그런데 출판이 불발되면서 그 만남은 어디까지나 내 희망사항으로만 남게 됐다. 에버트와 나의 인연의 깊이는 딱 거기까지였던 것 같다. 그러나 생전의 그를 만났건 그러지 못했건, 나는 그의 글을 좋아하고 그의 인생과 삶의 태도를 존경하는 팬이다. 언제일지는 모르지만 훗날에 나도 가게 될 곳이라는 것만큼은 분명한 다음 세상에서 그를 만나면 당신의 글을 20년 가까이 번역하는 인연을 갖게 된 걸 크나큰 기쁨으로 여겼고 당신의 글을 굉장히 즐겁게 읽었다는 얘기를, 생전에 직접 만나 전했어야 옳았지만 안타깝게도 그러지 못했던 애정이 담긴 이야기를 해 주고 싶다.

2019년 10월
윤철희

찾아보기

ㄷ

ㄹ

ㅁ

ㅂ

ㅅ

ㅇ

ㅈ

ㅊ

ㅋ

ㅌ

ㅍ

ㅎ